『만세보』
논설 자료집

엮은이

손동호(孫東鎬, Son, Dong-ho)

연세대 국어국문학과 및 동 대학원 졸업. 문학박사, 연세대(미래캠퍼스) [illegible] 연세대(미래캠퍼스) 근대한국학연구소 HK연구교수.

최근 연구로는 「식민지 시기 『매일신보』의 신년현상문예 연구」, 「『청춘』의 현상문예와 근대 초기 한글 운동」, 「식민지 시기 『조선일보』의 신춘문예 연구」 등이 있으며, 공저로는 『근대지식과 '조선-세계' 인식의 전환』(소명출판, 2019), 『20세기 전환기 동아시아 지식장과 근대한국학 탄생의 계보』(소명출판, 2020), 『텍스트로 보는 근대 한국』(세창출판사, 2020) 등이 있다.

『만세보』 논설 자료집

초판인쇄 2020년 8월 17일 **초판발행** 2020년 8월 31일

엮은이 손동호 **펴낸이** 박성모 **펴낸곳** 소명출판 **출판등록** 제13-522호

주소 서울시 서초구 서초중앙로6길 15, 2층

전화 02-585-7840 **팩스** 02-585-7848 **전자우편** somyungbooks@daum.net **홈페이지** www.somyong.co.kr

값 39,000원

ISBN 979-11-5905-548-5 93910

이 책은 2017년 정부(교육부)의 재원으로 한국연구재단의 지원을 받아 수행된 연구임 (NRF-2017S1A6A3A01079581)

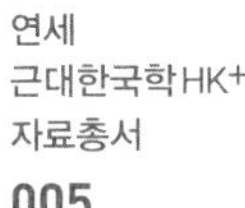

A COLLECTION OF EDITORIAL
IN *THE MANSEBO*

『만세보』 논설 자료집

손동호 엮음

일러두기

1. 이 책은 1906년 6월 17일(제1호)부터 1907년 6월 29일(제293호)까지 『만세보』에 게재된 「論說」과 「社說」(총283편) 전문(全文)을 교열・편찬한 것으로서, 입력 작업은 1985년 아세아문화사에서 출간한 『만세보』 영인본을 대본으로 하였다. 영인본에는 제8호, 제245호, 제275호, 제281호가 유실되어 있다.
2. 원문의 형태를 유지하기 위해 문단 구분은 원문을 따랐으며, 속자(俗字)와 고자(古字)도 원문대로 표기하였다. 부속국문체로 표기된 부분은 '덧말넣기'로 표기하여 최대한 원본과 동일하게 입력하였다.
3. 명백한 오자(誤字) 및 탈자(脫字)인 경우에는 【 】 안에 바로잡아 표기하였다.
4. 원문은 띄어쓰기가 되어 있지 않으나, 입력 본문은 가독성을 고려하여 현대 표준어 규정에 맞춰 띄어쓰기를 하였다.
5. 판독(判讀)이 어려운 어휘나 문장은 ▣로 표시하였다.

차례

해제

손동호

1. 『만세보』의 창간 배경

『만세보』는 천도교주 손병희孫秉熙가 발의하여 1906년(광무 10년) 6월 17일에 창간하고 다음해인 6월 29일까지 총 293호를 발행한 일간지이다.[1] 사장은 오세창吳世昌이었으며, 총무 겸 주필은 이인직李人稙, 발행 겸 편집은 신광희申光熙가 맡았다. 이 밖에 권동진權東鎭, 장효근張孝根 등이 기자로 활동하였으며, 오태환吳台煥은 총무원이었다.[2] 신문은 한성漢城 남서南署 회동會洞 제85통 4호의 사옥에서 발행하였다.[3] 『만세보』는 「천도교전天道敎典」, 「현기문답玄機問答」, 「천도교문天道敎門」 등을 게재하여 천도교 기관지로서의 역할을 수행하는 동시에, '공명정대한 논술과 확적 신속한 보도'를 위주로 하는 시사종합 일간지를 표방하였다.[4]

1 최기영은 『만세보』가 1907년 6월 30일 자의 호외를 마지막으로 폐간되었다고 하였다. 최기영, 『대한제국시기 신문연구』, 일조각, 1991, 112면 참조.

2 김민환, 『한국언론사』, 나남출판, 1996, 142면; 최준, 『한국신문사』, 일조각, 1987, 118~120면; 한원영, 『한국신문 한세기』, 푸른사상, 2002, 490면 참조.

3 『제국신문』(1906.5.16), 『황성신문』(1906.5.17), 『대한매일신보』(1906.5.18) 수록 광고.

4 최기영, 「천도교의 국민계몽활동과 『만세보』의 발간」, 앞의 책, 66면.

『만세보』 창간은 급변하는 당시의 정세와 대외적인 위기상황에서 비롯되었다. 『만세보』는 일제가 을사조약 이후 조선을 식민화하기 위해 대한제국의 각 분야를 강점해 가던 시기에 창간되었다. 『만세보』가 창간되기 1년 전인 1905년(광무 9년), 일제는 조선을 일본의 감리하에 두고 일제의 통감이 모든 것을 지휘·감독하며, 외국과의 조약체결권을 박탈하는 내용의 을사보호조약을 강제적으로 체결하였다. 이러한 일본 제국주의의 침략에 의한 위기상황에 당면하여 우리 민족은 개화사상, 위정척사사상, 동학사상 등 다양한 사상으로 위기를 극복하고자 하였다.[5] 전국 각지에 신식학교를 설립하여 국민 교육과 실업 교육을 중심으로 하는 근대 교육을 실시하고, 식산흥업이 장려되는 등 현실적인 실천운동도 전개하였다. 민간 인쇄소가 본격적으로 출현한 것도 이 시기로, 근대적인 신문이 속속 창간되어 국민 계몽에 앞장섰다.

천도교의 지도부는 신문이라는 새로운 매체에 주목하였다. 신문은 당시 사회에 미치는 파급력이 컸을 뿐만 아니라 국민 계몽의 수단으로 중요한 역할을 했기 때문이다. 천도교 지도부는 조선의 국운이 쇠하게 된 원인을 '낮은 국민 의식'에 있다고 보고, 국민 교육을 통한 국민 의식의 고양이 국권을 회복하는 지름길이라고 판단하였다. 이에 그들은 조선 인민의 지식을 계발하여 국가의 문명을 증진하기 위해 『만세보』를 발행하였다. 결국 『만세보』를 발행한 궁극적인 목적은 신문을 통해 국민들에게 계몽의식을 함양하고, 근대화를 추구함으로써 문명 국가를 건설하는 데에 있었다. 『만세보』는 이러한 목적을 이루기 위해 다양한 기사를 활용했는데, 가장

5 신용하, 『한국 근대사회 변동사 강의』, 지식산업사, 2000, 49면.

대표적인 기사가 논설이었다. 논설에는 신문사가 지향한 근대적 문명관이 구체적으로 드러나 있다. 따라서 『만세보』 소재 논설은 근대 초기 개화사상의 일단을 파악하기 위한 사료로서 가치가 높다고 평가할 수 있다.

2. 『만세보』의 발간 사항

1) 신문 창간의 사상적 측면–개화사상의 지향

『만세보』가 발행되었던 1906년 당시 밖으로는 외세의 침탈과 안으로는 사회의 누적된 모순으로 말미암아 민족적 위기의식이 팽배하였다. 이러한 위기를 극복하려는 다양한 노력 중의 하나가 국가 역량을 축적하여 완전한 독립 국가를 목표로 하는 개화사상의 지향이었다. 『만세보』는 개화사상의 핵심이 국민의 지식 계발에 있다고 판단하였다. 그리고 국민의 지식 계발이라는 임무를 담당할 매체로 신문을 지목하였다.

『만세보』 제20호(1906.7.19) 1면 1단에는 천도교 제34대 교구장敎區長 구창근具昌根에 관한 기사가 실렸다. 이 글은 신문 발간과 관련하여 주목할 만한 언급을 한다. 주요 내용은 '신문에는 삼라만상의 변화가 모두 담겨 있다. 신문은 매일 천하의 일을 문지聞知하여 자기 국가의 정치상 비밀사秘密事와 다른 숨겨진 사실까지 역력히 알아낸다. 신문 사업을 위해서는 지식력知識力과 금력金力을 모두 갖춰야 한다. 그리고 각 기자記者는 자신의 적성에 맞는 분야를 맡아야 하고, 문명국민文明國民은 아침에 일어나자마자 제일 먼저 신문을 기다린다'이다. 해당 기사에는 문명 국가를 건설하려면 지식이나 정보의 유통이 중요하며, 신문이 이러한 역할을 담당할 수 있으므로 신문

사업이 중요하다는 주장이 잘 드러나 있다. 이처럼 『만세보』는 신문의 중요성을 인식하고 있었다.

『만세보』 창간호에는 사장 오세창의 명의로 사설社說을 실었다. 오세창은 사설 서두에서 조선 인민의 지식을 계발하기 위해 『만세보』를 창간했다고 그 목적을 밝히고 있다. 이 사설은 앞서 언급한 기사와 마찬가지로 신문 발행의 목적을 문명의 달성과 연결지어 언급하고 있어 주목할 만하다. 아래는 『만세보』 창간호에 실린 사설의 전문全文이다.

> 만세보라 명칭하는 신문은 무엇을 위하여 만들었는가? 아한 인민의 지식을 계발하기 위해 만든 것이다. 아! 사회를 조직하여 국가를 형성함이 시대의 변천을 따라 인민 지식을 계발하여 야매(野昧)한 견문으로 문명에 나아가게 하며, 유치한 지각으로 노성(老成)에 이르게 함은 신문 교육만한 것이 없다. 이로 인하여 주위 모든 나라에 유통하는 근세풍조가 인민의 지식 계발하기를 제일주의로 인정하여 신문사를 광설(廣設)하고, 문단(文壇)에 우이(牛耳)를 잡고, 곤전(袞錢)의 책임을 짊어지고 이미 계발한 인민의 지식도 더욱 진보하도록 기도하거늘 하물며 아직 계발하지 않은 인민의 교육이야 어찌 일각일초를 지체하리오.
>
> 신문의 효력으로 말하건대 첫째, 개인의 지식을 계발할 뿐만 아니라 국제관계와 정치의 만회(挽回)와 심지어 전쟁을 격성(激成)하며 평화를 회복하는 기관이오. 둘째, 선(善)을 드러내고 악(惡)을 징벌하고, 상화(上化)가 하(下)에 두루 미치며 하통(下恫)이 상(上)에 이르게 하며, 생활상 보취(步趣)와 개화적 계급이 각각 개인의 품성 자격을 따라 물이 스며드는 것과 같이 전국을 개도하고 이끌어 도와주는 열쇠이니 생존경쟁의 시대를 만나 신문사

회의 다수 흥왕함이 역시 인민을 경성(警省)하는 사회의 목탁(木鐸)이라.

오호라. 아한의 현금(現今) 시대는 과연 어떠한 시대라 칭하리오. 인민의 교육이 일각일초라도 급급한 정황을 생각하면 전국 이천만 동포의 뇌수(腦髓)를 하루아침에 쪼개어 열고 문명한 신공기를 제호(醍醐)와 같이 부어도 그 부족함을 유감으로 생각할 시대라.

우리는 이러한 시대에 인민 교육을 대표하는 의무로 큰 정성을 들여 신보사를 설립하고, 정리(精利)한 기계활자를 준비하며, 신구학문에 익숙한 기자를 초빙하여, 공명정대한 논술과 신속 정확한 보도를 주의하여, 본월 17일 일요일에 제1호를 발간하니, 이는 아한 인민 교육적으로 창설한 만세보라.

우리는 신문사업을 경륜하는 자로되 사사로운 이익을 취함도 아니오, 망령된 명성과 명예를 희망하는 것도 아니오, 다만 인민 뇌수의 문명 공기를 붓고자 하는 뜻에서 비롯한 것이니, 우리의 열심은 우리의 필설(筆舌)로 자창(自唱)할 겨를이 없다.

우리 이천만 동포는 자국의 현금 시대를 관측하고 전도 영향을 연구하여 장래 노예의 굴레에서 벗어나 희생 참독(慘毒)을 면할 지침이 지식 계발에 있고, 지식 계발은 신문에 있는 줄로 생각하면 우리의 창설한 만세보가 대한황성(大韓皇城)에 간행하는 신문 중 일지침(一指針)됨을 깨달을 것이오. 우리의 열심도 찬성할 것이니 우리의 열심 찬성함은 다른 데 있지 않고 일반 인민이 정신적으로 애독함에 있는지라.

이천만 동포는 힘써 애독하기를 게을리 하지 않고, 우리는 진취하기를 게을리 하지 않아서 천연한 선량 효과를 얻을 경우에는 인민 지식은 자연 계발하기로 단언하니 이는 귀신에게 질문해도 의심이 없겠고 성인에게 물어도 의심하지 않을 것이다. 선량 효과라 이르는 성적은 무엇을 의미하는가? 학문이 증진하고, 식산이 발달하여 국가와 인민의 실력을 양성하여 국위국광(國威國光)이 만세(萬歲)에 분양(奮揚)하기 [illegible] 세보는 국가 인민과 함께 영원 광요(光耀)하기로 제1호 발간에 깊이 기원하노라.[6]

위의 사설은 『만세보』를 창간한 취지가 국가 진흥을 위한 '아한 인민의 지식 계발'에 있음을 분명하게 밝히고 있다. 소극적인 목표는 생존경쟁에서 살아 남아 노예의 굴레에서 벗어나는 것이었고, 적극적인 목표는 학문을 증진하고 식산을 발달시켜 국가와 인민의 실력을 양성하여 국위 국광을 만세에 분양奮揚케 하는 것이었다. 정리하면 신문 보도를 통해 인민의 지식을 계발하여 국가와 인민의 실력을 양성하고, 이를 바탕으로 문명에 이르도록 하는 것이 『만세보』의 발행 의도였던 셈이다. 오세창은 미개한 우리 민족에게 지식 계발이 가장 시급한 과제이며, 이러한 막중한 임무를 담당할 매체로 신문을 꼽았다. 이처럼 오세창을 비롯한 천도교 지도부는 신문의 중요성을 일찍부터 인식하고 있었으며, 『만세보』를 계몽의 수단으로 적극 활용하고자 하였다.

『만세보』는 개화사상을 근본이념으로 삼고 정치 개혁을 촉구하였다. 개화사상은 그것을 주장한 인물과 유파에 따라 내용에 조금씩 차이가 있고 실천 방법 역시 다양하지만, 큰 줄기는 민족주의와 근대화로 요약할 수 있다.[7]

---

6 「사설」, 『만세보』, 1906.6.17. 인용한 부분은 원문을 현대어로 고쳐 쓴 것이다.

7 유재천, 「개화사상의 사회학적 의미」, 『신문학과 시대의식』, 새문사, 1981, 105면. 이 밖에 개화사상의 형성과 전개에 대한 자세한 논의는 다음을 참조. 이광린, 「개화사상연구」, 『한국개화사연구』, 일조각, 1969; 이광린 · 신용하, 『사료로 본 한국문화사 — 근대편』, 일지사, 1984; 역사학연구소, 『강좌 한국근현대사』, 풀빛, 1995.

황상폐하께서 정부를 내각으로 개칭하시고 만기(萬機)를 혁신하시니 모두 외국 문명제도를 효칙(效則)하심이라. 이로부터 국민은 행복을 증진하리로다.

지난 갑오(甲午)에 국가유신의 길운이 있어 신문(新門) 밖의 영은문(迎恩門, 중국 명나라 사신을 맞이하는 모화관 앞에 세웠던 문)을 타파하고 독립관을 건설하며 내각을 조직하여 만기를 개혁하니 이에 국가 목적이 발달하여 일년 간 공효(功效)가 적지 않더니, 풍우가 일변하여 갑오경장이 남가일몽같이 허지(虛地)에 돌아간지라. 이로 인하여 간세배(奸細輩)가 성상의 총명을 가리고 국권을 농락하여 국가 홍망은 불원(不願)하고 제 이익만 취하기에 정신이 골돌하더니 풍운이 돌변하여 정치 개혁문제가 다시 일어났다.

이리하여 간세배가 살풍경(殺風景)을 당하고 개화당(開化黨)이 정치기관에 활동력이 있으니 금일은 즉 개혁실시일이 머지 않아 적용됨을 볼지로다. 행정, 법률, 재정, 군무(軍務), 교육 등 제반 사무에 대하여 정리할 것과 개량할 것과 확장할 것과 발달 진보할 방침은 내각에서 내정한 양책이 있으리니 우리의 제일 희망은 각신이 기민한 수단으로 만사를 신속히 행하여 기망(幾亡)의 국가를 구하며 도탄의 인민을 구함에 있다.[8]

위의 인용문은 논설 「유신維新」의 일부분이다. '외국의 문명제도를 본받아 정부를 내각으로 개칭하고 만기를 혁신하였으니 국민의 행복이 증진할 것'이라는 전망을 통해 『만세보』의 사상적 지향이 개화사상에 있음을 알 수 있다. 위의 논설에서 필자는 갑오경장이 실패로 돌아간 것에 대해

8 「유신(維新)」, 『만세보』, 1907.6.19. 인용한 부분은 원문을 현대어로 고쳐 쓴 것이다.

아쉬움을 드러내는 한편, 최근 개화당이 추진하는 정치 개혁에 대해 강한 기대감을 드러내고 있다. '우리의 제일 희망은 각신이 기민한 수단으로 만사를 신속히 행하여 위기에 처한 국가를 구하며 도탄에 빠진 인민을 구함에 있다'는 말에서 알 수 있듯이, 필자는 개화당이 집권하여 국정을 개혁하는 것이야말로 나라를 구할 방법이라 여겼다. 이처럼 『만세보』의 사회사상은 개화사상을 바탕으로 하였다.[9] 개화사상은 우리의 전통적 규범 체계를 근대화하고 산업과 경제의 근대화를 실현하려는 계몽주의인 동시에 행정, 법률, 재정, 군무, 교육, 위생 등 제반 정책의 개량으로 이어지는 실천적 현실이념이었다.

2) 신문 발행의 기술적 측면—인쇄소의 설립

천도교는 서적을 인쇄하고 신문을 발행하기 위해 인쇄소를 설립하고자 노력하였다. 천도교는 일찍부터 종교 사업 외에도 국민 계몽을 목적으로 교육 사업을 병행해 왔다. 인쇄소를 설립할 경우, 천도교 관련 서적뿐만 아니라 교육 관련 서적 또한 쉽게 인쇄·출판할 수 있으므로 인쇄소 설립을 적극적으로 추진한 것으로 보인다. 서적을 인쇄하거나 출판하게 되면 보다 효율적으로 다수의 국민을 계몽할 수 있기 때문이다. 이에 천도교는 자체적으로 인쇄소를 운영할 목적으로 '보문관普文館'을 설립하기에 이른다.

9 이혜경, 「萬歲報와 大韓民報에 관한 考察」, 『저널리즘연구』 2, 1972; 정창렬, 「만세보 해제」, 『만세보』 上, 아세아문화사, 1985; 최기영, 「천도교의 국민계몽활동과 『만세보』의 발간」, 『대한제국기 신문연구』, 일조각, 1991.

교문(教門)에서 인민의 지식을 용명(牗明)하며 국가의 문화를 보익(輔益)하기 위하여 활판소를 영설(另設)하니 오교(吾教)의 일대관건(一大關鍵)이라 해소(該所) 규칙(規則)을 약구공선(略具公宣)하니 중앙총부원(中央總部員)은 비의(比意)를 의하여 확장할 방편을 연구하며 현선(現宣)한 규칙에 대조하여 그 미비(未備)한 세칙을 작선상정(酌宣商定)함이 가함

(…중략…)

一. 活版所는 普文館이라 命名하여 漢城에 置함

一. 本社는 中央總部 指揮下에 在함

一. 本社 資額은 天道教 基本金으로 劃付함

一. 天道教의 各般書籍을 印刷함

一. 他人의 印刷後도 因하야 代金을 收取함

一. 本社 任員은 天道教人으로 組織함[10]

위의 인용문은 천도교가 인쇄소를 설립하는 목적과 진행 과정을 잘 보여준다. 인용에 따르면 인민의 지식을 계발하고, 국가의 문화를 보익補益하기 위해 활판소인 보문관을 설립한다고 인쇄소 설립 목적을 밝혔다. 인쇄소의 명칭은 보문관으로 하고, 천도교의 자본으로 인쇄소를 설립하여 천도교 관련 서적을 인쇄할 계획이라고 하였다. 그리고 인쇄소의 운영을 담당할 임원은 천도교인으로 조직하겠다고 밝히고 있다. 인쇄소 설립 사업은 다시 논의되는데[11] 『만세보』의 간행은 이때 결정된 것으로 보인다.

10 『천도교종령집』, 19~20면.

11 "宗令 第十二號 活版所의 件은 博文社의 名을 廢하여 **普文館**을 設하고 該規則은 仍用하며 新聞을 另設하여 **萬歲報**라 名稱함", 『천도교종령집』 29면.(강조는 인용자)

인쇄소의 명칭을 '박문사博文社'에서 보문관으로 변경하고, 종교 서적 외에 신문도 발행하겠다고 밝혔기 때문이다.

인쇄소를 설립한 후 천도교는 1906년 5월 8일 내부內部에 신문 발간 허가를 청원한다. 청원서는 이인직의 명의로 제출하였으며, 국민의 풍화風化를 고발皷發하며 지식을 보도補導하기 위해 신문사를 설립하고 『만세보』를 발간하겠다고 청원하였다.

請願書

請願人 李人稙 居 京畿道 陰竹郡 巨門里 現 寄留 京城 北署齋洞 三十統 四戶 李胤鍾家

本人이 新聞을 發刊ᄒᆞ야 國民의 風化를 皷發ᄒᆞ며 智識를 補導ᄒᆞ기 爲ᄒᆞ야 京城 南署 會賢坊 會洞 八十五統 四戶에 新聞社를 設立ᄒᆞ고 萬歲報라 ᄒᆞᄂᆞᆫ 新聞를 發刊코자 ᄒᆞ와 玆에 請願ᄒᆞ오니

査照ᄒᆞ신 후 認許ᄒᆞ심을 伏望

光武 十年 五月 日

內部大臣 李址鎔 閣下[12]

이러한 청원에 대해 내부에서는 5월 10일 자로 『만세보』의 청원을 허가하면서, 다음의 지시사항을 첨부하였다.

所請은 認許이건과 新聞을 發刊ᄒᆞᆯ 際에 愚蠢輩의 傳說과 巷市上의 流言을

12 『만세보』(아세아문화사 영인본, 1985) 상권 수록 문서.

> 揭載ᄒᆞ야 國家의 治安과 士民의 名譽를 無至妨損케 ᄒᆞ고 一字一句라도 審愼下筆ᄒᆞ야 風化皷發과 智識輔導의 實效가 有케 ᄒᆞᆯ 事[13]

당시 신문 발간 허가는 농상공부에서 관장하였다. 광무 신문지법이 반포되는 1907년 7월 이후에는 법령에 의하여 내부대신이 신문 발간의 허가 사무를 관장하게 된다. 『만세보』 발간의 허가를 내부대신에게 청원한 것으로 보아 이 시기부터 점차 신문 관련 사무가 내부로 이전되고 있음을 알 수 있다. 또한 '우준배愚蠢輩의 전설傳說과 항시상巷市上의 유언流言을 게재하여 국가의 치안과 사민士民의 명예를 손상하지 말 것'을 지시한 것으로 보아, 기사에 대한 검열이 작동하기 시작했음을 유추할 수 있다. 검열 대상은 국권 회복에 관한 언급이나 친일 인사에 대한 비난 등이었을 것으로 보인다.[14] 실제로 『만세보』 논설에서 일본이나 통감부에 대한 직접적인 비판을 찾을 수 없는 것[15]도 이러한 상황과 관련이 있는 것으로 풀이된다.

다음으로 살펴 볼 자료는 『만세보』의 발행인이었던 신광희가 통감부 통신국장에게 보낸 제3종 우편물 허가 청원서이다.

13 『만세보』(아세아문화사 영인본, 1985) 상권 수록 문서.

14 최기영, 앞의 글, 78면.

15 특히 일본에 대해서는 우의를 더욱 돈독하게 해야 할 형제국이라는 입장을 취하였다. 그 근거는 한일 양국이 '인물(人物)은 동종(同種)이오 국속(國俗)은 동문(同文)이오 형세(形勢)는 순치보거(脣齒輔車)이니 지위가 조금도 다르지 않은(一毫不差) 동등형제국(同等兄弟國)'이기 때문이었다.(1907년 1월 23일 제171호 논설 「대사환영(大使歡迎)」) 그리고 1907년 1월 31일 제176호 논설 「전송전중특사(餞送田中特使)」에서도 한일 양국의 관계에 대해 '인연(人烟)이 상망(相望)하고 인문(人文)이 상접(相接)하여 동양일국(東洋一局)에 순치보거(唇齒輔車)의 세(勢)를 상의(相依)하여 특별한 관계가 현존(現存)'하다며 양국의 우의가 더욱 친밀해져야 함을 계속해서 주장하였다.

第三種郵便物認可請願

一 題目 萬歲報

一 記載事項의 種類 政治・經濟・文學・宗教・商事・農事・時事・其他 社會雜事

一 發行定期 月曜及大祭日・節日을 除ᄒᆞᆫ 外에 每日 發刊홈

一 發行所 南署 會賢坊 會洞 八十五統 四戶 萬歲報社

一 發行人 申光熙 居京城 北署 順化坊 司宰監契 梅洞 憲橋 四統 四戶

右新聞紙 第三種郵便物認可ᄒᆞ심을 望홈

光武 十年 五月 十一日

發行人 申光熙 印

統監府 通信局長 池田十三郎 殿[16]

인용한 청원서에 따르면 『만세보』는 정치, 경제, 문학, 종교, 상업, 공업, 시사를 비롯하여 기타 사회 잡사雜事를 기재하겠다고 신청하였다. 이러한 점으로 미루어 『만세보』가 처음부터 종교신문이 아니라 일반 시사신문을 표방하였음을 알 수 있다. 그리고 월요일과 대제일大祭日 그리고 절일節日을 제외하고 매일 발간하겠다는 점을 통해 일간지로 발행할 예정이었다는 점도 알 수 있다. 다음으로 발행소가 '만세보사'임을 밝히고 있는데, 앞서 『만세보』의 인쇄를 '보문관'에서 맡게 될 것임을 언급한 내용에 비추어 볼 때 좀 더 명확한 해명이 필요하다. 따라서 보문관에 대한 이해를 통하여 『만세보』의 발간 과정을 살펴볼 수 있을 것이다.

16 『만세보』(아세아문화사 영인본, 1985) 상권 수록 문서.

천도교종령 제24호에 따르면, 보문관은 박문사라는 인쇄소를 인수하여 설립한 것이다. 박문사와 보문관의 관계에 대해서는 1904년 5월 7일 자 『황성신문』의 잡보 「추원헌의樞院獻議」에 관련된 기록이 나타난다. 이 기사는 미동美洞 박문사의 오태환이 정부 내에 인쇄국의 설치를 중추원에 헌의하였다는 내용이다. 이를 통해 박문사는 1904년 5월 이전 미동에 설립되었으며, 인쇄소의 운영에 오태환이 직접 관여하였음을 알 수 있다.[17] 이는 천도교가 박문사를 인수하여 보문관으로 설립하면서 총무였던 오태환도 그대로 자리를 옮겨왔음을 의미한다. 박문사는 일진회의 기관지를 발행하던 국민신보사와 관련된 인쇄소이다. 박문사의 총무였던 오태환이 보문관으로 자리를 옮긴 것은 인쇄기술 전문가의 필요성에 의해 천도교 측에서 일진회 또는 국민신보사에 전문 인력을 요청한 것으로 볼 수 있다.

『만세보』는 박문사의 시설을 인수하여 새로 설립한 보문관에서 인쇄되었다. 『만세보』의 인쇄에 필요한 각종 활자와 4대의 대형 윤전기를 일본에서 수입했다는 내용[18]에서 알 수 있듯이 박문사의 시설만으로는 신문 발행이 어려웠던 것으로 보인다. 특히 『만세보』는 기존의 신문과 달리 부속국문을 사용했기 때문에 별도의 활자가 반드시 필요한 상황이었다. 결국 기존의 박문사를 인수하여 주요 시설을 우선적으로 확보하고, 그 외 활자와 윤전기 등 신문 인쇄에 필요한 장비를 추가적으로 갖춘 후 '만세보사'를 설립하여 『만세보』를 발간한 것으로 정리할 수 있다.

『만세보』의 간행 준비가 완료되고, 발간이 허가되자 '만세보사'는 신문

17 최기영, 「천도교의 국민계몽활동과 『만세보』의 발간」, 『대한제국시기 신문연구』, 일조각, 1991, 75면~76면.

18 위의 글, 76~77면.

의 간행을 예고하는 '만세보 신문 발행 광고'를 다른 신문 매체에 실었다.

萬歲報新聞發行廣告

本社ᄂᆞᆫ 京城 會洞에 設立ᄒᆞ고 六月 一日부터 發行ᄒᆞᆯ 터이온ᄃᆡ 本報ᄂᆞᆫ 社會的 進步主義로 國民智識 發達에 捷逕을 研究ᄒᆞ야 我國에 未曾有ᄒᆞᆫ 新發明이 許多ᄒᆞ며 且 每朔에 巨額에 探報費를 支出ᄒᆞ야 神出鬼沒ᄒᆞᄂᆞᆫ 通信에 敏捷ᄒᆞᆷ이 有ᄒᆞ오니 此報를 購覽ᄒᆞ시ᄂᆞᆫ 僉君子ᄂᆞᆫ 社會上 新耳目 新知識을 可得ᄒᆞ실 것이오며 一朔新聞價ᄂᆞᆫ 新貨 二十錢이오니 請覽 君子ᄂᆞᆫ 發行前 期ᄒᆞ야 左記處로 通知ᄒᆞ심을 望ᄒᆞᆷ

南署 會洞 八十五統 四戶 萬歲報社

社長 吳世昌

總務兼 主筆 李人稙[19]

萬歲新報 發刊 吳世昌 氏가 特赦 回國後에 天道教에 在ᄒᆞ야 宗教的 進步와 韓國의 文明啓發에 從事ᄒᆞᆷ은 世人의 知了ᄒᆞᄂᆞᆫ 바ᅵ러니 氏ᄂᆞᆫ 此次 天道教 機關으로 發刊ᄒᆞ고 萬歲新報의 社長이 되야 同社를 經營ᄒᆞ기로 決定ᄒᆞ얏ᄂᆞᆫᄃᆡ 同紙 第一號 發刊은 別項廣告와 如히 六月一日이며 新聞代金은 一個月에 金二十錢이라더라[20]

발행 광고에 의하면 『만세보』는 1906년 6월 1일부터 발행할 예정이며,

19 『제국신문』(1906.5.16), 『황성신문』(1906.5.17), 『대한매일신보』(1906.5.18) 수록 광고.
20 『대한일보』, 1906.5.18, 광고. 여기서 별항광고(別項廣告)란 『만세보』가 『제국신문』(1906.5.16), 『황성신문』(1906.5.17), 『대한매일신보』(1906.5.18) 등에 낸 광고를 뜻한다.

'사회적 진보주의로 국민지식 발달의 첩경을 연구하여 독자에게 신지식을 제공하는 것'에 그 취지가 있다고 하였다. 이외에도 사장 오세창에 대한 간략한 소개와 신문 대금에 대한 정보가 함께 실렸다. 그런데 이러한 광고가 나간 지 채 보름이 되지 않아, 6월 1일로 예정되었던 『만세보』의 간행이 연기될 것이라는 기사가 등장한다. 1906년 5월 30일 자 『황성신문』에는 '만세보사'가 일본으로부터 수입하고자 한 인쇄기계의 도착이 지연되어 『만세보』의 간행이 연기된다는 내용의 기사가 실렸다.[21] 결국 『만세보』의 창간호는 예정일이었던 1906년 6월 1일이 아니라 6월 17일에 발행되었다. 창간호는 수만 매를 발행하여 무료로 배부하였으며[22] 창간호 발행 후 10일간 휴간하였다. 그리고 6월 28일 자로 제2호를 발행한 이래, 일간으로 1907년 6월 말까지 계속해서 발행하였다.[23]

3) 신문 판매의 전략적 측면—부속국문의 도입과 염가 판매

1900년대 당시에 유통되던 신문 매체들과 비교할 때, 『만세보』의 가장 큰 변별점은 부속국문의 도입 및 활용에 있었다.[24] 부속국문이란 한자 옆에 한자에 대한 주석을 한글로 표기한 것을 일컫는다. 아래의 기사는 『제

21 "本報發刊을 六月 一日에 爲始ᄒᆞ기로 業已廣告ᄒᆞ얏더니 海外船便이 差遲ᄒᆞ야 機械中 若干諸具가 定期에 到達치 못ᄒᆞᆫ 故로 不得已 退定ᄒᆞ고 發刊日字를 數日後에 更告ᄒᆞᆯ깃ᄉᆞ오니 僉君子ᄂᆞᆫ 恕諒ᄒᆞ시ᄋᆞᆸ 萬歲報社"

22 「告白」, 『만세보』, 1906.6.17.

23 1906년 11월 30일(금) 131호가 간행된 후 기계상의 문제로 1906년 12월 1일(토)에 132호가 간행되지 못함을 사과하는 기사가 실려 있다. 『만세보』 132호 사고(社告).

24 김영민은 『만세보』의 부속국문체에 대해 일본의 후리가나 표기를 모방한 것이라는 주장을 반박하였다. 그에 따르면 『만세보』가 사용한 부속국문체의 본질은 문체가 독자의 신분과 계층에 따라 결정되던 상황에서 그것을 하나로 통합하기 위해 고안된 점에 있다고 정리하였다. 부속국문체에 대한 자세한 논의는 김영민, 『한국의 근대신문과 근대소설 3—만세보』(소명출판, 2014) 참조.

국신문』에 실린 잡보 「만세보시설」이다. 해당 기사에는 『만세보』가 부속국문을 사용한 의도가 드러나 있다.

> 텬도교쥬 손병희 씨가 텬도교 교회 긔관 신문을 발간ᄒᆞᆫ다는 말은 향일 긔ᄌᆡᄒᆞ얏거니와 그 신문 일홈은 만셰보라 ᄒᆞ고 쳐소ᄂᆞᆫ 남셔회동으로 뎡ᄒᆞ고 긔계와 활ᄌᆞᄂᆞᆫ 임의 쥰비ᄒᆞ얏고 그 신문 만들기난 한문으로 쥬쟝ᄒᆞ고 한문 글ᄌᆞ 엽헤 우리나라 국문으로 쥬셕ᄒᆞ야 비록 한문을 몰으난 자라도 그겻희 국문을 보고 알게 만들깃다 ᄒᆞ며 신문쟝광은 외국의 큰신문과 갓치ᄒᆞ고 갑슬 ᄆᆡ우 념ᄒᆞ게 ᄒᆞᆫ다난ᄃᆡ 리인직 씨의 명의로 일젼 ᄂᆡ부에 청원인허ᄒᆞ얏다 ᄒᆞ니 불원간 간힝이 되깃다더라[25]

위의 기사에 따르면 『만세보』는, 한문으로 주장하고 한문 글자 옆에 우리나라 국문을 주석하여 한문을 모르는 사람도 부속국문을 보고 내용을 이해할 수 있도록 만들었다고 한다. 이러한 표기방식은 당시의 다른 매체들과 비교할 때 매우 특이한 것이었다. 예컨대 『제국신문』은 주로 한글을 사용하여 일반 서민과 부녀자 독자가 많아 암신문으로 불렸으며, 『황성신문』은 주로 한문을 사용하여 전통적 한학 지식인 독자가 많아 숫신문으로 불렸다. 이와 같이 당시 신문은 문자 선택에 따라 독자층이 확연히 구분되었다. 이러한 상황에서 『만세보』는 부속국문을 도입함으로써 문자 선택에 따른 독자층의 분리 현상을 극복하고자 하였다. 『만세보』가 택한 방식은 순한글판, 국한문판, 영문판을 동시에 발행한 『대한매일신보』에 비해 훨

25 「만세보시설(萬歲報施設)」, 『제국신문』, 1906.5.11, 잡보.

씬 경제적이고 효율적인 방법이었다. 결국 『만세보』는 부속국문을 도입함으로써 한문을 읽을 줄 아는 지식인 계층뿐만 아니라 한글을 사용하는 일반 대중에 이르기까지 폭넓은 독자층을 확보할 수 있었다.

다음은 논설 「길성吉聲」의 전문全文으로, 『만세보』의 궁극적인 문체 지향이 한글 사용에 있었음을 보여준다.

> 본보는 길성(吉聲)으로 이름을 지으매 국민이 국가 만세를 부르고 만세보를 구람(購覽)하니 만구(萬口)에 만세오, 만목(萬目)에 또한 만세라. 만세보 한 부가 매일 아침 만가(萬家)의 길성이라.
>
> 본보가 발간이 금일까지 25호인데 구람 청구가 매호에 평균 80매 이상씩 증가하였으니 지금까지가 이러하니 앞으로를 알 수 있으리라. 금년 내에 기계 증설할 준비가 없으면 불가하리로다.
>
> 우리나라 사천년 원기가 모여 본보의 붓이 되고, 이천만 열혈이 모여 본보의 먹이 된 즉, 문필에 종사하는 사람(操觚者)은 널리 의논할 곳이 상무(常無)하며 구독자는 자세히 볼 곳이 허다하도다.
>
> 그러면 본보의 성질은 어떠한가? 구차스럽게 녹을 먹는 자의 얼굴을 붉히게 하며, 간세배(奸細輩)의 머리를 숙이게 하며, 교육가의 열심을 증가하게 하며, 정학가(政學家)의 눈물을 흘리게 하며, 청년의 예기(銳氣)를 고양하며, 완고(頑固)의 썩은 말을 타파하며, 하등사회에는 평등권리를 절규하며 부인사회에는 남녀동등권을 청취하니
>
> 국가 진보적 기관이 이것이 아니면 무엇인고? 고로 만세보는 범위가 극히 넓어 구람자가 극에 이르니 그 구람자를 개론하면 정치가도 만세보, 교육가도 만세보, 부인사회도 만세보, 남산 송풍에 노정침석자(露頂枕石者)도 만세

보, 가로(街路) 좌우에 반찬점 남초상(南草商)도 만세보라.

어제까지 한문을 모르는 자가 동방에 일출하고 반우(飯盂)가 충만하면 낙세(樂世)로 알던 열등인물이라도 지금 이후로 국문을 익히면 상재(上才)는 하루의 공을 들여 통할 것이오. 비록 하재(下才)라도 십수일이면 반드시 능통할지니 이후에 본보를 구람하면 외국 형세도 알 것이오, 우리 정황도 알 것이라. 정치가를 대하면 능히 정담(政談)에도 참여할 것이오, 교육가를 대하면 능히 교육담에도 생소하지 않을 것이라.

이러한 즉 순정(純正)한 신지식이 오히려 한문학자 찰완고보다 백승할지라. 무엇을 이름인고? 찰완고는 문명적에 빙탄(氷炭)같이 배치(背馳)하여 열등지로 빠지는 자라, 세계 문운(文運)이 나아갈수록 열등인종은 감축하나니라.

본보의 활자는 부속국문이 있고 문법은 언문일치를 사용하고 목적은 사회진보적주의라. 매일 경세종(警世鐘)을 동포에게 고하노니 길성이 이에 과함이 없다 하오.[26]

논설은 『만세보』의 성격, 독자층의 범위, 부속국문 사용의 목적과 의의에 대해 차례로 다루고 있다. 먼저 『만세보』는 부정부패한 세력에 대해 비판적 태도를 견지하였다. 구차스럽게 녹을 먹는 자의 얼굴을 붉게 만들고, 간사한 무리의 머리를 숙이게 한다는 언급을 통해 이를 짐작할 수 있다. 그리고 교육가의 열심을 증가하게 하고, 정학가의 눈물을 흘리게 한다는 진술을 통해서 계몽적인 성격임을 유추할 수 있다. 이 밖에 완고의 썩은 말을 타파하고, 평등권리와 남녀동등권을 주장한 내용을 통해 진보

26 「길성(吉聲)」, 『만세보』, 1906.7.25. 인용한 부분은 원문을 현대어로 고쳐 쓴 것이다.

적인 성향도 지녔음을 알 수 있다.

『만세보』는 교육가와 정치가로부터 청년과 부인에 이르기까지 독자층의 범위가 매우 광범위하였다. 이렇듯 다양한 독자를 아우르고 있었기 때문에 각 계층에게 적합한 문체를 고민했고, 그 결과 부속국문을 채택하여 독자의 접근성을 높였던 것으로 보인다. 『만세보』의 문체는 국한문혼용체였다. 하지만 한자에 부속국문을 별도로 표기하여 일반 대중도 신문을 읽을 수 있도록 배려하였다. 이러한 문체 전략이 성공했는지 논설에서는 신문을 발행한 이래 구람 청구가 매호 평균 80매 이상 증가할 정도로 구독자가 늘고 있다고 밝혔다.

『만세보』는 국한문혼용체를 선택하였으나 궁극적으로는 한글체를 지향했던 것으로 보인다. 논설의 결론부에서 국문 사용의 장점을 중점적으로 부각했기 때문이다. 국문의 우수성은 무엇보다 빠른 습득에 있다. 아무리 열등한 사람이라도 빠르면 하루에 국문을 익힐 수 있고, 늦어도 십수일이면 국문에 능통할 수 있다는 것이다. 그리고 한문을 모르는 자라도 국문을 익혀 신문을 읽게 되면 우리나라의 정황은 물론 외국의 형세까지 알 수 있으니, 국문이 사상과 학문을 전달하는 중요한 수단이라는 것이다. 특히 『만세보』가 부속국문을 도입하고, 문법은 언문일치를 사용한다는 진술을 통해 최종적인 문체 지향이 한글체에 있음을 알 수 있다.

계속해서 『만세보』는 한문을 폐지하고 국문을 사용해야 한다고 주장하였다.[27] '구미 각국은 한문이 전무함에도 불구하고 국가를 성립하였고, 인민을 능히 발달하여 문운이 밝다'며 세계 경쟁에서 희생을 면하기 위해서

27 「한문연구회(漢文硏究會)」, 『만세보』, 1907.6.12.

라도 '교육상 한문을 전폐全廢하고 제반 교과서를 국문으로 편성編成하여 국민을 가르쳐야' 한다는 것이다. 근대화의 촉진을 위해 지식 전달이 새로운 과제로 제시되었고, 이러한 과제를 수행하기에 적합한 근대적 문자로 한글이 선택된 것이다. 이는 국문의 사용이 진보화, 근대화, 문명화와 연결되는 동시에 문화의 흥망과도 밀접한 관련이 있는 것으로 인식되었다는 점에서 매우 중요한 의미를 지닌다. 하지만 정작 『만세보』의 주요 필진부터 전통적 한학을 익힌 지식인이었던 탓에 순한글로 글을 쓰는 행위가 쉽지 않았다. 그리고 앞서 언급했듯이 이미 『만세보』의 독자가 층위가 다양하여 한글체를 고집할 수 없는 상황이었다. 신문사의 문체 지향과 당면한 현실 사이에는 상당한 괴리가 있었던 것이다.

『만세보』의 또 다른 판매 전략은 가격 정책이었다. 신문 구독료를 상대적으로 저렴하게 책정하여 가격 경쟁력을 내세워 독자를 확보하고자 노력한 것이다. 아래의 〈표 1〉은 『만세보』가 발행되던 시기에 발행된 여러 신문들의 판매 가격을 비교한 것이다.[28]

표를 보면, 다른 신문들과 비교할 때 『만세보』의 판매 가격이 상대적으로 매우 저렴했다는 점을 쉽게 확인할 수 있다. 『만세보』 1장의 대금은 1전으로, 같은 시기 『대한매일신보』의 2전 5리에 비하면 50% 이상 저렴하였다. 1907년 1월 1일(제156호)부터 『만세보』는 1장 대금 1전 5리, 1개월 대금 30전, 3개월 선금 86전, 6개월 선금 1원 65전, 1년 선금 3원으로 신문 가격을 인상한다. 신문의 판매 가격을 인상했음에도 불구하고 『만세보』의

28 『만세보』의 구독료는 앞서 소개한 '만세보 신문 발행광고(萬歲報新聞發行廣告)'를 참고하였다. 광고에 따르면 '일삭신문가(一朔新聞價)'는 '신화 이십 전(新貨二十錢)'이었다. 그리고 제시한 표는 '대한제국 시기 신문대금 현황(1906.6~12월)'으로 최기영의 앞의 글 92면에서 재인용하였다.

〈표 1〉 근대 초기 신문 대금표

	『만세보』	『제국신문』	『황성신문』	『대한매일신보』
1장 대금	1전	1전 5리	2전	2전 5리
1개월 대금	20전	25전	35전	30전
3개월 선금	57전	70전	1원	90전
6개월 선금	1원 10전	1원 40전	2원	1원 70전
1년 선금	2원	2원 60전	3원 90전	3원 40전

판매 가격은 여전히 저렴한 편이었다. 하지만 1907년 4월 23일(제238호)부터 『만세보』는 4호 활자 매 일행一行에 10전에서 20전으로 광고료를 인상하기에 이른다. 독자 확보를 위한 염가 판매 전략을 유지하기 위해 신문의 판매 가격은 최대한 유지하되, 그 대신 광고료를 인상한 것으로 보인다. 이처럼 『만세보』는 신문의 가격을 저렴하게 책정하는 판매 전략을 고수하여 독자를 확보하고 관리하였다.

3. 『만세보』의 편집 체제

『만세보』는 당시 발행하던 신문들이 타블로이드판(25.4cm×37.4cm) 6단제를 행해 오던 것과 달리, 배대판(33.5cm×48.5cm) 7단제를 최초로 도입하였다.[29] 이는 지면의 크기를 키워 한 면에 최대한 많은 기사를 소화하기 위한 것으로 보인다. 『만세보』는 창간에서 폐간에 이르기까지 대체로 4

29 이혜경, 「萬歲報와 大韓民報에 관한 考察」, 『저널리즘연구』 2, 이화여대 언론・홍보・영상학부, 1972, 206면.

萬歲報

〈그림 1〉『만세보』 창간호 1면

〈그림 2〉『만세보』 창간호 2면

(三) 第一號 光武十年六月十七日 萬歲報

〈그림 3〉『만세보』 창간호 3면

四) 【第三種郵便物認可】 (日曜日) 萬歲報 光武十年六月十七日 第一號

●廣告
弊館에서 石油活動機를 設ㅎ고 諸般印刷器具를 一新히 準備ㅎ와 各項書籍을 精密迅速히 刊行ㅎ오니 四海僉君子는 如雲來議ㅎ심을 務望홈

營業目
敎課書 請牒
褒證狀 領受証
通文 廣告
帳簿 名刺
其他印刷物도 隨請酬應이오며 且我國의 初有特異ㅎ 附屬國文을 設備ㅎ얏ㅅ옵고 代金은 與他廉歇홈을 注意홈

普文館

●廣告 活版印刷機具
一 各種活字 一 諺文活字
一 歐文活字 一 花形各種
一 罫及輪廓 一 新式印刷諸機械
一 製冊用諸機械 一 罫線機械
一 鉛版機械 一 活字鑄造機械
一 各種罫型 一 印刷用잉기
一 名刺紙
其他活版印刷와 製冊諸具에 活用ㅎ 諸品을 一切製造販賣홈
一 活版印刷業은 文明의 事業이니 何人이던지 비록 簡易케도 開業홈을 得ㅎ고 其資金의 多少額을 依ㅎ야 不迭홈이 無ㅎ게될거시오
一 活版業을 開始ㅎ고자ㅎ는 多額의 資金을 投ㅎ지 아니ㅎ면 其希望ㅎ는 方策에 依ㅎ야 百元以上으로 幾何를 開始홈을 得ㅎ게ㅎ며
一 弊所의 特色되는 바는 迅速과 廉價와 製品의 確實과 取扱의 懇切홈이오
一 弊所의 製造品은 自來의 舊式을 不用ㅎ고 弊所의 獨特ㅎ 新式으로 製調홈이오
一 活版業을 開始코자 希望ㅎ기는 諸氏 가아 쥬 職業에 經驗이 無ㅎ니는 出張所로 來議ㅎ시면 一一히 懇切敎授ㅎ깃삽
一 様子와 營業案內等을 入用ㅎ시리는 通奇ㅎ시면 次第로 遞送ㅎ깃슴
目下에 出張所는 新設中이니 左記處로 來臨相議ㅎ시옵
京城南署會洞八十四統十戶 吳台煥方 韓國出張所
東京江川活版製造所
東京市日本橋區長谷川町一番地 電話浪花八八八番
鐵工部 東京市京橋區南傳馬町二丁目 電話本局二七二六番
支店 仙臺市國分町四丁目 電話一一七番

天道太元經

此冊은 天道敎中央摠部에서 出販發賣하오니 願覽코자하시는 僉君子는 速速來購하시옵
右販賣所난 會洞普文舘
布屛門金相萬書肆
平壤鍾路大同書院

株式會社 韓一銀行株式募集廣告
本銀行創立主旨는 惟我商業界의 金融을 圓滿流通하야서 百般의 産業을 蔚然振興케 하기로 勉勵홈은 다시 再論ㅎ야 無ㅎ거니와 然此事業의 進就如何는 專히 我商業界有志紳商의 力協助를 不得하면 到底히 其善美ㅎ 效果를 見치 못ㅎ지라 故로 玆에 本銀行株式請入의 方法及期限을 左列供覽케 하오니 幸須有志紳商 愛彦은 十分備諒하사 此事業의 同情을 表彰하시와 吾輩ㅎ 金融의 機關을 愈益鞏固케 하시고 商業界의 共同利益을 一體永享케 하시기를 各自協贊하야 迅速應募ㅎ심을 切要
一 認可年月日 光武十年五月十九日 度支部에서 創立認可를 得홈
一 資本金總額 金十五萬圜이오 壹株金五十圜이니 總株數는 三千株
一 第一回拂納金 總資本金 四分一 即 壹株에 十二圜五十錢 計算으로 拂納케 홈
一 請入方法 本銀行創立事務所에 備置ㅎ 位에 備ㅎ 請入證書의 担當ㅎ 株數 保証金額 及 居址를 記載ㅎ고 署名捺印後 請入ㅎ事 但請入證書所用되면 別定ㅎ 銀行에서 請求홈이 可홈
一 請入保證金 應募者는 擔當株數에 應ㅎ야 壹株에 金五圜 計算으로 添付ㅎ事
一 請入期限 六月二十日爲限
一 請入處所 大廣橋株式會社漢城銀行
一 株式을 募集ㅎ 後 應募數가 總數 三千 株에 超過되면 發起人이 決議 處辦홈
一 請入時에 保証金을 添付케 ㅎ은 以後 第一回 拂納催告後 其期限內에 不納ㅎ면 已納保証金은 沒收ㅎ 外에 尙且 株主權이 消滅되게 홈
一 其他未詳事는 請入所로 來問ㅎ事
光武十年六月五日
株式會社 韓一銀行設立委員
趙秉澤 白周鉉 卿東植 孫錫基
李君필 趙彰漢 咸文永

土木建築株式會社株式募集廣告
本會社가 土木建築의 諸般業을 實施ㅎ기 爲ㅎ야 株式金을 募集ㅎ기로 玆에 公告ㅎ오니 有志僉君子는 應募ㅎ심을 務望
一 認可年月日 光武十年四月二十一日 農商工部에 承認홈
一 資本總額 總資本額은 二十五萬圜으로 定ㅎ야 株式으로 募集홈
一 株式總數 五千株에 止홈 但一株에 五十圜으로 定홈
一 收入回數 株式收入回數는 十回로 定ㅎ야 每一回에 五圜式 收入홈
一 請入保証金 應募人은 其擔當ㅎ 株數에 對ㅎ야 一株에 金五圜을 收入홈 但保証金五圜을 收入ㅎ 後 元株式收入十回에 分排除減홈
一 保証金收入 保証金은 陽曆六月十五日爲始收入ㅎ야 陽曆七月五日에 畢홈
一 株式請入法 株式請入은 旣爲頒佈ㅎ 細則과 如홈
一 請入處所난 中署洞口內西邊第貳谷으로 訪問홈
光武十年六月八日
土木建築株式會社
尹致晟 金倫求
柳東作 沈宜碩
朴基英 宋台觀

義恤金募集
洪州에 犯擾ㅎ 匪徒의 情節을 偵探하라 갓던 警務官 宋圭爽 氏와 摠巡 南雲普 氏의 殉身은 政府에서 褒忠하셧거니와 其遺骸와 殘族을 慰恤하고 其殘族을 救恤홈은 同胞의 當然ㅎ 義務이기로 玆에 仰佈하오니 有志僉君子는 隨其力하오셔 補助하심을 爲望
發起人
宋秉畯 洪肯燮 尹始炳 兪鶴柱 廉仲模 韓錫振 尹定植 李行敏 金澤鉉 金士永
恤金은 國民新報社로 傳致하고 領受證을 受去하시오

九轉靈砂는 本人이 妙法으로 新備ㅎ야 製造ㅎ 藥이온대 男女老少에 無論何症하고 通治하오며 無時病에도 服ㅎ면 不生의 身體가 健康하며 小兒는 四五錢重을 服하면 十歲안에 無病하기를 擔保하오며
九轉靈砂萬應丹은 癲狂痼症과 中風諸疾과 耳目諸病과 淋疾에 神効ㅎ오
九轉靈砂保命丹은 初生小兒驚風痼氣咳嗽服脹諸般惡症에 神效하오
九轉靈砂濟衆丹은 酒血滯 食滯 積 吐瀉 곽亂 喘疾 吐血 下血 運氣 時疾 瘧症 婦人되하에 神効하오
九轉靈砂紫金丹은 痔漏 果역上瘡瘇 下疳瘡及唐瘡과 諸般惡瘡惡種에 無不神妙하오니 有病僉君子는 來問하시오
內需司前學古이로上隣第一家
李鎬廷 告白

◎特別廣告◎
●本局에셔今番에神藥한八寶坤順丹과萬明膏를製造ㅎ얏난대此神方은大韓榻根地에丁承旨(若鏞)先生에著述ㅎ신神方이옵기玆에廣佈홈
▲八寶坤順丹은婦人에産前産後二十四種症勢에神效ㅎ藥이옵
▲萬明膏는一切男女老少勿論ㅎ고內外諸症에穴脈을좃차敷之ㅎ온즉有效홈
此二種藥을各項症勢에쓰난法은印刷廣告發刊ㅎ야各處에頒布ㅎ온바覽ㅎ셧ㅅ려니와若閱覽치못ㅎ오셧새든來臨問議ㅎ시옵
▲太乙保命丹은萬病과久病藥이온바下의記錄한病에神效홈
大풍瘡 楊梅瘡 瘰疬瘡
唐瘡 陰陽蛇頭瘡 神效
皇城大寺洞濟生局
丁來元 告白

◎書冊發售廣告
法學通論 一冊定價金 新貨一圜
農政新編 一冊定價金 新貨五十錢
註解西廂記 一冊定金 新貨一圜二十錢
願覽人士는 續續來購ㅎ시옵
右發賣所 京城美洞
國民新報社

本紙定價
每一張代金 一錢
一個月 仝 二十錢
三個月先金 五十七錢
六個月 仝 一圜十錢
一個年 仝 二圜
◎郵便遞送代金如左
一個月代金郵料並 三十三錢
三個月先金 九十六錢
六個月 仝 一圜八十八錢
一個年 仝 三圜五十六錢
●廣告料
四號活字每一行 三十錢
但隨其行數多小期限長短以減之
發行所 南署會洞八十五統四戶 萬歲報社
發行兼編輯人 申光熙

〈그림 4〉『만세보』 창간호 4면

면 발행을 유지하였고, 기사를 유형별로 나누어 '논설', '외보', '잡보', '소설' 등으로 표제를 표기하여 독자가 기사를 쉽게 구분할 수 있도록 배려하였다. 『만세보』 창간호의 모습은 앞의 그림과 같다.

『만세보』의 창간호(1906.6.17)는 4면으로 발행하였다. 먼저 1면 1단에는 '사설社說'을 실었으며, 3단에는 국가 관보를 소개하는 '관보초록官報抄錄'을 배치하였다. 해당란은 각종 법령의 시행규칙을 비롯하여 고시告示, 예산豫算, 조약條約, 서임敍任, 사령辭令, 관정록사官廷錄事 등을 다루었다. 5단에는 '외보外報',[30] 6단에는 '삼행엽엽三行葉葉', 7단에는 '하운기봉夏雲奇峯'을 실었다. 그리고 2면 1단에 '논설論說', 2단에 '해외전보海外電報'[31]와 '잡보雜報'[32]를 각각 실었다. 잡보는 2단부터 7단까지 이어졌다. 3면 1단에는 '축사祝辭'와 '잡보雜報', 3단 중간에 '고백告白'을 실어 발간식과 제반 준비를 위해 수일간 휴간함을 알렸다. 4단에는 '국문독자구락부國文讀者俱樂部'[33]를 연재하기 시작하였고, 6단에 축사와 '문원文苑', 그리고 '삼한고사三韓故事'를 실었다. 7단에는 보험사와 인쇄소 그리고 도서 '광고廣告'를 실었다. 끝으로 4면은 전면광고로 채웠다. 보문관, 은행, 건축회사, 의휼금, 약, 서적 등의 광고를 실었다. 이러한 편집 체제는 폐간까지 큰 변화 없이 유지되었다.

『만세보』 제2호(1906.6.28) 1면에는 '축사祝詞'가 계속해서 실리며, 3면에 '기

30 각국의 전보(電報)를 인용하여 기사를 작성하였다. 주로 일본, 중국, 러시아, 독일, 프랑스, 영국, 미국의 소식을 전하였으며 이외에도 인도와 스페인 등 각국의 소식을 전했다. 주된 내용은 각국의 정치 상황(주로 정치 개혁)이며 이 밖에 군사와 경제에 대한 기사를 실었다.

31 동경, 북경, 백림, 런던, 유다 등의 전보를 실었다. 특히 동경전보는 매호 연재되어 전보의 절대다수를 차지하며 비중 있게 다루었다.

32 주요인사의 근황을 소개하거나, 정치, 군사, 상업 등 사회 제 분야의 소식을 전한다. 이 밖에 학원설립, 교단 소식 등을 내용으로 한다. 전체 기사 중 가장 많은 지면을 할애하며, 주요기사의 경우에는 내용 강조를 위해 큰 활자를 사용한다. 본문은 부속국문으로 표기하였다.

33 주로 1면과 3면에 배치되며 1호부터 26호까지 총 20여 편의 기사가 실려 있다.

서寄書'를 두어 외부 인사들의 원고를 게재하기 시작하였다. 제3호(1906.6.29)부터는 '각지各紙의 론論'을 1면 하단에 삽입하여 당시 발행되던 각 신문의 논설을 요약하여 보도하였다.[34] 제23호(1906.7.22)에는 1면 4·5·6단에 소설 「혈血의 루淚」가 연재되기 시작하며, 제24호(1906.7.24)부터는 1면 1단에 「천도교전天道教典」을 게재하였다. 제38호(1906.8.9)부터는 「준비시대準備時代」, 제71호(1906.9.19)부터는 「국가학國家學」[35]을 연재하였다. 제92호(1906.10.14)에는 소설 「귀鬼의 성聲」 연재가 시작되며, 제125호(1906.11.23)부터는 1면에 「국가학國家學」에 이어 천도교 중앙총부에서 발간한 「교우자성敎友自省」을 연재하였다. 마지막 호인 제293호(1907.6.29)는 1면에 '관보초록', '경제월보', '외보', '광고', 2면에 '논설'과 '잡보', 3면에 '잡보', '문원', '본조고사本朝故事', '광고', 4면에 전면광고를 실었다. 『만세보』의 편집 체제를 정리하면 1면은 주로 천도교 경전이나 특집 기사로 채웠으며, 이외에 관보초록, 외보, 소설, 문예 등을 실었다. 2면은 1단에 논설을 고정적으로 배치하고 그 외에 해외전보와 잡보를 실었다. 3면은 사고, 잡보, 고사, 문예 등을 실었으며, 4면은 전면광고로 구성하였다.

『만세보』는 발행 기간 내내 4면 발행을 고수하였으나 지면이 확장된 사례가 아예 없었던 것은 아니다. 제156호(1907.1.1)는 '부록'을 실어 신문 매수가 4면에서 8면으로 대폭 늘었다. 1면은 '축사', '관보초록', '해동영언海東永言'[36]을 실었고, 2면은 '논설', '잡보', '사고'를 실었다. 3면 상단은 '三韓

34 『漢城新聞』, 『皇城新聞』, 『大韓每日申報』, 『朝鮮日日新聞』, 『大東新聞』, 『國民新報』 등 당시 발행되었던 각 신문의 기사 내용을 요약하여 게재하였다.

35 제70호(1906.9.18) 논설에 「본보일면(本報一面)」라는 제목으로 '국가학'을 "國民의 新面目과 國民의 新精神을 開導喚發ᄒᆞᆯ 寶鑑"이라 소개하고 있다.

36 이상원은 「『만세보』 소재 「해동영언」의 텍스트성 연구」(『시조학논총』, 한국시조학회, 2006)에서 「해동영언」이라는 제목으로 실린 111수의 고시조 작품을 통해 20세기 초반의 시

二十四傑中第一等人高句麗大臣乙支文德像'이라는 제목으로 을지문덕의 약사를 기술하였고, 중앙에는 을지문덕 상像을 실었다. 그리고 하단에는 을지문덕을 찬양하는 내용의 한시漢詩를 실었다. 4면에는 단편소설 「백옥신년」, 그리고 '문원'과 '광고'를 실었다. 5면부터 8면까지는 전면광고를 배치하였다. 제238호(1907.4.23) 역시 전체 6면으로 증면하였다. 1면에는 「천도교문」, '관보초록', '국채보상기성회 광고', '외보', 소설 「귀의 성」, 「혈의 루」 광고를 싣고 있다. 2면에는 '논설'과 '잡보'를 실었으며, 3면에는 '잡보', '도화유수桃花流水', '국채보상기성회 광고', '광고'를 실었다. 4면에는 전면 '광고'를 실었다. 5면과 6면은 부록으로 '국채보상기성회 광고'를 실었다. 이처럼 『만세보』는 을지문덕이나 국채보상 등 주요 이슈를 반영한 특집호를 발행하여 증면을 시도하기도 하였다.

『만세보』는 천도교와 밀접한 관련이 있었기 때문에 천도교와 관련된 특집기사를 자주 연재하였다. 특집기사는 천도교의 경전이 대부분을 차지하였으며, 주로 1면에 배치되었다. 「천도교전天道教典」(제24호, 1906.7.24~제28호, 7.28), 「천도교지天道教志」(제29호, 1906.7.29~제33호, 8.3), 「천도태원경天道太元經」(제34호, 1906.8.4~제37호, 8.8), 「교우자성教友自省」(제125호, 1906.11.23~제142호, 12.14), 「현기문답玄機問答」(제219호, 1907.3.30~제233호, 4.17), 「천도교문天道教門」(제234호, 1907.4.18~제246호, 1907.5.2) 등이 대표적인 사례이다. 이처럼 『만세보』는 일반 대중을 대상으로 천도교의 교리를 쉽게 풀어 연재함으로써 천도교의 외연 확장을 꾀하고자 하였다. 시사종합 일간지를 표방하였지만 기본적으로 천도교 기관지였기 때문에 가능한 일이었다.

조 텍스트로 간주하고 그것의 문헌학적 성격 및 가집 편찬사적 의미를 검토하였다.

종교 외에 『만세보』가 높은 관심을 보인 주제는 문명이었다. 논설에서도 문명에 대한 강한 관심을 드러냈는데 1면 특집기사 역시 문명과 관련된 내용을 비중 있게 다루었다. 제143호(1906.12.15)에는 청국淸國 상해 모 신문의 논설인데 아국我國 인민에게 요긴하여 수일간 지면에 게재하겠다며 「논부강문명지오대이기論富强文明之五大利器」를 실었다. 해당 기사는 문명의 5대 이기利器로 철로鐵路, 윤선輪船, 전신기電信機, 우신郵信, 활판活版 등을 제시하고 이에 대한 상세한 소개를 이어나갔다. 제151호(1906.12.25)부터는 「정치관념政治觀念과 정체발전政體發展」을 연재하였다. 이 글은 일본문학사文學士 백하차랑白河次郎 씨와 국부종덕國府種德 씨가 합저合著한 「지나문명사支那文明史」를 옮겨 실은 것이다. 이 밖에 국민의 건강과 직결되는 위생과 체육 관련 기사를 싣기도 하였다. 『만세보』 제167호(1907.1.18) 1면에는 「위생개론衛生概論」이 실렸으며, 「위생학衛生學」(제169호, 1907.1.20~제214호, 1907.3.24), 이동초李東初의 「논체육설論體育說」(제187호, 1907.2.19~제188호, 1907.2.20)이 연재되었다.

4. 『만세보』 논설에 드러난 현실 인식

『만세보』는 당시 조선의 현실을 민족적 위기상황으로 파악하였다. 정치사회는 부패하여 구차스럽게 녹을 먹는 무리들이 고량膏粱을 무위도식無爲徒食하고, 인민사회는 비열한 사상으로 전진적 기상이 전무하고 우매하니 이를 서둘러 구하지 않으면 멸망에 이를 것이라 우려하였다.[37] 이러

37 「세계일변(世界一變)」, 『만세보』 1906.12.4.

한 현실 인식을 바탕으로 『만세보』는 우리 정치사회에 대해 경고를 하는 한편, 인민사회에 대해서도 충고하겠다며 포부를 밝혔다. 『만세보』는 언론 활동을 통해 정치를 개혁하고, 민중의 무지몽매한 사고방식을 타파하고자 하였다. 그리고 이를 실현하기 위한 구체적인 수단으로 논설을 선택하였다. 이처럼 논설은 『만세보』의 정치이념을 가장 집약적으로 드러내는 중요한 수단이었다.

『만세보』는 창간호의 사설을 포함하여 총 283편의 논설을 게재하였다[38] 논설은 국내외의 다양한 문제를 다루었는데, 특히 국내 문제를 집중적으로 다루었다. 세부적인 내용으로는 정부 시책의 소개 및 비판, 지배 계급의 무능이나 부패 고발, 정부 개혁 촉구를 비롯하여 의병, 교육, 산업, 사회단체, 여성, 위생, 풍속 개량 등의 문제를 다루었다. 몇 가지 주제를 중심으로 『만세보』소재 논설의 논조를 구체적으로 살펴보면 다음과 같다.

1) 의병에 대한 부정적인 인식

아래의 논설은 「의병義兵」의 전문全文이다. 『만세보』 발행 초기에 실린 이 논설은 『만세보』의 정치적 입장을 명확하게 보여준다. 논설은 이틀에 걸쳐 연재될 정도로 의병 문제를 비중 있게 다루었다. 이 논설을 통해 『만세보』가 당시 국제 정세를 어떻게 파악하였으며, 어떠한 근거를 바탕으로 의병을 부정적으로 바라보았는지 확인할 수 있다.

38 『만세보』는 1906년 6월부터 1907년 6월 말까지 293호가 발행되었다. 그러나 영인본에는 8호, 245호, 275호, 281호가 유실되어 있으며 67호, 182호, 218호, 225호, 234호, 289호, 291호에는 논설이 실리지 않았다.

홍주(洪州)의 포연(砲煙)이 꺼지고 태인(泰仁)의 비적 우두머리가 잡히니, 그 병사는 오합지졸의 어리석은 백성이오, 그 장수는 시무(時務)를 알지 못하는 최익현(崔益鉉)이라.

한탄스럽도다. 편견의 사림(士林)을 선동하여 잘못된 길로 이끌고 죄 없는 인민을 속여 사지(死地)에 몰아넣으니, 의(義)의 명(名)은 일시의 구실로 돌아가고 난리의 싹은 그 영향이 얼마에 이를지. 이에 있어서 조정이 불안해지고 국제적으로 악감정을 불러일으켰으니 누가 최 씨로 하여금 이러한 계획을 세우게 하였는가?

최 씨는 한문학자로 등과(登科)하고 수차례 상소(上疏)의 직언(直言)이 있어 국민이 그 곧음을 인정할 뿐이라 어찌 정치 학문이 있으며 군략(軍略)이 있으리오. 저 최 씨의 우직함을 이용하여 이 란을 일으킨 자의 계책은 우리가 알지 못하나 요컨대 국내 의병을 폭동하여 내지에 있는 외병을 서방하게 하고 밖으로 열국(列國)의 공의(公議)를 일으켜 일본의 보호 기반(羈絆)에서 벗어나 결국 국권(國權)이 두세 사람의 주모자에게 장악당할 듯하여 이러한 잘못된 사태(誤擧)가 일어난 것이다.

대개 우리 사민(士民) 중에 학문 지식이 있다고 자처하는 사람들은 중국(支那)의 오래되고 부패한 유교(古儒腐論)에 황송하여 엎드리고 명청(明淸)의 정략(政略)에만 정신을 빼앗겨 신선한 공기가 두뇌에 들어가지 않아 고집스런 의견이 혼돈을 구분하지 못하니 이러한 이목(耳目)에는 우리의 의론(議論)을 염두에 두지 않는 줄 예상하나 나는 국민의 의무로서 여러 사람의 반론에도 불구하고 대세(大勢)를 잠시 논의하노라.

서력 1889년에 두국(杜國)이 러시아인의 교준(敎唆)에 빠져 영국과 전쟁이 일어나 포화가 3년에 이르도록 열국(列國)의 중재는 없고 두국(杜國)의 생령과 재정만 모두 바닥났다. 이후 아직까지 영국 영토를 면하지 못했을 뿐만 아니라 전날의 자치권까지 잃었다. 그리고 1900년에는 청국(淸國)이 의화단의 난으로 인해 거액의 금을 열국에 갚고 만주사건 이 또한 이에 따라 발생하였다.

고로 작은 나라에 병란이 일어나면 이익은 강국(强國)에 돌아가고 화는 약국(弱國)이 받으니 생각해 봐야 한다. 가령 오늘날의 최 씨로 하여금 손자와 오자의 용병술 재주가 있다고 할지라도 우리나라의 재원(財源)과 우리국민의 단체력으로 세계의 강국과 전쟁을 일으켜 수삼년을 계속할 능력이 없음은 천하 만국(萬國)이 모두 아는 바라.

지금 의병이 홍주전성(洪州全城)을 의지하여 대포와 소총의 제반 무기를 지니고 사오백 병정을 쥐었으나 일병(日兵) 한 개 중대의 공성(攻城)을 당하니 마치 계란 위에 바위를 올려 놓는 것과 같이 손을 속박당하였으니 이로써 보건대 우리의 국민정도(國民程度)는 두국민(杜國民)의 만분의 일에 불과하다.

또 이봉래(李鳳來), 민경식(閔景植), 민병한(閔丙漢) 무리는 어떠한 정치가인지 어떠한 책사인지 모르거니와, 만약 저 무리로 하여금 내정 외교를 맡기고 최익현으로 군사를 모두 관장하게 하면 무학무식(無學無識)한 우견(愚見)으로 족히 국가 운명을 재촉할 따름이라. 그러한 즉 우리나라가 어떠한 정책으로 국가를 반석(磐石)의 안(安)에 치(置)할고. (미완)[39]

천하 형세를 살피고 우리나라의 정도를 돌아봐 밖으로 틈을 주지 말며 안으로 내정을 스스로 닦아 국가의 실력을 양성하여 기초를 공고(鞏固)하게

39 「의병(義兵)」, 『만세보』, 1906.6.28일. 인용한 부분은 원문을 현대어로 고쳐 쓴 것이다.

할 따름이라.

우리는 대륙의 반도(半島)이다. 비유하건대 거인이 팔뚝을 펴는 것과 같고 일본은 그 지형이 길어 북쪽의 천도(千島)에서 남쪽의 대만에 이르니 북위 21도부터 51도에 달한다. 그 형태가 긴 뱀이 굼틀거리는 것과 같으니 만약 우리나라가 부강하고 선진(先進)하였다면 일본은 그 흉복(胸腹)이 암석에 닿은 것과 같아 머리와 꼬리가 응(應)하기 어려우며 수족을 두기 어려울지라. 반드시 우리나라에 대하여 말을 공손히 하고 예를 갖춰(卑辭厚禮) 교린(交鄰)의 의(誼)를 선수(先修)하였을 것이나 불행히 이를 얻지 못하고 일본이 부강하고 선진하였다. 그 지세(地勢)를 보고 국력을 논할진대 긴 뱀이 굼틀거리는 곁에 개구리 한 마리가 아픈 다리를 펴지 못함과 같을지라. 만약 옛날의 전국시대를 당하여 피아의 국경이 이와 같이 접근하고 피아의 강약이 이처럼 현저하였다면 반드시 강제 병합(强幷)을 당한 지 오래 되었을 것이다. 아! 우리나라가 시금 세세 문명에 대하여 원망할 것도 있고 사례할 것도 있으니 무엇을 말함인가?

가령 만국이 모두 다 우리나라와 같이 미개하고 쇠약하였더라면 우리가 두려워 할 것이 없거늘 지금은 그렇지 않으니 문명을 원망하는 것이며, 지금 만국의 문명이 지구상에 광채를 발하여 공법(公法)을 무시하지 못하고 약조를 감히 위반하지 못하므로 우리나라가 강자의 병탄(幷呑)을 다행히 면하였으니 이는 지금 문명에 만세를 외치고 사례하지 않을 수 없도다.

지난 날 일청(日淸) 일로(日露)의 개전 시에 일본이 우리나라의 독립 유지를 선포하였으니 돌아보건대 금일 형세가 일본이 만국에 대한 약속을 어기는 것은 불가능하다. 그러하니 우리나라는 마땅히 일본의 보호력을 이용하여 힘써 국가 실력을 길러 후일의 자강력을 얻어야 보호하던 일본이 그 반동의 힘으로 자퇴할 것이다. 우리나라도 소국(小國)이오 일본 또한 소국이라. 순치(脣齒)의 관계(勢)는 어느 시대를 막론하고 서로 떨어져 있기 불가능하다.

영국, 미국, 독일, 프랑스는 그 위치와 관계가 우리나라에 대하여 제2의 관계이다. 하지만 청과 러시아는 우리나라와 밀접한 관계가 있다. 청은 지금 비록 스스로 떨쳐 일어서지 못하나 땅이 넓고 인구가 많으며 부원(富源)이 심대(甚大)하다. 정치를 일변하면 천하에 세력을 떨칠 복(祚)이 있으나 3,50년을 지나야 이룰 수 있으니 차치하고, 러시아는 이미 개화한 야심의 강국이다. 지난 날 전쟁에 대패한 적이 있으나 그 강대함은 아직 변함이 없다. 블라디보스토크(浦鹽斯德)의 기초(基礎)는 비유컨대 우리의 머리 위에 거대한 바위를 매단 것과 같으니 우리나라의 예방책이 없으면 압장(壓墻)의 화를 면하기 어려울 것이다. 그러므로 우리나라가 일청(日淸)의 교의(交誼)를 잃지 말아야 할 것은 삼척동자도 아는 바다. 고로 우리나라가 밖으로 틈을 주지 말고 안으로 내정을 닦아 나라의 실력을 양성함이 최상책이라 하노라.

지금 우리나라 조야(朝野)의 몇몇 벼슬아치가 우물 안 개구리의 눈으로 전국을 바로 보지 못하고 사마귀가 수레바퀴에게 덤비는 것과 같으니 소위 의병의 패배는 논할 것이 없거니와 국민의 정신을 혼란하게 하여 진보주의가 이로 인해 더욱 지체되었다. 한마디로 국가의 죄인이라 삼척(三尺)이 자재(自在)하니 왕장(王章)의 주(誅)를 면치 못할 것이니 우리는 그 어리석고 완고함을 더 논하지 아니 하노라.[40]

『만세보』는 당시 국제 정세를 우승열패 적자생존의 장으로 파악하였다. 세계가 힘의 논리에 의해 움직이므로, 약국弱國에 병란이 일어나면 강

40 「의병(義兵) 속(續)」, 『만세보』, 1906.6.29. 인용한 부분은 원문을 현대어로 고쳐 쓴 것이다.

국强國만 이득을 얻고 약국은 화만 입을 뿐이라는 입장이다. 그래서 힘이 없는 우리가 강대국에 맞서는 것은 계란으로 바위를 치는 일과 같이 어리석은 행동이라며 이를 규탄하였다. 그리고 한일 관계를 순치脣齒의 관계로 보고, 일본이 청일전쟁과 러일전쟁 당시 조선의 독립을 인정하였으니 일본의 보호를 이용함으로써 실력 배양에 힘쓰자고 주장하였다. 이러한 대외관에 따라 의병의 항쟁을 부정적으로 평가한 것이다. 즉 현실적으로 실현 불가능한 의병의 항일투쟁은 국내 불안과 국제 간 대립만 야기할 뿐 아무런 실익이 없다고 판단한 것이다.

이러한 이유로 최익현에 대해서 '사림을 선동하여 잘못된 길로 이끌고 죄 없는 인민을 속여 사지에 몰아 넣는다'고 비판하였다. 최 씨가 한문학자로 등과한 이래 상소로 직언하여 국민이 그 곧음은 인정하지만 어떠한 정치 학문이 있으며 군략이 있느냐며 최 씨의 무능을 꼬집은 것이다. 그리고 이봉래, 민경식, 민병한에 대해서도 국권을 장악하기 위해 최 씨를 이용해 난을 일으켰다며, 무식한 우견으로 국가의 운명을 재촉할 뿐이라며 비판하였다. 『만세보』는 이들의 행위에 대해 우물 안 개구리처럼 정세를 바로 보지 못하고, 마치 사마귀가 수레바퀴에게 덤비는 것과 같다고 보았다. 따라서 『만세보』는 의병의 패배는 명백하며, 의병이 국민의 정신을 혼탁하게 하고 진보주의를 지연시켰으니 어리석고 완고한 국가의 죄인이라 규정하였다.

최익현과 의병에 대한 비판으로 사림의 항의가 잇따르자 『만세보』는 「해분의解粉議」(1906.7.3)를 통해 해명에 나섰다. 하지만 이 논설은 '최 씨의 심心은 충忠이나 최 씨의 사事는 불충不忠'이라며, 국가의 운명을 재촉하고 국민의 앞길을 암흑, 부패, 멸망지로 몰아넣은 최익현을 다시 한번 강도 높게 비판하였다. 그리고 세계 열국의 문명을 창도하던 자는 반드시 최씨같은 완고 인물과 충돌했다며, 완고의 무리를 소탕해야 한다고 역설하였다. 끝으로 우리는 개화당이 만기萬機를 일신하여 부강에 이른 만국역사를 되새겨야 하며, 완고 세력이야말로 의병보다 더욱 열등하고 비열하다며 또 한번 강하게 비판하였다. 최익현을 비롯한 완고한 세력들에 대한 비판은 「대우장지大雨將至」(1906.7.4)와 「강석호姜錫鎬」(1906.7.6)[41]에서도 이어진다. 『만세보』는 의병을 처리하는 문제에 대해 파병보다는 선정善政에 힘쓸 것을 주문하였다.

> 군부(軍部)에서 진위대(鎭衛隊) 병정 100명을 파송하여 영월, 삼척, 울진, 봉화, 영양, 진보 각 지방에 비도(匪徒)를 소탕하라 한다는 사실은 어제 본지에 게재하였거니와 소위 비도는 어떠한 종락(種落)이뇨. 근일 의병당이니 불안당이니 활빈당이니 백건당이니 여러 명색이 기회를 타서 일어나니 여름날 음습한 공기 중에 곤충떼가 일어난 것과 같다. 모기가 피를 빨고 벌이 침을 쏘고 뱀이 방자하게 해를 끼치는 듯이 인명을 살육하고 재산을 약탈하여 전국 지방 가득 화(禍)가 횡행하니 양민은 안도 생활하기 불가능하다.
>
> 의병당이라 칭하는 무리는 국가사상이라 망령되게 칭하고 이번 봄에 궐기하여 국가의 면목만 손상하고 효과는 하나도 없이 다수의 사망만 냈으니 유해무익함은 전국이 깨달은 바이지만, 최근 관동, 영남 등 크고 작은 태백산간에 허다한 괴유(乖流)가 진을 치고 모여들어 보금자리를 만들고 가을 이래로

41 "강석호는 일개 벼슬아치로 국권을 희롱한 죄악이 크니 (…중략…) 김승문에게 십만 원을 주어 안으로 국민을 선동하고 최익현을 격려하여 의병을 모집하고 근일 궁중의 많은 일도 강석호로 말미암아 일어났으며 정계의 어지러움도 강석호에 말미암은 것이다."(인용한 부분은 원문을 현대어로 고쳐 쓴 것이며, 강조는 인용자)

출몰하지 않다가 관병을 해치고 백성을 노략질하여 세력이 점점 창궐한다 하니 이는 일종 불안당의 강도 절도사건에 불과한 것이다.

군부에서 파병 소탕한다 함이 형식상으로 집행하는 정령(政令)이나 당장에는 관군의 위세를 두려워하여 그림자 없이 달아나 잠시 소탕한 모양이나 그 본거지는 날아다니는 풀무치와 같아 동에 번쩍 서에 번쩍하는 폐해가 있으니 이는 파병력으로 소탕하기 어렵다. 그 근본을 다스려 구제하는 방책은 정치에 있으니 군수와 관찰사를 가려 뽑는다면 각 지방행정의 선량한 결과가 있을 것이다. 열 명 또는 이십 명의 파병은 다만 군사금만 쓸데없이 허비하고 민간만 소요(騷擾)할 뿐 근본을 다스리는 방책이 아니라고 단언하니 당국자는 다시 생각할지어다.[42]

위 인용은 「파병불여선정派兵不如善政」이라는 논설의 전문全文이다. 이 논설 역시 의병을 비도匪徒로 지칭하며 의병에 대한 부정적인 인식을 드러내고 있다. 심지어 논설은 의병을 '국가의 면목을 손상하고 다수 생명의 사망만 낸 유해무익한 존재'로 규정하고, 이들을 다스릴 방책을 강구하기까지 이른다. 논설에서는 군부에서 의병을 해소하기 위해 파병한 정책을 비판하며 정부의 선정善政을 근본적인 대책으로 제시하였다. 이러한 주장은 진보적 문명을 추구하고 정치 개혁을 통해 야만에서 벗어나자는 『만세보』의 기본 입장과도 일치하였다. 조선의 현 상황을 미개未開로 규정한 『만세보』는 그 원인을 문명개화를 가로막는 봉건 질서와 무능력한 정부에서 찾았다. 이러한 인식은 봉건 질서의 부정과 정부에 대한 비판으로 이어졌다.

42 「파병불여선정(派兵不如善政)」, 『만세보』, 1906.12.23. 인용한 부분은 원문을 현대어로 고쳐 쓴 것이다.

2) 봉건 질서의 부정과 정부 비판

『만세보』는 진보적 문명을 지향했기 때문에 조선사회를 지배한 봉건 질서를 개화의 걸림돌로 여겼다. 이에 따라 양반 계급 등 조선사회 지배 계층의 부정부패를 고발하고, 정부의 무능을 비판하는 데에 주력하였다. 대표적인 논설로는 「행세군行世軍」(1906.7.7), 「환수임관換手任官」(1906.7.22), 「어전회의정일御前會議定日」(1906.8.3), 「식구食口」(1906.8.5), 「붕당朋黨」(1906.8.7), 「공천군수公薦郡守」(1906.8.25), 「공천公薦」(1906.8.28), 「등용시재登用試才」(1906.9.1), 「지방폐해구제地方獘害救濟」(1906.9.19), 「진보정도進步程度」(1906.10.31), 「전고폐풍銓考弊風」(1906.12.2), 「경고궁중부중警告宮中府中」(1906.12.12), 「학무국장송영學務局長送迎」(1906.12.14), 「경쟁競爭」(1906.12.22), 「경고참정대신警告叅政大臣」(1907.1.22), 「정부실책政府失策」(1907.5.19), 「도로道路의 성聲」(1907.6.28), 「활동사진活動寫眞」(1907.6.29) 등이 있다.

『만세보』는 먼저 신분 계급에 의해 유지되는 봉건 질서를 타파하기 위해 양반 계급의 부정과 횡포를 고발하는 데에 앞장섰다. 아래의 논설은 「정당평민구별政黨平民區別」의 일부로, 서두에서는 우리나라의 풍토가 균일하여 모든 물산이 고른 데 반해 인물상의 구별만 유독 심한 것이 괴이하다며 문제를 제기하였다. 인물상의 구별이란 정당사회와 평민사회의 구별을 지칭한 것으로, 정당사회는 양반을 의미하며 평민사회는 평민을 가리킨다. 이 둘은 본래 같은 민족사회를 구별한 것이었으나 지금에 와서는 되돌릴 수 없을 정도로 큰 차이가 난다며 본격적인 논의를 이어갔다.

> 정당사회는 어떠한 것인가? 노론(老論), 소론(小論), 남인(南人), 소북(小北)이라 하는 화혁(華奕)한 벌열(閥閱)을 빙자하여 의지하고, 정승(政

丞) 판서(判書) 한림(翰林) 각신(閣臣)이라는 영요(榮耀)한 관작(官爵)을 창씨고씨(倉氏庫氏)로 대대로 이어받아, 하늘을 흔들며, 해를 움직이고, 위복(威福)은 산을 뽑을 정도이며, 세상을 덮을 세력을 장악하여, 능히 굽혔다 펼 수 있는 조화(造化)의 권력을 지닌 양반이오.

평민사회는 어떠한 것인가? 시정(市井) 여염(閭閻)과 향리(鄕里) 전사(田舍)에 농공상업으로 노동생활하여, 일평생 양반의 눈앞에 앉고 누움(坐臥)을 마음대로 못하며, 희노애락을 감히 드러내지 못하고, 노예처럼 금수(禽獸)처럼 비굴한 상놈(常漢)이라.

이로 인하여 정당사회는 평민사회를 원수와 같이 질시하며, 평민사회는 정당사회를 천신(天神)과 같이 두려워하고 겁내 자연히 구별이 판이하니, 세계에 평민사회의 일파는 자유 권능을 전주(專主)하고, 일파는 자유 권능을 전실(專失)하는 등급은 우리나라에 처음 보는(刱見) 것이다.

그중 특히 정당사회는 평민사회를 압박적으로 학대할 뿐 아니라 백성의 고혈(膏血)을 짜내고 백성의 골수(骨髓)를 빨아 마시며 백성의 피육(皮肉)을 벗겨 양반가를 살찌우는 일종의 환약으로 여기니, 법률을 조작하며 뇌물을 탐하여 도철(饕餮)의 흉악한 욕심과 도척(盜跖)의 악풍(惡風)으로 오백 년 역사상의 고항병(膏肓病)을 만들었구나.

정당사회의 당국자 이외에 한층 뛰어난 사람이 있어 선대 정당의 귀염(鬼談)을 자탁(藉托)하고 토호무단(土豪武斷)이 명목을 제멋대로 뒤섞어 죄 없는 인민의 분쟁의 단서를 찾아 악형(惡刑)을 엄격히 시행하며 재화를 긁어모아 부호생활로 일생을 평안하게 누리니, 가령 평민이 일 년에 백 포곡을 농사지으면 삼분의 이는 양반의 소유로 인정하고, 천 냥전을 이식(利殖, 이자가 이자를 낳게 하여 재물을 늘려 감)하면 반절의 일은 양반의 수중으로 떨어지

니 재산 생명을 정당사회와 토호무단에게 기부물로 추측(推測)한 것이다.[43]

인용한 논설은 높은 비율의 소작료와 고리대금 등으로 양반이 평민을 착취하는 모습을 구체적으로 제시하며 양반을 비판하였다. 이러한 사례뿐만 아니라 법률을 조작하고 뇌물을 받아 대대로 부를 축적하는 양반의 부정과 횡포 그리고 교만방자한 태도 역시 타매의 대상이었다. 이와 대조적으로 양반의 압제 하에 감히 대들지 못하고 모든 학대를 감내해야만 하는 평민에 대해서는 우호적인 태도를 취하고 있다. 위 논설은 마지막에 '한국에 지극히 선한 인종은 평민이오, 지극히 악한 인종은 정당이라'는 태서泰西의 유명한 학사가 한 말을 인용하여 양반을 비판한 본 기사의 주장에 힘을 실었다. 양반에 대한 비판은 계속해서 이어졌다. 「분경奔競」에서는 그 제목이 의미하듯, 금품이나 연줄 등 온갖 방법으로 벼슬자리를 다투는 사람들을 묘사하며 목불인견의 추태라며 꼬집었다.

근일 내부(內部)에서 후보자를 천거(擬薦)할 인원을 선정한다는데 노론, 소론, 남인, 북인 등 사색(四色)인지 오색(五色)인지 분별하여 처리해야겠고, 벼슬자리에서 떨어뜨릴지 말지 분별하여 처리해야겠는데, 노론에는 모씨의 자식이 가세가 빈한하고 아울러 모씨의 고종사촌이자 나에게도 가까운 친척이라 부득불 사정이 절박하고, 소론에는 모씨의 손자가 부모와 조부모를 모시는 딱한 처지이고 집안의 처지로는 지위를 남에게 사양할 수 없으며, 남인에는 모씨의 지위를 이미 죽기까지 약속하여 환수하기가 어렵고, 북인에

43 「정당평민구별(政黨平民區別)」, 『만세보』, 1906.6.30. 인용한 부분은 원문을 현대어로 고쳐 쓴 것이다.

는 모씨의 부탁도 간절할 뿐만 아니라 나와 교류한 지가 4, 5년인즉 이번에는 불가불 구처(區處)할 터인데 모씨보다는 모씨를 먼저 구처해야 하겠고. 여러 해를 벼슬살이한 소위 적사구근(積仕久勤) 중에는 관원의 정원이 적으니 어찌 손을 쓰면 세상에 시비나 없을는지, 입막(入幕)한 한 관인(官人)이 곁에서 돕되 대감의 의향이시지오 마는 모씨는 매우 억울하고 모씨는 모처에 긴히 청탁도 하니 금번에 우선 구처해야 구황(救荒)도 되고 생색도 되지 않겠소.[44]

위 논설의 비판 대상은 온갖 방법으로 관직을 얻으려고 경쟁하는 양반 무리였다. 논설은 단순히 이들을 비판하는 데 그치지 않고 우리나라의 악습관에서 그 근본 원인을 찾았다. 인물을 채용할 때에는 해당 인물의 학문과 지식, 청렴함과 지조, 재주와 경력 등을 우선적으로 따져야 하는데, 지난 오백 년간 그렇게 하지 않고 인물의 가문과 조상, 그리고 가세만 따져왔다고 비판한 것이다. 이러한 분석을 통해 결론에서는 사색四色이니 친분이니 식구니 친척이니 따지지 말고 명예와 재주가 있는 자를 채용하여 지방 인민을 구하고 국가 공기公器를 중용重用할 것을 당부하였다. 「엽관자獵官者」[45]에서도 사사로운 관계로 정부 대신을 찾아가 관직을 구걸하는 자들을 '엽관자'라며 비판하였다. 해당 논설은 정부 대신에게 당장 엽관자부터 내쫓고, 국가의 내외직에 맡은 바 임무를 처리하지 못하는 자도 해직할 것을 요구하였다. 학식이나 재능이 있는 자를 택용하는 것이야 말로 국가와 국민의 행복이라는 것이다. 아래의 인용문은 논설 「인재수용人才需用」이다. 위의 논설과 마찬가지로 관리 선발의 투명성을 강조하며, 능

44 「분경(奔競)」, 『만세보』, 1906.8.1. 인용한 부분은 원문을 현대어로 고쳐 쓴 것이다.
45 「엽관자(獵官者)」, 『만세보』, 1907.2.20.

력 있는 관리를 선발할 것을 주장하였다.

인민을 통치하고 국가를 지켜 나아가려면 반드시 정부가 필요하니 정부에 인재가 없으면 그 정치가 쇠약해지고 그 정치가 쇠약해지면 국가가 망한다. 무릇 인민으로 나라를 삼고 토지로 집을 삼아 국가를 형성하니, 국가는 막대한 물(物)이오 국정(國政)은 막중한 일이라. 고로 만기(萬機)를 나눠 각기 직임(職任), 직책(職責), 직권(職權)이 있으니 그 소임을 다하지 못하는 자는 해직하며, 그 책임을 지지 않는 자는 벌하며, 그 권리를 남용하는 자는 국가의 형법도 있거니와 국인(國人)의 공분(公憤)도 있다.

그러나 어떠한 사람이 정부 관직에 있어야 국가가 바로잡힐런지. 각기 그 재주를 맡고 이어 선악을 분별하여 상벌을 내리는 것이 마땅할 따름이다. 가령 집을 건축하려면 반드시 목공(木工)으로 나무를 관리하게 하고 석공(石工)으로 돌을 세공하게 하며 그밖에 제반 사역을 각기 인재를 임명하지 않으면 집을 지을 수 없다. 저 구구한 집도 그렇거늘 하물며 한 나라의 정부에 어찌 사람을 가려 고르지 않으며 인재를 임명하지 않을 수 있으리오.

무릇 국록(國祿)을 도식(徒食)하는 자가 정부에 가득하면 국가가 멸망의 재앙에 이르는 것이 당연하다. 지금과 같은 경쟁 세계에 이러한 국가가 있으면 반드시 그 국토 인종을 멸망할 재앙의 근원(禍胎)을 간직한 것이 의심할 여지가 없다. 어떤 사람을 막론하고 자기의 생명을 빼앗거나 그 처자를 살해하는 자가 있으면 원수로 여기지 않을 자 없으니, 인종적(人種的) 큰 화를 미칠 경우에는 하늘이 도우며 신이 노하더라도 여론의 아래에 그 죄를 고치기 어려울지라. 어찌 삼가 조심하여 두려워하지 않으리오.

우리나라가 5백년 이래에 문벌가 자제로 정부에 등용함으로 모씨의 자식

손자라 하면 아무리 토목(土木)같이 능력 없는 사람이라도 정부 관직은 자가물(自家物)로 알았으니 그 어두귀면(魚頭鬼面, 몹시 흉한 얼굴)의 무리를 일일이 지명치 않으나, 국가가 지금 이 지경에 이른 것은 모두 이것 때문이라. 지금 폐정(弊政)을 개선하고 만기(萬機)를 일신하여 정부에서 인재택용(人才擇用)으로 문제를 삼는다 하니 우리는 눈을 닦고 기다리나 지렁이가 나올런지 용이 나올런지 인민은 귓불의 후박(厚薄)만 만질 뿐이로다.[46]

위의 논설은 부패한 기득권을 비판하는 것에서 한 걸음 더 나아가 정부에게 직접 공정한 인재 채용을 제안하였다. 『만세보』는 세계가 힘의 논리에 의해 움직이는 경쟁사회이므로 경쟁에서 살아남기 위해서는 국가의 실력부터 갖추어야 한다는 입장이었다. 하지만 우리나라의 경우 부패한 기득권이 세력을 세습하여 온갖 악행을 일삼으니 경쟁에서 살아남기는 커녕 망국의 위기를 자초한다고 보았다. 따라서 국가의 기강을 바로 세우고, 실력을 양성하기 위해 가장 먼저 실천해야 할 과업으로 공정한 인재 채용을 당부한 것이다. 논설은 지금까지 잘못된 관행으로 무능하고 부패한 관리가 부정한 방법으로 관직을 차지해 국가의 경쟁력을 저하시킨 점을 문제삼았다. 그리고 이러한 문제를 해결하기 위해서는 정부가 능력이 있는 인재를 투명하게 선발하고 수시로 그 실적을 평가하여 상벌을 내리는 등 철저한 관리가 필요하다고 주장하였다.

『만세보』는 국가의 기강을 바로 잡아 국가 경쟁력을 제고하려면 정부의 역할이 무엇보다 중요하다고 보았다. 그래서 무능한 현정부에 대해 강

46 「인재수용(人才需用)」, 『만세보』, 1906.12.13. 인용한 부분은 원문을 현대어로 고쳐 쓴 것이다.

도 높은 비판을 가했다. 예컨대 정부의 법령이 유명무실하여 인민이 신뢰하지 않고, 정부가 권리를 모두 잃어 호흡을 남에게 의지하며, 정부의 기식氣息은 있는 둥 마는 둥하여 술에 취한 듯하고, 정부의 정신은 오락가락하여 평안하지 않으니 한마디로 춘몽정부春夢政府라며 비판한 것이다. 이어서 정부에 대해 봉건 질서를 타파하고, 개혁을 통해 근대화를 추구해야 한다며 한시 바삐 꿈에서 깨어날 것을 촉구하였다.[47] 『만세보』가 정부에게 요구한 것은 국가 경쟁력을 제고할 구체적이고 현실적인 방안이었다. 이에 따라 이른바 학문을 증진하고 식산殖産을 발달시켜 국가의 실력을 키우자는 실력양성론이 대두되었다.

3) 학문의 증진과 식산 발달의 촉구

『만세보』는 현재 우리나라가 국가적 존망存亡이라는 위기상황에 처해 있다고 진단한 후, 이를 타개할 수단으로 '학문의 증진'을 촉구하였다. 그리고 논설을 통해 '신학문은 세계 문명국의 학문이라 지구상 인류된 자 구미의 문명을 흡수치 못하면 야만'[48]이라며, 우리도 신학문을 익혀 하루바삐 야만에서 벗어나 문명에 도달해야 함을 역설하였다. 교육이 국가의 문운文運을 발전시킬 뿐만 아니라 국가의 실력을 확충하는 중요한 역할을 담당할 수 있다는 이유였다. 그리고 교육과 관련된 논설을 다수 게재하였는데, 대표적으로 「학교확장비 지출 결의學校擴張費支出決議」(1906.7.31), 「의무교육義務敎育」(1906.10.2), 「교육 대주의敎育大注意」(1906.10.10), 「교육상 대주의敎育上大注意(속)」(1906.10.11), 「교육비敎育費」(1906.10.16), 「진보정도進步程度」(1906.10.31), 「보통학교

47 「춘몽정부(春夢政府)」, 『만세보』, 1907.5.14.
48 「잡류오세(雜類誤世)」, 『만세보』, 1906.7.15.

증설普通學校增設」(1906.11.10), 「재론 학교부분再論學校部分」(1906.11.11), 「학무국장송영學務局長送迎」(1906.12.14), 「도뢰상길渡瀨常吉」(1906.12.19), 「노인학교老人學校」(1907.3.2) 등의 논설을 들 수 있다.

『만세보』는 다수의 논설을 통해 학문 증진 방안을 제시하였는데, 구체적인 주장은 다음의 세 가지로 요약할 수 있다. 첫째, 전국에 학교를 설립할 수 있도록 학교의 설립 및 운영에 필요한 예산을 충분히 확보해야 한다. 둘째, 학교 설립의 경우 관립이나 공립만으로는 그 수가 절대적으로 부족하므로 사립학교 설립을 권장해야 한다. 셋째, 청년 자제를 양성하는 것이 무엇보다 시급한 일이므로, 의무교육제도를 반포하여 강제력을 동원해서라도 교육해야 한다. 그리고 이러한 교육 확장의 문제를 해결할 수 있는 방안까지 제시하였다. 해결 방안은 주로 예산 문제에 집중하여 논의하였다. 먼저, 육군을 긴축하여 10분의 1만 남기고 그 남은 예산을 교육비로 처리한다. 다음으로 경성의 태학太學과 지방의 향교鄕校를 일제히 학교로 설립하고, 부속付屬된 전토田土를 조사하여 교육비로 입용入用한다. 끝으로 의무교육제도를 반포하여 급히 실행하고 국민의 의연금義捐金을 교육비로 보조한다는 내용이었다.

논설에서는 교육을 시행하면 머지 않아 국민은 문명 국민의 지위에 오르고, 국가는 세계 일등국이 될 수 있다며 미래를 낙관하였다. 그리고 국가의 위기를 이겨내고 문명개화를 책임질 주체로 가장 먼저 청년을 호명하였다. 정치인은 신용이 없고, 양반들은 오만으로 가득하며, 완고가頑固家는 야매野昧가 극심하고, 자본가는 인색하고 허물이 많으므로 청년이 가장 적합하다는 것이다.

청년 자제의 뇌수(腦髓)에 천연적으로 국가사상과 진보주의가 포유(包有)하기를 바라는 것은 어려운 일이다. 부모의 애정과 의식(衣食)의 흉한로 도로에서 방랑 희학(戲謔)하여 총명한 자품(姿品)이 있어도 부재자(不才子)를 양성하여 부랑(浮浪) 파락호(破落戶)의 기초를 유년(幼年)에 완고(完固)하면 앞으로의 희망이 어찌 있으리오. 청년 자제는 아직 부패한 습관이 골수에 퍼지지 않았으니 정신적 교육을 실시하여 제2세 국민될 의무를 개개의 두뇌에 주입한 다음에야 능히 국가 인민을 책임질 희망이 있을 것이다.[49]

그러나 청년이라고 해서 국가사상과 진보주의가 선천적으로 내재된 것은 아니기 때문에 정신적 교육이 필요함을 역설하였다. 특히 청년은 아직 부패한 습관에 물들지 않았기 때문에 지금부터라도 청년을 교육한다면 장차 국가의 광휘를 회복하고 인민의 행복을 증진할 수 있을 것이라 희망하였다. 논설은 교육의 대상인 청년 자제뿐만 아니라 이들을 교육할 교육자의 역할도 매우 중요하다고 강조하였다.

『만세보』는 청년 교육을 주장하는 한편, 여성의 권리를 인정하고 여성의 교육 및 계몽에도 깊은 관심을 보였다. 대표적인 논설로는 「부인개명婦人開明」(1906.7.8), 「내외법內外法」(1906.8.24), 「여자교육회女子教育會의 지식정도知識程度」(1906.10.12), 「진보정도進步程度」(1906.10.31), 「부인회婦人會」(1906.11.9), 「부인사회婦人社會」(1906.11.14), 「개가법改嫁法」(1907.3.6), 「혼상제례의개량婚喪祭禮議改良」(1907.5.28) 등을 들 수 있다. 이들 논설은 지난 사천년 동안 여자는 남자와 평등한 권리를 갖지 못하고 일평생 죄인처럼 살아왔지만 앞으로는 여자도

49 「청년(青年)의 담하(擔荷)」, 『만세보』, 1906.7.19. 아래의 인용은 원문을 현대어로 고쳐 쓴 것이다.

지식을 개발하여 평등권을 회복해야 한다고 주장하였다. 그리고 여학교를 설립하고 여성단체를 조직하여 여성이 문명사회의 사업을 실행함으로써 국가의 광휘를 발양하는 데 기여해야 한다고 주장하였다. 이처럼 논설이 여성의 권리를 존중하고 여성 교육 문제에 적극적일 수 있었던 이유는『만세보』가 교리상 남녀평등의 가치를 추구한 천도교의 기관지였기 때문이다.

『만세보』는 학문의 증진만큼이나 식산 발달을 급선무로 내세웠다.「시간경제時間經濟」(1906.8.21),「농축農畜」(1906.9.8),「농축農畜(속)」(1906.9.9),「농산農産」(1906.9.16),「경제경쟁經濟競爭」(1906.9.21),「경제경쟁經濟競爭(속)」(1906.9.22),「아불위즉타위我不爲則他爲」(1906.9.23),「농회農會」(1906.10.20),「농형農形」(1906.10.21),「삼림森林」(1906.10.23),「경제계經濟界」(1906.10.27),「공업하이발달工業何以發達」(1906.11.18),「예산증가豫算增加」(1906.11.21),「전가田家」(1907.6.14) 등의 논설이 대표적인 사례에 해당한다. 이들 논설은 식산의 발달을 촉구하며, 국민 생활에 직접적인 영향을 미치는 농업, 공업, 상업 분야의 개혁에 대한 논의를 전개하였다.

『만세보』는 우리나라의 영토와 인적자원 정도면 충분히 부강 문명을 이룩할 수 있다고 보았다. 우리의 영토는 기온과 강수량이 적절하고, 땅이 기름지고 천산물품天産物品이 구비되어 제조의 원소가 다대多大하며, 우리의 인민은 성질이 순실淳實하고 재능도 뛰어나므로 부강 문명에 이를 기본적인 요건은 갖추었다고 판단한 것이다. 하지만 이러한 천연자원의 보고寶庫에 살고 있음에도 우리가 걸인乞人의 참상을 면치 못하는 이유는 게으른 습관과 노동사업을 경멸하는 태도 때문이라고 보았다. 특히 논설에서는 우리나라가 경제에 대한 학문이 없는 탓에 지금껏 식산이 발달하지 못했다고 강도 높게 비판하였다. 따라서 나라를 부흥하게 하고 인민의 살림을 넉넉하게 만들기 위해서는 시급하게 농업, 공업, 상업 분야의 교육을 시행해야 한다고 주장하였다.

오늘날 세계의 풍조를 헤아려 보면 경제경쟁의 시대라 할 수 있다. 이는 개인 언론의 의견이 아니라 전 세계 언론이 모두 인정하는 바이다. 경제경쟁이라 칭하는 것은 무엇 때문인가? 세계의 풍조를 추측하건대 인민의 진화함도 경제에서 비롯되고, 문운(文運)의 계명(啓明)도 경제에서 비롯되고, 국가의 부강도 경제에서 비롯되고, 개인의 진보도 경제에서 비롯되니 경제의 역량이 전 지구를 영축진퇴(盈縮進退)하게 하는 권능이 투철하기 때문이다.

경제라 이르는 것을 보통 말하자면 식산흥업(殖産興業)으로 큰 기관(機關)을 이루는 것이니, 개인이나 국가나 식산흥업에 주의하지 못하면 실력을 기르지 못한다. 실력을 기르지 못하면 인민을 어떻게 진화하며 문운(文運)을 어떻게 계명(啓明)하며 국가를 어떻게 부강하며 개인을 어떻게 진보할 능력이 있으리오. 이로 인하여 실력을 기르고자 함에 식산흥업을 크게 주의하고 노력하므로 경제경쟁이라 칭한다. 경제의 경쟁을 볼지면 농업, 공업, 상업, 잠업(蠶業), 임업, 광업, 어업을 발달하여 제조, 노동, 무역 등의 경쟁력이 전세계에 충만하여 옥백(玉帛)의 교섭과 제항(梯航)의 교통과 준조(樽俎)의 절충과 간과(干戈)의 상견이 이를 말미암아 생기거늘

우리 대한 전국은 국가든지 인민이든지 경제경쟁의 학문도 어둡고, 지식도 비열하고, 역량도 미치지 못해 세계상 풍조에 부평초처럼 떠밀리듯 헐박(歇泊)이 무정(無定)한 상황에 처한 것이다. 이러한 즉 경제경쟁 사이에 끼지 못해 식산흥업에 주의할 수 없으니 그 어떤 노력할 기초가 있으리오? 이로 말미암아 국가 인민의 실력을 구할 희망이 묘연하니 이를 우려하고 이를 원

통하게 여겨 경제경쟁의 일론(一論)을 초안하여 전국 동포의 경제 경쟁심을 권유하니 (미완)[50]

아한 전국에 국민의 지식 정도가 경제상 대범위를 논하기 어려운 처지이니 경제의 소부분을 논하거니와 대저 식산흥업으로만 논할지라도 농업, 공업, 상업, 잠업, 임업, 광업, 어업 등에 있다 하되 여러 가지 사업에 착수할 지식이 미치지 못한 바 지식을 깨우치는 것은 학문에 있고 시간에 있고 노동에 있으니

첫째, 나라에 총명한 청년 자제에게 국고금을 지원하여 관비학생으로 파송하지 못하는 경우가 있더라도 각기 사재사력(私財私力)으로 세계 문명열방에 유학하여 여러 학문을 연습하여 지식을 함양한 후에 경쟁심을 얻는 것이오. 둘째, 나라의 인민이 시간경제를 존중하여 한 시간이라도 낭비하는 폐풍이 없으면 자연히 마음에 근면성실을 잊지 않을 것이니 이와 같으면 전국 동포의 사업에 큰 효과가 있음을 알게 되어 경쟁심을 얻을 것이오. 셋째, 국민 일동이 놀고 먹던 악습관을 버리고 제조, 판매, 담부(擔負) 등 사업에 종사하여 작은 이익이라도 취해 당일 조석 걱정을 면하게 되는 것을 알게 된 후에 경쟁심을 얻을 것이니

이 세 가지를 실행하면 식산흥업의 정도가 점차 자리잡혀 어제까지 굶던 자가 오늘 포식하며 작년까지 가난했던 자가 올해 넉넉해질 것이니 개인의 실력을 각각 갖게 되면 국가의 실력은 자연 발달할지니 이는 아한 금일에 급급선무할 경제 경쟁력이라 단언하노라. 전국의 동포는 경제 경쟁심을 크게 발휘하여 경제 경쟁력을 크게 일으킬지어다.[51]

50 「경제경쟁(經濟競爭)」, 『만세보』, 1906.9.21. 인용한 부분은 원문을 현대어로 고쳐 쓴 것이다.
51 「경제경쟁(經濟競爭) (속)」, 『만세보』, 1906.9.22. 인용한 부분은 원문을 현대어로 고쳐 쓴 것이다.

위의 인용한 논설에서는 경제 경쟁력이 전무한 우리의 현실을 비판하고, 국민들에게 경제 경쟁심을 발휘해 줄 것을 요청하였다. 그리고 경제 경쟁심을 함양할 수 있는 구체적인 방안 세 가지를 제시하였다. 첫째, 청년 자제들에게 국고를 지원하여 관비유학생으로 파견하거나 그것이 여의치 않으면 사비유학생으로 세계 문명국에 파견하여 여러 학문을 습득하게 함으로써 경쟁심을 함양한다. 둘째, 시간경제를 존중할 수 있도록 시간을 낭비하는 습관을 교정하여 근면성실함을 바탕으로 사업에 임하게 하여 경쟁심을 함양한다. 셋째, 지금껏 놀고 먹던 악습관을 타파하고 국민들로 하여금 각종 사업에 종사하도록 하여 끼니 걱정을 면하게 함으로써 경쟁심을 함양하도록 한다. 논설의 결말부에서는 제시한 세 가지 방안을 실행하면 개인의 실력은 물론 국가의 실력을 양성할 수 있으니 경제 경쟁력을 우선적으로 함양해야 한다고 다시금 강조하였다.

이처럼 『만세보』 소재 논설은 현재 조선의 힘으로는 서구 열강에 맞설 수 없으므로 실력을 우선적으로 양성해야 한다는 논리를 내세웠다. 그리고 실력 양성의 실질적인 방법으로 교육의 증진과 식산의 발달을 꼽았다. 『만세보』가 실력양성론을 전개함으로써 궁극적으로 추구한 목표는 삼진연방三進聯邦이었다. '일진一進하여 일본과 합하고 재진再進하여 간도를 반환하고 삼진三進하여 만주와 연락連絡한 후에 동양에 일대연방一大聯邦을 만들어 경제상 대진보를 연구'하자는 것이다. 만약 이를 실행하지 못할 경우에는 '국가는 멸망에 이를 것이오 인종은 감축할 것'이라 우려하였다. 그렇지만 우리나라의 현재 상황은 본년도 세입이 850만 원에 불과하고 육군은 만 명에 불과하며 게다가 정치가, 군략가, 경제가 모두 국가 동량의 재목이 아니며 국민 역시 비열하니 어찌 감히 열강과 어깨를 견줄 수 있느냐며 비관하였다. 결국 현 상황에서는 청년후진青年後進의 총명한 뇌력腦力으로 신지식에 진취하게 할 따름이라며 국민의 교육을 그 차선책으로 제시하였다.[52]

4) 풍속 개량을 통한 근대화의 추구

국가 역량을 축적하여 완전한 독립 국가를 목표로 하는 개화사상의 핵심은 국민 계몽에 있었다. 『만세보』는 국민 계몽의 일환으로 풍속 개량을 주장하였으며, 풍속 개량을 실천하기 위해 위생 담론을 적극적으로 활용하였다. 위생은 국민의 생명에 직접적인 영향을 미칠 뿐만 아니라 문명의 지표이자 정수로 받아들여졌기 때문이다. 근대의 보건위생은 개인적인 차원에서는 삶의 질을 개선하고 수명을 연장하며, 국가적인 차원에서는 인구를 늘리고 강병을 이룩하게 하는 강력한 수단이며, 동시에 제국주의적 지배를 원활하게 하는 효과적인 권력 수단이기도 하였다. 따라서 근대 문명국에 있어서 국민의 건강 보호는 국가가 마땅히 실천해야 할 의무였으며, 국민이 당연히 누려야 할 권리이기도 하였다. 이러한 이유로 근대화를 추구하는 국가에서 위생에 대한 문제는 강조될 수밖에 없었다.

『만세보』는 비위생적이고 청결하지 못한 조선의 현실을 비판하고, 이러한 상태를 야만으로 규정함으로써 위생과 관련된 정책 시행의 정당성을 확보하였다. 그리고 다수의 논설을 통해 문명국가가 시행하고 있는 앞선 위생 제도를 시급히 수용해야 한다고 주장하였다. 위생과 관련된 논설은 「위생衛生」(1906.7.21), 「청결방법清潔方法」(1906.8.22), 「피병원避病院」(1906.8.29), 「음식

52 「삼진연방(三進聯邦)」, 『만세보』, 1906.7.20.

점飮食店」(1906.9.7), 「농축農畜」(1906.9.8), 「농축農畜(속)」(1906.9.9), 「의약개량醫藥改良」(1906.9.11), 「의약개량醫藥改良(속)」(1906.9.12), 「삼림森林」(1906.10.23), 「자치청결의自治淸潔議」(1906.10.24), 「음료수飮料水」(1906.10.25), 「목욕沐浴」(1906.12.11), 「흡연독吸煙毒」(1907.2.24), 「공제인수지역共躋仁壽之域」(1907.3.21), 「경성음료수京城飮料水」(1907.6.20) 등이 대표적이다. 가장 먼저 연재된 「위생」은 해당 논설이 연재되는 시기를 고려하여 여름철 위생 관리의 주의점에 대해서 논의하였다.

근래에 더위가 극심하여 온도계가 87도에 달하였으니 구력(舊曆)으로 초복(初伏)이 이미 지나고, 중복(中伏)이 가까워져 일기(日氣)가 극렬할 시기이다. 일기가 극렬하여 세상사가 가히 기후를 좇아 위생상 필요함이 적합할지니

그 목마름을 해소하고자 차가운 물을 과음하고 얼음 조각을 마구 먹으며, 서늘한 곳을 찾아 다리 위나 큰길가에서 밤새 노숙하여 밤이슬의 습기를 맞고, 오이와 살구 등을 식욕대로 먹고 탁주를 마셔 대취하고 상한 고기와 생선을 먹고 서기(暑氣)가 울증(鬱蒸)하고 먼지가 뒤섞인 음식물을 포식하니

위생이 무엇인지 알지 못하는 노동자나 어린이와 부녀의 습관이 더운 여름날에 숙식을 염려하거나 경계하지 않아 잠시의 시원함을 취하며, 배고픔과 배부름이 일정하지 않은 가난한 생애에 방해와 이익을 선택할 겨를이 없어 잠시 굶주림을 모면할 욕심으로 주린 배를 채움에 불과한 즉 일일이 금지하기 어렵거니와

위생상 방해로 말하자면 당장에는 다행히 재해가 없다고 해도 토지에 습하고 답답한 증기와 음식에 생냉(生冷)한 가스(炭氣)가 살가죽에 침투하며 위장에 잠복하였다가 초가을 서늘한 때에 구토, 곽란(霍亂, 급성위장병), 설

사, 적리(赤痢, 급성전염병인 이질의 일종) 등과 심하면 장질부사와 호열자 등 악질이 발생하여 생명의 방해와 위험을 가히 말하기 어려운 뿐 아니라 불행히 악질에 걸려 사망에 이르면 악취가 퍼져 악질(惡疾)이 퍼지는 폐해가 일어날 경우에는 위생상 주의하던 사람도 유행병을 피하기 어려우니 그 원인을 연구할진대 유행 악질은 위생상에 부주의하던 자의 독균(毒菌)으로 전국 생명의 방해 위협을 양성함이니 어찌 중대 관계가 아니리오.

위생의 폐해로 금지함은 경찰관리의 책임상에 있으니 췌론(贅論)할 필요가 없거니와 인민에게 경고하는 일설도 조고자(操觚者, 문필에 종사하는 사람)의 책임이기로 근일 극렬한 기후를 맞아 발광대규(發狂大叫)하는 인정을 헤아려 위생의 필요를 한번 서술하노라.[53]

논설은 사람들이 여름철에 흔히 저지르는 잘못된 습관을 구체적으로 예시한 후, 위생에 대해 주의를 기울이지 않을 경우에 발생할 수 있는 위험에 대해 경고하였다. 위생을 소홀히 할 경우, 가볍게는 구토, 곽란, 설사, 적리에 시달리거나 심하면 장티푸스, 콜레라 등의 질병에 노출될 수 있다며 그 피해의 심각성을 우려하였다. 특히 위생에 부주의하던 자가 불행히 악질로 사망하게 되면 독균이 퍼져 위생에 주의하던 사람까지 유행병에 감염될 수 있으므로 위생이 국민의 생명과 관련된 중대한 문제임을 부각하였다. 따라서 위생은 개인의 문제를 넘어 국가의 존립과 직결된 문제이므로 개인 스스로 위생에 주의하는 것 이상의 대책이 필요하다는 주장으로 이어졌다. 결국 논설에서는 정부가 경찰관리를 동원하여 위생에

53 「위생(衛生)」, 『만세보』, 1906.7.21. 인용한 부분은 원문을 현대어로 고쳐 쓴 것이다.

방해가 되는 행위를 강제적으로 금지해야 한다는 입장을 취하였다.

「자치청결의自治淸潔議」는 법령을 통한 강제적인 위생 정책 시행을 요구한 대표적인 논설이다. 해당 논설은 전국의 경찰관리가 청결 의무를 다하고 있지만 우리나라의 습관이 청결을 모르고 민심이 정돈되지 않아, 경찰관리가 매일 지휘하여도 별다른 효과가 없다고 문제를 제기하였다. 우리나라의 오랜 악습관으로 인해 도로에 똥과 오줌이 흘러넘치고, 마을 입구에 오물이 가득 차 위생상 방해와 교통상 방해가 크다는 것이다. 논설에서는 이러한 문제를 해결할 방법으로 전국에 자치청결제도를 반포하여 시행할 것을 제안하였다. 위생 청결 법령을 엄중히 반포하여 명령을 어기는 인민은 죄를 심의하여 처분하고, 명령에 복종하는 동리洞里는 포상하자는 것이다. 논설은 법령을 시행하면 경찰관리가 매일 지휘하는 불편도 없을 것이고, 인민의 청결 의무에 난처한 사정도 없을 것이니 자치청결제도를 시급히 반포할 것을 희망하였다.

『만세보』는 서구 또는 일본의 발전된 위생제도를 시급히 도입하여 우리 인민의 생명을 보호해야 한다는 주장을 지속적으로 펼쳤다. 그리고 위생제도 시행을 문명의 전제조건으로 보고, 위생이 무엇인지도 모르고 위생제도가 전무한 조선을 야만의 상태로 규정하였다. 국민들이 무지하고 정부가 위생에 대한 정책을 마련하지 않았기 때문에 화장실, 부엌, 우물, 상점, 도로 등 인민의 생활 전반에 걸쳐 비위생이 만연한 것이라고 지적하였다. 이러한 문제를 해결하기 위해서는 정부가 직접 나서서 위생 관련 정책을 수립하고 서둘러 위생제도를 시행해야 한다고 주장하였다. 예를 들어 화장실 개량 문제를 비롯하여, 피병원避病院 설립 촉구, 음식점의 위생 문제 해결, 식수 문제 해결, 검역을 위한 수의사 파송 요구, 의학원 설립 요구, 목욕탕 설치 촉구, 아편 흡연 금지 촉구, 자치청결 법령 반포 촉구에 이르기까지 여러 분야에 걸쳐 정부의 직접 개입을 요청하였다. 인민의 생명에 해가 되는 일이라면 마땅히 정부가 엄금하여 인민의 공동 이익을 추구해야 한다는 논리였다. 이러한 논리로 인해 『만세보』의 위생 관련 논설에서는 정부의 강제력 개입을 호소하는 경향성을 보였다.

『만세보』는 위생을 주장하는 한편 국민 계몽의 일환으로 풍속 개량도 추진하였다. 풍속 개량 문제를 다룬 논설은 국민의 의식 개선 문제나[54] 전통적인 관혼상제의 개량[55]을 다루기도 하였으나, 대부분 국민의 생활과 밀접한 의식주衣食住의 문제에 집중하였다. 먹을 것과 관련된 문제는 앞서 언급한 위생제도에서 이미 다루었으므로 차치하고, 주거 문제를 다룬 논설은 「성첩城堞」(1906.8.18), 「성첩城堞(속)」(1906.8.19), 「가옥제도家屋制度」(1906.8.23) 등이 있다. 「성첩」의 요지는 봉건적 국가질서의 상징적 조형물인 성첩이 국방상 무용無用하고, 교통상 유해有害하니 해체하자는 것이다. 그러나 성첩을 해체할 경우 반대 여론이 예상되니 공익적 측면을 부각하자는 전략을 취했다. 그것은 성첩의 석재를 따로 판매하거나 석재를 한강변으로 옮겨 수로를 놓는 데 활용하자는 것이다. 성첩을 해체하면 장애물이 사라져 교통에 편리를 줄 뿐만 아니라 가옥 건축 증진에도 기여한다는 것이다. 이어서 「가

54 「기만풍기(欺瞞風氣)」(1906.11.6)는 국가에 만연한 속고 속이는 풍토를 비판한 논설이다. 부자(父子), 부부(夫婦), 형제(兄弟), 친구 간에 서로 기만하는 풍기를 개량하여 신용을 확립해야 한다는 주장을 펼쳤다.

55 「혼상제례의 개량(婚喪祭禮議改良)」(1907.5.28)과 「혼상제례의 개량(婚喪祭禮議改良)(속)」(1907.5.30)은 이응직이 중추원에 건의한 혼상제례 개량안을 소개하고, 그의 입장에 찬성하는 논조의 논설이다. 해당 논설의 요지는 '관례(冠禮)는 체발(剃髮)로 대신하고, 혼례(婚禮)는 집수례(執手禮)를 행하고, 상례(喪禮)는 화장(火葬)을 행하고, 삼년상(三年喪)은 단축하고, 제례(祭禮)는 폐지하기로 일종 민법을 반포하여 국민 풍속을 엄정히 개량'하자는 것이다.

옥제도」는 전통 가옥의 개량을 주장한 논설이다. 전통 가옥은 유교적 규범에 따라 구조를 결정하여 생활하기에 불편하고 비합리적이라는 것이다. 특히 무거운 기와를 얹어 단층으로 짓는 방식이 비효율적이므로 2층, 3층의 가옥을 건축해야 한다는 주장을 펼쳤다.

풍속 개량 논의에서 가장 큰 비중을 차지하는 주제는 의복 개량의 문제였다. 대표적인 논설로는 「복색服色」(1906.11.7), 「의제개량衣制改良 여자의제女子衣制一」(1906.11.22), 「의제개량衣制改良(속) 여자의제女子衣制二」(1906.11.23), 「의복개량衣服改良(속) 남자의제男子衣制三」(1906.11.24), 「의복개량衣服改良(속) 남자의제男子衣制四」(1906.11.25), 「의복개량衣服改良(속) 남자의제男子衣制五」(1906.11.27), 「여자의제 개량의女子衣制改良議」(1906.12.20), 「여자의제 개량의女子衣制改良議(속)」(1906.12.21), 「모자개량帽子改良」(1907.3.24), 「최선희망最先希望」(1907.6.9) 등이 있다.

이들 논설은 앞으로 경제 사업에 종사하고 문명 부강에 이르기 위해서는 머리를 잘라서 일심단체를 이루고, 의복을 개량하여 위생과 경제에 보탬이 되어야 한다고 주장하였다. 의복 개량의 구체적인 방안을 예로 들자면, 때가 잘 타는 흰 옷 대신에 흑의黑衣를 착용할 것, 봉건사회의 잔재인 상투, 갓, 망건, 탕건을 폐지할 것, 두루마기와 구자屨子(마른신) 그리고 광수의廣袖衣(소매 넓은 옷)를 폐지할 것, 여자 머리장식의 일종인 화관과 족두리 대신에 모자를 착용할 것, 여자 신발인 운혜와 당혜 대신 구두를 신을 것, 여자의 얼굴을 가리는 장옷을 폐기하고 얼굴을 드러낼 것 등이다. 의복 개량 사례는 대부분 서구 문명국의 제도를 모범으로 제시하였다. 그리고 의복을 개량해야 하는 근거는 생활에 편리하고, 위생에 도움을 주며, 경제에 큰 이익을 준다는 점을 들었다. 또한 여성의 장옷 폐기는 남녀평등권의 회복 차원에서 거론되기도 하였다. 한편 정부에게 의제령을 반포할 것을 주문한 것으로 보아, 위생제도와 마찬가지로 정부의 강제적인 제도 시행을 선호한 것으로 볼 수 있다. 실제로 논설은 정부의 의제령을 따르지 않을 경우 중벌에 처한다면 전국 인민의 의복 개량이 단기간에 실현될 것이라 전망하기도 하였다.

풍속 개량을 다룬 논설은 우리 국민이 철학적 지식이 부족하고, 경제적 이해관계를 알지 못한 탓에 야만인의 풍속을 지금까지 그대로 따랐다고 지적하였다. 그리고 이러한 풍속은 단지 중국에 굴종하는 열등인종의 사상일 뿐이라며 강하게 비판하였다. 진화의 시대를 맞이하여 우리의 풍속도 서구처럼 위생과 경제성을 고려하여 개량해야 한다는 것이 논설의 주된 논지였다. 논설에서는 국민의 생명 보호 차원에서 위생제도를 시행해야 하며, 생활양식의 개혁 차원에서 단발령을 시행하고, 의복을 개량해야 한다고 주장하였다. 지금 시대가 생존 경쟁과 경제 경쟁의 시대이므로, 우리의 생활양식도 그에 맞게 진보적으로 개량해야 한다는 취지였다. 그리고 이러한 풍속을 개량하기 위해서는 정책 마련 및 제도 시행 등 정부의 직접적인 개입이 필요하다고 주장하였다. 결국 국민의 생명을 보호하고, 경제상 이익을 취해 국운을 부강하게 하자는 취지에서 풍속 개량이 논의되었으며, 이는 국민 계몽을 통한 문명국가의 수립과도 밀접한 관련이 있다고 정리할 수 있다.

『만세보』
논설 목록

호수	날짜	게재란	제목	비고
1호	1906.6.17	사설	제목 없음(無題)	1면, 사장 오세창
		논설	사회(社會)	2면, 주필 이인직
2호	1906.6.28	논설	의병(義兵)	2면에 논설 실림
3호	1906.6.29	논설	의병(義兵)(속)	2면에 논설 실림
4호	1906.6.30	논설	정당평민구별 (政黨平民區別)	1면에 논설 실림
5호	1906.7.1	논설	지방제도(地方制度)	1면에 논설 실림
6호	1906.7.3	논설	해분의(解粉議)	1면, 소설 「단편」 2면에 논설 실림
7호	1906.7.4	논설	대우장지(大雨將至)	1면, 소설 「단편」 2면 논설 연재 고정
8호				전체 지면 누락
9호	1906.7.6	논설	강석호(姜錫鎬)	
10호	1906.7.7	논설	행세군(行世軍)	
11호	1906.7.8	논설	부인개명(婦人開明)	
12호	1906.7.10	논설	내부협판(內部協辦)	
13호	1906.7.11	논설	궁금령(宮禁令)	
14호	1906.7.12	논설	국시(國是)	
15호	1906.7.13	논설	국시(國是)(속)	
16호	1906.7.14	논설	우서(郵書)	
17호	1906.7.15	논설	잡류오세(雜類誤世)	
18호	1906.7.17	논설	사시이비(似是而非)	
19호	1906.7.18	논설	사시이비(似是而非)(속)	
20호	1906.7.19	논설	청년(青年)의 담하(擔荷)	
21호	1906.7.20	논설	삼진연방(三進聯邦)	
22호	1906.7.21	논설	위생(衛生)	
23호	1906.7.22	논설	환수임관(換手任官)	「혈의누」 연재 시작
24호	1906.7.24	논설	의친왕전하(義親王殿下)	
25호	1906.7.25	논설	길성(吉聲)	
26호	1906.7.26	논설	애국심(愛國心)	
27호	1906.7.27	논설	애국심(愛國心)(속)	
28호	1906.7.28	논설	애국심(愛國心)(속)	
29호	1906.7.29	논설	자성벽(自聖癖)	

호수	날짜	게재란	제목	비고
30호	1906.7.31	논설	학교확장비 지출 결의 (學校擴張費支出決議)	
31호	1906.8.1	논설	분경(奔競)	
32호	1906.8.2	논설	이용익(李容翊)	
33호	1906.8.3	논설	어전회의정일 (御前會議定日)	
34호	1906.8.4	논설	신용(信用)	
35호	1906.8.5	논설	식구(食口)	
36호	1906.8.7	논설	붕당(朋黨)	
37호	1906.8.8	논설	소소(宵小)	
38호	1906.8.9	논설	고식(姑息)	
39호	1906.8.10	논설	일신(日新)	
40호	1906.8.11	논설	언로(言路)	
41호	1906.8.12	논설	언로(言路)(속)	
42호	1906.8.14	논설	염방(廉防)	
43호	1906.8.15	논설	망상(妄想)	
44호	1906.8.16	논설	인내(忍耐)	1면, 社告 실림
45호	1906.8.17	논설	단체(團體)	
46호	1906.8.18	논설	성첩(城堞)	
47호	1906.8.19	논설	성첩(城堞)(속)	
48호	1906.8.21	논설	시간경제(時間經濟)	
49호	1906.8.22	논설	청결방법(淸潔方法)	
50호	1906.8.23	논설	가옥제도(家屋制度)	
51호	1906.8.24	논설	내외법(內外法)	
52호	1906.8.25	논설	공천군수(公薦郡守)	
53호	1906.8.26	논설	일진회(一進會)	
54호	1906.8.28	논설	공천(公薦)	
55호	1906.8.29	논설	피병원(避病院)	
56호	1906.8.30	논설	송병준(宋秉畯)	
57호	1906.8.31	논설	송병준(宋秉畯)(속)	
58호	1906.9.1	논설	등용시재(登用試才)	
59호	1906.9.2	논설	이용구(李容九)	
60호	1906.9.4	논설	청국헌법(淸國憲法)	

호수	날짜	게재란	제목	비고
61호	1906.9.6	논설	청국헌법(淸國憲法)(속)	
62호	1906.9.7	논설	음식점(飮食店)	
63호	1906.9.8	논설	농축(農畜)	
64호	1906.9.9	논설	농축(農畜)(속)	
65호	1906.9.11	논설	의약개량(醫藥改良)	
66호	1906.9.12	논설	의약개량(醫藥改良)(속)	
67호	1906.9.13			논설 실리지 않음
68호	1906.9.15	논설	인종경쟁(人種競爭)	
69호	1906.9.16	논설	농산(農産)	
70호	1906.9.18	논설	본보일면(本報一面)	
71호	1906.9.19	논설	지방폐해구제 (地方弊害救濟)	
72호	1906.9.20	논설	지방폐해구제 (地方弊害救濟)(속)	
73호	1906.9.21	논설	경제경쟁(經濟競爭)	
74호	1906.9.22	논설	경제경쟁(經濟競爭)(속)	
75호	1906.9.23	논설	아불위즉 타위 (我不爲則他爲)	
76호	1906.9.25	논설	천도교(天道敎)와 일진회(一進會)	
77호	1906.9.26	논설	군수(郡守)와 세무관(稅務官)	
78호	1906.9.27	논설	인구실수(人口實數)	
79호	1906.9.28	논설	인구실수(人口實數)(속)	
80호	1906.9.29	논설	적장문란(籍帳紊亂)	
81호	1906.9.30	논설	적장문란(籍帳紊亂)(속)	
82호	1906.10.2	논설	의무교육(義務敎育)	
83호	1906.10.4	논설	재론적법개량(再論籍法改良) 의 반대설(反對說)	
84호	1906.10.5	논설	조선혼(朝鮮魂)	
85호	1906.10.6	논설	추야독서(秋夜讀書)	
86호	1906.10.7	논설	국외문답(局外問答)	
87호	1906.10.9	논설	탄불능합심단체 (嘆不能合心團體)	
88호	1906.10.10	논설	교육대주의(敎育大注意)	「혈의누」 상편 종

호수	날짜	게재란	제목	비고
89호	1906.10.11	논설	교육상 대주의 (敎育上大注意)(속)	
90호	1906.10.12	논설	여자교육회(女子敎育會)의 지식정도(知識程度)	
91호	1906.10.13	논설	세정(稅政)	
92호	1906.10.14	논설	차관풍설(借欵風說)	「귀의성」 연재 시작
93호	1906.10.16	논설	교육비(敎育費)	
94호	1906.10.17	논설	천도교회당(天道敎會堂)	
95호	1906.10.18	논설	재판관(裁判官)	
96호	1906.10.19	논설	증상학사서(贈尙學士書)	
97호	1906.10.20	논설	농회(農會)	
98호	1906.10.21	논설	농형(農形)	
99호	1906.10.23	논설	삼림(森林)	
100호	1906.10.24	논설	자치청결의(自治淸潔議)	
101호	1906.10.25	논설	음료수(飮料水)	
102호	1906.10.26	논설	점등(點燈)	
103호	1906.10.27	논설	경제계(經濟界)	
104호	1906.10.28	논설	태극회잡지간행 (太極會雜志刋【刊】行)	
105호	1906.10.30	논설	박사(博士)	
106호	1906.10.31	논설	진보정도(進步程度)	
107호	1906.11.1	논설	탄시자오국(嘆時者誤國)	
108호	1906.11.2	논설	탄불독신문잡지 (嘆不讀新聞雜誌)	
109호	1906.11.3	논설	계천기원절축하 (繼天紀元節祝賀)	
110호	1906.11.6	논설	기만풍기(欺瞞風氣)	
111호	1906.11.7	논설	복색(服色)	
112호	1906.11.8	논설	국사범(國事犯)	
113호	1906.11.9	논설	부인회(婦人會)	
114호	1906.11.10	논설	보통학교 증설 (普通學校增設)	
115호	1906.11.11	논설	재론 학교부분 (再論學校部分)	
116호	1906.11.13	논설	궁내대신(宮內大臣)	

호수	날짜	게재란	제목	비고
117호	1906.11.14	논설	부인사회(婦人社會)	
118호	1906.11.15	논설	찬면한어학교생 (贊勉漢語學校生)	
119호	1906.11.16	논설	개선신정(改善新政)	
120호	1906.11.17	논설	신문권리(新聞權利)	
121호	1906.11.18	논설	공업하이발달 (工業何以發達)	
122호	1906.11.20	논설	포와유민활화 (布哇流民活畵)	
123호	1906.11.21	논설	예산증가(豫筭【算】增加)	
124호	1906.11.22	논설	의제개량(衣制改良) 여자의제(女子衣制)(一)	
125호	1906.11.23	논설	의제개량(衣制改良)(속) 여자의제(女子衣制)(二)	
126호	1906.11.24	논설	의복개량(衣服改良)(속) 남자의제(男子衣制)(三)	
127호	1906.11.25	논설	의복개량(衣服改良)(속) 남자의제(男子衣制)(四)	
128호	1906.11.27	논설	의복개량(衣服改良)(속) 남자의제(男子衣制)(五)	
129호	1906.11.28	논설	조양보(朝陽報)와 소년한반도(少年韓半島)	
130호	1906.11.29	논설	적경(賊警)	
131호	1906.11.30	논설	신제법률안 의견 진술 (新制法律案意見陳述)	
132호	1906.12.2	논설	전고폐풍(銓考弊風)	
133호	1906.12.4	논설	세계일변(世界一變)	
134호	1906.12.5	논설	이민문답(移民問答)	
135호	1906.12.6	논설	이민문답(移民問答)(속)	
136호	1906.12.7	논설	시태(時態)	
137호	1906.12.8	논설	민정(民情)	
138호	1906.12.9	논설	자국정신(自國精神)	
139호	1906.12.11	논설	목욕(沐浴)	
140호	1906.12.12	논설	경고궁중부중 (警告宮中府中)	
141호	1906.12.13	논설	인재수용(人才需用)	

호수	날짜	게재란	제목	비고
142호	1906.12.14	논설	학무국장 송영 (學務局長送迎)	
143호	1906.12.15	논설	의산의운(疑山疑雲)	
144호	1906.12.16	논설	전정(錢政)	
145호	1906.12.18	논설	의산의운(疑山疑雲)(속)	
146호	1906.12.19	논설	도뢰상길(渡瀨常吉)	
147호	1906.12.20	논설	여자의제 개량의 (女子衣制改良議)	
148호	1906.12.21	논설	여자의제 개량의 (女子衣制改良議)(속)	
149호	1906.12.22	논설	경쟁(競爭)	
150호	1906.12.23	논설	파병불여선정 (派兵不如善政)	
151호	1906.12.25	논설	중추원(中樞院)	
152호	1906.12.26	논설	익명서 사건 (匿名書事件)	
153호	1906.12.27	논설	시종원(侍從院)	
154호	1906.12.28	논설	경리원(經理院)	
155호	1906.12.29	논설	주본소식(奏本消息)	
156호	1907.1.1	논설	정신찰(精神擦)	4면, 단편소설 「백옥신년」
157호	1907.1.6	논설	지방국장(地方局長)	
158호	1907.1.8	논설	참정대신(叅政大臣)	
159호	1907.1.9	논설	담용무일인(膽勇無一人)	
160호	1907.1.10	논설	효과가입견(效果可立見)	
161호	1907.1.11	논설	양규의숙 개학 상황 (養閨義塾開學狀況)	
162호	1907.1.12	논설	정부책임(政府責任)	
163호	1907.1.13	논설	의일시지(宜一試之)	
164호	1907.1.15	논설	추차일사이만사망연 (推此一事而萬事茫然)	
165호	1907.1.16	논설	구락부(俱樂部)	
166호	1907.1.17	논설	재일본 단지 유학생 (在日本斷指留學生)	
167호	1907.1.18	논설	정계곡직(政界曲直)	

호수	날짜	게재란	제목	비고
168호	1907.1.19	논설	지방형편(地方形便)	
169호	1907.1.20	논설	교육계(教育界)	
170호	1907.1.22	논설	경고 참정대신 (警告叅政大臣)	
171호	1907.1.23	논설	대사환영(大使歡迎)	
172호	1907.1.24	논설	도영화기(導迎和氣)	
173호	1907.1.26	논설	학도경축성황 (學徒慶祝盛況)	
174호	1907.1.29	논설	용법공정(用法公正)	
175호	1907.1.30	논설	목덕선생(穆德先生)	
176호	1907.1.31	논설	전송 전중특사 (餞送田中特使)	
177호	1907.2.1	논설	경고 각 사회 유지제군 (警告各社會有志諸君)	
178호	1907.2.2	논설	택인미가신(擇人未可信)	
179호	1907.2.3	논설	내부협판(內部協辦)	
180호	1907.2.5	논설	양정의숙(養正義塾)	
181호	1907.2.6	논설	고식병(姑息病)	
182호	1907.2.7			논설 실리지 않음
183호	1907.2.8	논설	비밀운동설(秘密運動說)	
184호	1907.2.9	논설	은패호악(恩沛浩渥) 일만환 하사(一萬圜下賜)	
185호	1907.2.10	논설	구력영세(舊曆迎歲)	
186호	1907.2.17	논설	목근(木根)의 탄(炭)	
187호	1907.2.19	논설	법률지명재어용법지관 (法律之明在於用法之官)	
188호	1907.2.20	논설	엽관자(獵官者)	
189호	1907.2.22	논설	일퇴일보(日退一步)	논설에 부속국문 미사용
190호	1907.2.23	논설	군수분경(郡守奔競)	
191호	1907.2.24	논설	흡연독(吸烟毒)	
192호	1907.2.26	논설	연합연설회(聯合演說會)	
193호	1907.2.27	논설	광주교육 실황 (廣州教育實況)	
194호	1907.2.28	논설	국채상환의금 모집 (國債償還義金募集)	

호수	날짜	게재란	제목	비고
195호	1907.3.1	논설	여론가외(輿論可畏)	
196호	1907.3.2	논설	노인학교(老人學校)	
197호	1907.3.3	논설	변해조선신보 배일사상설 (辨解朝鮮新報排日思想說)	
198호	1907.3.5	논설	식산장려회 종묘 정가 (殖産奬勵會 種苗定價)	
199호	1907.3.6	논설	개가법(改嫁法)	
200호	1907.3.7	논설	불교자제 부형지책 (不敎子弟 父兄之責)	
201호	1907.3.8	논설	불교자제 부형지책 (不敎子弟 父兄之責)(속)	
202호	1907.3.9	논설	군인사회 의감 (軍人社會宜鑑)	부속국문 표기 폐지
203호	1907.3.10	논설	인항 대화재 (仁港大火災)	
204호	1907.3.12	논설	호수감축(戶數減縮)	
205호	1907.3.13	논설	호수감축(戶數減縮)(속)	
206호	1907.3.14	논설	쾌절장절재 양씨 (快絶壯絶哉兩氏) (李載琳, 李承駿)	
207호	1907.3.15	논설	내협분경(內協奔競)	
208호	1907.3.16	논설	선민시하지(善民始可知)	
209호	1907.3.17	논설	선민시하지(善民始可知)	
210호	1907.3.19	논설	국민정신(國民精神)	
211호	1907.3.20	논설	축척명예인(逐斥名譽人)	
212호	1907.3.21	논설	공제인수지역 (共躋仁壽之域)	
213호	1907.3.23	논설	정계형용과하여 (政界形容果何如)	
214호	1907.3.24	논설	모자개량(帽子改良)	
215호	1907.3.26	논설	소방기 의설(消防器宜設)	
216호	1907.3.27	논설	농인고춘(農人告春)	
217호	1907.3.28	논설	북간도(北間島)	
218호	1907.3.29			논설 실리지 않음
219호	1907.3.30	논설	문명점진(文明漸進)	
220호	1907.3.31	논설	지방국장(地力【方】局長)	

호수	날짜	게재란	제목	비고
221호	1907.4.2	논설	시찰 일본(視察日本)	
222호	1907.4.3	논설	박사시취(博士試取)	
223호	1907.4.4	논설	기차 박람회 (汽【汽】車博覽會) (仁川朝鮮新報社)	
224호	1907.4.5	논설	대화재(大火災) (度支測量課)	
225호	1907.4.6			논설 실리지 않음
226호	1907.4.9	논설	소와불가신(騷訛不可信)	
227호	1907.4.10	논설	서적관 계획(書籍舘計劃)	
228호	1907.4.11	논설	국채보상의연 일평 (國債報償義捐一評)	
229호	1907.4.12	논설	경고 정부제공 (警告政府諸公)	
230호	1907.4.13	논설	국채보상연합 근황 (國債報償聯合近況)	
231호	1907.4.14	논설	괴서황망(怪書荒妄)	
232호	1907.4.16	논설	여단편제(旅團編制)	
233호	1907.4.17	논설	늑제삭발(勒制削髮)	
234호	1907.4.18			논설 실리지 않음
235호	1907.4.19	논설	부득불연구(不得不研究)	
236호	1907.4.20	논설	민족성질(民族性質)	
237호	1907.4.21	논설	민족성질(民族性質)(속)	
238호	1907.4.23	논설	간인작악(姦人作惡)	
239호	1907.4.24	논설	적 경성일보 정지 (吊京城日報停止)	
240호	1907.4.25	논설	부인사회(婦人社會)	
241호	1907.4.26	논설	진보사업(進步事業)	
242호	1907.4.27	논설	궁극즉통(窮極則通)	
243호	1907.4.28	논설	인심(人心)을 가안정(可安靖)	
244호	1907.4.30	논설	삼관찰 삼십군수 (三觀察三十郡守)	
245호				전체 지면 누락
246호	1907.5.2	논설	호우지시절(好雨知時節)	

호수	날짜	게재란	제목	비고
247호	1907.5.3	논설	청년자제(靑年子弟)의 담부(擔負)	
248호	1907.5.4	논설	연합회 대운동(聯合會大運動)	
249호	1907.5.5	논설	덕천공작(德川公爵)의 고의(高義)	
250호	1907.5.7	논설	호적지(戶籍紙)	
251호	1907.5.8	논설	국민자활력(國民自活力)	
252호	1907.5.9	논설	하진이상퇴(下進而上退)	
253호	1907.5.10	논설	하진이상퇴(下進而上退) (속)	
254호	1907.5.11	논설	주본공정설(奏本公正說)	
255호	1907.5.12	논설	자본가(資本家)	
256호	1907.5.14	논설	춘몽정부(春夢政府)	
257호	1907.5.15	논설	득인자창 실인자망 (得人者昌失人者亡)	
258호	1907.5.16	논설	하사유학생금 논일만환재 (下賜留學生金論一萬圜再)	
259호	1907.5.18	논설	전국동포 경성면려 (全國同胞警省勉勵)	
260호	1907.5.19	논설	정부실책(政府失策)	
261호	1907.5.21	논설	인종선량(人種善良)	
262호	1907.5.22	논설	무치(無耻)	
263호	1907.5.23	논설	정부(政府)와 인민(人民)	
264호	1907.5.24	논설	인민의 생활정도(生活程度)	
265호	1907.5.25	논설	민지점발(民志漸發)	
266호	1907.5.26	논설	운동(運動)	
267호	1907.5.28	논설	혼상제례의개량 (婚喪祭禮議改良)	
268호	1907.5.29	논설	신내각(新內閣)	
269호	1907.5.30	논설	혼상제례개량의 (婚喪祭禮改良議)(속)	
270호	1907.5.31	논설	대주목(大注目)	「귀의성」 연재 종료
271호	1907.6.1	논설	희망(希望)	
272호	1907.6.2	논설	법률계희망(法律界希望)	
273호	1907.6.4	논설	법률계희망(法律界希望) (속)	
274호	1907.6.5	논설	민업계희망(民業界希望)	

호수	날짜	게재란	제목	비고
275호				전체 지면 누락
276호	1907.6.7	논설	소송 실지연습 (訴訟實地練習)	
277호	1907.6.8	논설	경쟁(競爭)의 성(聲)	
278호	1907.6.9	논설	최선희망(最先希望)	
279호	1907.6.11	논설	박영효 씨 귀국 (朴泳孝氏歸國)	
280호	1907.6.12	논설	한문연구회(漢文硏究會)	
281호				전체 지면 누락
282호	1907.6.14	논설	전가(田家)	
283호	1907.6.15	논설	국채보상(國債報償)	
284호	1907.6.19	논설	유신(維新)	
285호	1907.6.20	논설	경성음료수(京城飮料水)	
286호	1907.6.21	논설	박영효 씨 입경 (朴泳孝氏入京)	
287호	1907.6.22	논설	통역(通譯)	
288호	1907.6.23	논설	풍수(風水)	
289호	1907.6.25			논설 실리지 않음
290호	1907.6.26	논설	환영(歡迎)	
291호	1907.6.27			논설 실리지 않음
292호	1907.6.28	논설	도로(道路)의 성(聲)	
293호	1907.6.29	논설	활동사진(活動寫眞)	

『만세보』 논설 본문

1906년 6월 17일
~
1907년 6월 29일

社長 吳世昌

萬歲報라 名稱ᄒᆞᆫ 新聞은 何를 爲ᄒᆞ야 作ᄒᆞᆷ이뇨 我韓人民의 智識啓發키ᄅᆞᆯ 爲ᄒᆞ야 作ᄒᆞᆷ이라 噫라 社會ᄅᆞᆯ 組織ᄒᆞ야 國家ᄅᆞᆯ 形成ᄒᆞᆷ이 時代의 變遷을 隨ᄒᆞ야 人民智識을 啓發ᄒᆞ야 野昧ᄒᆞᆫ 見聞으로 文明에 進케 ᄒᆞ며 幼穉ᄒᆞᆫ 知覺으로 老成에 達케 ᄒᆞᆷ은 新聞敎育의 神聖ᄒᆞᆷ에 無過ᄒᆞ다 謂할지라 是로 以ᄒᆞ야 環球萬邦에 流通ᄒᆞᄂᆞᆫ 近世風潮가 人民의 智識啓發ᄒᆞ기ᄅᆞᆯ 第一主義로 認定ᄒᆞ야 新聞社를 廣設ᄒᆞ고 文壇에 牛耳를 執ᄒᆞ고 袞鉞의 責任을 擔荷ᄒᆞ야 已啓已發ᄒᆞᆫ 人民의 智識도 益益進步키ᄅᆞᆯ 企圖ᄒᆞ거든 況此 未啓未發ᄒᆞᆫ 人民의 敎育이야 엇지 一刻一抄ᄅᆞᆯ 遲緩ᄒᆞᆷ이 可ᄒᆞ리오

新聞의 效力으로 言ᄒᆞᆯ진ᄃᆡ 個人의 智識ᄆᆞᆫ 啓發ᄒᆞᆯ ᄲᅮᆫ 아니라 一則 國際의 關係와 政治의 挽回와 甚至戰爭을 激成ᄒᆞ며 平和ᄅᆞᆯ 恢復ᄒᆞᄂᆞᆫ 一機關이오 二則 善을 彰ᄒᆞ며 惡을 懲ᄒᆞ고 上化가 下에 浹ᄒᆞ며 下恫이 上에 達케 ᄒᆞ며 加之生活上 步趣와 開化的 階級이 各히 個人의 品性資格을 隨ᄒᆞ야 水의 漸漬ᄒᆞᆷ과 如히 全國을 開導誘掖ᄒᆞᄂᆞᆫ 一橐鑰이니 生存競爭의 時代ᄅᆞᆯ 遭遇ᄒᆞ야 新聞社會의 多數興旺ᄒᆞᆷ이 亦是 人民을 警省ᄒᆞᄂᆞᆫ 處處遒人의 一木鐸이라 謂ᄒᆞᆯ지로다

嗚呼라 我韓의 現今時代ᄂᆞᆫ 果然 何如ᄒᆞᆫ 時代라 稱ᄒᆞ리오 人民의 敎育이 一刻一抄라도 汲汲ᄒᆞᆫ 情況을 思惟ᄒᆞ면 全國 二千萬 同胞의 腦髓ᄅᆞᆯ 一朝에 劈開ᄒᆞ고 文明ᄒᆞᆫ 新空氣ᄅᆞᆯ 醍醐와 如히 灌注ᄒᆞ야도 其 不足ᄒᆞᆷ을 遺憾됨으로 生覺ᄒᆞᆯ 時代이라

吾儕ᄂᆞᆫ 如此ᄒᆞᆫ 時代에 人民敎育의 代表ᄒᆞᄂᆞᆫ 義務로 巨欵을 消費ᄒᆞ야

新報社를 設立ᄒᆞ고 精利ᄒᆞᆫ 機械活字를 準備ᄒᆞ며 新舊學問에 嫺熟ᄒᆞᆫ 記者를 延聘ᄒᆞ야 公明正大ᄒᆞᆫ 論述과 確的迅速ᄒᆞᆫ 報道를 一層注意ᄒᆞ야 本月十七日 日曜에 第一號를 發刊ᄒᆞ니 此ᄂᆞᆫ 我韓人民敎育的으로 刱設ᄒᆞᆫ 萬歲報이라

吾儕ᄂᆞᆫ 新聞事業을 經紀ᄒᆞᄂᆞᆫ 者이로ᄃᆡ 蠅頭細利를 謀取ᄒᆞᆷ도 아니오 梁楚聲譽를 希望ᄒᆞᆷ도 아니오 但히 人民腦髓의 文明空氣를 灌注코자 ᄒᆞᄂᆞᆫ 熱心的에 流出ᄒᆞᆷ이니 吾儕의 熱心은 吾儕의 筆舌로 自唱키 不暇ᄒᆞ거니와

嗟我二千萬同胞ᄂᆞᆫ 自國의 現今時代를 觀測ᄒᆞ고 前途影響을 硏究ᄒᆞ야 將來奴隸羈絆을 脫ᄒᆞ며 犧牲慘毒을 免ᄒᆞᆯ 一指針은 智識啓發에 在ᄒᆞ고 智識啓發은 新聞에 在ᄒᆞᆫ줄로 思想ᄒᆞ면 吾儕의 刱設ᄒᆞᆫ 萬歲報가 大韓皇城에 刊行ᄒᆞᄂᆞᆫ 新聞中 一指針됨을 覺得ᄒᆞᆯ 것이오 吾儕의 熱心도 贊成ᄒᆞᆯ 것이니 吾儕의 熱心贊成ᄒᆞᆷ은 他에 不在ᄒᆞ고 一般人民이 精神的으로 愛讀ᄒᆞᆷ에 在ᄒᆞᆫ지라

二千萬同胞ᄂᆞᆫ 孜孜愛讀ᄒᆞ기를 不怠ᄒᆞ며 吾儕ᄂᆞᆫ 烝烝進就ᄒᆞ기를 不懈ᄒᆞ야 天然ᄒᆞᆫ 善良効果를 得ᄒᆞᆯ 地頭에ᄂᆞᆫ 人民智識은 自然啓發ᄒᆞ기로 斷言ᄒᆞ노니 此ᄂᆞᆫ 鬼神에 質ᄒᆞ야도 疑가 無ᄒᆞ깃고 聖人을 俟ᄒᆞ야도 惑지 아니ᄒᆞᆯ지라 善良効果라 謂ᄒᆞᄂᆞᆫ 成蹟은 何에 在ᄒᆞ뇨 學問이 增進ᄒᆞ고 殖産이 發達ᄒᆞ야 國家와 人民의 實力을 養成ᄒᆞ야 國威國光이 萬歲에 奮揚ᄒᆞᆯ지니 此萬歲報ᄂᆞᆫ 國家人民과 共히 永遠光耀ᄒᆞ기로 第一號 發刊에 深祝ᄒᆞ노라

1호 　　1906년 6월 17일 (일) 論說

社會 主筆 李人稙

◎社會ᄂᆞᆫ 數世에 一社會가 成함도 有ᄒᆞ며 瞬息에 一社會가 成함도 有ᄒᆞ니 昔에 木食澗飮ᄒᆞ든 野蠻에 幾年代를 一社會라 稱함도 可ᄒᆞ며 今에 鐵道列車 內에 集合ᄒᆞᆫ 若干人을 一種 會社의 團結을 形成ᄒᆞ엿다 함도 可ᄒᆞᆫ지라

夫 社會發達은 經濟發達에 在ᄒᆞ니 何ᄅᆞᆯ 謂함인고 古에 人類社會가 恒常 生活上困難을 因ᄒᆞ야 人種稀小의 景況이 有ᄒᆞ며 或 滅亡의 悲觀도 有ᄒᆞ더니 農業時代에 至ᄒᆞ야 人種이 興旺ᄒᆞᆫ지라

蓋 社會學 眼孔으로 人類活動을 大觀ᄒᆞ건ᄃᆡ 經濟學은 社會의 一部門이오 神學은 社會 改善의 新宗敎로붓터 設敎함이라 第十九世紀 末葉에 創造한 新科學上으로 觀ᄒᆞᆯ진ᄃᆡ 法律 及 道德은 社會의 眞正ᄒᆞᆫ 基礎를 有ᄒᆞ고 國家ᄂᆞᆫ 社會의 眞正ᄒᆞᆫ 職能을 解ᄒᆞ고 家族은 社會의 眞正ᄒᆞᆫ 意義를 曉함이니 有機無機의 體이오 有形無形의 物이라

今에 人類 社會가 發達ᄒᆞ야 環宇의 生靈이 數十億에 至ᄒᆞᆯ ᄲᅮᆫ 아니라 ᄯᅩᄒᆞᆫ 其 文運의 進化가 郁郁ᄒᆞ도다

目을 擧ᄒᆞ야 世界狀態를 眄ᄒᆞ다가 首를 俯ᄒᆞ야 我國民社會를 思ᄒᆞ건ᄃᆡ 忽然이 悲感을 不禁ᄒᆞ노라

政治社會난 苟祿의 輩가 膏粱을 徒食ᄒᆞ고 人民社會난 愚昧의 徒가 涸轍【涸轍】에 苟活ᄒᆞ니 此 二者의 憂됨을 急히 救치 아니ᄒᆞ면 我國民社會난 腐敗로 始ᄒᆞ야 滅絶에 至ᄒᆞ리니 엇지 可히 悲치 아니ᄒᆞ리오

從此로 吾人은 政治社會에 對ᄒᆞ야 諤諤의 警告를 아니치 못ᄒᆞ깃스며

人民社會에 對ᄒᆞ야 또ᄒᆞᆫ 諄諄ᄒᆞᆫ 忠告을【忠告를】 아니함이 不可ᄒᆞᆫ지라 吁라 我國民社會가 進化ᄒᆞ며 我子爾孫이 其 利益을 均沾ᄒᆞ려니와 若夫 社會가 腐敗ᄒᆞ고 人種이 滅絶에 至ᄒᆞ면 彼我가 一轍에 同蹈ᄒᆞ리니 戒ᄒᆞ며 愼ᄒᆞᆯ지어다 吾舌이 尙在ᄒᆞ고 一筆이 不鈍ᄒᆞ니 餘論은 後日에 付ᄒᆞ노라

2호 　　　1906년 6월 28일 (목) 論說

義兵

洪州의 砲烟이 熄ᄒᆞ고 泰仁의 匪魁가 縛에 就ᄒᆞ니 其 兵은 烏合의 愚氓이오 其 將은 時務를 不識ᄒᆞᄂᆞᆫ 崔益鉉이라

吁라 偏見의 士林을 煽動ᄒᆞ야 誤路에 指道ᄒᆞ고 無罪ᄒᆞᆫ 人民을 誘聚ᄒᆞ야 死地에 驅入ᄒᆞ니 義의 名은 一時口實에 歸ᄒᆞ고 亂의 萌은 目下影響이 何에 至할지 於是乎朝廷이 不安ᄒᆞ고 國際에 惡感情을 胚胎ᄒᆞ니 誰가 崔氏를 爲ᄒᆞ야 此 計를 畫ᄒᆞ얏ᄂᆞᆫ고

崔 氏ᄂᆞᆫ 漢文學者로 登科致位ᄒᆞ얏ᄂᆞᆫᄃᆡ 爾來數次上疏의 直言이 有홈으로 國人이 其 直을 許할 ᄲᅮᆫ이라 엇지 政學이 有ᄒᆞ며 軍略이 有ᄒᆞ리오 彼 崔 氏의 愚直을 利用ᄒᆞ야 此 亂을 起ᄒᆞᆫ 者의 籌策은 吾人이 不知ᄒᆞᄂᆞ 要之컨ᄃᆡ 國內의 義兵을 暴動ᄒᆞ야 內地에 在ᄒᆞᆫ 外兵을 抵抗케 ᄒᆞ고 外로 列國의 公議를 招ᄒᆞ야 日本의 保護羈絆도 脫ᄒᆞ고 最其要點은 國權이 彼二三運籌者掌握中에 歸할듯ᄒᆞ야 如彼ᄒᆞᆫ 誤學가 有홈에 不外ᄒᆞ도다

蓋 我國 士民中에 學問 知識이 有ᄒᆞ다 自處ᄒᆞᄂᆞᆫ 者ㅣ 支那 古儒腐論에 慴服ᄒᆞ고 明淸政畧內에 脫魄되야 新鮮ᄒᆞᆫ 空氣가 頭腦中에 不入ᄒᆞ고 固執

의 意見이 渾沌을 未劈ᄒᆞ니 如彼ᄒᆞᆫ 耳目에ᄂᆞᆫ 吾人의 議論이 其 念頭에 不掛ᄒᆞᆫ 줄로 豫知ᄒᆞᄂᆞ 然이ᄂᆞ 余ᄂᆞᆫ 國民의 義務로써 衆人의 反論을 不顧ᄒᆞ고 大勢를 暫論ᄒᆞ노라

西曆 一千八百八十九年에 杜國이 露人의 敎唆에 陷ᄒᆞ야 英國과 戰端을 起ᄒᆞ야 砲火가 三年을 繼ᄒᆞ도록 列國의 中裁ᄂᆞᆫ 無ᄒᆞ고 杜國의 生靈과 財政이 俱盡홈으로 依舊히 英領을 不免홀 ᄲᅮᆫ 아니라 前日의 自治權ᄭᆞ지 反失ᄒᆞ얏스며 一千九百九十年【一千九百年】에 淸國이 義和團의 亂을 因ᄒᆞ야 巨額의 金으로 列國에 償與ᄒᆞ고 滿州事件이 ᄯᅩᄒᆞᆫ 此를 從ᄒᆞ야 生ᄒᆞᆫ지라

故로 小國에 兵亂이 一起ᄒᆞ면 利ᄂᆞᆫ 强國에 歸ᄒᆞ고 禍ᄂᆞᆫ 弱國이 受ᄒᆞᄂᆞ니 試思어다 假使今日의 崔 氏로 ᄒᆞ여곰 孫吳用兵의 才가 有홀지라도 我國의 財源과 我國民의 團體力으로써 世界의 强國과 戰爭을 起ᄒᆞ야 數三年繼續홀 能力이 無홈은 天下萬國이 共知ᄒᆞᄂᆞᆫ ᄇᆡ라

今에 義兵이 洪州全城을 據ᄒᆞ야 大砲와 小銃의 諸般武器를 持ᄒᆞ고 四五百兵衆을 擁ᄒᆞ얏스ᄂᆞ 日兵一中隊의 攻城을 遭ᄒᆞ야 一卵의 上에 磐石을 加홈과 갓치 手를 束ᄒᆞ고 縛을 被ᄒᆞ얏스니 此로써 觀ᄒᆞ건ᄃᆡ 我國民程度ᄂᆞᆫ 杜國民의 萬分一에 不及ᄒᆞ도다

且 李鳳來 閔景植 閔丙漢 輩ᄂᆞᆫ 何如ᄒᆞᆫ 政治家인지 何如ᄒᆞᆫ 策士인지ᄂᆞᆫ 不知ᄒᆞ거니와 若夫 彼輩로 ᄒᆞ야곰 內政外交를 擔任ᄒᆞ고 崔益鉉으로 軍事를 摠轄케 ᄒᆞ면 如彼히 無學無識ᄒᆞᆫ 愚見으로 足히 國家運命을 促홀 ᄯᆞ름이라 然則 我國이 何如ᄒᆞᆫ 政策으로써 國家를 磐石의 安에 置홀고(未完)

3호

1906년 6월 29일 (금) 論說

義兵 (續)

天下形勢를 察ᄒᆞ고 我國程度를 顧ᄒᆞ야 外隙[1] 勿生ᄒᆞ며 內政 自修ᄒᆞ야 國家의 實力을 養ᄒᆞ야 基礎를 鞏固케 할 ᄯᆞ름이라

我韓은 大陸의 半島라 比컨ᄃᆡ 巨人이 一腕을 伸ᄒᆞᆷ과 如ᄒᆞ고 日本은 其 地形이 甚長ᄒᆞ야 北의 千島에 起ᄒᆞ야 南의 臺灣에 至ᄒᆞ얏스니 其 度ᄂᆞᆫ 北緯 二十一度로부터 五十一度에 達ᄒᆞᆫ지라 其 形이 長蛇의 蜒蜿ᄒᆞᆷ과 如ᄒᆞ니 假使我國으로 富强에 先進ᄒᆞ얏더면 日本은 其 胷腹이 巖石에 觸當ᄒᆞᆷ과 如ᄒᆞ야 首尾가 應키 難ᄒᆞ며 手足을 措키 不能ᄒᆞᆯ지라 반다시 我韓에 對ᄒᆞ야 卑辭厚禮ᄒᆞ야 交鄰의 誼를 先修ᄒᆞ얏슬 것이어ᄂᆞᆯ 不行히 此를 不得ᄒᆞ고 日本이 富强에 先進ᄒᆞ얏ᄂᆞᆫ지라 其 地勢를 觀ᄒᆞ고 國力을 論ᄒᆞᆯ진ᄃᆡ 長蛇蜒蜿ᄒᆞᄂᆞᆫ 傍에 一蛙가 病脚을 未振ᄒᆞᆷ과 如ᄒᆞᆫ지라 若夫 古戰國時代를 當ᄒᆞ야 彼我의 國境이 如此히 接近ᄒᆞ고 彼我의 强弱이 如此히 顯殊ᄒᆞ얏더면 반다시 强幷을 被ᄒᆞᆫ지가 已久ᄒᆞ얏슬지라 吁라 我國이 今世界文明에 對ᄒᆞ야 可히 怨ᄒᆞᆯ 處도 有ᄒᆞ며 可히 謝ᄒᆞᆯ 處도 有ᄒᆞ니 何를 謂ᄒᆞᆷ인고

假使萬國으로 擧皆我國갓치 未開ᄒᆞ고 衰弱ᄒᆞ얏더면 我가 忌憚이 無ᄒᆞ깃거ᄂᆞᆯ 今也不然ᄒᆞ니 人의 文明을 怨ᄒᆞᆯ 者ㅣ 此也며 今에 萬國의 文明이 地球上에 輝를 爭ᄒᆞ야 公法을 無視치 못ᄒᆞ며 約條를 敢違치 못ᄒᆞᆷ으로 我國이 强者의 幷呑을 幸免ᄒᆞ얏스니 此ᄂᆞᆫ 今世文明에 對ᄒᆞ야 萬歲를 呼ᄒᆞ고 謝치 아니 ᄒᆞᆷ이 不可ᄒᆞ도다

曩에 日淸日露의 兩次開戰時에 日本이 我韓의 獨立維持를 宣布ᄒᆞ얏스

1 본문 한자는 '隙(극)' 자인데 부속국문은 '흔' 자로 표기되었다.

니 顧ᄒᆞ건ᄃᆡ 今日形勢가 日本이 萬國에 對ᄒᆞ야 食言키ᄂᆞᆫ 不能ᄒᆞᆯ지라 然則 我國은 맛당히 彼의 保護力을 利用ᄒᆞ야 孜孜히 國家實力을 養ᄒᆞ야 後日의 自强力을 得ᄒᆞ면 彼保護ᄒᆞ던 者ᄂᆞᆫ 反動의 力으로 自退ᄒᆞᆯ것이라 我韓도 小國이오 日本도 ᄯᅩᄒᆞᆫ 小國이라 脣齒의 勢ᄂᆞᆫ 何年代ᄅᆞᆯ 不論ᄒᆞ고 相離ᄒᆞᆷ이 不可ᄒᆞ도다

彼英米德法은 其 位置와 關係가 我國에 對ᄒᆞ야 第二에 在ᄒᆞ거니와 靑과 露ᄂᆞᆫ 我에 接近ᄒᆞᆫ 關係가 有ᄒᆞᆫ지라 淸은 今에 비록 自振치 못ᄒᆞ얏스ᄂᆞ 其 地가 廣ᄒᆞ며 其 人이 衆ᄒᆞ며 其 富源이 ᄯᅩ 甚大ᄒᆞᆫ지라 有惑 其 政을 一變ᄒᆞ면 宇內에 雄飛할 祚가 有ᄒᆞ나 三五十年을 費치 아니ᄒᆞ면 此에 至키 難ᄒᆞ니 此ᄂᆞᆫ 姑舍勿論ᄒᆞ고 露ᄂᆞᆫ 已開未開ᄒᆞᆫ 野心의 强國이라 曩의 戰爭에 大挫가 有ᄒᆞ얏스ᄂᆞ 其 强은 依舊ᄒᆞᆫ지라 彼浦鹽斯德의 基礎ᄂᆞᆫ 比컨ᄃᆡ 我頭腦上에 巨岩을 懸ᄒᆞᆷ과 如ᄒᆞ니 我가 豫防의 方策이 無ᄒᆞ면 異日에 壓墻에 禍를 不免할지라 然ᄒᆞᆷ으로 我國이 日淸의 交誼를 失ᄒᆞᆷ이 不可ᄒᆞᆷ은 三尺童子도 가히 知할 ᄇᆡ라 故로 曰 我國이 外隙[2]을 勿生ᄒᆞ며 內政을 自修ᄒᆞ야 國의 實力을 養ᄒᆞᆷ이 最上策이라 ᄒᆞ노라

今에 我國 朝野의 幾個縉紳이 井蛙의 眼으로 全局을 未見ᄒᆞ고 螳螂의 斧로 傾車의 轍을 拒ᄒᆞ니 其 所謂 義兵의 敗ᄂᆞᆫ 可히 論할 것 업거니와 國民의 精神을 眩亂케 ᄒᆞ야 進步主義가 此를 因ᄒᆞ야 더욱 緩晩ᄒᆞ리로다 蔽一言ᄒᆞ고 國家의 罪人이라 三尺이 自在ᄒᆞ니 王章의 誅를 不免[3]할 것이니 吾人은 其 愚頑을 加論치 아니ᄒᆞ노라 (完)

2 본문 한자는 '隙(극)' 자인데 부속국문은 '흔' 자로 표기되었다.

3 본문 한자는 '免(면)' 자인데 부속국문은 '인' 자로 표기되었다.

4호 1906년 6월 30일 (토) 論說

政黨平民區別

我韓의 邦國을 成立ᄒᆞᆫ 位置가 溫帶下에 在ᄒᆞ야 寒熱이 適宜ᄒᆞ고 風土均和ᄒᆞ야 水土物産이 別로 異同ᄒᆞᆫ바이 업스되 但 人物上에 十分逈殊ᄒᆞᆫ 區別이 有ᄒᆞ니 可驚可怪ᄒᆞᆯ 事이라 謂ᄒᆞᆯ지로다

其 十分逈殊ᄒᆞᆫ 區別이 有ᄒᆞᆫ 者ᄂᆞᆫ 何이뇨 面貌로 言ᄒᆞ면 銅色棕櫚色의 逈殊ᄒᆞᆷ도 아니오 語音으로 言ᄒᆞ면 正音격舌音의 逈殊ᄒᆞᆷ도 아니오 宗教로 言ᄒᆞ면 佛教 孔子教의 逈殊ᄒᆞᆷ도 아니라 但 政黨社會와 平民社會의 道德上 區別이 十分逈殊ᄒᆞᆷ을 謂ᄒᆞᆷ이로다

政黨社會와 平民社會가 本是 一種 民族社會의 區別ᄒᆞᆫ 人物이언마ᄂᆞᆫ 其 十分逈殊ᄒᆞᆫ 情態를 論ᄒᆞᆯ지면 涇渭의 清濁이 同流키 難ᄒᆞ며 薰유의 香臭가 同器키 不堪ᄒᆞᆷ과 如ᄒᆞᆫ 者ㅣ라

政黨社會ᄂᆞᆫ 何如ᄒᆞᆫ 人物인요 老論 小論 南人 小北이라 ᄒᆞᄂᆞᆫ 華奕ᄒᆞᆫ 閥閱을 藉賴ᄒᆞ고 政丞判書翰林閣臣이라ᄂᆞᆫ 榮耀ᄒᆞᆫ 官爵을 倉氏庫氏로 世世承襲ᄒᆞ야 天을 혼ᄒᆞ며 日을 動ᄒᆞ고 威福은 山을 拔ᄒᆞ며 世ᄅᆞᆯ 盖ᄒᆞᄂᆞᆫ 勢餤을 掌握中에 能히 屈ᄒᆞ며 能히 伸ᄒᆞᄂᆞᆫ 造化柄을 持有ᄒᆞᆫ 兩班이오

平民社會ᄂᆞᆫ 何如ᄒᆞᆫ 人物이뇨 市井閭염【閻】과 鄕里田舍에 農工商業으로 勞動生活ᄒᆞ야 一平生 兩班의 眼前에 坐臥호ᄒᆞᆷ을 任意로 못ᄒᆞ며 喜怒哀樂을 敢發치 못ᄒᆞ고 奴隷와 如ᄒᆞ며 禽獸와 如히 自卑自屈ᄒᆞᄂᆞᆫ 常漢이라

是로 以ᄒᆞ야 政黨社會ᄂᆞᆫ 平民社會 仇敵과 如히 疾視ᄒᆞ며 平民社會ᄂᆞᆫ 政黨社會ᄅᆞᆯ 天神과 如히 畏怯ᄒᆞ야 自然區別이 霄壤과 如히 判異ᄒᆞ니 環球世界에 平民社會의 一派ᄂᆞᆫ 自由權能을 專主ᄒᆞ고 一派ᄂᆞᆫ 自由權能을 專

失ᄒᆞᄂᆞᆫ 等級은 我韓에 刱見ᄒᆞᆫ 者이라

就中政黨社會ᄂᆞᆫ 平民社會ᄅᆞᆯ 壓迫的으로 虐待ᄒᆞᆯ ᄲᅮᆫ 아니라 民의 膏血을 絞ᄒᆞ며 民의 骨髓ᄅᆞᆯ 吸ᄒᆞ며 民의 皮肉을 剝ᄒᆞ야 兩班의 身家ᄅᆞᆯ 自肥ᄒᆞᄂᆞᆫ 一환【環】養으로 充ᄒᆞᆷ이 法律을 枉ᄒᆞ며 賄賂ᄅᆞᆯ 貪ᄒᆞ야 饕철【餮】의 凶慾과 盜척의 惡風으로 五百年 歷史上의 一膏肓病이 作成ᄒᆞ얏고

政黨社會의 當局者 以外에 一種 尤物이 有ᄒᆞ야 先世 政黨의 鬼燄을 藉托 ᄒᆞ고 土호【豪】武斷의 名稱[4]을 恣横ᄒᆞ야 無罪 人民의 흔【釁】端을 鉤索ᄒᆞ야 惡刑을 猛施ᄒᆞ며 財貨를 椎剝ᄒᆞ야 호【豪】富生活로 一生을 安享ᄒᆞ니 平民은 假令 一年에 百包穀을 農作ᄒᆞ면 三分에 二ᄂᆞᆫ 兩班의 ᄒᆞ下物로 認定ᄒᆞ고 千兩錢을 利殖ᄒᆞ면 半切의 一은 兩班의 手中件으로 分衿ᄒᆞ니 是故로 財産生命을 政黨社會와 土호【豪】武斷의게 一寄附物로 推測ᄒᆞᆫ 者이라 噫彼政黨社會의 恣横슈우ᄒᆞᄂᆞᆫ 習慣과 驕慢放肆ᄒᆞᆫ 情態ᄅᆞᆯ 可히 舌로 言ᄒᆞ며 筆로 記키 難ᄒᆞᆫ 壓制下에 在ᄒᆞᆫ 蹉蹉 平民社會ᄂᆞᆫ 面色이 焦黑ᄒᆞ며 手足[5]이 변저ᄒᆞ며 衣服이 繿縷ᄒᆞ야 百般虐焰을 甘受ᄒᆞ며 萬般寃毒을 堪耐ᄒᆞ야도 一言을 敢히 發치 못ᄒᆞ고 一息을 敢히 安치 못ᄒᆞ고 承順服從ᄒᆞ며 奔走匍匐ᄒᆞᄂᆞᆫ 善良柔和ᄒᆞᆫ 人種이 世界上에 儔匹이 豈有ᄒᆞ리요

泰西有名ᄒᆞᆫ 一學士가 我韓 人物을 采訪ᄒᆞ고 言ᄒᆞ야 曰 韓國에 莫善ᄒᆞᆫ 人種은 平民이오 莫惡ᄒᆞᆫ 人種은 政黨이라 云ᄒᆞ얏스니 此 言이 風土俗尚을 深奧히 觀念ᄒᆞᆫ 格言이로다 (未完)

4 본문 한자는 '稱(칭)' 자인데 부속국문은 '충' 자로 표기되었다.

5 본문 한자는 '足(족)' 자인데 부속국문은 '하' 자로 표기되었다.

地方制度

行政區域의 改良方策을 年前으로부터 論議가 紛紜ᄒᆞ나 善良ᄒᆞᆫ 方策이 無ᄒᆞ야 如何히 就緖ᄒᆞᆷ을 見치 못ᄒᆞ얏더니 本年에 至ᄒᆞ야 內部에셔 地方調査에 着手ᄒᆞ야 아직 地方制度의 如何ᄒᆞᆫ 結果ᄂᆞᆫ 知得지 못ᄒᆞ얏것이와

或者의 漏傳을 得聞ᄒᆞᆫ 則 五十餘 郡의 至小ᄒᆞᆫ 郡邑을 合倂ᄒᆞ고 大郡의 地域이 隣郡에 侵入ᄒᆞᆫ 者ᄅᆞᆯ 割付ᄒᆞ야 三百四十五郡을 二百八十餘 郡으로 制定ᄒᆞᆫ다 ᄒᆞ니 此 言이 的確ᄒᆞᆫ지ᄂᆞᆫ 知키 難ᄒᆞ되 若 事實과 如ᄒᆞᆯ지면 前日 所聞과ᄂᆞᆫ 大異ᄒᆞ도다

前日 所聞에ᄂᆞᆫ 百郡으로 分合ᄒᆞᆫ다ᄂᆞᆫ 巷說이 有ᄒᆞ기로 地方의 人心이 不穩ᄒᆞᆫ 情態가 有ᄒᆞᆯ가 念慮者도 不少ᄒᆞ더니 到今ᄒᆞ야 五十餘 郡의 減省을 見ᄒᆞᆯ지면 別로 이 分合의 大恐황【慌】이 無ᄒᆞᆯ 듯ᄒᆞ도다

雖然이ᄂᆞ 吾儕ᄂᆞᆫ 內部에셔 調査改良의 方策이 畢竟 得當ᄒᆞᆯ 줄로 信仰ᄒᆞᄂᆞᆫ 바이라 贅說을 敢이 發키 難ᄒᆞᄂᆞ 愚意에ᄂᆞᆫ 地方調査를 大改良ᄒᆞᆯ 時代ᄅᆞᆯ 當ᄒᆞ야 草草 改良ᄒᆞᆷ이 甚히 不可ᄒᆞᆫ 機會라 ᄒᆞ노니 何者오

我韓 地方의 行政區劃을 整理키 不遑ᄒᆞᆫ 者ㅣ 已久ᄒᆞᆫ지라 但 機會ᄅᆞᆯ 遭遇치 못ᄒᆞ야 今日에 延至ᄒᆞ얏것니와 現今 政治改善의 時代ᄅᆞᆯ 當ᄒᆞ야 第一 急先務 될 者ᄂᆞᆫ 地方改良이라 謂ᄒᆞᆯ지라

地方의 改良ᄒᆞᆯ 急先務ᄂᆞᆫ 多數ᄒᆞᆫ 調査ᄒᆞᆯ 條目이 有ᄒᆞ니 一曰 人口實數의 調査오 二曰 編戶實數의 調査오 三曰 田답【畓】等數의 調査오 四曰 結賦實數의 調査오 五曰 山鎭川澤의 調査오 六曰 道路交通의 調査요 七曰 津關舟楫橋梁의 調査요 八曰 土産方物의 調査요 九曰 礦業區域의 調査

요 十日 場市交易의 調査요 十一日 官有私有의 陳荒地調査요 十二日 森林 蘆田 竹田 等 實數의 調査요 十三日 漁箭鹽井의 調査요 十四日 역【驛】屯公土의 調査요 十五日 廢革公廨의 調査요 十六日 寺院僧尼의 調査요 十七日 堤堰의 調査요 十八日 店舍炭幕의 調査요 十九日 社還穀總의 調査요 二十日 陳久軍物 等의 調査니 其他 條條히 臚列ᄒᆞᆯ 者를 屢指키 不暇ᄒᆞᆯ지라

就中每一條下에 多數의 名目이 懸列ᄒᆞᆫ 者ㅣ 有ᄒᆞ되 長皇說去키 不能ᄒᆞ나 地方制度의 改良方策을 着手ᄒᆞᆯ지면 上項臚列ᄒᆞᆫ 二十條를 詳細調査ᄒᆞᆫ 然後에 可히 整理ᄒᆞᆯ 者ᄅᆞᆯ 整理ᄒᆞ고 平均ᄒᆞᆯ 者를 平均ᄒᆞ고 合倂ᄒᆞᆯ 者ᄅᆞᆯ 合倂ᄒᆞ고 分割ᄒᆞᆯ 者ᄅᆞᆯ 分割ᄒᆞ야 一齊히 地方政治上에 一毫라도 不整齊ᄒᆞᆫ 遺憾이 無히 一新改良ᄒᆞ여야 可謂 地方整理라 謂ᄒᆞᆯ지라 今에 地方制度 調査委員이 調査에 熱心中이라 ᄒᆞ니 上項調査에 詳細無遺케 ᄒᆞᆯ지면 各地方에 調査委員을 派送ᄒᆞ야 一一細櫛ᄒᆞ야 十三道 管下 各郡을 調査ᄒᆞ랴면 一個年 光陰을 消費ᄒᆞᆫ 然後에 可히 査得ᄒᆞᆯ 것이오 地方調査ᄅᆞᆯ 了竣ᄒᆞᆫ 然後에 內部에셔 計算을 妥定ᄒᆞ고 區域을 分張ᄒᆞ야 十分糢糊處分雜處가 업시 完全【全】無缺이 制定ᄒᆞ여야 可謂 改良이라 謂ᄒᆞᆯ 것시어ᄂᆞᆯ

地方制度 調査委員은 京城中에 在ᄒᆞ야 各地方郡守로 草草 調査ᄒᆞ야 畫圖上 文報上으로 區域을 論定ᄒᆞᆷ이 十分 完全無缺ᄒᆞᆯᄂᆞᆫ지 竊恐ᄒᆞ노니 地方調査委員과 內部 主務大臣은 精神을 另着ᄒᆞ야 地方制度의 一毫欠缺ᄒᆞᆫ 點이 無ᄒᆞᆫ 然後에 案件을 頒佈ᄒᆞ야 全國人民의 信仰을 副ᄒᆞ며 內[6]國郡縣의 秩序ᄅᆞᆯ 均케 ᄒᆞᆷ이 全國 二千萬同胞의 幸福으로 希望ᄒᆞ노라

6 본문 한자는 '內(내)' 자인데 부속국문은 '젼' 자로 표기되었다.

解紛議

日前 本報에 義兵이라 題ᄒᆞ고 崔益鉉을 論駁ᄒᆞ야 二日 紙面에 載ᄒᆞ얏더니 都下士林의 議論이 紛紛ᄒᆞ야 曰 崔 氏ᄂᆞᆫ 忠臣이라 大義가 堂堂이어늘 今에 萬歲報 論說이 若是ᄒᆞ니 誰가 此ᄅᆞᆯ 作ᄒᆞ얏ᄂᆞᆫ고 ᄒᆞ야 峻論이 大起ᄒᆞᆫ다ᄂᆞᆫ 報道가 四至ᄒᆞ야 記者硯下에 休紙가 散亂ᄒᆞ니 余ᄂᆞᆫ 不敬ᄒᆞᆫ 言으로써 劣等國民의 無識을 歎息ᄒᆞ고 劣等國民의 前程을 吊[7]ᄒᆞ노라

余ᄂᆞᆫ 國家學 精神과 人種的 進步를 爲主ᄒᆞᄂᆞᆫ 言論이라 萬一 我國에 學問 知識이 優ᄒᆞᆫ 者ㅣ 余를 直接ᄒᆞ야 論駁ᄒᆞᄂᆞᆫ 者ㅣ 有ᄒᆞ면 余가 敢히 一舌의 勞를 不辭ᄒᆞ고 國家와 國民의 利害ᄅᆞᆯ 說ᄒᆞ깃노라

夫 崔 氏의 心인 則 忠이나 崔 氏의 事인 則 不忠이라 國家 運命을 催ᄒᆞ고 國民前程을 暗黑腐敗 滅亡地에 驅入ᄒᆞᄂᆞᆫ 者라 故로 世界列國에 文明을 唱導ᄒᆞ던 者ㅣ 반다시 崔 氏갓튼 頓【頑】固人物과 衝突치 아니ᄒᆞᆷ이 無ᄒᆞ야 惑 開化의 黨이 慘殺를【을】當ᄒᆞ고 餘力이 無ᄒᆞᆫ 則 國政의 衰를 不免ᄒᆞ고 國民의 愚를 未啓ᄒᆞ야 國祚를 保有치 못ᄒᆞᆫ 者ㅣ 比比히 有ᄒᆞᆫ지라

苟惑不然ᄒᆞ야 頓【頑】固의 輩를 掃蕩ᄒᆞ고 開化黨이 文明的으로써 萬機를 一新케 ᄒᆞᆫ 國은 반다시 富强에 至ᄒᆞ얏스니 彼 萬國歷史를 觀ᄒᆞᆯ지이다

文明源因이 何를 從生ᄒᆞ얏ᄂᆞᆫ고

故로 彼 崔 氏갓튼 頓[8]固에 對ᄒᆞ야 法律官眼孔으로ᄂᆞᆫ 或 其 情을 容恕ᄒᆞᄂᆞ 開化黨眼孔으로 觀ᄒᆞ건ᄃᆡ 其 病風敗俗ᄒᆞᄂᆞᆫ 害가 姦人大慝보다 反甚ᄒᆞ다 ᄒᆞᄂᆞ니 何를 謂ᄒᆞᆷ인고 姦人의 害ᄂᆞᆫ 見키 易ᄒᆞ거니와 名譽가 有ᄒᆞᆫ 頓

---

7 본문 한자는 '吊(적)' 자인데 부속국문은 '조' 자로 표기되었다.

8 본문 한자는 '頓(돈)' 자인데 부속국문은 '완' 자로 표기되었다.

【頑】固의 魔[9]力이 蒼生을 誤ᄒᆞᄂᆞᆫ 害ᄂᆞᆫ 智者가 아니면 見키 難ᄒᆞ나니라

假使 今日의 崔 氏를 追仰ᄒᆞ고 余論을 論駁ᄒᆞᄂᆞᆫ 者 엇지 일즉이 洪州泰仁에셔 義兵의 鞭을 執ᄒᆞ야 渠輩의 目的을 達치 못ᄒᆞ고 事後에 言論만 如是ᄒᆞᆫ고 此로써 觀ᄒᆞ건ᄃᆡ 彼輩ᄂᆞᆫ 義兵보다 一層 劣等의 民이라 義兵과 同義의 心만 有ᄒᆞ나 겁弱ᄒᆞᆫ 心에 敢히 其 擧ᄂᆞᆫ 不能ᄒᆞᆫ 者ㅣ 아니냐

彼輩 反對의 說ᄅᆞᆯ 余가 掛意홈이 아니라 國民 思想的 卑劣ᄒᆞᆫ 程途를 慨歎ᄒᆞ야 說이 此에 及ᄒᆞ노라

7호

1906년 7월 4일 (수) 論說

大雨將至

海面上 蒸滊[10]가 濛濛히 上ᄒᆞ야 黑雲이 長空에 彌滿ᄒᆞ니 大雨가 將至ᄒᆞ리라

懶夫ᄂᆞᆫ 蔀屋의 삼漏를 憂慮ᄒᆞ고 懶婦ᄂᆞᆫ 醬甕의 開放을 忘却ᄒᆞ니 大端히 粉忙ᄒᆞ리로다

我國民은 맛당히 長夜睡夢을 覺ᄒᆞ야 大眼을 大開ᄒᆞ야 世의 變態ᄅᆞᆯ 觀ᄒᆞᆯ지어다

今에 我國이 一大更長時를 當ᄒᆞ야 昨日ᄭᆞ지 夢中譫語를 口에 不絶ᄒᆞᄂᆞᆫ 者ㅣ 滔滔皆是라 更張을 卒當ᄒᆞ면 ᄯᅩᄒᆞᆫ 大段히 황황ᄒᆞ리로다

宮中에 事가 有ᄒᆞ야 外國巡査가 宮門을 護衛ᄒᆞ고 大臣은 統監府에 開會ᄒᆞ니 事機ᄂᆞᆫ 아즉 不知ᄒᆞ거니와 都下人心은 大段히 疑懼ᄒᆞ리로다

9 본문 한자는 '魔(마)' 자인데 부속국문은 '믜' 자로 표기되었다.

10 본문 한자는 '滊(헐)' 자인데 부속국문은 '긔' 자로 표기되었다.

夫 行政上 萬機를 整理ᄒᆞ고자 ᄒᆞᆯ진ᄃᆡ 반다시 宮闕을 肅淸ᄒᆞ야 姦細의 輩가 敢히 國事에 干預가 無케 ᄒᆞᆷ이 第一 急務라

我國 所謂 別入侍ᄂᆞᆫ 이ᄆᆡ망량의 屬이 或

天聰을 蔽ᄒᆞ고 或 國權을 弄ᄒᆞ야 國家의 弊脈이 此를 從生ᄒᆞ도다

嚮애國民을 煽動ᄒᆞ야 義兵을 起ᄒᆞᆫ 者ㅣ 또ᄒᆞᆫ 幾個姦細에 在ᄒᆞᆫ 事狀이 不無ᄒᆞ니 萬一 宮闕을 肅淸치 아니ᄒᆞ면 國祚ᄂᆞᆫ 姦細ᄇᆡ의 手에 必亡乃已ᄒᆞ리니 如此 急務ᄂᆞᆫ 時刻을 遲滯ᄒᆞᆷ이 不可ᄒᆞ도다

日前 本報에 義兵을 論ᄒᆞᆯ 時에 天下大勢와 我國 位置를 論ᄒᆞ고 繼以政策得失과 進步主義의 要點을 說ᄒᆞ야 曰 義兵은 國家大事를 釀出ᄒᆞᄂᆞᆫ 原因이라 ᄒᆞ얏더니 我國民은 目으로 見ᄒᆞ얏ᄂᆞᆫ지 鼻로 嗅ᄒᆞ얏ᄂᆞᆫ지 我國民은 崔益鉉 氏갓치 不識時務ᄒᆞ고 國民을 滅亡의 淵에 導ᄒᆞ며 退步의 地에 誘ᄒᆞᄂᆞᆫ 腐儒에게ᄂᆞᆫ 心悅誠服ᄒᆞ나 學問智識上으로 出ᄒᆞᄂᆞᆫ 大論은 耳에 不入ᄒᆞ니 如彼ᄒᆞᆫ 耳에ᄂᆞᆫ 雷聲도 不入ᄒᆞᆯ 터이라 大雨將至ᄒᆞ면 必也不知ᄒᆞ고 冒ᄒᆞ리로다

8호

전체 지면 누락

9호 1906년 7월 6일 (금) 論說

姜錫鎬

姜錫鎬ᄂᆞᆫ 一宦者이라 國權을 弄ᄒᆞ야 罪惡이 彌天ᄒᆞ더니

天威震怒ᄒᆞ사 姜錫鎬ᄅᆞᆯ 拘拿[11]照律ᄒᆞ라 ᄒᆞ시ᄂᆞᆫ 詔勅을 下ᄒᆞ시니 今에 비록 逃타ᄒᆞ얏스나 天에 獲罪ᄒᆞᆫ 者ㅣ 何處에 逃ᄒᆞ리오

姜錫鎬ᄂᆞᆫ 甲午乙未年ᄭᆞ지 饔飧을 難繼ᄒᆞ던 貧寒ᄒᆞᆫ 者로 一朝에 機ᄅᆞᆯ 乘ᄒᆞ야 姦計를 售ᄒᆞ니 其 罪를 一一히 記載ᄂᆞᆫ 못ᄒᆞ거니와 大略을 擧ᄒᆞ건ᄃᆡ 左와 如ᄒᆞᆫ지라

乙未冬에 李範晉 李允用 李完用을 連結ᄒᆞ고 金鴻陸을 利用ᄒᆞ야 俄館에 運動ᄒᆞ야 甲午年 政治制度의 文明을 打破ᄒᆞ던 機關手도 姜錫鎬

金永準을 염府의 使者갓치 使用ᄒᆞ야 國內富者를 剝割ᄒᆞ고 生命을 拘罪殺害ᄒᆞ던 謀主도 姜錫鎬

畢竟 金永準ᄭᆞ지 殺害ᄒᆞ던 狼性도 姜錫鎬

李根澤을 應用ᄒᆞ야 警務使權利로 諸般挾雜케 ᄒᆞ던 指쥬者도 姜錫鎬

李鳳來를 薦ᄒᆞ야 內部協辦으로 賣官賣爵의 여립군을 作ᄒᆞ던 酋領도 姜錫鎬

河相驥로 鷹犬을 作ᄒᆞ야 前日 捕盜軍官의 良民捕捉ᄒᆞ야 生쥬리 틀든 手段으로 仁川 埠頭에셔 海外往來人을 捕縛ᄒᆞ야 嫌疑罪로 海外學生이 往往喪命케 ᄒᆞ던 坐使者도 姜錫鎬

金升문에게 十萬圓을 資與ᄒᆞ야 內로 國民을 煽動ᄒᆞ고 外로 我兵을 招코ᄌᆞ ᄒᆞ야 間島로 納履ᄒᆞ려 ᄒᆞ던 陰計도 姜錫鎬

11 본문 한자는 '拿(나)' 자인데 부속국문은 '리' 자로 표기되었다.

崔益鉉갓튼 熱血直心人을 激厲ᄒᆞ야 義兵을 募集ᄒᆞ던 運籌者도 姜錫鎬 近日에 宮中多事ᄃᆞ 姜錫鎬를 由ᄒᆞ야 起ᄒᆞᆷ이오 政界紛擾ᄃᆞ 姜錫鎬로 由ᄒᆞ야 生ᄒᆞᆷ이라

大抵 姜錫鎬ᄂᆞᆫ 十年의 間에 百惡이 俱備라 國民의 財産이 蕩盡[12]ᄒᆞ미 姜 氏의 倉庫가 充實이라 國權을 籠絡ᄒᆞ고 國民을 措縱ᄒᆞ니 其 心에 以爲 開化黨은 眼中의 釘이라 ᄒᆞ야 殺害ᄒᆞᆯ 運動이 無歲無之오 頑固黨은 掌中의 物이라 ᄒᆞ야 利用의 手段이 層生疊出ᄒᆞ니

今日에 一姜을 誅ᄒᆞ면 國家의 幸이오 人民의 福이라

夫[13] 姜 氏ᄂᆞᆫ 國家의 賊이라 姜의 頭를 斬ᄒᆞ야써 萬民에 謝ᄒᆞ고 且 姜의 財産은 彼의 固有ᄒᆞᆫ 財産이 아니오 國民의 財를 邪欺强奪 等類의 聚合ᄒᆞᆫ 物이니라 警務廳으로 맛당히 其 財産을 調査ᄒᆞ야 相當ᄒᆞᆫ 處分을 ᄒᆞᆷ이 可ᄒᆞ다 ᄒᆞ노라

10호 1906년 7월 7일 (토) 論說

行世軍

朝日이 始出ᄒᆞ야 蒼蒼漾漾ᄒᆞ면 逐臭의 蠅이 薨薨히 起ᄒᆞ야 翅를 鼓ᄒᆞ고 嘴를 曳ᄒᆞ야 各大臣門前에 盡聚ᄒᆞ더라

布衣ᄂᆞᆫ 判任初仕를 哀乞伏乞ᄒᆞ며 判任奏任勅任들은 各히 陞差를 運動ᄒᆞᄂᆞ니 其 運動의 力이 各殊ᄒᆞ도다 或 十年久勤의 宅待令도 說明ᄒᆞ며 或 竹馬의 交도 述ᄒᆞ며 或 瓜葛의 誼도 說ᄒᆞ며 或 同族의 義를 敍ᄒᆞ야 一分

12 본문 한자는 '盡(진)' 자인데 부속국문은 '지' 자로 표기되었다.

13 본문 한자는 '夫(부)' 자인데 부속국문은 '그' 자로 표기되었다.

을 求乞ᄒᆞ듯 乞憐者도 有ᄒᆞ며 或 債主의 빗죠르듯 셰쓰는 者도 有ᄒᆞ며 或 籠絡手段[14]으로 痕跡업시 잘ᄒᆞ여 먹는 者도 有ᄒᆞ나 然ᄒᆞ나 셰군은 衆多ᄒᆞ고 大臣周旋力은 普及지 못ᄒᆞᆯ지라 故로 賓客이 滿堂ᄒᆞ면 大臣은 蒼蠅賦를 心誦이러라

今에 國家의 萬機自新ᄒᆞᆯ 時를 當ᄒᆞ야 政府大臣은 各히 任務에 紛忙ᄒᆞ니 엇지 閑人應接ᄒᆞᆯ 時間이 有ᄒᆞ리오

萬一 軍國大事에 關ᄒᆞᆫ 일로 大臣에 面會를 請ᄒᆞᄂᆞᆫ 者ㅣ 有ᄒᆞ면 大臣은 맛당이 吐哺를 不遑ᄒᆞ고 接見ᄒᆞ려니와 自已[15] 一個人 事情으로 大臣任務에 妨害케 ᄒᆞᄂᆞᆫ 者ᄂᆞᆫ 一切雜類라 此 輩ᄂᆞᆫ 可히 深責ᄒᆞᆯ 것 업거니와 大臣이 此 輩를 接見ᄒᆞ야 長時間을 虛費ᄒᆞᄂᆞᆫ 것은 大臣도 挾雜의 誚를 不免ᄒᆞᆯ지라 何를 謂ᄒᆞ인고 萬一 大臣이 挾雜의 心이 無ᄒᆞ고 挾雜의 事가 無ᄒᆞᆯ진ᄃᆡ 挾雜의 輩를 一切 禁斷ᄒᆞ얏슬 것이어ᄂᆞᆯ 奈何로 魚頭鬼面이 左右에 羅列ᄒᆞ고 金衣公子가 排달直入ᄒᆞᄂᆞᆫ고

盖 人의 進身의 道가 自己 學力에 在ᄒᆞ니 假令 法律을 不知ᄒᆞᄂᆞᆫ 者로 法官을 任ᄒᆞ면 其 任을 엇지 勝ᄒᆞ며 軍人의 學이 無ᄒᆞᆫ 者로 軍人을 任ᄒᆞ면 엇지 쏘ᄒᆞᆫ 其 任에 當ᄒᆞ리오

故로 大臣의 用人ᄒᆞᆷ은 各히 其 材에 適宜케 할 ᄯᆞ름이라 然則 何로ᄡᅥ 其 材를 識할고 曰 判檢事도 試取ᄒᆞ고 高等文官도 試取ᄒᆞᆷ에 在ᄒᆞ니 엇지 知舊族戚의 昏夜乞ᄋᆡ를 因ᄒᆞ야 區處길로 重大ᄒᆞᆫ 官職을 任ᄒᆞ리오

今에 歐米文明의 風雲이 地를 捲ᄒᆞ야 來ᄒᆞ니 我國民도 맛당이 其 文明에 浴化ᄒᆞ야 依賴心을 去ᄒᆞ고 自立力을 得ᄒᆞ야 生計도 文明의 知識上으

14 본문 한자는 '叚(가)' 자인데 부속국문은 '단' 자로 표기되었다.

15 본문 한자는 '已(이)' 자인데 부속국문은 '긔' 자로 표기되었다.

로 求ᄒᆞ며 宦路도 文明의 學問上으로 入ᄒᆞ면 國家의 進步ᄂᆞᆫ 無論ᄒᆞ고 自巳[16] 運數의 達이 此에 過학 者 無ᄒᆞ거ᄂᆞᆯ 奈何로 勞勞役役ᄒᆞᄂᆞᆫ고 彼所謂行世軍이 風雨를 不避ᄒᆞ며 晝夜을【를】 不分ᄒᆞ고 權門에 進ᄒᆞᄂᆞᆫ 者ㅣ 如此ᄒᆞᆫ 熱心으로 學問上에던지 實業上에던지 傾向ᄒᆞ얏스면 幾個年後에ᄂᆞᆫ 반다시 自立力이 生ᄒᆞᆯ지라 奈何로 歲月을 徒費ᄒᆞᄂᆞᆫ고

若夫 년壯者ᄂᆞᆫ 前程이 萬里와 如ᄒᆞ니 知識上 實力이 有ᄒᆞ면 其 無限ᄒᆞᆫ 進就를 自期ᄒᆞᆯ지라 更論ᄒᆞᆯ 것이 無ᄒᆞ거니와 彼년衰者도 姜太公白里奚의 年紀에 比ᄒᆞ면 오히려 强壯의 년에 在ᄒᆞᆫ 者 多ᄒᆞ니 其 經綸이 有ᄒᆞ면 其 事業은 掌中에 在ᄒᆞᄂᆞ니라

11호 1906년 7월 8일 (일) 論說

婦人開明 (女子敎育會)

昨 金曜日 文明上에 有志ᄒᆞᆫ 貴婦人 二百八十餘 名이 女子敎育會를 組織ᄒᆞ야 養[17]閨[18]義塾內에 開會式을 擧行ᄒᆞ고 女子敎育의 贊成ᄒᆞᆯ 義務와 婦人社會의 文明ᄒᆞᆫ 目的으로 趣旨를 演述ᄒᆞ얏다 ᄒᆞ니 從此로 大韓帝國에 男女의 文運이 幷進ᄒᆞ깃도다 東洋 支那 學問에 男女 七歲에 不同席이라 ᄒᆞ고 爲宮室변內外ᄒᆞ야 女子ᄂᆞᆫ 居內而不言外ᄒᆞ고 男子ᄂᆞᆫ 居外而不言內라 ᄒᆞ기로 女子ᄂᆞᆫ 深奧ᄒᆞᆫ 閨閤中의 監獄과 如히 禁錮ᄒᆞ고 衣服裁縫과 飮食供饋의 役을 親執ᄒᆞᆷ이 懲丁과 如히 拘束ᄒᆞᆷ이오 甚히 淸國에 至ᄒᆞ야

16 본문 한자는 '巳(사)' 자인데 부속국문은 '긔' 자로 표기되었다.

17 본문 한자는 '養(양)' 자인데 부속국문은 '약' 자로 표기되었다.

18 본문 한자는 '閨(규)' 자인데 부속국문은 '구' 자로 표기되었다.

는 纏足ᄒᆞᄂᆞᆫ 法禁이 大行ᄒᆞ야 肉刑ᄭᆞ지 施行ᄒᆞ얏ᄉᆞ니 男子의 女子待遇ᄒᆞᄂᆞᆫ 凡例가 同等權은 姑舍是ᄒᆞ고 人道上으로ᄂᆞᆫ 認定치 아니ᄒᆞ야 一部淫褻ᄒᆞᆫ 機關으로만 視ᄒᆞᆯ ᄯᆞᄅᆞᆷ이라

如此ᄒᆞᆫ 惡法律이 我韓에 流出ᄒᆞ야 纏足의 肉刑은 施치 아니ᄒᆞ나 其 代에 蒙頭의 刑을 行用ᄒᆞ고 監禁과 懲役은 一體 施行ᄒᆞ야 一種 刑法下에 在ᄒᆞᆷ으로 學問을 大禁ᄒᆞ야 知識이 矇昧ᄒᆞᆷ은 一般女子의 資格으로 歸ᄒᆞ야 或 天然的에 流出ᄒᆞᆫ 聰慧女子가 有ᄒᆞ야 一言에 稍異ᄒᆞᆷ과 一事의 稍善ᄒᆞᆫ 者 有ᄒᆞ면 女子品行의 範圍外로 譏刺ᄒᆞ고 又或 下等社會에ᄂᆞᆫ 女子를 勒制ᄒᆞᆷ이 尤甚ᄒᆞ야 毆打死傷의 慘酷에 至ᄒᆞᄂᆞᆫ 者ㅣ 種種히 有ᄒᆞ니 是로 以ᄒᆞ야 女子의 知覺은 漸漸 卑劣ᄒᆞ고 見聞은 漸漸 孤陋ᄒᆞ고 事爲ᄂᆞᆫ 漸漸 闇미ᄒᆞ야 一部 土蠻에 蠢蠢ᄒᆞᆫ 氣質을 免치 못 ᄒᆞᄂᆞᆫ 지라

女子의 品行이 是와 如ᄒᆞᆫ 즉 其 君子를 輔翊ᄒᆞᄂᆞᆫ 智德이 豈有ᄒᆞ며 其 子女를 養育ᄒᆞᄂᆞᆫ 知識이 豈有ᄒᆞ리오 但 악착ᄒᆞᆫ 偏性과 陰邪ᄒᆞᆫ 局見만 日夜로 萌芽ᄒᆞ야 淫ᄒᆞ고 妬ᄒᆞᄂᆞᆫ 心志ᄲᅮᆫ 十分에 八九되ᄂᆞᆫ 重量을 包有ᄒᆞ얏스니 其 子 其 女의 聞見ᄒᆞᆫ 家庭學問이 豆를 種ᄒᆞ야 豆를 得ᄒᆞ며 瓜를 種ᄒᆞ야 瓜를 收ᄒᆞᄂᆞᆫᄃᆡ 不過ᄒᆞ니 女子社會의 學問이 無ᄒᆞᆷ을 因ᄒᆞ야 全國社會의 病風患[19]性이 種子를 成ᄒᆞᆷ이라

大抵 如此히 須彌山겁運과 阿鼻獄 永世不出의 女ᄌᆞ【子】社會에셔 圈ᄌᆞ外에 超出ᄒᆞ야 四千年 罪名이 無히 刑罰을 受ᄒᆞ든 冤案을 昭雪ᄒᆞ며 人道上 失敗ᄒᆞᆫ 同等權을 光復코져 ᄒᆞᄂᆞᆫ 有志婦人의 勇斷心으로 女ᄌᆞ【子】教育會를 組織ᄒᆞ야 女ᄌᆞ【子】教育의 贊成ᄒᆞᆯ 義務를 確執ᄒᆞ고 婦人社會의 文明

19 본문 한자는 '患(환)' 자인데 부속국문은 '악' 자로 표기되었다.

을 開進ᄒᆞᆯ 目的으로 是會를 形成ᄒᆞ얏스니

嗚ᄒᆞ라 此와 如ᄒᆞᆫ 高等知識이 我韓 婦人社會에셔 流出ᄒᆞ으 但히 吾儕만 驚訝ᄒᆞᆯ 뿐 아니라 全世界人으로 ᄒᆞ야곰 舌을 吐ᄒᆞ고 嘖嘖ᄒᆞ야 研究키 不得ᄒᆞᆯ 事이로다

女子이 學問이 素無ᄒᆞᆫ 社會中에도 此와 如ᄒᆞᆫ 高等知識이 有ᄒᆞ야 一部文明의 社會를 組織ᄒᆞ고 女子教育을 贊成ᄒᆞᄂᆞᆫ 盛擧를 刱立ᄒᆞ얏스니 女子教育이 全國에 流通ᄒᆞ야 學問이 啓發ᄒᆞᆯ 境遇에ᄂᆞᆫ 女子의 知識이 全世界에 高等될 줄로 信仰ᄒᆞ노라

12호 1906년 7월 10일 (화) 論說

內部協辦

桂洞路上에 紛紛히 去ᄒᆞ며 紛紛히 來ᄒᆞ야 絡繹不絶ᄒᆞᄂᆞᆫ 者ᄂᆞᆫ 內部協辦 崔錫敏 氏 家 致賀軍이라

夫 內協은 內大의 行政ᄒᆞᄂᆞᆫ 機關이라 其 任이 要ᄒᆞ고 其 權이 重ᄒᆞ니, 所欲이 有ᄒᆞ고 所求가 多ᄒᆞᆫ 者ㅣ 엇지 其 賀를 一時差晩ᄒᆞ리오

然ᄒᆞᄂᆞ 吾人은 想想컨ᄃᆡ 其 勞勞[20]役役ᄒᆞᄂᆞᆫ 者ㅣ 必也虛出入 虛工夫ᄒᆞ리라 ᄒᆞ노라

前 內協 李鳳來갓튼 無等挾雜비【輩】ᄂᆞᆫ 法律로써 懲ᄒᆞᆫ 즉 畏ᄒᆞ려니와 輿[21]論으로써 罵ᄒᆞᆫ 즉 젼然無耻ᄒᆞ야 牛馬에게 德義說을 加ᄒᆞᆷ과 如히 無効ᄒᆞ얏거니와

20 본문 한자는 '勞(로)' 자인데 부속국문은 '뢰' 자로 표기되었다.

21 본문 한자는 '輿(여)' 자인데 부속국문은 '예' 자로 표기되었다.

若夫 崔 氏ᄂᆞᆫ 有志의 士라 吾人은 氏가 正當ᄒᆞᆫ 事爲를 行ᄒᆞᆯ 쥴로 豫言者도 되고 保証人도 되지 아니ᄒᆞ면 不可ᄒᆞ도다

崔 氏가 三年 前에 簞瓢가 屢空ᄒᆞᆯ 時에 憂世의 談이 志士의 熱血을 沸케 ᄒᆞ든 崔錫敏 氏라 齋桂洞 有志者의 領袖오 京城裡不平黨屈指者라 吾人도 甚히 慕仰ᄒᆞ얏노라

氏가 甲午年에 平壤叅書官으로 文明의 政을 行ᄒᆞ얏고 癸卯年에 洪原郡守를 被命ᄒᆞ야 匹馬單騎로 郡에 赴ᄒᆞ다가 洪原郡十里를 隔ᄒᆞ야 馬頭를 回ᄒᆞ야 其 家에 歸ᄒᆞ니 我國 物情에ᄂᆞᆫ 郡守圖得ᄒᆞᄂᆞᆫ 粉競이 埋頭沒身ᄒᆞᄂᆞᆫ 者ㅣ 滔滔皆是라

氏가 超群ᄒᆞᆫ 思想으로 一郡守를 草芥갓치 棄ᄒᆞ니 以此로 崔 氏에게, 허긔젓든 者ᄂᆞᆫ 一層逐波ᄒᆞ얏더라 翌年 甲辰에 始興民擾가 大作ᄒᆞ야 郡吏와 外人을 殺害ᄒᆞ고 郡民이 懷懼ᄒᆞ야 一境이 逃竄하니 於是에 政府에셔 擇人길로 崔錫敏 氏로 始興을 任ᄒᆞ니 崔 氏가 手를 一着ᄒᆞᆷ이 萬事가 整理ᄒᆞ얏더라

其 後 一 年間 事ᄂᆞᆫ 記者가 海外에 遊ᄒᆞᆷ으로 崔 氏가 何如ᄒᆞᆫ 事爲가 有ᄒᆞ얏넌【던】지 不知ᄒᆞᆫ지라

今春에 歸ᄒᆞ야 氏의 消息을 問ᄒᆞ니 桂洞風物이 非舊面이라 白農白農ᄒᆞ던 諸口가 啞然 一笑에 歸ᄒᆞ얏다더라

一歲中에 超遷至太中大夫ᄒᆞ니 黑圈子를 解ᄒᆞᆫ지 未幾에 內部協辦에 陞差ᄒᆞ얏더라

余로써 觀ᄒᆞ건ᄃᆡ 崔 氏가 若干 短處이 無ᄒᆞᆷ은 아니나 然ᄒᆞ나 其 短處ᄂᆞᆫ 大치 아니ᄒᆞ고 其 長處ᄂᆞᆫ 人의 不及ᄒᆞᆯ 處가 多ᄒᆞ니 若夫 我國의 行政萬機

를 整理ᄒᆞᆯ 時를 當ᄒᆞ야 錯亂ᄒᆞᆫ 事가 左右에 踏至ᄒᆞ고 紛忙ᄒᆞᆫ 務가 眼鼻를 草開ᄒᆞᆯ 際에 左酬右應ᄒᆞ고 決斷如流ᄒᆞᆯ 人才ᄂᆞᆫ 崔錫敏 氏라 一世를 可歎ᄒᆞᆯ 巧도 有ᄒᆞ며 一世를 可救ᄒᆞᆯ 才도 有ᄒᆞ다 ᄒᆞ노라

崔 氏의 眼中에ᄂᆞᆫ 滿廷百官이 小兒와 如ᄒᆞ고 國中有志ᄂᆞᆫ 無謀輩로 認ᄒᆞ니 滿廷官人을 小兒로 視ᄒᆞᆷ은 氏의 才局이 果如是ᄒᆞ거니와 國中有志를 無謀輩로 視ᄒᆞᆷ은 氏가 共同的 熱心이 少ᄒᆞᆫ 者라 蔽一言ᄒᆞ고 氏ᄂᆞᆫ 有用의 人才라 今에 內協에 陞差ᄒᆞ얏ᄂᆞᆫᄃᆡ 某 觀察使로 轉任ᄒᆞᆫ다ᄂᆞᆫ 說이 有ᄒᆞ니 氏ᄂᆞᆫ 百里의 才가 아니라 內部協辦으로 原政을 整理ᄒᆞ기를 望ᄒᆞ노라

13호 1906년 7월 11일 (수) 論說

宮禁令

日昨 宮內大臣 李載克 氏가 宮禁令을 頒布ᄒᆞᆷ은 本紙에 揭布ᄒᆞ얏거니와 第一條[22]宮禁의 出入은 宮內大臣의 監督에 屬ᄒᆞ니 宮殿에ᄂᆞᆫ 侍從院卿이오 宮門에ᄂᆞᆫ 主殿院卿이 此를 管掌ᄒᆞᆷ이라 ᄒᆞ얏스니

宮殿과 宮門을 侍從院과 主殿兩卿이 管掌ᄒᆞ야 宮內大臣 監督下에 在ᄒᆞ게 ᄒᆞᆷ은 前日과 特別ᄒᆞᆫ 禁令을 制定ᄒᆞ얏스니 從此로 宮禁의 肅淸은 十分嚴肅ᄒᆞ야 帝室威嚴을 至尊至重케 ᄒᆞᆯ지니 宮禁令의 制定은 國家의 刱有ᄒᆞᆫ 徽規美法이라

此 宮禁令에 對ᄒᆞ야 若使早早施行ᄒᆞ야 宮殿과 宮門의 出入을 嚴重히 調査ᄒᆞ야 宵小鼠輩의 濁亂淆雜ᄒᆞᆫ 踪跡을 禁斷ᄒᆞ얏드면

22 본문 한자는 '條(조)' 자인데 부속국문은 '도' 자로 표기되었다.

張斗煥의 魔術과 姜會林의 鬼怪와 康洪大의 祈禳과 具本淳의 風水와 曺世煥의 使神과 金大鎭의 見鬼와 李寅淳의 天文과 金炳旭의 卜筮와 壽蓮의 妖惑과 彐甫의 狂眩 等 男女一流의 聖聰을 欺眩ᄒᆞ며 宮闕을 誑惑ᄒᆞ야 禍害를 全國에 貽ᄒᆞ고 毒烈을 人民에 流ᄒᆞ야 十數年來의 滅亡顚覆ᄒᆞᆯ 鬼胎를 釀成ᄒᆞ며 蠱毒을 호【呼】吸ᄒᆞ얏슬 理가 有ᄒᆞ며

況且遐土北비의 無名幺蹤을 一國賢士로 天聰을 誣罔ᄒᆞ야 隆슝ᄒᆞᆫ 敦諭와 光榮ᄒᆞᆫ 美爵으로 太中大夫에 超遷ᄒᆞ고 夜半前席에 密勿ᄒᆞᆫ 鬼神事를 上奏ᄒᆞ야 畢竟 國體를 壞損ᄒᆞ고 名器를 汚멸ᄒᆞ야 甚之國際에 惡憾情을 惹起ᄒᆞᄂᆞᆫᄃᆡ 至ᄒᆞ얏스리오

禿筆所記ᄒᆞᆫ 數行駁論을 見ᄒᆞᆯ지라도 毛骨이 송【悚】然ᄒᆞ야 滿軆生粟ᄒᆞᆷ을 不勝ᄒᆞ거든 何況其宮廷濁亂의 情態를 事實上으로 直接 觀之ᄒᆞᆯ지면 今日 國形 國勢의 萎靡衰劣ᄒᆞᆫ 基礎와 國威國光의 壞損退縮ᄒᆞᆫ 機關이 宵小鼠輩의 無難出入ᄒᆞᆫ 萌얼에 流出ᄒᆞᆫ 者리오

是로 以ᄒᆞ야 宮禁令을 制定ᄒᆞᆷ으로 此等 禍萌을 防杜ᄒᆞ며 害얼을 掃斥ᄒᆞ리라고 贊成ᄒᆞ얏스나 其 獘害의 曲盡處를 硏究ᄒᆞᆯ지면 宮禁令은 宮殿과 宮門의 票紙施行에 不過ᄒᆞ고 別般法令이 無ᄒᆞᆫ 則 雜輩의 宮中에 出入ᄒᆞᄂᆞᆫ 者인들 宮殿과 宮門의 一張票紙를 不得ᄒᆞ야 出入에 防碍케 되리오

宮禁令을 縱然制定ᄒᆞ얏다 ᄒᆞ야도 雜輩의 出入을 拒絶ᄒᆞ야 九重이 澄淸ᄒᆞ리라고ᄂᆞᆫ 斷言키 難ᄒᆞ며 加之黃門은 宮中에 長時入直ᄒᆞᄂᆞᆫ 者인 則 其出入을 何能面面調査ᄒᆞ야 蹤跡을 拒絶ᄒᆞᄂᆞᆫᄃᆡ 至ᄒᆞᆯ이오

宮禁肅淸은 國家에 第一幸福으로 知ᄒᆞᆷ으로 先히 宮禁令制定ᄒᆞᆷ을 攢祝ᄒᆞ며 次에 宮禁令制定의 効果가 無ᄒᆞᆷ을 預恐ᄒᆞ며 三에 宮禁令을 別般實

施ᄒᆞ야 更히 前日과 如히 禍機를 釀成ᄒᆞ며 今回와 如히 國體를 損傷ᄒᆞᆯ가 憂憤羞愧ᄒᆞ야 是論을 略述ᄒᆞ야 宮內大臣에게 警告ᄒᆞ노라

14호 1906년 7월 12일 (목) 論說

國是

國是라 稱ᄒᆞᆷ은 曉得키 難ᄒᆞᆫ 別件問題가 아니라 國人이 皆曰 可라 ᄒᆞ야 上下一致로 國家的 思想이든지 國民的 主義이든지 和衷協成ᄒᆞ야 是議를 一定ᄒᆞᆷ을 曰 國是라 ᄒᆞᆷ이라

就中國步의 艱虞ᄒᆞᆫ 時代와 國權의 削弱ᄒᆞᆫ 形勢를 當ᄒᆞ야 國家人民이 公共的으로 危險을 同濟ᄒᆞ야 安寧 秩序를 保維키로 企圖ᄒᆞᆯ지면 不得不 議論이 如一ᄒᆞ야 上下心志가 符節과 如ᄒᆞᆫ 後에야 萬事ᄅᆞᆯ 可히 成立ᄒᆞᆯ지니 此ᄅᆞᆯ 謂ᄒᆞ되 國是라 ᄒᆞᆷ이라 是로 以ᄒᆞ야 國是가 一定ᄒᆞ면 國家ᄅᆞᆯ 可히 泰山磐石에 致ᄒᆞᆯ 것이오 國是가 未定ᄒᆞ면 國家ᄅᆞᆯ 可히 深淵薄氷에 投ᄒᆞᆯ지라

現今 我韓은 如何ᄒᆞᆫ 時代ᄅᆞᆯ 遭ᄒᆞ며 如何ᄒᆞᆫ 形勢ᄅᆞᆯ 當ᄒᆞ얏ᄂᆞ뇨 危急存亡의 時代오 衰退顚복의 形勢이라 國家人民이 早早히 國是ᄅᆞᆯ 一定ᄒᆞ얏스면 今日 如此ᄒᆞᆫ 時代와 如此ᄒᆞᆫ 形勢ᄅᆞᆯ 遭遇ᄒᆞ얏스리마ᄂᆞᆫ 旣往은 勿追ᄒᆞ고 目下危險을 救濟키로 希望ᄒᆞᆯ지면 第一 汲汲ᄒᆞᆫ 急先務ᄂᆞᆫ 國是를 一定ᄒᆞᆷ에 在ᄒᆞᆷ은 智者를 待치 아니ᄒᆞ야도 可卞ᄒᆞᆯ지라

雖然이나 上下國民의 學問이 啓發키 不能ᄒᆞ고 智識이 通徹키 不能ᄒᆞ야 千岐萬派로 各기 門戶를 峙ᄒᆞ며 旗幟를 樹ᄒᆞ야 家家演壇에 人人이 牛耳를 執코자 ᄒᆞ야 頑[23]固家 守舊家 野昧家 不平家 慷慨家 兩班家 儒林家

正直家 挾雜家의 主見이 不同ᄒᆞᆯ ᄲᅮᆫ 아니라 各기 目的이 宵壤과 如ᄒᆞ며 氷炭과 如히 懸殊ᄒᆞ야 或 爲君不爲國이라ᄂᆞᆫ 言論도 有ᄒᆞ고 或 爲國不爲民이라ᄂᆞᆫ 言論도 有ᄒᆞ며 或 是古而非今者도 有ᄒᆞ며 或 排斥外國者도 有ᄒᆞ야 甚之 强國을 誘引ᄒᆞ며 匪徒를 煽動ᄒᆞᄂᆞᆫ 者流ᄭᆞ지 有ᄒᆞ니 此ᄂᆞᆫ 學問 智識은 姑捨ᄒᆞ고 木石과 如히 頑冥ᄒᆞ며 昆虫과 如히 蠢蜿ᄒᆞᄂᆞᆫ 一流 民族 社會의 악착한 管見과 용탑ᄒᆞᆫ 茅塞에 流出ᄒᆞᆷ이어니와 政黨家와 開明家에도 左議와 기論이 互相排擠도 ᄒᆞ며 互相攻擊도 ᄒᆞ야 一政府內와 一社會中에 三分五裂ᄒᆞ며 七零八落ᄒᆞᄂᆞᆫ 弊風이 寢熄ᄒᆞᆯ 時日을 不見ᄒᆞ얏스이【니】此ᄂᆞᆫ 國是가 未定ᄒᆞᆫ 根因이라

世界列邦을 環顧ᄒᆞ건ᄃᆡ 國是가 定ᄒᆞ고 其 國이 不興ᄒᆞᆷ을 未見ᄒᆞ얏고 國是가 未定ᄒᆞ고 其 國이 不亡ᄒᆞᆷ을 未見ᄒᆞ얏스니 此ᄂᆞᆫ 現世界의 鑑이라 ᄒᆞ갯고 支那世紀를 攷考ᄒᆞ야도 紂有臣億万에 惟億万心이오 周有臣三千에 惟一心이라 ᄒᆞ얏고 漢末에 國是 未定으로 黨禍를 起ᄒᆞ야 赤록이 滅亡ᄒᆞ얏고 唐時에 國是가 未定ᄒᆞ야 白馬의 慘[24]을 起ᄒᆞ얏고 宋時에 國是가 未定ᄒᆞ야 崖山의 禍를 召ᄒᆞ얏고 明時에 國是가 未定ᄒᆞ야 乇奴의 禍를 惹ᄒᆞ얏고 現今 淸國에 國是가 未定ᄒᆞ야 戊戌政變을 起ᄒᆞ고 聯合軍의 禍를 召ᄒᆞ야 尙今萎靡ᄒᆞ니 國家의 興亡은 國是의 定코 未定ᄒᆞᆫ데 在ᄒᆞᆷ이 昭然히 掌을 指ᄒᆞᆷ과 如ᄒᆞᆫ지라 (未完)

23 본문 한자는 '頑(예)' 자인데 부속국문은 '완' 자로 표기되었다.

24 본문 한자는 '慘(참)' 자인데 부속국문은 '상' 자로 표기되었다.

15호 1906년 7월 13일 (금) 論說

國是 (續)

此를 由ᄒᆞ야 推測ᄒᆞᆯ진ᄃᆡ 我韓의 國是가 一定치 못ᄒᆞ얏슨 則 我韓의 安危도 可히 質言키 不能ᄒᆞᆯ지라 今日이라도 國家人民을 保全ᄒᆞᆯ 方針은 國是의 一定ᄒᆞᆷ에 在ᄒᆞ거니와 國是의 一定ᄒᆞᆯ 方針은 何에 在ᄒᆞᆫ뇨

國民의 團體的에 在ᄒᆞ고 國民의 熱心的에 在ᄒᆞ야 國家精神을 國民腦髓에 抱有ᄒᆞᆷ을 致케 ᄒᆞ여야 國是가 一定ᄒᆞᆯ 것이니 此ᄂᆞᆫ 家에 諭ᄒᆞ고 戶에 祝ᄒᆞ야 二千萬人의 耳를 提ᄒᆞ야 面으로 命ᄒᆞ기ᄂᆞᆫ 難ᄒᆞᆫ 則 教育을 普及ᄒᆞ야 愛[25]國誠이 人人의 熱血中에셔 注出ᄒᆞᆷ에 在ᄒᆞ다 ᄒᆞ노니

議者ㅣ 或 謂國勢의 艱危ᄒᆞᆷ이 目前에 時急ᄒᆞᆫ 則 國是의 一定ᄒᆞᆷ을 待ᄒᆞ야 可히 危險을 救濟ᄒᆞᆫ다 ᄒᆞ되 國是의 一定ᄒᆞᆷ은 教育의 普及ᄒᆞᆫ 效果로 得ᄒᆞᆯ지면 時日의 岌業ᄒᆞᆫ 國勢로 엇지 長距離日月을 消磨ᄒᆞ리오ᄒᆞ야ᄂᆞᆯ

否라 不然ᄒᆞ다 現今 我韓 形勢를 論ᄒᆞᆯ지면 沈痼ᄒᆞᆫ 大病에 良劑로 療治ᄒᆞᆷ과 如ᄒᆞ니 國是의 目的은 舊習[26]慣을 革祛ᄒᆞ고 新政治를 隨用ᄒᆞ야 國步를 挽回코자 ᄒᆞᆷ에 不過ᄒᆞᆫ 則 此ᄂᆞᆫ 新學問 新智識이 아니면 汚染ᄒᆞᆫ 痼習[27]을 엇지 洗滌ᄒᆞ며 腐敗ᄒᆞᆫ 秕政을 엇지 刮去ᄒᆞ야 開明上 進步를 得ᄒᆞ리오 是以로 教育을 普及ᄒᆞᆫ 然後 事이라 ᄒᆞ노니 엇지 長距離日月을 消磨치 아니ᄒᆞ고 國是의 一定ᄒᆞᆯ 效果를 時日間에 得ᄒᆞᆫ다 ᄒᆞ리오 此ᄂᆞᆫ 國是成立의 順序를 論及ᄒᆞᆷ이오

國是가 未定ᄒᆞᆷ은 我韓에 一大不幸이라 合衆國에 國是가 未定ᄒᆞ얏든들

25 본문 한자는 '愛(애)' 자인데 부속국문은 '외' 자로 표기되었다.
26 본문 한자는 '習(습)' 자인데 부속국문은 '십' 자로 표기되었다.
27 본문 한자는 '習(습)' 자인데 부속국문은 '십' 자로 표기되었다.

獨立權을 엇지 光復ᄒᆞ얏스며 日本에 國是가 未定ᄒᆞ얏든들 維新政治를 엇지 擴張ᄒᆞ얏스리오 然則 國是ᄂᆞᆫ 不得不一定ᄒᆞ여야 我韓의 國家와 人民과 領土를 保全ᄒᆞᆯ지니 此ᄂᆞᆫ 國是成立의 効果를 論及ᄒᆞᆷ이오 萬一晩時의 嘆을 口口히 發ᄒᆞ고 悲觀的 思想을 面面히 抱有ᄒᆞ야 機會를 一失ᄒᆞᆯ지면 國家ᄂᆞᆫ 顚복ᄒᆞ고 人種은 滅絶ᄒᆞ고 領土ᄂᆞᆫ 誰家版圖內에 新丹靑으로 화出ᄒᆞᆯᄂᆞᆫ지 認定키 不能ᄒᆞ니 此ᄂᆞᆫ 國是成立의 時機ᄅᆞᆯ 論及ᄒᆞᆷ이오

尙書에 曰 龜從ᄒᆞ며 筮從ᄒᆞ며 卿士從ᄒᆞ며 庶民從이면 謂之大同이라ᄒᆞ얏고 孟子ㅣ 齊宣王씌 告ᄒᆞ사ᄃᆡ 卿大夫ㅣ 皆曰 可殺이라 ᄒᆞ며 國人이 皆曰 可殺然後殺之라 ᄒᆞ얏고 泰西列邦에 一議案을 提出ᄒᆞᆷ의 政府ㅣ 可決ᄒᆞ며 上下院이 可決ᄒᆞ야 國民의 擧皆可決ᄒᆞᆫ 旨意ᄅᆞᆯ 代表ᄒᆞ야 全國內에 異同이 無ᄒᆞ나니 此ᄂᆞᆫ 國是成立의 性質을 論及ᄒᆞᆷ이라

原來 國是ᄂᆞᆫ 國家에 神聖ᄒᆞ고 貴重ᄒᆞᆷ이 此와如ᄒᆞ니 完全無缺ᄒᆞᆫ 全成時代에도 可히 須臾ᄅᆞᆯ 離치 못ᄒᆞᆯ 것이어ᄂᆞᆯ 危險이 如是ᄒᆞ고 缺裂이 如是ᄒᆞᆫ 我韓 今日에 國是가 엇지 可히 一時ᄅᆞᆯ 欠缺ᄒᆞ야 國家人民을 維持ᄒᆞ리오

語甚長皇ᄒᆞ기로 禿筆을 暫閣ᄒᆞ야 他日餘蘊을 更述ᄒᆞ려니와 我韓의 國是一定ᄒᆞᆷ을 予日望之ᄒᆞ노라 (完)

16호

1906년 7월 14일 (토) 論說

郵書

言語를 紙中에 裏ᄒᆞ야 千百里에 投送ᄒᆞ되 漏泄이 無ᄒᆞ고 目的地에 到達ᄒᆞᄂᆞᆫ 文明器ᄂᆞᆫ 何인고 曰 書信이라

我國이 數 年 前ᄭᆞ지 通信에 機關이 無홈으로 人에게 書를 寄ᄒᆞᆯ 事가 有ᄒᆞ면 遠近을 不拘ᄒᆞ고 幾多이 金額을 費ᄒᆞ야 或 專人도 ᄒᆞ며 或 信便을 求ᄒᆞ야 付托도 ᄒᆞᄂᆞ니 盖專人이던지 轉便이던지 傳書人은 卽 直接 關係也라 其 傳書ᄒᆞᆯ 處와 受書ᄒᆞᆯ 人을 分明히 指敎ᄒᆞᆫ 後에 書ᄅᆞᆯ 送ᄒᆞ니 故로 其 書封이 비록 糢糊ᄒᆞ더ᄅᆡ도 傳書人이 旣已 十分 斟酌이 有ᄒᆞ야 其 書ᄅᆞᆯ 能히 尋傳ᄒᆞᆫ지라

我國 文明이 日로 新ᄒᆞ고 月로 盛ᄒᆞ야 通信局이 設ᄒᆞ니 小包物이니 替金이니 如此 等事ᄂᆞᆫ 勿論ᄒᆞ고 다만 書札에 往來만 論ᄒᆞᆯ지라도 其 便利ᄂᆞᆫ 人人이 共知ᄒᆞᄂᆞᆫ ᄇᆡ라 加論치 아니ᄒᆞ거니와 今에 我國人이 郵便에 書를 傳ᄒᆞᄂᆞᆫ 其 書封이 糢糊莫甚ᄒᆞ니 其 書封을 槪言컨ᄃᆡ 磚[28]洞閔判書宅入納 堤用上候書라 ᄒᆞ니 判書갓튼 高官은 許多치 아니 ᄒᆞᆫ지라 假令 磚[29]洞內閔判書가 二三家되더ᄅᆡ도 配達人이 二三家를 낫낫치 往問ᄒᆞ면 必也 其 中에 有ᄒᆞ려니와

假令 茶洞李主事宅入納
平壤旅謹候書
舘洞金碩士宅入納
栗里 謹候書
九曲洞朴叅奉宅留
鄭碩士 客中即傳
公州本第平書

如此ᄒᆞᆫ 書가 有ᄒᆞᆫ 時에ᄂᆞᆫ 配達人이 其 書를 持ᄒᆞ고 受信人을 索ᄒᆞ랴면

28 본문 한자는 '磚(전)' 자인데 부속국문은 '박' 자로 표기되었다.

29 본문 한자는 '磚(전)' 자인데 부속국문은 '박' 자로 표기되었다.

滄海의 一粟을 索ᄒᆞᆷ과 如히 浩浩茫茫ᄒᆞ야 尋傳치 못ᄒᆞ고 畢竟

郵便局에 還納ᄒᆞ면 局의 事務員은 配達人을 更飭ᄒᆞ야 再尋三尋을 加ᄒᆞ고 然而未索ᄒᆞ면 發信人(書札부친 사람)에게 還送ᄒᆞᄂᆞᆫ 規則이나 發信人의 居處統數도 無ᄒᆞ고 姓名도 無ᄒᆞ면 不得已 郵便局 規則上으로 其 書封을 開見ᄒᆞᆫ 後에 燒火ᄒᆞ나니 郵便局 事務에 煩劇을 貽ᄒᆞᆷ은 置之勿論ᄒᆞ고 其 發信人 受信人이 何如ᄒᆞᆫ 關係가 有ᄒᆞ야 書를 寄ᄒᆞ얏던지 其 書가 未達ᄒᆞ면 事爲上 狼狽도 不無ᄒᆞᆯ지라 奈何로 書封을 分明이 書치 아니ᄒᆞᄂᆞᆫ고

尹致昊 氏ᄂᆞᆫ 學問이 高明ᄒᆞᆷ으로 我國 靑年 後進의 第一標準될만ᄒᆞᆫ 開明人이라 其 父 尹雄烈氏가 光州觀察使로 在ᄒᆞᆯ 時에 尹致昊 氏가 其 父親에게 書를 送ᄒᆞ되 表面에ᄂᆞᆫ 光州觀察使 尹雄烈 閣下라 書ᄒᆞ고 裏面에ᄂᆞᆫ 自巳[30]居地 統戶數 及 出書 年月日 姓名을 書ᄒᆞ얏시니 如此ᄒᆞᆫ 書札이 엇지 浮沉의 歎이 有ᄒᆞ리오

書札 來往에 浮沉의 歎이 無ᄒᆞ기를 希望ᄒᆞᆷ으로 下란에 封套紙書式을 載ᄒᆞ노니 同胞ᄂᆞᆫ 泛看치 말으시오

17호 1906년 7월 15일 (일) 論說

雜類誤世

去 十二日은 十四號 發일也라 本紙 第三面 第四난에 煽動嶺儒라 題ᄒᆞ고 閔[31]京錫[32] 金升문 金南濟 姜遠馨 李文求 氏 等 通文을 揭載ᄒᆞ얏거니

30 본문 한자는 '巳(사)' 자인데 부속국문은 '긔' 자로 표기되었다.

31 본문 한자는 '閔(민)' 자인데 부속국문은 '만' 자로 표기되었다.

32 본문 한자는 '錫(석)' 자인데 부속국문은 '호' 자로 표기되었다. '鎬(호)' 자의 오기.

와 今에 其 通文趣旨와 主魁者爲人에 對ᄒᆞ야 一論을 加ᄒᆞ노라

其 文에 曰 所謂 新學問 新知識 發達은 年少稚輩를 千仞坑[33]坎에 驅入ᄒᆞᆫ다 ᄒᆞ얏스니

吁라 吾人은 文壇에 牛耳를 執ᄒᆞ야 如彼ᄒᆞᆫ 無識輩를 呶呶히 責ᄒᆞᄂᆞᆫ 것이 蚊을 見ᄒᆞ고 劍을 발흠과 如ᄒᆞ나 彼 固陋 無識者[34]의 說도 足히 腐儒頭腦를 더욱 腐敗케 할 慮가 有ᄒᆞ나 맛당이 傳染病갓치 畏避치 아니ᄒᆞ면 不可ᄒᆞ도다

閔京鎬ᄂᆞᆫ 故杓庭의 顧護를 被ᄒᆞ야 口에 乳臭를 未免ᄒᆞᆯ 時에 登科ᄒᆞ얏스나 其 爲人이 足히 出世ᄒᆞᆯ 知覺이 無ᄒᆞᆫ 故로 杓庭이 淸語敎師를 招ᄒᆞ야 閔京鎬로 하야금 淸語를 畧習[35]케 ᄒᆞᆫ 後에 翰林에 오르게 ᄒᆞ얏스니 今일 所謂 叅判은 門閥과 勢力이 아니면 엇지 其 位를 敢히 生心ᄒᆞ얏스리오

然而 閔京鎬ᄂᆞᆫ 一個 渾沌 世界를 未免ᄒᆞᆫ 者라 挾雜과 巧邪ᄂᆞᆫ 無ᄒᆞ거니와 其他 金升문 金南濟 姜遠馨 李文求 等은 一個 雜類라 엇지 또ᄒᆞᆫ 新學問 舊學問의 何如ᄒᆞᆫ 것을 知ᄒᆞ리오 慶尙南北道 士林은 有 或 閔京鎬갓튼 冠猴의 聲에 煽動ᄒᆞᄂᆞᆫ 者ㅣ 有ᄒᆞ면 同胞의 不幸이 此에 過흠이 無ᄒᆞ다 ᄒᆞ노라

夫 新學問은 世界 文明國 學問이라 地球上 人類된 者ㅣ 歐米의 文明을 吸受치 못ᄒᆞ면 卽 野蠻이라 然而 野蠻도 能히 歐米文明이 美ᄒᆞᆫ 쥴은 知ᄒᆞ거ᄂᆞᆯ 彼閔京鎬갓튼 無知覺ᄒᆞᆫ 飯袋ᄂᆞᆫ 此도 不知ᄒᆞ니 必也ᄒᆞᆫ 人의 形體만 僅具ᄒᆞ고 猿의 腦髓로 賦成ᄒᆞᆫ 者아인가

蔽一言ᄒᆞ고 今世 文明 學問은 閔京鎬갓튼 爲人에게ᄂᆞᆫ 必用이 無ᄒᆞᆫ지

---

33 본문 한자는 '坑(갱)' 자인데 부속국문은 '항' 자로 표기되었다. '抗(항)' 자의 오기.

34 본문 한자는 '者(자)' 자인데 부속국문은 'ᄉᆞ' 자로 표기되었다.

35 본문 한자는 '習(습)' 자인데 부속국문은 '십' 자로 표기되었다.

라 瞽者의 丹青이오 牛耳에 誦經이니 余論은 彼를 深責ᄒᆞᆷ이 아니오 同胞가 閔 氏 爲人의 如何ᄒᆞᆷ을 知키 爲ᄒᆞ야 說이 此에 及ᄒᆞ노라

18호 1906년 7월 17일 (화) 論說

似是而非

我韓現今의 開化階級이 何等에 達ᄒᆞ얏ᄂᆞ뇨 或은 半開化에 達ᄒᆞ얏다 하되 吾문의 管見으로ᄂᆞᆫ 半開化의 階級에 未達ᄒᆞ얏다 ᄒᆞ노라.

半開化階級에 未達ᄒᆞᆫ 現狀을 言ᄒᆞᆯ진댄 一一히 枚擧키 不能ᄒᆞ나 槪略을 一述ᄒᆞ노니

政治로 言ᄒᆞ면 五百年 壓制의 惡風이 尙存ᄒᆞ야 內政과 外交를 政府에셔 獨當ᄒᆞ야 人民의 輿情을 强制ᄒᆞ야 下에 在ᄒᆞᆫ 者ᄂᆞᆫ 口가 有ᄒᆞ되 言이 無ᄒᆞ다 하기로 畢竟 國民 間 重大ᄒᆞᆫ 問題가 生出ᄒᆞ야도 政府 擔負에 歸ᄒᆞ고 人民의 言權은 一毫도 無ᄒᆞ야 國權이 削弱ᄒᆞᄂᆞᆫᄃᆡ 至ᄒᆞ얏스니 政治程度가 半開化階級에 未達ᄒᆞᆷ이오

教育으로 言ᄒᆞ면 各國 語學은 時國의 風潮를 隨ᄒᆞ야 出席이 增減ᄒᆞᄂᆞᆫ 影響이 有ᄒᆞ고 官立ᄒᆞᆫ 小學校 高等小學校가 幾個所이며 中學校ᄂᆞᆫ 一個所에 不過ᄒᆞ고 私立學校도 熱心 教育ᄒᆞᄂᆞᆫ 者ㅣ 數 個所에 不過ᄒᆞᆫ 듯ᄒᆞ며 女學校 數 個所를 新設ᄒᆞ얏스되 完定히 成立될ᄂᆞᆫ지 質言이 難ᄒᆞ며 十數 年間에 卒業ᄒᆞᆫ 生徒도 幾千人에 達ᄒᆞ련마ᄂᆞᆫ 一個養成ᄒᆞᆫ 效果를 未見ᄒᆞ깃고 現今 受業人도 精神的 學問이 腦髓에 充滿ᄒᆞᆯᄂᆞᆫ지 不知ᄒᆞ거니와 所謂 高等專門學校ᄂᆞᆫ 何時代에 刱設ᄒᆞᆯᄂᆞᆫ지 杳然히 期望이 無ᄒᆞ니 教育程度가

半開化階級에 未達ᄒᆞᆷ이오

殖産으로 言ᄒᆞ면 新發明이 人工製造가 增進키ᄂᆞᆫ 姑舍ᄒᆞ고 已往 古昔時代부터 流來ᄒᆞ든 頑樸物品은 漸次 衰退ᄒᆞ야 物質은 卑劣ᄒᆞ고 價格은 翔貴ᄒᆞᆷ으로 全國에셔 所用物品이 外國輸入만 資賴ᄒᆞᆷ으로 年年히 入口ᄂᆞᆫ 倍사에 增加ᄒᆞ고 出口ᄂᆞᆫ 天産物 四五種에 不過ᄒᆞ야 全國 血脈이 日日로 枯竭ᄒᆞ니 殖産程度가 開化階級에 未達ᄒᆞᆷ이오

團體로 言ᄒᆞ야도 千岐萬派가 互[36]相分裂ᄒᆞ야 一家庭內에 團體를 不成ᄒᆞ며 一社會內에 團體ᄅᆞᆯ 不成ᄒᆞ며 一政府內에 團體를 不成ᄒᆞ야 外樣으로도 剃髮 不剃髮 洋服 或 韓服으로 形形色色이 各各不同ᄒᆞᆷ을 模出키 難ᄒᆞ거든 何況腹中心志의 各各 不同ᄒᆞᆷ을 團合ᄒᆞᆯ이오 團體程度가 開化階級에 未達ᄒᆞᆷ이니 (未完)

19호 1906년 7월 18일 (수) 論說

似是而非 (續)

上項 數條 以外에도 指ᄅᆞᆯ 勝數키 難ᄒᆞ거니와 議者ᄂᆞᆫ 或 謂 開化에 未達ᄒᆞᄂᆞᆫ 根因은 國中에 頑固輩의 牢籠中에 陷落ᄒᆞ야 商岸을 一闢ᄒᆞᆫ 지 三十年間에도 黑洞洞野ᄆᆡ 乾坤에 후후 鼻雷로 春夢을 深着ᄒᆞ얏스니 엇지 慨然치 아니ᄒᆞ리오 ᄒᆞ야ᄂᆞᆯ 吾문은 此 說을 分析ᄒᆞ되 否라 不然ᄒᆞ다 我韓을 衰退劣弱의 境에 驅入ᄒᆞᄂᆞᆫ 者ᄂᆞᆫ 本紙上에 日前所論[37]ᄒᆞᆫ 頑固의 惡魔戱에도 流出ᄒᆞ얏것이와 全혀 頑固輩에게만 擔着ᄒᆞᆯ 분 아니라 ᄒᆞ노니

36 본문 한자는 '互(호)' 자인데 부속국문은 '오' 자로 표기되었다.

37 본문 한자는 '論(론)' 자인데 부속국문은 '완' 자로 표기되었다.

另히 一種似是而非ᄒᆞᆫ 者ㅣ 有ᄒᆞ야 圖화키도 難ᄒᆞ고 摸捉키 難ᄒᆞᆫ 奇괴人文이 外面으로ᄂᆞᆫ 國家思想이 腦髓에 達ᄒᆞᆫ듯 ᄒᆞ며 時局缺裂의 狀態의 對ᄒᆞ야 憤激心도 發ᄒᆞᄂᆞᆫ 쳬ᄒᆞ고 敎育殖産等 事業上에 熱心ᄒᆞᄂᆞᆫ 듯도 ᄒᆞ야 氣色과 言語와 靜動行止에 開化人인듯 自許도 ᄒᆞ고 世人이 開化人으로 認準도 ᄒᆞ야 一世를 欺ᄒᆞᆯ 만ᄒᆞ나

中心에ᄂᆞᆫ 閥閱도 有ᄒᆞ고 官爵도 有ᄒᆞ고 驕慢放肆ᄒᆞᆫ 情態도 有ᄒᆞ고 抑制壓勒ᄒᆞᄂᆞᆫ 手段도 有ᄒᆞ야 頑頑固固ᄒᆞᆫ 毒菌이 百히에 嬰絡ᄒᆞᆷ으로 每每事爲를 當ᄒᆞ야 口蜜腹釼[38]도 ᄒᆞ며 陽和陰沮도 ᄒᆞ며 面是背非도 ᄒᆞ야 小ᄒᆞ면 風俗을 病ᄒᆞ고 大ᄒᆞ면 國家를 喪ᄒᆞᆯ만ᄒᆞᆫ 資格을 俱ᄒᆞᆫ 者의 毒手의 流出ᄒᆞ야 開化階級에 未達ᄒᆞᆫ 所以라

此 輩도 凡庸ᄒᆞᆫ 姿品으로ᄂᆞᆫ 假장面을 飾出키 不堪ᄒᆞ니 超等才調가 有ᄒᆞ다 ᄒᆞᆯ 만ᄒᆞ나 國家의 漸次 쇠【衰】退ᄒᆞᄂᆞᆫ 點은 此 輩가 아니고 誰也리오 古語에 曰 鄕原은 德之賊이라 ᄒᆞ니 此 輩ᄂᆞᆫ 開化之賊이라 斷言ᄒᆞ노라 (完)

20호

1906년 7월 19일 (목) 論說

青年의 擔荷

我韓祖國의 步武를 增[39]進ᄒᆞ고 文化를 啓發ᄒᆞᆷ을 何人의 肩上에 擔荷하얏ᄂᆞᆫ뇨

大韓全國을 環顧하야도 全國事를 己任으로 擔荷ᄒᆞᄂᆞᆫ 者를 不見ᄒᆞ얏스니 文明開發을 勸諭하야 脣舌이 焦盡토록 課日辛勤ᄒᆞᄂᆞᆫ 吾輩의 眼孔으

38 본문 한자는 '釼(인)' 자인데 부속국문은 '금' 자로 표기되었다.

39 본문 한자는 '增(증)' 자인데 부속국문은 '징' 자로 표기되었다.

로도 霧中花를 看ᄒᆞ는 듯ᄒᆞ도다

現今 我韓이 存亡危急의 秋를 當ᄒᆞ얏스나 國家의 光輝와 人民의 幸福이 環球列邦에 幷駕驅馳ᄒᆞᆯ 만ᄒᆞᆫ 機會가 此에 在ᄒᆞ다 ᄒᆞ노니 目今 所見으로는 迂[40]濶ᄒᆞᆫ 空談과 如ᄒᆞ되 不然ᄒᆞᆫ 理由가 有ᄒᆞᆫ지라

國家의 缺裂ᄒᆞᆷ과 人民의 困悴[41]ᄒᆞᆷ을 未形ᄒᆞᆫ 時代에 憂慮思想을 抱有ᄒᆞ야 熱血을 沸盡ᄒᆞ얏썬들 今日의 衰弱을 力挽ᄒᆞ얏슬 것이어늘 今日의 形勢는 已形ᄒᆞᆫ 時代이라 恢恢ᄒᆞᆫ 眼力이 아니면 未形은 察키 難ᄒᆞ거니와 已形은 誰人이 看破키 不能ᄒᆞᆯ이오 看破키 容易ᄒᆞᆫ 時代에도 滔滔ᄒᆞᆫ 肉眼이 尋常看過ᄒᆞ야 日月을 消磨ᄒᆞ면 國家의 顚복과 人民의 滅絶은 眉睫前에 迫至ᄒᆞᆯ지라

此 已形ᄒᆞᆫ 時代를 當ᄒᆞ야 切迫ᄒᆞᆫ 憂慮를 抱有ᄒᆞ고 國家人民을 兩肩上에 己任으로 擔荷ᄒᆞᆯ지면 國家光輝를 可히 克復ᄒᆞ깃고 人民幸福을 可히 增進ᄒᆞᆯ 期望이 有ᄒᆞᆯ지라 太平安樂ᄒᆞᆯ 時代에는 前進ᄒᆞᆯ 機會라 稱ᄒᆞ기 難ᄒᆞ되 危急存亡의 秋를 當ᄒᆞ야 可히 一變ᄒᆞᆯ 機會라 稱ᄒᆞᆯ지니 此機會에 此憂慮를 己任으로 肩上에 擔荷ᄒᆞᆯ 者ㅣ 何人이 有ᄒᆞᆯ고

政治家의 肩上에 擔荷ᄒᆞ얏는뇨 兩班家의 肩上에 擔荷ᄒᆞ얏는뇨 頑固家의 肩上에 擔荷ᄒᆞ얏는뇨 慷慨不平家의 肩上에 擔荷ᄒᆞ얏는뇨 資本家의 肩上에 擔荷ᄒᆞ얏는뇨 農工家의 肩上에 擔荷ᄒᆞ얏는뇨

否라 政治家는 信用이 素無하고 兩班家는 倨傲滿腹ᄒᆞ고 頑固家는 野昧極甚ᄒᆞ고 不平家는 方向이 不定ᄒᆞ고 資本家는 비吝太過ᄒᆞ고 農工家는 求死不贍ᄒᆞ니 全國人民을 歷數하야도 國家人民의 憂慮를 擔荷ᄒᆞ야 步武를

40 본문 한자는 '迂(우)' 자인데 부속국문은 '오' 자로 표기되었다.

41 본문 한자는 '悴(췌)' 자인데 부속국문은 '쵀' 자로 표기되었다.

增[42]進하고 文化ᄅᆞᆯ 啓發ᄒᆞᆯ 者ㅣ 何人인뇨

吾輩의 所見으로ᄂᆞᆫ 毛髮이 蒼浪ᄒᆞᆫ 人物 中에ᄂᆞᆫ 國家的 思想과 進步的 主義가 有ᄒᆞ다고 質言키 不能ᄒᆞᆫ 則 我韓全國은 全國青年의 兩肩上에 擔荷ᄒᆞ얏다 謂ᄒᆞᆯ지라

然ᄒᆞ나 青年子弟의 腦髓中에 天然的으로 國家思想과 進步主義가 包有키를 希望ᄒᆞ기 難ᄒᆞᆫ 事이니 父母의 鍾愛와 衣食의 호華와 道路에셔 放浪戱謔ᄒᆞ야 縱然聰明ᄒᆞᆫ 姿品이 有ᄒᆞ야도 不才子ᄅᆞᆯ 養成ᄒᆞ야 浮浪破落戶의 基礎ᄅᆞᆯ 幼年에 完固ᄒᆞ면 餘望이 豈有ᄒᆞᆯ이오

青年子弟ᄂᆞᆫ 아즉 腐敗ᄒᆞᆫ 習[43]慣이 骨髓에 浹洽ᄒᆞᆷ이 毛髮이 蒼浪ᄒᆞᆫ 人物과ᄂᆞᆫ 不如ᄒᆞᆫ 時代에 精神的 敎育을 施ᄒᆞ야 第二世國民될 義務를 箇箇 頭腦에 灌注ᄒᆞᆫ 然後에야 可히 國家人民을 己但[44]으로 兩肩上에 擔荷ᄒᆞᆯ 斯望이 有ᄒᆞᆯ지니 全國 青年諸君의 肩上의 擔荷하얏것이와 精神的 敎育을 實施하ᄂᆞᆫ 者의 肩上에 擔荷ᄒᆞᆷ이 不無하다 하노라

21호 — 1906년 7월 20일 (금) 論說

三進聯邦

一進ᄒᆞ야 日本을 合ᄒᆞ고 再進ᄒᆞ야 間島를 索還ᄒᆞ고 三進ᄒᆞ야 滿洲를 連絡ᄒᆞᆫ 然後에 東洋에 一大聯邦을 作ᄒᆞ야 經濟上 大進步를 硏究치 아니ᄒᆞ면 不可ᄒᆞ도다

42 본문 한자는 '增(증)' 자인데 부속국문은 '징' 자로 표기되었다.

43 본문 한자는 '習(습)' 자인데 부속국문은 '십' 자로 표기되었다.

44 본문 한자는 '但(단)' 자인데 부속국문은 '임' 자로 표기되었다.

否則 國家ᄂᆞᆫ 滅亡淵에 將陷ᄒᆞᆯ 것이오 人種은 ᄯᅩᄒᆞᆫ 減縮的에 漸入ᄒᆞᆯ ᄲᅮᆫ이라 吁라 我國에 鐵血宰相갓튼 人物이 無ᄒᆞ면 我國民에 悲觀이 日至ᄒᆞ리로다

今에 我國現狀을 論ᄒᆞᆯ진ᄃᆡ 財政은 本年度 歲入이 八百五十萬元에 不過ᄒᆞ고 陸軍은 萬名에 未過ᄒᆞ고 海軍은 影子도 無ᄒᆞ니 而今世界에 如此ᄒᆞᆫ 國家에ᄂᆞᆫ 비록 良平이 謀를 劃ᄒᆞ고 蕭曹가 政을 行ᄒᆞ더라도 今日 列强과 敢히 幷肩치 못ᄒᆞ깃거ᄂᆞᆯ 허믈며 李址鎔갓튼 政治家와 李根澤갓튼 軍畧家와 閔泳綺갓튼 經濟家가 一國重要ᄒᆞᆫ 任에 在ᄒᆞ니 諸氏가 果然 國家棟梁[45]의 材인가 吁라 國家 進步의 如何를 可知ᄒᆞ리로다

且 國民程度ᄂᆞᆫ 卑劣이 莫甚ᄒᆞ니 假使自今으로 始ᄒᆞ야 孜孜히 教育을 務ᄒᆞ더ᄅᆡ도 旣往 四十以上된 人物은 其 腦力이 舊習에 腐敗ᄒᆞᆫ 者라 固執의 性을 必也未改ᄒᆞᆯ지니 도로혀 文明的 防害物도 되고 教育上 反對物도 될 ᄲᅮᆫ이라 엇지 國家有益物이 되리오

但 靑年後進의 聰明ᄒᆞᆫ 腦力으로 新知識에 進就ᄒᆞ게 ᄒᆞᆯ ᄯᅡ름이니 如此히 二三十年을 過ᄒᆞ면 頑固輩ᄂᆞᆫ 年年北망에 向ᄒᆞ야 減數되고 新知識 靑年은 年年增進ᄒᆞᆯ지라 此時에 至ᄒᆞ면 我國에 大人物이 無ᄒᆞᆯ 理ᄂᆞᆫ 업슬지나 然ᄒᆞᄂᆞ 此後 二三十年이면 世界列强의 進步가 맛당히 何如ᄒᆞᆯ넌지 世人의 推測도 有ᄒᆞ고 吾人은 絶규ᄅᆞᆯ 不禁ᄒᆞ노라

我國이 日淸日露 呼吸에 隨ᄒᆞ야 或 吉夢도 做ᄒᆞ고 或 悲觀도 感ᄒᆞ니 今에 至ᄒᆞ야ᄂᆞᆫ 吉夢도 往事이오 悲觀도 往事이라 往事ᄂᆞᆫ 說ᄒᆞ야도 無益ᄒᆞ거니와 來頭ᄂᆞᆫ 往事의 影響과 關係가 密接ᄒᆞ니 此間에 在ᄒᆞ야 大進步가

45 본문 한자는 '粱(량)' 자인데 부속국문은 '앙' 자로 표기되었다.

無ᄒᆞ면 大悲觀이 必至ᄒᆞ리라 余ᄂᆞᆫ 知識은 비록 卑淺ᄒᆞᄂᆞ 熱血은 徒沸ᄒᆞ야 三寸의 舌이 時時不平을 告ᄒᆞᄂᆞ 言論自由를 不得ᄒᆞᆷ으로 意思表示를 不能ᄒᆞ고 啞者의 외마듸 소리ᄒᆞ듯 進步進步進步進步라 ᄒᆞ면셔 如何히 進步ᄒᆞ라ᄂᆞᆫ 方針에 無言ᄒᆞᆷ은 自笑自歎ᄒᆞᆯ ᄲᅮᆫ이라

22호 1906년 7월 21일 (토) 論說

衛生

近日天熱이 甚極ᄒᆞ야 署【暑】針이 八十七度에 達ᄒᆞ얏쓰니 舊曆으로 言ᄒᆞ면 初伏이 已過ᄒᆞ고 中伏이 又近ᄒᆞ니 日氣가 極熱ᄒᆞᆯ 天候이라

天候의 極熱ᄒᆞᆷ을 當ᄒᆞ야 人事가 可히 天候를 從ᄒᆞ야 衛生上 必要ᄒᆞᆷ을 適宜히 ᄒᆞᆯ지니

若其喉渴ᄒᆞᆷ을 潤코자 ᄒᆞ야 冷水를 過飮ᄒᆞ고 氷片을 縱喫ᄒᆞ며 淸凉을 乘ᄒᆞ야 石橋上이나 大道邊에셔 通宵露宿ᄒᆞ야 霧露의 濕氣를 蒙ᄒᆞ며 生瓜酸杏 等物을 食欲ᄃᆡ로 量을 充ᄒᆞ고 濁酒ᄅᆞᆯ 大醉도 ᄒᆞ며 敗肉과 餒魚ᄅᆞᆯ 啖ᄒᆞ고 暑氣가 鬱蒸ᄒᆞ고 塵埃가 混雜ᄒᆞᆫ 食料物을 飽食ᄒᆞ니

衛生이 何件事인지 不知ᄒᆞᄂᆞᆫ 勞動者이나 童稚婦女의 習慣이 署【暑】天夏日에 宿食을 顧忌ᄒᆞᆷ이 無ᄒᆞ야 暫時 淸快ᄒᆞᆷ을 取ᄒᆞ며 飢飽가 不節ᄒᆞᆫ 貧家生涯에 妨害利益을 擇取ᄒᆞᆯ 暇이 無ᄒᆞ야 暫時 救飢ᄒᆞᆯ 慾心으로 充腹ᄒᆞᆷ에 不過ᄒᆞᆫ 則 一一히 禁止ᄒᆞ기 不能ᄒᆞ거니와

衛生上 妨害로 論ᄒᆞᆯ지면 當場에ᄂᆞᆫ 僥倖히 災害가 無ᄒᆞ다 ᄒᆞ야도 土地에 濕鬱ᄒᆞᆫ 蒸氣와 食料에 生冷ᄒᆞᆫ 炭氣가 肌膚에 侵ᄒᆞ며 腸胃에 伏ᄒᆞ얏다

가 新秋涼生ᄒᆞᆯ 時에 嘔吐 곽【癨】亂 泄瀉 赤痢 等과 甚則 腸窒扶斯와 虎烈剌 等 惡疾이 發生ᄒᆞ야 生命이 妨害와 危險은 可히 勝言키 難ᄒᆞᆫ ᄲᅮᆫ 아니라

不幸히 惡疾을 罹ᄒᆞ야 死亡에 抵觸ᄒᆞᆯ지면 臭氣가 熏렴ᄒᆞ야 惡疾이 滋蔓ᄒᆞᄂᆞᆫ 弊害가 起ᄒᆞᆯ 境遇에ᄂᆞᆫ 衛生上에 注意ᄒᆞ든 人도 流行여氣ᄅᆞᆯ 幸避키 不能ᄒᆞ니

其 原因을 硏究ᄒᆞᆯ진ᄃᆡ 流行惡疾은 衛生上에 不注意ᄒᆞ든 者의 毒菌으로 全國生命의 妨害危險을 釀成ᄒᆞᆷ이니 엇지 重大關係가 아니라 ᄒᆞ리오

衛生의 弊害로 禁止ᄒᆞᆷ은 警察官吏의 責任上에 自在ᄒᆞᆫ 則 贅論ᄒᆞᆷ이 必要가 無ᄒᆞ거니와 人民에게 警告ᄒᆞᄂᆞᆫ 一說도 操觚者의 責任이기로 近日 極熱ᄒᆞᆫ 天候를 當ᄒᆞᆷ의 發狂大叫ᄒᆞᄂᆞᆫ 人情을 推ᄒᆞ야 衛生의 必要를 一述ᄒᆞ노라

23호 1906년 7월 22일 (일) 論說

換手任官

洪鎭裕 氏ᄂᆞᆫ 內部大臣의 妻男이오 李圭三 氏ᄂᆞᆫ 法部大臣의 子이라 內大가 洪 氏로써 內部叅書官을 叙任코저 ᄒᆞ니 法大 曰 法部에도 一窠闕이 有ᄒᆞ니 君의 妻男은 法部에 用ᄒᆞ고 吾의 子ᄂᆞᆫ 內部에 用ᄒᆞᆷ이 可치 아니ᄒᆞᆫ야 ᄒᆞᆷ으로 李圭三으로 內部叅書官에 叙任케 ᄒᆞ얏스니 田家에셔 품아시하듯 洪鎭裕ᄂᆞᆫ 不久에 法司의 一席을 占領ᄒᆞ리로다

晉긔奚가긔午를 薦ᄒᆞ고 謝安은 謝玄을 薦ᄒᆞ얏스니 苟或 其 材이면 其 親戚을 엇지 避嫌ᄒᆞ리오마ᄂᆞᆫ 若夫 其 材가 아니면 是ᄂᆞᆫ 國家의 官爵으로 自家의 私用物ᄀᆞᆺ치 幻弄ᄒᆞᄂᆞᆫ 者가 아니냐

李址鎔 氏는 五陵貴公子로 花開동【洞】山墓ᄒᆞ고 運到園洞屋ᄒᆞ야 曩에 外交를 獨[46]擔ᄒᆞ고 今에 內政을 專管ᄒᆞ니 國家의 責이 於公에 重矣오 聖上의 恩이 於公에 大矣라

맛당히 國家의 憂를 先憂ᄒᆞ고 自己의 樂을 後樂ᄒᆞ야 竭忠報國홈이 可ᄒᆞ거ᄂᆞᆯ ▣▣▣氏가 此를 不知ᄒᆞᄂᆞᆫ 者인가

李址鎔 氏ᄂᆞᆫ 自幼로 聰明이 過人ᄒᆞ얏스니 如彼ᄒᆞᆫ 才質로 進步捷逕에 早入ᄒᆞ얏더면 貴族社會上에 必也 第一等 人物이 되얏슬 것이라 因而 貴族社會를 團合ᄒᆞ야 時期가 至ᄒᆞ거든 國政改善을 施ᄒᆞ얏스면 英國과 갓치 貴族社會가 先開ᄒᆞ야 國家ᄂᆞᆫ 事半功倍의 幸運을 致ᄒᆞ얏슬 것이어ᄂᆞᆯ 奈何로 自己平生을 誤ᄒᆞ고 國家否[47]運을 招ᄒᆞᄂᆞᆫ고 願컨ᄃᆡ 氏ᄂᆞᆫ 改圖ᄒᆞᆯ지어다

氏의 祖父 興寅君은 周公의 位에 在ᄒᆞ야 德이 周公에 未及ᄒᆞᆫ 故로 宦海에 風波를 値ᄒᆞ얏스니 吾人은 氏의 幸運을 希ᄒᆞ고 國의 進運을 望ᄒᆞ고 民의 幸福을 祝홈이오 실상 公의 惡言을 創홈이 아니로라

李夏榮 氏ᄂᆞᆫ 無識도 當局者 中 第一이오 人氣도 當局者 中 第一이라 國政의 改善方針을 不言ᄒᆞᆯ지언졍 能知ᄒᆞᆯ 者ㅣ 氏가 아니면 誰리오

氏가 釜山에 生長ᄒᆞ야 智囊을 負ᄒᆞ고 長安城에 投足ᄒᆞ야 靑雲을 掌中에 籠絡ᄒᆞᆫ지라 本來 有志者라 稱키ᄂᆞᆫ 難ᄒᆞ거니와 近日 識時務者ᄂᆞᆫ 氏에 過ᄒᆞᆯ 者ㅣ 無ᄒᆞ니 吁라 氏ᄂᆞᆫ 善惡間에 肝膽이 極大ᄒᆞ도다

46 본문 한자는 '獨(독)' 자인데 부속국문은 '젼' 자로 표기되었다.

47 본문 한자는 '否(부)' 자인데 부속국문은 '비' 자로 표기되었다.

氏의 毁[48]譽가 不一하나 吾人은 以爲今日 我國 政治 改善에 當ᄒᆞ야 李夏榮 氏갓튼 ᄒᆞ【豪】傑의 質이 由亂入治ᄒᆞᄂᆞᆫ 機를 確見ᄒᆞ면 其 思想을 一變ᄒᆞ야 如何ᄒᆞᆫ 大事業을 作ᄒᆞᆯᄂᆞᆫ지 難測ᄒᆞᆯ지라 惜乎라 今에 其 子의 一官을 貪圖ᄒᆞ야 幻弄의 手段을 用ᄒᆞᆷ이여 彼 李圭三 洪鎭裕 兩氏가 能히 高等官 資格이 有ᄒᆞᆫ지 不知ᄒᆞ거니와 吾人은 目을 轉ᄒᆞ야 觀ᄒᆞ건ᄃᆡ 方今 朝廷이 金玉의 下에 飯袋郎이 或 有ᄒᆞ고 窮蔀의 屋에 學問家가 虛老ᄒᆞ니 此ᄂᆞᆫ 大臣의 用人이 私에 主ᄒᆞ고 公에 主ᄒᆞᆷ이 아닌 故이라

夫 興國의 氣像도 朝廷用人에 在ᄒᆞ고 亡國의 衰運도 朝廷用人에 在ᄒᆞ니 二公은 何에 處ᄒᆞ랴ᄂᆞᆫ고

24호

1906년 7월 24일 (화) 論說

義親王殿下 進爵式祝賀

本日은 義親王 殿下 冊封儀節을 擧行[49]ᄒᆞᄂᆞᆫ 吉日이라

殿下ᄂᆞᆫ 皇上 陛下 第二子시니 嬪宮 張 氏의 誕生ᄒᆞ심이라

殿下ᄂᆞᆫ 英姿俊邁ᄒᆞ심으로 外國에 遊學ᄒᆞ실 夙志를 抱有ᄒᆞ고 日本에 遊覽ᄒᆞ시고 美國에 留學ᄒᆞ야 歐亞列邦의 文明ᄒᆞᆫ 新空氣를 吸收ᄒᆞ샤 十有餘年에 本國에 歸駕ᄒᆞ시니 萬姓人民의 歡迎心이 全國에 沸騰ᄒᆞᆯ 쁜 아니라

皇上 陛下의 慈愛ᄒᆞ오신 聖衷과 皇太子 英親王 兩殿下의 友篤ᄒᆞ오신 예智가 十分歡喜ᄒᆞ심을 臣民下情에 이긔여 揣[50]度치 못ᄒᆞᆯ 바이라

48 본문 한자는 '毁(훼)' 자인데 부속국문은 '회' 자로 표기되었다.
49 본문 한자는 '行(행)' 자인데 부속국문은 '졔' 자로 표기되었다.
50 본문 한자는 '揣(췌)' 자인데 부속국문은 '최' 자로 표기되었다.

日本大觀兵式에 參列ᄒᆞ기 爲ᄒᆞ야 皇上 陛下께오셔 殿下로 陸軍副將을 陞ᄒᆞ시고 觀兵式參列大使ᄅᆞᆯ 命ᄒᆞ사 日本에 前往케 ᄒᆞ시니 殿下ᄂᆞᆫ 十年 星霜을 海外에 遊歷ᄒᆞ시다가 大韓帝國의 金枝玉葉으로 大使의 特命을 奉承ᄒᆞ사 皇華星사로 萬里海外에 駕往ᄒᆞ야 宇內호傑이 集合ᄒᆞᆫ 風雲大會에 參臨ᄒᆞ심이 殿下의 光榮도 曠前ᄒᆞ고 日本의 貴賓으로 尊重待遇ᄒᆞᆷ이 無比ᄒᆞᆫ지라 使事ᄅᆞᆯ 畢ᄒᆞ고 命을 復ᄒᆞᆷ이 榮寵華譽가 一國에 振ᄒᆞᆫ지라 殿下ᄂᆞᆫ 年前親王封爵 時에 義和君으로 日本에 留駕ᄒᆞ심으로 義親王 徽号만 定ᄒᆞ고 冊封儀節을 擧行치 못ᄒᆞ얏더니

昨日에 金冊을 入受ᄒᆞ시고 今日에 大使ᄅᆞᆯ 命ᄒᆞ사 義親王 進爵金冊을 授ᄒᆞ실ᄉᆡ 皇帝陛下게셔 百官을 率ᄒᆞ시고 中和殿에 御ᄒᆞ샤 進爵式을 擧行ᄒᆞ오시니 皇室의 大慶이오 人民의 祝賀ᄒᆞᆯ 바이라

懿親之爵도 皇室의 藩屛이어ᄂᆞᆯ 何況[51] 皇子 皇孫의 仁厚ᄒᆞᆫ 麟趾ᄂᆞᆫ 國家의 羽翼을 成ᄒᆞᆷ이리오 但히 公子王孫의 貴호華富로 一生의 寵榮을 涵泳ᄒᆞ야도 皇室家庭의 至大ᄒᆞᆫ 慶福이라 稱頌ᄒᆞ거든 殿下ᄂᆞᆫ 歐亞大陸의 文明ᄒᆞᆫ 新空氣ᄅᆞᆯ 腦髓에 貫徹ᄒᆞ야 國家의 一棟양【樑】으로 仰望ᄒᆞᄂᆞᆫ ᄇᆡ리오

是日 殿下의 進爵式을 擧行ᄒᆞ심에 對ᄒᆞ야 一般國民의 慶祝心을 代表ᄒᆞ야 一論으로 攢賀ᄒᆞ노라

51 본문 한자는 '況(황)' 자인데 부속국문은 '항' 자로 표기되었다.

25호 1906년 7월 25일 (수) 論說

吉聲

本報ᄂᆞᆫ 吉聲으로 名을 作ᄒᆞᄆᆡ 國民이 國家萬歲ᄅᆞᆯ 唱ᄒᆞ고 萬歲報를 購覽ᄒᆞ니 萬口에 萬歲오 萬目에 ᄯᅩᄒᆞᆫ 萬歲이라 一紙 萬歲報가 朝朝萬家吉聲至

本報가 發刊이 今日ᄭᆞ지 二十五號인ᄃᆡ 購覽請求가 每號에 平均 八十枚以上式 增加ᄒᆞ얏스니 既往이 如此ᄒᆞ니 來頭를 可知라 今年 內에 機械 增設ᄒᆞᆯ 準備가 無ᄒᆞ면 不可ᄒᆞ리로다

我國 四千年 元氣가 聚ᄒᆞ야 本報의 筆이 되고 二千萬熱血이 凝ᄒᆞ야 本報의 墨이 되얏슨則 操觚者ᄂᆞᆫ 泛論處가 常無ᄒᆞ며 購讀者ᄂᆞᆫ 拭目處가 許多ᄒᆞ도다

然則 本報 性質이 何如ᄒᆞᆫ고 曰 苟祿者에 面을 赤케 ᄒᆞ며 姦細輩의 頭를 縮케 ᄒᆞ며 教育家의 熱心을 增케 ᄒᆞ며 政學家의 冷淚를 滴케 ᄒᆞ며 青年에 銳氣를 鼓揚ᄒᆞ며 頑固의 腐說을 打破ᄒᆞ며 下等社會에ᄂᆞᆫ 平等權利를 絶叫ᄒᆞ며 婦人社會에ᄂᆞᆫ 男女同等權을 吹聽ᄒᆞ니

國家 進步的 機關이 此가 아니면 何인고

故로此 報ᄂᆞᆫ 範圍가 極廣ᄒᆞ야購覽者가至ᄒᆞ니其 購覽者를 槪論ᄒᆞ건ᄃᆡ

政治家도 萬歲報

教育家도 萬歲報

婦人社會도 萬歲報

南山松風에 露頂枕石者도 萬歲報

街路左右에 飯찬【饌】店 南草商도 萬歲報라

昨日ᄭᆞ지 漢文을 不識ᄒᆞᄂᆞᆫ 者가 東方에 日出ᄒᆞ고 飯盂가 充滿ᄒᆞ면 樂世로 認ᄒᆞ던 劣等人物이라도 自今 以後로 國文을 習ᄒᆞ면 上才ᄂᆞᆫ 一日의 工을 費ᄒᆞ야 通ᄒᆞᆯ 것이오 비록 下才라도 十數日間이면 必也 能通ᄒᆞᆯ지니 然後에 本報를 購覽ᄒᆞ면 外國形勢도 知ᄒᆞᆯ 것이오 我國情況도 知ᄒᆞᆯ 것이라 政治家를 對ᄒᆞ면 能히 政談에도 叅與ᄒᆞᆯ 것이오 教育家를 對ᄒᆞ면 能히 教育談에도 生쇼치 아니 ᄒᆞᆯ지라

若夫 如此ᄒᆞᆫ 즉 純正ᄒᆞᆫ 新知識이 오히려 漢文學者 찰頑固보다 百勝ᄒᆞᆯ지라 何를 謂ᄒᆞᆷ인고 曰 찰頑固ᄂᆞᆫ 文明的에 氷炭갓치 背馳ᄒᆞ야 劣等地로 陷入ᄒᆞᄂᆞᆫ 者라 世界文運이 進ᄒᆞᆯ슈록 劣等人種은 減縮ᄒᆞᄂᆞᆫ이라

本報의 活字ᄂᆞᆫ 附屬國文이 有ᄒᆞ고 文法은 言文一致를 用ᄒᆞ고 目的은 社會進步的 主義라 日日警世鐘을 作ᄒᆞ야 同胞의게 告ᄒᆞ노니 吉聲이 此에 過ᄒᆞᆷ이 無ᄒᆞ다 ᄒᆞ오

26호 1906년 7월 26일 (목) 論說

愛國心

我韓을 禮義之邦이라 稱ᄒᆞ며 文化之治라 稱ᄒᆞ야 祖宗遺澤과 世臣餘烈이 足히 人民의 性靈을 感化ᄒᆞ야 人民으로 ᄒᆞ야금 國家ᄅᆞᆯ 愛ᄒᆞᄂᆞᆫ 誠心이 油然히 發生케 ᄒᆞ야 子弟가 父兄을 衛ᄒᆞ며 手足이 頭目을 捍ᄒᆞᆷ과 如히 ᄒᆞᄂᆞᆫ 效果가 有ᄒᆞᆯ연마ᄂᆞᆫ

奈何로 人民이 愛國心이 絶無ᄒᆞᆷ이 極度에 達ᄒᆞ얏ᄂᆞᆫ뇨 國家에 形勢가 日로 萎靡ᄒᆞ되 國家를 爲ᄒᆞ야 謀猷ᄅᆞᆯ 發ᄒᆞᄂᆞᆫ 者ㅣ 無ᄒᆞ며 國家에 利權이

日로 削弱ᄒᆞ되 國家를 爲ᄒᆞ야 憂愁를 起ᄒᆞᄂᆞᆫ 者ㅣ 無ᄒᆞ고 國家에 威光이 日로 消샤ᄒᆞ되 國家를 爲ᄒᆞ야 心志를 奮ᄒᆞᄂᆞᆫ 者ㅣ 無ᄒᆞ니 此ᄂᆞᆫ 愛國心이 絶無홈에 基因홈이라

國은 人民의 社會를 組織ᄒᆞ야 生命財産을 付托ᄒᆞᆫ 一大家屋이라 家屋이 有ᄒᆞ면 生活ᄒᆞ고 家屋이 無ᄒᆞ면 敗亡ᄒᆞᆯ 쥴은 愚婦痴男이라도 洞然皆知ᄒᆞᆯ지니 國을 愛ᄒᆞᄂᆞᆫ 心이 一個時間이라도 忙忽치 못ᄒᆞᆯ 것이라

環球世界를 環顧ᄒᆞᆯ진ᄃᆡ 愛國心이 無ᄒᆞᆫ 國民은 不聞ᄒᆞ얏건마ᄂᆞᆫ 我韓人民ᄀᆞᆺ치 愛國心이 無홈은 初見ᄒᆞᆯ ᄲᅮᆫ 아니라 眞實로 咄咄怪事가 엇지 아니리오

人民이 學問이 素無ᄒᆞ야 然ᄒᆞ뇨 不然ᄒᆞ다 學問이 無ᄒᆞᆫ 野蠻民族에도 渠의 部落을 侵凌ᄒᆞᄂᆞᆫ 者ㅣ 有ᄒᆞ면 衆蠻이 合心ᄒᆞ야 慢侮를 不受ᄒᆞᄂᆞ니 此ᄂᆞᆫ 學問에도 不在홈이오 天性에 在ᄒᆞ다 謂ᄒᆞᆯ지니

然則 我韓人民은 天性ᄭᆞ지 泯滅ᄒᆞ얏ᄂᆞᆫ뇨 不然ᄒᆞ다 頑冥ᄒᆞᆫ 庖丁도 赤子의 匍匐入井홈을 見ᄒᆞ면 自然慈善心을 感ᄒᆞᄂᆞ니 天性이 엇지 泯滅ᄒᆞ야 然ᄒᆞ리오

我韓人民이 自來로 政治의 壓制下에 在ᄒᆞ야 人民의 自由權을 失ᄒᆞᆫ지 五百有餘年이라 國家에 慶福이 有ᄒᆞ야도 人民은 喜幸心이 無ᄒᆞ고 國家에 禍變이 有ᄒᆞ야도 人民은 恐惶心이 無ᄒᆞ니 此ᄂᆞᆫ 壓制政府에셔 人民을 國家에 關係가 업도록 棄斥ᄒᆞ야 國家와 人民을 兩截에 分ᄒᆞ얏스니 人民의 愛國心이 絶無홈은 政府에셔 養成홈이라 엇지 人民을 呵責ᄒᆞᆯ ᄯᆞ름이리오

噫라 愛國誠이라 稱홈은 人民이 國家를 爲ᄒᆞ야 口口히 萬歲를 日唱ᄒᆞ며 家家히 焚香祝天ᄒᆞᆫ다 謂홈이 아니라 個人的 愛國心도 有ᄒᆞ고 共同的의 愛國心도 有ᄒᆞ니 (未完)

27호 1906년 7월 27일 (금) 論說

愛國心 (續)

個人的 愛國心이라 ᄒᆞᆷ은 一個人의 身分上에 國民的 天職을 自守ᄒᆞ며 國民的 義務ᄅᆞᆯ 自任ᄒᆞ야 一身上 名譽ᄅᆞᆯ 損傷ᄒᆞ면 國家名譽의 一分子ᄅᆞᆯ 損傷이 有ᄒᆞᆯ가 恐懼ᄒᆞ며 一身上 實力을 失敗ᄒᆞ면 國家實力의 一分子를 失敗ᄒᆞᆷ이 有ᄒᆞᆯ가 憂慮ᄒᆞ야 學問에 熱心ᄒᆞᆷ도 愛國心이오 殖産에 熱心ᄒᆞᆷ도 愛國心이오 內政의 得失에 熱心ᄒᆞᆷ도 愛國心이오 外侮ᄅᆞᆯ 防禦ᄒᆞ기에 熱心ᄒᆞᆷ도 愛國心이오 法律에 不犯ᄒᆞᆷ도 愛國心이오 同胞ᄅᆞᆯ 結合ᄒᆞ야 團體ᄅᆞᆯ 組織ᄒᆞᆷ도 愛國心이오 國家의 光輝ᄅᆞᆯ 增進ᄒᆞᄂᆞᆫ 一事가 有ᄒᆞ야도 歡喜蹈舞ᄒᆞᆷ이 愛國心이오 國家의 不利益이 一毫가 有ᄒᆞ야도 羞耻痛忿ᄒᆞᆷ이 愛國心이니 此ᄅᆞᆯ 個人的 愛國心이라 謂ᄒᆞᆷ이오

共同的 愛國心이라 ᄒᆞᆷ은 國民의 一團體와 合衆心으로 國家思想이 腦裡에 貫徹ᄒᆞ야 國憂ᄅᆞᆯ 憂ᄒᆞ며 國喜ᄅᆞᆯ 喜ᄒᆞ며 國力을 完全케 ᄒᆞ며 國威ᄅᆞᆯ 尊重케 ᄒᆞ고 國家文運을 挽回ᄒᆞ며 國家獨立을 鞏固케 ᄒᆞᆷ이 此ᄅᆞᆯ 共同愛國心이라 謂ᄒᆞᆷ이니

個人的 愛國心이 各其 心智에 流出ᄒᆞ야 共同的 愛國心을 合成ᄒᆞᆷ이니 名目은 二에 分ᄒᆞ얏쓰나 實地ᄂᆞᆫ 一에 歸ᄒᆞᆷ이라

現今 文明이니 富强이니 國旗를 世界에 飄揚ᄒᆞ야 光輝가 非常ᄒᆞᆫ 國內에 愛國心이 無한 國民이 有ᄒᆞ고야 엇지 國家光輝를 世界에 表[52]彰ᄒᆞ리오 此ᄂᆞᆫ 人民의 心智上에셔 自然流出함도아니라 政府에셔 政治와 法律과 教育으로 人民의 愛國心을 養成ᄒᆞᆷ이라 謂ᄒᆞᆷ이니

52 본문 한자는 '表(표)' 자인데 부속국문은 '포' 자로 표기되었다.

假令 我韓政府로 ᄒᆞ야곰 全國人民을 政治로 融和케 ᄒᆞ며 法律로 信用케 ᄒᆞ며 敎育으로 開進케 ᄒᆞ야 愛國心이 二千萬 個人 熱血 中에 湧出케 養成ᄒᆞ얏든들

國庫가 板蕩ᄒᆞᆫ 일을 値ᄒᆞ야 不巨額의 國債를 國內에 募集키 不能ᄒᆞᆯ 理由가 有ᄒᆞ얏쓰며

國權이 削弱ᄒᆞᆫ 일을 當ᄒᆞ야 心을 苦ᄒᆞ며 膽을 張ᄒᆞ야 國家實力을 養成ᄒᆞᆯ 特別思想이 엇지 無ᄒᆞᆯ이오

我韓人民도 儀形이 俊秀치 아님이 아니오 知覺이 聰慧치 아님이 아니로ᄃᆡ 但 壓制政治 下에 活潑潑ᄒᆞᆫ 元氣를 消삭ᄒᆞ야 在下者ᄂᆞᆫ 有口而無言이라ᄂᆞᆫ 法律과 不在其位 不謀其政이라ᄂᆞᆫ 章程과 國家大事ᄂᆞᆫ 非下民의 所知라 ᄒᆞᄂᆞᆫ 細則으로 全國을 拘束ᄒᆞ야 個人의 自由權을 自失ᄒᆞᆫ 所以然이니 故로 國家에 安危存亡은 人民不關係ᄒᆞᆫ 事件으로 冷視ᄒᆞᆯ ᄯᆞᄅᆞᆷ이라 (未完)

28호 1906년 7월 28일 (토) 論說

愛國心 (續)

噫라 全國人民이 國家의 興亡盛衰를 冷視홈을 ᄯᅩᄒᆞᆫ 可히 叱責ᄒᆞ기 難ᄒᆞᆫ 者ㅣ 有ᄒᆞ니 設令 人民의 知覺이 國家의 興盛홈을 喜ᄒᆞ며 衰亡홈을 憂ᄒᆞᄂᆞᆫ 愛國心이 有ᄒᆞᆯ지라도 在上者의 勒制ᄒᆞᄂᆞᆫ 權限이 非當히 嚴酷ᄒᆞ야 人民의 志見이 國家事에 謀及ᄒᆞᄂᆞᆫ 機微를 見ᄒᆞ면 化外의 亂民으로 歸ᄒᆞ야 士禍도 起ᄒᆞ며 逆獄도 成ᄒᆞ며 疑讞도 造ᄒᆞ야 死亡에 相續ᄒᆞᆫ 者ㅣ 幾千幾萬을 不計ᄒᆞᆫ 者ㅣ 有홈은 歷史上에 昭然可考ᄒᆞᆫ지라

是로 以ᄒᆞ야 人民 中 農商工業을 執ᄒᆞᆫ 食力者ᄂᆞᆫ 國家事ᄅᆞᆯ 聞知키 厭苦ᄒᆞ야 憂天地樂日月을 黑洞洞으로 歸ᄒᆞ얏스며 所謂 士族家도 鱉頭ᄅᆞᆯ 縮ᄒᆞᆷ과 如ᄒᆞ야 甚之 宴會와 交遊와 談話와 詩詞間에도 禍機가 萌動ᄒᆞᆯ가 疑慮ᄒᆞ야 口舌로 敢히 朝廷事ᄅᆞᆯ 一言半辭間에 掛ᄒᆞ지 아니 ᄒᆞᆫ지라 其 極度에 達ᄒᆞ며 窮源에 抵ᄒᆞᆷ이 此와 如ᄒᆞ야 國家事態ᄅᆞᆯ 機경과 如히 視ᄒᆞ얏스니 愛國心이 何處로 從生ᄒᆞ리오

政府와 人民은 兩截에 分ᄒᆞ얏다 ᄒᆞᆷ이 過言이 아니라 譬컨ᄃᆡ 家內에 鷄犬을 蓄ᄒᆞᆷ과 如히 同視ᄒᆞ얏스니 如此히 權利가 無ᄒᆞ며 氣力이 無ᄒᆞ며 精神이 無ᄒᆞᆫ 人民이라도 二千萬에 達ᄒᆞ얏스니 國家大勢ᄅᆞᆯ 未然之前에 知하얏슬지라도 挽回ᄒᆞᆯ 道理가 無ᄒᆞ며 已發之後에 知ᄒᆞᆯ지라도 恢復ᄒᆞᆯ 道理가 無ᄒᆞ니 晨을 報ᄒᆞ며 盜ᄅᆞᆯ 守ᄒᆞᄂᆞᆫ 鷄犬에도 可히 譬하지 못ᄒᆞᆯ 我韓人民의 悲慘ᄒᆞᆫ 境遇인ᄃᆡ

何況 學問이 素無하야 如干 腐敗ᄒᆞᆫ 尋章摘句의 文識이 新空氣ᄅᆞᆯ 吸取키 不能하야 時勢ᄅᆞᆯ 不察하며 事爲를 不知ᄒᆞ며 主義를 不立ᄒᆞ며 國是를 不定ᄒᆞ얏고 加之義兵을 煽動ᄒᆞ야 國際에 惡憾情을 招ᄒᆞ고 自國의 禍[53]萌[54]을 滋ᄒᆞᄂᆞᆫ 악착ᄒᆞᆫ 局見이 腦中에 充滿ᄒᆞ얏스니 自由를 失ᄒᆞ고 學問이 昧ᄒᆞᆫ 此等 人民다려 愛國心이 無ᄒᆞ다 有ᄒᆞ다 엇지 深誅ᄒᆞ리오마ᄂᆞᆫ

時局도 變選【遷】ᄒᆞ며 人事도 改革ᄒᆞ야 物換星移의 時代ᄅᆞᆯ 遭逢ᄒᆞ얏스니 人民이 不得不 自由ᄅᆞᆯ 回復ᄒᆞ며 不得不 學問을 增進ᄒᆞ야 愛國心을 創起ᄒᆞᆯ지어다

若其 前日에 無ᄒᆞ든 愛國心을 今日에 엇지 可히 有케 ᄒᆞ리오 ᄒᆞ면 此ᄂᆞᆫ

53 본문 한자는 '禍(화)' 자인데 부속국문은 '밍' 자로 표기되었다.

54 본문 한자는 '萌(맹)' 자인데 부속국문은 '화' 자로 표기되었다.

不然ᄒᆞ다 ᄒᆞᆯ지니 德相 卑思麥의 格言에 曰ᄒᆞ되 國家思想이 幼稚ᄒᆞᆫ 時代에ᄂᆞᆫ 無ᄒᆞ나 老壯ᄒᆞᆫ 年紀에 可히 無치 못ᄒᆞᆷ이라 ᄒᆞ얏스니 前日은 幼稚ᄒᆞᆫ 時代이오 今日은 老成ᄒᆞᆫ 年紀라고도 可히 謂ᄒᆞᆯ지니 엇지 愛國心을 創起치 아니ᄒᆞᆯ 것이며

又答 甲者가 無ᄒᆞᆫ 愛國心을 乙者가 엇지 可히 有ᄒᆞᆯ이오 하면 此亦 不然ᄒᆞ다 ᄒᆞᆯ지니 明儒顧亭林의 峻論에 曰ᄒᆞ되 天下興亡이 匹夫之職이라 ᄒᆞ얏스니 一個人된 甲者가 愛國心을 抱有ᄒᆞ면 一個人된 乙者도 愛國心을 抱有ᄒᆞ야 全國人民의 風潮를 形成ᄒᆞ면 二千萬 個人이 愛國心을 個個히 包有ᄒᆞᆯ 것이니 他가 無ᄒᆞᆷ을 顧忌치 勿ᄒᆞ고 我만 愛國心을 抱有ᄒᆞᆯ지어다

嗚호라 二千萬 同胞아 祖國이오 父國이오 自己國이오 子孫國될 我韓形勢를 우衡ᄒᆞᆯ지어다 風景은 不殊ᄒᆞ되 一掬血淚를 可히 灑ᄒᆞᆯ지라 엇지 可히 湏[55]臾을 暫忘ᄒᆞ야 千金의 時間을 棄擲ᄒᆞ리오

汲汲히 學問은 青年諸君에게 委托ᄒᆞ고 實業 發達은 資本家에 委托ᄒᆞ고 人造物産은 農商工家에 委托ᄒᆞ고 殖産經綸은 經濟家에 委托ᄒᆞ고 凡百力作은 勞動家에 委托ᄒᆞ고 激勸獎勵ᄂᆞᆫ 言權家에 委托ᄒᆞ고 曉喩導덕은 教育家에 委托ᄒᆞ고 改過遷善은 挾雜家에 委托ᄒᆞ고 辛勤勉勵ᄂᆞᆫ 遊食家에 委托ᄒᆞ고 政治法律은 當局家에 委托ᄒᆞ야 大韓帝國의 國民된 天職을 守ᄒᆞ고 義務를 任하야 大韓帝國의 實力을 養成ᄒᆞᆯ지어다 大韓帝國의 實力을 養成ᄒᆞᆯ지어다 此是 愛國心이오 此是 愛國心이니 二千萬 同胞의 二千萬 本愛國心으로 大韓帝國의 獨立基礎ᄒᆞᆯ 己任을 自擔ᄒᆞᆯ지어다 (完)

55 본문 한자는 '湏(회)' 자인데 부속국문은 '수' 자로 표기되었다.

29호 1906년 7월 29일 (일) 論說

自聖癖

噫라 滔滔ᄒᆞᆫ 叔世風氣가 一種毛病이 有ᄒᆞ니 此病은 他病과 大不同ᄒᆞ야 生命의 危險ᄒᆞᆫ 病이 아니라 世道에 危險ᄒᆞᆫ 病이오 人理의 危險ᄒᆞᆫ 病이오 國治의 危險ᄒᆞᆫ 病이니 其 病은 何如ᄒᆞᆫ 病인뇨 曰 自聖癖이라 하ᄂᆞᆫ 病이로다

其 病症이 何如ᄒᆞᆷ으로 自聖癖이라 命名하얏ᄂᆞᆫ고 其 病의 根由와 現狀을 言ᄒᆞᆯ지면 曲盡處로 模出하기 難ᄒᆞᆫ 眞境이 有하나 槪畧으로 言ᄒᆞ면 我의 學問과 知識과 凡百事爲를 洞察ᄒᆞ며 融解ᄒᆞ며 明斷ᄒᆞ며 果行ᄒᆞᆷ이 人이 我보담 勝ᄒᆞᆫ 者이 無ᄒᆞ며 我가 人보담 勝ᄒᆞᆫ 處이 有ᄒᆞ다 ᄒᆞᄂᆞᆫ 病이 曰 自聖癖이라 謂ᄒᆞᆷ이라

是病이 有ᄒᆞᆯ지면 一個人 身上의 一種毛病에 不過ᄒᆞᆫ지라 世道의 病이오 人理의 病이오 國治의 病이라 ᄒᆞᆷ은 何를 謂함인뇨

政黨社會더브로 一流人士와 下等社會에 至하야 學問과 知識과 凡百事爲上의 實地의 工夫와 實地의 經驗이 人人皆備하얏다 함은 質言키 難[56] 하건마ᄂᆞᆫ 每每對人接物ᄒᆞᆯ 際에 或 君이라든지 汝라든지 何事를 知하ᄂᆞᆫ뇨 我의 言ᄃᆡ로만 하라 하기도 하며 又或 對衆하야 聲明하기를 世上에 人갓튼 者를 不見하얏다 하기도 하며 又或 人을 對하야 顯言치ᄂᆞᆫ 아니하되 其 人이 我보담 不足하다 하야 恒常 傲視하ᄂᆞᆫ 氣色이 有하기도 하며 又或 其 人이 何事를 爲하리오 唯我라야 此 事를 能當하깃다ᄂᆞᆫ 言도 有하니

大抵 天地間 人物의 長短이 互有하야 鶴이 鳧에셔 長하기도 ᄒᆞ며 鴨이

56 본문 한자는 '難(난)' 자인데 부속국문은 '언' 자로 표기되었다.

鶴보다 短하기도 ᄒᆞᆫ 事와 如하야 個人의 長短이 無ᄒᆞᆫ 것은 아니로ᄃᆡ 擧世風氣가 蔽一言하고 擧皆腹中에 공동無一物ᄒᆞᆫ 人物로 人을 短(남을 나무라는 말)하고 我를 長(ᄂᆡ가 낫다 하는 말)하게 知하는 病風이 人人皆有하야 一世上이 一種藍色으로 染出함과 同然ᄒᆞ니 此는 世道에 大關係ᄒᆞᆫ 病이라 謂함이라

個人의 道德上으로 謂ᄒᆞᆯ지라도 折節自抑이라 하며 虛氣受人이라 하며 謙受益이라 하는 支那聖人의 敎訓도 有하며 我는 一尺의 長量이 有하고 他는 五寸의 長量이 有하면 我가 不言ᄒᆞ야도 他에 長ᄒᆞᆷ을 一世가 皆知ᄒᆞᆫ다는 泰西 哲學博士의 至論이 有하거ᄂᆞᆯ 實地는 不顧하고 不知하는 事物을 知得하는 체하며 不抱ᄒᆞᆫ 學問을 抱有ᄒᆞᆫ 체하야 一世를 欺惑하니 人理에 大關係ᄒᆞᆫ 病이라 謂함이오

政治ᄅᆞᆯ 不學하고도 政治ᄅᆞᆯ 擔當하기 能하다 하며 法律을 不學하고도 法律을 擔當하기 能하다 軍事ᄅᆞᆯ 不學하고도 軍事ᄅᆞᆯ 擔當하기 能하다 하며 其他 敎育 及 農商工 警察 交涉 等 事를 不學하고도 擧皆隨處擔當키 能하다 하야 今日 內部大臣이 明日 叅政大臣이오 又 明日 軍部大臣 又 明日 學部大臣을 隨手應決하는 狀態가 有하고 其他 協辦局長 等 百執事도 擧皆 通用任務로 自許하니 罕世ᄒᆞᆫ 通才라 謂함이 아니어든 如此 人物이 엇지 許多하리오 國治에 大關係ᄒᆞᆫ 病이라 謂ᄒᆞᆯ지라

此等 自聖의 癖이 不具ᄒᆞᆫ 人이 無하야 甚至 下賤社會에라도 國家大事를 委任치 아니함으로 着手키 不能하다 하는 說이 往往이 有하니 板築의 傳[57]說[58]과 鼎組의 伊尹이 絶無하다 함이 아니라 目ᄆᆡ一丁ᄒᆞᆫ 賤漢[59]子의

57 본문 한자는 '傳(전)' 자인데 부속국문은 '부' 자로 표기되었다.

58 본문 한자는 '說(설)' 자인데 부속국문은 '열' 자로 표기되었다.

口氣도 依例히 若是함을 見ᄒᆞᆯ진댄 自聖벽에 程度를 可히 觀測ᄒᆞᆯ지라 就中新學問을 通鍊하ᄂᆞᆫ 체하ᄂᆞᆫ 人이 居多하야 某가 倫敦을 言하면 我ᄂᆞᆫ 紐[60]育을 言하고 甲이 物理를 言하면 乙은 化學을 言하야 零碎ᄒᆞᆫ 句語의 得聞ᄒᆞᆫ 者로 我의 學問이 自高ᄒᆞᆫ 체도 하고 時局의 大勢와 開化의 現狀에도 深察洞識하ᄂᆞᆫ 樣을 장出하야 我의 外에ᄂᆞᆫ 言論도 更無하고 識見도 更無하고 義理도 更無하고 血勇도 更無ᄒᆞᆫ 百種陋態를 做去하니 此ᄂᆞᆫ 尋常ᄒᆞᆫ 事이 不是라 世道에 危險이오 人理에 危險이오 國治에 危險되ᄂᆞᆫ 一大病이라고 能言하노니 毛詩에 具曰 予聖이라 誰知烏之雌雄이라ᄂᆞᆫ 句語가 今日을 爲하야 準備하얏다 ᄒᆞᆯ지라

開明世界ᄂᆞᆫ 名譽를 自沽하며 權能을 自衒ᄒᆞᆫ다 하야도 此等 自聖의 癖은 實로 亡國喪身ᄒᆞᆯ 一禍機이니 汲汲改良하야 此 一種毛病을 一洗ᄒᆞᆯ지어다

30호 1906년 7월 31일 (화) 論說

學校擴張費 支出決議

日本政府에셔 我韓의 殖産과 敎育의 擴張하기로 目下急先務로 認定하야 一千萬元을 無擔保借與ᄒᆞᆫ 事ᄂᆞᆫ 旣히 一世가 知了ᄒᆞᆫ 바여니와 日本厚誼를 思唯하면 極히 慈良心을 感ᄒᆞᆯ 만ᄒᆞᆫ 事實인ᄃᆡ

我韓政府에셔 同借欵一千萬元 中 五十萬元을 學校擴張費로 定算하얏다ᄂᆞᆫ 決議도 已久하되 尙今如何ᄒᆞᆫ 消息이 頓無하기로 一般 敎育事業의 熱心하ᄂᆞᆫ 大方家와 敎育을 受하ᄂᆞᆫ 靑年諸君이 學校擴張하기를 渴望하야

59 본문 한자는 '漢(한)' 자인데 부속국문은 '환' 자로 표기되었다.

60 본문 한자는 '紐(뉴)' 자인데 부속국문은 '축' 자로 표기되었다.

大旱에 雲霓[61]를 望ᄒᆞᆷ과 如ᄒᆞᆫ 眞境이 有ᄒᆞᆷ에 吾儕도 同情을 表하야 一般渴望心이 有하더니

日昨 政府會議에 學校擴張費 支出 案件을 可決하얏다 하니 政府에 賢明하오신 諸公을 對하야 感謝ᄒᆞᆫ 敬意를 表하며 教育家와 青年諸君을 對하야 祝賀하기를 不已하고 吾儕도 汲汲ᄒᆞᆫ 血衷을 罄하야 一言을 茲에 告하노니

噫라 我韓現狀이 頂天立地ᄒᆞᆫ 人은 皆曰 教育 教育이라 하니 教育의 急ᄒᆞᆷ은 一時一刻도 可히 容緩치 못ᄒᆞᆯ 줄로 思惟하ᄂᆞᆫ ᄇᆡ라 大抵 學校의 擴張經費ᄂᆞᆫ 五百萬元이라도 不足함을 猶患하며 五千萬元이라도 太過하다고ᄂᆞᆫ 不稱ᄒᆞᆯ 터인ᄃᆡ 一千萬元中에 五十萬元으로 算定함은 政府諸公의 弘量에 何如이 決算하얏ᄂᆞᆫ지 思議키 難하거니와

現存 私立學校가 四百餘處에 達하야 經費가 太半困難ᄒᆞ야 維持키 不堪ᄒᆞᆯ 景況이 時急ᄒᆞᆫ 則 假令 千元 式만 補助ᄒᆞ야도 四十萬元 假量이오 城內에 小學校 五十六處ᄅᆞᆯ 設立ᄒᆞᆫ다ᄂᆞᆫ 說이 有ᄒᆞᆫ 則 確的은 不知하되 果然 事實과 如하면 五十萬元의 金額을 消費하야도 完全成立하기ᄅᆞᆯ 企圖不能ᄒᆞᆯ지라

然則 五十萬元 定算 以外에 學校擴張費ᄅᆞᆯ 別項으로 支出案件을 提議하얏ᄂᆞᆫ지 不知하거니와 若其 五十萬元으로ᄂᆞᆫ 學校의 擴張을 將何以着手ᄒᆞᆯᄂᆞᆫ지 不知하깃도다

五十萬元이든지 別項支出이든지 一時一刻이라도 容緩치 아니ᄒᆞ고 迅速支出하야 學校ᄅᆞᆯ 建築하던지 教課書ᄅᆞᆯ 印出하던지 冊床漆板을 修補하

61 본문 한자는 '霓(예)' 자인데 부속국문은 '혜' 자로 표기되었다.

던지 一新準備하야 秋期上學을 勸勉홀 거이어ᄂᆞᆯ

政府에셔 議案을 可决하얏다 홀지라도 度支로 照會ᄒᆞ기가 幾個月을 消費홀ᄂᆞᆫ지 度支에셔 出給命令書를 幾個月을 消費홀ᄂᆞᆫ지 學部에셔 各學校에 頒給ᄒᆞ기를 幾個月을 消費홀ᄂᆞᆫ지 各學校에셔 建築 或 修理工事를 着手와 竣役에 幾個月을 消費홀ᄂᆞᆫ지 明年度 秋期에나 結果가 有홀ᄂᆞᆫ지 杳然不知ᄒᆞ깃스니 吾儕ᄂᆞᆫ 此를 憂慮ᄒᆞ야 一言으로 警告ᄒᆞ노니 政府諸公은 全局이 旁午ᄒᆞ고 百事가 鞅掌홀지라도 教育事業을 汲汲ᄒᆞᆫ 目下急先務로 認定ᄒᆞ야 一時一刻을 容緩치 勿홀지어다 一時一刻을 容緩치 勿홀지어다

31호

1906년 8월 1일 (수) 論說

奔競

春夏等郡守殿最에 現窠가 二十餘窠에 達ᄒᆞ야 內部에셔 日間奏本[62]을 선呈ᄒᆞᆫ다 하니 舊式에 六月都目과 如하야 郡守一窠를 圖得홀야고 奔競하ᄂᆞᆫ 貌樣은 참 目不忍見이로다 日熱은 火傘과 如ᄒᆞᆫᄃᆡ 園洞으로 桂洞으로 膝[63]行匍匐도 하며 悲辭苦語도 하고 龍山江亭에도 乘熱내대로 奔走往來홈이 喘息이 喉門에 急하고 汗漿이 衣삼에 透하야 蠅營狗苟하ᄂᆞᆫ 醜態ᄂᆞᆫ 玉川堂寫眞도 眞影을 搭出하기 難하며 叫憐乞哀하ᄂᆞᆫ 語音은 留聲機에 注入하얏스면 世人의 耳竅를 癢케 하깃도다

近日 內部에셔 擬薦홀 人員을 選定ᄒᆞᆫ다ᄂᆞᆫᄃᆡ 四色인지 五色인지 區處하

62 본문 한자는 '本(본)' 자인데 부속국문은 '번' 자로 표기되었다.

63 본문 한자는 '膝(슬)' 자인데 부속국문은 '실' 자로 표기되었다.

여야 하깃고 落仕久勤을 區處하여야 하깃ᄂᆞᆫᄃᆡ 老論에ᄂᆞᆫ 某之子가 家勢亦貧하고 兼하야 某也의 內從이오 我의게도 切戚인 즉 不得不 私情에 切迫하고 小論에ᄂᆞᆫ 某之孫이 侍下情地오 家數로ᄂᆞᆫ 讓頭ᄒᆞᆯ 데 업스며 南人에ᄂᆞᆫ 某也를 某台가 限死하고 換手하자 하니 冷괄ᄒᆞᆯ 手업고 北人에ᄂᆞᆫ 某氏의 付托도 緊切ᄒᆞᆯ ᄲᆞᆫ 아니라 風雨無論하고 ᄂᆡ게 ᄃᆡᆼ긴 지가 四五年인 즉 今番에ᄂᆞᆫ 不可不 區處ᄒᆞᆯ터인ᄃᆡ 某也보담 某也를 먼저 區處ᄒᆡ야 하깃고

所謂 積仕久勤中에ᄂᆞᆫ 窠窄하야 何如히 措手하면 世上에 是非나 無ᄒᆞᆯᄂᆞᆫ지 入幕ᄒᆞᆫ 親切狎緊ᄒᆞᆫ 一官人이 在傍贊助하되 大監의 意向이시지오마ᄂᆞᆫ 某也ᄂᆞᆫ ᄆᆡ오 抑鬱하고 某也ᄂᆞᆫ 某處緊托도 有하니 今番에 爲先 區處하여야 救荒도 되고 生色도 되지 안킷쇼

如此 闇黑面探險이 有하야 消息을 漏聞하고 業火가 千丈이나 浮動하며 慾浪이 萬頃이나 激起하야 望望然來往하야 眼珠가 突出ᄒᆞᆯ 地境에 至하얏도다

噫라 夏哇脅見과 月下笠影이 何代無賢이리오마ᄂᆞᆫ 今番과 如히 奔奔奔競競競하ᄂᆞᆫ 干祿鄙夫와 獵官劣等의 情景은 前日에 未見未聞ᄒᆞᆫ 바이라 可憐ᄒᆞᆫ 人物이라 謂ᄒᆞᆯ지로다 我韓에 用人하ᄂᆞᆫ 惡習[64]慣이 有하야 其 人의 學問知識과 儀形風采를 不問하고 其 父 其 祖를 問하ᄂᆞᆫ 必要가 有하니 此ᄂᆞᆫ 活個人을 不用하고 死個人만 取用하ᄂᆞᆫ 五百年官方이라 職員錄은 卽 鬼[65]神簿라 堪稱하깃고 且 其 人의 淸廉耿介와 才華閱歷은 不言하고 其 家勢赤貧을 言하ᄂᆞᆫ 必要가 有하니 此ᄂᆞᆫ 國家公器를 爲ᄒᆞᆷ이 不是오 個人 私情을 爲하야 緩急施助ᄒᆞᆷ이니 젼選衙門은 卽 진恤廳이라 堪稱하깃도다

64 본문 한자는 '習(습)' 자인데 부속국문은 '십' 자로 표기되었다.

65 본문 한자는 '鬼(귀)' 자인데 부속국문은 '괴' 자로 표기되었다.

此와 如ᄒᆞᆫ 惡習慣을 進步時代와 改善政治에도 能히 改革하기 不能하니 可히 臨風長慟[66]ᄒᆞᆯ 事이로다

이 奏本에도 그러하고 저 奏本에도 亦然하니 今番 奏本이나 何如ᄒᆞᆯᄂᆞᆫ지 今番 奏本裁下ᄒᆞᆫ 日에 見하난 誰氏 某氏ᄅᆞᆯ 歷歷可知ᄒᆞᆯ지라 閭巷에나 草野에나 大才華ᄅᆞᆯ 抱ᄒᆞᆫ 者 大經濟를 ᄌᆡᄒᆞᆫ 者 園洞 桂洞 等地에 一不投足하ᄂᆞᆫ 者 外에 一人이나 有ᄒᆞᆯ난지 瞭然可觀ᄒᆞᆯ 것이어니와 近頃에 皇帝陛下씌오셔 諄諄勅諭하오신 中用人公正하라신 玉音이 諸公의 耳邊에 ᄌᆡᆼ然ᄒᆞᆯ 거이니 四色이니 親分이니 食口이니 切戚이니 그만두고 名譽才華의 素著者를 採用하야 地方人民을 慰蘇케 하야 國家公器를 重用ᄒᆞᆯ지어다 內部諸公 內部諸公

32호

1906년 8월 2일 (목) 論說

李容翊

換形ᄒᆞᆫ 李容翊 氏ᄂᆞᆫ 換腸치 아니ᄒᆞ고 一平生의 最愛 最重 最大欲 最不忘ᄒᆞᄂᆞᆫ 任置金을 推尋ᄒᆞᆯ 次로 其 姪 李允在 氏를 作伴ᄒᆞ야 浦鹽斯德에 往ᄒᆞ야 淸爽ᄒᆞᆫ 海風에 高臥ᄒᆞ얏다더라

氏ᄂᆞᆫ 本來 神行太保戴宗의 後身인지 速步法이 有ᄒᆞᆷ으로 權門에 秘密急務가 有ᄒᆞ면 氏ᄂᆞᆫ 一等雁足이 되얏다ᄂᆞᆫ 評辦도 有ᄒᆞ며

時來風送 등 王閣ᄒᆞ니 黃犢갓튼 大金塊를 得ᄒᆞ야 發身의 運이 漸開ᄒᆞ얏다ᄂᆞᆫ 奇聞도 有ᄒᆞ며

66 본문 한자는 '慟(통)' 자인데 부속국문은 '동' 자로 표기되었다.

百川灌河秋水肥ᄒᆞ니 氏가 內藏院卿에 在ᄒᆞᆯ 時에 憑公營私의 手段으로 萬民의 膏血을 括取ᄒᆞ야 一國經濟源泉을 涸[67]渴케 ᄒᆞ며 百歲에 毒害를 遺ᄒᆞ얏다ᄂᆞᆫ 惡罵도 有ᄒᆞ며

一波纔動萬波隨ᄒᆞ니 曩年에 故元老大臣 趙秉世 氏가 李 氏의 殺無釋ᄒᆞᆯ 罪目을 聲討ᄒᆞ야 聯奏ᄒᆞᆯ 時에 貴族公卿이 拍手齊應ᄒᆞ니 氏가 天羅地網에 在ᄒᆞ야 我國 內에 接足處가 無ᄒᆞ니 於是乎 氏가 旅順에 高飛ᄒᆞ든 大經劫도 有ᄒᆞ며

可憐撓尾[68]戀主狗라 日露戰烟이 起ᄒᆞ고 (파우로후) 氏가 澈歸ᄒᆞ니 氏의 身世가 茫蒼이라 林權助 氏가 李 氏를 東京에 僻置ᄒᆞ얏더니 畢竟 萩原 氏 周旋을 賴ᄒᆞ야 故國土를 復踏ᄒᆞ던 小經歷도 有ᄒᆞ며

疑雲疑雨太無常ᄒᆞ니 軍相을 暫帶ᄒᆞ얏다가 禍胎가 身上에 伏ᄒᆞᆷ을 知ᄒᆞ고 於是에 風帆을 高卦ᄒᆞ고 黃海渤海를 渡ᄒᆞ야 芝罘로 向ᄒᆞ니 行裝은 巨額金이오 節侯ᄂᆞᆫ 十月天이러라

靈犀一點相通ᄒᆞ니 上海에 至ᄒᆞ야 玄尙健 李學均 兩氏를 相逢ᄒᆞ야 肝膽을 吐露ᄒᆞᄂᆞᆫᄃᆡ 時에 李學均 氏ᄂᆞᆫ 頭腦의 傷處가 未愈ᄒᆞᆫ지라 健康ᄒᆞᆫ 玄尙健 氏와 作伴ᄒᆞ야 露國聖彼得堡로 往ᄒᆞ얏더라

登樓去梯 李範晉을 相逢ᄒᆞ야 難當ᄒᆞᆫ 處地도 經ᄒᆞ얏고

虎視極東露皇帝게 陛見을 運動타가 如意치 못 ᄒᆞ얏고

千里 他鄕 逢故人ᄒᆞ니 咸鏡道에셔 生長ᄒᆞ야 彼得堡에 移住ᄒᆞᆫ 金顯土 氏를 握手 相逢ᄒᆞ얏더라

初에 金 氏가 浦塩斯德에 寓居ᄒᆞ얏다가 今에 彼得堡에 築室寄寓ᄒᆞ니

67 본문 한자는 '涸(학)' 자인데 부속국문은 '고' 자로 표기되었다.

68 본문 한자는 '尾(미)' 자인데 부속국문은 '옥' 자로 표기되었다.

年少氣銳ᄒᆞᆫ 義男子라

平生에 目的이 有ᄒᆞ나 機會를 未得ᄒᆞ얏더니 李容翊 氏가 彼得堡에 至ᄒᆞ얏다ᄂᆞᆫ 說을 聞ᄒᆞ고 擧手加額ᄒᆞ고 李 氏를 面會ᄭᆞ지 ᄒᆞ얏더라

李 氏와 玄 氏의 寄宿ᄒᆞᄂᆞᆫ 旅館이 各殊ᄒᆞ더니 一日은 李 氏가 夕餐后에 玄 氏의 旅宿에 來訪ᄒᆞ얏ᄂᆞᆫᄃᆡ 追後로 金顯土 氏가 ᄯᅩᄒᆞᆫ 玄 氏의 旅舘에 來ᄒᆞ니 李玄 兩氏ᄂᆞᆫ 金 氏가 玄 氏의 來賓으로 認ᄒᆞᆯ ᄲᅮᆫ이라

金 氏가 玄 氏와 數語ᄒᆞᆫ 後에 李 氏에게 秘密酬酌이 有ᄒᆞᆫ듯이 閑話處로 招引ᄒᆞ니 元來 李 氏의 一平生은 秘密話로 得意ᄒᆞ고 得勢ᄒᆞᆫ 者라 金 氏를 隨ᄒᆞ야 戶外로 出ᄒᆞ니 大抵 洋製屋은 我國家屋制度와 異ᄒᆞ야 複道가 위이ᄒᆞᆫ지라 第一窮僻處에 至ᄒᆞ야 金 氏가 忽然이 短劍[69]을 拔ᄒᆞ야 李 氏의 頭를 擊ᄒᆞᄆᆡ 劍[70]刃이 拆[71]ᄒᆞ고 劍[72]柄만 餘ᄒᆞᆫ지라 金 氏가 劍[73]柄으로 復擊ᄒᆞ거ᄂᆞᆯ 李 氏가 逃去ᄒᆞ야 玄 氏의 房으로 入ᄒᆞ니 李 氏의 意인 즉 玄 氏의 救助를 望ᄒᆞᆷ이라 然이나 玄 氏ᄂᆞᆫ 京華子弟의 柔弱ᄒᆞᆫ 性質이라 李 氏의 滿面血流을【를】 見ᄒᆞ고 旣已十分膽落ᄒᆞᆫ 中에 金 氏가 血痕淋漓ᄒᆞᆫ 短釼[74]을 持ᄒᆞ고 殺氣騰騰ᄒᆞ야 突入ᄒᆞᄂᆞᆫ 것을 본 즉 玄 氏의 心에 自己를 殺害코ᄌᆞ ᄒᆞ난 者인 쥴 自劫ᄒᆞ야 臥臺上에 驚倒ᄒᆞ얏고 强膓者 李 氏ᄂᆞᆫ (테불)를【을】 環ᄒᆞ야 走ᄒᆞ니 一追一走ᄒᆞ고 一進一退ᄒᆞ야 死生契活에 勝負를 未辨이라 大抵 李 氏ᄂᆞᆫ 碩大ᄒᆞ고 金 氏ᄂᆞᆫ 矮少ᄒᆞᆷ으로 氣骨이 相適지 못ᄒᆞᄂᆞ

69 본문 한자는 '劍(검)' 자인데 부속국문은 '금' 자로 표기되었다.
70 본문 한자는 '劍(검)' 자인데 부속국문은 '금' 자로 표기되었다.
71 본문 한자는 '拆(탁)' 자인데 부속국문은 '결' 자로 표기되었다.
72 본문 한자는 '劍(검)' 자인데 부속국문은 '금' 자로 표기되었다.
73 본문 한자는 '劍(검)' 자인데 부속국문은 '금' 자로 표기되었다.
74 본문 한자는 '釼(인)' 자인데 부속국문은 '검' 자로 표기되었다.

然ᄒᆞᄂᆞ 李 氏ᄂᆞᆫ 赤手오 喫劫者라 心이 脫危에 在ᄒᆞ고 金 氏ᄂᆞᆫ 持鈏[75]이오 擊刺者라 一心으로 追跟ᄒᆞ니 李 氏가 大聲疾호ᄒᆞ야 旅宿의 (샏이)를 부르나 元來 其 旅舘 規則에 招人鐘을 打치 아니ᄒᆞ면 (샏이)가 不來ᄒᆞᄂᆞᆫ지라 但 旅舘主人이 其 旅舘 客室에 事變이 有홈을 知ᄒᆞ고 交番所에 往ᄒᆞ야 巡檢을 招ᄒᆞ니 其 時間의 久ᄂᆞᆫ 可知라 然而 巡檢이 來ᄒᆞ야 玄 氏 居處ᄒᆞᄂᆞᆫ 房에 入ᄒᆞ니 時에 劍士의 追가 愈急ᄒᆞ고 李 氏의 走가 益困ᄒᆞ더니 金 氏가 巡檢을 見하고 歎하야 曰 已矣라 吾의 目的 未達홈이여 하더니 懷中에셔 斬姦書를 取出하니 金 氏ᄂᆞᆫ 本來 露語를 善解하ᄂᆞᆫ 者라 李 氏의 前後 蠹國害民ᄒᆞ던 罪惡을 說明ᄒᆞ면셔 露獄으로 入ᄒᆞ얏ᄉᆞ니 金 氏ᄂᆞᆫ 日本 伊庭想太郞 氏의 협氣가 有ᄒᆞ나 伊庭 氏갓튼 劍術이 無ᄒᆞᆫ 者라ᄂᆞᆫ 批評이 有ᄒᆞ더라 李 氏ᄂᆞᆫ 卽時 病院에 入ᄒᆞ야 面部傷處를 治療ᄒᆞᆫ 지 數月만에 全快ᄒᆞ야 更히 上海로 來ᄒᆞ얏다가 今에 浦鹽斯德에 往ᄒᆞ얏다ᄂᆞᆫᄃᆡ 面上에 鈏[76]痕이 縱橫ᄒᆞ고 또ᄒᆞᆫ 缺唇[77]客이 되얏다 ᄒᆞ니 蔽一言ᄒᆞ고 換形男子라 其 妻 其 友가 俱不識할 지경이라 吁라 李 氏ᄂᆞᆫ 到處刀山이라 生前이 如此하니 死後에ᄂᆞ 蓮花世界로 往할런지

33호 　　1906년 8월 3일 (금) 論說

御前會議定日

日前 各 大臣 入對 時에

75 본문 한자는 '鈏(인)' 자인데 부속국문은 '검' 자로 표기되었다.
76 본문 한자는 '鈏(인)' 자인데 부속국문은 '금' 자로 표기되었다.
77 본문 한자는 '唇(진)' 자인데 부속국문은 '순' 자로 표기되었다.

皇上陛下ᄭᅴ셔 御前會議를 每水曜日로 定日ᄒᆞ라 ᄒᆞᆸ시고 特別事件이 有ᄒᆞᆫ 時에ᄂᆞᆫ 水曜도 不拘ᄒᆞ라시ᄂᆞᆫ 勅語가 降ᄒᆞ오셧다 ᄒᆞ기로 本報에 揭載ᄒᆞ얏것【거】니와 政治를 刷新ᄒᆞ며 帝國을 振興ᄒᆞᆯ 一大機會이오 一大基礎이라 攢祝ᄒᆞ노니 曰 都라 俞라 ᄒᆞ며 曰 吁라 咈이라 ᄒᆞᄂᆞᆫ 堯舜의 政治와 元首明哉股肱良哉萬事康哉라 ᄒᆞᄂᆞᆫ 大禹의 政治와 昧爽에 坐朝ᄒᆞ야 至于日中칙ᄒᆞ야 不遑暇食이라 ᄒᆞᄂᆞᆫ 成湯의 政治와 延英殿奏事에 一言一動을 左右史書之라 ᄒᆞᄂᆞᆫ 唐帝의 政治와 政府와 衆議院에 日로 駕臨ᄒᆞ야 軍國大事를 諮議ᄒᆞᆫ다 ᄒᆞᄂᆞᆫ 北美 華盛頓 氏의 政治와 國家大議가 有ᄒᆞᆯ 時에 週日을 不拘ᄒᆞ고 御前會議를 開ᄒᆞᆫ다 ᄒᆞᄂᆞᆫ 英女皇의 政治를 硏究ᄒᆞᆯ진ᄃᆡ 東西兩球에 聖主賢臣의 克勤克念ᄒᆞ야 政治를 勵圖ᄒᆞᄂᆞᆫ 歷史上 一般 光輝를 呈ᄒᆞᆷ이라

唯我 皇上陛下ᄭᅴ오셔 仁慈ᄒᆞ오신 聖德과 聰明ᄒᆞ오신 睿知가 東西兩球의 政治를 勵圖ᄒᆞ든 明君哲辟을 鑑ᄒᆞ오사 萬機를 親總ᄒᆞ오신지 四十有餘年에 政治를 克勤ᄒᆞ라신 詔命이 一再에 止ᄒᆞ지 아니ᄒᆞ얏스되 滿廷臣鄰의 恬嬉怠惰ᄒᆞᆫ 習慣이 文具로 歸ᄒᆞ고 贗[78]禮로 行ᄒᆞ야 畢竟 萎靡ᄒᆞ고 腐敗ᄒᆞ고 缺裂ᄒᆞᆫ 境에 沉淪ᄒᆞ야 國威國光이 今日과 如히 寒心ᄒᆞᆫ 悲觀的을 値ᄒᆞ얏스니 世界의 公論이 韓國은 有君無臣이라ᄂᆞᆫ 謗誚가 有ᄒᆞᆫ지라

皇上陛下ᄭᅴ옵셔 是를 憂ᄒᆞ시고 是를 惕ᄒᆞ사 大英斷을 垂ᄒᆞ사 政治를 大刷新코저 ᄒᆞ실ᄉᆡ 現政府大臣이 보黻皇猷를 翊贊ᄒᆞ며 廊廟籌策을 發展ᄒᆞ야 宮禁을 肅淸ᄒᆞ고 宵小을【를】 斥退ᄒᆞ며 進ᄒᆞ면 盡忠ᄒᆞ기를 思ᄒᆞ며 退ᄒᆞ면 補過ᄒᆞ기를 思ᄒᆞ야 一週日一次式 御前會議를 開ᄒᆞ고 風雲一席에 大議를 決ᄒᆞ기로 日子를 水曜로 定ᄒᆞ야 維新規範을 確定ᄒᆞ얏스니

78 본문 한자는 '贗(안)' 자인데 부속국문은 '응' 자로 표기되었다.

從今以後는 天聽을 欺惑홈이 浮雲이 蔽日홈과 如혼 舊日惡習이 更無홀 것이오 天光이 開霽호야 太陽이 薄蝕과 如혼 暫時긔候가 更無홀 것이니 此는 我韓의 政治를 刷新호며 帝國을 振興호는 一大機會이오 一大基礎이라고 攢祝호는 바이라

大議論을 果決호며 大政令을 施行홈을 可見홀지니 一般人民도 舊렴혼 汚習을 改革호고 新思想을 鼓發호야 政治 刷新과 帝國 振興의 機會와 基礎를 完全호고 鞏固키로 烝烝 進步호기를 希望호노라

34호

1906년 8월 4일 (토) 論說

信用

信用이라 謂홈은 信을 用홈이라 信字의 字體가 人字 言字를 合호야 作호얏스니 信이라 홈은 人의 言을 從호야 流出호는 本體이오 人의 言은 信을 從호야 使用홈이니 故로 人이 信이 無호면 大車에 예가 無호고 小車에 軏이 無홈과 如호다는 聖人의 訓戒가 有혼지라

是故로 一個人이 信用이 無호야 一口에 二言을 發호며 一心에 二德을 懷호고 對人相約에 語言이 過實호고 事爲가 不誠호면 其 人의 信用이 無호다고 隣里朋友가 指斥唾罵호야 價値도 低落호며 經濟도 妨害호며 事業도 不成호야 畢竟 一個破落戶에 不過홀 터이오

一社會에 信用이 無호야 公衆의게 信義를 一失호면 公益을 保有키 難호며 衆望을 附호기 不能호야 畢竟 破壞缺裂에 不過홀 거이오

一政府에 信用이 無호야 五丈木을 南門에 移호라 호고 五十金을 첩予

ᄒᆞᄂᆞᆫ 信이 不立ᄒᆞ면 一般人民의 心志를 定키 難ᄒᆞ야 政令과 法律을 一體로 虛空界에 歸ᄒᆞᆯ지면 領土生命을 保有키 不能ᄒᆞᆯ 거이오

一覇國에 信用이 無ᄒᆞ야 滿月盟壇에 牛耳를 執ᄒᆞ고 盟約을 締結ᄒᆞᆫ 者와 證書를 成立ᄒᆞᆫ 者를 烏有에 歸ᄒᆞ고 國際公法을 無視ᄒᆞ야 信義를 天下에 不立ᄒᆞ면 雄圖宏業을 一朝東流에 付送ᄒᆞᆯ 거이니

信用이라 ᄒᆞᆷ은 天地內에 可히 須臾라도 離치 못ᄒᆞᆯ 者이라 五行에 土와 如ᄒᆞ야 金木水火를 相資치 아닌 者ㅣ 無ᄒᆞ며 四時에 季와 如ᄒᆞ야 春夏秋冬을 相應치 아닌 者ㅣ 無ᄒᆞ며 四德에 位地ᄅᆞᆯ 占ᄒᆞ야 仁義禮智를 相關치 아닌 者ㅣ 無ᄒᆞ니 信의 至重至大ᄒᆞᆷ이 此와 如ᄒᆞᆫ듸 孚及豚魚라 ᄒᆞᆷ은 信을 用ᄒᆞᄂᆞᆫ 効果이언마ᄂᆞᆫ

近日에ᄂᆞᆫ 一個人의 信用이든지 一社會의 信用이든지 一政府의 信用이든지 一覇國의 信用이든지 個個確立ᄒᆞᆷ을 罕見ᄒᆞ얏스니 此ᄂᆞᆫ 世道의 澆季ᄒᆞᆷ인지 文運의 衰退ᄒᆞᆷ인지 咄咄書空ᄒᆞ노니

人無信不立이라ᄂᆞᆫ 格言을 師表로 信仰ᄒᆞ야 信用二字로 頭腦에 灌着ᄒᆞ시오 信用二字로 精神에 注入ᄒᆞ시오

35호 1906년 8월 5일 (일) 論說

食口 (內部大臣郡守薦用)

內部郡守奏本에 對ᄒᆞ야 暗黑面探險을 漏聞ᄒᆞ고 前後 弊害ᄅᆞᆯ 畧述ᄒᆞ얏더니 果然 奏本裁下ᄒᆞᆫ 二十三郡守의 面目을 詳考ᄒᆞ니 果然 四色分排오 積仕久勤中擇用이로듸 個中에 根因을 胚胎ᄒᆞᆫ 者ㅣ 皆有ᄒᆞ니 內部大臣宅

食口 아닌 者ㅣ 無ᄒᆞ도다 自來用人ᄒᆞᄂᆞᆫ 法理가 才格이 有ᄒᆞ든지 經綸이 有ᄒᆞ든지 學問이 有ᄒᆞ든지 知識이 有ᄒᆞ든지 名譽가 有ᄒᆞ든지 雅望이 有ᄒᆞ든지 前績이 有ᄒᆞ든지 閱歷이 有ᄒᆞ든지 幹局이 有ᄒᆞ든지 此等 人物로 官方을 擇用ᄒᆞ되 最難擧用ᄒᆞᆫ 者ᄂᆞᆫ 地方郡守이라

今番 二十三郡守가 誰氏ᄂᆞᆫ 才格이 有ᄒᆞ고 誰氏ᄂᆞᆫ 經綸이 有ᄒᆞ고 誰氏ᄂᆞᆫ 學問과 智識이 有ᄒᆞ고 誰氏ᄂᆞᆫ 或 名譽 或 雅望 或 前績 或 閱歷 或 幹局이 有ᄒᆞᆫ지ᄂᆞᆫ 不知ᄒᆞ되

最中 靈光郡守 兪鎭贊 氏와 東萊郡守 尹元求 氏ᄂᆞᆫ 內部大臣宅 食口中에도 心腹이오 瓜[79]牙이라 一世上에 無人不知ᄒᆞᄂᆞᆫ 緊切親密狎昵敦睦ᄒᆞᆫ 人物이오 前者 海州郡守 呂仁섭 氏와 如ᄒᆞᆫ 者와 甚之 新任光州觀察使 沈相翊 氏와 如ᄒᆞᆫ 者도 亦是 內部大臣宅 食口 中에 心腹이오 瓜[80]牙이오 一世上에 無人不知ᄒᆞᄂᆞᆫ 緊切親密狎昵敦睦ᄒᆞᆫ 人物이니

假令 如此ᄒᆞᆫ 心腹과 如此ᄒᆞᆫ 瓜[81]牙와 如此ᄒᆞᆫ 緊切親密狎昵敦睦ᄒᆞᆫ 人物에도 人材가 可堪이면 汲기 呴噓ᄒᆞ야 國家■百里分憂와 人民의 一顆福星을 充用키를 不暇ᄒᆞᆯ 것이로ᄃᆡ 此 四者의 月朝를 批評ᄒᆞᆯ 藻鑑은 無ᄒᆞ되

果然 才格이 有歟아 經綸이 有歟아 學問이 有歟아 智識이 有歟아 名譽가 有歟아 雅望이 有歟아 前績이 有歟아 幹局이 有歟아 此[82]中에 無一可道ᄒᆞᆯ 資格은 非吾一人의 私言이라 一世上 公評이 有ᄒᆞᆯ 것이니

內部大臣의 賢明ᄒᆞᆫ 政治家大眼目으로 如或 門下人物이 아니면 參출桃

79 본문 한자는 '瓜(과)' 자인데 부속국문은 '조' 자로 표기되었다.
80 본문 한자는 '瓜(과)' 자인데 부속국문은 '조' 자로 표기되었다.
81 본문 한자는 '瓜(과)' 자인데 부속국문은 '조' 자로 표기되었다.
82 본문 한자는 '此(차)' 자인데 부속국문은 '사' 자로 표기되었다.

李를 何以辨也리오 ᄒᆞᄂᆞᆫ 議論이 有ᄒᆞᆫ 則 高等人物도 知ᄒᆞᆯ 것이오 劣等人物도 知ᄒᆞᆯ 것인ᄃᆡ 何獨此四 氏의 賢材를 特擧ᄒᆞ야 雄府方面과 大廡民牧을 特除ᄒᆞᆷ은 一團私情에 流出ᄒᆞᆷ이오 公明正大ᄒᆞᆫ 範圍中에 做來키ᄂᆞᆫ 不能ᄒᆞ얏다ᄂᆞᆫ 欠點이 不無ᄒᆞ니

設或 其餘 郡守ᄂᆞᆫ 擧皆循良ᄒᆞ야 人人黃覇를 薦用ᄒᆞ얏다 ᄒᆞᆯ지라도 皆是 內部大臣의 食口이오 私情이라ᄂᆞᆫ 評判은 不免ᄒᆞᆯ지라

內部大臣을 向ᄒᆞ야 一言을 忠告ᄒᆞ노니 宗室懿親이오 喬木世臣이라 國際에 尊重ᄒᆞᆫ 名譽를 擔負ᄒᆞ고 젼選의 重任을 握有ᄒᆞ야 假令 食口를 用ᄒᆞ야도 祈奚의 奚午를 用ᄒᆞᆷ과 如ᄒᆞ면 父子間이라도 公正을 表ᄒᆞᆷ이어ᄂᆞᆯ 何必 此等 人物을 擇用ᄒᆞᆷ은 國家에 公益이 有歟아 人民에 公益이 有歟아 抑亦 內部大臣의게 公益이 有歟아

一時 眼面上 私情을 牽引ᄒᆞ야 百世 名譽上 光輝를 損害ᄒᆞᆷ은 窃히 內部大臣을 爲ᄒᆞ야 不取ᄒᆞ노라

國勢를 環顧ᄒᆞ며 民情을 切念ᄒᆞ라 此時가 何時오 守令餘窠[83]를 行將奏本을 選定ᄒᆞᆫ다 ᄒᆞ니 人材를 擇用ᄒᆞ야 缺裂ᄒᆞᆫ 國勢를 維支ᄒᆞ며 危險ᄒᆞᆫ 民情을 憂念ᄒᆞ고 門下食口의 一時榮輝[84]ᄒᆞᆷ을 束閣ᄒᆞᆯ지어다

36호 1906년 8월 7일 (화) 論說

朋黨

近日 國家와 民族에 朋黨이 有ᄒᆞ야 政治家에도 朋黨이 有하고 宗敎家

83 본문 한자는 '窠(소)' 자인데 부속국문은 '과' 자로 표기되었다.

84 본문 한자는 '輝(휘)' 자인데 부속국문은 '요' 자로 표기되었다.

에도 朋黨이 有하고 實業家에도 朋黨이 有하고 言權家에도 朋黨이 有하고 不平家에도 朋黨이 有하고 其他 各般社會에 朋黨이 有하야 一世에 滔滔하니

自古 及 今에 國家이나 民族이나 朋黨이 無ᄒᆞᆫ 時代ᄂᆞᆫ 無하니 我韓近日에 朋黨이 有홈을 足히 驚怪하거나 憂慮ᄒᆞᆯ 거이 無하나 朋黨의 門戶가 二種에 分하야 國家ᄅᆞᆯ 興進케 하ᄂᆞᆫ 朋黨이 有하고 國家ᄅᆞᆯ 顚覆케 하ᄂᆞᆫ 朋黨이 有하니 現今 我韓의 朋黨이 國家ᄅᆞᆯ 興進케 하ᄂᆞᆫ 朋黨인지 國家ᄅᆞᆯ 顚覆케 하ᄂᆞᆫ 朋黨인지 吾儕의 慧鑑으로ᄂᆞᆫ 斷評키 不能하야 疑團을 不破하깃노라

朋黨이라 稱[85]하ᄂᆞᆫ 名目을 槩述하건ᄃᆡ 政治家에ᄂᆞᆫ 舊政府黨이니 新政府黨이니 俄黨이니 日黨이니 美黨이니 法黨이니 稱하고 宗敎家에도 儒敎이니 佛敎이니 神敎이니 天主敎이니 耶蘇敎이니 希臘敎이니 稱[86]하고 實業家에도 農業이니 商業이니 工業이니 會社이니 銀行이니 倉庫이니 稱[87]하고 言權家에도 一進會이니 自强會이니 東亞開進敎育會이니 萬國靑年會이니 稱[88]하며 不平家에도 復讐이니 排日이니 斥洋이니 義兵이니 鄕約이니 稱[89]하야 一般朋黨을 成立하얏스니

各其 盟壇을 峙하야 牛耳를 執ᄒᆞᆫ 者ㅣ 國家의 興亡에 最急關係가 有ᄒᆞᆫ 朋黨은 政治黨이오 不平黨이라 政治黨에ᄂᆞᆫ 刷新을 勵圖코자 하ᄂᆞᆫ 賢明ᄒᆞᆫ 大臣도 有하거니와 間或門을 分하며 幟ᄅᆞᆯ 樹하야 榮寵을 希圖하며

85 본문 한자는 '稱(칭)' 자인데 부속국문은 '층' 자로 표기되었다.
86 본문 한자는 '稱(칭)' 자인데 부속국문은 '층' 자로 표기되었다.
87 본문 한자는 '稱(칭)' 자인데 부속국문은 '층' 자로 표기되었다.
88 본문 한자는 '稱(칭)' 자인데 부속국문은 '층' 자로 표기되었다.
89 본문 한자는 '稱(칭)' 자인데 부속국문은 '층' 자로 표기되었다.

權要를 占據코자 하ᄂᆞᆫ 人物이 種種히 有하야 公心이 消絶하고 私慾이 熾張하ᄂᆞᆫ 弊風이 有하며 不平黨에 至하야ᄂᆞᆫ 血氣ᄅᆞᆯ 徒憑하고 義心을 藉托하야 國根을 動擾하며 國脉을 斲喪하ᄂᆞᆫ 愚痴闇昧ᄒᆞᆫ 擧止가 有하니 此ᄂᆞᆫ 國家ᄅᆞᆯ 顚覆ᄒᆞᆯ 朋黨이라 謂ᄒᆞᆯ지언뎡 國家ᄅᆞᆯ 興進케 하리라고ᄂᆞᆫ 質言키 不能하깃스니

支那 名儒 歐陽脩 氏가 朋黨論을 述하야 反覆貫徹ᄒᆞᆫ 宏言偉論이 宇古宙今을 喝破하야 一毫餘蘊이 無ᄒᆞᆫᄃᆡ 最[90]中君子ᄂᆞᆫ 以同道爲朋하고 小人은 以同利爲朋이라ᄂᆞᆫ 一句語가 千古人物의 肝膽을 剖析하얏스니 吾儕ᄂᆞᆫ 朋黨이 有ᄒᆞᆷ을 非論ᄒᆞᆷ이 不是라 但히 同道爲朋하ᄂᆞᆫ 君子의 朋黨을 做하야 國家의 興進하ᄂᆞᆫ 百年大計를 贊導하기를 瀝血希望하야 朋黨이라ᄂᆞᆫ 一問題를 特書하노라

37호

1906년 8월 8일 (수) 論說

宵小

自古國家에 宵小의 禍胎ᄅᆞᆯ 作ᄒᆞᆷ이 一部龜鑑을 成ᄒᆞ얏도다

宵小의 人物됨이 亦是 聰慧便捷ᄒᆞ고 伶俐교환ᄒᆞ야 巧言令色이 人情을 感動ᄒᆞᆯ 만ᄒᆞ고 果斷權能이 事爲ᄅᆞᆯ 主幹ᄒᆞᆯ 만ᄒᆞᆫ 才局이 령瓏 恍惚ᄒᆞ야 人君의 志意를 逢迎ᄒᆞ고 萬事ᄅᆞᆯ 容悅ᄒᆞ야 國政의 全部ᄅᆞᆯ 掌握에 歸케 ᄒᆞ야 흔天動日ᄒᆞᄂᆞᆫ 榮寵이 我의 有ᄒᆞᆷ이오 撼山飜海ᄒᆞᄂᆞᆫ 能力이 我의 有ᄒᆞᆷ이오 役鬼使神하ᄂᆞᆫ 權術이 我의 有ᄒᆞᆷ이 되야 畢竟 國家ᄅᆞᆯ 亡滅ᄒᆞ며 人民을

90 본문 한자는 '最(최)' 자인데 부속국문은 '취' 자로 표기되었다.

沈淪ᄒᆞᄂᆞᆫ 機穽에 陷케 ᄒᆞᄂᆞᆫ 心力을 盡瘁[91]ᄒᆞᆫ 然後에 已ᄒᆞᄂᆞ니 宵小된 者이 擔任이 ᄯᆞᄒᆞᆫ 容易치 못ᄒᆞᆯ지라

假令 一政府上에 正大와 宵小가 有ᄒᆞ면 人君의 志意[92]ᄂᆞᆫ 宵小의게 傾向ᄒᆞᄂᆞᆫ 寵光이 十分優越ᄒᆞᆷ으로 宵小의 足跡이 每樣勇進ᄒᆞᄂᆞᆫ 前轍을 昭然可見ᄒᆞ깃스니

唐堯의 賢聖ᄒᆞᆷ으로도 共工환兜[93]의 品行을 不知하얏고 齊桓의 覇雄으로도 易牙開方의 事爲를 不解하얏스니 何況叔世君主의 弘恭石顯을 信任ᄒᆞ며 王莽梁冀秦檜賈似道韓侘[94]冑萬安嚴世蕃 等을 信任하야 宗社領土를 一夜壑舟에 付送하얏스되 畢竟 宵小의 禍胎에 陷落ᄒᆞᆷ을 不覺하고 千古歷史에 一笑柄만 貽ᄒᆞᆷ이리오

噫라 國家興亡의 往蹟을 硏究ᄒᆞ면 宵小의 짐毒이 一種亡國의 機關을 成ᄒᆞ얏다 謂ᄒᆞᆯ지라 我韓에도 宵小의 毒烈이 數三十年間에 지長ᄒᆞ야 國家의 今日形勢를 釀成ᄒᆞᆷ이 此에 至ᄒᆞ얏더니 何幸히 宵小를 斥退ᄒᆞᄂᆞᆫ 宮禁令이 大發ᄒᆞᆷᄋᆡ 或 狐走鼠竄도 ᄒᆞ며 鳥散魚히도 ᄒᆞ야 宮中이 虛無人ᄒᆞᆯ 境遇에 趂ᄒᆞ얏스니 國家人民의 大幸福이라 謂ᄒᆞᆯ 것이로ᄃᆡ

但이 宵小의 連膓接肚하며 盤蛇結蚓ᄒᆞᆫ 狀態ᄂᆞᆫ 神鬼도 파測[95]ᄒᆞᆯ 事이 有ᄒᆞ니 草를 刈ᄒᆞᆷᄋᆡ 根을 除ᄒᆞᆷ이 第一良方이라고 斷言ᄒᆞ노니

皇上陛下의 大英斷에만 在ᄒᆞᆷ이 아니라 當局諸公의 賢明ᄒᆞᆫ 藻鑑으로 指佞草와 照妖鏡을 作ᄒᆞ야 희覸仿偟ᄒᆞᄂᆞᆫ 指鹿爲馬輩를 一一斥逐ᄒᆞ야 國家

91 본문 한자는 '瘁(췌)' 자인데 부속국문은 '쵀' 자로 표기되었다.
92 본문 한자는 '志意(지의)' 자인데 부속국문은 '의지' 자로 표기되었다.
93 본문 한자는 '兜(두)' 자인데 부속국문은 '도' 자로 표기되었다.
94 본문 한자는 '侘(차)' 자인데 부속국문은 '택' 자로 표기되었다.
95 본문 한자는 '測(측)' 자인데 부속국문은 '책' 자로 표기되었다.

에 禍根을 先除홈이 大事業 大功勳으로 了解하노니 當局諸公은 張目注意홀지어다

38호 1906년 8월 9일 (목) 論說

姑息

大事를 因循ᄒᆞ야 機會를 坐失ᄒᆞ며 危機를 僥倖ᄒᆞ야 時日을 苟連홈을 曰姑息之計라 稱[96]ᄒᆞ나니 諺에 云凍足放溺[97]라 하ᄂᆞᆫ 句語가 毫리不差ᄒᆞᆫ 意趣이라

我韓全國에 今日形勢를 試觀홀진ᄃᆡᆫ 自上達下히 姑息之計를 生活的으로 知하야 今日 一日을 無事이 幸過하면 樂世界로 認做[98]하고 明日 一日을 無憂히 消磨하면 好歲月로 看作하야 假令 國家에 重要ᄒᆞᆫ 關係事案이 有홀지라도 稱托掩[99]置ᄒᆞ야 迅速ᄒᆞᆫ 結果를 不要ᄒᆞ고 時月을 애斯홈으로 能事를 自作하며 且危險ᄒᆞᆫ 料外事變이 有홀지라도 屛息恐惶하야 層激ᄒᆞᆫ 風瀾을 纔過하면 長嘯를 一舒하고 後慮가 頓無하니 此ᄂᆞᆫ 姑息之計의 狀態를 화出홈이라

政府上에셔ᄂᆞᆫ 隣邦忠告이든지 自國事案이든지 大議를 快斷하야 可否를 取決홈이 當局者의 牢確ᄒᆞᆫ 主見에 出홈이어ᄂᆞᆯ 一議案을 提出하야 數月에 不決하며 半年을 延期하야 前塗影響이 何涯에 歇泊홀ᄂᆞᆫ지 杳然不知하

96 본문 한자는 '稱(칭)' 자인데 부속국문은 '충' 자로 표기되었다.
97 본문 한자는 '溺(닉)' 자인데 부속국문은 '뇨' 자로 표기되었다.
98 본문 한자는 '認做(인주)' 자인데 부속국문은 '연쥬' 자로 표기되었다.
99 본문 한자는 '掩(엄)' 자인데 부속국문은 '음' 자로 표기되었다.

고도 ᄋᆡ過하ᄂᆞᆫ 時間만 一大幸으로 知하야 結局에 着手키를 不要하며

社會上에셔ᄂᆞᆫ 事務ᄅᆞᆯ 擴張ᄒᆞ든지 營業을 經紀ᄒᆞ든지 東掣[100]西碍하며 前提後撕[101]하야 萬事의 如意치 못ᄒᆞᆫ 者 十常八九이오 但히 好個日月만 鎖[102]약ᄒᆞ야도 勇進心이 消沮ᄒᆞᆷ으로 會社이라 學校이라 商業이라 稱하ᄂᆞᆫ 者ㅣ 虛名만 지張하고 實事ᄂᆞᆫ 烏有하야 日日로 黃ᄆᆡ를 交ᄒᆞᆯ ᄯᆞᄅᆞᆷ이오

個人은 個事를 干涉하야 信用이 絶無ᄒᆞᆷ으로 浮浪ᄒᆞᆫ 狀態도 有하며 欺騙ᄒᆞᆫ 事實도 有하야 困難에 陷ᄒᆞᆫ 境遇에 一日二日을 ᄋᆡ過하면 一年二年의 幸[103]福으로 知하야 明日事ᄂᆞᆫ 姑舍하고 今日은 心頭를 放下하니

擧世에 滔滔ᄒᆞᆫ 病風이 此와 如하야 大事小事를 勿論하고 億千萬事를 一齊히 姑息之計라 하ᄂᆞᆫ 一大惡界에 驅入하니 畢竟 終條[104]理ᄂᆞᆫ 何日何時에 結局이 有ᄒᆞᆯᄂᆞᆫ지 不知하거니와 大抵 姑息二字ᄂᆞᆫ 家國人民의 不測ᄒᆞᆯ 禍機로 知하노니 姑息二字를 惡疽에 拔根ᄒᆞᆷ과 如히 猛省除却하야 百年大計와 一生活策을 十分實地에 完全立脚ᄒᆞᆯ지어다

39호

1906년 8월 10일 (금) 論說

日新

近日時局을 觀念하니 政府에셔ᄂᆞᆫ 政治를 刷新ᄒᆞᄂᆞᆫ 觀이 有ᄒᆞ고 民族社會에셔ᄂᆞᆫ 業務를 從新ᄒᆞᄂᆞᆫ 觀이 有하니 可謂維新時[105]代이라고

100 본문 한자는 '掣(체)' 자인데 부속국문은 '재' 자로 표기되었다.
101 본문 한자는 '撕(시)' 자인데 부속국문은 'ᄉᆞ' 자로 표기되었다.
102 본문 한자는 '鎖(쇄)' 자인데 부속국문은 '초' 자로 표기되었다.
103 본문 한자는 '幸(행)' 자인데 부속국문은 '향' 자로 표기되었다.
104 본문 한자는 '條(조)' 자인데 부속국문은 '도' 자로 표기되었다.

堪稱홀만 ᄒᆞ거니와

舊를 變ᄒᆞ야 新에 就홈은 天時도 然ᄒᆞ고 人事도 然ᄒᆞ고 物理도 然하고 事機도 然하나니 新ᄒᆞᆫ지가 久하면 舊에 入하며 舊ᄒᆞᆫ지가 久하면 新에 入홈은 自然循環하ᄂᆞᆫ 常例이라 謂홈이라

我韓의 文弱ᄒᆞᆫ 政治가 恬嬉홈에 自安하얏슨則 舊라 稱[106]치 아니치 못하깃고 野매ᄒᆞᆫ 民族은 垢汚홈에 傳염하얏슨則 舊라 稱[107]치 아니치 못ᄒᆞ깃스되 國家를 形成ᄒᆞᆫ 以來로 祖宗의 遺澤도 涵泳하얏고 民族의 知覺도 啓發하야 幾度變遷홈이 不無홀지라도 恬嬉垢汚홈이 百年餘에 至하얏슨則 舊라 稱[108]홈이 已久ᄒᆞᆫ지라

何況競爭의 時代를 値하야 閉門自守하든 世紀와ᄂᆞᆫ 大相不同ᄒᆞᆫ 則 已久ᄒᆞᆫ 風氣를 一變하야 政治도 改良ᄒᆞ고 社會도 改良하야 文明ᄒᆞᆫ 新世界를 幻化홈이 現今 東西兩球에 時行하ᄂᆞᆫ 風潮를 當하얏쓰리오

是로 以하야 政府와 民族이 舊의 已久홈을 厭惡하야 政治를 新코자 하며 業務를 新코자 하ᄂᆞᆫ 擧措施爲가 形式上으로 有홈과 如하야 政府大臣은 御前會議를 定日開催하고 各般政事를 議定하며 社會民族은 殖産教育等事에 經營이 有하다 하나 一政이 新홈을 見치 못하며 一事가 新홈을 聞치 못하야쓰니 此ᄂᆞᆫ 新코자 하ᄂᆞᆫ 名만 有하고 新케 하ᄂᆞᆫ 實은 無홈이라

非但 新코자 하ᄂᆞᆫ 名만 有홈이 不啻라 一團의 舊가 腦髓에 着하야 新의 一寸을 進하면 舊의 一尺에 退하ᄂᆞᆫ 習慣이 有하니 可謂十日寒之오 一日

105 본문 한자는 '時(시)' 자인데 부속국문은 '자' 자로 표기되었다.
106 본문 한자는 '稱(칭)' 자인데 부속국문은 '충' 자로 표기되었다.
107 본문 한자는 '稱(칭)' 자인데 부속국문은 '충' 자로 표기되었다.
108 본문 한자는 '稱(칭)' 자인데 부속국문은 '충' 자로 표기되었다.

曝之라 하ᄂᆞᆫ 古語가 切當ᄒᆞᆫ지라 政府이든지 民族社會이든지 新에 就ᄒᆞᆯ 形式만 有ᄒᆞ고 新에 進ᄒᆞᆫ 步武ᄂᆞᆫ 無ᄒᆞᆫ 즉 刷新이며 從新이며 ᄒᆞᄂᆞᆫ 效果ᄂᆞᆫ 百年이라도 完全成立커【키】不能ᄒᆞᆯ지니 一稱[109]新思想을 振勵鼓發ᄒᆞ야 日로 新하고 日로 新ᄒᆞ야 十分缺點이 無ᄒᆞᆫ 新文明에 達ᄒᆞᆯ지어다 湯의 盤銘의 日日新苟日新又一新이라ᄂᆞᆫ 一句語로 警省하시오

40호 1906년 8월 11일 (토) 論說

言路

言路가 杜塞ᄒᆞᆷ이 近日쳐럼 甚ᄒᆞᆷ이 未有ᄒᆞ얏도다

上下議院을 置ᄒᆞ고 全國에 代議士ᄅᆞᆯ 選擧ᄒᆞ야 國會召集에 國家大事ᄅᆞᆯ 議決ᄒᆞᄂᆞᆫ 權限을 與ᄒᆞ야 全國輿論을 采用함은 東西文明列邦의 現行ᄒᆞᄂᆞᆫ 言路이오

誹謗의 木을 立ᄒᆞ며 進言의 鼓ᄅᆞᆯ 懸ᄒᆞ고 芻蕘의 說을 詢ᄒᆞ며 閭巷의 謠ᄅᆞᆯ 采ᄒᆞ고 諫官院을 置ᄒᆞ며 議事堂을 設ᄒᆞ고 從諫如流도 ᄒᆞ며 虛巳[110]受人도 ᄒᆞ고 昌言을 拜ᄒᆞ며 旁言을 求ᄒᆞ고 抗顔直諫과 面折廷爭을 容收ᄒᆞ며 封事와 劄子와 上表와 章疏 等 諸般諫諍의 言論을 采用ᄒᆞᆷ은 支那世紀의 已有ᄒᆞᆫ 言路이오

議政府 大臣이 會同ᄒᆞ야 「次對」ᄅᆞᆯ 御前에 設ᄒᆞ야 軍國大事ᄅᆞᆯ 議決ᄒᆞ며 司憲[111]府와 司諫院의 持平正言掌令獻[112]納等官을 置ᄒᆞ야 「三司合啓」라

109 본문 한자는 '稱(칭)' 자인데 부속국문은 '충' 자로 표기되었다.
110 본문 한자는 '巳(사)' 자인데 부속국문은 '긔' 자로 표기되었다.
111 본문 한자는 '憲(헌)' 자인데 부속국문은 '흔' 자로 표기되었다.

「兩司合啓」라 「臺啓」라 ᄒᆞᄂᆞᆫ 諫章을 呈ᄒᆞ고 大臣百官의 「聯名劄子」가 有ᄒᆞ며 舘學儒生과 搢紳章甫의 「伏閤上疏」가 有ᄒᆞ고 百官의 一個人「上疏」가 有ᄒᆞ며 庶民의 「上言」이 有ᄒᆞ고 「升聞皷」를 懸ᄒᆞ며 「擊ᄌᆡᆼ」法 設ᄒᆞ며 甚之烽火를 擧함은 我韓列聖朝의 通[113]用ᄒᆞ든 言路이라

今 皇上朝更張以後에 至ᄒᆞ야 諸般諫臣은 廢止ᄒᆞ고 中樞院을 設ᄒᆞ야 衆民의 獻[114]議書를 采用ᄒᆞᆫ다ᄂᆞᆫ 官制ᄂᆞᆫ 有ᄒᆞ되 尙今實施키 不能ᄒᆞ고 勅任以上과 奏任現帶官人의 上疏ᄒᆞᄂᆞᆫ 章程을 制定ᄒᆞ얏스나 或 辭職이니 請由이니 ᄒᆞᄂᆞᆫ 例言에 不過ᄒᆞ더니

近日大臣이 御前會議를 開催ᄒᆞ야 國家大事를 議決ᄒᆞᆫ다 ᄒᆞ나 百執事의 意見이 未敷ᄒᆞᆯ 거이오 全國輿論이 未暢ᄒᆞ야 憂愛ᄒᆞᄂᆞᆫ 下情이 上에 達치 못ᄒᆞ면 弗咈ᄒᆞᄂᆞᆫ 上恩이 下에 게치 못ᄒᆞ야 公私가 隔截ᄒᆞ고 耳目이 昏聵[115]ᄒᆞ야 全國事情이 墨墨罔罔ᄒᆞᆫ 境遇의 歸ᄒᆞᆫ지라

國步가 今日과 如히 艱難ᄒᆞ며 國勢가 此時와 如히 缺裂ᄒᆞᆫ 時代에 言路가 如此히 杜塞ᄒᆞᆷ이 甚ᄒᆞᆷ은 國家人民을 爲ᄒᆞ야 大家憂慮ᄒᆞᆯ 바이니 上下言論이 敷暢ᄒᆞᆯ 方針을 研究치 아니치 못 ᄒᆞᆯ지라 (未完)

112 본문 한자는 '獻(헌)' 자인데 부속국문은 '흔' 자로 표기되었다.
113 본문 한자는 '通(통)' 자인데 부속국문은 '이' 자로 표기되었다.
114 본문 한자는 '獻(헌)' 자인데 부속국문은 '흔' 자로 표기되었다.
115 본문 한자는 '聵(외)' 자인데 부속국문은 '귀' 자로 표기되었다.

言路 (續)

言路의 開通ᄒᆞᆷ은 我韓 今日에 急先務라 謂ᄒᆞᆷ이 可ᄒᆞᆫ 즉 言路ᄅᆞᆯ 開通ᄒᆞᆯ 方針을 甞히 硏究ᄒᆞᆫ ᄇᆡ 有ᄒᆞ니

假令 全國代議士ᄅᆞᆯ 選擧ᄒᆞ야 國會에 議決ᄒᆞᆯ 權限을 與ᄒᆞ야 全國輿論을 採用ᄒᆞᆯ 必要가 有ᄒᆞᆯ지라도 我韓 現今에 人民의 頑固野昧ᄒᆞᆫ 風氣가 未闢ᄒᆞ고 學問知識의 程度가 未達ᄒᆞ얏스니 全國에 代議士選擧ᄒᆞᆯ 資格이 幾個人이나 有ᄒᆞᆯᄂᆞᆫ지 而今所見으로ᄂᆞᆫ 代議士選擧ᄒᆞᆯ 時代가 未及ᄒᆞ얏도다 議院의 言路ᄂᆞᆫ 今日로 始ᄒᆞ야 政治法律을 敎育ᄒᆞᆫ다 ᄒᆞ야도 十年 以後에야 可히 創設ᄒᆞ기를 期望ᄒᆞ깃고

假令 中樞院을 實施ᄒᆞᆫ다 ᄒᆞ야도 軍國大事ᄅᆞᆯ 諮詢ᄒᆞ며 人民獻[116]議ᄅᆞᆯ 採用ᄒᆞ야 政府와 人民間의 一體로 成ᄒᆞ야 大議ᄅᆞᆯ 決ᄒᆞ며 輿論을 取ᄒᆞ야 時局을 共濟ᄒᆞᆯ 것이어ᄂᆞᆯ 中樞院 設始以來로 議長의 權限을 失ᄒᆞ야 尸位素餐ᄒᆞᆯ ᄲᅮᆫ이오 但히 議官賣육ᄒᆞᄂᆞᆫ 門路ᄅᆞᆯ 開ᄒᆞ고 名譽議官 萬餘人을 首尾에 叙任ᄒᆞ얏스되 言路의 杜絶함이 鐵限을 隔ᄒᆞᆷ과 如ᄒᆞ야 政府諮詢은 尙矣勿論ᄒᆞ고 人民獻[117]議ᄂᆞᆫ 卷軸을 積成ᄒᆞ야 糊塗休紙에 歸ᄒᆞ얏도다 從此로 中樞院은 信用이 虧落하고 體面 壞損하야 朝廷에 大議論을 決ᄒᆞ기 不能ᄒᆞᆯ ᄲᅮᆫ 아니라 全國에 依仰心이 頓無ᄒᆞ얏스니 中樞院의 言路ᄅᆞᆯ 實施ᄒᆞᆯ 餘望은 斷絶ᄒᆞᆫ지라

然則 諫院을 復設ᄒᆞ자 ᄒᆞ야도 舊式에 不過ᄒᆞᆯ 것이오 民人의 疏章을 直呈케 ᄒᆞᆫ다 ᄒᆞ야도 橫議에 不過ᄒᆞᆯ 것이니 言路의 開通ᄒᆞᆯ 方針은 極히 困難

116 본문 한자는 '獻(헌)' 자인데 부속국문은 '흔' 자로 표기되었다.

117 본문 한자는 '獻(헌)' 자인데 부속국문은 '흔' 자로 표기되었다.

하도다

或曰 國家에 解決키 難ᄒᆞᆫ 大議案이 有ᄒᆞᆫ 時에ᄂᆞᆫ 政府大臣만 可否案을 提出ᄒᆞᆷ이 不可ᄒᆞᆫ 듯ᄒᆞ니 各部院勅奏判任과 商業會議所 及 各會社의 實業人과 外國遊學生 學校 卒業人 等의 意見書를 一齊히 提出ᄒᆞ야 但히 政府에셔 曰可曰否ᄒᆞᄂᆞᆫ 것니 ᄯᅩᄒᆞᆫ 難便ᄒᆞᆷ이 有ᄒᆞᆫ거든 議院一區官制를 設ᄒᆞ고 同意見書의 可否를 取決하야 政府에 勸告ᄒᆞᆷ이 可ᄒᆞ다ᄂᆞᆫ 議論이 有ᄒᆞ니 此ᄂᆞᆫ 言路의 開通ᄒᆞᆯ 方針을 略成ᄒᆞ얏다 ᄒᆞᆯ지라도

吾儕ᄂᆞᆫ 或曰에 對ᄒᆞ야 分釋ᄒᆞ되 近日政府에 長書와 樞院에 獻[118]議ᄒᆞᆷ과 一轍에 歸ᄒᆞ야 議院에셔 可決하ᄂᆞᆫ 權能이 有ᄒᆞᆯ지라도 政府에셔 不用하면 烏有에 付ᄒᆞᆯ 것이오 議院에셔도 糊塗休紙에 歸ᄒᆞᆯ 것이니 엇지 可歎치 아니하리오

吾儕ᄂᆞᆫ 言路開通의 別般方針을 硏究ᄒᆞᆷ이 有ᄒᆞ거니와 愛讀家이든지 有志家이든지 言路開通의 方針을 硏究ᄒᆞᆯ지라

吾儕의 別般方針을 硏究ᄒᆞᆷ은 他日을 竢ᄒᆞ야 紙上에 一述ᄒᆞ깃노라

42호 1906년 8월 14일 (화) 論說

廉防

一世上에 靡然ᄒᆞᆫ 風氣가 慨然ᄒᆞ도다 廉防이 壞損ᄒᆞ야 漸漸掃[119]地無如ᄒᆞᆯ 惡境에 陷ᄒᆞᆫ지 已久ᄒᆞ얏스니 何日何時에 다시 人道上天職을 自修ᄒᆞ야 廉防의 克復함을 幸見ᄒᆞ리오 廉防이라 稱[120]함은 何ᄅᆞᆯ 謂함인고 廉恥

118 본문 한자는 '獻(헌)' 자인데 부속국문은 '흔' 자로 표기되었다.

119 본문 한자는 '掃(소)' 자인데 부속국문은 '수' 자로 표기되었다.

를 尊重ᄒᆞ야 慾心을 防閑함은 廉防이라 謂ᄒᆞ나니 廉防이 壞損ᄒᆞ면 簾帷가 窒兌ᄒᆞ고 冠屨가 倒置ᄒᆞ야 彝倫과 名敎의 風化와 綱紀가 一時에 淪喪하야 畢竟 野[121]心蠻行의 域에 沈沒ᄒᆞ고 乃已ᄒᆞ리니 眞實로 慨然한지라

現今 一流政界上 人物의 性質과 品行을 秤量ᄒᆞᆯ지면 廉防이 不壞損한 者ㅣ 幾人인뇨 一人도 無하다 하면 言辭가 迫切한데 近ᄒᆞ거니와 大抵 廉防이 全部壞損하얏다 하깃도다 宦海上貪慾心으로 言ᄒᆞᆯ진ᄃᆡ 未得之也에 患得之하며 旣得之也에 患失之라ᄂᆞᆫ 句語를 觀하면 千古鄙夫의 腦髓를 解剖하얏것【거】니와 近日에 比觀하면 此 句語ᄂᆞᆫ 中古朴實한 人物의 天然的에 流出한 本心이라 謂ᄒᆞᆯ지라 其得하고 其失함을 患ᄒᆞᆯ 境遇에ᄂᆞᆫ 廉防이 全部壞損하얏다 謂치 못 ᄒᆞᆯ지라

國慶의 完全無欠한 有福人으로 選取하ᄂᆞᆫ 必要가 有한ᄃᆡ 喪配한 公卿大臣이 偕老한다고 天聽을 欺罔하ᄂᆞᆫ 廉防도 有하고

天地에 難容ᄒᆞᆯ 罪戾를 臚[122]列하야 惡罵한 長書도 有하고 江河로 難洗ᄒᆞᆯ 과失를 公佈하야 深懲[123]한 新聞도 有함이 萬口一談이 皆曰 痛快라 하되 佯若不聞ᄒᆞ고 曳尾의 龜를 作하며 蹲池의 鳳을 做하야 金光世界에 一步도 不退하ᄂᆞᆫ 廉防도 有하고

昨日에ᄂᆞᆫ 表勳院上疏에 聯名署押하고 忠臣으로 自處하야 揚臂大言하다가 今日에ᄂᆞᆫ 搖尾乞憐하ᄂᆞᆫ 廉防도 有하고

泥峴租界를 一拳으로 碎破하ᄂᆞᆫ 神術이 有하다고 眩惑도 하며 自身이

---

120 본문 한자는 '稱(칭)' 자인데 부속국문은 '층' 자로 표기되었다.
121 본문 한자는 '野(야)' 자인데 부속국문은 '이' 자로 표기되었다.
122 본문 한자는 '臚(려)' 자인데 부속국문은 '로' 자로 표기되었다.
123 본문 한자는 '懲(징)' 자인데 부속국문은 '증' 자로 표기되었다.

宮禁에 出入하여야 聖躬을 遁甲으로 庇護하깃다고 欺罔도 하야 外司官人으로 宮殿門票[124]를 圖出하ᄂᆞᆫ 廉防도 有하니

噫라 一資半級을 得則 生하고 不得則 死라 ᄒᆞᆯ지라도 所謂 廉防이 如此히 壞損한 日月도 刱見ᄒᆞ깃고 廉防이 如此히 壞損한 人物도 刱見ᄒᆞ깃스니 位가 尊하고 秩이 崇한 者의 廉防도 此와 如하거든 蠅營狗苟하ᄂᆞᆫ 小輩의 廉防이아 一一히 所聞所見을 擧述ᄒᆞᆯ지면 操筆者가 自愧의 心이 發하야 一把汗 이상을 자하깃도다

然則 廉防이라ᄂᆞᆫ 二字ᄂᆞᆫ 掃地無如하얏스니 千古前에 曠하며 千古後에 絶한 時代ᄅᆞᆯ 遭逢하얏도다 前途影響을 推測[125]하면 人種이 滅絶하고 社會가 沈淪ᄒᆞᆯ 爻象이라 稱[126]하야도 過言이 斷斷不是니 此ᄅᆞᆯ 非常히 憂慮하야 一論을 略述하야 慨然慨然하노라

43호

1906년 8월 15일 (수) 論說

妄想

噫라 全國 人民의 腦髓內에 國家的 精神도 無하고 國民的 精神도 無하야 但히 妄想的 精神만 有하니 實際情景을 思惟하면 自家精神은 一分子도 無하고 他家精神만 信賴하ᄂᆞᆫ 唯我二千萬同胞이라

遊食遊衣하야 恒業恒産이 無한 者ᄂᆞᆫ 一指를 活動ᄒᆞᆯ 能力이 無하고 親戚知舊의 慈善心의 大發하기를 希望하야 一秩官爵도 希望하며 鉅萬財産도

124 본문 한자는 '票(표)' 자인데 부속국문은 '포' 자로 표기되었다.
125 본문 한자는 '測(측)' 자인데 부속국문은 '칙' 자로 표기되었다.
126 본문 한자는 '稱(칭)' 자인데 부속국문은 '충' 자로 표기되었다.

希望하며 良田廣宅도 希望하야 悲觀的을 抱懷하ᄂᆞᆫ 者ㅣ 有하니 此를 妄想的 精神이라 謂ᄒᆞ깃쇼 一藝를 不學ᄒᆞ며 一業을 不卒ᄒᆞ고 腐敗ᄒᆞᆫ 文字의 野味한 智識으로 刷新하ᄂᆞᆫ 時代에 主務大臣의 함下희覬하야 一郡守도 希望하며 一觀察도 希望하며 一奏任도 希望하며 一勅任도 希望하야 衣거를 成하고 歲月을 銷하야 白頭捿屑하ᄂᆞᆫ 者 有하니 此를 妄想的 精神이라 謂하깃고 實業을 奮[127]勵하야 財源을 生殖키 不能하고 凌空駕虛의 思想으로 浮財橫貨를 貪임하야 賣官육爵의 저儈로 贏利를 希望하여 浮浪子弟의 財産을 蕩敗의 紹介로 餘利를 希望하며 惡貨濫鑄와 紙錢僞造의 野心으로 巨利를 希望하며 訴訟裁判과 凡百運動의 挾雜으로 冗利를 希望하야 眼珠가 突出한 者도 有하니 此를 妄想的 精神이라 謂하깃고

國家實力을 養成하야 國權을 克復ᄒᆞᆯ 熱力的 思想이 絶無하고 俄國의 復仇的 戰爭이 有하기를 希望도 하며 淸國에 滿洲問題의 最後策이 或 有하기를 希望도 하며 英米法德의 新條約反對案이 有ᄒᆞᆯ가 希望도 하야 夢囈病譫을 成하ᄂᆞᆫ 者ㅣ 有하니 此를 妄想的 精神이라 謂ᄒᆞᆯ지라

此等 各種 妄想에 對하야 國家的 精神이라 謂하깃ᄂᆞ뇨 國民的 精神이라 謂하깃ᄂᆞ뇨 百爾思量하야도 妄想的 精神이라 稱하기에 不過하니 此等 妄想의 精神은 自家精神이 不是오 他家精神만 信賴하ᄂᆞᆫ 風魔的의 眼으로 空中을 睨視하며 手로 空中을 指示하며 口로 空中을 罵笑하ᄂᆞᆫ 狀態이라

吾儕ᄂᆞᆫ 妄想的 精神만 抱有한 一部公衆을 對하야 國家的 精神을 抱有하며 國民的 精神을 抱有하라고 瀝血懇告하야 脣焦舌弊의 境의 至하거니와 一邊思之하면 原來 文明學問이 無하고 野昧習慣이 有한 今日에 國

127 본문 한자는 '奮(분)' 자인데 부속국문은 '본' 자로 표기되었다.

家精神과 國民精神이 料外에 有함을 希望함도 吾儕가 亦是 妄想的 精神에 不過한지라

學問을 進하고 習慣을 革하야 妄想的 精神을 消磨하고 國家的 精神과 國民的 精神으로 充滿케 하기를 二千萬同胞의게 警하며 吾儕도 自警하노라

44호

1906년 8월 16일 (목) 論說

忍耐

社會를 維持하든지 國家를 維持하든지 家室[128]을 維持하든지 一身을 維持하든지 一種 忍耐力이 有하여야 辛苦를 喫하며 危險을 涉하며 困難을 經하야 百般風霜을 履歷한 然後에야 宇宙間 事業도 成하며 世界上 名譽도 揚하며 歷史中 光輝도 垂홀 것이니 忍耐力이 可히 神聖타 謂치 아니홀이오

忍耐力이라 稱[129]홈는 重量온 全地球를 斡旋하는 擧力이 有하고 千萬呎[130]火山을 飛揚케 ᄒᆞ는 引力이 有ᄒᆞ며 太平洋을 焦渴케 하는 吸力이 有하며 太陽星을 鎭定케 하는 壓力이 有홈과 如홈은 忍耐力의 重量이라 稱홀지니

我韓今日의 處한 者ㅣ 宇內大勢를 우衡하며 自國形便을 眉察홀지면 非常한 辛苦를 喫하며 非常한 危險을 涉하며 非常ᄒᆞᆫ 困難을 經홀 만ᄒᆞᆫ 時代

128 본문 한자는 '室(실)' 자인데 부속국문은 '옥' 자로 표기되었다.
129 본문 한자는 '稱(칭)' 자인데 부속국문은 '층' 자로 표기되었다.
130 본문 한자는 '呎(척)' 자인데 부속국문은 '지' 자로 표기되었다.

ᄅᆞᆯ 不幸當之하얏슨則 未然之前에 防杜키 不能ᄒᆞᆫ 者ᄅᆞᆯ 已發之後에 救濟키 不及하니ㅣ 焦躁心 輕颺心은 發하야 一手挽回코자 하나 可히 得하기 不能ᄒᆞᆫ 者라

若其幼稚ᄒᆞᆫ 知識과 綿연ᄒᆞᆫ 力量으로 但히 焦躁心 輕颺心을 發하야 一手로 挽回코자 ᄒᆞᆯ지면 非但不得ᄒᆞᆯ 샌 不是라 九鼎을 擧ᄒᆞᆷᄋᆡ 筋이 斷絶ᄒᆞᆯ 禍가 隨至ᄒᆞᆯ 거이니

現今 形勢ᄂᆞᆫ 實力을 養成ᄒᆞᆯ 時局에 坐하얏쓰니 實力을 養成ᄒᆞᆯ 時間은 長距離에 在ᄒᆞᆫ지라 然則 這間에 辛苦와 危險과 困難을 備嘗ᄒᆞᆷ이 忍耐力이 아니면 不得ᄒᆞᆯ지니

西洋學問家의 苦者ᄂᆞᆫ 樂之種이라 하얏고 支那哲學家의 憂患은 活法門이라 하얏스니 百般忍耐하고 千般忍耐하야 實力을 養成ᄒᆞᆯ지어다 大禹의 手足변처와 華盛頓 氏의 腦髓病과 聖彼得帝의 終日 勞働ᄒᆞᆷ이 洪水를 疏導하며 獨立을 回復하며 國基를 中興하ᄂᆞᆫ 大功業을 樹立한 根因은 他에 不在하고 忍耐力에 流出ᄒᆞᆷ이니 唯我國民은 忍耐力을 神聖히 尊重히 知ᄒᆞᆯ지어다

45호

1906년 8월 17일 (금) 論說

團體

團體라 稱ᄒᆞᆷ은 何如ᄒᆞᆷ을 謂ᄒᆞᆷ이뇨 千人이든지 萬人이든지 一體ᄅᆞᆯ 團團合成ᄒᆞᆷ이 曰 團體이니 千人의 體와 萬人의 體를 肉身으로 團結하야 一人의 體ᄅᆞᆯ 合成한다 謂ᄒᆞᆷ이 아니라 意가 合하며 志가 同한 則 千人의 心과 萬人의 心이 一人의 心ᄅᆞᆯ【을】合成하ᄂᆞᆫ지라 此ᄅᆞᆯ 團體라 謂ᄒᆞᆷ이니 團體

라 謂홈은 卽 合心이라 謂홈이라

我韓二千萬同胞가 團體를 成하얏나뇨 團體를 不成하얏나뇨 吾儕의 管見으로 一斑을 窺홀진딘 我韓全國同胞가 團體를 合成하얏다고 質言키 難하다 홀지니 何由로 質言키 難하뇨하면 團體를 成흔 効果를 不見하얏노라

一政府上으로 言하야도 主務大臣이 七八人에 不過하건마는 盟검을 分하며 黨羽를 張하야 平地風瀾이 時時로 搖動하는 狀態가 有하니 團體를 成하얏다고 質言키 難하며

一部分內로 言하야도 假令 百人이 會同하야 業務를 從事하는 區域에도 口를 合하며 耳를 附하야 隊隊히 分하며 派派히 張하야 畢竟 三分五裂하고 七零八落하야 一個人式 各其 意見을 主張흐는 弊風이 有흐니 團體를 成하얏다고 質言키 難하니 此는 個人의 各其 獨立自由를 尊重하는 權能이 有하야 然한지 各其 學問知識이 優越한 自聖癖이 有하야 然한지 不知하거니와 其 弊害의 根저를 硏究하면 都是野昧한 一段落에 流出하야 公益의 大範圍를 不顧하고 私利의 小分子를 自取하기에 抵死苟苟하기로 團體를 不成함이라

團體를 不成흔 則 國是를 何由로 一定하며 愛國誠이 何處로 從生하리오 然則 團體를 不成홈이 尋常한 事故가 不是라 全部社會를 沉淪홀 大禍機가 隱伏하얏스니 前途影響이 엇지 瞿然치 아니하리오

噫라 社會를 組織한 지 幾千年이 된 國家에 團體를 不成하얏다 謂홈은 吾儕의 過言으로 評判이 有홀 듯하나 今日에 至하야 團體가 漸漸解弛홈이 一朝一夕의 故ㅣ 不是라 然則 一朝一夕에 更히 團體를 凝結케 하기도 極難極難흔 事이라 謂홀지나 此는 孟子所謂不爲也언뎡 非不能也라 흔 一

句語가 可히 此ᄅᆞᆯ 救濟ᄒᆞᆯ지라

此ᄂᆞᆫ 民族의 學問이 啓發ᄒᆞᆫ 然後 事이라 或 謂하ᄃᆡ 此亦 不然하다 民族의 學問啓發을 何時에 待하리오 此ᄂᆞᆫ 一日間 政府上 政策에 在하다 하노니 政策에 在ᄒᆞᆫ 方針을 政府諸公이 知而不行하ᄂᆞᆫ지 不知而不行하ᄂᆞᆫ지 不知하거니와 汲汲히 團體凝結ᄒᆞᆯ 政策을 施行하야 社會를 完全히 組織ᄒᆞᆯ지어다

46호 1906년 8월 18일 (토) 論說

城堞

四十里되ᄂᆞᆫ 城쳡【堞】이 我國京都에 圍繞ᄒᆞ얏스니 其 城쳡【堞】이 國家人民에 有益ᄒᆞᆫ 物인가 無益ᄒᆞᆫ 物인가

吾儕ᄂᆞᆫ 一言으로 斷ᄒᆞ야 曰 無益物이라 謂ᄒᆞᆯ지언뎡 有益物이라 謂키 不堪ᄒᆞ깃고 且曰 有害物이라 謂ᄒᆞᆯ지언뎡 但히 無益物이라고만 謂키 不堪ᄒᆞ깃도다

古昔時代에 天子ᄂᆞᆫ 千雉오 諸侯ᄂᆞᆫ 百雉라 ᄒᆞᆷ도 國都의 壯麗ᄒᆞᆷ을 誇ᄒᆞ얏고 築斯城也ᄒᆞ며 鑿斯池也ᄒᆞ야 與民共守라 ᄒᆞᆷ은 國防을 爲ᄒᆞᆷ이어ᄂᆞᆯ 今曰 無益物이라 謂ᄒᆞᆷ은 何故인뇨

國都의 壯麗ᄒᆞᆷ은 城쳡에 不在ᄒᆞ고 人口의 旺盛과 家屋의 櫛比와 市街의 繁華에 在ᄒᆞᆷ이어ᄂᆞᆯ 城쳡으로 圍繞ᄒᆞ야 基址ᄅᆞᆯ 防閑ᄒᆞᆷ이 壯麗ᄒᆞᆫ 氣像을 緊縮ᄒᆞ야 狹窄ᄒᆞᆫ 範圍ᄅᆞᆯ 形成ᄒᆞ얏스니 無益物이라 謂ᄒᆞ깃고

國防으로 言ᄒᆞᆯ진ᄃᆡ 最近 時代로 觀ᄒᆞ야도 淸國은 三千雉 城쳡【堞】에

九門提督을 置ᄒᆞ고 守城鉄甲九萬人을 設備ᄒᆞ얏스되 列國聯合隊가 北京에 入ᄒᆞᆯ 時에 日本兵의 一發珊榴彈의 萬餘呎 距離되ᄂᆞᆫ 正陽門左右城쳡【堞】이 一瞬間에 寒灰갓치 飛揚ᄒᆞᆫ지라 此ᄅᆞᆯ 由ᄒᆞ야 觀ᄒᆞᆷ【ᄒᆞᆯ】진ᄃᆡ 城쳡【堞】이 國防에 一毫도 必要가 無ᄒᆞᆷ을 見ᄒᆞ얏스니 無益物이라 謂ᄒᆞ지 아니ᄒᆞ깃ᄂᆞᆫ가

비예ᄅᆞᆯ 設ᄒᆞ야 外敵을 潜窺ᄒᆞ며 女墻을 築ᄒᆞ야 內禦ᄅᆞᆯ 嚴重ᄒᆞᆷ이 盜賊을 防備ᄒᆞ고 人民을 保護ᄒᆞ고 金丸鉄甕의 堅固物이어ᄂᆞᆯ 反히 有害物이라 謂ᄒᆞᆷ은 何故인뇨

盜賊을 防備ᄒᆞᄂᆞᆫ 金丸이라 鉄甕이라 謂ᄒᆞᆷ이 知識이 未透ᄒᆞᆫ 古昔時代事이라 秦始皇이 天下財力을 枯竭ᄒᆞ며 天下人力을 疲困ᄒᆞ야 万里長城을 築ᄒᆞ얏스나 畢竟 虛築防胡万里城이라ᄂᆞᆫ 一笑柄을 作ᄒᆞ얏스니 今日 宇內形勢ᄅᆞᆯ 觀ᄒᆞᆯ진ᄃᆡ 文明列邦의 國都에 城쳡【堞】이 無ᄒᆞᆷ을 推測ᄒᆞ야도 可知ᄒᆞᆯ지니 我都城쳡【堞】이 四面을 障碍ᄒᆞ야 城內城外의 交通에 防害ᄒᆞᆯ ᄲᅮᆫ이오 緊急事務가 有ᄒᆞᆯ 時에 道路ᄅᆞᆯ 逆推ᄒᆞ야 時間을 遲連ᄒᆞᆯ ᄲᅮᆫ이오 城外 隱密處에 盜賊이 隱伏ᄒᆞ야도 警察이 不便ᄒᆞᆯ ᄲᅮᆫ이니 此ᄅᆞᆯ 엇지 無益物이라 謂ᄒᆞ지 아니ᄒᆞᆯ이오 (未完)

47호 — 1906년 8월 19일 (일) 論說

城堞 (續)

噫라 城쳡【堞】의 物됨이 無益物이라 稱[131] ᄒᆞᆷ이 可치 아니ᄒᆞᆫ뇨 有害物이라 稱[132] ᄒᆞᆷ이 可치 아니ᄒᆞᆫ뇨

131 본문 한자는 '稱(칭)' 자인데 부속국문은 '충' 자로 표기되었다.

132 본문 한자는 '稱(칭)' 자인데 부속국문은 '충' 자로 표기되었다.

今에 世界 諸 强國을 觀測하건ᄃᆡ 國民의 知識力으로 干城을 作ᄒᆞ며 國家의 金力[133]으로 良將을 作ᄒᆞᆯ ᄯᆞ름이오 土를 壘ᄒᆞ며 石을 疊ᄒᆞ야 完全ᄒᆞᆫ 國防으로 信賴ᄒᆞᄂᆞᆫ 幼稚心이 無ᄒᆞᆷ을 可知ᄒᆞᆯ지니

今에 古昔風氣를 因ᄒᆞ야 一片孤城으로 金丸鐵瓮을 作하야 外敵이 焉敢히 窺하리오 하야 國家人民의 保護物을 作ᄒᆞᆷ을 泰山磐石과 如히 信賴하면 譬큰ᄃᆡ 全身鎧甲을 着ᄒᆞ고 砲烟彈雨中에 坐ᄒᆞ야 我가 鎧甲을 着ᄒᆞ얏스니 砲彈을 何畏리오 ᄒᆞᄂᆞᆫ 幼稚心과 如ᄒᆞᆯ 것이니 無益物이라 有害物이라 ᄒᆞᆷ은 姑舍ᄒᆞ고 世界에 一笑柄을 貽ᄒᆞᆷ을 豈免ᄒᆞ리오

然則 無益物되고 有害物되고 貽笑物되ᄂᆞᆫ 城첩【堞】을 置ᄒᆞᆷ이 可한가 不置ᄒᆞᆷ이 可한가

置ᄒᆞᆫ다 ᄒᆞᆯ지면 旣히 論評ᄒᆞᆷ과 如ᄒᆞ거니와 不置ᄒᆞᆫ다 ᄒᆞᆯ지면 毁[134]破ᄒᆞᆯ 것이니 毁[135]破ᄒᆞᆯ 境遇에ᄂᆞᆫ 紛然ᄒᆞᆫ 議者의 唇[136]舌이 呶呶ᄒᆞ야 五百年王京을 肅衛ᄒᆞ든 神物을 毁[137]破한다 ᄒᆞ야 雌黃이 層激ᄒᆞᆯ 줄은 預料ᄒᆞ거니와

無益物을 變ᄒᆞ야 公益을 作ᄒᆞ며 有害物을 幻ᄒᆞ야 巨利를 圖ᄒᆞᆯ 一個 善良方針이 有ᄒᆞ니 城첩【堞】의 石材를 拍賣ᄒᆞ야도 百萬圜 價値ᄂᆞᆫ 無慮한 則 人民의 大利益될 營業을 經紀ᄒᆞ야도 必要가 無ᄒᆞᆫ 城첩【堞】보다 倍勝ᄒᆞᆯ 거이오 不然이면 石材를 運輸ᄒᆞ야 漢江 上流로 始ᄒᆞ야 水道를 敷設ᄒᆞᄂᆞᆫ 工役에 需用ᄒᆞ얏스면 人民의 飮料에 便利ᄒᆞᆷ이 必要가 無ᄒᆞᆫ 城첩【堞】보담 倍勝ᄒᆞᆯ 거이니 無益有害ᄒᆞᆫ 物이 公益되고 巨利되ᄂᆞᆫ 效果이라

133 본문 한자는 '力(력)' 자인데 부속국문은 '련' 자로 표기되었다.
134 본문 한자는 '毁(훼)' 자인데 부속국문은 '헤' 자로 표기되었다.
135 본문 한자는 '毁(훼)' 자인데 부속국문은 '헤' 자로 표기되었다.
136 본문 한자는 '唇(진)' 자인데 부속국문은 '순' 자로 표기되었다.
137 본문 한자는 '毁(훼)' 자인데 부속국문은 '헤' 자로 표기되었다.

加之京都에 四面障碍物이 無ᄒᆞ야 交通에 便利ᄒᆞᆯ 거이오 緊急 事務가 有ᄒᆞᆫ 時에 道路逆推ᄒᆞᆷ이 無ᄒᆞᆯ 거이오 盜賊이 隱伏ᄒᆞ야도 警察이 便宜ᄒᆞᆯ 거이오 家屋建築이 增進ᄒᆞᆯ 거이오 天子國都가 平坦廣濶ᄒᆞ야 大範圍의 壯麗ᄒᆞᆫ 氣像이 發達ᄒᆞᆯ 것이니 無益有害의 物을 革除ᄒᆞᄂᆞᆫ 効果이니

我韓帝國도 世界 列强國의 城첩【堞】이 無한 文明區域에 大進步ᄒᆞᆯ지라 吾儕ᄂᆞᆫ 斷言無疑ᄒᆞ야 城첩【堞】이 無益有害物되ᄂᆞᆫ 疑團을 一破ᄒᆞ노라

48호 1906년 8월 21일 (화) 論說

時間經濟

我國民은 二千萬人으로 假定ᄒᆞᄂᆞᆫᄃᆡ 其 二千萬人이 一日에 一圜式 生財ᄒᆞ면 一日에 我國富源 二千萬圜이 增加ᄒᆞ나니 十日이면 二億萬圜이오 一朔이면 六億萬圜이며 一年이면 七十二億萬圜의 富源을 增加ᄒᆞ나니라

苟或反是ᄒᆞ야 一日에 平均 一圜을 消費ᄒᆞ면 또ᄒᆞᆫ 一年에 七十二億萬圜의 消費가 有ᄒᆞᆯ지라 多數人口의 事爲를 隨ᄒᆞ야 國家 盛衰 影響이 皆如是ᄒᆞ도다

若夫 如是ᄒᆞᆫ 國家經濟上影響에 關念이 有ᄒᆞ거든 반다시 먼저 時間虛度에 注意ᄒᆞ야 燕宴의 浪度를 深戒ᄒᆞᆷ이 最可ᄒᆞ다 ᄒᆞ노라

何를 謂ᄒᆞᆷ인고 二千万人口가 一時를 浪度ᄒᆞ면 卽 二千万 時間이라 二千万 時間이라 ᄒᆞ면 泛然히 聽ᄒᆞᄂᆞᆫ 者ᄂᆞᆫ 幾何의 歲月인 줄를【을】 不知ᄒᆞ깃기로 其 大略를 擧ᄒᆞ건ᄃᆡ 二千万時를 聚合ᄒᆞ면 卽 二千二百三十餘 年이라 積少成大의 影響이 또ᄒᆞᆫ 如是ᄒᆞ도다

古人이 云호ᄃᆡ 積德百年 以後에 王이라 ᄒᆞ얏스니 百年이 久ᄒᆞᆫ 듯ᄒᆞᄂᆞ 百年 影響이 一時에 在ᄒᆞᆫ 事가 許多ᄒᆞ도다

假令 二千万國民이 一齊히 一時만 奮發ᄒᆞ야 非常ᄒᆞᆫ 進步가 有ᄒᆞ면 卽 一時에 二千二百三十餘 年의 積功을 立致ᄒᆞᆯ지라

故로 歲月의 迂[138]遠ᄒᆞᆫ 것만 知ᄒᆞ고 衆力의 敏速ᄒᆞᆫ 것을 不知ᄒᆞ면 政治家하 稱[139]ᄒᆞ기 難ᄒᆞ도다 今에 我國人이 自分必落ᄒᆞᄂᆞᆫ 惡性質이 有ᄒᆞ야 個人事일런지 國家事일런지 何事ᄅᆞᆯ 勿論ᄒᆞ고 첩曰 時已晚矣라 而今에ᄂᆞᆫ 何事를 營爲ᄒᆞ든지 所用이 無ᄒᆞ리라 ᄒᆞᄂᆞᆫ 者ᄲᅮᆫ이니 吁과 人의 愚가 若是히 甚ᄒᆞᆫ가

吾人은 學問知識力이 乏ᄒᆞ야 自己思想으로ᄂᆞᆫ 能히 質言치 못ᄒᆞ거니와 學問家의 意를 叩ᄒᆞ고 學問家의 說를 依ᄒᆞ야 我國民 前途 利益線을 計ᄒᆞ건ᄃᆡ 時間을 虛費하고 歲月를【을】浪度하ᄂᆞᆫ 惡習을 先去함이 第一策이라

夫 人民의 知識과 經濟ᄂᆞᆫ 勤에 得ᄒᆞ며 怠에 失ᄒᆞᄂᆞ니 勤ᄒᆞᄂᆞᆫ 者ᄂᆞᆫ 時間을 重히 녀기며 怠ᄒᆞᆫ 者ᄂᆞᆫ 時間消費를 不知ᄒᆞᄂᆞ니 人民의 實力은 時間을 浪費치 아니ᄒᆞᄂᆞᆫᄃᆡ 在ᄒᆞᆫ지라 蔽一言ᄒᆞ고 人이 時間을 浪費ᄒᆞ고 歲月을 虛度ᄒᆞ면 敗家의 子이오 亡國의 民이라 ᄒᆞ노라

138 본문 한자는 '迂(간)' 자인데 부속국문은 '오' 자로 표기되었다.
139 본문 한자는 '稱(칭)' 자인데 부속국문은 '층' 자로 표기되었다.

淸潔方法

圊廁의 制度가 疎闊ᄒᆞ야 屎尿[140]를 撒潑ᄒᆞᆷ은 我韓의 不文明ᄒᆞᆫ 惡習慣이라 其 弊害의 最大關係가 三條가 有ᄒᆞ기로 一言略述ᄒᆞ노니

家屋의 建築ᄒᆞᆷ이 圊廁을 軒堂前面에도 設ᄒᆞ며 廚竈隔壁에도 置ᄒᆞ야 起居應接과 飮食烹임ᄒᆞᄂᆞᆫ 一步地에 大小便의 失禮ᄒᆞᄂᆞᆫ 事態도 有ᄒᆞ거니와 汚穢ᄒᆞᆫ 臭氣가 鼻孔을 觸ᄒᆞ야 炭酸瓦斯를 呼吸ᄒᆞ며 尿[141]屎[142]를 小竇로 放出ᄒᆞ고 收藏ᄒᆞᄂᆞᆫ 器[143]具가 不備ᄒᆞᆷ으로 溝渠中에 穢質이 彌滿ᄒᆞ고 道路上에 汚汁이 流出ᄒᆞ야 穢色惡臭가 行路人의 心胃를 飜케 ᄒᆞ야 家家連接ᄒᆞᆫ 狹路에 非常ᄒᆞᆫ 困難을 經ᄒᆞ니 是로 由ᄒᆞ야 居者 行者가 皆是 汚穢中에 一生을 經過ᄒᆞᆷ과 如ᄒᆞ니 人民의 衛生上에 最大關係가 一也오

肥料品은 農家에 第一糞田ᄒᆞᄂᆞᆫ 必要物이라 所謂 肥料商이(거름장사) 家家圊廁의 小竇中에 三分一을 刮出키 不能ᄒᆞᆫ 物質을 藁芥에 裹ᄒᆞ고 疎網에 盛ᄒᆞ야 人이 負ᄒᆞ든지 馬로 駄ᄒᆞ든지 液汁은 道路長距離에 潑去ᄒᆞ며 臭氣ᄂᆞᆫ 公衆의 面目을 蹙케 ᄒᆞ고 及其 收合處에 到達ᄒᆞᆷ이 物質이 太半遺漏ᄒᆞ얏스니 肥料의 經濟上에 最大關係가 二也오

淸潔은 社會의 文明에 大進步ᄒᆞᆷ이라 世界列邦에 圊廁의 淸潔ᄒᆞᄂᆞᆫ 方法을 準備ᄒᆞ며 又或 傳染病이 流行ᄒᆞᆯ 時에 檢疫方法을 另設ᄒᆞ야 尿[144]屎[145]

140 본문 한자는 '尿(뇨)' 자인데 부속국문은 '히' 자로 표기되었다.
141 본문 한자는 '尿(뇨)' 자인데 부속국문은 '시' 자로 표기되었다.
142 본문 한자는 '屎(시)' 자인데 부속국문은 '히' 자로 표기되었다.
143 본문 한자는 '器(기)' 자인데 부속국문은 '리' 자로 표기되었다.
144 본문 한자는 '尿(뇨)' 자인데 부속국문은 '시' 자로 표기되었다.
145 본문 한자는 '屎(시)' 자인데 부속국문은 '히' 자로 표기되었다.

의 汚穢를 大主義홈으로 我韓의 不淸潔홈을 一笑柄에 歸ᄒᆞᄂᆞᆫ 眞相이 有ᄒᆞ니 社會의 文明上에 最大關係가 三也라

我韓도 此 三大關係를 憂慮ᄒᆞ야 汚穢淸潔의 方針을 硏究홀진ᄃᆡ 吾儕의 思想에ᄂᆞᆫ 其 方法이 ᄯᅩᄒᆞᆫ 三件이 有ᄒᆞᆫ지라

其一은 國家에셔 共同淸潔을 大擴張ᄒᆞ야 警察力으로 壓制的 淸潔을 施行ᄒᆞ든지 國庫金으로 淸潔費를 豫算ᄒᆞ야 一新改良ᄒᆞ든지 홀 件이오

其二ᄂᆞᆫ 資本家에셔 商業的으로 肥料會社를 設始ᄒᆞ야 家家戶戶에 便篙을 埋ᄒᆞ고 淸潔人夫를 雇用ᄒᆞ야 逐日肥料場으로 聚合ᄒᆞ야 相當價値를 收ᄒᆞ고 田家에 賣却홀 件이오

其三은 各坊曲洞里에셔 自治團體的으로 若干金을 收合ᄒᆞ야 駈利馬와 便篙과 人夫를 準備ᄒᆞ야 逐日掃除ᄒᆞᆫ 件이니

此 三 件 中에 長算을 硏究ᄒᆞ야 一件이라도 汲汲히 施行ᄒᆞ야 人道上 應行 必要를 注意홀 지어다

不然이면 吾人은 豕柵의 汚穢를 唾罵ᄒᆞ되 文明國人은 吾人의 汚穢를 唾罵홀 거이니 十分思唯ᄒᆞ야 豕柵의 汚穢을【를】幸免홀 지어다

50호 1906년 8월 23일 (목) 論說

家屋制度

家屋은 人民의 生活的 基本이니 通暢하야 瓦斯를 消하며 崇高ᄒᆞ야 空氣를 受ᄒᆞ며 精洒하야 穢菌를 除하며 軒敞하야 太陽을 納하여야 衛生에 適宜하며 事爲에 便[146]利하며 起居에 淸淨하야 愉快ᄒᆞᆫ 生世의 樂을 享有

ᄒᆞᆷ이어늘

我韓家屋의 普通制度를 觀하건ᄃᆡ 左右溫突에 軒을 間하며 廚포倉庫에 厠을 兼하야 全面土壁에 窓戶를 圭竇와 如히 通ᄒᆞ고 周遭墻垣에 板門을 設ᄒᆞ야 千家万戶가 如印一板이라

雨水가 沈淫ᄒᆞ며 烟熏이 鬱悶ᄒᆞ며 蚊蝎이 浸尋ᄒᆞ며 虫鼠가 咬嚙[147]ᄒᆞ야 人生의 百般苦況을 貽ᄒᆞᆯ ᄲᅮᆫ 不是라 汗液과 尿[148]屎[149]와 喘息間炭氣가 擁鬱하야 流行病毒을 招하ᄂᆞᆫ 紹介物을 作하야 憂患이 連綿하며 死亡에 橫戾하ᄂᆞᆫ 弊害가 何에 在하뇨

卽 家屋의 制度가 不佳良 不便利ᄒᆞᆷ으로 通暢ᄒᆞᆯ 者ㅣ 反히 窒塞ᄒᆞ며 崇高ᄒᆞᆯ 者ㅣ 反히 矮低ᄒᆞ며 精灑ᄒᆞᆯ 者ㅣ 反히 樸陋ᄒᆞ며 軒敞ᄒᆞᆯ 者ㅣ 反히 幽暗하야 百般苦況을 貽하거니와 就中 第一 弊害ᄂᆞᆫ 單層制造로 習慣을 成하야 滿城에 櫛比ᄒᆞᆫ 者ᄅᆞᆯ 見ᄒᆞ면 可謂閭閻樸地라 ᄒᆞᆯ지라

此ᄂᆞᆫ 地段經濟에 大妨害이오 人民 衛生에 大妨害이언마ᄂᆞᆫ 畢竟 惡習慣을 改良키 不能하야 窒塞ᄒᆞ고 矮低ᄒᆞ고 樸陋ᄒᆞ고 幽暗ᄒᆞᆫ 單層屋子에 蟄[150]伏ᄒᆞ야 古昔時代에 土處穴居ᄒᆞ든 人生의 苦況을 自守하고 二層 三層의 屋子를 建築하기 不肯ᄒᆞᆷ은 何故인뇨

我韓國初 以來로 二階屋子의 制度가 種種히 有하야 至今에도 間或 有之ᄒᆞ거니와 中葉時代에 二層高軒에 憑ᄒᆞ야 隣家ᄅᆞᆯ 窺視함이 目挑心招ᄒᆞᄂᆞᆫ 蕩情男女의 淫風을 惹起ᄒᆞᆫ다 ᄒᆞ야 二階屋子ᄅᆞᆯ 毁[151]破ᄒᆞᄂᆞᆫ 禁令이 有

146 본문 한자는 '便(편)' 자인데 부속국문은 '변' 자로 표기되었다.
147 본문 한자는 '嚙(교)' 자인데 부속국문은 '셜' 자로 표기되었다.
148 본문 한자는 '尿(뇨)' 자인데 부속국문은 '시' 자로 표기되었다.
149 본문 한자는 '屎(시)' 자인데 부속국문은 '히' 자로 표기되었다.
150 본문 한자는 '蟄(칩)' 자인데 부속국문은 '흡' 자로 표기되었다.

함은 野乘에 昭在ᄒᆞᆫ 典故이라 是로 以ᄒᆞ야 累百年 人民의 處[152]居[153]家屋이 此 境에 至ᄒᆞ야 文明世界이 七層屋 五層라의 天上玉樓와 如ᄒᆞᆫ 好居成況을 不見ᄒᆞ니 此ᄂᆞᆫ 婦女를 深秘藏鎖ᄒᆞ야 他人의 目中에 不現코자 ᄒᆞᄂᆞᆫ 猜疑心에 流出한 根因이라 近日 外國人이 城中에 住居ᄒᆞᄂᆞᆫ 者ㅣ 十分의 一을 占ᄒᆞᆷ의 二階屋子와 三階屋子를 建築ᄒᆞ야 內庭를【을】縱觀ᄒᆞᄂᆞᆫ 實相을 禁키 不能ᄒᆞ깃고 外國人은 文明氣味가 有ᄒᆞ야 婦女를 偸視ᄒᆞᄂᆞᆫ 惡風이 無ᄒᆞ다 ᄒᆞᆯ지라도 自國人이 間或 登臨窺視하ᄂᆞᆫ 弊風이 不無ᄒᆞᆯ지니 此와 如ᄒᆞᆫ 境遇에ᄂᆞᆫ 其 偸視하ᄂᆞᆫ 弊風을 禁止키 豈能ᄒᆞ리오

家屋制度를 汲汲改良하야 二層 三層의 屋子를 建築함이 時急先務로ᄃᆡ 家屋을 典質하야 財政이 大困難ᄒᆞᆫ 此 境에 容易히 經紀키 難ᄒᆞᆷ을 揣想하ᄂᆞᆫ ᄇᆡ이라 雖然이나 此 論을 發하야 局上一着을 置하노라

51호 1906년 8월 24일 (금) 論說

內外法

我韓에 男이 女를 見ᄒᆞ지 못ᄒᆞ며 女가 男을 見ᄒᆞ지 못ᄒᆞᄂᆞᆫ 習慣이 有ᄒᆞ야 夫婦 父母 兄弟 叔姪 期功之親이 아니면 截嚴隔絶ᄒᆞ야 不相對面ᄒᆞᆷ이 五百年法禁을 成ᄒᆞ야 內外法이라ᄂᆞᆫ 法律이 有ᄒᆞᆫ지라

是로 以ᄒᆞ야 男이 人家에 入ᄒᆞ야 女를 見ᄒᆞ면 內庭突入이라ᄂᆞᆫ 法律를【을】依ᄒᆞ야 定配律을 用ᄒᆞ얏쓰니 此等 習慣과 此等 法律이 如何ᄒᆞᆫ 根因에

151 본문 한자는 '毁(훼)' 자인데 부속국문은 '헤' 자로 표기되었다.
152 본문 한자는 '處(처)' 자인데 부속국문은 '거' 자로 표기되었다.
153 본문 한자는 '居(거)' 자인데 부속국문은 '처' 자로 표기되었다.

出ᄒᆞᆷ이뇨 ᄒᆞ면 外面으로는 男女七歲에 不同席이라 ᄒᆞ며 男子는 居外ᄒᆞ고 女子는 居內라 ᄒᆞ는 聖人訓戒를 依ᄒᆞ야 男女를 防閑함이라 ᄒᆞ되 其 內容을 硏究ᄒᆞᆯ진ᄃᆡ 男女ㅣ 相見ᄒᆞ면 目挑心招ᄒᆞ야 淫情을 惹起ᄒᆞᆯ가 十二分猜妬ᄒᆞ야 各其 自治法을 用ᄒᆞ야 家庭閨門에 妻妾을 戒嚴防杜ᄒᆞ는 故로 百般法律이 擧皆解弛ᄒᆞ되 內外法에 至ᄒᆞ야는 愈久愈烈한지라

雖然이나 男女相見ᄒᆞᆯ 際에 淫情을 惹起한다 ᄒᆞ야 防閑이 甚嚴ᄒᆞᆯ지면 吾儕의 疑團이 不無ᄒᆞ야 玆에 一問을 設ᄒᆞ노니

男子가 人家에 入ᄒᆞ야 女子를 見ᄒᆞ면 內庭突入이라는 律을 用ᄒᆞᆯ지면 假令 女子가 人家에 入ᄒᆞ야 男子를 見ᄒᆞ야도 相當ᄒᆞᆫ 律文이 有ᄒᆞᆯ 거시이어ᄂᆞᆯ 男이 女를 見ᄒᆞ는 律文은 有ᄒᆞ고 女가 男을 見ᄒᆞ는 律文이 無ᄒᆞᆷ은 何故인뇨

女子가 街路에 行ᄒᆞᆯ 時에 綠長衣(장옷)로 頭面을 蒙케 ᄒᆞᆷ은 男子로 ᄒᆞ야곰 女子의 面을 不見케 ᄒᆞᆷ이어ᄂᆞᆯ 女子로 ᄒᆞ야곰 男子의 面을 見케 ᄒᆞᆷ은 何故인뇨

男子가 或 事故를 因緣ᄒᆞ야 人家內庭에 入ᄒᆞᆯ 時에 門을 閉ᄒᆞ라 ᄒᆞ며 或 扇子로 面을 遮ᄒᆞᆷ은 女子의 面을 見ᄒᆞᆯ가 失禮ᄒᆞᆷ을 恐ᄒᆞᆷ이어ᄂᆞᆯ 反히 女子는 窓隙으로 窺視도 ᄒᆞ며 鏡中으로 露見도 ᄒᆞᆷ은 何故인뇨

男女를 防閑ᄒᆞ는 禮貌도 不適當ᄒᆞ며 內外를 嚴禁ᄒᆞ는 法律도 不公平ᄒᆞᆷ【ᄒᆞᆯ】 ᄲᅮᆫ 不是라 目挑心招ᄒᆞ야 淫情을 惹起ᄒᆞᆯ가 猜妬ᄒᆞ는 思[154]想으로 家庭閨門의 妻妾을 戒嚴ᄒᆞᆯ지면 男이 女를 悅ᄒᆞ는 思想만 有ᄒᆞ고 女가 男을 悅ᄒᆞ는 思想이 無ᄒᆞ다고는 斷言키 難ᄒᆞ거ᄂᆞᆯ 女子로 ᄒᆞ야곰 男子를 窺

154 본문 한자는 '思(사)' 자인데 부속국문은 'ᄌᆞ' 자로 표기되었다.

視ᄒᆞᆷ을 不禁ᄒᆞᆷ은 禮貌도 아니오 法律도 아니오 猜妬心도 아이니 百般思量ᄒᆞ야도 了解키 難ᄒᆞ도다

此ᄂᆞᆫ 文明國의 嘲笑도 不免ᄒᆞ고 唾罵도 不免ᄒᆞᆯ 事이라 寧히 女子의 幽囚ᄒᆞᄂᆞᆫ 事態를 解放ᄒᆞ야 所謂 禮貌도 閣之ᄒᆞ고 內外法律도 廢之ᄒᆞ고 猜妬心도 置之ᄒᆞᆯ지어다 女子의 同等權을 恢復ᄒᆞᆷ은 女子의 進步에 在ᄒᆞ거니와 男子의 猜妬心은 實로 有名無實ᄒᆞ고 但히 文明上 妨害만 有ᄒᆞ기로 公衆의 論評을 不顧ᄒᆞ고 一述ᄒᆞ노라

52호 1906년 8월 25일 (토) 論說

公薦郡守

今回 奏本에 公薦으로 新任十三窠 郡守諸公을 對ᄒᆞ야 攢賀도 ᄒᆞ며 質問도 ᄒᆞ며 囑托도 ᄒᆞ노니 十三郡守諸公은 氣ᄅᆞᆯ 着ᄒᆞ야 此言을 猛聽ᄒᆞ시고 攢賀도 受ᄒᆞ며 質問도 答ᄒᆞ며 囑托도 銘心ᄒᆞ야 如風過耳키 愼勿ᄒᆞᆯ지어다

內部大臣이 公正ᄒᆞᆫ 견衡을 執ᄒᆞ야 何時奏本에ᄂᆞᆫ 賢材ᄅᆞᆯ 薦引키 不肯ᄒᆞ얏ᄊᆞ리오마ᄂᆞᆫ 今番에 至ᄒᆞ야ᄂᆞᆫ 十分特異ᄒᆞ야 御前會議에 皇上陛下ᄭᅴ오셔 擇人公正ᄒᆞ라신 勅諭가 懇切ᄒᆞᄋᆞᆸ시고 伊藤統監이 政府大臣을 對ᄒᆞ야 忠告辛勤ᄒᆞᆷᄋᆡ 政府大臣이 一層注意ᄒᆞ야 當時社會 中 特等名譽가 有ᄒᆞᆫ 人員으로 選用ᄒᆞᆯ 議論을 發ᄒᆞ얏다가 寢止ᄒᆞ얏고 各部判任久勤中一人式公薦ᄒᆞ고 四色士大夫家에 一人式公薦ᄒᆞ야 十三窠ᄅᆞᆯ 塡充ᄒᆞ야 郡守ᄅᆞᆯ 新任ᄒᆞ얏ᄊᆞ니

諸公이 此와 如히 公明正大ᄒᆞᆫ 奏本上에 姓名을 表彰ᄒᆞ얏ᄊᆞ니 大臣宅食

口의 私情으로 引進ᄒᆞᆷ이 不是오 獵官者行動으로 賂金을 使用ᄒᆞᆷ이 不是오 公薦二字로 出處의 光輝를 得ᄒᆞᆷ을 吾儕ᄂᆞᆫ 攢賀ᄒᆞᄂᆞᆫ 바이오

諸公이 果然 牧民ᄒᆞᆯ 만ᄒᆞᆫ 資格을 俱備ᄒᆞ야 公薦을 蒙ᄒᆞ얏ᄂᆞᆫ가 朝廷의 分憂ᄒᆞᄂᆞᆫ 責任을 擔荷ᄒᆞᆯ만ᄒᆞ야 公薦을 蒙ᄒᆞ얏ᄂᆞᆫ가 但히 判任久勤으로만 被選ᄒᆞ얏쓰면 四色兩班으로만 被選ᄒᆞ야쓰면 個個히 郡守의 材局에 適合한 人氏라고ᄂᆞᆫ 質言키 不能ᄒᆞ깃쓰니 未知케라 諸公이 公薦에 應用ᄒᆞᆯ 만한 人材가 되는지 吾儕ᄂᆞᆫ 質問ᄒᆞᄂᆞᆫ 바이오

諸公은 旣往公薦을 蒙ᄒᆞ야 姓名을 表彰ᄒᆞ얏쓰니 孝廉으로 特擧ᄒᆞᆫ 身分이 有ᄒᆞᆷ과 如ᄒᆞ야 公薦ᄒᆞᆫ 某郡守 某郡守ᄂᆞᆫ 一世人의 注目ᄒᆞᄂᆞᆫ 바이니 勵精圖治ᄒᆞᄂᆞᆫ 政事와 淸廉耿介ᄒᆞᆫ 品行으로 求死不贍[155]ᄒᆞᄂᆞᆫ 地方人民을 救濟ᄒᆞ야 水火中에 一手로 援出ᄒᆞ심을 吾儕ᄂᆞᆫ 囑托ᄒᆞ오

萬一 公薦ᄒᆞᆫ 郡守諸公中에 或隱結이니 息馱이니 鄕錄이니 派房이니 別有査問ᄒᆞᄂᆞᆫ 諸般貪虐剝割ᄒᆞ든 前等郡守의 交椅에 占據ᄒᆞ야 若或「繼不治後ᄒᆞ야 民多思古」라 ᄒᆞᄂᆞᆫ 貶題를 得ᄒᆞᆯ가 十分疑慮ᄒᆞ거니와 諸公이 如此한 累名을 一得ᄒᆞ면 諸公의 姓名도 吾儕ᄂᆞᆫ 不必惜이오 主務大臣의 名譽도 吾儕ᄂᆞᆫ 不足慮이오 但郡守의 公薦ᄒᆞᄂᆞᆫ 것이 必要가 無ᄒᆞ다 ᄒᆞ야 精益求精ᄒᆞᆯ 思慮를 放過ᄒᆞ고 前日食口이니 苞苴이니 奔競이니 四面답至ᄒᆞ야 魚肉되고 犧牲된 嗟我同胞를 噬嚙[156]殆盡ᄒᆞᆯ가 憂慮ᄒᆞ노니 公薦諸公은 精神을 猛勵ᄒᆞ시오

155 본문 한자는 '贍(섬)' 자인데 부속국문은 '첨' 자로 표기되었다.
156 본문 한자는 '嚙(교)' 자인데 부속국문은 '셜' 자로 표기되었다.

53호 1906년 8월 26일 (일) 論說

一進會

一進會ᄂᆞᆫ 帝國國民主義로 一社會를 組織하고 四大綱領을 主唱하야 二千萬 同胞의 代表로 標準ᄒᆞᆷ이 于今三年이라

三年時間에 一進會의 目的을 達ᄒᆞ얏ᄂᆞᆫ가 不達ᄒᆞ얏ᄂᆞᆫ가 當初 主唱ᄒᆞᆫ 四大綱領으로 一進會의 一大目的이라 謂ᄒᆞᆷ은 全國 二千萬 同胞의 了解ᄒᆞᄂᆞᆫ 바인지 未解ᄒᆞᄂᆞᆫ 바인지 吾儕ᄂᆞᆫ 不知하거니와

我國官吏의 貪虐粃政으로 全國人民이 犧牲됨을 深慮하야 塗炭에 拯濟하ᄂᆞᆫ 責任을 自擔하고 政府 當局者의게 忠告도 하며 地方行政官의게 質問도 하야 牛毛와 如한 苛政을 稍稍淸淨케 ᄒᆞᆷ은 一進會의 効能이라 謂하깃고

又或 地方會員의 不公正ᄒᆞᆫ 瑕疵[157]가 種種히 有하다 하나 大部分의 善良한 効果가 有하면 支流餘裔의 如干行動을 責備ᄒᆞᆯ 必要가 無하다 하야 今日에 至하도록 其 目的을 達하ᄂᆞᆫ 効果를 企待ᄒᆞ얏더니 時局은 漸漸 缺裂하고 人民은 益益困難하되 一進會의 目的을 達하ᄂᆞᆫ 影響을 不見하깃기로 吾儕의 疑團이 不無ᄒᆞ고 且 全國 二千萬 同胞의 疑團이 不無하얏도다 日作에 一進會 代辦會長 宋秉畯 氏가 被捉하얏다 하니 如何ᄒᆞᆫ 關係가 有ᄒᆞᆫ지 不知하되 會長 李容九 氏ᄂᆞᆫ 森林斫伐의 利益을 爲하야 京城에 不在하얏고 宋秉畯 氏로 會長을 代辦케 하얏더니 風瀾이 忽起하얏도다 宋秉畯 氏ᄂᆞᆫ 國民代表로 自認하야 時局을 匡濟ᄒᆞᆯ 思想이 有ᄒᆞ얏스면 天下ᄅᆞᆯ 手援[158]ᄒᆞ기로 熱心ᄒᆞᆯ 거이어ᄂᆞᆯ 及其 如此히 被捉ᄒᆞ얏스니 其 罪戾의 有無도 不知ᄒᆞ며 輕重도 不知ᄒᆞ고 且 一二個人의 事案이오 全會의 關係

157 본문 한자는 '疵(자)' 자인데 부속국문은 'ᄉᆞ' 자로 표기되었다.
158 본문 한자는 '援(원)' 자인데 부속국문은 '완' 자로 표기되었다.

될 影響은 必無ᄒᆞᆯ지라도 國民黨領袖로 自認하든 一進會代辦會長의 地位도 玷汚하얏고 二千万 同胞의 代表로 標準하는 一進會 全部 面目도 不名譽라 ᄒᆞᆷ도 可하니 而今에 四大綱領을 主唱하든 宋秉畯 氏는 安在오 吾儕는 同氏를 爲하야 慨嘆ᄒᆞᆷ을 不勝하노라

若被捉ᄒᆞᆫ 案件을 取調하야 犯科가 少無ᄒᆞ면 甚幸矣어니와 或不穩行動이 實有ᄒᆞᆯ지면 相當ᄒᆞᆫ 法律이 自在ᄒᆞᆯ 거시라

噫라 一進會의 全部ᄂᆞᆫ 名譽를 尊重ᄒᆞ야 更히 新面目으로 全國公同的社會의 義務를 表彰하고 內外國信用을 鞏固하야 四大綱領의 目的을 達하야 帝國에 光輝를 增進하기로 吾儕ᄂᆞᆫ 十分希望하노라

54호 1906년 8월 28일 (화) 論說

公薦

今回十三窠公薦ᄒᆞᆫ 新任郡守ᄅᆞᆯ 對ᄒᆞ야 日作에 一論을 述ᄒᆞ얏거니와 十三窠郡守ᄅᆞᆯ 公薦ᄒᆞᆫ 內部大臣을 對ᄒᆞ야 一言을 告하노라

各部久勤中選取ᄒᆞ고 四色兩班中選取ᄒᆞᆷ이 實로 郡守ᄅᆞᆯ 買鬻ᄒᆞ야 金錢을 享有ᄒᆞ든 他內部大臣과ᄂᆞᆫ 逈殊ᄒᆞᆫ 公心이 有ᄒᆞ야 新任郡守ᄅᆞᆯ 薦引ᄒᆞᆷ으로 世人이 皆曰 公薦이라고ᄂᆞᆫ 謂ᄒᆞ나 吾儕ᄂᆞᆫ 今回奏本도 公薦ᄒᆞᆫ 奏本이라고ᄂᆞᆫ 質言키 難ᄒᆞ도다

何者오 十三郡守가 大臣宅食口ᄂᆞᆫ 不是인 則 曰 公薦이라 ᄒᆞ는 것이오 十三郡守가 賂[159]賄[160]ᄅᆞᆯ 用함이 不是인 則 曰 公薦이라 ᄒᆞᆯ는지 人皆曰 今

159 본문 한자는 '賂(뇌)' 자인데 부속국문은 '노' 자로 표기되었다.
160 본문 한자는 '賄(회)' 자인데 부속국문은 '유' 자로 표기되었다.

番奏本은 公薦公薦ᄒᆞ야도 吾儕는 公薦이 不是라 홈은 十三郡守의 資格이 牧民이 材局에 合當ᄒᆞ야 個個히 實地로 薦用ᄒᆞ얏스면 吾儕도 公薦이라고 ᄒᆞ려니와 假令 法部主事 十年과 度支主事 十年에 法律은 知ᄒᆞ고 經濟는 知홀는지 但久勤이라고 擧皆牧民의 材局이 有ᄒᆞ다 ᄒᆞ기는 難ᄒᆞ며 假令 老論大家와 少論華族에 聞見은 有ᄒᆞ고 譜學은 有홀는지 但兩班이라고 擧皆牧民의 材局이 有ᄒᆞ다 ᄒᆞ기는 難ᄒᆞ니

牧民의 責任을 選擇홀 時에 牧民의 才局이 確的ᄒᆞᆫ 人物인지 分明히 不知ᄒᆞ고 但히 久勤이라 兩班이라고만 引用홀지면 此를 公薦이라 謂ᄒᆞ깃는가 公薦이라 不[161]謂ᄒᆞ깃는가

今番 十三郡守가 各其 舊任ᄒᆞ야 公明ᄒᆞᆫ 政治와 廉淸ᄒᆞᆫ 品行이 有ᄒᆞ야 十三郡에 善治聲績이 有홀지면 僥倖히 公薦이라 謂홀여니와 若其 地方行政의 資格이 充分치 못ᄒᆞ야 貪虐剝割의 舊習慣을 復蹈ᄒᆞ면 不幸히 不公薦이라 謂홀지니 此는 內部大臣의 握有ᄒᆞᆫ 젼衡을 十分 公正히 ᄒᆞ얏다 謂치 못홀지라

內部大臣은 地方郡守를 敍任함이 今回쑨 아이니 地方行政홀 才局이 十分 的確ᄒᆞᆫ 者를 薦用ᄒᆞ야 人民을 救濟ᄒᆞ고 國家를 維持ᄒᆞ는 效果가 有ᄒᆞ여야 公薦ᄒᆞᆫ 公心을 十分滿足히 攢祝하깃노라

161 본문 한자는 '不(불)' 자인데 부속국문은 '분' 자로 표기되었다.

避病院

避病院이라 稱[162]홈은 流行傳染病의 浸染한 人民을 救療ᄒᆞᄂᆞᆫ 病院이라 傳染病 流行時에 不幸히 罹患者가 有한 境遇에ᄂᆞᆫ 村閭가 稠密ᄒᆞᆫ 處에 一人의 毒菌이 浸染홈을 防杜ᄒᆞ기도 爲ᄒᆞ며 或 無家無室한 人이나 或 寄戶居生ᄒᆞᄂᆞᆫ 人이 不幸이 罹患者가 有홀지면 一來ᄂᆞᆫ 個人生命을 尊重ᄒᆞ고 二來ᄂᆞᆫ 公衆의 生命을 尊重ᄒᆞ야 國家에셔 避病院을 都會와 村閭附近 閑僻地에 病院을 處處設立ᄒᆞ야 別般 看護 救療케 홈이 文明上 慈善目的에 流出ᄒᆞᆫ 一大政이라

世界文明國에 傳染病院을 設立함은 一大常例어니와 我國에도 活人署를 設ᄒᆞ아 罹患ᄒᆞᆫ 人民을 救療홈이 一大政이 되얏쓰니 何況[163]百度가 維新홀 時代를 當ᄒᆞ야 生命救護[164]의 方法이 第一 急先務라 謂홀 거이니 前日 廢止ᄒᆞᆫ 活人署보담 一倍主意ᄒᆞ야 汲汲히 設施홈이 一日을 遲緩키 不[165]可홀 것이어ᄂᆞᆯ 日昨에 本社員이 獨立門 大路左右에 松棚假設ᄒᆞ고 上雨旁風을 不避ᄒᆞᆫ데 無數ᄒᆞᆫ 罹患者가 老幼男婦를 無論ᄒᆞ고 濕地上에 露臥ᄒᆞ야 呻음 譫예ᄒᆞᄂᆞᆫ 聲音을 不忍聞ᄒᆞ깃고 離披委頓ᄒᆞᆫ 光景을 不忍見ᄒᆞ깃ᄂᆞᆫ디

其 切迫ᄒᆞᆫ 情狀을 思量ᄒᆞ건ᄃᆡ 皆是無家無室ᄒᆞ야 或挾戶에나 行廊에 居生ᄒᆞ든 者ㅣ 一人이 不幸히 罹患ᄒᆞ면 一人만 避病院에 送ᄒᆞ야 救護를 受

162 본문 한자는 '稱(칭)' 자인데 부속국문은 '충' 자로 표기되었다.
163 본문 한자는 '況(황)' 자인데 부속국문은 '향' 자로 표기되었다.
164 본문 한자는 '生命救護(생명구호)' 자인데 부속국문은 '싱효명구' 자로 표기되었다.
165 본문 한자는 '不(불)' 자인데 부속국문은 '분' 자로 표기되었다.

ᄒᆞᆷ이 不是(불시)라 全家眷屬(전가권속)이 罹患者(리환자)를 從(종)ᄒᆞ야 風餐露宿(풍찬로숙)을 不免(불면)ᄒᆞ니 患者(환자) 一人(일인)뿐 生命(싱명)이 危殆(위틱)ᄒᆞᆷ이 아니다 眷屬(권속)이 擧皆苦況(거기고황)을 受(수)ᄒᆞ다가 病氣(병긔)에 浸染(침염)ᄒᆞ야 一齊(일제)히 罹患者(리환자)가 되야스니

附近(부근) 洞民(동민)이든지 道路行人(도로힝인)이든지 回首避去(회수피거)ᄒᆞ야 一文(일문)의 救助(구조)가 無(무)ᄒᆞ고 罹患者(리환자)는 一日勞働(일일로동)이 아니면 平日(평일)에도 飢餓(긔아)을 不免(불면)ᄒᆞᆫ 人生(인싱)이 病毒(병독)에 陷(함)ᄒᆞ야 一貼(일첩)의 藥料(약료)와 一器(일긔)의 糜飮(미음)을 何處(하쳐)를 從(종)ᄒᆞ야 辦備(판비)ᄒᆞᆷ을 得(득)하리오

然則(연즉) 道傍(도방)에 委臥(위와)ᄒᆞᆫ 患者(환자)든지 看守(간수)ᄒᆞᄂᆞᆫ 眷屬(권속)이든지 時日(시일)을 不過(불과)ᄒᆞ야 擧是陷沒(거시함몰)ᄒᆞᆯ 慘狀(참상)이 有(유)ᄒᆞ리니 涕淚(체루)가 汪然(왕연)ᄒᆞᆷ을 不覺(불각)ᄒᆞ얏도다

此(ᄎᆞ)ᄂᆞᆫ 政府(뎡부)에셔 汲汲(급급)히 注意(쥬의)ᄒᆞ야 避病院(피병원)을 設立(셜립)ᄒᆞ되 建築(건축)ᄒᆞᆯ 時間(시간)이 遲延(지연)ᄒᆞᆯ지면 幾座房舍(긔좌방ᄉᆞ)를 權設(권셜)ᄒᆞ야 患者(환자)를 移接(이졉)케 ᄒᆞ고 藥料(약료) 及(급) 米飮(미음)의 資金(자금)을 頒給(반급)ᄒᆞ야 生命(싱명)을 救濟(구제)ᄒᆞ고 一側(일측)으로 都城四門外(도셩ᄉᆞ문외) 及(급) 各地方(각디방)에 村村洞洞(촌촌【동】【동】)히 避病院(피병원)을 設立(셜립)ᄒᆞ야 生命(싱명)을 救濟(구제)ᄒᆞᆯ지어다

此(ᄎᆞ)ᄂᆞᆫ 國家(국가)의 慈善的(ᄌᆞ션젹) 進步上(진보상)에 第一必要(뎨일필요)ᄒᆞᆫ 政治(뎡치)이니 一個人(일기인)만 救活(구활)ᄒᆞ야도 生命(싱명)을 尊重(존중)ᄒᆞᄂᆞᆫ 國家主義(국가쥬의)에 出(출)함이오 皇天(황텬)의 好生之德(호싱지덕)을 體(체)ᄒᆞ야 死亡困阨(ᄉᆞ망곤익)을 救療(구료)ᄒᆞᆷ이 無窮(무궁)ᄒᆞᆫ 陰騭(음질)[166]을 受(수)ᄒᆞᆯ 거이니 避病院(피병원)의 汲汲設施(급급셜시)ᄒᆞ기를 今日一大問題(금일일ᄃᆡ문뎨)로 大聲一呼(ᄃᆡ셩일호)ᄒᆞ노라

56호 1906년 8월 30일 (목) 論說

宋秉畯

五百年(오ᄇᆡᆨ년) 專制政治下(젼제뎡치하)에 自由權(ᄌᆞ유권)이라ᄂᆞᆫ 主義(쥬의)를 何件物(하건물)로 不知(부지)ᄒᆞ든 全國同(젼국동)

166 본문 한자는 '騭(즐)' 자인데 부속국문은 '질' 자로 표기되었다.

胞들이 挽近貪虐ᄒᆞ고 壓勒ᄒᆞ든 牛毛粃政에 魚肉되고 犧牲된 此時에 民權이라고 二字ᄅᆞᆯ 唱導ᄒᆞ든 宋秉畯 氏의 目的이여

此時 情況을 思惟ᄒᆞᆯ지면 宋秉畯 氏의 活動氣像이 譬컨ᄃᆡ 一個蟻脚으로 全地球ᄅᆞᆯ 運動코자 ᄒᆞᄂᆞᆫ 力量과 同一ᄒᆞᆫ지라 如此ᄒᆞᆫ 力量을 握有ᄒᆞ고 一心進步ᄒᆞ야 勇往直前ᄒᆞ얏스면 五百年에 灰滅ᄒᆞᆫ 人民의 自由權도 光復ᄒᆞᆯ 거이오 國家의 獨立權도 鞏固ᄒᆞᆯ 거이오 世界의 文明伍列에도 馳무ᄒᆞᆯ 光輝ᄅᆞᆯ 發揚ᄒᆞᆯ 거이어ᄂᆞᆯ 今日 形便을 環顧ᄒᆞ건ᄃᆡ 惘然愕然慨然ᄒᆞ도다

先是京城에 結合ᄒᆞᆫ 一進會와 地方各處에 團成ᄒᆞᆫ 進步會가 性質도 同一ᄒᆞ며 目的도 同一ᄒᆞ야 各其 帝國主義와 人民思想으로 聯合共進ᄒᆞ다가 一撤에 同歸ᄒᆞᆷ이라

中央政府와 地方各郡에 壓勒ᄒᆞ고 貪虐ᄒᆞᄂᆞᆫ 獘風을 嫉惡ᄒᆞ야 忠告와 質問의 熱心行動이 有ᄒᆞ야 如干獘瘼을 隨手醫治ᄒᆞ얏스ᄆᆡ 大部分의 效果ᄅᆞᆯ 企待ᄒᆞ고 希望ᄒᆞ얏더니 宋秉畯 氏가 該會에 實權을 占握ᄒᆞ야 進步的 思想을 一毫도 不見ᄒᆞ깃기로 全國同胞의 企待心希望心이 頓絶ᄒᆞ얏스니 此ᄂᆞᆫ 宋秉畯 氏ᄅᆞᆯ 爲ᄒᆞ야 惘然ᄒᆞ다 謂ᄒᆞᆷ이오

今番 風瀾이 平地에 猝起ᄒᆞᆷ은 一世公衆의 夢想外에 出ᄒᆞᆷ인ᄃᆡ 宋秉畯 氏의 罪案은 不知ᄒᆞ나 大抵 氏의 知識이 不透ᄒᆞ고 學問이 不明ᄒᆞᆷ으로 宇內大勢ᄅᆞᆯ 우衡키 不能ᄒᆞ야 甚麽運動이 有ᄒᆞ얏든지 全國同胞의 代表로 自唱ᄒᆞ든 權能을 憤오ᄒᆞᆯ 境遇에 至ᄒᆞ얏스니 此ᄂᆞᆫ 宋秉畯 氏ᄅᆞᆯ 爲ᄒᆞ야 愕然ᄒᆞ다 謂ᄒᆞᆷ이오(未完)

宋秉畯 (續)

一世人이 今番 事件에 對ᄒᆞ야 目이 瞠ᄒᆞ고 口가 呆[167]ᄒᆞ야 如何한 苗脈을 莫知ᄒᆞ고 各其 意見ᄃᆡ로 咻咻한 言論을 發ᄒᆞ되

或은 曰 一進會의 實權占握者가 罪網에 罹ᄒᆞ얏슨 則 一進會ᄂᆞᆫ 必是利權과 能力이 消沮ᄒᆞ리라ᄂᆞᆫ 設이 有ᄒᆞ되 吾儕ᄂᆞᆫ 曰 不然ᄒᆞ다 ᄒᆞ노니 國民代表로 公同的 團體義務가 自在ᄒᆞ거ᄂᆞᆯ 一個人의 事案으로 何等 關係가 全部分에 有ᄒᆞ야 一進의 利權과 能力이 消沮ᄒᆞᆫ다 謂ᄒᆞ리오 此ᄂᆞᆫ 万万不適當ᄒᆞᆫ 設이오

或은曰 宋秉畯 氏ᄂᆞᆫ 一進會 代辨會長인ᄃᆡ 何等事態로 攻駁ᄒᆞᄂᆞᆫ 評判을 起홈은一進會面目은壓迫함이오且 宋秉畯 氏ᄅᆞᆯ 深啣함이라 ᄒᆞ야本社에 對ᄒᆞ야 層激한 雌黃이 有ᄒᆞ되 吾儕ᄂᆞᆫ 曰 不然ᄒᆞ다 此ᄂᆞᆫ 時機ᄅᆞᆯ 了解치 못ᄒᆞᄂᆞᆫ 愚ᄆᆡ한 者이라 一進會 宋 氏가 捕縛한지 僅僅一旬 內外로ᄃᆡ 會中은 暗闇裡 機關이 漸變ᄒᆞᄂᆞᆫ 內容이 已露ᄒᆞ얏거ᄂᆞᆯ 一般會員은此 幾微ᄅᆞᆯ 不解ᄒᆞ고 唇[168]舌ᄅᆞᆯ 徒費ᄒᆞ니 此ᄂᆞᆫ 万万不適當ᄒᆞᆫ 設이오

或은曰 宋秉畯 氏가 事案을 解決ᄒᆞᄂᆞᆫ 日에ᄂᆞᆫ 一進會 實權을 更히 掌握ᄒᆞ야 目的을 達ᄒᆞ리라 ᄒᆞ되 吾儕ᄂᆞᆫ 曰 不然ᄒᆞ다 四時代序에 成功者去라 ᄒᆞ니 蟬蜹[169]一化ᄒᆞ면 西風에 空殼만 飛揚한 狀態와 同ᄒᆞ리니 此ᄂᆞᆫ 万万不適當한 設이라

塗聽道設의 紛聒[170]홈은 責備키 不足ᄒᆞ거니와 大抵 宋秉畯 氏ᄂᆞᆫ 一世

167 본문 한자는 '呆(매)' 자인데 부속국문은 '보' 자로 표기되었다.
168 본문 한자는 '唇(진)' 자인데 부속국문은 '순' 자로 표기되었다.
169 본문 한자는 '蜹(예)' 자인데 부속국문은 '조' 자로 표기되었다.

에 膾炙ᄒᆞ든 聲價와 名譽로 一生事業上 基礎를 中道에 失敗홈은 吾儕도 曾히 思想치 못ᄒᆞᆫ 바이라

同氏ᄂᆞᆫ 而今形勢가 進ᄒᆞ야 事業을 成立치 못ᄒᆞ며 退ᄒᆞ야 名譽를 保全치 못ᄒᆞ얏스니 前途影響은 杳然不知ᄒᆞ깃고 五十年來의 往事ᄂᆞᆫ 一場南柯에 屬ᄒᆞ얏스니 此ᄂᆞᆫ 宋秉畯 氏를 爲ᄒᆞ야 慨然ᄒᆞ다 謂홈이로다

58호

1906년 9월 1일 (토) 論說

登用試才

近[171]日 政界通信을 聞ᄒᆞᆫ 則 日前 郡守公薦ᄒᆞᆫ 人員이 地方行政官의 資格이 一一히 適合홀ᄂᆞᆫ지 不知ᄒᆞᆫ다ᄂᆞᆫ 公議가 有홈으로

參政大臣이 內部大臣을 對ᄒᆞ야 從今以往으로 郡守奏本홀 時에 人員을 公薦홀지면 各社會上有名ᄒᆞᆫ 人氏를 試才ᄒᆞ야 登用홈이 可ᄒᆞ다고 議論ᄒᆞ얏다 ᄒᆞ니 兩大臣의 公心을 於此에 可知ᄒᆞ깃노라

方今 經濟界와 新聞界와 敎育界의 各半社會에 事業上 熱心도 ᄒᆞ며 文明上 進步도 ᄒᆞᄂᆞᆫ 有名ᄒᆞᆫ 人氏를 歷歷屢指홀지라

此等 人氏가 非常ᄒᆞᆫ 才藝도 抱ᄒᆞ며 非常ᄒᆞᆫ 困難도 經ᄒᆞ며 非常ᄒᆞᆫ 腔[172]血도 沸하야 國家의 萎靡홈도 憂ᄒᆞ며 人民의 困悴[173]홈도 憫하야 一生腦髓에 貫徹하ᄂᆞᆫ 者도 有ᄒᆞ깃고

170 본문 한자는 '聒(괄)' 자인데 부속국문은 '학' 자로 표기되었다.
171 본문 한자는 '近(근)' 자인데 부속국문은 '기' 자로 표기되었다.
172 본문 한자는 '腔(강)' 자인데 부속국문은 '공' 자로 표기되었다.
173 본문 한자는 '悴(췌)' 자인데 부속국문은 '최' 자로 표기되었다.

平日에 牧民者의 貪虐剝割홈도 峻論하며 奔競者의 行賂納媚홈도 攻駁하고 當局者이 薦不公홈도 評判ᄒᆞ나 世道에 廉防이 壞損ᄒᆞ고 人道에 名教가곡 喪홈을 咄咄慨歎ᄒᆞᄂᆞᆫ 者도 有ᄒᆞ깃고

地方弊害의 矯구ᄒᆞᆯ 方針을 研究ᄒᆞ야 隱結을 發見ᄒᆞ며 公納을 淸刷ᄒᆞ며 奸猾을 斥退ᄒᆞ면 竊發을 寢息ᄒᆞ며 殖産을 勸勉ᄒᆞ며 教育을 發達ᄒᆞᆯ 諸般方針을 研究하는 者도 有하깃스니

才不借於異代라 하고 世不乏材라하난 古語가 有ᄒᆞᆫ 則 一郡守의 資格에 合當ᄒᆞᆫ 者ㅣ 今世에난 豈無ᄒᆞᆯ이오마난 病風喪俗의 時機가 不適홈으로 人材의 登用홈을 未見ᄒᆞ깃도다

假令 可合ᄒᆞᆫ 人材가 有ᄒᆞ다 ᄒᆞᆯ지라도 地方行政官의 資格이 一一히 有ᄒᆞᆫ지 不知하나 賂[174]賄[175]者奔競者의 行動이 不有하고 食口이니 私情이니 하ᄂᆞᆫ 者의 品流와ᄂᆞᆫ 懸殊ᄒᆞᆫ 則 汲汲登用ᄒᆞ야 其 才ᄅᆞᆯ 試홈은 可ᄒᆞ거니와 其 才ᄅᆞᆯ 試ᄒᆞ야 登用홈은 不可ᄒᆞ도다

各般社會上 名譽가 素著ᄒᆞᆫ 人氏ᄅᆞᆯ 試才登用ᄒᆞᆫ다 ᄒᆞ면 所謂 名譽人이 一郡守ᄅᆞᆯ 耽ᄒᆞ야 奔競者와 如히 試取ᄅᆞᆯ 應ᄒᆞ야 區區히 自衒ᄒᆞ야 世人의 嘲笑ᄅᆞᆯ 取ᄒᆞᆯ 理가 有ᄒᆞᆯ이오

假令 利益上으로 言ᄒᆞ야도 郡守一窠가 特等의 功名이라고 謂ᄒᆞᆯ 것도 無ᄒᆞ고 財帛을 奔競者와 如히 椎剝ᄒᆞᆯ 理도 無ᄒᆞᆫ 則 何等 利益을 取ᄒᆞ야 名譽를 墮落하고 試才에 赴ᄒᆞ기를 首肯ᄒᆞ리오

政府當局者ᄂᆞᆫ 人材를 擇用ᄒᆞᆯ 思想이 無ᄒᆞ면 已어니와 不然이면 社會上 著名ᄒᆞᆫ 誰氏 某氏를 汲汲登用ᄒᆞ야 其 才를 一試홈이 可ᄒᆞ다 ᄒᆞ노니 文飾

174 본문 한자는 '賂(뢰)' 자인데 부속국문은 '유' 자로 표기되었다.

175 본문 한자는 '賄(회)' 자인데 부속국문은 '뢰' 자로 표기되었다.

으로 試才ᄒᆞᆷ이 實地로 試才ᄒᆞᆷ과 何如하뇨 明ᄒᆞᆫ 者를 陟ᄒᆞ고 幽ᄒᆞᆫ 者를 黜함은 當局者의 權能에 在ᄒᆞᆷ이니 試可乃已ᄒᆞᆯ지어다

59호 1906년 9월 2일 (일) 論說

李容九

一進會長 李容九 氏가 義州地方에 滯在ᄒᆞ얏다가 一進會電招를 接ᄒᆞ고 今日 入城ᄒᆞᆫ다ᄂᆞᆫᄃᆡ

李容九 氏ᄂᆞᆫ 原來 天道教人 李萬植 氏가 是라

數三年前에 李萬植 氏가 多數教徒가 地方官吏의 貪虐剝割하ᄂᆞᆫ 苛政을 不勝ᄒᆞ야 魚肉되고 犧牲됨을 十分 憂慮ᄒᆞ야 宏濶ᄒᆞᆫ 智量을 一轉ᄒᆞ야 政治團體를 成立ᄒᆞᆯ 目的으로 十三府同志를 唱導ᄒᆞ야 刻日削髮ᄒᆞ고 進步會ᄅᆞᆯ 組織ᄒᆞ니 其 員이 幾十萬人에 達ᄒᆞᆫ지라 於是에 氏가 李容九라 稱ᄒᆞ고 進步會長으로 進步目的에 熱心ᄒᆞᆷ은 一世公衆의 認ᄒᆞᆫ 바이오

此時 宋秉畯 氏가 日本軍 司令部 通譯으로 在任 時에 前 獨立會員으로 隱伏ᄒᆞ얏든 人士幾十人을 結合ᄒᆞ야 一進會ᄅᆞᆯ 組織ᄒᆞᆷ도 亦是 一世公衆의 認ᄒᆞᆫ 바이오

其 後 李容九 氏가 宋秉畯 氏와 意見을 交換ᄒᆞ고 時機ᄅᆞᆯ 揣[176]量ᄒᆞ야 進步會와 一進會ᄅᆞᆯ 聯合ᄒᆞᆷ도 亦是 一世公衆의 認ᄒᆞᆫ 바이라

其 後 李容九 氏ᄂᆞᆫ 進步會員을 管領ᄒᆞ기 爲ᄒᆞ야 地方總長으로 在任ᄒᆞ얏고

日露戰爭 時에 地方會員을 總督ᄒᆞ야 北進軍의 運輸效力을 擔任ᄒᆞ얏고

176 본문 한자는 '揣(췌)' 자인데 부속국문은 '천' 자로 표기되었다.

昨冬에 尹始炳 氏가 一進會長을 遞任ᄒᆞᆫ 後에 衆員의 推薦으로 一進會長의 位地에 占ᄒᆞ얏디라

這間 一進會의 目的이 善良ᄒᆞᆫ 結果가 有ᄒᆞᆷ으로 特特히 光彩ᄅᆞᆯ 放ᄒᆞ얏스나 今春 以來로 財政의 困難ᄒᆞᆷ을 基因ᄒᆞ야 氏가 白馬山城의 森林斫伐事件을 帶[177]ᄒᆞ고 義州地方에 滯在ᄒᆞ야 間或 來往ᄒᆞ얏스나 京城에 留ᄒᆞᆫ 時ᄂᆞᆫ 幾十日에 不過ᄒᆞᆫ지라

這間에 宋秉畯 氏가 代辦會長으로 視務ᄒᆞ다가 甚麽事件을 因ᄒᆞ야 今番風波를 惹起한지라 是로 以ᄒᆞ야 一進會에셔 急電을 打ᄒᆞᆷ으로 李容九 氏가 京城에 赴ᄒᆞᆷ이라

李容九 氏가 入城ᄒᆞᆫ 以後에ᄂᆞᆫ 同會의 方針이 如何ᄒᆞᆷ을 預料키 不能하나 一般公論으로 推測ᄒᆞᆫ 則 不得不 改良ᄒᆞᆯ 時機를 當하얏스니

或 位置部分을 仍舊貫하고 規模만 改良하ᄂᆞᆫ지

或 前日 進步會 部分을 分析하야 制度ᄅᆞᆯ 擴張ᄒᆞᆯᄂᆞᆫ지

或 地方에 獘端을 滋生ᄒᆞᄂᆞᆫ 多數 會員을 淘汰ᄒᆞ고 中央에 精實ᄒᆞᆫ 會員으로만 團體ᄅᆞᆯ 成立ᄒᆞᆯᄂᆞᆫ지

此 三項 中에 何等을 取用ᄒᆞ든지 畢竟 改良ᄒᆞᆯ 方針은 實行ᄒᆞ려이와 宋秉畯 氏ᄂᆞᆫ 何等 罪戾에 罹ᄒᆞ야 圓扉에 方在ᄒᆞᆫ 則 改良方針은 李容九 氏의 着手에 在ᄒᆞᆯ 섇이라

此 改良方針에 對ᄒᆞ야 李容九[178] 氏의 當然한 義務的으로 一世公衆의 希望ᄒᆞᄂᆞᆫ 바이니 氏의 敏活ᄒᆞᆫ 手法을 拭目ᄒᆞ야 待ᄒᆞ노라

177 본문 한자는 '帶(대)' 자인데 부속국문은 '씌' 자로 표기되었다.

178 본문 한자는 '九(구)' 자인데 부속국문은 '국' 자로 표기되었다.

60호

1906년 9월 4일 (화) 論說

淸國憲法

淸國의 立憲[179]政治制度를 決行한다 함은 業已知[180]聞[181]하얏스되 實行的否ᄂᆞᆫ 確知키 不能하더니 本月 二日 北京發 電報를 據ᄒᆞᆫ 則 淸國이 立憲[182]政治를 實行하기로 爲先 日本官制를 模範하야 任命ᄒᆞᆫ 大臣을 頒布하얏스니 此ᄂᆞᆫ 三百年 愛新宗國에 創有ᄒᆞᆫ 維新天命이라 謂ᄒᆞᆯ지로다

噫라 淸國이 二百萬方里되ᄂᆞᆫ 土地面積과 四億萬衆되ᄂᆞᆫ 人民口數로 四千年 支那全幅의 文運을 承하야 康熙乾隆의 宏大한 規模로 今日에 至하얏스니 近世에 一治ᄅᆞᆯ 由하야 一亂에 入ᄒᆞᆷ은 世界眼目의 瞭然ᄒᆞᆫ 바이라 更히 掛齒ᄒᆞᆯ 것이 無하거니와 一亂ᄅᆞᆯ 由하야 一治에 入ᄒᆞᆷ도 天理의 常[183]이라

現今 腐敗ᄒᆞᆫ 政治ᄅᆞᆯ 革[184]祛하고 文明ᄒᆞᆫ 制度賁新하야 立憲政治ᄅᆞᆯ 實行ᄒᆞᆷ은 實로 淸國에 一大幸福이라 吾儕ᄂᆞᆫ 淸國을 爲하야 一賀ᄅᆞᆯ 攢하거니와

更히 淸國을 爲하야 一嘆ᄅᆞᆯ【을】 發하노니 淸國에 文明思想을 道光時代에 注意하얏드면 西山의 禍가 無ᄒᆞᆯ 것이오 咸豐時代에 注意하얏드면 熱河의 變이 無ᄒᆞᆯ 것이오 戊戌政變時代에 決行하얏드면 北京이 邱墟될 번ᄒᆞ고 西安의 播越ᄒᆞ든 大亂이 無ᄒᆞᆯ 것이어ᄂᆞᆯ 今日에 至하야 春夢을 方覺ᄒᆞᆷ과 如히 枕上에 欠伸하ᄂᆞᆫ 狀態ᄅᆞᆯ 作ᄒᆞ니 時가 晩하고 機ᄅᆞᆯ 失ᄒᆞᆷ이라 自今으로 特別新精神을 注하야도 幾十年 光陰을 消耗하여야 完全한 憲[185]

179 본문 한자는 '憲(헌)' 자인데 부속국문은 '흔' 자로 표기되었다.
180 본문 한자는 '知(지)' 자인데 부속국문은 '문' 자로 표기되었다.
181 본문 한자는 '聞(문)' 자인데 부속국문은 '지' 자로 표기되었다.
182 본문 한자는 '憲(헌)' 자인데 부속국문은 '흔' 자로 표기되었다.
183 본문 한자는 '常(상)' 자인데 부속국문은 '당' 자로 표기되었다.
184 본문 한자는 '革(혁)' 자인데 부속국문은 '혹' 자로 표기되었다.
185 본문 한자는 '憲(헌)' 자인데 부속국문은 '흔' 자로 표기되었다.

法政治를 成ᄒᆞᆯ 것이니 엇지 清國을 爲하야 慨然치 아니ᄒᆞᆯ이오 更思之하니 不然ᄒᆞ되 清國이 頑固腐敗기 極度에 達ᄒᆞ얏더ᄒᆞᆯ지라도 飜然一覺ᄒᆞ야 文明한 區域[186]에 往勇直前ᄒᆞᆯ지면 歐洲大陸에 駕馭를 並ᄒᆞ야 馳무하기를 幾年間에 期望ᄒᆞᆯ지라 萬一 頑固腐敗의 陋習慣를 膠守하야 革新의 思想이 斷絶하고 時가 晩하고 機를 失함을 暴棄하고 墮落하야 姑息苟且의 殘喘만 保有ᄒᆞᆯ 悲觀的만 抱하얏스면 不幾年에 國威國光을 失하야 二百萬方里 領土ᄂᆞᆫ 瓜를 分하며 豆를 剖ᄒᆞᆷ과 如ᄒᆞᆯ 것이오 四億萬 人衆은 魚肉되고 犧牲되야 四千年 支那文運을 何人의 掌握中에 歸ᄒᆞᆯᄂᆞᆫ지 不知ᄒᆞᆯ 거이어ᄂᆞᆯ 能히 春夢을 一覺하ᄂᆞᆫ 膽勇을 果行ᄒᆞᆷ은 眞實로 清國의 大幸福이라 謂하깃도다

61호

1906년 9월 6일 (목) 論說

清國憲法 (續)

清國의 憲[187]法制度를 決行하기 企圖하야 官制를 爲先改革ᄒᆞᆷ은 清國皇室과 政府의 勇斷ᄒᆞᆷ을 祝賀하ᄂᆞᆫ 바이어니와 但히 官制頒佈로ᄂᆞᆫ 憲[188]法制度의 實行하ᄂᆞᆫ 必要로 認準키 難ᄒᆞᆫ 眞相이 有하도다

慶親王과 袁世凱 等 諸氏ᄂᆞᆫ 清國의 懿親이오 世臣이라 加之經國謨猷가 一世에 景仰하ᄂᆞᆫ 人物이로ᄃᆡ 西太后의 氣렴下에 一息을 自由키 不能하야 全清一局이 狼貝顚覆의 境에 陷하야도 秦瘠과 如히 視함은 亦是一世에

186 본문 한자는 '域(역)' 자인데 부속국문은 '획' 자로 표기되었다.
187 본문 한자는 '憲(헌)' 자인데 부속국문은 '흔' 자로 표기되었다.
188 본문 한자는 '憲(헌)' 자인데 부속국문은 '흔' 자로 표기되었다.

嘲笑하ᄂᆞᆫ 人物됨을 不免하얏스니 若是ᄒᆞᆫ 人物로 內閣總理大臣이라 參謨總長이라 ᄒᆞᄂᆞᆫ 官爵만 帶有하ᄂᆞᆫ 縱然官爵은 新生面이라 稱[189]하려니와 人物도 新生面될ᄂᆞᆫ지 吾儕ᄂᆞᆫ 確信키 不能하깃도다

假令 慶親王과 袁世凱 諸氏가 革新思想이 眞實로 梁啓超와 康有爲의 滿腔熱血이 有ᄒᆞᆯ지면 清國의 腐敗ᄒᆞᆫ 政治가 今日에 延至하얏슬 理由가 萬無ᄒᆞᆯ 것이오 且若立憲制度를 經營할지라도 實心斷行ᄒᆞᆷ에 在하깃고 官制改革에ᄂᆞᆫ 不在ᄒᆞᆫ줄로 質言ᄒᆞ노니

慶親王과 袁世凱 諸氏가 國步의 衰退ᄒᆞᆷ을 觀念하고 革新思想이 腦髓에 充滿하야 一朝에 飜然改圖ᄒᆞᆷ은 勇斷하야 政治改革ᄒᆞᆯ 行動이 有하다 ᄒᆞᆯ지라도 戊戌政變의 前轍이 今日階梯을【를】 復成ᄒᆞᆯᄂᆞᆫ지도 不知하깃슨 則 十總理와 十參謨ᄅᆞᆯ 任命ᄒᆞ다 하야도 憲法制度의 實行됨을 確信키 難하며

且光緒皇帝陛下의 飭諭ᄅᆞᆯ 丁寧이 下얏다 ᄒᆞᆯ지라도 光緒皇帝의 煩惱한 震衷은 已往了解하ᄂᆞᆫ바이나 頤和園의 禍色이 復至ᄒᆞᆯᄂᆞᆫ지도 不知ᄒᆞᆫ 則 飭諭가 十下하야도 憲法制度의 實行됨은 確信키 難하니

吾儕ᄂᆞᆫ 清國의 憲法實行은 夢想으로 推知하ᄂᆞᆫ바이나 若其 時機ᄅᆞᆯ 憂慮하고 文運을 ᄎᆞᆫ發ᄒᆞᆷ 眞思想이 上下一心으로 實踐實行하야 四億萬衆의 熱血을 鼓發하고 二百萬方里領土을【를】 保有하야 四千年 支那文明ᄅᆞᆯ【을】 荷圓中土에 大ᄎᆞᆫ發하얏스면 非但 清國의 大幸福이라 東洋全局의 大幸福이오 黃色人種의 大幸福이라 推測[190]하깃노라

189 본문 한자는 '稱(칭)' 자인데 부속국문은 '층' 자로 표기되었다.

190 본문 한자는 '測(측)' 자인데 부속국문은 '칙' 자로 표기되었다.

飮食店

飮食은 人의 生命이라 有益部分을 食ᄒᆞ면 其 身이 益을 受ᄒᆞ고 有害部分을 食ᄒᆞ면 其 身이 害를 受ᄒᆞᄂᆞ니 人이 飮食에 大注意가 無홈이 大不可ᄒᆞ도다

夫 滋養部分이 有ᄒᆞᆫ 物은 每每價高홈으로 生計가 困難ᄒᆞᆫ 者ᄂᆞᆫ 能히 滋養部分을 常食치 못홀지라 但烹임을 適宜케 ᄒᆞ며 物質를【을】 精潔케 홀 ᄯᆞ름이라

近來 京城內에 內外國 上等料理店이 往往 設立되얏ᄂᆞᆫᄃᆡ 家屋도 通暢ᄒᆞ고 食料가 淸潔ᄒᆞ나 此ᄂᆞᆫ 黃金社會豪華子의 休息所이라 普通人은 流唌[191]過門홀 ᄯᆞ름이나 料理의 面目도 不知ᄒᆞᄂᆞᆫ 者ㅣ가 許多하도다

然則 多數人이 踪을 繼하야 답至하ᄂᆞᆫ 處ᄂᆞᆫ 湯飯家 賣酒家 餠家 粥家 等屬이라

其 食料의 製造ᄒᆞᄂᆞᆫ 狀態와 列置한 處所를 觀홀진ᄃᆡ 不潔이 莫甚ᄒᆞ니 總是 衛生妨害物이라

低陷ᄒᆞᆫ 家屋이 路傍溝渠에 臨ᄒᆞ야 幾個板木上에 諸般食物를【을】 列置ᄒᆞ얏ᄂᆞᆫᄃᆡ 溝渠에ᄂᆞᆫ 大小便이 流下ᄒᆞ니 酒肉의 香과 尿[192]屎의 臭와 相雜홈도 衛生에 害가 不少ᄒᆞᆯ거ᄂᆞᆯ 허물며 陳陳ᄒᆞᆫ 蠅이 溝渠에 彌滿ᄒᆞ다가 忽然이 食物에 移ᄒᆞ야 汙穢ᄒᆞᆫ 嘴를 垂ᄒᆞ고 翅를 鼓ᄒᆞ니 此亦 衛生妨害物이며

路上의 塵埃가 飮食店으로 吹入ᄒᆞ야 食物上에 加味ᄒᆞ니 衣冠의 塵은 可拂ᄒᆞ려니와 食物의 塵은 痕跡을 不知홀지라 其 不潔이 莫甚ᄒᆞ도다 且

191 본문 한자는 '唌(단)' 자인데 부속국문은 '련' 자로 표기되었다.

192 본문 한자는 '尿(뇨)' 자인데 부속국문은 '시' 자로 표기되었다.

京城道路邊居住人이 溝渠의 水를 汲ᄒᆞ야 路上에 灑ᄒᆞ니 一時浥[193]塵은 되거니와 其 水ᄂᆞᆫ 卽 尿[194]屎[195]水라 太陽曝力에 輕淸ᄒᆞᆫ 水氣만 蒸[196]上하고 汚穢의 炭氣ᄂᆞᆫ 泥와 配合되얏다가 車馳馬走ᄒᆞᄂᆞᆫ 際에 泥가 復碎ᄒᆞ야 塵이가 復起ᄒᆞ니 其 塵은 卽 尿[197]屎[198]乾末이라 此가 飛揚ᄒᆞ야 食料上에 着ᄒᆞ니 此를 食ᄒᆞᄂᆞᆫ 者가 엇지 無病ᄒᆞ리오

故로 我國都會處에 往往히 傳染病이 盛行ᄒᆞ야 人種減縮의 悲觀이 有ᄒᆞᄂ 警務廳調査가 無ᄒᆞᆷ으로 國人이 不知中에 在ᄒᆞᆯ 싸름이라

吁라 至重ᄒᆞᆫ 者ᄂᆞᆫ 人의 生命이라 間接直接을 勿論ᄒᆞ고 生命에 害되ᄂᆞᆫ 것은 맛당이 警務廳에셔 嚴禁하야 人民이 共同利益을 被케 ᄒᆞᆯ 것이라 엇지 默視ᄒᆞ리오

苟或 警察力으로 此에 及지 못ᄒᆞᆯ진ᄃᆡ 一般人民이 此 等物의 害됨을 知ᄒᆞᆫ 後에ᄂᆞᆫ 맛당이 如彼ᄒᆞᆫ 不潔物을 買食지 아니함이 第一上策이라 奈何로 錢을 費ᄒᆞ야 自己의 貽害物를【을】買ᄒᆞ리오

夫 飮食店은 都會處에 必要ᄒᆞᆫ 것이라 此가 無ᄒᆞᆷ이 不可ᄒᆞ며 且 其 業에 從事ᄒᆞᄂᆞᆫ 者ㅣ 少資本으로 能히 暴利를 得ᄒᆞᆷ이 此에 過ᄒᆞᆫ 者ㅣ 無ᄒᆞ니 맛당이 家屋을 改良ᄒᆞ야 陰鬱蒸[199]酸의 氣가 無토록 ᄒᆞ며 飮食列置所ᄂᆞᆫ 木帳에 琉璃窓을 飾ᄒᆞ며 路傍塵埃가 吹入치 아니ᄒᆞᄂᆞᆫ 곳은 紗窓을 飾ᄒᆞ야 飮食上에 蠅群이 聚集지 못ᄒᆞ게 ᄒᆞ며 且外人[200]商[201]店에 捕蠅ᄒᆞᄂᆞᆫ 藥이 有ᄒᆞ

193 본문 한자는 '浥(읍)' 자인데 부속국문은 '흡' 자로 표기되었다.
194 본문 한자는 '尿(뇨)' 자인데 부속국문은 '시' 자로 표기되었다.
195 본문 한자는 '屎(시)' 자인데 부속국문은 '히' 자로 표기되었다.
196 본문 한자는 '蒸(증)' 자인데 부속국문은 '징' 자로 표기되었다.
197 본문 한자는 '尿(뇨)' 자인데 부속국문은 '시' 자로 표기되었다.
198 본문 한자는 '屎(시)' 자인데 부속국문은 '히' 자로 표기되었다.
199 본문 한자는 '蒸(증)' 자인데 부속국문은 '징' 자로 표기되었다.

니 此로써 蠅을 可히 滅홀지니 故로 精潔은 不爲也언정 不能홈이 아니라

苟或 資本이 少ᄒᆞ야 家屋의 改良도 財力이 不贍[202]ᄒᆞ고 器皿의 準備도 財政이 不及되야 舊日의 制度로 因循苟且ᄒᆞᄂᆞᆫ 者ᄂᆞᆫ 當初붓터 飮食店을 不開ᄒᆞᄂᆞᆫ 것이 可하며 萬一 開店하얏더ᄅᆡ도 一般人民은 各히 自己衛生을 ᄉᆡᆼ각ᄒᆞ야 汚穢한 飮食店으로ᄂᆞᆫ 가지 아니 홈이 一身의 幸運될 ᄲᅮᆫ 아니라 ᄯᅩᄒᆞᆫ 衆多國民에 莫大ᄒᆞᆫ 幸運이라 ᄒᆞ노라

63호

1906년 9월 8일 (토) 論說

農畜

農畜이라 稱[203]ᄒᆞᄂᆞᆫ 者ᄂᆞᆫ 牛也니 我韓에 第一土産物로 指目ᄒᆞᄂᆞᆫ 者라 世界에셔 機器로 田土를 耕[204]墾ᄒᆞᄂᆞᆫᄃᆡ 人力으로도 能히 機器를 運轉ᄒᆞᄂᆞᆫ 方法도 有ᄒᆞ고 馬力으로도 人力를 代ᄒᆞ기도 ᄒᆞ건마ᄂᆞᆫ 唯獨 我國은 農作器械가 不善良함으로 神農時代의 曲木爲耒착木爲耜라 하ᄂᆞᆫ 一種 頑鈍[205]ᄒᆞᆫ 器械로 田土를 耕[206]墾홈이 牛力이 不用ᄒᆞ면 不得홈으로 一年稼穡[207]의 功과 運輪[208]의 勞ᄂᆞᆫ 純全ᄒᆞᆫ 牛力을 借홀 ᄯᆞᄅᆞᆷ이라 是故로 農家에셔 牛畜을 喂[209]養홈을 稼穡보다 一倍用力ᄒᆞᄂᆞᆫ 바이라

---

200 본문 한자는 '人(인)' 자인데 부속국문은 '상' 자로 표기되었다.
201 본문 한자는 '商(상)' 자인데 부속국문은 '인' 자로 표기되었다.
202 본문 한자는 '贍(섬)' 자인데 부속국문은 '쳠' 자로 표기되었다.
203 본문 한자는 '稱(칭)' 자인데 부속국문은 '층' 자로 표기되었다.
204 본문 한자는 '耕(경)' 자인데 부속국문은 '계' 자로 표기되었다.
205 본문 한자는 '鈍(둔)' 자인데 부속국문은 '돈' 자로 표기되었다.
206 본문 한자는 '耕(경)' 자인데 부속국문은 '격' 자로 표기되었다.
207 본문 한자는 '穡(색)' 자인데 부속국문은 '싱' 자로 표기되었다.
208 본문 한자는 '輪(륜)' 자인데 부속국문은 '수' 자로 표기되었다.

喂[210]養ᄒᆞᄂᆞᆫ 人力도 多大ᄒᆞ나 土地風氣도 牛畜의 性質에 適合홈으로 六畜中牛畜의 繁盛홈을 可히 勝言키 不能ᄒᆞ거니와

牛畜의 農作力으로 言홀지면 全國人民의 生命을 擔保ᄒᆞ얏다 言ᄒᆞ야도 過言이 不是ᄲᅮᆫ더러 牛畜의 肉을 料理需用의 上等物로 認ᄒᆞ야 祭祀賓客宴享 等 需品과 普通飮食에 牛肉을 上等滋養物로 認ᄒᆞ며 其次 牛皮로 全國의 諸般 需用物品에 充用ᄒᆞᄂᆞᆫ 以外에 外國出口品에 牛皮牛骨等物도 一大部分을 占據ᄒᆞ얏스니 牛畜의 珍貴홈을 ᄯᅩᄒᆞᆫ 可히 勝言키 不能홀지라

我國의 牛畜이 繁盛ᄒᆞᆫ 土産物이라 稱[211]ᄒᆞ나 其 珍貴홈을 言홀지면 可히 一頭를 宰屠키 難한지라 是以로 古制에 天子ㅣ 無故不殺牛라 ᄒᆞ얏고 我國에 牛禁으로 一法律를 成ᄒᆞ얏고 李栗谷 先生의 言에 曰 食其力 又 食其肉이 可乎아 ᄒᆞ얏스되 漸次 法禁이 解弛ᄒᆞ야 全國內 一日의 屠宰ᄒᆞᄂᆞᆫ 牛畜을 預算키 難ᄒᆞ되 一千頭 假量에 不下홀지라

假令 一日에 牛千頭를 産出ᄒᆞ고 牛千頭를 宰殺홀지면 互[212]相增減의 數를 平等홀 듯ᄒᆞ되 産出ᄒᆞᆫ 者ᄂᆞᆫ 三年은 喂[213]養ᄒᆞ여야 可히 宰殺品에 充홀 터인 즉 宰殺額이 産出額보다 尤勝ᄒᆞ되 牛畜의 稀少홈을 不知ᄒᆞ깃ᄂᆞᆫ則 其 産出이 繁盛홈을 可히 推測홀지라

雖然이나 其 農作力과 滋養物과 需用 及 輸出品의 利益을 思議ᄒᆞ면 珍貴홀 ᄲᅮᆫ 아니라 重大ᄒᆞ다고도 홀 거이어ᄂᆞᆯ

209 본문 한자는 '喂(위)' 자인데 부속국문은 '외' 자로 표기되었다.
210 본문 한자는 '喂(위)' 자인데 부속국문은 '외' 자로 표기되었다.
211 본문 한자는 '稱(칭)' 자인데 부속국문은 '층' 자로 표기되었다.
212 본문 한자는 '互(호)' 자인데 부속국문은 '오' 자로 표기되었다.
213 본문 한자는 '喂(위)' 자인데 부속국문은 '외' 자로 표기되었다.

我國에 牛畜의 宰殺이 太濫ᄒᆞ야 京城二十四懸房의 疊屠와 地方市街郡邑의 庖肆와 其他 折脚所志리 去皮勿禁帖이라 ᄒᆞᄂᆞᆫ 濫法과 洞里醵中와 武斷家私屠와 觀察郡守의 饌庖와 權門勢家의 私庖가 坊坊曲曲에 有ᄒᆞ야 日日夜夜에 屠殺ᄒᆞᄂᆞᆫ 數爻를 可히 料量키 不能한지라 (未完)

64호 1906년 9월 9일 (일) 論說

農畜 (續)

農畜의 濫殺ᄒᆞᄂᆞᆫ 獘源은 一國에 由來習慣을 成ᄒᆞ야 容易히 矯救키 難한 者라

又況 十餘年 以來로 牛畜의 流行傳染病이 大熾ᄒᆞᆷ이 今年에 至ᄒᆞ야 또 牛疫이 流行ᄒᆞᆫ다 ᄒᆞ니 人民社會를 對ᄒᆞ야 大恐慌ᄒᆞᆷ을 不勝할지라

大恐慌ᄒᆞᆯ 理由를 言ᄒᆞᆯ진댄 牛疫流行에 二種의 大妨害가 有ᄒᆞ니 牛畜이 傳染病에 罹患ᄒᆞᆯ 時에 該主가 本金를【을】 消耗ᄒᆞᆯ가 念慮ᄒᆞ야 庖廚에 賣渡ᄒᆞ면 庖主ᄂᆞᆫ 價格이 甚廉ᄒᆞᆷ을 爲ᄒᆞ야 疫牛를 屠賣ᄒᆞ야 大利를 射ᄒᆞᆷ의 其 肉을 食ᄒᆞᄂᆞᆫ 人이 或 中毒卽斃도 ᄒᆞ고 或 浮腫 或 疔瘡이 出ᄒᆞ야 多日辛苦ᄒᆞ다가 畢竟 致死도 ᄒᆞ고 或衛生에 不注意ᄒᆞᄂᆞᆫ 者ᄂᆞᆫ 口腹을 充ᄒᆞ기 爲ᄒᆞ야 甚之 死牛肉을 啖ᄒᆞᄂᆞᆫ 者ㅣ 多ᄒᆞ야 年前 廣州地方에셔 一牛가 斃ᄒᆞᄆᆡ 一洞에 十七人이 死ᄒᆞᆫ 明証이 有한지라 此是 牛疫 流行의 大恐慌ᄒᆞᆯ 바이 一種이오

傳染病이 盛行ᄒᆞ야 假令 一洞里에 百頭牛가 盡斃ᄒᆞᆯ 境遇에ᄂᆞᆫ 秋耕ᄒᆞᆯ 農畜이 無ᄒᆞ고 近洞에 牛畜의 往來를 禁絕ᄒᆞᆷ으로 人力으로 牛力 代ᄒᆞᄂᆞᆫ 困

難이 有ᄒᆞ되

假令 一牛力의 耕墾ᄒᆞᄂᆞᆫ 一日耕田八人力으로 代ᄒᆞ야도 三日을 耕ᄒᆞ며 八人의 十六足으로 起墾한 土質을 蹴踏ᄒᆞ야 反히 田畝가 堅固平坦ᄒᆞ야 下種ᄒᆞᆷ을 不得ᄒᆞ야 麥農을 全廢ᄒᆞᆯ 境에 至ᄒᆞ니 牛疫流行의 大恐慌ᄒᆞᆯ 바이 二種이라

是로 以ᄒᆞ야 牛畜이 健全ᄒᆞ야도 人民의 生命財産을 擔保ᄒᆞᆷ이오 牛畜이 病斃ᄒᆞᆯ지면 人民의 生命財産을 妨害ᄒᆞᆷ이니 엇지 大關係가 無ᄒᆞ다 謂ᄒᆞ리오

雖然이나 牛畜의 宰殺一欵이 近來 準的이 無ᄒᆞ야 農商工部에서 直接으로 庖稅派員을 差送ᄒᆞ야 禁屠와 收稅를 管轄ᄒᆞ얏고 一變ᄒᆞ야 內藏院에 管轄ᄒᆞ야 獘端을 做出ᄒᆞ얏고 一變ᄒᆞ야 濟用社를 設施ᄒᆞ야 百方獘害를 滋生ᄒᆞ얏고 一變ᄒᆞ야 各地方 郡守에게 收稅ᄒᆞ기로 附屬ᄒᆞ야 一倍獘端이 層疊ᄒᆞ다 ᄒᆞᄂᆞᆫ 所聞이 各處에 노노한 則 其 獘를 矯救ᄒᆞᆯ 方針을 大改良ᄒᆞᆷ이 可ᄒᆞ깃고

牛疫의 流行ᄒᆞᆯ 時ᄂᆞᆫ 獸醫ᄅᆞᆯ 各地方에 派送ᄒᆞ야 患牛ᄅᆞᆯ 救療ᄒᆞ며 屠牛ᄅᆞᆯ 檢[214]査ᄒᆞ야 病肉斃肉(陳肉)을 一切禁賣ᄒᆞᆯ ᄲᆞᆫ 不是라 犯禁者ᄂᆞᆫ 法律ᄅᆞᆯ【을】 斷行ᄒᆞ야 獘源을 防杜ᄒᆞᆷ이 可ᄒᆞ깃고

且獸肉 販賣 營業者도 牝[215]牛이나 童牛의 角이 繭과 栗과 如ᄒᆞᆫ 者ᄂᆞᆫ 宰殺ᄅᆞᆯ【을】 勿許ᄒᆞ기로 禁令을 頒布ᄒᆞᆷ이 可ᄒᆞ깃스니

此 三欵은 農商工部에서 大注意 大擴張ᄒᆞᆯ 一大方法으로 了解하노니 此를 汲汲施行하야 牛畜을 保護ᄒᆞᆷ이 卽 人民의 生命財産을 間接保護ᄒᆞᆷ으

214 본문 한자는 '檢(검)' 자인데 부속국문은 '금' 자로 표기되었다.
215 본문 한자는 '牝(빈)' 자인데 부속국문은 '비' 자로 표기되었다.

로 確信하노라

65호 1906년 9월 11일 (화) 論說

醫藥 改良

我國 醫學은 支那 醫學을 用ᄒᆞᆫ 지 于今 幾千年이오 藥種도 支那 醫學을 因ᄒᆞ야 支那 土産과 我國 土産을 兼用ᄒᆞᄂᆞᆫ 바이라

支那 醫藥의 新發明홈은 神農氏 百草를 嘗ᄒᆞ야 人民 疾病을 救療ᄒᆞ얏다 하나 洪荒ᄒᆞᆫ 時代에 書契가 未備홈으로 分明ᄒᆞᆫ 書藉을 証據케 難ᄒᆞ며 黃帝時代에 至하야 岐伯鬼臾區 等으로 醫學을 討論하야 陰陽表裡氣血虛實을 表著하얏고 列國時代에 至하야 扁鵲이 醫術을 쳔明하얏고 東漢 末年에 華陀가 著名하얏고 其 後 醫學 名家이【에】世世繼出ᄒᆞ야 朱丹溪 張仲景 李東垣 錢仲陽 等이 醫學宗旨을【를】表[216]彰ᄒᆞ야 醫家書를 著出홈이 我國에 流入ᄒᆞ야 但히 文書를 依倣ᄒᆞ야 疾病을 試療홈의 特特히 醫理를 發明한 醫家이 無ᄒᆞ더니

宣廟朝에 至ᄒᆞ야 陽平君 許俊 氏가 我東神醫라 稱[217]ᄒᆞ야 東醫寶鑑를【을】著述ᄒᆞ얏고 正廟朝에 至ᄒᆞ야 康命吉 氏가 醫學骨髓를 蒐集ᄒᆞ야 濟衆新編을 作ᄒᆞ야 一世에 名醫家라 稱[218]ᄒᆞ얏고 茶山 丁若용 氏가 醫理를 私淑ᄒᆞ야 濟世秘管을 作ᄒᆞ야 世上에 行치 아니ᄒᆞ얏고 近世 黃惠庵이 醫方活套[219]를 編ᄒᆞ야 簡易ᄒᆞᆫ 醫方이라 稱[220]ᄒᆞᄂᆞᆫ지라

216 본문 한자는 '表(표)' 자인데 부속국문은 '포' 자로 표기되었다.
217 본문 한자는 '稱(칭)' 자인데 부속국문은 '충' 자로 표기되었다.
218 본문 한자는 '稱(칭)' 자인데 부속국문은 '충' 자로 표기되었다.

我朝 五百年에 醫學名家의 多小는 不知ᄒᆞ되 世上에 最著ᄒᆞᆫ 者는 此 四家에 不過ᄒᆞᆫ 則 醫學의 不明ᄒᆞᆷ을 可知이니 支那 醫學이 亦是 賢聖ᄒᆞᆫ 理[221]學家의 發明한 바인 則 醫學이 不明ᄒᆞ다 ᄒᆞᆷ이 不是라 醫學을 學ᄒᆞᆷ이 不明ᄒᆞ야 糊塗朦롱ᄒᆞᆷ으로 疾病을 疹察ᄒᆞᆯ 時에 假令 診脉ᄒᆞᆫ다 ᄒᆞᆷ이 內感인지 外傷인지도 不斷ᄒᆞ고 和解藥을 先試ᄒᆞ야 効驗을 不見ᄒᆞ면 消導方을 試ᄒᆞ야 或是偶中ᄒᆞ면 僥倖이로ᄃᆡ 儼然히 醫學家로 自處ᄒᆞ고 所謂 試鍼家도 一般模糊ᄒᆞᆷ을 口로 勝言키 難ᄒᆞ며 筆로 勝記키 難ᄒᆞ도다 然則 我國에는 醫書는 如山ᄒᆞ고 醫士는 無數ᄒᆞ야도 一個 醫學家는 無하다고 斷言ᄒᆞ노니 此ᄅᆞᆯ 由ᄒᆞ야 疾病을 不治ᄒᆞ며 夭札ᄅᆞᆯ【을】不救ᄒᆞᆷ이 年年히 人種 減縮되는 一大機關이 此에 在ᄒᆞ다 謂ᄒᆞᆯ지로다

東洋에 非但 ■■■■■■■■亦是 支那 醫藥을 施用■■■■■■■後에 泰西 醫藥을 研究ᄒᆞ■■■■■改良ᄒᆞᆷ에 至ᄒᆞ야 現今 大發達ᄒᆞᆫ 境遇에 至ᄒᆞᆷ으로 人口의 健全繁殖ᄒᆞᆷ이 醫學 發達ᄒᆞᆫ 結果에 出ᄒᆞ다 ᄒᆞ는지라 (未完)

66호 1906년 9월 12일 (수) 論說

醫藥改良 (續)

我國의 醫學이 不明ᄒᆞᆷ은 醫理ᄅᆞᆯ 學ᄒᆞ는 者 透徹ᄒᆞᆫ 工夫가 無ᄒᆞ고 但히 數卷書만 閱ᄒᆞ면 診察키ᄅᆞᆯ 行ᄒᆞ되 法律에 拘束ᄒᆞᆫ 바이 無ᄒᆞ야 人의 疾病을 誤治ᄒᆞ야 生命의 損害ᄅᆞᆯ 加ᄒᆞ야도 天命에 歸ᄒᆞ고 醫者ᄅᆞᆯ 咎치 아니ᄒᆞ

219 본문 한자는 '套(투)' 자인데 부속국문은 '토' 자로 표기되었다.
220 본문 한자는 '稱(칭)' 자인데 부속국문은 '충' 자로 표기되었다.
221 본문 한자는 '理(리)' 자인데 부속국문은 '의' 자로 표기되었다.

야 父母의 病을 誤ᄒᆞ야도 其 子ㅣ 仇讐로 知ᄒᆞ지 아니ᄒᆞ고 人命을 致斃케 ᄒᆞ야도 司法官이 命案으로 決치 아니 ᄒᆞᆷ으로 所謂 醫者이 醫術을 恣行ᄒᆞᆫ 이 人命의 千百을 害ᄒᆞ야도 尋常히 了解ᄒᆞᆯ ᄯᆞ름인 즉 近世 醫者ᄂᆞᆫ 人命을 救療ᄒᆞ고자 ᄒᆞᄂᆞᆫ 慈善心이 出ᄒᆞᆷ이 아니라 卽 人命을 戕害ᄒᆞᄂᆞᆫ 회子心에 基ᄒᆞᆷ이니 此ᄂᆞᆫ 醫者를 責備ᄒᆞᆯ 것도 아니오 診察ᄒᆞ기를 請ᄒᆞᄂᆞᆫ 者도 責備ᄒᆞᆯ 것이 아니오 但히 政府에셔 人民의 生命上 大關係를 法然 看過ᄒᆞ야 醫學을 特別히 尊重ᄒᆞᄂᆞᆫ 別般施措[222]가 絶無ᄒᆞᆷ을 責備ᄒᆞᆯ 바이라

人民 生命을 救療ᄒᆞᄂᆞᆫ 醫學이 如此히 不明ᄒᆞᆷ을 尋常 看過ᄒᆞᄂᆞᆫ 行政이 世界 萬國에 豈有ᄒᆞ리오 現今 百度漸新ᄒᆞ야 野昧舊習을 痛革ᄒᆞᆯ 時代를 當ᄒᆞ야 第一 急先務ᄂᆞᆫ 醫學을 發達ᄒᆞ야 生命을 救療ᄒᆞᆷ이 一大善政이라 稱[223] ᄒᆞ깃스니

其 方策을 論ᄒᆞᆯ진ᄃᆡ 現今 行術ᄒᆞᄂᆞᆫ 醫者를 一切痛禁ᄒᆞ야 所謂 診脉이니 方文인【이】니 姿意로 行術ᄒᆞᄂᆞᆫ 者를 別般 法律을 立ᄒᆞ야 謨殺罪로 同等勘處케 ᄒᆞ고 國[224]中에 醫學院을 處處에 設立ᄒᆞ야 醫學의 願學者를 教育ᄒᆞ야 卒業証書를 帶有ᄒᆞᆫ 然後에 診察을 許施ᄒᆞᆷ이 可ᄒᆞ다 ᄒᆞ노니

泰西 醫術이 極히 精細ᄒᆞ야 神妙ᄒᆞᆫ 技術이 極度에 達ᄒᆞ나 我國 習慣이 支那[225] 醫術을 腦髓에 貫徹ᄒᆞ야 泰西 醫術을 信用치 아니ᄒᆞᄂᆞᆫ 獘風이 有ᄒᆞ니 審病診斷ᄒᆞᄂᆞᆫ 良法은 泰西 醫學을 用ᄒᆞ고 陰陽虛實의 古法은 支那[226] 醫學을 用ᄒᆞ야 叅互[227]教習ᄒᆞ야 一部 醫學을 新發明ᄒᆞ얏스면 國家의 文運을 啓

222 본문 한자는 '措(조)' 자인데 부속국문은 '도' 자로 표기되었다.
223 본문 한자는 '稱(칭)' 자인데 부속국문은 '층' 자로 표기되었다.
224 본문 한자는 '國(국)' 자인데 부속국문은 '규' 자로 표기되었다.
225 본문 한자는 '那(나)' 자인데 부속국문은 '라' 자로 표기되었다.
226 본문 한자는 '那(나)' 자인데 부속국문은 '라' 자로 표기되었다.

發ᄒᆞᄂᆞᆫ 一關鍵이오 人民 生命을 萬全不敗ᄒᆞᄂᆞ 大幸福이라 謂ᄒᆞ깃고

藥種에 至ᄒᆞ야도 幾千年 人民의 腸胃에 慣熟한 者이니 人參附子의 溫補ᄒᆞᆷ과 大黃芒硝의 瀉下ᄒᆞᄂᆞᆫ 性質이야 疾病에 改[228]治ᄒᆞᆷ이 符節과 如ᄒᆞᆫ 것마ᄂᆞᆫ 但히 醫眼이 不明ᄒᆞ고 診手가 不精ᄒᆞᆷ으로 人參附子의 合用한 處에 大黃芒硝을【를】用함은 其 責이 大黃芒硝에 不在ᄒᆞᆫ지라

醫學도 叅互ᄒᆞ고 藥種도 叅互ᄒᆞ야 大改良을 實施ᄒᆞᆫ 然後에 人種의 健全 繁殖ᄒᆞᆷ을 企圖ᄒᆞᆯ지니 此를 汲汲 着手ᄒᆞ야 一日이라도 緩치 말지어다

67호

1906년 9월 13일 (목)

논설 실리지 않음

68호

1906년 9월 15일 (토) 論說

人種競爭

四億億重量되ᄂᆞᆫ 全地球上에 十五億 人口中의 現今 一大問題ᄂᆞᆫ 黃白兩色人種의 競爭時代라 稱[229]ᄒᆞᆯ지라 西勢東漸ᄒᆞᄂᆞᆫ 歐米風潮가 勇往直前ᄒᆞᄂᆞᆫ 大踏步를 日夜活動ᄒᆞ야 印度洋直線을 從ᄒᆞ야 太平洋 北緯 百十七度에 達ᄒᆞᆫ지 于今 百有餘年에 這間競爭ᄒᆞᆫ 眞相을 枚擧키 不能ᄒᆞᆫ지라

印度가 英領에 歸ᄒᆞ며 安南이 法國 保護下에 在ᄒᆞ며 緬甸暹羅의 獨立

227 본문 한자는 '互(호)' 자인데 부속국문은 '오' 자로 표기되었다.
228 본문 한자는 '改(개)' 자인데 부속국문은 '공' 자로 표기되었다.
229 본문 한자는 '稱(칭)' 자인데 부속국문은 '충' 자로 표기되었다.

을 維持키 不能ᄒᆞᆷ과 清의 膠洲灣과 舟山列島와 香港廈門과 楊子江 沿岸 等地의 各國 勢力 範圍 內에 在ᄒᆞᆷ과 近年滿洲問題로 曠前絶後ᄒᆞᆫ 日露大戰爭을 開한 지 三年에 幸히 平和克復에 至ᄒᆞ얏스나

日本이 東海中彈丸一小島로 世界上 强硬力을 得ᄒᆞ야 百萬師旅를 動ᄒᆞ고 屢億金餉을 費ᄒᆞ야 千里遼滿의 野에 肉風血雨를 洒[230]ᄒᆞᆫ 者ᄂᆞᆫ 十九世紀에 刱見ᄒᆞᆫ 競爭中 大競爭이라 譬컨ᄃᆡᆫ 豆를 種ᄒᆞᆫ 良田에 强勁ᄒᆞᆫ 蘆葦根이 蔓延侵犯ᄒᆞᆷ이 佃[231]夫가 是ᄅᆞᆯ 恐惶ᄒᆞ고 憂慮ᄒᆞ야 鋤ᄅᆞᆯ 揮ᄒᆞ며 鍬[232]ᄅᆞᆯ 動ᄒᆞ야 日夜로 蘆根ᄅᆞᆯ【을】 斷截ᄒᆞ기에 注意ᄒᆞ고 努力ᄒᆞᆷ과 如ᄒᆞ나 畢竟 良好田地의 大部[233]分[234]을 侵入ᄒᆞᆯ 蘆根의 活動心을 一部分佃[235]夫의 敏活ᄒᆞᆫ 腕力으로도 能히 抵當키 難ᄒᆞᆯ 境遇이라

然則 大部分의 佃夫가 一時에 合力ᄒᆞ야 蘆根을 斷截ᄒᆞᆯ지면 日夜蔓延ᄒᆞᄂᆞᆫ 勢力을 拒絶ᄒᆞᆯᄂᆞᆫ지도 亦是 預料키 難ᄒᆞᆫ지라

日露戰爭 時에 露人이 黃色禍論을 主唱ᄒᆞ야 白色人種의 同情을 鼓吹ᄒᆞᆷ도 人種競爭의 一大問題이라 謂ᄒᆞᆯ지니 黃色人種으로 言ᄒᆞᆯ지면 白色禍가 急ᄒᆞ다 謂ᄒᆞᆯ지언뎡 엇지 黃色禍가 有ᄒᆞ다ᄒᆞᆯ이오

赤色人種을 滅絶케 ᄒᆞ고 黑色人種을 또 滅絶케 ᄒᆞᆷ도 蘆根이 侵入ᄒᆞᆯ 禍烈을 隄防키 不能ᄒᆞᆷ이니 亞細亞全幅을 覬[236]覦ᄒᆞᄂᆞᆫ 羅馬人種의 大經營이 蒙古人種의 幸福이라고 謂키ᄂᆞᆫ 不堪ᄒᆞ깃슨則 黃色人의 一團體가 洪水猛

230 본문 한자는 '洒(주)' 자인데 부속국문은 '쇄' 자로 표기되었다.
231 본문 한자는 '佃(전)' 자인데 부속국문은 'ᄌᆞ' 자로 표기되었다.
232 본문 한자는 '鍬(초)' 자인데 부속국문은 '츄' 자로 표기되었다.
233 본문 한자는 '部(부)' 자인데 부속국문은 '분' 자로 표기되었다.
234 본문 한자는 '分(분)' 자인데 부속국문은 '부' 자로 표기되었다.
235 본문 한자는 '佃(전)' 자인데 부속국문은 'ᄌᆞ' 자로 표기되었다.
236 본문 한자는 '覬(기)' 자인데 부속국문은 '개' 자로 표기되었다.

獸를 憂患ᄒᆞ는 思想이 腦子裡에 髓와 腔[237]子裡에 血이엇지 可히 一구刻이나 沸騰枯焦치 아니ᄒᆞ리오

大部分의 蘆根이 侵入ᄒᆞ는 禍烈은 夢想外에 歸ᄒᆞ야 經濟競爭ᄒᆞ는 時代의 人種競爭흠을 憂患키 不能ᄒᆞ고 昏昏春夢中에 在ᄒᆞᆫ 民族社會를 警省ᄒᆞ노라

69호

1906년 9월 16일 (일) 論說

農産

我國은 一座農産國이라 人民生活이 但히 土를 墾ᄒᆞ며 穀을 播ᄒᆞ야 天時의 雨양을 望ᄒᆞ야 歲功의 凶豊을 待ᄒᆞ야 農業 一部分으로만 人民生命의 保險的으로 知ᄒᆞᆯ ᄯᆞ름이라

是로 以ᄒᆞ야 商業도 分外로 認ᄒᆞ며 工業도 分外로 認ᄒᆞ고 但히 農業으로 全國內生活的을 寄托흠으로 商業이 不發達ᄒᆞ고 工業이 不發達ᄒᆞ이【야】男婦一同의 一年事業이 耕種稼穡으로 此에 從事ᄒᆞᆯ지면 農業一欵이 足히 大發達ᄒᆞ야 世界에 有名ᄒᆞᆫ 農産國으로 指的될 만ᄒᆞ건마는 農業이 亦是 未發達흠은 咄咄ᄒᆞᆫ 怪[238]事이로다

農業의 學問이 素昧ᄒᆞ며 農業의 器具가 至鈍ᄒᆞ며 農業의 天時를 不通[239]ᄒᆞ며 農業의 地利를 未盡ᄒᆞᆫ 根由로 農業의 人工이 終年辛苦ᄒᆞ야도 飢色이 凄凉흠을 不免ᄒᆞ니 我國이 農業國이라고 稱[240]ᄒᆞ기 亦難ᄒᆞ깃도다 假令

237 본문 한자는 '腔(강)' 자인데 부속국문은 '공' 자로 표기되었다.
238 본문 한자는 '怪(괴)' 자인데 부속국문은 '과' 자로 표기되었다.
239 본문 한자는 '通(통)' 자인데 부속국문은 '적' 자로 표기되었다.

現今 世界上에 農業을 不懋ᄒᆞᄂᆞᆫ 英國도 全國人民이 凄涼ᄒᆞᆫ 飢色이 有ᄒᆞ다ᄒᆞᆷ을 不聞ᄒᆞᆷ은 商業이 發達ᄒᆞ고 工業이 發達ᄒᆞᆫ 効力으로 多大ᄒᆞᆫ 金貲를 持有ᄒᆞ야 各地 農産國에 輸入ᄒᆞᄂᆞᆫ 穀物을 賴ᄒᆞ야 人人哺啜ᄒᆞ고 家家鼓腹ᄒᆞᄂᆞᆫ 盛況[241]을 呈ᄒᆞ거ᄂᆞᆯ

所謂 農産國이라 稱[242]ᄒᆞᄂᆞᆫ 我國은 人民의 生活的이 甚히 貧困艱乏ᄒᆞ야 一年農作이 庚癸의 憂가 有ᄒᆞ면 菜色이 滿面ᄒᆞ고 餓莩[243]가 載路할 ᄲᅳᆫ 不是라 農形이 豐登ᄒᆞ야 粒米가 狼戾ᄒᆞᆫ 歲에도 蔀屋의 飢餓ᄒᆞᄂᆞᆫ 慘狀은 年年一樣이니 此ᄂᆞᆫ 何等의 根因에 出ᄒᆞᆷ인뇨

農糧도 罄絶ᄒᆞ고 貲[244]金도 艱乏ᄒᆞᆫ 田家人民이 農候를 當ᄒᆞ야 糞田ᄒᆞᄂᆞᆫ 肥料費도 辦出ᄒᆞ며 農具도 買入ᄒᆞ며 糧餉도 準備ᄒᆞᆷ의 秋穀을 擔保ᄒᆞ고 貸金을 請求ᄒᆞᆷ의 五月賣新糴이라ᄂᆞᆫ 謠言이 有한지라 登場ᄒᆞᆯ 時에 至ᄒᆞ야 百般公納과 私債를 十餘俵되ᄂᆞᆫ 禾穀으로 分償한 則 一粒穀의 殘餘가 無ᄒᆞ기로 凄涼ᄒᆞᆫ 飢色을 未免ᄒᆞᄂᆞᆫ지라

農業의 一部分에 着力ᄒᆞᆯ지라도 商業 工業의 如干 利額이 有ᄒᆞᆯ지면 設令歲事가 不幸히 大無에 至ᄒᆞ야도 西貢의 米와 山東의 粟과 印度의 麥을 輸入ᄒᆞ야도 生活上經濟가 작작ᄒᆞᆯ 것이어ᄂᆞᆯ 一文의 通融ᄒᆞᆯ 手段이 絶無ᄒᆞᆫ 國[245]民이 엇지 生命의 保險을 質言ᄒᆞᆯ이오

今年은 曠年ᄒᆞᆫ 豐作으로 十三道가 均同ᄒᆞᆫ다ᄂᆞᆫ 傳說이 有ᄒᆞ되 湖中地方

---

240 본문 한자는 '稱(칭)' 자인데 부속국문은 '층' 자로 표기되었다.
241 본문 한자는 '況(황)' 자인데 부속국문은 '항' 자로 표기되었다.
242 본문 한자는 '稱(칭)' 자인데 부속국문은 '층' 자로 표기되었다.
243 본문 한자는 '莩(부)' 자인데 부속국문은 '표' 자로 표기되었다.
244 본문 한자는 '貲(자)' 자인데 부속국문은 'ᄎᆞ' 자로 표기되었다.
245 본문 한자는 '國(국)' 자인데 부속국문은 '곤' 자로 표기되었다.

의 水害와 湖南地方의 旱災가 種種히 有ᄒᆞ야 小部分의 農作이 判歉에 至ᄒᆞᆫ 즉 此 部分의 居民生活을 何를 恃ᄒᆞ야 聊生ᄒᆞ리오

日本과 如ᄒᆞᆫ 工業도 發達되고 商業도 發達된 國中에도 東北三縣의 飢饉과 如ᄒᆞᆫ 處에 人民의 死亡이 多數에 至ᄒᆞ얏슨則 商業도 絶無ᄒᆞ고 工業도 絶無ᄒᆞᆫ 我國人民이나 水害旱災의 非常한 困難을 値ᄒᆞ얏슨則 不幸當之한 人民의 生命은 엇지 救恤ᄒᆞᆯ 方畧이 有ᄒᆞᆯ이오

國家의 汲汲ᄒᆞᆫ 方針은 全國內의 農業을 改良ᄒᆞ고 商業工業을 幷히 敎育ᄒᆞ야 凶年에 死亡ᄒᆞᆷ도 免ᄒᆞ고 豊年에 飢餓ᄒᆞᆷ도 免케한 然後에야 農產國이라 稱[246]ᄒᆞᆷ이 無愧ᄒᆞ깃도다

70호

1906년 9월 18일 (화) 論說

本報一面

明日부터 本報 第一面에 國民의 新面目과 國民의 新精神을 開導喚發ᄒᆞᆯ 寶鑑을 連續揭載ᄒᆞᆯ 터인ᄃᆡ 是ᄂᆞᆫ 新學問中 第一緊要한 國家學이라 吁라 我國人이 支那經典을 硏究ᄒᆞ며 支那歷史를 閱覽ᄒᆞ고 自以爲治國平天下ᄒᆞᄂᆞᆫ 道를 解ᄒᆞᆫ다 ᄒᆞ얏스ᄂᆞ 其 說 其 道ᄂᆞᆫ 彼幼穉한 時代에 適宜ᄒᆞᆯ ᄲᅮᆫ이라 엇지 日月과 幷明ᄒᆞᄂᆞᆫ 今世上文明에야 如彼히 幼穉ᄒᆞᆫ 書籍으로 人文을 進化케 ᄒᆞ며 國家를 進步캐 ᄒᆞ며 社會競爭에 敢히 出頭ᄒᆞ리오

蓋 支那 經典이 美則 美어니와 比컨ᄃᆡ 作舟車ᄒᆞ야 以濟不通ᄒᆞ던 知識과 如ᄒᆞᆫ지라 先發明의 能力이 不無ᄒᆞᄂᆞ 今日泰西人의 軍艦에 比ᄒᆞ면 其

246 본문 한자는 '稱(칭)' 자인데 부속국문은 '층' 자로 표기되었다.

優劣이 天壤갓치 顯殊ᄒᆞ니 萬一頑固의 思想으로 彼先發明의 能力만 信賴ᄒᆞ고 太古의 一片舟로 今世의 萬餘噸되는 大艦과 戰端을 起ᄒᆞ면 此는 一卵으로 巨岩을 擊ᄒᆞᆷ과 無異ᄒᆞᆯ지라 然則 堯典舜典禹謨湯誥는 國家學 政治學의 影響만 先發明ᄒᆞᆫ거시라 支那後人이 硏究의 思想이 不足ᄒᆞ고 擴張의 能力이 全無ᄒᆞ얏거ᄂᆞᆯ 我國人은 此에 盲從ᄒᆞ야 知識卑劣ᄒᆞᆷ이 今世界에는 無雙이라 故로 個人은 人權을 失ᄒᆞ고 國家는 國權을 墮ᄒᆞ야 天下의 凌侮는 我國人이 獨受ᄒᆞᄂᆞ니 此는 智愚의 別를 由ᄒᆞᆷ이라

夫 牛馬가 人보다 猛力이 有ᄒᆞ나 人의 使用이 되고 人의 食物이 됨은 知識이 不及한 故이라

然則 宇宙間에 貴ᄒᆞᆫ ᄇᆞ는 知識이라 吾人이 知識이 全乏하면 木石과 無異ᄒᆞ고 知識이 卑劣ᄒᆞ면 牛馬와 同等이라 知識이 優ᄒᆞᆫ 者의게 利用되고 犧牲될 ᄲᆞᆫ이라 엇지 戒懼치 아니ᄒᆞ리오

此로 觀ᄒᆞᆯ진ᄃᆡ 我國人의 目下急急ᄒᆞᆫ 先務는 今世界 新知識을 求ᄒᆞᆯ ᄯᆞ름이라 其 道는 何如ᄒᆞᆯ고 曰 第一國家學을 먼저 硏究치 아니ᄒᆞ면 不可ᄒᆞ니 何를 謂ᄒᆞᆷ인고 文明國人이 我國人을 評호ᄃᆡ 人民이라 稱[247]ᄒᆞ고 國民이라 稱[248]치 아니ᄒᆞᄂᆞ니 國民과 人民의 別은 何에 在한고 曰 從此로 國家學을 硏究ᄒᆞ면 其 分別을 知ᄒᆞᆯ지라 此에 說明치 아니ᄒᆞ노라

若夫 水瓜의 皮ᄅᆞᆯ 舐ᄒᆞ고 曰 眞昧[249]가 無ᄒᆞ다 ᄒᆞ는 者갓치 國家學을 讀한 후에 新知識을 不得ᄒᆞ는 者는 已矣라 木石에 向ᄒᆞ야 敎를 說ᄒᆞᆷ과 如ᄒᆞ니 엇지 如彼한 下愚가 有ᄒᆞ리오

247 본문 한자는 '稱(칭)' 자인데 부속국문은 '층' 자로 표기되었다.
248 본문 한자는 '稱(칭)' 자인데 부속국문은 '층' 자로 표기되었다.
249 본문 한자는 '昧(매)' 자인데 부속국문은 '미' 자로 표기되었다.

且此에 揭載ᄒᆞᄂᆞᆫ 國家學은 我國 第一 學問家의 翻譯ᄒᆞᆫ ᄇᆡ라 我國에 永遠히 遺傳ᄒᆞᆯᄆᆞᆫᄒᆞᆫ 第一教科書될지니 同胞의 新知識을 紹介ᄒᆞ노라

71호 1906년 9월 19일 (수) 論說

地方弊害救濟

地方에 弊害됨을 本報에도 論述ᄒᆞ고 各 新聞上에도 揭記ᄒᆞ며 各 地方人民의 呼冤도 紛紛ᄒᆞ며 各地方來客의 傳說도 聒聒ᄒᆞ야 全國內地方 情景이 擧皆魚肉되고 犧牲되야 塗炭에 陷ᄒᆞ며 溝壑에 轉ᄒᆞᆯ 慘狀이 有ᄒᆞ야 目不忍見ᄒᆞ고 耳不忍聞ᄒᆞ다 ᄒᆞᄂᆞᆫ지라

此와 如ᄒᆞᆫ 倒懸의 慘狀이 一日二日을 堪耐키 難ᄒᆞᆯ 境遇이로ᄃᆡ 今年도 如此ᄒᆞ다 昨年도 如此ᄒᆞ다 十 年 前도 如此ᄒᆞ다 二十 年 前도 如此ᄒᆞ다 ᄒᆞ되 오히려 全國人民이 擧皆空虛ᄒᆞ다ᄂᆞᆫ 說은 不聞ᄒᆞ얏ᄉᆞ니 此ᄂᆞᆫ 可謂能見難思이라

此ᄂᆞᆫ 地[250]方人民의 情狀을 思唯컨댄 闇昧柔懶ᄒᆞ야 觀察의 苛虐과 郡守의 貪暴를 猛虎하 如히 畏刦ᄒᆞ고 恐慌ᄒᆞᄂᆞᆫ 非理의 剝奪함을 依例히 分內에 相當한 職責으로 知ᄒᆞᆷ이오

近洞土豪武斷ᄒᆞᄂᆞᆫ 兩班者의 侵漁ᄒᆞ고 虐炎이 無憚한 怨喝과 不法ᄒᆞᆫ 慘刑이 當場生命의 支保ᄒᆞᆷ을 爲ᄒᆞ야 錢穀을 納ᄒᆞ며 酒肉을 饋ᄒᆞ야 惡鬼와 如히 畏刦ᄒᆞ고 恐慌ᄒᆞ야 非理의 剝奪을 依例히 分內에 相當ᄒᆞᆫ 職責으로 知ᄒᆞ더니 甲午以後에 土豪武斷의 虐炎이 一變ᄒᆞ야 當面의 椎剝은 小無

250 본문 한자는 '地(지)' 자인데 부속국문은 '다' 자로 표기되었다.

ᄒᆞ나 鎭衛隊에 陰附도 ᄒᆞ며 觀察府 及 地方官廳에 夰囑도ᄒᆞ야 錢穀을 剝奪ᄒᆞᄂᆞᆫ 別方法을 用ᄒᆞᄂᆞᆫ지라

是로 以ᄒᆞ야 地方人民의 一年農作이든지 富饒ᄒᆞᆫ 家産이든지 假令 十分이면 三分에 作ᄒᆞ야 一分은 觀察郡守의 剝奪에 歸ᄒᆞ고 一分은 土豪武斷의 剝奪에 歸ᄒᆞ고 一分을 巳[251]有에 歸ᄒᆞ야 眷屬의 生活的을 作ᄒᆞ니 是以로 一分의 所有를 尊重ᄒᆞ야 百般非常ᄒᆞᆫ 困難을 當ᄒᆞ야도 死亡流離ᄒᆞᄂᆞᆫ 禍가 當至ᄒᆞ기 前에ᄂᆞᆫ 萬死를 冒ᄒᆞ고 此過又過ᄒᆞᄂᆞᆫ 呼寒鳥와 如ᄒᆞ야 二十年 前도 如此ᄒᆞ고 十年 前도 如此ᄒᆞ고 昨年도 如此ᄒᆞ고 今年도 如此한 所由이라

雖然 如此ᄒᆞ다 ᄒᆞ나 其 千般困態와 萬般慘狀[252]을 救濟ᄒᆞᆯ 方針을 研究ᄒᆞᆯ지면 其 機關은 地方郡守에 在ᄒᆞ건마ᄂᆞᆫ 地方郡守의 弊害ᄂᆞᆫ 一筆로 難記ᄒᆞᆯ지라 (未完)

72호

1906년 9월 20일 (목) 論說

地方弊害救濟 (續)

地方 弊害의 救濟方策을 論ᄒᆞᆯ지면 皆曰 郡守 郡守 郡守라 호되 郡守ᄂᆞᆫ 何等人材를 選擇ᄒᆞ여야 郡守의 資格에 適當ᄒᆞ야 地方 弊害를 救濟할ᄂᆞᆫ지 不知ᄒᆞ깃도다

郡守의 責任을 帶有ᄒᆞ야 地方行政의 權을 行ᄒᆞᆯ 際에 淸廉耿介ᄒᆞᆫ 郡守도 有ᄒᆞᆯ 겻이오 公正剛斷한 郡守도 有ᄒᆞᆯ 것이로ᄃᆡ 近日 郡守의 貪虐剝割은 何郡守가 不然ᄒᆞ리오 ᄒᆞ야 一齊히 惡政郡守의 名號로 指目ᄒᆞᆫ 則 郡守

251 본문 한자는 '巳(사)' 자인데 부속국문은 '긔' 자로 표기되었다.

252 본문 한자는 '狀(상)' 자인데 부속국문은 '산' 자로 표기되었다.

된 者도 難處ᄒᆞᆯ 것이로ᄃᆡ 大抵 淸廉耿介ᄒᆞ고 公正剛斷ᄒᆞᆫ 郡守ᄂᆞᆫ 幾個人을 不見ᄒᆞ깃고 惡政郡守가 多數ᄒᆞᆷ을 可知ᄒᆞ깃스니 地方 弊害를 엇지 救濟ᄒᆞᆯ 것이며

郡守行政下에 在한 人民도 郡守의 裁判決案에 假令 枉決ᄒᆞ얏든지 請囑이나 賄賂을 從ᄒᆞ야 已決者를 反案ᄒᆞ고 抱寃者를 勒迫도 ᄒᆞᆯ지면 呼訴도 可ᄒᆞ며 坦怨도 可ᄒᆞᆯ 것이로ᄃᆡ 公正히 斷案ᄒᆞᆯ 地境이라도 落訟者ᄂᆞᆫ 埋怨ᄒᆞ고 呼寃ᄒᆞ야 甚至 平理院裁判을 請ᄒᆞᄂᆞᆫ 者ㅣ 有ᄒᆞ니 苛政下에 厭苦殊死ᄒᆞᆫ 人民의 毒心이 弊瘼을 成ᄒᆞᆷ으로 因ᄒᆞ야 惡民上에 無善政府라 ᄒᆞᄂᆞᆫ 言이 此에 準備ᄒᆞ얏스니 地方 弊害ᄅᆞᆯ 엇지 救濟ᄒᆞᆯ 것이며 郡守ᄅᆞᆯ 叙任ᄒᆞᄂᆞᆫ 主務大臣도 郡守ᄅᆞᆯ 奏薦ᄒᆞᆯ 時에 牧民의 材가 有ᄒᆞᆫ 者ᄅᆞᆯ 另擇ᄒᆞ야 叙任下送ᄒᆞ고 殿最ᄅᆞᆯ 從實調査ᄒᆞ야 幽明을 黜陟ᄒᆞᆫ다 ᄒᆞᆯ지라도 地方行政의 善良與否ᄅᆞᆯ 詳細知得키 難ᄒᆞᆯ 것이어ᄂᆞᆯ 姻婭族戚門生舊吏의 私情과 脅肩諂笑阿諛求容의 陋習에 迷惑[253]도 ᄒᆞᆯ 거이라 黃金苞苴에 陷落ᄒᆞᄂᆞᆫ 風潮가 盛行ᄒᆞᆷ이 郡守의 資格이 有ᄒᆞᆫ 人氏를 選擇ᄒᆞᆯ 精神이 無ᄒᆞ니 地方 弊害를 엇지 救濟하리오

如此ᄒᆞᆫ 弊害가 有ᄒᆞᆷ으로 人民은 犧牲에 充ᄒᆞ고 郡守ᄂᆞᆫ 饕쳘에 居ᄒᆞ야 全國地方이 塗炭水火의 中에 陷ᄒᆞ얏스니 賢明ᄒᆞᆫ 內部大臣이 此를 憂ᄒᆞ고 此를 慮ᄒᆞ야 救濟方法을 硏究ᄒᆞ야 地方郡守를 젼【詮】考試取한다 ᄒᆞ니 內部大臣의 苦心血性도 ᄯᅩᄒᆞᆫ 可히 了解ᄒᆞ깃스되

젼【詮】考ᄒᆞᄂᆞᆫ 方法으로 論ᄒᆞᆯ지면 資格이 俱備ᄒᆞᆫ 人氏가 有ᄒᆞᆯᄂᆞᆫ지 不知ᄒᆞ되 丁寧히 有ᄒᆞ다고도 質言키 亦難ᄒᆞᆫ 則 郡守叙任에 反히 弊害가 生ᄒᆞᆯ

253 본문 한자는 '感(감)' 자인데 부속국문은 '혹' 자로 표기되었다.

機關을 設ᄒᆞ얏도다

然則 哀我人民을 엇지 生活게 ᄒᆞ며 엇지 安頓케 ᄒᆞ며 엇지 蘇完케 ᄒᆞ리오 內部諸公은 地方 弊害의 救濟홀 方針을 更히 熟思ᄒᆞ야 公心으로 熱心으로 汲汲히 施措ᄒᆞ시오 (完)

73호

1906년 9월 21일 (금) 論說

經濟競爭

現今世界의 風潮를 推測홀진ᄃᆡ 何等時代라고 堪稱[254]ᄒᆞ깃나뇨 經濟競爭의 時代라 堪稱[255]ᄒᆞ깃스니 此는 個人言論이 不是라 卽 全世界 言論이라 謂홀지로다

經濟競爭이라 稱[256]홈은 如何홈을 謂홈이뇨 吾儕는 經濟學上에 研究도 略有ᄒᆞ나 世界의 風潮를 推測홀진댄 人民의 進化홈도 經濟에 流出홈이오 文運의 啓明도 經濟에 流出홈이오 國家의 富强도 經濟에 流出홈이오 個人의 進步도 經濟에 流出홈이니 經濟의 力量이 全地球를 盈縮進退케 ᄒᆞ는 權能이 透徹이 有ᄒᆞᆫ지라

經濟라 謂홈을 普通으로 言홀지면 殖産興業으로 一大機關을 作홈이니 個人이든지 國家이든지 殖産興業의 注意치 못ᄒᆞ면 實力을 不得홀지라 實力을 不得ᄒᆞ면 人民을 何有로 進化ᄒᆞ며 文運을 何有로 啓明ᄒᆞ며 國家를 何有로 富强ᄒᆞ며 個人이 何有로 進步될 能力이 有홀이오 是로 以ᄒᆞ야

254 본문 한자는 '稱(칭)' 자인데 부속국문은 '층' 자로 표기되었다.
255 본문 한자는 '稱(칭)' 자인데 부속국문은 '층' 자로 표기되었다.
256 본문 한자는 '稱(칭)' 자인데 부속국문은 '층' 자로 표기되었다.

實力을 養코자 ᄒᆞᆷ이 殖産興業을 大注意大努力ᄒᆞᆷ으로 經濟競爭이라 稱[257]ᄒᆞᆷ이라 經濟의 競爭을 觀ᄒᆞᆯ지면 農業 工業 商業을 發達ᄒᆞ며 蚕業 林業을 發達ᄒᆞ며 礦業 漁業을 發達ᄒᆞ야 各般 製造 勞働, 貿易 等의 競爭力이 全世界에 充滿ᄒᆞ야 玉帛의 交際[258]와 梯航의 交通과 樽俎의 折衷과 干戈의 相見이 此를 由ᄒᆞ야 生ᄒᆞᆷ이어늘

嗟我大韓全國은 國家이든지 人民이든지 經濟競爭의 學問도 素昧ᄒᆞ고 知識도 卑劣ᄒᆞ고 力量도 不及ᄒᆞ야 世界上 風潮에 一葉浮萍과 如ᄒᆞ야 隨風隨潮ᄒᆞ야 歇泊이 無定ᄒᆞᆫ 狀態에 不過ᄒᆞᆫ지라

然則 經濟競爭의 間에 立脚不住ᄒᆞᆯ 地位를 占ᄒᆞ야 殖産興業에 注意키도 不能커든 何況努力ᄒᆞᆯ 基礎가 有ᄒᆞᆯ이오 由是로 國家人民의 實力을 得할 期望이 杳然ᄒᆞ니 是를 憂慮ᄒᆞ고 是를 慨惋ᄒᆞ야 經濟競爭의 一論을 草ᄒᆞ야 全國同胞의 經濟競爭心을 勸諭ᄒᆞ노니 (未完)

74호 1906년 9월 22일 (토) 論說

經濟競爭 (續)

我韓全國에 國民의 知識程度가 經濟上 大範圍을 論喩키 難한 境遇가 有ᄒᆞᆫ 則 經濟의 小部分을 論ᄒᆞ거니와

大抵 殖産興業으로만 論ᄒᆞᆯ지라도 但히 農業, 工業, 商業, 蚕業, 林業, 礦業, 漁業 等에 在ᄒᆞ다 ᄒᆞ되 各般事業에 着手ᄒᆞᆯ 知識이 不及ᄒᆞᆫ 則 知識을 開牖ᄒᆞᆷ은 學問에 在ᄒᆞ고 時間에 在ᄒᆞ고 勞動에 在ᄒᆞ다 ᄒᆞ노니

257 본문 한자는 '稱(칭)' 자인데 부속국문은 '층' 자로 표기되었다.

258 본문 한자는 '際(제)' 자인데 부속국문은 '섭' 자로 표기되었다.

其一은 國中에 聰明俊逸ᄒᆞᆫ 靑年子弟가 縱然 國庫金을 費ᄒᆞ야 官費學生으로 派送치 못ᄒᆞᄂᆞᆫ 境遇가 有ᄒᆞᆯ지라도 各其 私財私力으로 世界文明列邦에 遊學ᄒᆞ야 各般學問을 練習ᄒᆞ야 知識을 涵養ᄒᆞᆫ 然後에 可히 競爭心을 得ᄒᆞᆯ 거이오

其二ᄂᆞᆫ 國中人民이 時間經濟를 尊重이ᄒᆞ야 一時間이라도 浪度泛過ᄒᆞᄂᆞᆫ 獘風이 無ᄒᆞ면 自然心頭에 勤懇ᄒᆞ야 念念不忘ᄒᆞᆯ 것이오 足底에 活動ᄒᆞ야 洞洞不已ᄒᆞᆯ 것이오 手端에 施措ᄒᆞ야 慥慥不息ᄒᆞᆯ 것이니 此와 如ᄒᆞ면 一時間 全國同胞의 事業이 多大ᄒᆞᆫ 効果를 槪言키 難ᄒᆞᆷ을 知得ᄒᆞᆫ 然後에 可히 競爭心을 得ᄒᆞᆯ 것이오

其三은 國民一同이 游衣游食ᄒᆞ든 惡習慣을 除却ᄒᆞ고 男婦老少가 製造, 販賣, 擔負 等 事業의 從事ᄒᆞ야 蠅頭細利라도 逐逐耽耽ᄒᆞ야 當日朝夕의 憂를 免ᄒᆞ기로 職分上責任으로 認ᄒᆞᆫ 然後에 可히 競爭心을 得ᄒᆞᆯ 거이니

此 三件를 實行ᄒᆞᆫ 則 殖産興業의 程度가 漸次就緖ᄒᆞ야 昨日에 飢ᄒᆞ든 者ㅣ 今日에 飽ᄒᆞ며 昨年에 貧ᄒᆞ든 者ㅣ 今年에 饒ᄒᆞ야 個人의 實力을 各各持有ᄒᆞ면 國家의 實力은 自然發達ᄒᆞᆯ지니 此ᄂᆞᆫ 我韓今日에 汲汲先務ᄒᆞᆯ 經濟競爭力이라 斷言ᄒᆞ노니

天地에 彌滿한 船車의 滊[259]笛聲機械의 火輪聲과 日月에 照耀ᄒᆞᄂᆞᆫ 市街에 物貨色金銀貨幣色이 耳目을 驚動ᄒᆞ고 心慾을 攪亂ᄒᆞᄂᆞᆫ 此 世界에 負手徐行ᄒᆞ야 他人의 景光을 觀望ᄒᆞ고 口[260]角에 참涎[261]만垂ᄒᆞ다가 四壁徒立ᄒᆞᆫ 屋子中에 空空腹雷의 凄凉ᄒᆞᆫ 妻子와 日高三丈토록 후후鼾[262]

259 본문 한자는 '滊(헐)' 자인데 부속국문은 '긔' 자로 표기되었다.
260 본문 한자는 '口(구)' 자인데 부속국문은 '고' 자로 표기되었다.
261 본문 한자는 '涎(연)' 자인데 부속국문은 '란' 자로 표기되었다.

鼻ᄒᆞ다가 明日에 又得如是ᄒᆞ야 畢竟一文을 市街上에 乞ᄒᆞᆯ 慘狀에 陷落ᄒᆞᆯ지면 但히 個人의 慘狀ᄲᅮᆫ 아니라 全國의 慘狀을 呈ᄒᆞᆯ 거이니 全國同胞ᄂᆞᆫ 此 論을 泛聽키 愼勿ᄒᆞ고 經濟競爭心을 大發ᄒᆞ야 經濟競爭力을 大進ᄒᆞᆯ지어다(完)

75호 1906년 9월 23일 (일) 論說

我不爲則他爲

我國은 從來 天然寶庫로 形成ᄒᆞᆫ 一部半島國이라 溫帶下에 在ᄒᆞ야 寒暑ㅣ 均適ᄒᆞ며 雨창이 平分ᄒᆞ고 土地ㅣ 膏腴ᄒᆞ며 物産이 繁殖ᄒᆞᆫᄃᆡ 梯航의 交通이 便易ᄒᆞ야 貿易興販의 道路가 平均ᄒᆞ고 天産物品이 俱備ᄒᆞ야 人工製造의 元素가 多大ᄒᆞᆷ으로 天然寶庫ᄅᆞᆯ 形成ᄒᆞ얏다 謂ᄒᆞᆷ이라

就中國民의 人文이 儀表도 秀麗ᄒᆞ고 性質도 淳實ᄒᆞ며 才分도 超逸ᄒᆞ야 善良ᄒᆞᆫ 人種으로 四千年歷史上에 光輝가 特有ᄒᆞ얏스나 如此ᄒᆞᆫ 領土와 如此ᄒᆞᆫ 人民으로 富强文明을 保有ᄒᆞᆯ 可爲之策이 豈無ᄒᆞᆯ이오마ᄂᆞᆫ

但惰怠汗漫ᄒᆞᆫ 習慣이 腦子裡에 貫徹ᄒᆞ야 浮虛高尙ᄒᆞᆫ 態度를 守ᄒᆞ고 興作勞動의 事業은 輕蔑ᄒᆞ야 腐敗ᄒᆞ고 萎靡ᄒᆞᆫ 風氣를 釀成ᄒᆞ얏스니 沃土之民에 不材ᄂᆞᆫ 逸也라 ᄒᆞᄂᆞᆫ 格言이 我韓人民을 爲ᄒᆞ야 準備ᄒᆞᆷ이라

是以로 經濟上 學問이 素昧ᄒᆞ고 事業上 活動이 全無ᄒᆞ야 天然寶庫中에 主將老死ᄒᆞ야도 至貧至弱至困至窮ᄒᆞᆫ 狀態를 不免ᄒᆞ니 此ᄂᆞᆫ 不爲ᄒᆞᄂᆞᆫ 大病源에 積祟ᄒᆞᆷ이라

262 본문 한자는 '鼾(한)' 자인데 부속국문은 '간' 자로 표기되었다.

國中에 鉄道를 我가 不爲ᄒᆞ기로 他가 爲ᄒᆞ며 京中에 電氣를 我가 不爲ᄒᆞ기로 他가 爲ᄒᆞ며 國中에 礦山을 我가 不爲ᄒᆞ기로 他가 爲ᄒᆞ며 其他農業 林業 漁業 牧業의 諸般利益을 我가 不爲ᄒᆞ기로 他가 爲ᄒᆞᆯ 經營이 有ᄒᆞ야 漸次 成功ᄒᆞᆯ 基礎를 確立ᄒᆞ얏스니

譬컨ᄃᆡ 一盤碁ᄅᆞᆯ 對ᄒᆞ야 緊要ᄒᆞᆫ 生穴에 我가 着手키 不能ᄒᆞ면 他가 着手ᄒᆞᆷ은 必然ᄒᆞᆫ 理由이라

學問도 全昧ᄒᆞ고 活動力도 全無ᄒᆞᆫ 人이 言必稱[263]殖産이니 興業이니 教育이니 事業이니 口舌上으로만 津津說去ᄒᆞ야 龍肉을 坐談ᄒᆞᆷ과 如ᄒᆞ며 畵餠을 自飽ᄒᆞᆷ과 如ᄒᆞ면 天然寶庫中에 在ᄒᆞᆫ 一乞丐[264]人의 慘[265]狀을 烏得免ᄒᆞ리오

天然寶庫中에 在ᄒᆞᆫ 惟我同胞ᄂᆞᆫ 精神ᄅᆞᆯ【을】 擦ᄒᆞ야 我가 爲ᄒᆞᆯ 思想도 起ᄒᆞ고 我가 爲ᄒᆞᆯ 步武도 進ᄒᆞ면 我가 爲ᄒᆞᆫ 効果도 有ᄒᆞᆯ 것이오 我가 爲ᄒᆞᆫ 能力도 生ᄒᆞᆯ 것이니 天然寶庫中 主人富家翁되기ᄅᆞᆯ 勸勉ᄒᆞ고 攢祝ᄒᆞ노니 惟我同胞ᄂᆞᆫ 精神을 擦ᄒᆞᆯ지어다 惟我同胞ᄂᆞᆫ 精神을 擦ᄒᆞᆯ지어다

76호

1906년 9월 25일 (화) 論說

天道教와 一進會

本報 第六十一號에 天道教令을 載하얏ᄂᆞᆫᄃᆡ 其 宗令은 教會의 性質과 位置와 目的과 事爲가 相殊ᄒᆞ니 各히 渾雜이 無ᄒᆞᆷ을 教人의게 命令ᄒᆞ고

263 본문 한자는 '稱(칭)' 자인데 부속국문은 '층' 자로 표기되었다.
264 본문 한자는 '丐(개)' 자인데 부속국문은 '면' 자로 표기되었다.
265 본문 한자는 '慘(참)' 자인데 부속국문은 '삼' 자로 표기되었다.

會人의게 通知ᄒᆞᆷ이라

吾人은 新聞家라 局外에 立ᄒᆞ야 社會上 大眼目으로 一般公論을 天下에 公告ᄒᆞ며 國民의게 廣佈ᄒᆞ노라 夫 宗教ᄂᆞᆫ 四海를 一家로 視ᄒᆞ며 人族을 一體로 認ᄒᆞᄂᆞᆫ 其 範圍가 極大ᄒᆞ니 蕩蕩한 道와 郁郁ᄒᆞᆫ 文은 吾人이 能히 名치 못ᄒᆞ며 萬世에 可히 化를 被케 ᄒᆞᄂᆞᆫ 者라.

然而何宗教를 勿論ᄒᆞ고 其 宗教를 唱導ᄒᆞ던 當時에ᄂᆞᆫ 矇昧ᄒᆞᆫ 野人들이 能히 人人感化ᄒᆞᆯ 知識力이 不足ᄒᆞᆯ지라 故로 反對가 極多ᄒᆞ며 衝突이 許多ᄒᆞᆷ으로 孔子ᄂᆞᆫ 陳蔡의 困厄이 有ᄒᆞ고 耶蘇ᄂᆞᆫ 十字慘禍을 受ᄒᆞ얏고 我檀君四千一百九十六年에 我國天道教主도 肉體ᄂᆞᆫ 禍를 遭ᄒᆞ얏스나 教의 宗旨ᄂᆞᆫ 後世에 遺傳ᄒᆞ야 發揮케 ᄒᆞᆫ지라

其 後 歷至三世에 孫秉熙 氏가 大道主의 宗을 繼ᄒᆞ야 曰 吾道ᄂᆞᆫ 活道라 ᄒᆞ니 盖人種進步的主義是也라 於是에 國民이 教에 輻湊ᄒᆞᄂᆞᆫ 者가 日以百數라 十年之間에 內外國人이 教에 入한 者ㅣ 幾百萬人에 達ᄒᆞᆫ지라

然而多數의 教人이 或 一進會에 傾向하야 政海波瀾의 危險을 不知ᄒᆞ고 政界上에 對ᄒᆞ야 万丈의 氣焰를【을】 吐ᄒᆞ니 來頭禍福은 姑舍 勿論ᄒᆞ고 社會上 公眼을 히然케 ᄒᆞᆷ이 不可ᄒᆞ도다

夫 天道教ᄂᆞᆫ 其 顯著한 表面를【을】 論ᄒᆞᆯ진ᄃᆡ 德化를 布한 歷代가 不過四十七年에 全國에 彌滿ᄒᆞᆫ 거시 其 教人이라 其 德의 流行이 致郵傳命보다 速하니 其 進運이 盖若是하도다

或曰 天道教가 卽 一進會이오 一進會가 卽 天道教라 하니 此ᄂᆞᆫ 菽麥을 不辨ᄒᆞᄂᆞᆫ 訛言이라 假使向日의 教會分離한 公佈가 無ᄒᆞ더ᄅᆡ도 學問家ᄂᆞᆫ 其 教會가 不同ᄒᆞᆷ을 可知ᄒᆞ얏슬 거시라

苟或 全國의 許多ᄒᆞᆫ 教人中에 或 幾個人이 茶話會를 開ᄒᆞ야 茶를 飮ᄒᆞ고 閑話가 有ᄒᆞ면 此ᄂᆞᆫ 茶話會로 認ᄒᆞᆯ 거시오 天道教로 認치 아니ᄒᆞᆷ이 可ᄒᆞ며 且 幾個教人이 賭博會를 設ᄒᆞ얏다가 他人과 鬪공이 起ᄒᆞ야 法에 犯ᄒᆞ얏스면 法律上에 天道教 全體가 其 罪를 被ᄒᆞᆷ이 不可하고 但 個人의 律를【을】照ᄒᆞᆯ 쑨이라

然則 一進會가 法律上에 罪를 犯하야도 天道教의 罪가 아니며 政界上에 功이 有하야도 天道教의 功이 아니라 大小部分은 雖異ᄒᆞᄂᆞ 教도 一社會오 會도 ᄯᅩ한 獨立ᄒᆞᆫ 一社會라 엇지 天道教와 一進會를 一體로 視ᄒᆞ리오

然則 教主가 教人의 政黨에 入ᄒᆞᆷ을 許ᄒᆞᄂᆞ냐 不許ᄒᆞ나냐 曰 不許ᄒᆞᆯ 事理도 無ᄒᆞ며 不許ᄒᆞᆯ 權利도 亦無한지라 何를 謂ᄒᆞᆷ인고 大抵 教主가 一般人類의 道德上 行爲를 實踐ᄒᆞ며 進步的 事爲에 趨向ᄒᆞᆷ을 愛ᄒᆞ며 喜ᄒᆞᄂᆞ니 故로 教人이 勿論 何 社會에 投足ᄒᆞ야 何 事業을 做ᄒᆞ던지 不許ᄒᆞᆯ 理由가 萬無ᄒᆞ며 且人은 天賦自由의 權이 有ᄒᆞᆫ 知識稍優의 動物이라 政黨에 投入ᄒᆞᆷ을 不許ᄒᆞᆯ 權利가 豈有ᄒᆞ리오

然則 一進會長 李容九 氏가 本來 天道教人으로 今에 一進會에 在ᄒᆞᆷ이 何等의 不可한 點이 有ᄒᆞ야 李 氏 等 五十九人을 黜教ᄒᆞ얏ᄂᆞᆫ고

記者ᄂᆞᆫ 其 理由를 一一히 詳探치 못ᄒᆞ거니와 要之건ᄃᆡ 李 氏 等이 教主의 教訓을 違反背馳ᄒᆞᆷ으로 必也 教主가 以爲小子ᄂᆞᆫ 非吾徒라 鳴鼓而攻之可也라 ᄒᆞᄂᆞᆫ 是擧에 不外ᄒᆞᆫ지라

今 夫 一進會의 資格을 論하건ᄃᆡ 當局者에 對하야 政治得失를【을】質問도 有하며 勸告도 有하며 論駁도 有ᄒᆞᆷ으로 政府와 往往衝突이 有하얏ᄂᆞᆫᄃᆡ

世事가 日變ᄒᆞ니 時機를 不可不察이라 戒懼치 아니ᄒᆞᆷ이 ᄯᅩᄒᆞᆫ 不可ᄒᆞ도다

且 前日은 我國行政이 整理의 道가 無ᄒᆞ야 萬頃蒼海에 失路ᄒᆞᆫ 船과 갓치 東西南北에 方向을 不知ᄒᆞᆯ 時에ᄂᆞᆫ 或 船中의 乘客이 船中 事務人을 勸ᄒᆞ되 東에 着ᄒᆞ여라 西에 着ᄒᆞ여라 ᄒᆞ더ᄅᆡ도 船長이 蒼荒中에 其 言權의 不當ᄒᆞᆫ 事를 責치 못ᄒᆞ얏ᄉᆞᄂᆞ 만일 向方을 定ᄒᆞᆫ 後에 乘客이 再次開口ᄒᆞ면 船長 喝退를 不免ᄒᆞᆯ지라

今也에ᄂᆞᆫ 行政整理의 萌芽가 解氷ᄒᆞᆫ 地中으로 隱隱히 將生ᄒᆞ니 彼綠葉靑幹이 長大키 前에ᄂᆞᆫ 普通肉眼에 看破키 難하ᄂᆞ 植物學에 硏究가 有ᄒᆞᆫ 慧眼에ᄂᆞᆫ 其 萌이 임의 露見하도다

然則 天道敎主가 一分子敎人이 政界波瀾에 精神을 迷失ᄒᆞᆫ 者의게 急流勇退를 勸ᄒᆞᆷ이 아닌가

否則 全國敎人으로 하여곰 政界波瀾에 匍匐하ᄂᆞᆫ 者를 警戒ᄒᆞᆷ인가 蔽一言하고 自今以後로ᄂᆞᆫ 敎會를 一體로 認하던 全國疑惑心은 可히 破하리라 하노라

然則 敎人이 會에 入ᄒᆞᆷ이 不可ᄒᆞᆫ가 曰 不然하다 學問硏究會ᄂᆞᆫ 知識을 增長케 하ᄂᆞᆫ 거시라 此도 可하며 茶話會ᄂᆞᆫ 事務汨沒하던 餘暇에 腦力을 休息케 하ᄂᆞᆫ 거시라 此도 可하며 運動會ᄂᆞᆫ 氣를 活潑케 ᄒᆞᆷ이라 此도 可하ᄂᆞ니 法律範圍內와 政治制限外에 吾人進步的으로 何會를 設하던지 可하다 하노라

77호

1906년 9월 26일 (수) 論說

郡守와 稅務官

近日 內部에셔 地方制度ᄅᆞᆯ 上奏ᄒᆞ고 郡守젼考를 實施키 計畫[266]ᄒᆞ야 젼考委員을 差出ᄒᆞ고 젼考에 應試人員을 親勅奏任이 各薦ᄒᆞ야 젼考ᄅᆞᆯ 經ᄒᆞᆫ 後에 郡守의 資格에 合한 者ᄂᆞᆫ 政府에 更히 請議ᄅᆞᆯ 不經ᄒᆞ고 直行敍任한다 ᄒᆞ니

然則 郡守敍任은 內部大臣이 特權을 掌握ᄒᆞᆷ이오

且度支에셔 稅務整理ᄒᆞ기 爲ᄒᆞ야 稅務官과 稅務主事ᄅᆞᆯ 直行敍任ᄒᆞ야 地方郡守의 國稅에 操縱ᄒᆞ든 利權을 分割ᄒᆞ야 稅務官의 責任에 歸케 ᄒᆞ야 官制ᄅᆞᆯ 頒佈ᄒᆞ고 不日敍任ᄒᆞᆫ다 ᄒᆞ니

然則 稅務官敍任은 度支大臣의 特權에 歸ᄒᆞᆷ이라

地方行政官 以外에 稅務ᄅᆞᆯ 另設ᄒᆞᆷ은 文明國 地方制度에 例有ᄒᆞᆷ이라 法律에 至ᄒᆞ야도 地方裁判所를 畢竟 另設ᄒᆞᆷ에 至한 然後에야 地方行政의 制度가 井井具備ᄒᆞ려니와

現今內部大臣이 郡守를 敍任ᄒᆞ고 度支大臣이 稅官를【을】 敍任ᄒᆞᆷ이 地方制度에 但히 熱心注意ᄒᆞᆷ과 如ᄒᆞ면 地方制度가 十分整理ᄒᆞᆷ에 歸ᄒᆞᆯ 善良結果가 有ᄒᆞ다 稱ᄒᆞᆯ려니와 但히 內部大臣은 郡守敍任을 直行ᄒᆞᄂᆞᆫ 特權을 掌握ᄒᆞ고 度支大臣은 稅官敍任을 直行ᄒᆞᄂᆞᆫ 特權을 掌握ᄒᆞ야 勢力競爭의 範圍內에 食口이나 擅用ᄒᆞ고 利權이나 獨行ᄒᆞ야 地方行政上에 紛요ᄒᆞᆯ 弊害만 惹出ᄒᆞᆯ 地境이면 反히 前日을 依ᄒᆞ야 郡守의 濫觴ᄒᆞ든 習慣을 仍用ᄒᆞ고도 人民間에 不穩ᄒᆞᆫ이만 不如ᄒᆞᆯ 거이니

266 본문 한자는 '畫(화)' 자인데 부속국문은 '획' 자로 표기되었다.

今에 郡守ᄂᆞᆫ 人口이나 地方이나 責任으로 擔荷ᄒᆞ고 稅官은 田稅이나 山林이나 責任으로 擔荷ᄒᆞ기로 人材ᄅᆞᆯ 擇用ᄒᆞ야 國步ᄅᆞᆯ 增進케 ᄒᆞ면 國家에 大幸ᄒᆞᆫ 事임으로 揣[267]料ᄒᆞ노니

內部大臣과 度支大臣은 權利上 競爭範圍ᄂᆞᆫ 打破ᄒᆞ고 公明正大한 職責을 盡ᄒᆞ야 地方行政上에 人民의 便利ᄅᆞᆯ 與ᄒᆞ고 國家에 幸福을 圖ᄒᆞ기로 熱望ᄒᆞ노라

78호 　　1906년 9월 27일 (목) 論說

人口實數

我韓全國에 人口實數가 男婦童幼를 並ᄒᆞ야 二千萬口라 稱[268]ᄒᆞ니 二千萬口ᄂᆞᆫ 何時에 調査함이며 何人의 口舌上에 唱導ᄒᆞᆷ인지 不知ᄒᆞ되 吾人의 疑團이 不無ᄒᆞᆫ 바이로다

自來我國에 軍丁編伍로 地方官吏의 苛政下에 奸猾한 吏胥의 刀筆幻弄과 凶獰한 校卒의 鞭朴呵叱에 酷烈을 不勝ᄒᆞ야 假令年十五男丁一口ᄅᆞᆯ 軍案에 編入ᄒᆞ면 一年稅布一疋을 納ᄒᆞᆯ 時監色이니 情條이니 二十七八疋에 不下ᄒᆞ기로 窮蔀殘氓이 人口掩[269]匿ᄒᆞ기ᄅᆞᆯ 亡命者이나 死罪者갓치 忌諱[270]ᄒᆞ고 甚之産娩時에 擧女不擧男ᄒᆞᄂᆞᆫ 惡習이 種種히 有ᄒᆞ니 其 人情을 推測[271]ᄒᆞ면 容或無怪로ᄃᆡ 官吏의 弄奸은 漸漸滋甚ᄒᆞ야 白骨을 徵布

---

267 본문 한자는 '揣(췌)' 자인데 부속국문은 '최' 자로 표기되었다.
268 본문 한자는 '稱(칭)' 자인데 부속국문은 '층' 자로 표기되었다.
269 본문 한자는 '掩(엄)' 자인데 부속국문은 '음' 자로 표기되었다.
270 본문 한자는 '諱(휘)' 자인데 부속국문은 '위' 자로 표기되었다.
271 본문 한자는 '測(측)' 자인데 부속국문은 '칙' 자로 표기되었다.

ᄒᆞ고 黃口ᄅᆞᆯ 充丁ᄒᆞᄂᆞᆫ 弊瘼이 全國內地方에 郡郡邑邑家家戶戶이 擧皆同然ᄒᆞᆫ지라

是로 以ᄒᆞ야 人口ᄂᆞᆫ 漏脫ᄒᆞ기로 習慣을 成ᄒᆞ고 風俗을 成ᄒᆞ야 假令 一戶內에 十口가 居生ᄒᆞ면 吏의 文書에ᄂᆞᆫ 八口씸 되고 官의 文書에ᄂᆞᆫ 五口에 不過ᄒᆞ니 官에 五口稅를 徵[272]納ᄒᆞ면 吏ᄂᆞᆫ 三口를 隱匿ᄒᆞ야 應食에 私充ᄒᆞᄂᆞᆫ 所以라

自然籍法이 紊亂ᄒᆞ고 軍案이 眩荒ᄒᆞ야 一郡에 軍校千人을 編成ᄒᆞ야도 逃와 故와 未成丁ᄒᆞᆫ 者ᄂᆞᆫ 十分에 六이 過ᄒᆞ고 生存ᄒᆞᆫ 壯丁의 遺脫ᄒᆞᆫ 者ㅣ 十分에 二가 過ᄒᆞ니 人口의 實數를 엇지 知得ᄒᆞ리오 往在甲子에 軍案을 大改革ᄒᆞ야 屢百年傳來ᄒᆞ든 鬼神簿을【를】 烈火에 投ᄒᆞ고 布戶法을 頒布ᄒᆞ얏스니 男丁一名 軍布徵出이 每年二十七八疋에 過ᄒᆞᆫ 者ᄅᆞᆯ 葉錢三兩으로 改定ᄒᆞ야 春秋兩等에 分納케 ᄒᆞ니 民間에 惠澤은 河海와 如ᄒᆞ건마ᄂᆞᆫ

烟戶雜役이라ᄂᆞᆫ 地方官吏의 貪虐下에 酷烈이 無減ᄒᆞ야 戶米이니 戶錢이니 戶鷄이니 約正米이니 勸農米이니 還穀이니 里布이니 山參代錢이니 伏令代錢이니 松이니 이本頭菜이니 千種萬物의 官家苛斂[273]에 誅求剝割[274]ᄒᆞᄂᆞᆫ 毒烈을 不勝ᄒᆞ야 戶數을【를】 減縮ᄒᆞ기로 洞戶이라 吏戶이라 官吏이라 ᄒᆞᄂᆞᆫ 名稱[275]이 有ᄒᆞ야 假令一洞에 二百戶가 居生ᄒᆞ면 折半一百戶이나 官文書에 編入한 則 戶數가 減縮홈이 如此ᄒᆞ니 人口實數ᄂᆞᆫ 益益莫知ᄒᆞᆯ지라

272 본문 한자는 '徵(징)' 자인데 부속국문은 '증' 자로 표기되었다.
273 본문 한자는 '斂(감)' 자인데 부속국문은 '렴' 자로 표기되었다.
274 본문 한자는 '割(할)' 자인데 부속국문은 '활' 자로 표기되었다.
275 본문 한자는 '稱(칭)' 자인데 부속국문은 '층' 자로 표기되었다.

甲午更張時에 人口의 調査ᄒᆞᆯ 議案이 暫起ᄒᆞ얏다가 寢息한 以後에 獨立協會 演壇에셔 二千萬人口이라고 主唱ᄒᆞ야스나 其 實數ᄂᆞᆫ 三千萬口인지 一千萬口인지 實로 不知ᄒᆞᆯ 바이라

不知ᄒᆞᆯ만ᄒᆞᆫ 中의 一層不知ᄒᆞᆯ 事이 有ᄒᆞ니 庚子年에 內部에셔 漢城 及 各地方에 調査ᄒᆞᆫ 實數가 一千二百萬로으【으로】公佈ᄒᆞ얏고 壬寅年 調査에ᄂᆞᆫ 八百萬口오 乙巳年 調査에ᄂᆞᆫ 六百五十萬口라 ᄒᆞ얏스니 人種이 非常히 減縮ᄒᆞᆫ다 ᄒᆞᆫ들 엇지 若此ᄒᆞᆫ 地境에 至ᄒᆞᆯ이오 此도 畢竟 調査의 實數ᄅᆞᆯ 誤錯ᄒᆞᆷ으로 了解ᄒᆞᄂᆞᆫ 바이라 (未完)

79호

1906년 9월 28일 (금) 論說

人口實數 (續)

國家ᄂᆞᆫ 人民社會를 組織ᄒᆞ야 形成ᄒᆞᆫ 者이니 人民의 實數가 幾何인지 不知ᄒᆞ고 但히 國家만 形成ᄒᆞᆯ지면 此ᄂᆞᆫ 譬컨댄 一家內에 眷口가 幾何인지 不知ᄒᆞ고 但히 家宅을 排置ᄒᆞᆷ과 如ᄒᆞ니 一家內에 眷口를 不知ᄒᆞ고 家事를 整理키도 難ᄒᆞ거든 何况[276]一國內에 人口가 幾何인지 不知ᄒᆞ고 國治를 整理ᄒᆞᆯ 道가 有ᄒᆞᆯ이오

我韓의 人口實數를 不知한다 함은 隣國에 使聞키도 羞愧ᄒᆞ거니와 自國面目과 自國政治로 言ᄒᆞᆯ진ᄃᆡ 此를 文明ᄒᆞ다고 稱[277]키 難ᄒᆞ건마ᄂᆞᆫ 一國人口를 調査ᄒᆞᄂᆞᆫ 責任은 何等官人이 掌ᄒᆞ얏ᄂᆞᆫ지 吾儕ᄂᆞᆫ 不知ᄒᆞ거니와 人口ᄅᆞᆯ 不知ᄒᆞ고도 實數ᄅᆞᆯ 調査ᄒᆞᆯ 方針도 研究치 아니ᄒᆞ고 實數ᄅᆞᆯ 調査ᄒᆞᆯ

276 본문 한자는 '况(황)' 자인데 부속국문은 '항' 자로 표기되었다.

277 본문 한자는 '稱(칭)' 자인데 부속국문은 '층' 자로 표기되었다.

方針을 不得하야도 憂慮하는 狀態도 無하니 此를 箇人責任으로 歸홀 바이 아니오 全國政治의 蝴塗紊亂한 所由로 慨歎홀 비이리 或이 內部一官人에게 人口實數의 調査홀 方針을 問한듸 其 官人의 言內에 警察力을 擴張ᄒᆞ여야 實數를 查得ᄒᆞᄂᆞᆫ 効果가 有홈이라 ᄒᆞ고 或이 人口實數의 調查에 對ᄒᆞ야 意見을 發하얏ᄂᆞᆫ듸 戶籍法을 整理하여야 實數가 露出하리라 하니

此 二論의 原因과 結果를 研究홀진듸 其 効力의 如何홈은 吾儕가 質言치 아니하거니와 大抵 我韓人民이 亡命者와 如하며 死罪者와 如히 隱匿忌諱하든 風俗을 大覺悟하야 戶籍에 漏脫 人民은 官廳에 裁判도 不受하고 國家에 保護도 不與ᄒᆞ야 一逋盜者의 自[278]分에 不過홈으로 羞耻홀 줄을 自覺하야 戶籍에 漏脫치 아니ᄒᆞᆫ 然後에 人口의 實數가 現出홀 것이니

此ᄂᆞᆫ 政治改良의 一大關鍵은 人民의 風俗改良에 在하다 하노니 政治改良에 不主意하고 但히 警察力으로 調査한다 戶籍法으로 調査한다 홈은 口舌上으로 一場說去하ᄂᆞᆫ데 不過하고 實心主意하ᄂᆞᆫ 政治家이 全無하니 此ᄂᆞᆫ 概【慨】歎홀 빅라 人口實數의 調查方針을 熟熟研究도 하며 意見도 交換하야 更히 論述하깃노라 (完)

80호

1906년 9월 29일 (토) 論說

籍帳紊亂

日昨 本紙上에 人口實數라 題ᄒᆞ고 概略을 論述ᄒᆞ얏거니와 人口實數의 調査가 精密키 不能ᄒᆞ야 全國內 男女人口가 幾何인지 不知홈은 其 弊源

278 본문 한자는 '自(자)' 자인데 부속국문은 '신' 자로 표기되었다.

이 何에 在ᄒᆞ뇨 ᄒᆞ면

政治가 不明하다고도 홀 거이오 官人의 責任을 不盡ᄒᆞ얏다고도 홀 거이로ᄃᆡ 此ᄂᆞᆫ 根源의 深遠處를 言홈이오 目下 必要上 弊風으로 言홀지면 籍帳이 紊亂ᄒᆞ다 홀 거이니 籍帳이 紊亂홈을 略言홀진ᄃᆡ

籍帳이라 홈은 即 戶籍이라 戶籍이라 홈은 全國人口의 氏名住址籍貫生死와 四祖己妻子孫寄口를 並錄홈이니 戶籍의 重大홈이 此에 右홀 者ㅣ 無홀지라

是以로 周의 文名時代에 職方氏가 民數를 獻[279]ᄒᆞ면 王이 拜而受之라 ᄒᆞ니 民數ᄂᆞᆫ 即 戶籍이라 拜而受之홈을 見홀지면 民數를 尊重ᄒᆞ고 敬愼홈을 可知홀지라 國은 以民爲天이라ᄂᆞᆫ 言이 엇지 尋常ᄒᆞ리오

我國籍法이 國初로 自ᄒᆞ야 儀式이 特別ᄒᆞ야 一大壯紙全幅에 一家食口를 列書호ᄃᆡ 上으로 四祖를 列ᄒᆞ고 下으로 子孫奴婢를 懸ᄒᆞ야 官廳에 納ᄒᆞ면 「周挾字改印」이라ᄂᆞᆫ 章을 捺ᄒᆞ야 監營에 納ᄒᆞ고 監營에셔 漢城府로 納ᄒᆞ야 三年一次式 修改홈으로 式年帳籍이라 稱[280]홈이라

伊時에도 士大夫家이나 知名家에ᄂᆞᆫ 某官職[281]을 稱[282]ᄒᆞ며 無官職人은 幼學이라 稱[283]ᄒᆞᄂᆞᆫᄃᆡ 平民은 閑良이라 稱[284]ᄒᆞ며 又或業儒라 稱[285]ᄒᆞᄂᆞᆫ 各目이 懸殊한지라 閑良이라 稱[286]ᄒᆞ면 軍丁에 編入ᄒᆞᄂᆞᆫ 常例이오 業儒라

279 본문 한자는 '獻(헌)' 자인데 부속국문은 '혼' 자로 표기되었다.
280 본문 한자는 '稱(칭)' 자인데 부속국문은 '충' 자로 표기되었다.
281 본문 한자는 '職(직)' 자인데 부속국문은 '즉' 자로 표기되었다.
282 본문 한자는 '稱(칭)' 자인데 부속국문은 '충' 자로 표기되었다.
283 본문 한자는 '稱(칭)' 자인데 부속국문은 '충' 자로 표기되었다.
284 본문 한자는 '稱(칭)' 자인데 부속국문은 '충' 자로 표기되었다.
285 본문 한자는 '稱(칭)' 자인데 부속국문은 '충' 자로 표기되었다.
286 본문 한자는 '稱(칭)' 자인데 부속국문은 '충' 자로 표기되었다.

稱[287] ᄒᆞ면 仕宦에 妨害가 有ᄒᆞᆷ으로 幼學을 冒[288]稱[289]하야 戶籍을 繕ᄒᆞ기로 平民의 苦心血性 ᄒᆞᄂᆞᆫ 바이나 平民이 만일 幼學을 冒稱[290] ᄒᆞ면 洞里上大大家에셔 私自嚴禁하는 惡習이 有ᄒᆞ나 呼寃키 不敢하고 且郡守가 幼學冒稱[291]에 罪로 苛刑을 施ᄒᆞᄂᆞᆫ 故로 平民은 戶籍을 不納ᄒᆞ기로 習慣을 成ᄒᆞᆷ이 自然 戶數가 損ᄒᆞ고 人戶가 減ᄒᆞᆯ ᄲᅮᆫ이오

帳籍에 至하야도 屢百年 漢城府이나 戶曹庫中에 積置ᄒᆞᆫ 休紙가 如山如陵ᄒᆞᆯ ᄲᅮᆫ이오 人口의 實數調査에ᄂᆞᆫ 關係가 無한지라 (未完)

81호

1906년 9월 30일 (일) 論說

籍帳紊亂 (續)

甲午更張 以後에 籍法을 改革ᄒᆞ야 ■■紙에 列書ᄒᆞ든 舊規를 廢止ᄒᆞ고 印札紙에 隨間懸錄ᄒᆞ야 年年히 ■■■ᄒᆞ고 捺印頒給ᄒᆞᆷ이 比前ᄒᆞ면 昭詳도 ᄒᆞ고 便易도 ᄒᆞᆯ 듯ᄒᆞ되 籍法이 完全無缺ᄒᆞ다 稱[292]ᄒᆞᆯ 슈도 無ᄒᆞ고 未開明한 國家事業이 此 戶籍一欵으로 見ᄒᆞ야도 瞭然히 可見ᄒᆞᆯ지라

所謂 戶籍印札紙를 京城에ᄂᆞᆫ 五署에 各坊曲交番所로 頒賣ᄒᆞ고 地方에ᄂᆞᆫ 各面으로 戶籍色이 頒[293]賣ᄒᆞᄂᆞᆫᄃᆡ 印札紙面이 劣品白紙半折에 濃墨으로 塗抹ᄒᆞ야 井間이 模糊 不分明ᄒᆞᆫ 印刷ᄂᆞᆫ 京鄕이 一般樣子인ᄃᆡ 京城에

287 본문 한자는 '稱(칭)' 자인데 부속국문은 '층' 자로 표기되었다.
288 본문 한자는 '冒(모)' 자인데 부속국문은 '묵' 자로 표기되었다.
289 본문 한자는 '稱(칭)' 자인데 부속국문은 '층' 자로 표기되었다.
290 본문 한자는 '稱(칭)' 자인데 부속국문은 '층' 자로 표기되었다.
291 본문 한자는 '稱(칭)' 자인데 부속국문은 '층' 자로 표기되었다.
292 본문 한자는 '稱(칭)' 자인데 부속국문은 '층' 자로 표기되었다.
293 본문 한자는 '頒(반)' 자인데 부속국문은 '벽' 자로 표기되었다.

셔ᄂᆞᆫ 二張에 銅錢六枚의 代金으로 交換ᄒᆞ고 地方에ᄂᆞᆫ 二張의 葉錢三兩의 代金으로 交換하ᄂᆞᆫᄃᆡ 若其 一字라도 誤書ᄒᆞᄂᆞᆫ 境遇에ᄂᆞᆫ 又代金을 受ᄒᆞᆷᄆᆡ 猶爲不足ᄒᆞ야 色吏가 每戶에 口收米 一升式 計口ᄒᆞ야 納ᄒᆞᆷᄆᆡ 十口家에ᄂᆞᆫ 一斗米를 收納ᄒᆞ니 地方에 無窮 弊風을 成한지라

又況[294]年年히 戶籍을 繕呈ᄒᆞᆷ이 一大痼瘼으로 厭苦ᄒᆞ야 貧殘ᄒᆞᆫ 窮民은 戶籍에 漏脫ᄒᆞ기로 極力周施[295]ᄒᆞ야 色吏의게 左右請囑ᄒᆞ야 畢竟탈戶가 됨으로 戶布로 탈戶된 者도 有ᄒᆞ고 戶籍으로 탈戶된 者도 有ᄒᆞ니 人戶가 十에 二三이 漏落한 則 人口의 漏脫은 自然 其 中에 在한지라

然則 戶籍의 紊亂ᄒᆞᆷ이 極度에 達ᄒᆞ야도 矯구ᄒᆞᆯ 方針을 硏究ᄒᆞᄂᆞᆫ 人士ᄂᆞᆫ 有ᄒᆞ다 ᄒᆞᆯ지라도 當局大臣에 腦髓中에 此를 改良ᄒᆞ고 整理ᄒᆞᆯ 思想이 頓然虛無ᄒᆞᆯ지면 有志人士의 硏究ᄒᆞᆫ 方針이 有ᄒᆞ다 ᄒᆞᆯ지라도 妄想에 歸ᄒᆞ며 空談에 歸ᄒᆞᆯ 쥴 揣[296]度ᄒᆞ거니와

方今地方制度도 改良ᄒᆞ고 郡守도 另擇ᄒᆞ고 不動産도 調査ᄒᆞᄂᆞᆫ 革新政治가 發見ᄒᆞᄂᆞᆫ 時代를 當ᄒᆞ얏스니 人口實數의 調査ᄂᆞᆫ 日昨 論述한 바이어니와 籍法의 改良을 急先着手함이 現今必要ᄒᆞᆫ 方針으로 思想ᄒᆞ야 一論을 述ᄒᆞ노니

當局大臣도 此를 注意ᄒᆞᄂᆞᆫ 熱心이 有ᄒᆞᆯ지면 籍法改良의 方針을 汲汲ᄒᆞᆯ 듯ᄒᆞ도다 (完)

294 본문 한자는 '況(황)' 자인데 부속국문은 '항' 자로 표기되었다.
295 본문 한자는 '施(시)' 자인데 부속국문은 '션' 자로 표기되었다.
296 본문 한자는 '揣(췌)' 자인데 부속국문은 '연' 자로 표기되었다.

義務教育

國民의 共同精神을 發揮케 ᄒᆞ며 國家를 擔任ᄒᆞᄂᆞᆫ 思想을 養成코자 ᄒᆞᆯ지면 教育의 功効에 過ᄒᆞᆯ 者ㅣ 無ᄒᆞ니 是로 以ᄒᆞ야 文明列邦의 教育主義로 實行ᄒᆞᄂᆞᆫ 바이라

其實行ᄒᆞᆫ 功効를 論ᄒᆞᆯ진ᄃᆡ 國民의 元氣를 充塞ᄒᆞ며 愛國心을 發生ᄒᆞ며 國民의 知識을 開牖ᄒᆞ야 個人의 實力을 擴充ᄒᆞ고 海陸軍力을 擴張ᄒᆞ며 農商工業을 發達ᄒᆞ며 其他 水陸의 交通機關과 諸般 機械的 原力을 使用ᄒᆞ야 國家의 實力을 擴充ᄒᆞ야 國民은 文明國民의 地位에 安樂ᄒᆞ고 國家ᄂᆞᆫ 世界一等國의 倍班에 待遇를 享[297]有ᄒᆞᆷ은 教育一欵에 在ᄒᆞᆫ ᄯᆞᄅᆞᆷ이라

個人이나 國家의 健全ᄒᆞᆫ 精神을 振興發揮코자 ᄒᆞᆯ진ᄃᆡ 幼年부터 心志를 誘掖ᄒᆞ고 知覺을 導적ᄒᆞ야 薰陶善良ᄒᆞᆷ에 在ᄒᆞᆯ지니 此ᄂᆞᆫ 各其 子孫을 教育ᄒᆞᄂᆞᆫ 父兄의 義務이오 國民은 國家隆盛의 責任을 擔負ᄒᆞ야 教育費金의 一部分을 支出ᄒᆞᆯ지니 此ᄂᆞᆫ 各其 國民을 教育ᄒᆞᄂᆞᆫ 國民의 義務이라

文明列邦에 官立 公立 私立의 學校가 國中에 遍滿ᄒᆞ되 國民의 義務教育으로 強制的 入學케 ᄒᆞᄂᆞᆫ 法令을 制定ᄒᆞᆷ이 有ᄒᆞ거ᄂᆞᆯ

何況我國은 腐敗한 政治를 革新코자 ᄒᆞ며 幼穉ᄒᆞᆫ 民智를 開發코자 ᄒᆞᆫ則 可謂教育時代인ᄃᆡ 教育事業이 全國에 普及키 不能ᄒᆞ야 官立이 幾個所에 不達ᄒᆞ며 公立은 아즉 成立치 못ᄒᆞ얏고 私立은 繼續ᄒᆞᄂᆞᆫ 方法이 無ᄒᆞ고 且幼年의 放浪嬉遊함에 一任ᄒᆞ야 普通教育을 國民全體에 施ᄒᆞᄂᆞᆫ 本義에 違反ᄒᆞ야 國家隆興의 機運을 速致키 不圖ᄒᆞ얏스니 엇지 國家의 文運이며

297 본문 한자는 '享(향)' 자인데 부속국문은 '셩' 자로 표기되었다.

國民의 幸福이라 謂ᄒᆞ리오

近日 有志紳士의 發起ᄒᆞᆫ 意見이 有ᄒᆞ야 政府當局諸公의 法令頒布ᄒᆞ기를 爲ᄒᆞ야 條目을 臚[298]列ᄒᆞ야 吾儕의 意見을 交換ᄒᆞᆷ의 吾儕의 意見도 此에 研究한 思想이 大相符合ᄒᆞ기로 一論을 述ᄒᆞ야 贊成ᄒᆞᄂᆞᆫ 同情을 表ᄒᆞ노니

政府에 當局諸公은 國家文運과 國民幸福을 大展發ᄒᆞ기로 現今方針을 企圖ᄒᆞᆯ진ᄃᆡ 義務教育의 法令을 汲汲히 頒布ᄒᆞ야 國民義務와 父兄義務를 實行ᄒᆞ야 幼年教育을 擴張ᄒᆞ기를 熱望ᄒᆞ노라

83호 1906년 10월 4일 (목) 論說

再論 籍法改良의 反對說

日昨 本報紙上에 籍帳紊亂이라 題ᄒᆞ고 戶籍의 弊害됨을 說明ᄒᆞ며 籍法의 改良할 方針을 研究ᄒᆞ야 汲汲實施ᄒᆞ기를 勸告ᄒᆞ얏더니

某官場社會에서 本紙所論한 籍法改良을 絶代的 反對ᄒᆞ기를 籍帳이 縱然紊亂ᄒᆞ야도 人民間에 慣熟實行ᄒᆞ든 바를 忽然[299]變改ᄒᆞ면 十分方便門이라도 擾擾聒聒ᄒᆞ야 民心이 騷動ᄒᆞᆯ 거이니 紊亂한ᄃᆡ도 姑息之計를 用ᄒᆞᆷ이 第一上策이라 籍法紊亂이 아직 國家에 必要한 關係가 無ᄒᆞ고 人口調査가 國家에 必要ᄒᆞᆫ 利益이 無하거ᄂᆞᆯ 萬歲報 論說에 籍法改革을 主唱ᄒᆞᆷ은 一弊를 滋生케 ᄒᆞᆷ이라고 論議 紛紛ᄒᆞ야 雄唱雌和하드라고 探報를 聞하얏노니

吾濟【儕】ᄂᆞᆫ 此言을 聞하고 人道上으로 責備할 說話가 아님으로 閣置할 거이로ᄃᆡ 姑息之計ᄅᆞᆯ 用ᄒᆞᆷ이 第一上策이라ᄂᆞᆫ 一句話에 對ᄒᆞ야 不得不 一

298 본문 한자는 '臚(려)' 자인데 부속국문은 '로' 자로 표기되었다.
299 본문 한자는 '然(연)' 자인데 부속국문은 '지' 자로 표기되었다.

言을 更草하노라

我國의 上으로 國權를【을】失하고 下으로 人[300]權을 失하야 累卵의 危ᄒᆞᆷ과 倒懸의 急ᄒᆞᆷ에 至ᄒᆞᆷ이 何等 事態에 由하얏ᄂᆞ뇨 政治의 腐敗에 由하얏고 政治의 腐敗ᄂᆞᆫ 姑息 二字에 由하얏거ᄂᆞᆯ 今日時局에 坐하야 所謂 政治를 維新게 ᄒᆞᄂᆞᆫ 官場人士의 身分으로 姑息 二字를 唱導ᄒᆞᆷ이 慨嘆ᄒᆞᆷ을 不勝하도다

籍法改革으로 言ᄒᆞᆯ지라도 엇지 國家에 必要關係가 아니라 하며 人口調査로 言할지라도 엇지 國家에 必要利盖[301]이 아니라 할이오 籍法은 民數의 關鍵이오 人口ᄂᆞᆫ 國脉의 根本이라

然而 我國 籍法이 紊亂하야 現今 生存者의 名을 謄ᄒᆞᆷ이 幾稀하고 昔年死亡者의 名을 仍存한 者 許多하니 戶籍의 虛實를【을】 엇지 準信하며 人口의 實數를 또한 不知할지라 政府ᄂᆞᆫ 稅金의 關係가 不無하며 地方官吏ᄂᆞᆫ 經界를 必漫ᄒᆞᆷ이 繼生하니 此亦 政治上 大問題라 허물며 戶籍上 遺漏ᄒᆞᆫ 國民은 部落의 人民이라 稱[302]ᄒᆞᆷ은 可하나 國家의 國民이라 稱[303]ᄒᆞᆷ은 亦是孟浪ᄒᆞᆫ지라

夫 國家를 保有하야 文化前進을 望할진ᄃᆡ 我國籍法改良이 第一急務라 할 거이어ᄂᆞᆯ

反히 官場裡에 絶代的 反對를 起ᄒᆞᆷ은 何等局見에 出ᄒᆞᆷ인지 况[304]復姑息 二字를 主唱ᄒᆞᆷ은 但히 籍法改良뿐 아니라 何等政治이든지 姑息 二字

---

300 본문 한자는 '人(인)' 자인데 부속국문은 '이' 자로 표기되었다.
301 본문 한자는 '盖(개)' 자인데 부속국문은 '익' 자로 표기되었다.
302 본문 한자는 '稱(칭)' 자인데 부속국문은 '층' 자로 표기되었다.
303 본문 한자는 '稱(칭)' 자인데 부속국문은 '층' 자로 표기되었다.
304 본문 한자는 '况(황)' 자인데 부속국문은 '항' 자로 표기되었다.

로 注意ᄒᆞᆷ을 瞭然可觀ᄒᆞᆯ지니 此 輩ᄂᆞᆫ 一身上 富貴利權의 慾心만 充ᄒᆞᆯ 私計에 出ᄒᆞᆷ이오 一毫라도 國家이든지 人民의게 普及ᄒᆞᆯ 公益은 夢想外로 斷送ᄒᆞᄂᆞᆫ 人物이니 此를 慨惋ᄒᆞ고 痛嘆ᄒᆞ야 此 草를 再起함이오 但히 籍法改良에만 必要한 精神을 注ᄒᆞᆷ이 不是로라

84호

1906년 10월 5일 (금) 論說

朝鮮魂

檀君朝鮮 箕者朝鮮 以來 四千年 歷史의 光輝가 有하며 八萬方里餘[305]土의 面積이 有하며 二千萬 人口의 生靈이 有ᄒᆞᆫ 一大國에 國民된 ㅣ者【者ㅣ】 生하야도 自國을 愛하ᄂᆞᆫ 一團心이오 死하야도 自國을 愛하ᄂᆞᆫ 一團心이 凝結不解ᄒᆞ야 世世生生토록 人人皆有ᄒᆞᆫ 魂을 朝鮮魂이라 稱[306]ᄒᆞᆯ지니 政界에 大官人된 者ᄂᆞᆫ 政治를 贊襄ᄒᆞ고 文化를 敷施ᄒᆞ야 上으로 君上을 翊戴ᄒᆞ고 下로는 人民을 擁護ᄒᆞ야 國威國光이 隣國에 比等코자 하ᄂᆞᆫ 血心을 抵死코 奮發ᄒᆞᆷ이 朝鮮魂이라 謂하깃고

國內에 國民된 者ᄂᆞᆫ 知識을 廣求하며 經濟를 競爭하야 各般事[307]業을 擴張하며 實力을 展發하야 國民된 義務를 極達하기로 決心하며 國民된 天職을 盡修하기로 決心하야 國家의 光榮과 福澤이 自身의 光榮福澤보담 超勝하게 生覺하야 抵死코 前進ᄒᆞᆷ이 朝鮮魂이라 謂하깃거ᄂᆞᆯ

現金政界上을 推觀하건ᄃᆡ 悠悠泛泛ᄒᆞ야 國家思想은 浮雲과 如ᄒᆞ고 但

305 본문 한자는 '餘(여)' 자인데 부속국문은 '영' 자로 표기되었다.

306 본문 한자는 '稱(칭)' 자인데 부속국문은 '충' 자로 표기되었다.

307 본문 한자는 '事(사)' 자인데 부속국문은 '실' 자로 표기되었다.

히 身上勢力競爭과 利權競爭으로 滔滔[308]ᄒᆞᆫ 私慾이 烈火와 如ᄒᆞᆫ 싸ᄒᆞᆷ이니 此를 朝鮮魂이 有ᄒᆞᄃᆡ 謂치 못깃고

人民을 推觀ᄒᆞᆯ진ᄃᆡ 昏昏罔罔하야 國家가 何件物인지 國民이 何件物인지 糊塗朦朧하야 一生에 渴飮飢食하ᄂᆞᆫ 野慾만 有ᄒᆞᆫ 싸ᄒᆞᆷ이니 此를 朝鮮魂이 有하다 謂치 못하깃스니 此를 由하야 言ᄒᆞᆯ진ᄃᆡ 朝鮮魂은 姑舍하고 自家魂도 不有함과 如하니 엇지 國이 國權을 守하며 人이 人權을 得ᄒᆞᆯ이오

噫라 魂이 不有할지면 四千年歷史의 光輝도 泯滅ᄒᆞᆯ 것이오 八萬方里의 領土도 沈沒할 거이오 二千萬口의 生靈도 滅絶할 거이니 엇지 瞿[309]然한 者이 아니라 하리오

吾儕ᄂᆞᆫ 時局에 岌業ᄒᆞᆷ을 憂焦하야 日로 千言을 草하야 政戒와 人民間에 警告하ᄂᆞᆫ 者ᄂᆞᆫ 朝鮮魂을 喚起ᄒᆞᆷ이언만ᄂᆞᆫ 全國이 魂去不須招할 一部土木形히에 滔滔하얏기로 滿腔[310]熱血을 瀝盡하야 婉曲諷喩도 하고 大聲疾呼도 하노니 嗟我同胞ᄂᆞᆫ 朝鮮魂을 喚醒하야 朝鮮魂을 凝結不解할지어다

85호 1906년 10월 6일 (토) 論說

秋夜讀書

寥廓한 秋氣ᄂᆞᆫ 長空에 滿하고 淅瀝한 秋聲은 斷壑[311]에 在ᄒᆞᄃᆡ 靑年志士ᄂᆞᆫ 是氣에 厲하고 是聲에 激ᄒᆞ야 釼[312]을 掛ᄒᆞ고 書를 讀하니 秋의 聲은

308 본문 한자는 '滔(함)' 자인데 부속국문은 '도' 자로 표기되었다.
309 본문 한자는 '瞿(구)' 자인데 부속국문은 '확' 자로 표기되었다.
310 본문 한자는 '腔(강)' 자인데 부속국문은 '공' 자로 표기되었다.
311 본문 한자는 '壑(학)' 자인데 부속국문은 '확' 자로 표기되었다.
312 본문 한자는 '釼(인)' 자인데 부속국문은 '금' 자로 표기되었다.

天時自然을 報하거니와 書의 聲은 人事未定을 說하ᄂᆞᆫ 것이 아니라

夫 書ᄂᆞᆫ 萬家의 說이 不同하니 或可取의 說도 有하며 可棄의 說도 有하니 然則 何를 取하며 何를 棄함이 可ᄒᆞ뇨

彼淫逸과 腐敗와 浮虛의 說을 棄하며

道德과 實地와 進化의 說을 取ᄒᆞᆯ지어다

今夫 我國 人民 中에도 讀書한 人이 許多하것마ᄂᆞᆫ 學問이 有ᄒᆞ다 稱[313] ᄒᆞᆯ 者ᄂᆞᆫ 極少하니 何를 因ᄒᆞᆷ인고

盖我國에 傳來ᄒᆞᄂᆞᆫ 書籍은 胷中에 비록 五車書를 藏[314]하얏더ᄅᆡ도 今世界에 出頭하야 知識競爭ᄒᆞᆯ 수ᄂᆞᆫ 업ᄂᆞᆫ지라

苟或個人은 個人과 知識을 競爭하고 國家ᄂᆞᆫ 世界와 富强을 競爭코ᄌᆞᄒᆞᆯ진ᄃᆡ 爲先 全國教科書를 改良ᄒᆞ려니와 尋常히 一覽ᄒᆞᄂᆞᆫ 書籍이라도 文明國 文明人 文明說를【을】取ᄒᆞᆯ지어다

夫 秋ᄂᆞᆫ 肅殺의 氣가 有ᄒᆞ니 此時에 遊俠傳을 讀ᄒᆞ면 靑年의 俠氣를 妄挑ᄒᆞ며 世界歷史를 讀ᄒᆞ면 靑年의 血를【을】沸ᄒᆞᄂᆞ니 長遠한 功業을 建코ᄌᆞᄒᆞᄂᆞᆫ 靑年社會ᄂᆞᆫ 銳氣의 血를【을】過沸ᄒᆞ면 工夫에 大妨害가 有ᄒᆞᄂᆞ니라

氣ᄂᆞᆫ 用ᄒᆞᆯ 處에 厲ᄒᆞ며 平時에ᄂᆞᆫ 降함이 可ᄒᆞ며 血은 沸ᄒᆞᆯ 時에 沸ᄒᆞ며 平時에는 淸凉케 調養함이 可ᄒᆞ니 彼靑年社會ᄂᆞᆫ 總히 工夫ᄒᆞᆯ 時代이라 一字書를 讀ᄒᆞ더ᄅᆡ도 精神上과 學問的에 有益ᄒᆞᆫ 거슬 讀ᄒᆞ며 無益한 書ᄂᆞᆫ 讀지 말지어다

彼漢文도 支那[315]四千年文明을 傳ᄒᆞ던 書籍이라 엇지 可取의 書가 無

313 본문 한자는 '稱(칭)' 자인데 부속국문은 '층' 자로 표기되었다.
314 본문 한자는 '藏(장)' 자인데 부속국문은 '심' 자로 표기되었다.
315 본문 한자는 '那(나)' 자인데 부속국문은 '라' 자로 표기되었다.

ᄒᆞ리오마ᄂᆞᆫ 漢文을 讀ᄒᆞᄂᆞᆫ 者ᄂᆞᆫ ᄇᆞᆫ다시 其 可取 可棄의 點을 深究ᄒᆞᆯ지어디 漢文은 進取的이 少ᄒᆞ고 退守的이 多ᄒᆞ니 彼塞下曲征夫詩를 看ᄒᆞ선디 人의 哀怨聲悲愴心을 增長ᄒᆞᆯ ᄯᆞ름이라 然則 漢文이 非徒塞下曲征夫詩만 如彼함이 아니라 統以計之컨디 退守的 注意가 許多한 者라 今에 燈火을【를】稍可親할 時를 當하야 家家靑年들이 何書를 讀ᄒᆞᄂᆞᆫ지 不知ᄒᆞ거니와 近日에 新學問書籍을 讀ᄒᆞ기를 顒祝ᄒᆞ면셔 靑燈을 挑ᄒᆞ고 社會學一部를 讀ᄒᆞ노라

86호

1906년 10월 7일 (일) 論說

局外問答

甲이 曰 日昨 萬歲報紙上 江南鴈聲이라 題ᄒᆞᆫ 漫筆에 云하야스되 郡守敍任을 富家翁으로 選擇함이 可하다고 論하얏스니 吾人의 意想에ᄂᆞᆫ 富家翁으로 郡守敍任이 大不可라 하노니

我國富家翁에 資格은 經濟上에 得力지 못ᄒᆞᆫ 人物이라 性質이 鄙吝하고 行爲가 殘忍ᄒᆞᆫ 然後에 財物을 逆取하야 家産을 成立ᄒᆞᆷ으로 貪多務得하ᄂᆞᆫ 慾心은 烝烝前進ᄒᆞᆫ 則 殘民의 膏血이라고 私橐에 歸치 아니ᄒᆞᆯ 理由가 無하고 公納의 愼重ᄒᆞᆷ으로 私利를 圖치 아니ᄒᆞᆯ 理由가 無하니 富家翁으로 郡守敍任ᄒᆞᆷ이 大[316]不可라고 하노라

乙이 答曰 不然하다 富家翁으로 郡守를 敍任할 時에 賂物이나 苞苴의 關係만 無하고 但히 秋收가 千石에 過하며 家行에 嚴正하며 名望이 素著

316 본문 한자는 '大(대)' 자인데 부속국문은 '무' 자로 표기되었다.

ᄒᆞᆫ 者로만 京鄕間에 選擇하얏스면 엇지 民財ᄅᆞᆯ 貪虐하며 公納을 欠逋하며 不幸히 公納을 愆期될 境遇에 至하야도 家産은 擔保ᄒᆞᆷ이 萬無一慮ᄒᆞᆯ 터이니 此ᄂᆞᆫ 漫筆泛論이 아니라 正筆確論이라 謂하노라

又曰 然則 郡守ᄂᆞᆫ 從今以後로 公納에 干涉이 無하고 稅務官의 責任이 重大하얏스니 公納一欵은 郡守의게 責備할 거이 無함과 如하지 아니ᄒᆞᆫ가

答曰 公納이 稅務官의 責任에 歸하얏스면 稅務官을 富人으로 選擇ᄒᆞᆯ지라 我國이 雖曰 貧國이나 家産이 富裕하고 品行이 正大ᄒᆞᆫ 者 三十六人이야 選擇하기 難하다하리오

近日 度支에셔 稅務官을 保薦하고 試取ᄒᆞᆫ다 하니 假令 稅務官이 公納을 乾沒ᄒᆞᆯ 時에 保薦人의게 徵出ᄒᆞᆯ 計劃인지ᄂᆞᆫ 不知하되 不幸히 保薦人의게 關係가 有ᄒᆞᆯ 境遇에ᄂᆞᆫ 保薦人이 但히 勅任이니 本部奏任이니 ᄒᆞᆯ지라도 財力이 無하야 擔保가 正確키 不能ᄒᆞᆯ지면 當初에 保천人은 何用ᄒᆞᆯ지며

若其 公納이 乾沒이 되든지 無麵이 나든지 하면 原額은 保천人에게 擔責하기로 法律을 定하얏스면 維子婿弟姪이라도 保薦하기 難ᄒᆞᆯ 거이어ᄂᆞᆯ 何況親分으로 保薦하기를 首肯하야 姓名章을 捺ᄒᆞᆯ 者이 有ᄒᆞᆯ이오

稅務官이나 加至稅務主事이라도 責任이 重大ᄒᆞᆯ 境遇에ᄂᆞᆫ 間接으로 保薦人을 擔責ᄒᆞᆯ 거이 아니라 直接으로 富人을 選擇하야 家産으로 擔保하ᄂᆞᆫ 것이 正確ᄒᆞᆫ 事이라고 斷言하노라

記者ㅣ 此 二人의 問答을 聞知하고 記述하야 當局者의 采用하기를 備하노라

嘆不能合心團體

個人家庭이든지 國家社會이든지 產業을 致하며 富强을 致하ᄂᆞᆫ 者를 觀ᄒᆞᆯ진ᄃᆡ 合心團体키 不能하고 能히 產業을 致ᄒᆞ며 能히 富强을 致하ᄂᆞᆫ 者를 見치 못ᄒᆞ얏노라

東西洋歷史를 閱ᄒᆞᆯ진ᄃᆡ 產業을 致ᄒᆞᄂᆞᆫ 個人家庭이나 富强을 致하ᄂᆞᆫ 國家社會에 衆智를 合하며 衆力을 合하야 事業에 着手ᄒᆞᆷ이 雖曰 大小의 分別은 有하나 合心團体되기ᄂᆞᆫ 一般이니 合心團体를 成한 然後에 善良한 效果를 奏ᄒᆞ며 宏大ᄒᆞᆫ 事業을 成ᄒᆞᆷ은 班班可見할지라

我國의 個人家庭은 一一히 擧論키 不可ᄒᆞ거니와 國家社會로 言할진ᄃᆡ 合心되고 團體되기를 日夜로 希望하야 言權家이든지 各新聞界이든지 瀝血勸告도 ᄒᆞ고 熱心諷喩도 ᄒᆞ건마ᄂᆞᆫ 文明的 進步에 達ᄒᆞᄂᆞᆫ 者를 不見하깃스니 其 根因은 何에 在ᄒᆞ뇨

政堂社會에ᄂᆞᆫ 利權을 相爭ᄒᆞ여 勢力을 相鬪ᄒᆞ고 旗幟ᄅᆞᆯ 各樹ᄒᆞ며 門戶ᄅᆞᆯ 各峙ᄒᆞ야 三分五裂과 七零八落ᄒᆞ야 合心團體키 不能ᄒᆞ며

營業社會에ᄂᆞᆫ 銀行이든지 會社이든지 文明列邦에 已行規例ᄅᆞᆯ 不知ᄒᆞ고 社會면【面】目ᄅᆞᆯ【을】組織ᄒᆞ기 未及ᄒᆞ야 私慾이 爲先熾張ᄒᆞ며 權利ᄅᆞᆯ 互相爭競ᄒᆞ야 應募股金을 乾沒ᄒᆞᄂᆞᆫ 境遇에 至ᄒᆞ야 畢竟成立ᄒᆞᄂᆞᆫ 决果가 無ᄒᆞ니 此亦 合心團體키 不能ᄒᆞᆷ이라

合心團體키 不能ᄒᆞᆷ으로 國民의 實業을 不成ᄒᆞ고 實力을 不得ᄒᆞ야 民은 民權을 失ᄒᆞ고 國은 國權을 失ᄒᆞ야 世界에 劣等國과 劣等民의 資格을 不免하니

此ᄂᆞᆫ 國民의 知識이 開發치 못ᄒᆞ고 學問이 普及지 못ᄒᆞ야 文明的 進步ᄂᆞᆫ 一步도 前進키 不能ᄒᆞ고 蠻行野心만 日日로 增加ᄒᆞᆫ 所以라 엇지 慨世一嘆이 不起ᄒᆞᆯ이오

噫라 政黨社會와 營業社會와 普通社會에 至ᄒᆞ야 合心團體키로 注意ᄒᆞ야 國民的 義務를 盡修ᄒᆞ야 國은 劣等國을 免ᄒᆞ고 民은 劣等民을 免하야 一世界上에 大韓帝國의 光輝를 增進ᄒᆞᆯ지어다

88호

1906년 10월 10일 (수) 論說

教育大注意

今日 形便이 教育時代라 稱[317]하야 青年子弟의 腦髓를 劈破ᄒᆞ고 新學問[318]을 灌注ᄒᆞᆯ 思想이 懇切한 時代이라 各郡 郡守이든지 有志紳士이든지 學校를 私設ᄒᆞ고 子弟를 募集ᄒᆞ야 教育에 熱心ᄒᆞᆫ다 ᄒᆞᄂᆞᆫ 地方消息이 各 新聞上에 揭佈ᄒᆞᆫ 者를 畧數ᄒᆞᆯ진ᄃᆡ 三四百處에 達ᄒᆞ얏다하나 其 實數ᄂᆞᆫ 調査치 못ᄒᆞ얏거니와

學校設立 時에 趣旨書도 公佈ᄒᆞ고 募集試驗도 廣告ᄒᆞᆷ으로 發起人도 知하깃고 校舍位置도 知ᄒᆞ깃고 教科도 知ᄒᆞ깃스나

第一廣告에 多數한 者ᄂᆞᆫ 學校補助人 姓名과 補助金額을 一一公佈ᄒᆞ야 贊成ᄒᆞᄂᆞᆫ 志士의 名譽를 讚揚ᄒᆞᆷ과 如한 事도 有ᄒᆞ며

又或 地方郡守가 贊成에 注意ᄒᆞ야 郡內人民의게 補助金를【을】請求ᄒᆞ야 應從치 아니ᄒᆞᄂᆞᆫ 人民의게ᄂᆞᆫ 强迫的 手段을 試ᄒᆞ야 多數金額을 募集

317 본문 한자는 '稱(칭)' 자인데 부속국문은 '충' 자로 표기되었다.

318 본문 한자는 '問(문)' 자인데 부속국문은 '면' 자로 표기되었다.

ᄒᆞ야 學校에 創立方法을 施ᄒᆞᄂᆞᆫ 者도 有ᄒᆞ다더라

郡守 或 志士의 文明的 事業은 百倍도 贊成ᄒᆞᄂᆞᆫ 바어니와 近日 紛紛 一種怪說이 有ᄒᆞ되 觀察이나 郡守가 人民의 補助金을 私囊에 歸ᄒᆞᄂᆞᆫ 者ㅣ 有ᄒᆞ다 ᄒᆞ며 發起人士도 外面으로 敎育에 熱心한다 ᄒᆞ고 金額을 自腹에 充하ᄂᆞᆫ 者도 有ᄒᆞ다 ᄒᆞ니 此 說은 비록 昧野한 智識이라도 如此한 野心을 行ᄒᆞᆷ이 的實無否ᄂᆞᆫ 不知ᄒᆞ나

大抵 私立學校ᄅᆞᆯ 發起할 時에 基本金을 積置ᄒᆞ고 敎育事業을 經紀ᄒᆞᄂᆞᆫ 者ᄂᆞᆫ 一處도 無ᄒᆞ다 ᄒᆞᄂᆞᆫ 傳說이 膾炙한則 一種 補助金만 全辜ᄒᆞᆷ과 如ᄒᆞ니

方今時代가 智識이 開發ᄒᆞ야 村村家家에 義務敎育을 實施할지면 補助金만 全辜하야도 一學校를 成立함은 容或無怪어니와

父兄의 智識이 闇昧ᄒᆞ야 新學問을 天主學이라 指斥하고 子弟를 學校에 入學ᄒᆞᆷ을 嚴禁ᄒᆞᄂᆞᆫ 惡習慣이 十의 六七은 尙在한則 一段 補助金만 全辜하니 學校의 成立ᄒᆞ기를 豈望ᄒᆞ리오

然則 私立學校가 百家一塾이오 十村一校가 有하야도 太多ᄒᆞ다 謂치 못할 거이로ᄃᆡ 但 學校이니 義塾이니 名稱[319]만 有ᄒᆞ고 有始無終ᄒᆞ야 敎育의 効果가 無ᄒᆞᆯ지면 志士의 熱血만 沸盡ᄒᆞ고 人民의 殘額만 消耗ᄒᆞ야 學校設立한다ᄂᆞᆫ 廣告費만 費ᄒᆞᆷ이 何等 效果가 國民間에 有ᄒᆞᆯ리오 (未完)

319 본문 한자는 '稱(칭)' 자인데 부속국문은 '층' 자로 표기되었다.

89호 1906년 10월 11일 (목) 論說

教育上大注意 (續)

噫라 目下情形이 民志가 欲開未開하고 國是가 欲定未定한 時代인 則 教育一欵에 至ᄒᆞ야도 教育에 注意ᄒᆞᄂᆞᆫ 者도 有ᄒᆞ고 教育에 不注意ᄒᆞᄂᆞᆫ 者도 有ᄒᆞ니

設令 郡守이나 紳士가 教育에 注意ᄒᆞ야 學校를 私設ᄒᆞ고 費金를【을】 請求ᄒᆞ며 子弟를 教育ᄒᆞ야 有志ᄒᆞ다ᄂᆞᆫ 事業과 熱心한다ᄂᆞᆫ 名譽가 沸騰하다 ᄒᆞᆯ지라도 漢城 及 各地方內에 十分實地로 維持ᄒᆞᆯ 方針과 教科ᄒᆞᄂᆞᆫ 誠心이 人人皆有ᄒᆞ야 私立學校이면 一齊히 文明事業이라 稱[320]키 不堪ᄒᆞᆯ 事態가 有ᄒᆞ깃고

設令 郡守이나 紳士가 外面으로 教育을 藉托ᄒᆞ고 保助金을 强迫的으로 收入ᄒᆞ야 私橐에도 歸ᄒᆞ며 自腹에 充ᄒᆞᆫ다ᄂᆞᆫ 毀謗이 日至ᄒᆞ야도 十分實地로 維持할 方針과 教課ᄒᆞᄂᆞᆫ 誠心이 人人皆無ᄒᆞ야 私立學校이면 擧皆 野蠻行爲이라고 稱[321]ᄒᆞ기 不堪ᄒᆞᆫ 經界가 有ᄒᆞᆫ 則

此를 大賛成ᄒᆞ기도 難ᄒᆞ고 此를 大駁論ᄒᆞ기도 亦難ᄒᆞ니 國中에 青年英俊을 汲汲教育ᄒᆞᆯ 時代를 當ᄒᆞ야 官立公立等 學校만 依賴키 難하고 義務教育의 制度를 頒佈ᄒᆞ야 强制的 教育을 實行ᄒᆞ기도 一朝一夕에 歸决키 難ᄒᆞ니 不得不私立을 勸奬ᄒᆞ야 已設者를 奬勵ᄒᆞ고 後來者를 引勉ᄒᆞ여야 國中에 文運이 大進步ᄒᆞᆯ 希望이 有ᄒᆞ거ᄂᆞᆯ

當今 學校私設者를 贊成키도 難ᄒᆞ고 駁論키도 難ᄒᆞ면 涇渭를 不分이오 薰猶을【를】 未辨이니 志士의 熱心을 奮激興起ᄒᆞᆯ 道가 有ᄒᆞᆯ리오

320 본문 한자는 '稱(칭)' 자인데 부속국문은 '층' 자로 표기되었다.

321 본문 한자는 '稱(칭)' 자인데 부속국문은 '층' 자로 표기되었다.

一種意見를 另陳할진디 學部에서 各地方에 派員ᄒᆞ야 十三道管下 各郡에 私立한 學校아 義塾을 精細調査ᄒᆞ아 每一部分에

校舍位置ᄂᆞᆫ 幾坪

校長校監은 誰某

教師ᄂᆞᆫ 誰氏 履歷

出席學生은 幾員

教科ᄂᆞᆫ 幾課程

基本金은 幾何

保助金은 幾何

每月經費ᄂᆞᆫ 幾何

右項을 細細調查ᄒᆞ야 合幾個學校에 維持ᄒᆞᆯ 方針과 教課ᄒᆞᄂᆞᆫ 誠心이 十分實地로 踐行ᄒᆞᄂᆞᆫ 部分에ᄂᆞᆫ 賞與狀을 頒給ᄒᆞ야 勸勉興奮케 ᄒᆞᆯ 거이오

若其 誠心은 有ᄒᆞ되 實力이 無ᄒᆞ야 維持方針이 繼續ᄒᆞ기 難ᄒᆞ야 已設한 校舍와 募集한 學員이 渙散廢止ᄒᆞᆯ 境遇에 至한 者ᄂᆞᆫ 國庫金으로 保助ᄒᆞ야 維持ᄒᆞᆯ 方便으로 勸獎ᄒᆞᆯ 거이오

又若設校主義ᄅᆞᆯ 標準ᄒᆞ고 教育을 藉托ᄒᆞ야 補助金額을 私慾으로 乾沒ᄒᆞ야 教育을 實行치 아니한 者ᄂᆞᆫ 騙財律로 懲[322]戢할 것이니

右三欵事를 行하야 一世上 風氣를 皷舞ᄒᆞ야 教育時代 勿失ᄒᆞ고 青年子弟를 養成ᄒᆞᄂᆞᆫ 것이 我韓國家에 第一時急ᄒᆞᆫ 先務이기로 一論을 長述ᄒᆞ야 教育上 注意라고 題하노라 (完)

322 본문 한자는 '懲(징)' 자인데 부속국문은 '증' 자로 표기되었다.

女子教育會의 知識程度

昨水曜日에 本記者가 女子教育會ᄅᆞᆯ 視察ᄒᆞ니

位置ᄂᆞᆫ 東闕金虎門外前待漏院인ᄃᆡ 皇上陛下ᄭᅴ셔 特別히 賜給ᄒᆞ오신 天恩을 蒙ᄒᆞ얏다 ᄒᆞ며 出席會員은 畧百餘名인ᄃᆡ 傍聽ᄒᆞᄂᆞᆫ 婦人도 多數ᄒᆞ며

本日은 本會通常會인ᄃᆡ 一月에 兩次式開會ᄒᆞ야 討論會ᄅᆞᆯ 開한다 ᄒᆞ며

討論問題ᄂᆞᆫ「幼兒ᄅᆞᆯ 教育ᄒᆞᆷ이 嚴切히 團束ᄒᆞᄂᆞᆫ 것보다 和平히 引導ᄒᆞᄂᆞᆫ 것이 可함」인ᄃᆡ

右議ᄂᆞᆫ 金[323]松ᄌᆡ 趙南坡 兩婦人이오 左議ᄂᆞᆫ 李一貞堂 金克嚴 兩婦人인ᄃᆡ

肅請한 會場中에 可否의 格論이 有ᄒᆞᆫᄃᆡ 衆會員이 拍手喝采ᄒᆞ얏고 名譽紳士로 延請ᄒᆞᆫ 尹孝定 梁在謇 兩氏가 同問題에 續論ᄒᆞ얏고

貴賓에ᄂᆞᆫ 內部大臣夫人 洪敬賢 氏가 出席贊成ᄒᆞ얏고 外國貴賓은 大垣[324]絲子가 演說하얏고 其他 長谷川夫人 諸氏가 贊成ᄒᆞ얏ᄂᆞᆫᄃᆡ

副會長 金雲谷 氏가 齊楚한 洋服으로 會長을 代辦ᄒᆞ야 衆[325]賓을 致謝ᄒᆞ더라

記者ㅣ 喟然嘆曰 我韓風氣가 如此히 一變ᄒᆞᆯ 줄을 誰人이 預想ᄒᆞ얏쓰리오 四千年 男子와 平等한 權利를 失ᄒᆞ고 閨門에 禁錮ᄒᆞ야 衣服이나 裁縫하고 飮食이나 烹임ᄒᆞ야 一平生 天日을 不見ᄒᆞᄂᆞᆫ 罪人과 如히 淺[326]短固陋한 知識으로 女子教育會를 成立ᄒᆞᆷ도 我韓風氣가 一變ᄒᆞᆷ이어니와

---

323 본문 한자는 '金(금)' 자인데 부속국문은 '젼' 자로 표기되었다.
324 본문 한자는 '垣(원)' 자인데 부속국문은 '환' 자로 표기되었다.
325 본문 한자는 '衆(중)' 자인데 부속국문은 '상' 자로 표기되었다.
326 본문 한자는 '淺(천)' 자인데 부속국문은 '잔' 자로 표기되었다.

言壇上에 慷慨激切한 言論이 家庭教育을 始ᄒᆞ야 國家思想에 達홈이 滿腔熱血을 披瀝홈과 如ᄒᆞ니 婦人의 智識程度가 此에 達홀 줄은 夢想 外에 出함이니 我韓風氣가 果然一變ᄒᆞ얏도다

風氣가 一變홈을 際遇[327]ᄒᆞ야 學問을 益益增進ᄒᆞ며 知識을 烝烝開發ᄒᆞ야 平等權을 恢復하고 文明社會에 高等婦人의 伍列에 叅ᄒᆞ야 國家의 光輝를 發揚홈을 是望ᄒᆞ노라

만일 風氣一變홀 時代를 當ᄒᆞ야 文明區域의 前進ᄒᆞ기로 一大變의 基礎를 成立지 못할지면 女子教育會를 刱設치 아니ᄒᆞ니만 不如ᄒᆞ깃스니 婦人社會의 大羞耻될 뿐 아니라 國家의 大羞耻로 知ᄒᆞ노라

91호

1906년 10월 13일 (토) 論說

稅政

十三道管下 各郡에 丙午稅納을 作夫홀 時侯를 當ᄒᆞ얏ᄂᆞᆫ딕 郡守가 稅務官下來ᄒᆞ기를 等侯ᄒᆞ야 作夫에 着手치 아니ᄒᆞ얏ᄂᆞᆫ지 不知ᄒᆞ거니와

稅務官이 叙任된 後에ᄂᆞᆫ 不日下去한다 ᄒᆞ니 今年稅納에 互相妨碍할 句端이 無홀ᄂᆞᆫ지

三百四十五郡公納을 淸帳한 郡은 五六郡에 不過ᄒᆞ다 ᄒᆞ며

其 外ᄂᆞᆫ 丙午稅納을 作夫ᄒᆞ기ᄂᆞᆫ 姑舍ᄒᆞ고 乙巳條未納과 甲辰條未納이 零在ᄒᆞᆫ 者ㅣ 過半이오 壬寅癸卯條未納이 尙在ᄒᆞᆫ 者ㅣ 不小홀 거이오

支金庫에 收納ᄒᆞ기 前 所謂 差人을 出給條와 觀察府劃去條와 色吏의

327 본문 한자는 '遇(우)' 자인데 부속국문은 '항' 자로 표기되었다.

未出尺條와 郡守의 逋欠條와 各項經費나 用條와 民未收條와 不恒費條와 無麵條 等의 各項文簿가 리整【整理】되기ᄅᆞᆯ 待ᄒᆞ야 稅務官이 引繼ᄒᆞᆯ지면 幾個月을 費ᄒᆞ여도 整厘될ᄂᆞᆫ지 質言키 難ᄒᆞ깃고

地方制度ᄅᆞᆯ 新頒佈한 後에 各面移屬도 定頓치 못ᄒᆞᆫ 日에 作夫文簿ᄅᆞᆯ 今歲前에 了勘ᄒᆞ야 稅務官에게 引繼ᄒᆞᆷ도 亦難ᄒᆞ깃스나

郡守의 義務ᄂᆞᆫ 不可不汲汲히 各項文簿ᄅᆞᆯ 修正하고 金額을 收合하야 一毫一里도 欠案이 無케 ᄒᆞᆫ 然後에 稅務官의게 傳掌ᄒᆞᄂᆞᆫ 거시 當然ᄒᆞᆫ 事理이깃고

稅務官은 各郡의 紊亂ᄒᆞᆫ 稅納을 整厘ᄒᆞ기에 着手ᄒᆞ라 ᄒᆞ야도 初局生手로 他의 管理ᄒᆞ든 糊塗한 條項을 一一히 調査ᄒᆞ기 不能할 터인 則 不可不緩緩히 文簿整厘하기ᄅᆞᆯ 待ᄒᆞ야 着手ᄒᆞᄂᆞᆫ거이 當然ᄒᆞᆫ 事理이니 度支部에셔도 稅務官을 叙任ᄒᆞ야도 催促下送ᄒᆞᆯ 거이 아니오 各地方郡守도 稅務官 着任ᄒᆞ기 前에 稅務ᄅᆞᆯ 整厘할지어다

我國의 稅政整厘가 一大問題이기로 一言을 述하야 各地方 觀察使와 郡守와 稅務官과 稅務主事ᄅᆞᆯ 警告하며 公稅ᄅᆞᆯ 納할 人民도 兼ᄒᆞ야 警告ᄒᆞ노라

92호 1906년 10월 14일 (일) 論說

借欵風說

我國 每年度 豫算表ᄅᆞᆯ 觀ᄒᆞ건ᄃᆡ 歲入總額과 歲出總額이 平等ᄒᆞᆫ 것을 揣量ᄒᆞ야도 量入計出ᄒᆞᄂᆞᆫ 規模中에 出ᄒᆞᆷ이라

然이나 必要ᄒᆞᆫ 支出額이 有ᄒᆞ야 預算外支出ᄒᆞᄂᆞᆫ 境遇에 至ᄒᆞᆯ지면 國庫儲蓄金이 不足의 嘆이 有ᄒᆞᆷ을 不免ᄒᆞᆯ지니 國財가 窘艱ᄒᆞᆫ 狀態를 可知ᄒᆞᆯ지라

財政이 此와 如히 窘艱ᄒᆞᆷ으로 國家人民을 爲ᄒᆞ야 事業을 經起코자 ᄒᆞ나 果然치 못 ᄒᆞᆷ은 勢의 自然함이라 是以로 財政을 整理코자 ᄒᆞ며 敎育殖産을 擴充코자 ᄒᆞ야도 經費가 窘艱ᄒᆞᆷ으로 政府議論이 借欵에 及ᄒᆞᆷ이라

政府에셔 財政整理 及 諸般 事業 經起하기 爲하야 六百五十万元을 借【관】欵하얏고 敎育과 殖産費로 또 一千萬元을 借欵하얏스니 外債[328]總合이 一千六百五十万元에 達ᄒᆞᆫ지라

一千萬元條에 至하야ᄂᆞᆫ 借欵은 成立된지 二個年인ᄃᆡ 二年利子ᄂᆞᆫ 送交ᄒᆞ얏스나 金額의 出入與否도 不知ᄒᆞ깃고 敎育殖産 等 事業에 着手ᄒᆞᆷ도 不見ᄒᆞ깃기로 一般國民의 疑團이 未解ᄒᆞᆫ지라

日昨一種風說에 來年度預筭이 不足ᄒᆞ야 一千萬元을 又爲借欵ᄒᆞᆯ 計劃이라 ᄒᆞ니 本紙에도 隨聞揭[329]載ᄒᆞ얏거니와 其 事實의 的否ᄂᆞᆫ 確知키 難한지라

果若事實일 것 갓흐면 來年度 預算에 何等費額이 巨大ᄒᆞ기로 一千萬元에 達ᄒᆞ야 外債借欵을 計劃ᄒᆞᄂᆞᆫ지 不知ᄒᆞ거니와

若夫 借【관】欵을 成立하거던 今番에ᄂᆞᆫ 諸般 事業 經起를 期於實施하야 一千萬元 借【관】欵으로 國家永遠ᄒᆞᆫ 利益을 計ᄒᆞᆯ지어다 否則 何等 利益으로 利子를 償渡ᄒᆞᆯ지며 幾年滿限後에 何等 財政으로 淸帳ᄒᆞᆯᄂᆞᆫ지 議政府나 度支에셔ᄂᆞᆫ 別般豫算이 有ᄒᆞᆯ 듯ᄒᆞ나 一般國民은 學問이 不達ᄒᆞ고 智識이 未及ᄒᆞ기로 疑團이 先出ᄒᆞᄂᆞᆫ 狀態가 有ᄒᆞ기 借欵風說을 畧述ᄒᆞ거니

328 본문 한자는 '債(채)' 자인데 부속국문은 'ᄎᆞ' 자로 표기되었다.
329 본문 한자는 '揭(게)' 자인데 부속국문은 '계' 자로 표기되었다.

와 政府議案提出과 契約成立ᄒᆞᆯ 時를 待ᄒᆞ야 詳論ᄒᆞ깃노라

93호　　1906년 10월 16일 (화) 論說

教育費

教育을 擴張코자 ᄒᆞᄂᆞᆫ 思想은 教育主務者의 心上에도 有ᄒᆞ려니와 教育을 擴張ᄒᆞ자ᄂᆞᆫ 言論은 教育熱心者의 口頭에 辛勤히 發함이 一日二日이 不是오 一人二人이 不是로ᄃᆡ 但教育費가 不贍ᄒᆞᆷ으로 人民의 學問을 普及키 不能ᄒᆞᆷ이라 國庫金이 窘줄ᄒᆞᆷ으로 官公立學校를 擴張치 못ᄒᆞ며 志士의 財産이 困難ᄒᆞᆷ으로 私立學校를 擴張치 못ᄒᆞᆷ은 全國人士의 恨歎ᄒᆞᄂᆞᆫ 바이라

然이나 今日時代를 當ᄒᆞ야 人民의 學問을 普及ᄒᆞ지 못ᄒᆞᆷ을 但히 恨嘆만ᄒᆞ고 實施키 不能하야 青年子弟를 黑洞洞天地에 驅入ᄒᆞ면 畢竟前途影響이 何에 及ᄒᆞᆯ고 領土를 陸沉ᄒᆞ고 人種을 滅絶ᄒᆞᄂᆞᆫ 大禍를 釀成ᄒᆞᆯ 싸름이라 斷言ᄒᆞᆯ지니

교【教】育一欵을 別般方針으로 擴張ᄒᆞᆯ 計劃을 研究할진ᄃᆡ

目下形便이 陸軍을 設備ᄒᆞᆷ이 國防의【必】要가 絶無ᄒᆞᆫ 즉 現存한 陸軍을 緊縮ᄒᆞ야 十分의 一分씸 存在케 ᄒᆞ고 九分減省額의 費用이 年計百餘萬圓을 教育費로 移劃ᄒᆞᆷ이 一也오

京城의 太學과 地方의 鄕校를 一齊히 學校를 設立ᄒᆞ고 太學及鄕校의 付屬田土를 調査ᄒᆞ야 教育費로 入用ᄒᆞᆷ이 二也오

義務教育을 向日論述한 바이어니와 此의 制度를 頒佈ᄒᆞ야 汲汲히 實行

케 ᄒᆞ고 國民의 義捐金을 敎育費로 保助ᄒᆞᆷ이 三也니

此 三額을 實施ᄒᆞ야 全國子弟를 養成ᄒᆞ야 個個히 學問이 普及ᄒᆞᆯ지면 十年以內에 實力을 得ᄒᆞᆯ 知識이 擴充ᄒᆞᆯ 거이니 知識이 擴充할 境遇에ᄂᆞᆫ 實力을 發達ᄒᆞ야 兵力도 擴張ᄒᆞᆯ 거이오 士氣도 增進ᄒᆞᆯ 거이오 民財도 贍富ᄒᆞᆯ 거이니 此ᄂᆞᆫ 國家를 更히 形成ᄒᆞᄂᆞᆫ 一大幸福이라

此를 斷行ᄒᆞᄂᆞᆫ지ᄂᆞᆫ 不知ᄒᆞ되 嗟我大韓帝國의 興亡盛衰의 基本은 此 一欵에 斷斷히 在ᄒᆞ다 하노니 今日에 實行커【키】不能ᄒᆞᆯ지라도 十年後에ᄂᆞᆫ 吾儕의 言論을 不用ᄒᆞᆷ을 悔之不及[330]ᄒᆞᆯ듯

94호 1906년 10월 17일 (수) 論說

天道敎會堂

宮內大臣 李根湘 氏가 皇勅을 奉承ᄒᆞ야 天道敎會堂基址를 京城南門外 關廟北麓越谷(燕巢亭)後麓으로 再昨日에 認許ᄒᆞ얏ᄂᆞᆫᄃᆡ 于是에 天道敎中央總部에셔

皇上聖恩을 拜ᄒᆞ고 宮相周旋을 謝ᄒᆞ고 建築起工을 卽地에 持揮ᄒᆞ더라

金石土木외 諸般公役은 準備等待ᄒᆞᆷ이 已久ᄒᆞᆫ지라 不日內로 起工ᄒᆞᆯ 決議가 有ᄒᆞ얏스며 本週日內로 開基致誠式을 行ᄒᆞᆫ다더라

吁라 天下에 至大者ᄂᆞᆫ 宗敎이라 彼歐米文明을 觀ᄒᆞ건ᄃᆡ 今一千九百九十六年이라 ᄒᆞᆷ이 耶蘇의 道德文明으로 人數의 祖를 삼아셔 歷史를 述ᄒᆞᆷ이 아니냐

330 본문 한자는 '及(급)' 자인데 부속국문은 '반' 자로 표기되었다.

然아ᄂᆞ 當時에ᄂᆞᆫ 反對와 衝突이 許多ᄒᆞ얏더라

今에 我國天道教ᄂᆞᆫ 幾人이 反對ᄒᆞ고 幾人이 心悅誠服ᄒᆞ던지 區區ᄒᆞᆫ 少部分은 勿論ᄒᆞ거니와 日就月長ᄒᆞᄂᆞᆫ 天道教裡面은 如何ᄒᆞᆫ 德을 行ᄒᆞ야셔 不幾年之間에 國民 四分의 一이 教에 悅服ᄒᆞ니 我檀君 四千年來로 果然 若是ᄒᆞᆫ 文運[331]이 有ᄒᆞ얏던지 歷史에 無聞焉이로다 目下에 教會堂을 建築ᄒᆞᆷ은 天道教 第二回 進運이라 ᄒᆞᆯ지니 何를 謂ᄒᆞᆷ인고

蓋教의 創始ᄂᆞᆫ 第一回 進運이라 故로 教會堂 建築이 第二回 進運이라 ᄒᆞᆷ이니 比컨대 一教育家가 教育에 有志ᄒᆞ야도 學校를 未設ᄒᆞ면 教育大擴張의 功을 未成ᄒᆞᄂᆞ니 況[332]乎教會堂乎아

從此로 天道教 大擴張될 彰[333]響을 可知ᄒᆞ깃스며 南山南麓에 巍巍ᄒᆞᆫ 大教會堂이 出ᄒᆞᆷ을 見ᄒᆞ리로다

95호

1906년 10월 18일 (목) 論說

裁判官

近日法部에셔 各觀察使ᄂᆞᆫ 判事를 例兼ᄒᆞ고 十三觀察府와 各港府尹下에 檢事一人式 補佐官一人式 設置ᄒᆞ고 主事도 新設ᄒᆞᆯ 터이오 補佐官은 法務院補佐官으로 派送한다 ᄒᆞ며 一年 預[334]算은 七萬餘圜인ᄃᆡ 該官制를 編成ᄒᆞ야 度支部와 聯署ᄒᆞ얏다 ᄒᆞᆷ은 日前 本紙에 揭載하얏거니와

331 본문 한자는 '運(운)' 자인데 부속국문은 '인' 자로 표기되었다.
332 본문 한자는 '況(황)' 자인데 부속국문은 '항' 자로 표기되었다.
333 본문 한자는 '彰(창)' 자인데 부속국문은 '영' 자로 표기되었다.
334 본문 한자는 '預(예)' 자인데 부속국문은 '애' 자로 표기되었다.

近日中央政府에 維新政治의 大進步됨을 可見ᄒᆞᆯ지로다

內部에셔는 地方制度를 頒布ᄒᆞ고 郡守의 考規程을 實行ᄒᆞ며 ᄒᆞ니 此는 內部行政의 大進홈이오

度支部에셔는 稅務監과 稅務官과 稅務主事를 新任ᄒᆞ야 地方稅政을 管理케 ᄒᆞ니 此는 度支部行政의 大進步홈이오

法部에셔 裁判官新設홈도 亦是 法部行政의 大進步홈이니

一步라도 前進홈은 吾儕의 希望ᄒᆞ는 바이오 全國同胞의 希望ᄒᆞ는 바이라 엇지 祝賀치 아니ᄒᆞ리오마는 郡守考와 稅務試取는 吾儕의 略論ᄒᆞᆫ 바이 有ᄒᆞ거니와 裁判官에 至ᄒᆞ야는 一層難行한 事이 有ᄒᆞ니 其概意를 略述ᄒᆞ건ᄃᆡ

訴訟의 民事裁判과 刑事裁判 等 種類에 關ᄒᆞ야 我國은 一層法律이 另有하야 勢力大全과 賂[335]賭[336]大全과 囑托大全의 三部가 現今 刑法大全을 代行ᄒᆞᆫ지 屢百年이라

一朝에 此 三部大全을 革除ᄒᆞ기 難ᄒᆞᆫ 則 郡守도 此 三部大全으로 心傳口授ᄒᆞ야 郡郡邑邑과 府府港港에 通行ᄒᆞ든 妙訣인ᄃᆡ

目下新任ᄒᆞ는 檢事를 法官養成所이나 法學專門學校의 卒[337]業生으로 試取ᄒᆞᆫ다 ᄒᆞ야도 習慣이 已成ᄒᆞ야 此 三大全의 範圍를 一朝에 打破ᄒᆞᆯ는지 質言키 難한지라

然則 七萬圓預筭만 虛費홈과 如ᄒᆞ니 弊를 祛할 方針을 對ᄒᆞ야 反히 弊가 生ᄒᆞᆯ 苗脈을 硏究치 아니치 못ᄒᆞᆯ지라

335 본문 한자는 '賂(뢰)' 자인데 부속국문은 '회' 자로 표기되었다.
336 본문 한자는 '賭(도)' 자인데 부속국문은 '뢰' 자로 표기되었다.
337 본문 한자는 '卒(졸)' 자인데 부속국문은 '한' 자로 표기되었다.

目今形便이 不得不 地方裁判[338]을 設置ᄒᆞᆯ거인 則 裁判官試取를 至公至正히 ᄒᆞ야 郡守젼考의 實施極難ᄒᆞᆷ과 稅務試取의 有名無實ᄒᆞᆷ을 一切警覺ᄒᆞ야 地方裁判이 腐敗한 三大全을 痛革ᄒᆞ고 公明ᄒᆞᆫ 新法律을 實行케 ᄒᆞ야 十三道人民의 生命財産을 保全ᄒᆞ기를 責任으로 知ᄒᆞᆯ지면 嗟我國家의 幸福일가 ᄒᆞ노라

96호

1906년 10월 19일 (금) 論說

贈尙學士書

尙顥學士足下 足下妙齡이 未滿弱冠에 駕滄溟稅扶桑ᄒᆞ야 不遠萬里而行者ᄂᆞᆫ 足下之志ㅣ 立矣오 足下一不懷故土ᄒᆞ며 不戀庭위ᄒᆞ고 雪窓螢爝에 咀嚼蓮心之苦ᄒᆞ야 閱盡十二稔星霜而矻矻未已者ᄂᆞᆫ 足下之志ㅣ 固矣오 足下ㅣ 業已卒而帶學士之華啣ᄒᆞ야 浩然而歸國ᄒᆞ니 足下之志ㅣ 成矣라 人之有志에 立而固而至于成焉하니 此爲足下賀也오 足下之志ᄂᆞᆫ 志于學이라 其 學이 非政治文學이라 卽古昔周官之司空이오 現今世界神聖之工學也니 凡於水陸交通之機關과 文明進化之槖[339]약에 神雕鬼鏤ᄒᆞ고 智運巧輸ᄒᆞ야 範圍天地之彌綸六合者ㅣ 皆入於足下之學而足以利國家天下ᄒᆞ니 亦可爲國家天下賀也라

足下之光榮이 豈偶然乎哉아

雖然이나 足下ㅣ 긔我韓未曾有之學하며 成我韓不世出之志로ᄃᆡ 若其才高而 與時規違則 和氏之壁이 三刪而止矣오 蟠雲之木이 一漂而已矣니

338 본문 한자는 '判(판)' 자인데 부속국문은 '편' 자로 표기되었다.

339 본문 한자는 '槖(탁)' 자인데 부속국문은 '탕' 자로 표기되었다.

苟若如是면 不必爲足下吊也라 抑[340]將爲國家天下吊也니 於足下에 何有焉이리오

噫라 我韓之安危存亡이 汲汲乎 莫今日若者ᄂᆞᆫ 一無有其志而成其學而底于此也니 固憂其昧野朴陋하야 急急於用人則 有足下之志而有足下之學者一夫何患乎不能利國家天下也리오 如今之世에 惟我韓刱有之學者ᄂᆞᆫ 足下一個人斷斷而已니 顧足下之責이 亦重且大矣라 唯足下ᄂᆞᆫ 勿以志成而自負ᄒᆞ며 勿以學就而自高ᄒᆞ고 增益其所未盡ᄒᆞ야 兢兢乎文運之進化而澤其國家天下[341]로 爲己任則 志足下之志ᄒᆞ며 學足下之學者ㅣ 亦將引領而進하야 願爲國家天下用矣리니 此豈非足下之賜也리오

外史氏ᄂᆞᆫ 自引一大白ᄒᆞ고 草此一書於黃花風雨中ᄒᆞ야 又從而評之曰 國之將興이 在乎得一人之才爾로다

97호 1906년 10월 20일 (토) 論說

農會

農産國으로 東洋 四千年에 有名ᄒᆞᆫ 我韓이로ᄃᆡ 農業上 學問을 發達키 不能하며 事業울【을】改良키 不能하야 國內土地를 太半이나 荒蕪不闢ᄒᆞᄂᆞᆫ데 至ᄒᆞ얏고 耕種ᄒᆞᄂᆞᆫ 法도 腐敗頑鈍ᄒᆞ야 一斗種을 播ᄒᆞ고 一包穀을 收ᄒᆞ면 天幸으로 認ᄒᆞ다가 不幸히 水旱의 災앙을 罹하면 流離死亡을 不免ᄒᆞᄂᆞᆫ 我農産國이라

如此한 農産國에 商工業은 擧論키도 不堪ᄒᆞ려이【니】와 所謂 農産에 關

340 본문 한자는 '抑(억)' 자인데 부속국문은 '앙' 자로 표기되었다.
341 본문 한자는 '下(하)' 자인데 부속국문은 'ᄃᆡ' 자로 표기되었다.

한 學問事業ᄋᆞᆯ 發達改良ᄒᆞᆷ이 一時ᄅᆞᆯ 緩키 不可ᄒᆞᆯ 時代이라

汲汲ᄒᆞᆫ 此 時代ᄅᆞᆯ 當ᄒᆞ야 有志人士의 農會ᄅᆞᆯ 發起ᄒᆞᆷ이 時務ᄅᆞᆯ 識ᄒᆞᄂᆞᆫ 者의 智識에 出ᄒᆞᆷ이라 可히 祝賀ᄒᆞᆯ 事이로ᄃᆡ 本紙에 揭載ᄒᆞᆫ 大韓農會의 會綱ᄋᆞᆯ 見하고 或이 吾儕다려 問曰 我의 疑團이 不無ᄒᆞ야 玆에 一問ᄋᆞᆯ 設하노니

一은 本會ᄂᆞᆫ 全國農民代表ᄅᆞᆯ 爲ᄒᆞ야 農事에 關한 學識事業ᄋᆞᆯ 一切 發達 改良ᄒᆞᆫ다 ᄒᆞ얏스니

未知케라 此 農會에 何等巨大ᄒᆞᆫ 財力이 有ᄒᆞ야 農業學校ᄅᆞᆯ 全國地方에 設ᄒᆞ야 人民의 知識ᄋᆞᆯ 發達케 ᄒᆞ며 農事器械를 製造ᄒᆞ야 事業ᄋᆞᆯ 改良한다 稱[342]ᄒᆞ나뇨

二ᄂᆞᆫ 本會ᄂᆞᆫ 全國의 農民ᄋᆞᆯ 保護ᄒᆞ야 安堵樂業케 ᄒᆞ고 邦本ᄋᆞᆯ 鞏固ᄒᆞ고 民産ᄋᆞᆯ 富足게 한다 ᄒᆞ얏스니

未知케라 此 農會에 何等神聖한 能力이 有하야 全國農民ᄋᆞᆯ 保護ᄒᆞ야 安堵樂業케 하고 加之邦本ᄋᆞᆯ 鞏固ᄒᆞ며 民産ᄋᆞᆯ 富足ᄒᆞᆷ에 至ᄒᆞᆫ다 稱[343]ᄒᆞ나뇨

吾人은 百般研究하야도 此 二項의 成效가 容易치 아니ᄒᆞ기로 疑問하ᄂᆞᆫ 바이라 ᄒᆞ야ᄂᆞᆯ

吾儕ㅣ 或의 疑問ᄋᆞᆯ 解喩ᄒᆞ야 曰 汲汲ᄒᆞᆫ 此 時代ᄅᆞᆯ 當ᄒᆞ야 是會ᄅᆞᆯ 創立ᄒᆞ고 此로 目的ᄋᆞᆯ 作ᄒᆞ야 期코 勇進ᄒᆞ야 此 二項에 達키ᄅᆞᆯ 計劃코자 ᄒᆞᆷ이니 農會創立ᄒᆞᆫ 人士의 苦心ᄒᆞᆷᄋᆞᆯ 엇지 知ᄒᆞ지 못ᄒᆞ깃나뇨

噫라 是會ᄅᆞᆯ 創立한 人士ᄂᆞᆫ 農科에 研究가 有ᄒᆞ고 本國에 農事未發達

342 본문 한자는 '稱(칭)' 자인데 부속국문은 '층' 자로 표기되었다.

343 본문 한자는 '稱(칭)' 자인데 부속국문은 '층' 자로 표기되었다.

ᄒᆞᆷ을 憂慮ᄒᆞ야 是會ᄅᆞᆯ 創立ᄒᆞᆷ이니 公佈한 會綱을 但히 言論文采로 夸大한이 아니라 畢竟 實地實業을 實踐實行ᄒᆞ야 今日에 農科一篇을 教育ᄒᆞ고 明日에 農器一具ᄅᆞᆯ 製造ᄒᆞ야 烝烝前進ᄒᆞ야 將來 目的ᄅᆞᆯ【을】 達ᄒᆞ야 善良ᄒᆞᆫ 効果ᄅᆞᆯ 成立ᄒᆞ기로 希望ᄒᆞᄂᆞᆫ 바이니 黽[344]勉ᄒᆞᆯ지어다

98호

1906년 10월 21일 (일) 論說

農形

今年 十三道農形이 大有ᄒᆞ야 百穀이 豊登ᄒᆞ니 男欣女悅하야 含哺鼓腹ᄒᆞᆯ 快活年을 逢하얏도다

此 豊登한 快活年을 當ᄒᆞ야 國家ᄂᆞᆫ 綏萬邦屢豊年의 慶이 有ᄒᆞ고 農夫ᄂᆞᆫ 多黍多도의 慶이 有하니 家에 石廩峰을 築ᄒᆞᆷ을 見ᄒᆞᆯ지라 全國人民을 爲하야 祝賀ᄒᆞᄂᆞᆫ 바어니와 其 祝賀ᄒᆞᆷ을 言ᄒᆞᆯ진ᄃᆡ

爲此 春酒하야 以介眉壽라 ᄒᆞᆷ은 民人의 親을 祝함이오 稱[345]彼시굉ᄒᆞ니 萬壽无彊이라 ᄒᆞᆷ은 民人이 君을 祝ᄒᆞᄂᆞᆫ 바이오 土皷를 擊ᄒᆞ야 田祖를 아ᄒᆞ며 籥章을 吹ᄒᆞ야 朋友를 讌ᄒᆞᆷ이 皆是豊年의 農家行樂이라

雖然이나 好樂無荒이 良士의 瞿瞿라 ᄒᆞ니

一年稅納을 淸帳ᄒᆞ야 郡守와 稅務官 間의 文簿引繼의 煩亂ᄒᆞᆷ이 無케 ᄒᆞ고 國課를 早完ᄒᆞᆷ이 國民의 職責이오

父母妻子의 庚癸之憂를 幸免ᄒᆞ얏스니 義捐金을 發ᄒᆞ야 村村에 私塾을 設ᄒᆞ고 子弟를 教育하야 匡世需時할 良材을【를】 養成ᄒᆞᆷ이 國民의 義務이오

344 본문 한자는 '黽(민)' 자인데 부속국문은 '번' 자로 표기되었다.

345 본문 한자는 '稱(칭)' 자인데 부속국문은 '충' 자로 표기되었다.

農事改良의 智識을 發達ᄒᆞ며 農器를 製造ᄒᆞ야 我農產國의 財源을 增[346]益ᄒᆞ야 國家의 實力을 開發ᄒᆞᆷ이 國民의 利權이니

維我大韓帝國에 豊年의 樂이 有ᄒᆞᆫ 國民은 幸히 今年 豊作을 當하야 飽食暖衣하고 甕頭이 濁酒을【를】釀ᄒᆞ야 口腹을 滋養ᄒᆞ며 席門松燈에 呴呴相樂하야 興亡間 國家事를 頓忘ᄒᆞ야 國民의 職責도 失ᄒᆞ며 國民의 義務도 失ᄒᆞ며 國民의 利權도 失ᄒᆞ면 此ᄂᆞᆫ 赤色蠻族의 滅絶ᄒᆞ든 時代에도 飽腹을 自樂ᄒᆞᄂᆞᆫ 豊年은 有한지라 엇지 戒懼치 아니ᄒᆞ리오

國이 興ᄒᆞᄂᆞᆫ 것도 國民의 責任이오 國이 亡ᄒᆞᄂᆞᆫ 것도 國民의 責任이니 國民이 幸히 一年 豊年을 當ᄒᆞ야 一年의 實力은 得하얏스니 一年 實力으로 十年의 實力을 做出ᄒᆞ얏스면 百年의 國家大計을【를】成立할 거이니 一年의 實力을 勿失ᄒᆞᆯ지어다 一年의 實力을 勿失ᄒᆞᆯ지어다

99호

1906년 10월 23일 (화) 論說

森林

全國에 童童濯濯ᄒᆞᆫ 赭山의 光景이 近年以來의 尤甚慘烈ᄒᆞ야 千里道路의 四面山嶽을 顧眄함이 一片鬱蒼한 氣色이 絶無ᄒᆞ니 國家人民의 大妨害되ᄂᆞᆫ 根因을 枚擧키 難한지라

斧斤을 以時入山林이면 材木을 不可勝用이라 ᄒᆞ니 宮室, 器具, 橋梁, 船車, 棺곽 及 電桿, 軌[347]木, 百種, 機械 等 諸般 利益的 必要에 關ᄒᆞᆫ 種類의 需用ᄒᆞᆷ과 火柴火新火炭 等의 緊切ᄒᆞᆷ이 利用厚生에 大關係ᄒᆞᆷ이니 其利

346 본문 한자는 '增(증)' 자인데 부속국문은 '징' 자로 표기되었다.
347 본문 한자는 '軌(궤)' 자인데 부속국문은 '괴' 자로 표기되었다.

一也오

山이 森林이 鬱然ᄒᆞ면 暴雨急流에 崩沙漂[348]土의 患이 無ᄒᆞ고 森林下의 土質이 恒常潤濕ᄒᆞ야 泉源이 枯乾[349]ᄒᆞᄂᆞᆫ 獘가 無ᄒᆞ고 蒸氣가 森林上에 溜ᄒᆞ야 雲霧를 養成ᄒᆞ야 雨澤을 降ᄒᆞᆷ으로 旱炎의 虐이 無ᄒᆞᆷ이니 其利二也오

國都市街와 村閭坊曲에 蓊鬱青蒼한 光色이 有ᄒᆞ면 人의 衣服이 齊楚ᄒᆞᆷ과 如하야 興旺한 氣像이 有ᄒᆞ고 人畜의 炭氣를 吸하고 清凉한 新空氣를 放ᄒᆞ야 疾病汚穢를 消滌ᄒᆞᆷ이니 其利三也라

上項三條利源以外의 其他 利益의 關係됨을 勝記키 難ᄒᆞᆫ지라 是로 以ᄒᆞ야 境內山川의 森林이 蒼然ᄒᆞᆷ을 見ᄒᆞ면 進興ᄒᆞᄂᆞᆫ 國家의 氣像을 可知할지라 我國의 童濯한 赭山이 엇지 尋常한 點이라 謂하리오

近日 農林學校를 設ᄒᆞ야 林學을 敎育ᄒᆞ고 韓[350]日森林會社를 成立하야 西北界森林을 管理ᄒᆞᆫ다하니 將來 効果를 期望ᄒᆞᄂᆞᆫ ᄇᆡ이어니와

所管部分에셔 國內各地方에 森林禁斫ᄒᆞᄂᆞᆫ 法令을 頒布ᄒᆞ야 民有地의 私養森林이라도 官許가 無ᄒᆞ고 斫伐ᄒᆞᄂᆞᆫ 者ᄂᆞᆫ 相當한 法律로 嚴勘ᄒᆞ고

官有私有의 地를 勿論ᄒᆞ고 陳荒[351]山野에 森林을 栽種ᄒᆞᄂᆞᆫ 者ᄂᆞᆫ 賞金도 頒給ᄒᆞ야 勸奬도 ᄒᆞ얏스면

十年之計ᄂᆞᆫ 在於種樹라 ᄒᆞ니 童童濯濯한 赭山에 鬱鬱蒼蒼ᄒᆞᆫ 春色을 帶하리니 利益的 必要의 關係되ᄂᆞᆫ 國家人民의 利用厚生ᄒᆞᄂᆞᆫ 幸福을 成하

348 본문 한자는 '漂(표)' 자인데 부속국문은 '포' 자로 표기되었다.
349 본문 한자는 '乾(건)' 자인데 부속국문은 '간' 자로 표기되었다.
350 본문 한자는 '韓(한)' 자인데 부속국문은 '환' 자로 표기되었다.
351 본문 한자는 '荒(황)' 자인데 부속국문은 '확' 자로 표기되었다.

리니 森林一欵을 大注意하야 汲汲着手ᄒᆞᆯ지어다

100호

1906년 10월 24일 (수) 論說

自治淸潔議

近日 各坊曲 警察官吏가 巷閭의 汚穢物이 堆積ᄒᆞᆷ을 各其 戶主로 門外에 搬出케도 ᄒᆞ며 又或 道路를 掘ᄒᆞ고 埋掩ᄒᆞ야 巷曲을 淸淨케도 ᄒᆞ며 又或 溝渠上에 木板을 盖ᄒᆞ야 屎尿 等 汚穢物을 現露치 아니케 ᄒᆞ니 此ᄂᆞᆫ 警察官吏의 淸潔上에 當行적 義務로 指導ᄒᆞᆷ이라 吾儕의 贊成ᄒᆞᄂᆞᆫ ᄇᆞ이어니와 巷閭의 傳說을 聞한則 人民의 情衷을 ᄯᅩᄒᆞᆫ 研究ᄒᆞᆯ 者ㅣ 有ᄒᆞ도다

본【本】來 我國의 惡習慣이 屎尿ᄅᆞᆯ 途路에 流溢케 ᄒᆞ고 汚穢ᄅᆞᆯ 門巷에 充滿케 ᄒᆞ야 衛生上 妨害와 交通上 妨害ᄅᆞᆯ 一一히 枚擧키 難ᄒᆞᆫ 情態가 有함으로 警察行政의 注意ᄒᆞᆷ도 有ᄒᆞ며 各新聞界의 警告ᄒᆞᆷ도 有ᄒᆞ며 今年에 淸潔檢査의 効果도 特有ᄒᆞ얏거니와

閭巷事情을 言ᄒᆞᆯ진ᄃᆡ 일일로 掃除ᄒᆞᄂᆞᆫ 塵埃사滓 等 汚穢物을 家庭에 搭出ᄒᆞᆯ 際에 特別汚穢場이 無ᄒᆞᆷ으로 巷內空閑한 隙地에 自然棄置ᄒᆞ깃고 警吏의 指揮를 承ᄒᆞ야 道中의 埋置한다 ᄒᆞ야도 明일 又 明일에 又復如是한則 巷內居民이 互相禁止ᄒᆞ야도 夜間에나 又或不注目ᄒᆞᄂᆞᆫ 時間에ᄂᆞᆫ 汚穢物을 禁止키 難ᄒᆞᆷ이 一也오

又或道中에 埋置ᄒᆞ든지 門外로 搬出ᄒᆞ든지 ᄒᆞ야도 一齊히 出力ᄒᆞ야 巷內를 淸潔키 難ᄒᆞᆷ이 二也오

溝渠를 掩埋ᄒᆞ라 申飭ᄒᆞ야도 有力家ᄂᆞᆫ 一時에 從令함이 容易ᄒᆞ되 財力

이 不逮한 貧家ᄂᆞᆫ 卽時 辦備키 難ᄒᆞᆫ 事情이 有ᄒᆞ야 溝渠를 掩埋키 難ᄒᆞᆷ이 二也오

溝渠를 掩埋한ᄃᆞ ᄒᆞ야도 溝渠를 深掘ᄒᆞ야 沙石과 汚穢를 淸淨케 ᄒᆞ야 水道를 疏通한 然後에 板木으로 盖ᄒᆞᆷ이 可하거ᄂᆞᆯ 假令 第一戶 第三戶ᄂᆞᆫ 此 法을 依ᄒᆞ야도 中間의 第二戶ᄂᆞᆫ 平地와 如히 汚穢가 充塞한 溝渠를 長斫이나 杇[352]木으로 略略掩過ᄒᆞ면 其 妨害가 反히 益甚ᄒᆞᆯ 弊가 不無ᄒᆞᆷ이 四也오

溷厠[353]口를 掩盖ᄒᆞᆫ 後에 肥料商(거름장사)이 運去ᄀᆞ 便宜치 못ᄒᆞᆷ으로 屎尿ᄀᆞ 厠中에 充溢하야 惡臭ᄀᆞ 全家에 揚함으로 家家히 肥料商을 請求하야 屎物의 運去ᄒᆞᆷ을 懇乞하ᄂᆞᆫ 困難이 五也니

此ᄂᆞᆫ 我國習慣의 淸潔를【을】不知ᄒᆞᆷ이오 民心이 不齊ᄒᆞᆷ이니 此ᄂᆞᆫ 警察官吏가 일로 指揮ᄒᆞ야도 畢竟 善良한 効果을 不見하깃스니

各其 坊曲 市街 閭巷의 自治淸潔의 制度ᄅᆞᆯ 頒布ᄒᆞ야 百戶든지 五十戶든지 되ᄂᆞᆫ 洞里居民으로 一齊히 出力ᄒᆞ야 自治淸潔을 施行ᄒᆞᄂᆞᆫ 거시 警察行政에 第一 必要함이오 人民의 衛生 淸潔의 第一 必要ᄒᆞᆷ이니 法令을 嚴重히 頒布ᄒᆞ야 令이 不便ᄒᆞ다ᄂᆞᆫ 人民은 勘罪ᄒᆞ고 服從ᄒᆞᄂᆞᆫ 洞里ᄂᆞᆫ 褒証을 給ᄒᆞ얏스면 警察官吏의 일일로 指揮費力ᄒᆞᆷ도 無ᄒᆞᆯ 거이오 人民의 淸潔義務에 難處ᄒᆞᆫ 事情도 無ᄒᆞᆯ 거니【이】니 汲汲히 自治淸潔의 制度를 頒佈ᄒᆞᆷ을 希望ᄒᆞ노라

352 본문 한자는 '杇(오)' 자인데 부속국문은 '후' 자로 표기되었다.
353 본문 한자는 '厠(측)' 자인데 부속국문은 '칙' 자로 표기되었다.

飮料水

京城內 四山下에ᄂᆞᆫ 泉水ㅣ 甘洌ᄒᆞ나 中央에ᄂᆞᆫ 水質이 濁ᄒᆞ고 水氣ㅣ 汚ᄒᆞ고 水味가 ᄒᆞᆷᄒᆞ고 水性이 劣ᄒᆞ야 到處井泉이 一般不佳良ᄒᆞ야 人民의 衛生上에 妨害가 不少한 原因이 有ᄒᆞ니

其 妨害의 原因은 何에 在한고 理化學家에 言論을 聞ᄒᆞᆯ진ᄃᆡ 水質을 現微鏡으로 觀ᄒᆞ면 怪虫이 蠢動ᄒᆞ기로 蒸溜機에 注射ᄒᆞ야 澄淸ᄒᆞᆫ 原素를 取飮ᄒᆞᄂᆞᆫ 것이 良好ᄒᆞ다하나 學問도 不逮ᄒᆞ고 習慣도 不改ᄒᆞ야 冷水를 好飮ᄒᆞᆷ으로

小兒ᄂᆞᆫ 肝氣病이 天然疾을 成하고 老人은 肺病이 生ᄒᆞ야 咳嗽[354]와 喘氣를 患ᄒᆞᄂᆞᆫ 者 多하고 通常壯年者ᄂᆞᆫ 心氣ㅣ 柔弱ᄒᆞ고 腦髓가 不固ᄒᆞ야 勇剛과 智慮ㅣ 不足한 風氣를 成ᄒᆞᆷ이 公同一般이니 此ᄂᆞᆫ 飮料水의 妨害되ᄂᆞᆫ 原因이라

其 利害의 證據를 言ᄒᆞᆯ지면 五江近地에 居民은 語聲이 高亢하고 膂力이 强壯ᄒᆞᆷ이 京城보다 懸殊하고 鄕曲居民은 疾病이 無ᄒᆞ고 骨筋이 强ᄒᆞ며 水土不服의 地方에ᄂᆞᆫ 脚氣가 有ᄒᆞ며 土疾이 有ᄒᆞ야 一種傳染病과 如하니 但히 水質에 關係되ᄂᆞᆫ 明證이라

且京城內에 飮料水를 搬運ᄒᆞᄂᆞᆫ 方法이 不便하야 汲水商이 木桶이나 洋鐵筩에 擔荷ᄒᆞ야 一斗짐되ᄂᆞᆫ 水量을 搬運함이 甚히 艱辛한 狀態가 有하고 價額이 太高하야 閭巷의 困難이 多端한지라

於此於彼에 飮斜水의 改良方法을 實行한 然後에야 人民의 衛生必要와

354 본문 한자는 '嗽(수)' 자인데 부속국문은 '소' 자로 표기되었다.

其他 洗濯漂白 等 使用의 困難이 無ᄒᆞᆯ지라 是以로 現今 其 方法을 研究ᄒᆞ야 運水ᄒᆞᆯ 方針을 計劃하ᄂᆞᆫ 人士가 有ᄒᆞ되 且其 難便ᄒᆞᆫ 事情을 推算ᄒᆞᆯ진ᄃᆡ 江水ᄅᆞᆯ 灌引ᄒᆞ야 機關으로 家家戶戶에 注瀉케 ᄒᆞᆷ이 極히 便易하ᄂᆞ 諸般巨大設備의 貲力이 不逮ᄒᆞ깃고 又或鷗留馬에 運送한다하야도 坊曲의 洞口도 狹窄ᄒᆞ고 閭閻의 門戶도 隘[355]少ᄒᆞᆫ 處가 甚多한則 運般의 道에 障碍되미 亦有ᄒᆞᆫ지라

運水方針을 計劃하ᄂᆞᆫ 社會에셔 左右利害ᄅᆞᆯ 斟量하야 矯구方針을 質定ᄒᆞᆷ이 可ᄒᆞ기로 一言으로 弊源[356]을 略說ᄒᆞ노라

102호 1906년 10월 26일 (금) 論說

點燈

七八年 以來로 市街坊曲에 燈火ᄅᆞᆯ 懸ᄒᆞᄂᆞᆫ 政令[357]이 行ᄒᆞ야 外樣으로ᄂᆞᆫ 文明國 氣像이 有ᄒᆞᆫ 듯ᄒᆞ야 道路行人의 來往도 便宜ᄒᆞ고 盜賊警急도 不多ᄒᆞ고 京城의 氣像도 繁華ᄒᆞᆷ과 如ᄒᆞ야 前日 頑固時代에 人定鍾이 一下ᄒᆞ면 城內 城外 一天地ᄀᆞ 暗黑混沌한 世界ᄅᆞᆯ 成ᄒᆞ야 人蹤이 斷絶ᄒᆞ고 鬼神이 號嘯하든 時代와ᄂᆞᆫ 特別히 開明的 步驟가 有ᄒᆞᆫ듯하얏스니

近十年 便利ᄒᆞᆫ 方法인줄 生覺ᄒᆞᆯ지면 漸漸進步가 되야 如砥如矢한 坦坦大路上의 光明ᄒᆞᆫ 狀態ᄂᆞᆫ 姑舍하고 狹隘한 坊曲閭巷間의 小路深洞이라도 特別히 門門戶戶에 一燈을 懸ᄒᆞ고 洞口交叉에 長明燈을 設ᄒᆞ야 通宵하

355 본문 한자는 '隘(애)' 자인데 부속국문은 '익' 자로 표기되었다.
356 본문 한자는 '源(원)' 자인데 부속국문은 '언' 자로 표기되었다.
357 본문 한자는 '令(령)' 자인데 부속국문은 '수' 자로 표기되었다.

도록 光明케 ᄒᆞ얏쓸 터인ᄃᆡ

如今南門으로 北門과 西門으로 東門ᄭᆞ지 第一大道左右市街에 所謂 點燈■ 것이 拳과 如한 一部小琉璃燈에 煤黑은 濃濁하고 心炷ᄂᆞᆫ 細微ᄒᆞ야 一點火光이 欲滅未滅ᄒᆞᆫ 燈도 有ᄒᆞ야 此와 如ᄒᆞᆫ 劣品의 燈도 當初에 不設한 家이 三分에 二가 過ᄒᆞ니 假令 市街의 居民의 生活的 商業에 注意ᄒᆞᄂᆞᆫ 者ㅣ 一箇燈을 設備ᄒᆞ면 一個月間 經費가 三十錢에 不過할 거이어ᄂᆞᆯ 此를 不爲ᄒᆞᄂᆞᆫ 人物은 心志가 墮落的에 陷하야 産業도 興旺키 不能ᄒᆞᆯ 거이오

坊曲閭巷에ᄂᆞᆫ 十家에 一燈式만 設ᄒᆞ야 鱗次로 光明을 繼續ᄒᆞ얏스면 交通도 便利ᄒᆞ고 盜賊도 不警ᄒᆞᆯ 거이니 十家의 合力ᄒᆞᄂᆞᆫ 費用이 一個月 三四錢에 不過ᄒᆞᆯ지라 此ᄅᆞᆯ 不爲하고 暗黑世界에셔 蠢蠢蜿蜿ᄒᆞᄂᆞᆫ 可憐的 生活이 豈有하리오

目下에 典洞毛衣塵 數十坪 區域 以內와 廣通橋告示板下와 川邊銀房 十餘坪에 電燈光明이 照耀하야 文[358]明[359]ᄒᆞᆫ 氣像이 有함을 攢賀ᄒᆞᄂᆞᆫ 바이어니와 一世上에 試問하노니 暗黑ᄒᆞᆷ과 光明한데 生世之樂이 何에 在ᄒᆞ뇨

警察官吏도 嚴令을 頒布하야 市街道路에ᄂᆞᆫ 電燈을 合力設備ᄒᆞᆯ 거이오 坊曲閭巷에ᄂᆞᆫ 長明燈을 樹立ᄒᆞ야 一般光明을 申飭ᄒᆞᆯ 거이오

人民도 幾錢經費에 吝惜心을 改革하야 各其 自治制度와 如히 電燈이나 長明燈이나 合力設備하야 光明을 發輝하면 第一은 自己의 利益이오 第二ᄂᆞᆫ 國家의 文明이오 第三은 世界의 讚揚을 得ᄒᆞᆯ 거이니 一般官民은 大注[360]意[361]大擴張ᄒᆞᆯ지어다

---

358 본문 한자는 '文(문)' 자인데 부속국문은 '명' 자로 표기되었다.
359 본문 한자는 '明(명)' 자인데 부속국문은 '약' 자로 표기되었다.
360 본문 한자는 '注(주)' 자인데 부속국문은 '의' 자로 표기되었다.

經濟界

白銅貨의 濫行ᄒᆞᆫ 結果로 物價가 刁騰ᄒᆞ고 獘害가 層疊하야 懷山襄陵하ᄂᆞᆫ 洪水의 禍와 如히 全國이 憂慮ᄒᆞᄂᆞᆫ 一般情況의 汲汲ᄒᆞᆫ 時代ᄅᆞᆯ 際ᄒᆞ야 財政整厘의 着手ᄒᆞᆷ으로 惡貨交換을 始ᄒᆞᆷ이 經濟界 恐慌이 生하야 一大問題가 惹起ᄒᆞ얏슴은 內外國人의 知了ᄒᆞᆫ 바이러니 財政整厘의 良好한 効果가 至ᄒᆞᆷ으로 市井閭巷에 新造貨幣도 流行ᄒᆞ고 取貸도 稍稍融通하야 秩序가 漸漸安寧ᄒᆞᆷ과 如ᄒᆞ나 一般金融이 完全無[362]缺키ᄂᆞᆫ 質言키 難한지라

一國의 財政은 一身의 血脉과 大同하다ᄂᆞᆫ 言은 人人마다 唱導하ᄂᆞᆫ 바이라 現今財政은 血脉이 全身에 流通키 不能ᄒᆞ야 各地方에 葉錢ᄲᅮᆫ 流行하고 紙幣이나 新貨ᄂᆞᆫ 不通ᄒᆞᄂᆞᆫ 獘도 有하며 葉이니 白이니 公納收刷에 粉爭도 有ᄒᆞ며 白銅惡貨만 使用ᄒᆞ야 交換키 不肯ᄒᆞᄂᆞᆫ 風習도 有하며 又或紙幣로 白銅貨를 交換코자 ᄒᆞᆷ이 反히 加計가 有ᄒᆞ다ᄂᆞᆫ 傳說도 有ᄒᆞ니 一般金融이 完全無缺하다고 豈謂ᄒᆞ리오

我國은 原來 經濟學上의 硏究ᄀᆞ 絶無ᄒᆞᆷ으로 財政의 整厘ᄒᆞᄂᆞᆫ 方針이 利益되ᄂᆞᆫ지 不利益되ᄂᆞᆫ지 全部分의 了解키 不能ᄒᆞᆷ으로 但히 個人의 生活上에 關係되ᄂᆞᆫ 것ᄲᅮᆫ 錢荒이 甚하니 錢荒이 無ᄒᆞ니 唱導하되 財政의 大範圍에ᄂᆞᆫ 利害損益되ᄂᆞᆫ 影響은 不知ᄒᆞᄂᆞᆫ ᄇᆡ라

近日에ᄂᆞᆫ 中央과 地方에 交換高가 幾何인지도 不知ᄒᆞ거니와 白銅貨의 流行禁止日子가 漸迫ᄒᆞ기로 甲乙丙三種이 益益罕少ᄒᆞ야 市井과 閭巷에 錢荒이 日甚ᄒᆞᆫ다ᄂᆞᆫ 說이 沸騰ᄒᆞᆫ지라

---

361 본문 한자는 '意(의)' 자인데 부속국문은 '쥬' 자로 표기되었다.

362 본문 한자는 '無(무)' 자인데 부속국문은 '모' 자로 표기되었다.

大坂에서 製造한 金貨十萬圜[363]이 渡來ᄒᆞᆫ다 ᄒᆞ니 經濟界의 大部分은 融通ᄒᆞᄂᆞᆫ 機關이 稍舒ᄒᆞᆯ터인 則 個人의 生活上에도 漸次緩急ᄒᆞᆯ 效力이 有ᄒᆞᆯ 거이니 來頭事態를 見ᄒᆞ면 不遠間에 可知ᄒᆞᆯ 거이라

況[364]此 九十月間은 自來로 貿穀, 蒸參, 陳藏, 此 三件에 錢荒이 甚하다 ᄂᆞᆫ 時候이라 目下錢政艱窘ᄒᆞᆷ으로ᄂᆞᆫ 經濟界恐慌이 生한다 ᄒᆞ기로ᄂᆞᆫ 不可ᄒᆞᆯ 듯ᄒᆞ나

大部分의 財政은 整厘結果ᄅᆞᆯ 待하야 利益不利益을 瞭然可知할 것이니 經濟學硏究家에셔ᄂᆞᆫ 預料가 有하깃기로 目今經濟界ᄅᆞᆯ 畧畧說去ᄒᆞ노라

104호 1906년 10월 28일 (일) 論說

太極會雜志刊行

太極會雜志ᄂᆞᆫ 日本에 在한 我大韓帝國 留學生의 編輯刊行한 者ㅣ라 同雜志第一號를 刊行하야 本國學校와 新聞界 等 各般社會에 寄附ᄒᆞᆫᄃᆞ ᄒᆞᆷ은 聞知하얏것【거】니와 吾儕의 事務가 倥충함으로 內外國書類의 檢閱키를 未遑하얏더니 日昨에 一部新面目의 冊子에 太極會雜志第一號라 標題ᄒᆞᆷ을 發見ᄒᆞᆫ지라

其 裡面을 莊誦하니 發刊辭와 贊辭와 各般 學問上 議論이 通暢ᄒᆞ고 旨意가 淵深하야 可히 一世에 敎育的될 ᄆᆞᆫᄒᆞᆫ 大文章도 可賀ᄒᆞᆯ 거이로ᄃᆡ 就中第一表面에 題ᄒᆞᆫ 太極이라 ᄒᆞᆷ은 何ᄅᆞᆯ 取ᄒᆞᆷ인고 我韓國章旗가 太極을 繪畵ᄒᆞ얏ᄂᆞᆫᄃᆡ 至今形勢ᄂᆞᆫ 太極國章이 世界에 寥寥ᄒᆞᆷ을 悲憤慨惋하야

363 본문 한자는 '圜(환)' 자인데 부속국문은 '원' 자로 표기되었다.

364 본문 한자는 '况(황)' 자인데 부속국문은 '항' 자로 표기되었다.

同會을【를】命名ᄒᆞ고 是書表[365]面에 特書ᄒᆞ야 本國國章의 光輝ᄅᆞᆯ 匡扶코거한 一團熱血的에 出ᄒᆞᆷ이니 其 苦心ᄒᆞᆷ을 思惟ᄒᆞᆯ지라 此 會報ᄅᆞᆯ 雙手로경ᄒᆞ고 一掬熱淚ᄅᆞᆯ 灑ᄒᆞᆷ을 不覺하깃도다

此 會報ᄅᆞᆯ 發刊한 太極會의 成立ᄒᆞᆷ을 得聞하니 我國留學生이 二個社會ᄅᆞᆯ 組織ᄒᆞ얏ᄂᆞᆫᄃᆡ 一은 洛東會이니 嶺南人士의 成立한 學會이오 一은 太極會이니 關西人士의 成立ᄒᆞᆫ 學會이라 萬里海外에 文明空氣ᄅᆞᆯ 呼吸ᄒᆞᄂᆞᆫ 志氣로 學會ᄅᆞᆯ 成立ᄒᆞᆷ도 吾人의 贊成하ᄂᆞᆫ 바이어니와 太極會報의 刊行ᄒᆞᆷ을 因ᄒᆞ야 太極會員諸君의 國家思想과 教育主義로 唱導ᄒᆞᆷ을 推測[366]ᄒᆞᆯ진댄 但히 會員의 結心團体로 國光을 發揮코저 함이 不啻라 本國二千萬同胞의 腔血을 鼓發하야 太極國章旗一面을 世界에 飄[367]揚[368]하기ᄅᆞᆯ 企圖한 바이라 엇지 一會報의 短篇集句로ᄆᆞᆫ 一閱ᄒᆞᆯᄯᆞ름이리오

吾人도 此 會報 第一號ᄅᆞᆯ 寄附함을 特別히 感頌ᄒᆞᆷ이 一卷冊子에 不在함이라 太極二字ᄅᆞᆯ 標準한 大題目을 感ᄒᆞ야 一言으로 贊頌의 敬意ᄅᆞᆯ 表하며 第二號 第三號ᄅᆞᆯ 繼續奉覽ᄒᆞᆷ을 希望하노라

105호

1906년 10월 30일 (화) 論說

博士

成均舘에셔 所謂 博士ᄅᆞᆯ 試取ᄒᆞᄂᆞᆫ 經義問題로 各地方人 初試入格者 四

365 본문 한자는 '表(표)' 자인데 부속국문은 '포' 자로 표기되었다.
366 본문 한자는 '測(측)' 자인데 부속국문은 '칙' 자로 표기되었다.
367 본문 한자는 '飄(표)' 자인데 부속국문은 '포' 자로 표기되었다.
368 본문 한자는 '揚(양)' 자인데 부속국문은 '영' 자로 표기되었다.

百十人을 學部로 報ᄒᆞ얏다 ᄒᆞ니 學部에셔 此 初試한 人을 會集ᄒᆞ야 博士를 選取ᄒᆞᄂᆞᆫ 日子도 不知ᄒᆞ깃[illegible] 幾員을 選取ᄒᆞᄂᆞᆫ지도 不知ᄒᆞ깃스되

我國의 文治漸弱ᄒᆞᆫ 根因[illegible] 科擧試取ᄒᆞᄂᆞᆫ 大病源에 流出ᄒᆞ야 尋章摘句로 工令의 學을 主腦[illegible]作ᄒᆞ야 短簡殘篇으로 人材를 試取ᄒᆞ야 國家를 誤하며 人民[illegible] 誤ᄒᆞᄂᆞᆫ 一大公案을 成한지 五百餘年이라

何幸科擧을【를】廢止한 以來로 但히 教育上으로 人材를 取用ᄒᆞᆷ이 堯舜三代의 已行ᄒᆞᆫ 事實이오 世界万邦에 通行ᄒᆞᄂᆞᆫ 規範이어ᄂᆞᆯ

成均舘에 所謂 博士라 ᄒᆞᄂᆞᆫ 名目을 設ᄒᆞ야 經義로 試取한다 稱[369]ᄒᆞ고 賄賂로 選取도 ᄒᆞ얏고 囑托으로 試取ᄒᆞ야 博士에 選擧ᄒᆞᆫ 人員이 目不識丁ᄒᆞᄂᆞᆫ 者ㅣ 居半이오 又或經義를 稍解한다ᄒᆞᆯ지라도 國家의 需用될 人材가 有할ᄂᆞᆫ지 質言키 難ᄒᆞ도다 大抵世界에 博士라 稱[370]ᄒᆞᄂᆞᆫ 人氏ᄂᆞᆫ 文學, 醫學, 理學, 法學, 工學, 農學 等 六科大學校에 優等卒業生으로 選取ᄒᆞ야 博士의 嘉號을【를】錫한 者이라 此等 博士이라야 世界에 學問과 名譽가 一等紳士로 待遇ᄒᆞ야 政治와 各般事業에 淵蓄한 抱負로 着手應用ᄒᆞ야 需時匡世하ᄂᆞᆫ 好材料를 成ᄒᆞᆯ이어날

我國에 博士라 稱[371]ᄒᆞᄂᆞᆫ 名目이 世界에 博士를 模範ᄒᆞ야 博士를 試取ᄒᆞᆷ인지 不知ᄒᆞ되 所謂博士로 選取한 者이 師範學校副教官의 資格을 未成한 人士인 則 博士名稱[372]이 有ᄒᆞᆷ이 但히 世界에 一笑柄를【을】取함이라

此로 虛名을 充ᄒᆞ기 爲ᄒᆞ야 國家를 誤ᄒᆞ며 人民을 誤ᄒᆞ든 科擧의 惡習

369 본문 한자는 '稱(칭)' 자인데 부속국문은 '충' 자로 표기되었다.
370 본문 한자는 '稱(칭)' 자인데 부속국문은 '충' 자로 표기되었다.
371 본문 한자는 '稱(칭)' 자인데 부속국문은 '충' 자로 표기되었다.
372 본문 한자는 '稱(칭)' 자인데 부속국문은 '충' 자로 표기되었다.

慣을 未革ᄒᆞ고 成均舘에서 初試를 學部에 報ᄒᆞ고 學部에셔ᄂᆞᆫ 此 初試에셔 博士를 行將試取ᄒᆞᆯ 거이니 此ᄂᆞᆫ 學部의 教育行政과 作成規範[373]에 一大病源과 一大惡風을 遵守不失ᄒᆞᆷ이니 當局者ᄂᆞᆫ 此 博士의 選擧ᄒᆞᄂᆞᆫ 名義ᄅᆞᆯ 汲汲改革ᄒᆞ고 六科大學校의 成立되ᄂᆞᆫ 程度ᄅᆞᆯ 待候하야 博士ᄅᆞᆯ 選取하ᄂᆞᆫ 것이 國家의 大幸福이라 謂ᄒᆞᆯ 것이오 世界의 大羞耻ᄅᆞᆯ 免ᄒᆞᆷ이니 學部諸公은 警省ᄒᆞᆯ지어다 警省ᄒᆞᆯ지어다

106호

1906년 10월 31일 (수) 論說

進步程度

國家[374]의 進步ᄒᆞᄂᆞᆫ 程度를 觀ᄒᆞ야 國家의 進化ᄒᆞᄂᆞᆫ 氣像을 推測ᄒᆞᆯ지니 我大韓帝國國民의 進步ᄒᆞᄂᆞᆫ 程度ᄂᆞᆫ 何를 從ᄒᆞ야 觀ᄒᆞᆯ고

政治를 維新ᄒᆞᆫ다 ᄒᆞ야도 足히 觀할 거이 無ᄒᆞ며 事業을 擴張ᄒᆞᆫ다 ᄒᆞ야도 足히 觀ᄒᆞᆯ 거이 無ᄒᆞ고 但히 國威國光이 日로 墜[375]地ᄒᆞᄂᆞᆫ 悲觀念이 有ᄒᆞᆫ 此 天地에 何幸히 國民의 進步ᄒᆞᄂᆞᆫ 程度가 一寸二寸의 步武를 前으로 함을 可觀ᄒᆞᆯ 者이 有ᄒᆞᆷ이리오

第二世國民될 靑年子弟의 教育을 受ᄒᆞᄂᆞᆫ 小學校에셔 秋期聯合大運動ᄒᆞᄂᆞᆫ 狀況을 觀ᄒᆞᆯ진ᄃᆡ 靑年子弟의 勃勃ᄒᆞᆫ 英氣와 特特ᄒᆞᆫ 精神이 足히 大韓帝國의 魂을 團結ᄒᆞ야 墜[376]地한 國威國光을 扶持ᄒᆞᆯ 前塗를 思唯ᄒᆞ건

373 본문 한자는 '範(범)' 자인데 부속국문은 '에' 자로 표기되었다.
374 본문 한자는 '家(가)' 자인데 부속국문은 '민' 자로 표기되었다.
375 본문 한자는 '墜(추)' 자인데 부속국문은 '타' 자로 표기되었다.
376 본문 한자는 '墜(추)' 자인데 부속국문은 '타' 자로 표기되었다.

딕 無限흔 秋草夕陽의 幽懷를 興ᄒᆞ야 此 靑年子弟의 肩上에 擔荷한 物을 感ᄒᆞᆯ깃스니 日日로 鳥數[377]飛ᄒᆞᄂᆞᆫ 程度를 苦待ᄒᆞ면 十年長距離의 光陰을 費ᄒᆞᆯ지나 萬里長距離의 學問을 進ᄒᆞᆯ지니 國民의 進步되ᄂᆞᆫ 程度로 此를 從ᄒᆞ야 觀ᄒᆞᆯ 거이오

國民의 妻되고 國民의 母될 幼年女子의 敎育을 受ᄒᆞᄂᆞᆫ 女學校가 養閨義塾도 有ᄒᆞ고 尙洞女學校도 有ᄒᆞ고 磗[378]洞女學校도 有ᄒᆞᆫ딕 其 勉强의 進步ᄒᆞᄂᆞᆫ 程度가 日로 前進흠을 贊成ᄒᆞ고 希望ᄒᆞᄂᆞᆫ 빅러니 日昨運動場에셔 活動ᄒᆞᄂᆞᆫ 氣韻과 靖肅한 態度를 觀한 則 他日에 賢妻되고 賢母될 資格과 文明社會의 事業을 做去ᄒᆞᆯ 基礎를 確就ᄒᆞᆯ 期望이 有ᄒᆞ니 國民의 進步程度를 此로 從ᄒᆞ야 觀ᄒᆞᆯ깃도다 國民의 進步ᄒᆞᄂᆞᆫ 程度로 國家의 進化되ᄂᆞᆫ 氣像을 攢祝ᄒᆞ거니와 靑年子弟와 幼年女子의 心志ᄂᆞᆫ 益益興奮ᄒᆞ고 精神을 烝烝淬勵ᄒᆞ야 國民의 天職을 修ᄒᆞ야 二千萬同胞의 生活ᄒᆞᄂᆞᆫ 三千里疆土와 依賴ᄒᆞᄂᆞᆫ 五百年宗社의 國威國光을 克復ᄒᆞ고 獨立自由를 維持ᄒᆞᆯ 義務를 兩肩上에 擔荷ᄒᆞ기로 熱心希望ᄒᆞ야 日日로 進步ᄒᆞᄂᆞᆫ 程度를 計筭ᄒᆞ노라

107호 1906년 11월 1일 (목) 論說

嘆時者誤國

北村 一宰相家에 湖中 一宰相이 來하야 國家 時事를 浩嘆ᄒᆞ야 雄唱雌和하ᄂᆞᆫ딕

377 본문 한자는 '數(수)' 자인데 부속국문은 '삭' 자로 표기되었다.
378 본문 한자는 '磗(전)' 자인데 부속국문은 '박' 자로 표기되었다.

曰五百年 祖宗朝餘澤에化育한宰相이閔趙兩忠正宋山丈 等 數三人 以外에ᄂᆞᆫ 忠肝義膽이 絶無ᄒᆞ야 涵育한 皇恩을 報答ᄒᆞ기 不能ᄒᆞ니 此ᄂᆞᆫ 苟苟히 生命을 保全ᄒᆞ얏스나 皆是死者의 罪人이라 可히 浩歎ᄒᆯ 거이 一也오

又曰 天運 我國을 不祚ᄒᆞ야 今春義士의 敗績됨이 誠是不意라 三[379]南人士가 闇應ᄒᆞᄂᆞᆫ 者 數万에 過ᄒᆞ야 一團義血로 糾合ᄒᆞ얏거ᄂᆞᆯ 運數所致로 崔勉菴先生만 万里海島에 幽囚홈을 當ᄒᆞ고 義旅가 一散ᄒᆞ얏스니 可히 浩歎ᄒᆯ 者ㅣ 二也오

又曰 教育이니 政治이니 文明이니 富强이니 獨立이니 自由이니 國家思想이니 國民主義이니 諸般怪說를【을】唱導ᄒᆞᄂᆞᆫ 一流의 蠢動한 以來로 國家ᄂᆞᆫ 昔日氣像이 漸漸消削ᄒᆞ야 亡滅ᄒᆯ 慘境에 至ᄒᆞ야도 反히 吾輩를 指[380]斥ᄒᆞ야 腐敗政治이니 頑固人物이니 野蠻時代이니 駁論이 無雙ᄒᆞ니 可히 浩歎ᄒᆯ 者ㅣ 三也오

又曰 先王의 法服[381]은 掃地無如ᄒᆞ고 夷狄의 風氣를 漸染ᄒᆞ야 斷髮文身의 惡習을 靡然從之ᄒᆞ야 擧世의 風俗이 日變ᄒᆞ니 禮樂文物이 已崩已壞ᄒᆞ야 可히 回復ᄒᆯ 期望이 無ᄒᆞ니 可히 浩歎ᄒᆯ 者ㅣ 四也라 ᄒᆞ야ᄂᆞᆯ

宰相이 희歔曰 國運이라 奈何오 但一朝에 溘然키 不能ᄒᆞ면 深山窮峽에 提眷隱遁ᄒᆞ야 年少ᄒᆞᆫ 子弟로 新俗를【을】漸染케 아니함이 幸矣라 日間治行ᄒᆞ야 寧越로 向ᄒᆞ깃노라 云云홈을 傳聞ᄒᆞ얏스니

若此한時局을嘆ᄒᆞᄂᆞᆫ 輩ᄂᆞᆫ 國家를 誤한者流라國家의亡滅ᄒᆞᄂᆞᆫ 兆진은 一朝一夕의 所由生이 아니라 頑固宰相의 腐敗ᄒᆞᆫ 政治時代에 亡滅ᄒᆯ 基礎

379 본문 한자는 '三(삼)' 자인데 부속국문은 '참' 자로 표기되었다.

380 본문 한자는 '指(지)' 자인데 부속국문은 '즈' 자로 표기되었다.

381 본문 한자는 '服(복)' 자인데 부속국문은 '북' 자로 표기되었다.

ᄅᆞᆯ 已定ᄒᆞ야 今日 國權을 失ᄒᆞ며 人權을 失한 慘境에 陷하야거ᄂᆞᆯ

反히 時局을 坐嘆ᄒᆞ야 前日과 如히 驕傲거頑ᄒᆞ며 剝割貪虐ᄒᆞ야 全國同胞를 犧牲으로 認ᄒᆞ든 慣惡習을 使用키 難ᄒᆞᆷ으로 一口氣嘆聲을 吐出ᄒᆞᆷ이라

蔽一言ᄒᆞ고 남道袍桃紅帶로 傴傀[382]楦[383]을 裝飾[384]ᄒᆞ고 八世譜文陰錄에 鬼神簿를 標準ᄒᆞ든 一流ᄂᆞᆫ 消盡한 後一世를 經ᄒᆞ여야 我韓國氣를 蘇復ᄒᆞ깃다고 斷言ᄒᆞ노니

此 怪鬼輩의 漆燈相嘯ᄒᆞᆷ을 足히 責備ᄒᆞᆯ 거이 아니로ᄃᆡ 如此한 談話의 惡菌을 持有ᄒᆞᆫ 者ㅣ 如今一二人이 不啻라 傳染病 流行ᄒᆞᆷ과 如ᄒᆞᆯ지로 一論를【을】公佈ᄒᆞ야 眞個時局을 憂嘆ᄒᆞᄂᆞᆫ 熱血人士의 량莠[385]를 除去코자 ᄒᆞᆷ이라

108호 1906년 11월 2일 (금) 論說

嘆不讀新聞雜誌

新聞이라 ᄒᆞᆷ은 世界의 耳目이오 社會의 機關이라 故로 文明ᄒᆞ고 富强ᄒᆞ야 足히 第一等國伍班에 叅列ᄒᆞᆯ만한 邦國이야 政府社會이든지 民人社會이든지 新聞을 尊重ᄒᆞ야 每日淸晨에 新聞을 不讀ᄒᆞᄂᆞᆫ 者ㅣ 無ᄒᆞ야 早飯을 喫함과 如ᄒᆞᆫᄃᆡ 西洋有名一學問家에 言論이 有호ᄃᆡ 一日飮食을 不喫

382 본문 한자는 '傀(괴)' 자인데 부속국문은 '귀' 자로 표기되었다.
383 본문 한자는 '楦(훤)' 자인데 부속국문은 '헌' 자로 표기되었다.
384 본문 한자는 '飾(식)' 자인데 부속국문은 '석' 자로 표기되었다.
385 본문 한자는 '莠(유)' 자인데 부속국문은 '수' 자로 표기되었다.

ᄒᆞ고ᄂᆞᆫ 出門ᄒᆞᆯ지라도 新聞을 不讀ᄒᆞ고ᄂᆞᆫ 門에 出키 難ᄒᆞ다 ᄒᆞᄂᆞᆫ 格言이 有ᄒᆞᆫ지라

雖然이나 野昧ᄒᆞ고 頑固ᄒᆞᆫ 劣等國人은 新聞을 不讀ᄒᆞ기로 世界의 耳目이 矇昧ᄒᆞ고 社會의 機關이 隔絶ᄒᆞ야 百般事業에 良貝ᄒᆞᆷ을 自招ᄒᆞ니 此ᄂᆞᆫ 其 害가 誰의게 歸ᄒᆞᆯ이오

我韓의 新聞發達이 今纔七八年인ᄃᆡ 假令 京城一部分으로 言ᄒᆞ야도 四萬戶에 達ᄒᆞ거ᄂᆞᆯ 各社新聞이 京城中二千枚의 發行에 不過ᄒᆞ니 新聞을 讀ᄒᆞᄂᆞᆫ 者ㅣ 二十分의 一에 未滿호되

又或新聞을 案上에 一玩具로 置하고 終日不讀ᄒᆞ다가 他人을 向ᄒᆞ야 今日 新聞에ᄂᆞᆫ 何等 所聞이 有ᄒᆞ뇨 ᄒᆞ니 新聞을 購入ᄒᆞ고도 新聞을 不讀ᄒᆞᄂᆞᆫ 者ㅣ 又太半이라

頑固野昧한 舊日 宰相 紳士 等 退物은 新聞을 不讀ᄒᆞᄂᆞᆫ 銅色部落과 不遠ᄒᆞᆫ 人種이니 足히 掛齒ᄒᆞᆯ 거이 無ᄒᆞ거니와 近日 敎育社會와 政治社會와 商業社會에셔도 新聞을 不讀ᄒᆞᄂᆞᆫ 獘風이 往往存在ᄒᆞᆫ 則 此ᄂᆞᆫ 何等 主見인지 不知ᄒᆞ깃고

且 有志紳士의 發刊한 雜志가 皆是知識을 錙슈라도 發達케 ᄒᆞ고 步武를 寸尺이라도 進就케 ᄒᆞᄂᆞᆫ 苦心血性에 流出ᄒᆞᆷ인 則 假令 一號千部를 發刊ᄒᆞ야도 購覽키를 相爭ᄒᆞ야 第二號에ᄂᆞᆫ 二千部도 不足ᄒᆞ고 第三號에ᄂᆞᆫ 三四千部도 不足ᄒᆞ여야 開明程度을【를】可見ᄒᆞᆯ 거이어ᄂᆞᆯ

但一部를 購覽ᄒᆞᄂᆞᆫ 者ㅣ 無ᄒᆞ고 無代金으로 分送한 者도 一次閱覽키도 不肯ᄒᆞ니

縱然知識과 學問이 十分發達한 人士이라도 他人의 意見를【을】交換ᄒᆞ

ᄂᆞᆫ 效果도 有ᄒᆞ고 時機의 日變ᄒᆞᄂᆞᆫ 事態도 觀測ᄒᆞᆷ인 故로 新聞 雜志 縱覽所ᄅᆞᆯ 特設ᄒᆞ야 購讀ᄒᆞᄂᆞᆫ 餘暇에도 汲汲觀覽ᄒᆞ기를 熱心ᄒᆞᆷ이어날

我韓全國에 地方은 且置ᄒᆞ고 京城 一部分에 新聞 雜志ᄅᆞᆯ 愛讀ᄒᆞᄂᆞᆫ 者ㅣ 平均二千人에 不過ᄒᆞᆫ 則 隣邦에 唾笑ᄅᆞᆯ 不免ᄒᆞᆯ ᄲᅮᆫ 不是라 此 智識競爭의 時代ᄅᆞᆯ 當ᄒᆞ야 國家人民의 野昧함을 將來 엇지 救濟ᄒᆞᆯ이오 可히 一嘆을 發ᄒᆞ깃도다

109호

1906년 11월 3일 (토) 論說

繼天紀元節祝賀

繼天紀元節ᄋᆞᆫ 卽 我

大皇帝陛下ᄭᅴ오셔 天命을 誕膺ᄒᆞ샤 寶號를 陞晉ᄒᆞ오신 慶節이라

我國三大慶節에 開國紀元節은 三千里丕[386]基를 定ᄒᆞ며 萬億[387]年寶曆을 受한 一大慶節이오 萬壽聖節은 聖人이 誕生ᄒᆞ사 億兆의 君父를 作ᄒᆞ오신 一大慶節이오 繼天紀元節은 大韓萬世에 獨立의 基礎ᄅᆞᆯ 鞏固한 一大慶節이니 臣民彛誠에 一般祝賀의 悃愊이 損益ᄒᆞᆯ 바이 無ᄒᆞ되

萬世大韓의 獨立基礎를 鞏固한 繼天紀元節에 至ᄒᆞ야ᄂᆞᆫ 國家의 光輝가 世界萬國에 發揚ᄒᆞ든 紀念日이라 全國 二千萬同胞의 光輝가 太陽과 如히 箇箇히 發揚ᄒᆞ얏스니 此 慶節은 全國上下臣民의 特別히 歡天喜地하고 手舞足蹈ᄒᆞ야 酌酒相賀ᄒᆞ고 一團血心으로 紀念ᄒᆞᄂᆞᆫ 日이라

此 慶節에 紀念ᄒᆞᄂᆞᆫ 一團血心으로 政府上에 居한 者ᄂᆞᆫ 此 獨立基礎를

386 본문 한자는 '丕(비)' 자인데 부속국문은 '부' 자로 표기되었다.

387 본문 한자는 '億(억)' 자인데 부속국문은 '약' 자로 표기되었다.

鞏固ᄒᆞ야 萬世大韓의 第一期維新政治을【를】實施하야 國家의 光輝[388]를 益益發揚ᄒᆞ야 此 繼天紀元節의 紀念日을 對ᄒᆞ야 仰愧俯怍ᄒᆞᆯ 點이 無케 ᄒᆞᆯ 거이오

全國中에 居한 者ᄂᆞᆫ 此 獨立基礎를 鞏固ᄒᆞᆫ 萬世大韓의 國民義務를 盡心竭力ᄒᆞ야 國家의 實力을 益益進就ᄒᆞ야 此 繼天紀元節에 紀念日을 對하야 憂惱鬱悒한 點이 無케 ᄒᆞᆯ 거이니

若其 上下臣民이 此 一團血心으로 國家의 光輝와 實力을 恢復ᄒᆞ고 興奮키 不能ᄒᆞ면 繼天紀元節을 祝賀ᄒᆞᆷ이 實心에 出ᄒᆞᆷ이 아니오 形式上으로 泛歸ᄒᆞᆷ이니 上下臣民되ᄂᆞᆫ 一般同胞의 感이 果然何如ᄒᆞ뇨

噫라 維我二千萬同胞ᄂᆞᆫ 此 繼天紀元節의 祝賀ᄒᆞᆷ을 一層思想ᄒᆞ야 一團血心을 鼓發ᄒᆞ야 國光을 恢復ᄒᆞ고 國力을 興奮ᄒᆞ기로 盟天盟地ᄒᆞ고 誓日誓月ᄒᆞ야 萬世大韓의 繼天紀元節을 祝賀ᄒᆞᆯ지어다

110호 1906년 11월 6일 (화) 論說

欺瞞風氣

近日 人心이 日變ᄒᆞ고 世俗이 日渝ᄒᆞ야 互相欺瞞ᄒᆞ기로 一國의 風氣를 成ᄒᆞᆷ과 如ᄒᆞ니 我韓全國의 前途影響이 將來 何等 地境에 陷落ᄒᆞᆯᄂᆞᆫ지 惘然ᄒᆞᆫ 時局情態를 可히 形言키도 難ᄒᆞ며 畵出키도 難ᄒᆞ도다

官이 民를【을】欺ᄒᆞ며 民이 官를【을】欺ᄒᆞ고 父가 子를 欺ᄒᆞ며 子가 父를 欺ᄒᆞ고 夫가 妻를 欺ᄒᆞ며 妻가 夫를 欺하고 朋友가 朋友를 欺ᄒᆞ며 兄弟가

388 본문 한자는 '輝(휘)' 자인데 부속국문은 '훼' 자로 표기되었다.

兄弟를 欺ᄒᆞ니 其 欺瞞ᄒᆞᄂᆞᆫ 風氣가 漸盛ᄒᆞ야 一個人이 一個人을 欺瞞ᄒᆞ야 一家庭內에 互相欺瞞ᄒᆞ고 一社會內에 互相欺瞞ᄒᆞ고 一全國內에 互相欺瞞ᄒᆞ야 一世에 欺瞞ᄒᆞᄂᆞᆫ 主義를 成ᄒᆞ며 欺瞞ᄒᆞᄂᆞᆫ 時代를 成ᄒᆞ얏스니 此를 推究ᄒᆞᆯ지면 國家人民의 興旺ᄒᆞᄂᆞᆫ 點인가 衰退ᄒᆞᄂᆞᆫ 點인가 假令貧窮生活人이 資本家에 取貸가 有ᄒᆞ야 報償의 期限이 過ᄒᆞ면 欺瞞ᄒᆞᆫ다 ᄒᆞᆷ은 貧窮人의 甘受ᄒᆞᄂᆞᆫ 責望이라 可히 評判ᄒᆞᆯ 거이 無ᄒᆞ되

中央政府이든지 地方政府이든지 一政令을 施한다 頒佈ᄒᆞ되 實施키 未及ᄒᆞ야 勿施ᄒᆞᆷ도 下民을 欺瞞ᄒᆞᆷ이오 實施ᄒᆞᄂᆞᆫ 効果가 頒佈한 令 則[389]과 相背ᄒᆞᆷ도 下民을 欺瞞ᄒᆞᆷ이니 此ᄂᆞᆫ 上이 下를 欺ᄒᆞᆷ이오

京城人民이든지 地方人民이든지 一訴訟을 擧ᄒᆞᆯ 時에 理由가 不有ᄒᆞᆷ으로 健訟노 ᄒᆞ며 勒供노 ᄒᆞᆷ은 下가 上글【을】 欺ᄒᆞᆷ이니

此ᄂᆞᆫ 全國內上下의 互相欺瞞ᄒᆞᄂᆞᆫ 大綱証據이라 其他 百方欺瞞ᄒᆞ고 万般欺瞞ᄒᆞᆷ을 엇지 枚擧ᄒᆞ리오 然則 個人과 家庭과 社會와 全國에 互相欺瞞ᄒᆞᄂᆞᆫ 証據ᄅᆞᆯ 細細히 說明치 아니ᄒᆞ야도 可히 推究ᄒᆞᆯ 者라

是로 以ᄒᆞ야 大部分의 欺瞞을 受ᄒᆞᄂᆞᆫ 理由도 小部分의 互相欺瞞ᄒᆞᄂᆞᆫ 報應으로 由來ᄒᆞᆷ인 쥴로 觀念이 不無ᄒᆞ거니와

欺瞞ᄒᆞᄂᆞᆫ 一世風氣ᄅᆞᆯ 改良ᄒᆞ야 信用을 擴立케 ᄒᆞᆯ지면 何術을 用ᄒᆞ여야 日變ᄒᆞᄂᆞᆫ 人心을 正義上으로 由케 ᄒᆞ며 日渝ᄒᆞᄂᆞᆫ 世俗을 道德上으로 由케 ᄒᆞᆯᄂᆞᆫ지 研究ᄒᆞ노라

389 본문 한자는 '則(즉)' 자인데 부속국문은 '측' 자로 표기되었다.

111호 1906년 11월 7일 (수) 論說

服色

衣服은 人의 生活上 莫重ᄒᆞᆫ 必要品이라 空氣의 冷이 骨에 逼ᄒᆞᄂᆞᆫ 것슬 禦ᄒᆞ며 太陽의 熱이 肌에 射ᄒᆞᄂᆞᆫ 것도 防ᄒᆞᄂᆞᆫ 거시라 上古에 草衣로 俺身物를【을】 作ᄒᆞ얏더니 其 後에 人智가 發達되야 織組物[390]로 衣를 制ᄒᆞ니라 我國人이 何年代의 衣制를 從ᄒᆞ얏던지 現今 其 服色이 盡善盡美치 못한 短處가 許多ᄒᆞ도다

何를 謂홈인고 身에 白衣를 着ᄒᆞ고 頭에 곡을 結ᄒᆞ얏슨즉 如此ᄒᆞᆫ 服色이 正當한 式樣이라 稱[391]홈이 不可ᄒᆞ며 未開한 制度라 謂홈이 可ᄒᆞ도다

盖 物理的 觀念으로 言홀진ᄃᆡ 走獸의 毛와 飛禽의 羽가 皆其本體形을 依ᄒᆞ야 便利ᄒᆞᆫ 掩身物를【을】 賦與홈이라

然而人은 天賦의 毛羽가 無ᄒᆞ고 赤條條ᄒᆞᆫ 나體[392]를 賦得ᄒᆞ얏스나 動物보다 稍優한 智識이 有ᄒᆞ야 人造의 掩[393]身物를【을】 得ᄒᆞ얏스니 其 制度ᄂᆞᆫ 맛당이 事爲上 便利와 經濟上 利益을 計ᄒᆞ야 制홈이 可ᄒᆞ거ᄂᆞᆯ 我國人은 哲學的 知識이 全乏ᄒᆞ고 經濟的 利害도 不識홈으로 草昧한 古人을 祖事ᄒᆞᄂᆞᆫ 習慣이 有ᄒᆞ야 自己의 所着이 先王의 法服이라 ᄒᆞ니 故로 我國人種은 支那人에 隷屈ᄒᆞᄂᆞᆫ 劣等人種의 思想이라란 世界의 惡評을 不免ᄒᆞᄂᆞᆫ지라

且 我國人 服色이 果然 堯舜禹의 創造한 것인지 不知ᄒᆞ거니와 假令 先

390 본문 한자는 '物(물)' 자인데 부속국문은 '밀' 자로 표기되었다.
391 본문 한자는 '稱(칭)' 자인데 부속국문은 '충' 자로 표기되었다.
392 본문 한자는 '體(체)' 자인데 부속국문은 '졔' 자로 표기되었다.
393 본문 한자는 '掩(엄)' 자인데 부속국문은 '음' 자로 표기되었다.

王의 所制이라도 今갓한 進化의 時代를 當ᄒᆞ야 日新又日新한 盡善盡美의 改良이 無홈이 不可ᄒᆞ도다

然則 我國人의 服色을 如何히 改良홈이 可한고

一言으로 斷ᄒᆞ야 가로ᄃᆡ 斷髮ᄒᆞ고 黑衣을【를】着함에 莫上ᄒᆞ도다

彼歐米人男子의 服色은 哲學的으로 觀ᄒᆞ던지 經濟的으로 言ᄒᆞ던지 如彼한 衣制가 無ᄒᆞ다 ᄒᆞ노라

何를 謂홈인고 彼歐米人의 衣制ᄂᆞᆫ 人의 天然的 形体[394]을【를】依ᄒᆞ야 衛生上 事爲上 經濟上에 極히 研究ᄒᆞ야 製造한 거시라 然則 我國 衣制ᄂᆞᆫ 何如의 研究가 有ᄒᆞ얏던지 蔽一言ᄒᆞ고 幼穉한 知識에셔 出홈이라 試言컨ᄃᆡ 人은 本來 角과 翼을 賦與ᄒᆞᆫ 物이 아니라 角樣에 彷彿한 곡과 翼樣과 恰似한 廣袖衣은【는】便利치 못홀 뿐이 아니라 美樣이 아닌 줄로 斷言ᄒᆞ노니 衣制 改良은 進步的 先問題라 ᄒᆞ노라

112호 1906년 11월 8일 (목) 論說

國事犯

國事犯이라 亡命客이라 稱[395]ᄒᆞᄂᆞᆫ 者ᄂᆞᆫ 何等罪案을 因ᄒᆞ야 在逃ᄒᆞ얏나뇨 卽 政治的 犯罪者이라

政治的 犯罪者라 ᄒᆞᄂᆞᆫ 罪案은 國家政治의 革新的 主義로 腦髓를 苦渴ᄒᆞ며 熱血을 費盡ᄒᆞ야 文運을 啓發코자 ᄒᆞᄂᆞᆫ 目的을 未達ᄒᆞ고 一脈生命을 劒樹刀山에 漏脫ᄒᆞᆫ 罪案이라 全國人民의 知識이 闇昧ᄒᆞ고 學問이 孤

394 본문 한자는 '体(체)' 자인데 부속국문은 '쳬' 자로 표기되었다.

395 본문 한자는 '稱(칭)' 자인데 부속국문은 '충' 자로 표기되었다.

陋ᄒᆞ야 政治的 犯罪者의 何等 罪案을 沒分曉ᄒᆞ기로 國事犯이라 ᄒᆞ면 萬古極惡大懟와 亂臣賊子로 指斥ᄒᆞ야 千斬萬戮ᄒᆞᆯ 罪案으로만 認ᄒᆞᆷ이 不無ᄒᆞ니 此ᄂᆞᆫ 時勢의 使然ᄒᆞᆷ이라

時勢의 使然이라 ᄒᆞᆷ은 何를 謂ᄒᆞᆷ이뇨 一時露西亞의 勢力이 鴟張ᄒᆞᆷ을 因ᄒᆞ야 一般國家的 思想과 文明的 主義로 政治革新에 主腦된 者 一流를 一網打盡ᄒᆞᆯ 風浪이 天地를 飜覆ᄒᆞᆷ에 至ᄒᆞ얏ᄉᆞ니 此를 時勢의 使然이라 謂ᄒᆞᆷ이라

是로 因ᄒᆞ야 萬里滄溟에 離國去鄕의 孤夢을 做ᄒᆞ야 何日何時에 宗國의 思想이 腦子裡에 不粘着ᄒᆞ얏ᄉᆞ리오마ᄂᆞᆫ 但 時勢가 不利ᄒᆞᆷ으로 鴻毛가 順風을 不遇ᄒᆞᆷ과 如ᄒᆞ야 十餘星霜을 經ᄒᆞᆫ지라

現今時代ᄂᆞᆫ 何如ᄒᆞᆫ 時代이뇨 東洋全局에 平和恢復ᄒᆞᆫ 時代이라 氷海黑鷲의 羽翼이 已折ᄒᆞ야 勢力範圍의 失敗ᄒᆞᆫ 時代ᄅᆞᆯ 際遇ᄒᆞ야 我韓에도 文運을 漸進ᄒᆞᆯ 思想도 全國人民의 謳歌ᄒᆞᆷ이오

在逃人士의 精神도 宗國日月을 復睹ᄒᆞᆯ 思念이 人人의 肝膽에 充滿ᄒᆞᆫ 바이리

際此 日本政府의 韓國에 對한 方針과 伊藤統監의 贊成ᄒᆞᄂᆞᆫ 主義가 在日本亡命者問題의 解決ᄒᆞᆯ 時機를 値한 故로 此를 因ᄒᆞ야 我

皇帝陛下ᄭᅴ 漏漏建白ᄒᆞ고 政府主務者의게도 深深忠告ᄒᆞᆷ이 各新聞界에 公佈ᄒᆞᆫ 바이기로 全國人民의 此 問題에 大注目ᄒᆞᆷ이로ᄃᆡ 本記者ᄂᆞᆫ 含默ᄒᆞᆷ이 已久ᄒᆞ얏노라

噫라 春風이 冷陸에 噓ᄒᆞ며 陽律을 陰崖에 吹함은 一草一木의 一時에 向榮ᄒᆞᆯ 恩澤이라 何에 偏厚ᄒᆞ며 何에 偏薄ᄒᆞᆯ 春風陽律이 豈有ᄒᆞ리오

然則 亡命者도 召還ᄒᆞ깃고 寃死者도 昭雪ᄒᆞ깃고 竄配者도 放宥ᄒᆞ깃고 일昧者도 白晰ᄒᆞᄂᆞᆫ 것이 春風陽律을 共被ᄒᆞ야 無一物不霑雨露홈이 光明正大한 國典이라

此 光明正大ᄒᆞᆫ 國典을 公用ᄒᆞ야 金鷄一唱ᄒᆞᆯ지면 幽明의 苦衷을 慰諭ᄒᆞᆯ 一大恩沛이오 何等地位와 何等利權을 希望홈은 此에 不在홈이니 此 問題를 對ᄒᆞ야 政治的 犯罪者의 蕩滌召還ᄒᆞᄂᆞᆫ 一流人士를 祝賀ᄒᆞ며 國家의 公明正大ᄒᆞᆫ 恩典을 祝賀하기 爲ᄒᆞ야 一論을 預述ᄒᆞ노라

113호

1906년 11월 9일 (금) 論述

婦人會

我韓 四千年 風氣를 一朝에 劈破한 文明進化의 第一基礎ᄂᆞᆫ 深閨에 幽囚ᄒᆞ얏든 婦人社會이 新智識을 喚醒홈과 如ᄒᆞ야 婦人會을【를】 刱立홈이라

日昨에 女子敎育會 趣旨書가 同會로 來ᄒᆞ얏기로 本報紙上에 揭載ᄒᆞ야 吾儕의 大贊成ᄒᆞᄂᆞᆫ 主義를 敬表ᄒᆞ얏거니와

大抵 風氣가 漸變ᄒᆞᄂᆞᆫ 時代라 稱[396]ᄒᆞᆯ지라도 我韓에 婦人의 知識程度가 此에 達ᄒᆞ야 社會를 組織ᄒᆞ고 言壇을 高設ᄒᆞ야 掉舌討論ᄒᆞᄂᆞᆫ 婦人도 有ᄒᆞ고 露面旁聽ᄒᆞᄂᆞᆫ 婦人도 有ᄒᆞ고 拍手喝采[397]ᄒᆞᄂᆞᆫ 婦人도 有ᄒᆞ고 熱心贊成ᄒᆞᄂᆞᆫ 婦人도 有ᄒᆞ니 婦人程度가 此에 達ᄒᆞᆯ 줄은 曾是不意ᄒᆞ얏노라

噫라 婦人程度가 此에 達홈은 時代의 一變홈을 際遇ᄒᆞ얏스니 烝烝進步ᄒᆞ야 文明列邦의 婦人社會와 幷駕馳騖ᄒᆞᆯ 境에 達홈을 十分希望ᄒᆞᄂᆞᆫ 바

396 본문 한자는 '稱(칭)' 자인데 부속국문은 '증' 자로 표기되었다.

397 본문 한자는 '采(변)' 자인데 부속국문은 '쇄' 자로 표기되었다.

어니와

若其 學問을 進就키 不能하며 知識을 開展키 不能하며 各般 女工事業과 經濟 必要와 及其 家庭教育과 政治議論에 隨處發達키 不能하고 但히 閨門을 突出하야 男子와 平等權利를 恢復하ᄂᆞ니 社會上 交際를 하ᄂᆞ니 通常會와 討論會에 空往空來ᄲᅮᆫ 할지면 十分滿足히 贊成키 難한지라

然則 婦人의 會合하ᄂᆞᆫ 主義ᄂᆞᆫ 學問知識을 發達進就홈에 在하니 會中에 學校性質을 包含하야 教課書를 刋[398]出하야 每會에 教育主義로 講論하고 餘暇에 複習하야 拳拳服膺케 홀지면 學問知識이 自然 開進홀 거이니

是會의 刱立ᄒᆞᆫ 有志婦人과 贊務紳士ᄂᆞᆫ 應當 此等 經營을 持有하야 循序實行홀 思想이 必有하려니와 若其 因循姑息하야 汲汲進行키 不能홀지면 是會擴張되기를 期望키 難하기로 一論을 述하야 婦人社會의 文明進化에 基礎를 確立홈을 務望하고 警告하노라

114호 1906년 11월 10일 (토) 論述

普通學校增設

我韓人民의 知識程度를 推測코저 홀지면 教育程度를 推筭홀 거이오 教育程度를 推筭코저 홀지면 學校의 多寡를 推計홀지니

京城中 四萬戶의 幼年子弟를 臆算홀진댄 每戶에 一名식ᄲᅮᆫ ᄒᆞ야도 四萬名 假量에 達ᄒᆞ깃스니 一學校에 百名式을 出席케 홀지면 學校가 四百處이라야 盡數히 教育을 擴張홀 거이어날

398 본문 한자는 '刋(천)' 자인데 부속국문은 '간' 자로 표기되었다.

現今 京城 及 各地方 普通學校가 二十四處에 不過ᄒᆞᆫ 則 假量百名式만 出席ᄒᆞᆫ다 ᄒᆞ야도 二千四百名에 不過ᄒᆞ깃고

官立 以外 京城 及 各地方 私立學校를 一一調査키 不能하나 假量 三百處에 不過ᄒᆞᆫᄃᆡ 第一欵經費金額에 不足ᄒᆞᆷ으로 縱然 有志人士의 寄附金을 新聞上에 日日廣告ᄒᆞᆷ이 有ᄒᆞ나 每每히 維持키 困難하다ᄂᆞᆫ 物議가 沸騰한 則 發起人員과 剏立紳士의 一點腦髓을【를】 焦盡하야도 有始無終ᄒᆞᆯ 遠慮가 不無ᄒᆞᆫ 三百學校에 出席學員을 百名式 筭하야도 三萬名에 不過ᄒᆞᆯ지라

然이나 私立은 閣置하고 官立 公立으로만 擧論ᄒᆞᆯ진ᄃᆡ 教育程度가 泛然無涯ᄒᆞ도다

日昨 學部에서 普通學校 增設이라ᄂᆞᆫ 議論을 發起ᄒᆞᆷ을 本紙에 已揭하얏것【거】니와 事實과 如ᄒᆞᆯ지면 教育의 擴張ᄒᆞᆷ을 贊成할거니와

假令 二十四五枚를 增設ᄒᆞᆫ다 하야도 全國人民의 知識程度를 開發키 不能ᄒᆞᆯ 거이니 엇지 十分滿足타 謂ᄒᆞ리오

然이나 一朝一夕에 全國人民의 知識을 開發키 難한 則 國家의 財力이 循環하ᄂᆞᆫ 程度ᄅᆞᆯ 順序漸進하야 今年에 二十四五 學校ᄅᆞᆯ 增設ᄒᆞ고 明年에 二十四五 學校ᄅᆞᆯ 增設ᄒᆞ야 年年히 二三千名의 學員을 教育ᄒᆞ얏스면 全國人民의 教育程度가 開發ᄒᆞᆷ을 期望ᄒᆞᆯ 거이니

學部諸公은 二十四五의 學校增設ᄒᆞᆷ을 年年預劃中에 注意하고 熱心ᄒᆞ야 普通學校의 年年增進ᄒᆞᆷ을 務望하노라

再論學校部分

昨日 所論한 바 京城中에 學校 四百處를 設立하여야 城中 幼年子弟를 敎育하깃다고 ᄒᆞᆫ 語意ᄂᆞᆫ 學校를 增設하ᄂᆞᆫ 主義에 對하야 一論하얏거니와

小學校이든지 中學校이든지 部分이 多數ᄒᆞᆷ이 外面으로ᄂᆞᆫ 敎育을 擴張ᄒᆞᆷ과 如ᄒᆞ나 其實은 經濟의 損害ᄂᆞᆫ 十分 多大ᄒᆞ되 敎育의 効果ᄂᆞᆫ 十分 期望키 難한 理由가 不無ᄒᆞ니

經濟의 損害도 言ᄒᆞᆯ지면 假令 小學校가 十個所에 分設하면 校舍의 位置와 校長 校監 敎師의 月俸과 書籍紙筆과 薪水炭油의 各般經費가 小部分이나 大部分나이【이나】費用은 各其 一般이로ᄃᆡ 敎育의 効果로 言ᄒᆞᆯ지면 學問이 有하고 名譽가 有ᄒᆞᆫ 敎師을【를】 延聘ᄒᆞᆯ지면 一個 漆板下에 千名學徒의 多數라도 一課程敎育하기ᄂᆞᆫ 無難하기로 外國小學校에 千餘名 學徒가 有함은 通常한 比例이라 今에 公私立小學校 名稱[399]한 部分內에 學徒出席이 多則 五六十名 小則 二三十名을 敎課ᄒᆞᆷ의 學徒額數가 小數ᄒᆞᆷ으로 別般進就的 現効ᄂᆞᆫ 無하고 敎師의 月俸은 薄少ᄒᆞᆷ으로 誠心이 不敷ᄒᆞᆷ【ᄒᆞᆫ】點이 有ᄒᆞᆯ 거이니

吾儕의 愚見으로 揣[400]하건ᄃᆡ 學校部分ᄆᆞᆫ 增設하야 經費ᄆᆞᆫ 困難커【케】ᄒᆞᆷ이 不贊成이라 ᄒᆞ노니 假令 京城內 已設ᄒᆞᆫ 普通學校 十個所을【를】 一個所에 合하야 出席學徒를 五六百名이든지 千餘名이든지 會合하고

每校에 五六名 乃至 七八名되ᄂᆞᆫ 敎師를 合하면 七八十名 內에 十餘名ᄆᆞᆫ 選擇하야 相當한 月俸으로 報酬하야 專心專力케 하얏스면 經費의 損

399 본문 한자는 '稱(칭)' 자인데 부속국문은 '층' 자로 표기되었다.

400 본문 한자는 '揣(췌)' 자인데 부속국문은 '최' 자로 표기되었다.

害ᄂᆞᆫ 必少하깃고 教育의 効果ᄂᆞᆫ 必多ᄒᆞᆯ지라

今番 學部에셔 二十四五枚 普通學校를 增設한다 ᄒᆞᆷ도 二十四五의 部分을 分張ᄒᆞᆷ이 亦是 必要ᄒᆞᆷ이 無ᄒᆞᆯ지라 京城애【에】 一二部分과 地方에 一二部分을 增設하고 學徒를 强制的으로 募集하야 多數히 出席케 하고 寄宿舍를 設하야 學徒를 便宜케 하고 教師를 相當히 待遇하ᄂᆞᆫ 거시 十分必要ᄒᆞᆷ으로 贊成하ᄂᆞᆫ 主義을【를】 說明하야 一論을 更述하노라

116호 1906년 11월 13일 (화) 論說

宮內大臣

宮內大臣 李根湘 氏가 本職을 遞任ᄒᆞᆫ 代에 前 內部大臣 尹用求 氏로 新任ᄒᆞᆷ은 本紙에 揭載ᄒᆞ얏거니와

尹用求 氏ᄂᆞᆫ 沁園令嗣오 皇室切戚이라 文章과 書畵가 當世에 翹楚되ᄂᆞᆫ 賢宰相이오 丘裘之業을 靑郊十里의 綠野溪田과 平泉花石을 設ᄒᆞ고 柔翰을 弄ᄒᆞ며 霹梧를 彈ᄒᆞ야 餘生을 怡悅ᄒᆞ고 名利膏火의 業障을 脫한 高尙者이라

年前에 度支大臣으로 出脚ᄒᆞ지 아니ᄒᆞ얏고 且 內部大臣을 特叙ᄒᆞᆷ이 出脚ᄒᆞ지 아니ᄒᆞ얏스니 由此觀之면 賢宰相이라 謂ᄒᆞᆯᄂᆞᆫ지 高尙者이라 謂ᄒᆞᆯᄂᆞᆫ지 月朝高評의 慧[401]鑑이 無ᄒᆞ거니와

今回 宮內府大臣으로ᄂᆞᆫ 膺命ᄒᆞᆯᄂᆞᆫ지ᄂᆞᆫ 不知ᄒᆞ되 氏의 意見을 不知ᄒᆞᆯ 事由가 有ᄒᆞ기로 疑問을 一設ᄒᆞ노니

401 본문 한자는 '慧(혜)' 자인데 부속국문은 '예' 자로 표기되었다.

氏가 頑固의 舊習이 腦子에 充滿하야 新式政治의 手術도 不慣ᄒᆞ고 改革時代가 心志에 不合하야 素操ᄅᆞᆯ 固守하고 白眼으로 一世ᄅᆞᆯ 觀코자 ᄒᆞᄂᆞᆫ뇨

氏가 時事가 漸乖ᄒᆞ고 國氣가 萎靡ᄒᆞᆷ을 傷心ᄒᆞ야 隻手로 狂瀾을 障하며 一絲로 九鼎ᄅᆞᆯ【을】 扶ᄒᆞᆯ 神策이 無ᄒᆞᆷ으로 林泉에 倘[402]佯ᄒᆞ야 終身無悔코자 ᄒᆞᄂᆞᆫ뇨

氏가 此二件의 思想이 堅執不改ᄒᆞᆯ지면 今回 宮內大臣도 膺命치 아니ᄒᆞᆷ은 瞭然可知할지니 若其 榮塗의 念이 絶ᄒᆞ야 朝衣朝冠이 塗炭에 坐ᄒᆞᆷ과 如히 思想이 堅固不變ᄒᆞᆯ지면 ᄯᅩ한 一片疑雲이 不無ᄒᆞ니

氏가 勳章의 恩賜를 屢度祗[403]受하고 固辭ᄒᆞᆷ을 不見하얏스니 不知케라 何等勳章[404]勞와 功業으로 二等一等의 勳章을 拜受ᄒᆞ고 固辭하지 아니하얏ᄂᆞᆫ뇨

氏가 戚里綺환【紈】으로 少年에 翰苑奎瀛의 淸班을 ▣척ᄒᆞ고 晩世에 崇品公卿과 男[405]退神仙의 富貴로 平生功業勳勞로 知하야 輔國安民한 大光輝ᄅᆞᆯ 歷史에 垂ᄒᆞᆷᄃᆞᆫ한 거이 無ᄒᆞ야도 勳章ᄅᆞᆯ【을】 不辭輒受ᄒᆞ얏ᄂᆞᆫ뇨

氏가 勳章을 拜受ᄒᆞᆷ을 觀ᄒᆞ면 今回宮內府大臣地位노 固辭치 아니ᄒᆞᆯ 거이니 若其 勳章은 不辭ᄒᆞ고 官職만 辭ᄒᆞ면 氏의 素操ᄂᆞᆫ 不解ᄒᆞᆯ지니 氏의 今回去就ᄅᆞᆯ 觀하야 更論하깃노라

402 본문 한자는 '倘(당)' 자인데 부속국문은 '소' 자로 표기되었다.
403 본문 한자는 '祗(지)' 자인데 부속국문은 '져' 자로 표기되었다.
404 본문 한자는 '章(장)' 자인데 부속국문은 '훈' 자로 표기되었다.
405 본문 한자는 '男(남)' 자인데 부속국문은 '용' 자로 표기되었다.

婦人社會

活動力이 不足하고 知識界가 卑劣하든 婦人社會가 漸漸開進하야 男子에 不讓하ᄂᆞᆫ 事業이 有한 婦人은 歐米諸國이 率先者가 되얏더라

今 世界文明國 婦人社會를 觀하건ᄃᆡ 軍事上 戰鬪力 一事 以外에ᄂᆞᆫ 男子가 婦人社會을【를】 敢히 侮視치 못ᄒᆞᆯ 事實이 有하다 ᄒᆞ노라 何로써 此를 謂함인고

大抵 男子와 婦人를【을】 比較的으로 論컨ᄃᆡ 互有長短ᄒᆞᆫ지라 男子는 研究力이 優勝하며 婦人은 記憶力이 優勝하니 學問의 進就와 知識의 擴張은 男女가 一般이라 然ᄒᆞᆷ으로 泰西婦人은 政治的 思想도 有하고 哲學的 思想도 有하니 男子와 同等權利가 有ᄒᆞᆷ이 無愧하도다

我國 婦人社會ᄂᆞᆫ 아즉 天荒을 未破하고 蠢蠢한 野習믄 有하더니 近年에 泰西 婦人社會[406]上 文明風潮도 吹入하고 我國에 居留ᄒᆞᄂᆞᆫ 日本 婦人이 我國 婦人과 交際가 頻繁ᄒᆞ니 此時를 當하야 我國 婦人社會上에 進步가 無ᄒᆞ면 不可ᄒᆞ도다

夫 日本 婦人은 四十 年間에 文明空氣를 吸ᄒᆞ고 文明教育을 受ᄒᆞ고 文明的 交際도 有하고 文明的 事業도 行ᄒᆞ던 婦人社會이라 我國 婦人은 閨中에 蟄居ᄒᆞᄂᆞᆫ 固陋習으로써 能事를 삼고 外國 婦人의 程度를 不知ᄒᆞᆷ이 不可ᄒᆞ며 效則[407]지 아니ᄒᆞᆷ이 쏘한 不可ᄒᆞ도다

去十日에 日本人이 愛國婦人會를 開ᄒᆞ얏ᄂᆞᆫᄃᆡ 記者가 該會의 請牒이 有ᄒᆞᆷ으로 參席ᄒᆞᆫ 즉 日本 貴族 婦人 及 民間 紳士 婦人 三百餘 名이 出席ᄒᆞ

406 본문 한자는 '會(회)' 자인데 부속국문은 '해' 자로 표기되었다.

407 본문 한자는 '則(칙)' 자인데 부속국문은 '측' 자로 표기되었다.

고 我國 貴族 婦人도 數十名이 出席ᄒᆞᆫ지라 會場內에 威儀가 整齊ᄒᆞ고 形式이 端雅ᄒᆞ니 我國 婦人社會도 如此히 進步됨을 鴻歎ᄒᆞ얏노라 盖 婦人이 幼時에 敎育을 受ᄒᆞᆯ 次로 學校에 來往ᄒᆞᄂᆞᆫ 거시 쳣 出入[408]이오 長ᄒᆞ야ᄂᆞᆫ 交際上 追逐도 有ᄒᆞ며 其次ᄂᆞᆫ 事業上이라

大抵 男女를 無論ᄒᆞ고 門外에 쳣出入은 學校이라 學校의 敎育을 不受ᄒᆞ고 社會上에 交際가 有ᄒᆞ면 瑕[409]疵가 不無ᄒᆞ거날 我國 婦人은 學校의 敎育이 無ᄒᆞᄂᆞ 交際上에 能히 失禮가 無ᄒᆞᆷ은 其 家庭敎育이 有ᄒᆞ다 質言ᄒᆞ깃노라

就愛國婦人會에 我國 婦人을 爲ᄒᆞ야 來賓의 禮를 設ᄒᆞ얏ᄂᆞᆫ지 日本 婦人은 整齊히 跪[410]坐ᄒᆞ고 我國 婦人은 椅子上에 踞케 ᄒᆞ얏ᄂᆞᆫᄃᆡ 其中에 一我國 婦人이 傍人을 對ᄒᆞ야 頻頻[411]히 耳語도 ᄒᆞ며 傍人의 袖[412]도 撫ᄒᆞ며 外賓이 列坐ᄒᆞᆫ 叢中을 向ᄒᆞ야 파ᄉᆡ리 갓한 손ᄭᆞ락으로 十次二十次이ᄂᆞ 가르치며 傍人의 耳ᄐᆞ에 自己唇을 接ᄒᆞ고 密密ᄒᆞᆫ 言이 何言인지 不知ᄒᆞ거니와 如此히 端正치 못한 行動은 我國 婦人 全社會의 羞恥을【를】貽함이라 此를 懲[413]ᄒᆞ야 此後에ᄂᆞᆫ 婦人이 비록 居家時일지라도 端正한 行動으로 對人接物ᄒᆞᆷ이 可하니 夫 如是ᄒᆞᆫ 則 何處에 出脚ᄒᆞ던지 失禮가 無ᄒᆞ리라 ᄒᆞ노라

408 본문 한자는 '入(입)' 자인데 부속국문은 '장' 자로 표기되었다.
409 본문 한자는 '瑕(하)' 자인데 부속국문은 '가' 자로 표기되었다.
410 본문 한자는 '跪(궤)' 자인데 부속국문은 '괴' 자로 표기되었다.
411 본문 한자는 '頻(빈)' 자인데 부속국문은 '번' 자로 표기되었다.
412 본문 한자는 '袖(수)' 자인데 부속국문은 '신' 자로 표기되었다.
413 본문 한자는 '懲(징)' 자인데 부속국문은 '증' 자로 표기되었다.

贊勉漢語學校生

世界에 國權이라 論ᄒᆞᆫ 大議論 大文章이 一二가 不是로ᄃᆡ 國權의 眞相을 擧述ᄒᆞᆯ진ᄃᆡ 學問과 言論과 心志에 一이 欠ᄒᆞ야도 不備ᄒᆞᆯ 者이라

日昨 本記者가 官立 漢城漢語學校에 歷覽ᄒᆞ다가 同校學生의 作文하ᄂᆞᆫ 課程時間을 値ᄒᆞ얏ᄂᆞᆫᄃᆡ 同教官이 考閱ᄒᆞ야 一二三班에 各 一篇式 居甲者를 選取ᄒᆞ니 其 問題ᄂᆞᆫ 國權이라 其 三學員의 論述ᄒᆞᆫ 바를 揭ᄒᆞ노니

一班學生 柳益秀 氏의 國權論에 曰 夫 國家ᄂᆞᆫ 土地人民 及 主權의 三者가 合成ᄒᆞᆫ 者라 是以로 土地와 人民이 有할지라도 主權이 無ᄒᆞ면 國家를 成立치 못ᄒᆞ나니 此의 所謂 主權은 卽 國權이라 云ᄒᆞᆫ 者라 然則 國權은 如何ᄒᆞᆫ 者를 稱[414]ᄒᆞᆷ인가 ᄒᆞᆯ진ᄃᆡ 此ᄂᆞᆫ 二種[415]에 分ᄒᆞ니 一은 對內主權이오 一은 對外主權이니 對內主權은 卽 最高ᄒᆞᆫ 權力이 被治者의 加ᄒᆞ야 諸般政令을 行한 者[416]오 對外主權은 卽 一國이 他國의 對ᄒᆞ야 自國의 獨立을 正當히 維持ᄒᆞᆫ 者니 要言ᄒᆞ면 對內主權은 服從에 關係오 對外主權은 對立에 關係니 內外의 主權이 强固完全ᄒᆞᆫ 然後에 其 國이 宇內에 在ᄒᆞ야 文明國의 列에 至ᄒᆞᆯ지라 是以로 國家의 强弱이 國權의 完全與否에 隨ᄒᆞ야 生ᄒᆞ나니 凡國家를 愛ᄒᆞᄂᆞᆫ 者ᄂᆞᆫ 必是自國에 國權을 維持케 ᄒᆞᆯ지라 然ᄒᆞᆷ으로 國民이 政府에 對하야 固有之義務를 盡ᄒᆞ며 政府ᄂᆞᆫ 國民의 對ᄒᆞ야 正當ᄒᆞᆫ 法律을 頒布ᄒᆞ야 對內主權을 完全케 ᄒᆞ고 又 其 對內主權이 完全ᄒᆞ야 政府와 人民이 共히 自國을 爲重ᄒᆞᄂᆞᆫ 結果로 實力이 强固ᄒᆞ

414 본문 한자는 '稱(칭)' 자인데 부속국문은 '층' 자로 표기되었다.
415 본문 한자는 '種(종)' 자인데 부속국문은 '중' 자로 표기되었다.
416 본문 한자는 '者(자)' 자인데 부속국문은 'ᄉᆞ' 자로 표기되었다.

야 外國에 對ᄒᆞᆷ이 其 獨立 體面을 保持ᄒᆞᄂᆞ니라

二班學生 尹善湖 氏의 國權論에 曰 爲國之道守經行權各有其義何者關石常存於王府錙수不失於正案 雖然 治道汚隆易生變質之獘稱[417]物輕重可用得中之宜是謂致治之達權也 窃以爲體國莫大乎 善政治其要在於自重而適於時中也 爲君上而大居正發號施令萬機唯勤必主乎 權綱矣爲臣隣而進思忠退思補過夙夜匪懈奏敷庶事持心如平衡矣 爲民庶而通工易事謹身節用敎子有方日遷其善而向君之誠 若稱[418]錘矣如是而上下團体立固於中正之域內而自强外而禦侮引[419]權不分矣有誰低仰於其間哉

三班學生 鄭求東 氏ᄂᆞᆫ 時年이 十三인ᄃᆡ 其 國權論에 曰

國權이라 ᄒᆞᆷ은 各國 統治者 互相間에 存在ᄒᆞᆫ 利權이라 此를 解[420]釋ᄒᆞᆸ지ᄃᆡ 各國이라 ᄒᆞᆷ은 古昔에 人類의 生活이 稀少ᄒᆞ야 其間에 何等의 利權이 無ᄒᆞ나 漸次 發達ᄒᆞᆷ을 因ᄒᆞ야 各其 統治者를 推戴ᄒᆞ야 非常ᄒᆞᆫ 權力을 與ᄒᆞ나니 現今時代로 觀ᄒᆞ야도 地球上에 國을 建ᄒᆞᆫ 者ㅣ 大約 五十餘에 不下함이 其間에 各各 非常ᄒᆞᆫ 權力이 皆有한지라 故로 國家 互相間에 利權을 定ᄒᆞ야 國權이라 稱[421]ᄒᆞᄂᆞ니 此를 要ᄒᆞᆯ진ᄃᆡ 各其 平等됨을 要ᄒᆞᄂᆞ니 我大韓帝國은 完全ᄒᆞᆫ 國權이 有한가 唯我同儕여 勉之哉어다 國權完全은 在於吾儕靑年之[422]手矣라 ᄒᆞ노니 勉之어다 西洋 比思麥 拿破崙과 東洋 鄧禹 諸葛亮 金庾信의 事業을 勉勵ᄒᆞ야 國權을 完全케 ᄒᆞ기로 期待ᄒᆞ노니 勉之어다

417 본문 한자는 '稱(칭)' 자인데 부속국문은 '층' 자로 표기되었다.

418 본문 한자는 '稱(칭)' 자인데 부속국문은 '층' 자로 표기되었다.

419 본문 한자는 '引(인)' 자인데 부속국문은 '유' 자로 표기되었다.

420 본문 한자는 '解(해)' 자인데 부속국문은 '힝' 자로 표기되었다.

421 본문 한자는 '稱(칭)' 자인데 부속국문은 '층' 자로 표기되었다.

422 본문 한자는 '之(지)' 자인데 부속국문은 'ᄌᆞ' 자로 표기되었다.

本記者ㅣ 曰 此 國權論 三篇이 皆走筆試課ᄒᆞᆷ인 則 節節考評키 難ᄒᆞ나 一班生의 文旨ᄂᆞᆫ 新學問으로 正確說明ᄒᆞ얏고 二班生의 文旨ᄂᆞᆫ 體渾[423]意備ᄒᆞ얏고 三班生은 幼年造詣가 非常한 才格을 持有ᄒᆞᆫ 者이라 及其 國權完全이 在於吾儕靑年之手라ᄒᆞᆫ 一句語ᄂᆞᆫ 欽歎키 不覺ᄒᆞ깃스니 漢語學生의 步驟ᄅᆞᆯ 從此로 可히 攢賀ᄒᆞ거니와

國權 二字에 對ᄒᆞ야ᄂᆞᆫ 悠然한 感이 不無ᄒᆞ기로 長述치 아니ᄒᆞ며 更히 漢語學生을 向ᄒᆞ야 烝烝前進ᄒᆞ야 男[424]往不退ᄒᆞᆷ을 祝ᄒᆞ노라

119호

1906년 11월 16일 (금) 論說

改善新政

施政改善 施政改善 施政改善이라 老釋子의 念佛ᄒᆞ듯 하ᄂᆞᆫ 施政改善이 今回 三年間에 果然 其効果가 何如ᄒᆞ뇨 果然 其 効果가 何如하뇨

議政府에셔ᄂᆞᆫ 文官전考의 新政令을 頒佈ᄒᆞ얏고

內部에셔ᄂᆞᆫ 地方調査所를 設하야 合郡分郡의 規則[425]은 小部分으로 施行ᄒᆞ얏고 郡[426]守전考ᄅᆞᆯ 實施ᄒᆞ야 郡守十二窠ᄅᆞᆯ 叙任ᄒᆞ얏고 其 次府叅書를 叙任ᄒᆞ고 郡主事를 望薦ᄒᆞ라 ᄒᆞ얏고 度支部에셔ᄂᆞᆫ 稅務監 稅務官 稅務主事를 選取ᄒᆞ야 服裝과 旅費를 頒給ᄒᆞ얏고 軍部에셔ᄂᆞᆫ 衛戍營을 設始ᄒᆞ고 規則[427]을 頒佈ᄒᆞ얏고 法部에셔ᄂᆞᆫ 地方檢事를 設始ᄒᆞᆫ다ᄂᆞᆫ 議案이 有ᄒᆞ

423 본문 한자는 '渾(혼)' 자인데 부속국문은 '훈' 자로 표기되었다.
424 본문 한자는 '男(남)' 자인데 부속국문은 '용' 자로 표기되었다.
425 본문 한자는 '則(칙)' 자인데 부속국문은 '측' 자로 표기되었다.
426 본문 한자는 '郡(군)' 자인데 부속국문은 '국' 자로 표기되었다.
427 본문 한자는 '則(칙)' 자인데 부속국문은 '측' 자로 표기되었다.

얏고

農商工部에셔는 礦山條例를 實施한다 ᄒᆞ고

學部에셔는 小學校를 普通學校로 改稱[428]ᄒᆞ고 外國語學校는 官立語學校로 名稱[429]ᄒᆞ게 ᄒᆞ고 普通學校 二十四五處를 設立ᄒᆞᆫ다는 計劃이 有ᄒᆞ고

宮內府는 判任官을 試取ᄒᆞ얏스니 這間烝烝進步되는 新政令이 今年 一年間에 右와 如한 大事業을 成立ᄒᆞᆷ과 如하니 國民間 如此ᄒᆞᆫ 大慶幸이 豈有ᄒᆞ리오

然則 口舌上으로ᄂᆞᆫ 施政改善이라고 唱導ᄒᆞ든 時代에 比較ᄒᆞ면 一大改革의 新政治의 結果도 可見ᄒᆞ얏다 ᄒᆞ고 稱[430]ᄒᆞ깃스니 現政府諸公을 對ᄒᆞ야 贊成ᄒᆞ는 敬意를 表ᄒᆞ거니와

噫라 此時 何時오 目下에 國民間 汲汲ᄒᆞᆫ 倒懸의 急ᄒᆞᆫ 情況[431]을 整厘키 不能ᄒᆞ고 支流餘裔의 一二事端를【을】擧ᄒᆞ야 一年間 長距離를 消磨ᄒᆞ되 畢竟 實施된 効果를 不見ᄒᆞ깃스니

如此ᄒᆞᆫ 政令과 如此ᄒᆞᆫ 事業을 假令 十年을 消磨한다 ᄒᆞ야도 我韓國民의 回甦ᄒᆞᆯ 時機는 杳然無期ᄒᆞ니 此를 一嘆ᄒᆞ노라

428 본문 한자는 '稱(칭)' 자인데 부속국문은 '충' 자로 표기되었다.
429 본문 한자는 '稱(칭)' 자인데 부속국문은 '충' 자로 표기되었다.
430 본문 한자는 '稱(칭)' 자인데 부속국문은 '충' 자로 표기되었다.
431 본문 한자는 '况(황)' 자인데 부속국문은 '항' 자로 표기되었다.

120호 1906년 11월 17일 (토) 論說

新聞權利

文明의 世에 一大勢力이 有ᄒᆞᆫ 者ᄂᆞᆫ 新聞이니 其 勢力은 天下에 抵抗할 者ㅣ 無ᄒᆞ도다

人類의 稟有한 喜怒哀樂愛憎驚懼의 性의 强弱을 無論하고 其 心靈肉體를 隸屈하ᄂᆞᆫ 宗敎의 能力도 有하야

天命을 繼ᄒᆞ야 黔首를 統御하ᄂᆞᆫ 神權을 賦與하얏다고 唱하ᄂᆞᆫ 獨裁專制의 君王의 威力도 有하얏더니

今에 至ᄒᆞ야 新聞의 勢力이 生ᄒᆞᆷ이 此 勢力은 古今天地에 無適한 勢力이라 朦昧ᄒᆞᆫ 世에 迷夢을 打破ᄒᆞ고 平等 博愛 不羈 獨立의 精神을 喚發ᄒᆞ야 一代風潮를 刱造하야써 近世文明大礎를 建한 者라

故로 宗門의 能力도 新聞을 社交的으로 相敬ᄒᆞᆯ ᄲᅮᆫ이라 一毫라도 敢히 侮視치 못ᄒᆞ며

帝王의 威力으로도 新聞을 一法人資格과 文明機關으로 認ᄒᆞᆯ ᄲᅮᆫ이오 壓制의 手段을 莫施ᄒᆞᄂᆞᆫ지라

【부】夫 新聞은 天下의 善을 賞ᄒᆞ며 惡을 罰ᄒᆞᄂᆞᆫ 輿論者라 苟或美事業이 有한 者ㅣ 新聞界에 美賞을 得ᄒᆞ면 百世에 流芳ᄒᆞ며 惡行爲가 有ᄒᆞᆫ 者ㅣ 新聞界에 罰를【을】得하면 天下萬目에 上傳ᄒᆞᆯ ᄲᅮᆫ 아니라 ᄯᅩᄒᆞᆫ 後世ᄭᅡ지 惡罵가 有ᄒᆞᄂᆞ니 故로 世의 文明이 進ᄒᆞᆯ수록 新聞界 勢力이 增長ᄒᆞ도다 大抵 新聞을 敬重畏憚ᄒᆞᄂᆞᆫ 者ᄂᆞᆫ 文明人이오 輕蔑無視ᄒᆞᄂᆞᆫ 者ᄂᆞᆫ 野蠻이오 不知不畏하ᄂᆞᆫ 者ᄂᆞᆫ 鳥獸이라 然則 我國 人民社會ᄂᆞᆫ 何程度에 至하얏ᄂᆞᆫ지 不知하거니와 有或 一二愚昧가 新聞上에 自己의 不美한 行爲가 露出

됨을 怒하야 新聞社와 裁判를【을】請한다하ᄂᆞᆫ 者가 有하니 吁라 吾人은 其 愚을 吊하고 其 頑을 懲코사 하야 玆에 一論을 加하노라

曩[432]者 皇城報 三面란 內에 拘尾三年이라 ᄒᆞᆫ 題下의 記事를 因하야 女子教育會 代辦會長 金雲谷 氏가 皇城報와 裁判을 請하얏다ᄂᆞᆫ 事도 有하며 李容相 氏ᄂᆞᆫ 每日申報 社長 빈설 氏와 裁判을 請하얏다가 未果ᄒᆞᆫ 事도 有ᄒᆞ며 龍川郡居ᄒᆞᄂᆞᆫ 張從植 等이 皇城報와 裁判을 請ᄒᆞ얏던 事도 有ᄒᆞ얏스니 吁라 其 裁判을 請ᄒᆞ던 者ᄂᆞᆫ 何許의 利益點을 得하얏ᄂᆞᆫ고 皇城報ᄂᆞᆫ 確實ᄒᆞᆫ 報道을【를】接ᄒᆞ야 記事ᄒᆞᆫ 쥴로 公論이 自在ᄒᆞ며 且其 事實를 皇城報에 報興ᄒᆞᆫ 者ᄂᆞᆫ 皆女子教育會 全[433]體를 爲ᄒᆞ야 如彼ᄒᆞᆫ 報道로써 社會上 警告鑑을 삼고자 ᄒᆞᆫ 有志의 一事이라

然則 其 裁判을 請하던 者ᄂᆞᆫ 新聞界을【를】輕蔑 無視ᄒᆞᄂᆞᆫ 野人인가 敬重畏憚하ᄂᆞᆫ 文明人인가 自量[434]ᄒᆞᆯ지어다.

121호 　　1906년 11월 18일 (일) 論說

工業何以發達

我韓全國에 天産物은 多ᄒᆞ되 人工物은 少ᄒᆞ고 入口物은 多ᄒᆞ되 出口物은 少ᄒᆞ니 何等 原因이뇨 工業이 未發達ᄒᆞᆫ 所以라

工業이 未發達홈은 何等 原因이뇨 我國이 本來 工業人을 下賤奴隷와 如히 薄待ᄒᆞ야 何等 工業人을 勿論ᄒᆞ고 匠色이라 稱[435]ᄒᆞ면 庭下에 納拜

432 본문 한자는 '曩(낭)' 자인데 부속국문은 '양' 자로 표기되었다.
433 본문 한자는 '全(전)' 자인데 부속국문은 '회' 자로 표기되었다.
434 본문 한자는 '量(량)' 자인데 부속국문은 '랑' 자로 표기되었다.

ᄒᆞ며 小人으로 自卑ᄒᆞ고 其 子 其 孫이 設令 其 業을 棄ᄒᆞ고 發身成家ᄒᆞ야도 冶[436]匠이면 [ᄶᅡᆨ쇠]의 子息이라 ᄒᆞ고 木手이면 [ᄯᆞᆨ져구리]子息이라 指目하야 世世生生히 下待를 不免홈으로 其 爲業ᄒᆞ기를 耻함이 工業이 未發達ᄒᆞᄂᆞᆫ 原因이 一也오

工業人의 非常한 手藝目巧가 凡群에 超出ᄒᆞ야 新發明으로 製造ᄒᆞᄂᆞᆫ 物品이 有하면 京城 勢力家이든지 地方에ᄂᆞᆫ 官吏가 其 技術家를 執留[437]하야 物品을 製造ᄒᆞ라 ᄒᆞ고 代金도 優給지 아니ᄒᆞ고 甚之 獄中에 牢囚하야 製造키를 督責ᄒᆞ니 誰人이 手藝을 發明홀 者ㅣ 有하리오 工業이 未發達ᄒᆞᄂᆞᆫ 原因이 二也니

此ᄂᆞᆫ 我韓 五百年 痼疾된 惡習慣이라 是以로 外國에 游[438]學ᄒᆞᄂᆞᆫ 者도 每每히 政治學이니 法律學이니 受業ᄒᆞᆫ 人士ᄂᆞᆫ 多ᄒᆞ되 工學에ᄂᆞᆫ 注意ᄒᆞᄂᆞᆫ 者ㅣ 無홈은 何故이뇨 假令 工學을 卒業ᄒᆞ야 歸國ᄒᆞᄂᆞᆫ 日에ᄂᆞᆫ 政府에셔도 收用ᄒᆞ야 技師나 技手의 相當한 資格으로 工業을 勸勉하ᄂᆞᆫ 風氣ᄂᆞᆫ 漠然未開ᄒᆞ얏고

其 父兄이든지 親戚故舊이든지 某也ᄂᆞᆫ 國庫金이나 私費金을 消耗ᄒᆞ고 一匠色을 學得ᄒᆞ야 下賤의 社會에 陷落ᄒᆞ얏다고 慨嘆도 ᄒᆞ고 羞耻도 ᄒᆞ니 是以로 商岸을 闢한지 三十年間에 火柴一枝와 捲烟一枚를 製造키 不能ᄒᆞ니 此ᄂᆞᆫ 國衰民弱의 原因을 此에 基礎홈이니 吾人의 恒常嘆息痛恨ᄒᆞᄂᆞᆫ 바라

435 본문 한자는 '稱(칭)' 자인데 부속국문은 '층' 자로 표기되었다.
436 본문 한자는 '冶(야)' 자인데 부속국문은 '양' 자로 표기되었다.
437 본문 한자는 '留(류)' 자인데 부속국문은 '륙' 자로 표기되었다.
438 본문 한자는 '游(유)' 자인데 부속국문은 '륙' 자로 표기되었다.

邦國을 富興케 ᄒᆞ고 人民을 饒[439]足케 ᄒᆞ야 實力을 得코자 할지면 工業發達에 在ᄒᆞ거ᄂᆞᆯ 此時 何時오 汲汲히 聰俊子弟를 特選ᄒᆞ야 外洋에 派送ᄒᆞ야 工學科를 學習케 ᄒᆞ고 卒業ᄒᆞᄂᆞᆫᄃᆡ로 收用키를 不暇ᄒᆞᆷ이 第一目下에 急先務의 急先務어날

已往十二年星霜 海外異域에 經ᄒᆞ고 千辛萬苦ᄒᆞ야 工科大學을 卒業ᄒᆞ야 歸國ᄒᆞᆫ 尙호氏를 工部局長을 敍任ᄒᆞᆫ다ᄂᆞᆫ 議論이 有ᄒᆞ다가 畢竟 棄擲하얏고

日前 工科卒業ᄒᆞᆫ 金有聲 氏도 歸國하얏스나 亦是 一般無用物에 充ᄒᆞᆯ 거이니 無他라 已往還國ᄒᆞᆫ 工科 卒業人 玄국氏 一人의 棄物됨을 見ᄒᆞᆯ지면 其他ᄂᆞᆫ 從此可知ᄒᆞᆯ지라 工業이 엇지 發達ᄒᆞ기를 期望ᄒᆞ리오 工業이 엇지 發達ᄒᆞ기를 期望ᄒᆞ리오

122호 1906년 11월 20일 (화) 論說

布哇流民活畫

布哇에 流寓한 同胞의 萬里異域에 離鄕去國ᄒᆞᆫ 情狀을 或書信으로 憑聞키도ᄒᆞ며 或新聞으로 傳播도 ᄒᆞ되 其 生活ᄒᆞᄂᆞᆫ 眞相은 目睹키 不能ᄒᆞ야 恒常悵惘ᄒᆞᆫ 懷想이 不無ᄒᆞ야 一次視察키를 志願ᄒᆞ얏더니

日昨 愛國靑年會에셔 有名한 泰西學士 趙元時 氏가 布哇一境을 搭影ᄒᆞ야 幻燈會을 開設ᄒᆞᄂᆞᆫᄃᆡ 流寓한 同胞의 眞相을 露出ᄒᆞ니 吾儕의 眼際에 健羨한 光景이 羅列하얏도다 山川은 明麗ᄒᆞ고 雲物은 依희ᄒᆞᆫᄃᆡ 二階

439 본문 한자는 '饒(요)' 자인데 부속국문은 '효' 자로 표기되었다.

洋屋이 一望櫛[440]比ᄒᆞ고 四顧田園이 鱗鱗平沃한 中間에 我韓同胞의 穰穰往來ᄒᆞᄂᆞᆫ 景況[441]이 天然的 活畵中이라

婦人은 稚兒를 乳ᄒᆞ며 男子ᄂᆞᆫ 田疇를 治ᄒᆞ야 道路쳔믹과 市街房屋에 生活上 從事ᄒᆞ야 辛勤傴僂ᄒᆞᄂᆞᆫ 景狀도 有ᄒᆞ며

韓服ᄒᆞᆫ 婦人과 洋服한 男子가 家庭을 卒ᄒᆞ고 演劇場에서 玩賞遊戲ᄒᆞᄂᆞᆫ 景狀도 有한ᄃᆡ

堆積한 穀包가 如山如陵ᄒᆞ고 田畝間赤黍[수수]의 穗가 一抱의 大에 過ᄒᆞ며 茴麻[어져귀]의 綠葉이 울然ᄒᆞ야 豊登ᄒᆞᆫ 氣像을 呈ᄒᆞ고

田家花塢에 安閒ᄒᆞᆫ 鷄犬과 平原豊草에 走逐ᄒᆞᄂᆞᆫ 牛馬가 處處에 成群ᄒᆞ얏스니 宛然한 一幅武陵桃源이라

就中一學校의 宏麗ᄒᆞᆫ 樓閣에 幼年子弟를 敎育ᄒᆞ야 漆板下에 文學ᄒᆞᄂᆞᆫ 貌樣과 敎鍊場에 體操ᄒᆞᄂᆞᆫ 狀態를 歷歷可見ᄒᆞᆯ지라

覽畢에 喟然嘆曰 布哇에 流寓한 我韓同胞의 眞相을 初見ᄒᆞ니 悠然ᄒᆞᆫ 感이 興ᄒᆞ도다 萬里異域에 安享ᄒᆞᄂᆞᆫ 幸福을 祝賀도 ᄒᆞ거니와 一心團體로 生産作業과 敎育子弟가 依然ᄒᆞᆫ 文明氣像을 抱有ᄒᆞ얏스니 前進ᄒᆞᄂᆞᆫ 文化를 祝賀ᄒᆞ기 爲ᄒᆞ야 一論을 述ᄒᆞ야 趙元時 氏를 致謝ᄒᆞ며 流寓同胞를 向ᄒᆞ야 故國의 還歸ᄒᆞ야 文明活畵中에 餘生을 共享ᄒᆞ기를 切祝ᄒᆞ노라

440 본문 한자는 '櫛(즐)' 자인데 부속국문은 '질' 자로 표기되었다.

441 본문 한자는 '況(황)' 자인데 부속국문은 '항' 자로 표기되었다.

豫算增加

十一年度 豫算表를 觀ᄒᆞ건ᄃᆡ 歲入이 一千三百十八萬九千三百三十六圓인ᄃᆡ 歲出이 一千三百九十六萬三千三十五圓인 즉 不足額이 七十七萬三千六百九十九圓이라 ᄒᆞ니

歲出의 增加ᄒᆞᆷ을 觀ᄒᆞᆯ진ᄃᆡ 稅務擴張과 府叅郡主의 擴張과 警務擴張과 學校擴張 等 費用이 浩大ᄒᆞ야 不足額이 此 七十七萬三千六百九十九圓에 至ᄒᆞ얏슨則 國家事業에 進步됨은 推此可知ᄒᆞᆯ지라

一年國庫의 經常歲入으로 量入計出ᄒᆞ야 此 財政을 整厘하고 金融이 流通키 未遑한 時代를 當하야 不足額의 多數ᄒᆞᆷ을 充補ᄒᆞᆷ 財額이 困難한 境遇를 未免ᄒᆞ깃스니 國家를 爲ᄒᆞ야 憂하ᄂᆞᆫ 者ㅣ 未嘗不 慨歎ᄒᆞᆯ 것이라

或謂歲入의 不足額이 多數하면 借欵ᄒᆞᆯ 方針 外에ᄂᆞᆫ 何等 方便이 無ᄒᆞ다 ᄒᆞ야 年年히 外債[442]ᄅᆞᆯ 增加하면 何時에 淸帳할 必要가 有ᄒᆞᆯ이오 ᄒᆞ야날

解之者 曰 歲出不足額이 豫筭의 增加ᄒᆞᆫ 原因인 則 其 豫算 增加ᄂᆞᆫ 國家의 進步的되ᄂᆞᆫ 事業을 擴張ᄒᆞᄂᆞᆫ 必要에 出ᄒᆞᆷ이라 借欵으로 充補ᄒᆞ야도 前途에 增進ᄒᆞᄂᆞᆫ 利益은 畢竟 借欵을 淸償할 基礎를 確立ᄒᆞᆷ이니 借欵함을 豈 憂ᄒᆞᆯ이오 ᄒᆞ니

此 或問或解의 言論이 理由가 明晰ᄒᆞᆷ이라 假令 進步的 事業을 擴張키 不能ᄒᆞ고 若其 豫算 不足額이 利國利民의 方針에 不在ᄒᆞ고 但히 冗費濫用에 出ᄒᆞ야 外債로 充補키ᄅᆞᆯ 計劃하면 엇지 國家의 憂가 아니며 國民의 憂가 아니리오

---

442 본문 한자는 '債(채)' 자인데 부속국문은 'ᄎᆡ' 자로 표기되었다.

雖然이나 豫算 增加ᄒᆞᆷ이 一般 進步的이라 謂ᄒᆞ깃스나 吾儕의 愚見에ᄂᆞᆫ 工業을 擴張ᄒᆞ야 確實ᄒᆞᆫ 利益이 增進ᄒᆞᆯ 事業을 着手ᄒᆞᄂᆞᆫ 增加額이 多數ᄒᆞ얏스면 國家에 大幸이라 謂ᄒᆞᆯ지라

財政 當局者ᄂᆞᆫ 不足額의 充補ᄒᆞᆷ을 何等 計劃이 有할는지 不知ᄒᆞ되 吾儕ᄂᆞᆫ 利益的 事業으로 豫算의 年年增加ᄒᆞᆷ을 希望ᄒᆞᄂᆞᆫ ᄇᆡ라 質言ᄒᆞ노라

124호 1906년 11월 22일 (목) 論說

衣制改良 [女子衣制][一]

現今 女子의 衣服制度가 何時로 創始ᄒᆞ얏는지 不知ᄒᆞ거니와 上衣下裳이 古時制度와 如ᄒᆞ나 十分不適合ᄒᆞᆫ 點이 有ᄒᆞ기로 衣服改良할 議論이 中葉時代에도 有ᄒᆞ얏스나 尙今因循未行ᄒᆞᆷ이라

上衣[赤[443]古里]ᄂᆞᆫ 甚短ᄒᆞ고 且狹ᄒᆞ야 乳部를 露出ᄒᆞ야 深奧ᄒᆞᆫ 威儀가 無ᄒᆞ고 下裳[초마]은 甚長ᄒᆞ고 且濶ᄒᆞ야 足部를 掩過ᄒᆞᆷ이 行步가 難便ᄒᆞᆯ 點이 有ᄒᆞᆯ ᄲᅮᆫ 不是라 黃色 綠色 粉紅色 紫色 藍色 玉色 等으로 上下를 裝飾ᄒᆞᆷ이 一時眼目을 령瓏ᄒᆞ야 心志를 惑亂케 하ᄂᆞᆫ 原因이 此 衣制를 從하야 惹出ᄒᆞᄂᆞᆫ 弊風이 有ᄒᆞ니 樣子도 不便宜ᄒᆞ고 染色도 不正當ᄒᆞ다 謂ᄒᆞ깃도다

尤菴 宋時烈 氏가 孝廟朝에 建白ᄒᆞ되 我國 婦人 衣服이 淫褻한ᄃᆡ 殆近ᄒᆞ니 염衣制度로 上服를【을】改行ᄒᆞᄂᆞᆫ 것이 便宜라 ᄒᆞ얏스나 時議가 不合ᄒᆞ야 施行치 못ᄒᆞ얏고

443 본문 한자는 '赤(적)' 자인데 부속국문은 '져' 자로 표기되었다.

燕庵 朴趾源 氏가 嘗言ᄒᆞ되 我國 婦人服이 光海朝時代에 變改ᄒᆞ야 漸漸成風ᄒᆞ얏슴이 一國에 善俗이 不行ᄒᆞᆫ깃다고 慨歎ᄒᆞ얏스니

先輩의 憂時傷俗한 確論이 此에 至ᄒᆞ얏스니 知而不行ᄒᆞᆷ도 時勢에 猝變키 不能ᄒᆞᆯ 缺點이 有ᄒᆞ야 尙今 改良키 不能ᄒᆞᆷ이라

今에 東西洋婦人의 衣制를 見ᄒᆞᆯ진댄 我韓 婦人服이 極히 姸美ᄒᆞ고 華麗ᄒᆞ나 西洋이나 淸國의 婦人服과 如히 深奧ᄒᆞ고 端肅한 威儀가 絶無ᄒᆞ니 世界上에 一部演戱臺에 倡優의 衣服과 如한지라

此 文明邦國의 笑柄을 貽ᄒᆞᆫ 服色이로다

百度가 革新ᄒᆞᄂᆞᆫ 時代를 當ᄒᆞ야 婦人衣制를 急先改良ᄒᆞᆯ 必要가 有ᄒᆞ기로 愚見을 敢述ᄒᆞ노니

洋服의 制度가 甚히 良好ᄒᆞ나 裁縫에 便宜치도 못ᄒᆞ고 價格이 太高ᄒᆞᆯ 것이오

염衣의 制度ᄂᆞᆫ 日本 婦人服과 近似한 則 長袖가 拘碍ᄒᆞᆷ이 有ᄒᆞᆯ 것이니 西洋 婦人服과 염衣의 制度를 模倣ᄒᆞ야 現今 婦人의 [덧젹고리]에 摺縫[쥬름]ᄒᆞᆫ 下裳[초마]을 聯合ᄒᆞ얏시면 半洋制라고 稱[444]ᄒᆞ야도 近可ᄒᆞ고 엽衣에 兩袖를 去ᄒᆞ얏다고 稱[445]ᄒᆞ야도 近可ᄒᆞ고 我國 婦人服의 젹구리초마를 合成ᄒᆞ얏다고 稱[446]ᄒᆞ야도 近可ᄒᆞᆯ이니

黑色 灰色 紫色 等 深色으로 染ᄒᆞ고 其 衣質은 稱[447]家有無ᄒᆞ야 一齊改良ᄒᆞ얏스면 今古를 參酌ᄒᆞ고 東西를 折衷한 一套善良한 衣制이라

444 본문 한자는 '稱(칭)' 자인데 부속국문은 '층' 자로 표기되었다.
445 본문 한자는 '稱(칭)' 자인데 부속국문은 '층' 자로 표기되었다.
446 본문 한자는 '稱(칭)' 자인데 부속국문은 '층' 자로 표기되었다.
447 본문 한자는 '稱(칭)' 자인데 부속국문은 '층' 자로 표기되었다.

深奧[448]端肅한 氣像이 文明邦國의 體貌와 風氣를 大進ᄒᆞ얏다 謂ᄒᆞ리니 엇지 汲汲改良홀 바이 아니리오 (未完)

125호

1906년 11월 23일 (금) 論說

衣制改良 [續] [女子衣制][二]

我韓婦人의 首飾은[花冠][똑싸里]는 禮服이라 稱[449]ᄒᆞ고[娘子]는 平常服인ᄃᆡ 日本婦人의 雲鬟과 不同ᄒᆞ고 首上에 所着이 素無ᄒᆞ야 禮貌가 輕忽홈과 如ᄒᆞᆫ 則 西洋婦人의 所着帽子을【를】戴ᄒᆞ는 것이 便宜홀 것이오

足着은 雲鞋이나 唐鞋이니 錦緞으로 裝飾하야 幾日經過ᄒᆞ지 못홈이 經滯上에 不利益홈이 此에 過홀 者 無ᄒᆞ니 西洋婦人의 所着 [屨子[450]]를 通用하는 것이 便宜홀 것이오

所謂 長衣(장옷)을 蒙하야 婦人의 遮[451]面하는 禮服이라 稱[452]ᄒᆞ니 道路上 出入홀 時에 上으로 全面을 露ᄒᆞ고 下으로 半體를 露하야 所謂 內外法의 適當한 禮貌라 稱[453]ᄒᆞ기 難ᄒᆞ고 外樣은 乖常한지라 雖然이나 女子의 長衣를 蒙ᄒᆞ는 것이 五百年風俗을 成ᄒᆞ야 문일 出入時에 蒙치 아니ᄒᆞ면 下賤女子로 待遇ᄒᆞ는 故로 비록 五六月 炎天에 暑氣蒸蒸ᄒᆞ야도 蒙하며 良好한 景光이 有한 市街에 胷衿이 鬱鬱하야도 冒ᄒᆞ니 婦人의 心志에 此

448 본문 한자는 '奧(오)' 자인데 부속국문은 '욱' 자로 표기되었다.
449 본문 한자는 '稱(칭)' 자인데 부속국문은 '층' 자로 표기되었다.
450 본문 한자는 '子(자)' 자인데 부속국문은 '두' 자로 표기되었다.
451 본문 한자는 '遮(차)' 자인데 부속국문은 '착' 자로 표기되었다.
452 본문 한자는 '稱(칭)' 자인데 부속국문은 '층' 자로 표기되었다.
453 본문 한자는 '稱(칭)' 자인데 부속국문은 '층' 자로 표기되었다.

ᄅᆞᆯ 嗜好ᄒᆞ야 蒙ᄒᆞᄂᆞᆫ 것이 不是라 風俗에 拘束되야 不得已 蒙하ᄂᆞᆫ 바이라

古昔禮俗에도 道路上에 男左女右라 ᄒᆞᆷ은 有하ᄂᆞ 女子蒙頭리 ᄒᆞᄂᆞᆫ 禮文은 不見ᄒᆞ얏스니 女子가 男子와 平等ᄒᆞᆫ 權利ᄅᆞᆯ 回復ᄒᆞ야 文明國 婦人과 如히 社會上 交際ᄅᆞᆯ 通行ᄒᆞᆯ지면 衣制ᄅᆞᆯ 改良ᄒᆞ고 長衣인지 鬔頭인지 廢棄하고 露面ᄒᆞᄂᆞᆫ 것이 古今禮俗을 參互通行ᄒᆞᆷ이라

或謂政府命令이 無하면 女子의 長衣를 不着ᄒᆞ기 難ᄒᆞ다 ᄒᆞ되 衣制ᄂᆞᆫ 政令을 從ᄒᆞᆫ다 ᄒᆞᆷ이 似然ᄒᆞ되 長衣ᄂᆞᆫ 原來 政府 命令으로 蒙한다 ᄒᆞᆷ은 歷史上에 無ᄒᆞᆫ 바이니

女子의 自由로 露面ᄒᆞᄂᆞᆫ 것이 國法을 違反ᄒᆞᆷ도 아니오 風俗改良에 第一進步되고 發達되ᄂᆞᆫ 活動力으로 贊成ᄒᆞ노니 婦人社會ᄂᆞᆫ 汲汲實行ᄒᆞ야 文明社會에 叅列ᄒᆞᆷ을 希望ᄒᆞᄀᆞᆺ고 (未完)

126호 1906년 11월 24일 (토) 論說

衣服改良 [續] [男子衣制][三]

非先王之法服이어든 不敢服이라ᄂᆞᆫ 古訓만 株守ᄒᆞ고 時代變遷의 形勢ᄅᆞᆯ 不察하야 胡服을 着ᄒᆞ야 騎射함을 便利케 ᄒᆞ야 中山을 回復ᄒᆞᆫ 趙武靈王을 駁論ᄒᆞᄂᆞᆫ 千古迂[454]儒輩의 口舌로 國家實力을 不興케 ᄒᆞ야 殘劣衰亡ᄒᆞᆷ에 至ᄒᆞᆷ이 엇지 痛嘆할 ᄇᆡ 아니라 ᄒᆞ리오

大抵 衣制의 變良[455]ᄒᆞᆷ도 太古時代에 木葉卉根으로 身體ᄅᆞᆯ 掩[456]ᄒᆞ다가

454 본문 한자는 '迂(우)' 자인데 부속국문은 '오' 자로 표기되었다.
455 본문 한자는 '良(량)' 자인데 부속국문은 '긔' 자로 표기되었다.
456 본문 한자는 '掩(엄)' 자인데 부속국문은 '음' 자로 표기되었다.

知覺이 發達ᄒᆞᆷ을 隨하야 布帛麻枲로 織紝裁縫ᄒᆞ야 九章冕服에 至ᄒᆞ얏스니 此도 時代를 因하야 變改함이오

孔子의 聖人으로도 至齊에 衣縫掖ᄒᆞ며 至宋에 冠章甫라 ᄒᆞᆷ도 風氣를 因ᄒᆞ야 變改ᄒᆞᆷ이니

衣服은 一定ᄒᆞᆫ 制度가 無ᄒᆞ고 但히 時代와 風氣를 因ᄒᆞ야 變改ᄒᆞᆷ이 便利하고 適宜ᄒᆞᆷ은 取ᄒᆞᆷ이라

假令 農家佃夫가 田疇를 治ᄒᆞᆯ 時에 背掛와 犢[457]鼻褌[458][등걸이잠방이]을 着ᄒᆞ여야 便利하고 適宜ᄒᆞᆷ이오

臨戰對敵ᄒᆞᄂᆞᆫ 兵士가 武裝을 着ᄒᆞ여야 便利ᄒᆞ고 適宜ᄒᆞᆯ 거이니

今此 生存競爭과 經濟競爭의 時代에 事業에 從事ᄒᆞ고 富强에 注意ᄒᆞᆯ지면 髮을 薙ᄒᆞ야 一心團體를 成ᄒᆞ고 衣服을 改良ᄒᆞ야 便利ᄒᆞ고 適宜ᄒᆞᆫ 方針을 如恐不及ᄒᆞᆯ 時代이라

我韓衣服도 制度와 染色이 開國 初와 中葉과 近代 凡五百年 間에 數十次의 變更이 有하얏스니 槩言컨된 國初笠子의 大가 圓經二尺[459]에 過하얏스되 漸漸減縮하야 現今八寸에 不過하니 此도 便利할을 隨ᄒᆞ야 改良함이오

近世에도 道袍中赤[460]莫창衣 等 廣袖衣을【를】一切廢棄ᄒᆞ고 年前붓터 戰服ᄭᅡ지도 不禁自禁ᄒᆞᆫ 것이 便利함을 取ᄒᆞᆷ이니 何必古風을 膠柱하야 衣制를 改良치 ᄋᆞ니ᄒᆞ나뇨 (未完)

457 본문 한자는 '犢(독)' 자인데 부속국문은 '특' 자로 표기되었다.
458 본문 한자는 '褌(곤)' 자인데 부속국문은 '훈' 자로 표기되었다.
459 본문 한자는 '尺(척)' 자인데 부속국문은 '착' 자로 표기되었다.
460 본문 한자는 '赤(적)' 자인데 부속국문은 '치' 자로 표기되었다.

127호 1906년 11월 25일 (일) 論說

衣服改良 [續] [男子衣制][四]

笠子로 言ᄒᆞᆯ진ᄃᆡ 竹과 紗를 膠漆로 合成ᄒᆞ야 一次抵觸ᄆᆞᆫ ᄒᆞ면 破碎ᄒᆞᆷ을 不免ᄒᆞ고 風雨中에 掩[461]護키 不能ᄒᆞ면 潰解ᄒᆞᄂᆞᆫ 物質인ᄃᆡ 價額은 甚高ᄒᆞ고 改飾ᄒᆞᄂᆞᆫ 代金이 太過ᄒᆞ니 十分經濟의 損害ᄒᆞᆷ이 一也오

網巾으로 言ᄒᆞᆯ지면 馬尾로 鳥網과 如히 結ᄒᆞ야 腦髓를 束縛ᄒᆞ니 衛生의 損害ᄒᆞᆯ ᄲᅮᆫ 不是라 價額[462]이 翔貴ᄒᆞ고 附屬品은 貫子이니 風簪이니 一切華侈한 物品이 十分經濟의 損害가 二也오

宕巾으로 言ᄒᆞᆯ지면 從宦者의 標著ᄒᆞᄂᆞᆫ 者로ᄃᆡ 頭上에 二重二重을 着함도 不適合ᄒᆞᆷ이오 且薙髮人은 笠子를 着ᄒᆞ기 難ᄒᆞᆷ으로 依例히 此를 着ᄒᆞᆷ이 成風ᄒᆞ얏스니 所謂 密宕千竹이니 八百竹이니 金貨 四十元 價値가 有한則 十分經濟의 損害가 三也오

周衣로 言할지면 極히 佳良ᄒᆞᆫ 制度이라 全身을 周遮ᄒᆞ고 風寒을 防禦ᄒᆞ야 簡單ᄒᆞ고 威儀가 有ᄒᆞᆫ 者라 雖然이나 東西洋 各色緞屬과 羽織毛織等 珍貴物質을 用ᄒᆞ야 華侈ᄒᆞᄂᆞᆫ 風俗을 駁論함은 아니로ᄃᆡ 實力이 有ᄒᆞᆫ 然後事이어ᄂᆞᆯ 靡然히 外面虛文을 裝飾코자 ᄒᆞ야 侈風이 大行ᄒᆞ니 十分經濟의 損害가 四也오

屨子로 言ᄒᆞᆯ지면 所謂 乾鞋라 ᄒᆞᆷ은 羽緞이나 皮物로 裝飾ᄒᆞ야 風雨泥濘에ᄂᆞᆫ 一步를 移動치 못ᄒᆞ니 事業에도 妨害ᄒᆞᆯ ᄲᅮᆫ ᄋᆞ니라 每一對에 四元 五元의 價値를 一個月內二件을 着ᄒᆞᄂᆞᆫ 者ㅣ 有ᄒᆞ니 十分經濟의 損害가 五也오

말子로 言ᄒᆞᆯ진ᄃᆡ 最劣最下야 甚히 汚穢키 容易ᄒᆞᆫ 物品을 最潔最白코

461 본문 한자는 '掩(엄)' 자인데 부속국문은 '음' 자로 표기되었다.
462 본문 한자는 '額(액)' 자인데 부속국문은 '악' 자로 표기되었다.

ᄌᆞ 홈이 十分經濟의 損害가 六也니

此 上下所着五六件의 獘害가 如此ᄒᆞ니 非但 便利ᄒᆞ고 適宜치 못한 것 ᄲᅮᆫ 아니라 經[463]濟[464]上 損害가 多大한데 至ᄒᆞ니 此ᄂᆞᆫ 衰弱ᄒᆞ고 貧劣ᄒᆞᆫ 國民의 非常히 警戒할 者라 誠思하라 損[465]害ᄂᆞᆫ 夥多ᄒᆞ고 利益은 絶無ᄒᆞ니 其 前塗影響이 何涯에 至홈이오 (未完)

128호

1906년 11월 27일 (화) 論說

衣服改良 [續] [男子衣制][五]

男子의 衣制를 改良ᄒᆞᆯ지면 一齊히 斷髮ᄒᆞ야 一心團體를 做한 然後事이니 斷髮二字ᄂᆞᆫ 特別한 一大問題이외

但衣制로 論ᄒᆞᆯ지면 笠子와 網巾과 宕巾을 一幷[466]廢止ᄒᆞᆯ 것이니 廢止ᄒᆞᆫ 以後ᄂᆞᆫ 何件[467]名目의 物을 戴ᄒᆞᆯ고 洋帽子를 戴ᄒᆞᆯ가

不然ᄒᆞ다 抵觸ᄒᆞ야도 破碎치 아니ᄒᆞ고 風雨에도 潰[468]解치 ᄋᆞ니ᄒᆞᆯ 物質로 箕[469]子의 着ᄒᆞ시든 朝鮮帽子舊制로 製造ᄒᆞ야 着함이 可ᄒᆞ니

朝鮮帽子의 樣子ᄂᆞᆫ 何如한고 古昔殷國의후와 近似ᄒᆞ며 現今 泰西의 담帽子와 大同ᄒᆞ니 此 兩件의 間에 叅酌製造ᄒᆞ야 戴ᄒᆞ고 名曰 獨立巾이라 ᄒᆞᆯ 거이오

463 본문 한자는 '經(경)' 자인데 부속국문은 '데' 자로 표기되었다.
464 본문 한자는 '濟(제)' 자인데 부속국문은 '경' 자로 표기되었다.
465 본문 한자는 '損(손)' 자인데 부속국문은 '순' 자로 표기되었다.
466 본문 한자는 '幷(병)' 자인데 부속국문은 '방' 자로 표기되었다.
467 본문 한자는 '件(건)' 자인데 부속국문은 '간' 자로 표기되었다.
468 본문 한자는 '潰(궤)' 자인데 부속국문은 '귀' 자로 표기되었다.
469 본문 한자는 '箕(기)' 자인데 부속국문은 '립' 자로 표기되었다.

上衣는 我國製度의「赤[470]古里」를 仍用ᄒᆞ되 兩臂를 狹窄히 裁縫ᄒᆞ고 下衣는 我國製度의「袴」를 仍用ᄒᆞ되 兩股를 狹窄히 裁縫ᄒᆞ야 近日洋服과 如히 制造ᄒᆞ며 現用「行纏」을 廢止ᄒᆞ야 上下裡衣로 通用ᄒᆞ고

通常服은 我國制度의「周衣」로 用ᄒᆞ되 合襟을「四揆合」制度로 雙襟을 相交케 ᄒᆞ야 現今洋服과 彷彿히「鈕[471]子」를 鎖[472]ᄒᆞ야 通用케 ᄒᆞ되 但物質은 土産織造에 深黑色을 染ᄒᆞ야 用케 ᄒᆞ야 名曰 自由衣라 ᄒᆞ고

말子는 黑色으로 制造ᄒᆞ고 履子는 不得不洋鞋[473]制度를 着캐【케】ᄒᆞ되 長靴와 如히 製造ᄒᆞ야 行纏을 代用케 ᄒᆞ고 名曰 進步鞋[474]라 ᄒᆞᆯ지니

如此 衣制令을 政府로 頒佈ᄒᆞ야 六個月 以內에 一齊히 改良ᄒᆞ고 不從令者는 重罰에 處ᄒᆞ야 科條를 嚴立ᄒᆞ면 全國人民이 一變至道할 거이니

京城及地方에 衣制가 一變ᄒᆞ면 仕宦華族과 豪富社會는 勿論ᄒᆞ고 每每히 貧困ᄒᆞᆫ 民人이 新製를 準備키 難ᄒᆞ야 嗷嗷ᄒᆞᆫ 聲이 多ᄒᆞ되 此則 不然ᄒᆞ니 笠子와 網巾의 代金으로 新造ᄒᆞᆫ 獨立巾一件를 足足히 準備ᄒᆞᆯ 거이오

赤[475]古里.袴.周衣.는 비록 平日所着이라도 制度믄 小變ᄒᆞ얏스면 經濟의 損害가 無ᄒᆞᆯ 거이오 新備ᄒᆞᆫ다 ᄒᆞ야도 赤[476]古里.袴.周衣를 不着ᄒᆞ는 者ㅣ 無ᄒᆞᆫ 則 裁縫의 小變ᄒᆞ는데 冗費가 生함은 絶無ᄒᆞᆯ 거이오

履子에 至ᄒᆞ야는 勞働者는 勿論ᄒᆞ고 繩鞋나 乾鞋泥鞋를 着ᄒᆞ는 經費로 一年筭[477]計[478]ᄒᆞᆯ지면 新造ᄒᆞᆫ 進步鞋의 價値가 少高ᄒᆞ다 ᄒᆞ야도 金額

470 본문 한자는 '赤(적)' 자인데 부속국문은 '져' 자로 표기되었다.
471 본문 한자는 '鈕(유)' 자인데 부속국문은 '축' 자로 표기되었다.
472 본문 한자는 '鎖(쇄)' 자인데 부속국문은 '쐐' 자로 표기되었다.
473 본문 한자는 '鞋(혜)' 자인데 부속국문은 '해' 자로 표기되었다.
474 본문 한자는 '鞋(혜)' 자인데 부속국문은 '해' 자로 표기되었다.
475 본문 한자는 '赤(적)' 자인데 부속국문은 '져' 자로 표기되었다.
476 본문 한자는 '赤(적)' 자인데 부속국문은 '져' 자로 표기되었다.

의 不小한 利益이 生ᄒᆞᆯ 거이니 貧困人民도 嗷嗷ᄒᆞᆯ 거이 無할이라 質言ᄒᆞ깃도다

衣制改良의 一論이 我二千萬同胞로 ᄒᆞ야곰 非常히 便利도 ᄒᆞ고 適合도 ᄒᆞ고 經濟에 大利益을 增加할 거이니 政府諸公은 衣制改良令을 汲汲頒佈ᄒᆞ야 一般國民의 便宜한 幸福을 與ᄒᆞᆯ지어다

129호

1906년 11월 28일 (수) 論說

朝陽報와 少年 韓半島

社會上 文化漸進ᄒᆞᄂᆞᆫ 機關은 何에 在하뇨 新聞紙와 雜誌를 多數 刊行하야 人民智識을 開牖하고 人民志氣를 鼓發하는디 在한거시

我國이 環球列邦에 處한 一獨立國이언마ᄂᆞᆫ 新聞紙의 刊行홈이 數區에 不過ᄒᆞ야 一條光線이 黑洞洞天地에 照함과 如ᄒᆞᆯ ᄯᆞ름이오 敎育主義와 開進目的으로 刊行ᄒᆞ고 雜誌書類ᄂᆞᆫ 一種도 不見홈을 十分慨歎ᄒᆞᄂᆞᆫ 바이러니

近者에 學問程度가 前進ᄒᆞᄂᆞᆫ 景況이 有ᄒᆞ야 有志紳士의 著述한 家庭雜志와 數理學雜志의 發行됨을 見ᄒᆞ얏고

在日本留學生計君의 發刊ᄒᆞᆫ 太極學報를 見ᄒᆞ얏기로 非常한 感想을 起ᄒᆞ야 攢祝홈을 不勝ᄒᆞ얏더니

朝陽報와 少年韓半島의 二種雜誌가 鱗續刊行홈을 見ᄒᆞ얏도다

朝陽報와 少年韓半島의 趣旨와 性質이 皆是敎育主義와 開進目的으로 編輯ᄒᆞᆫ 者인ᄃᆡ 朝陽報ᄂᆞᆫ 第八號刊出에 至ᄒᆞ얏ᄂᆞᆫᄃᆡ 文瀾이 汪洋ᄒᆞ고 氣岸이

477 본문 한자는 '算(산)' 자인데 부속국문은 '계' 자로 표기되었다.

478 본문 한자는 '計(계)' 자인데 부속국문은 '산' 자로 표기되었다.

峻高ᄒᆞ야 足히 一世의 萎靡ᄒᆞᆫ 風氣를 奮發ᄒᆯ 만ᄒᆞᆫ 一보囊이라 稱[479]ᄒᆞ깃고

少年韓半島ᄂᆞᆫ 議論이 確的ᄒᆞ고 辭意가 綜明ᄒᆞ야 足히 一世의 文明한 學問을 誘掖할 만한 一指針이라 稱[480]ᄒᆞ깃스니

二種의 發行ᄒᆞ야 一世의 眼目을 照徹케 홈이 有志諸君의 腦髓中에 瀉出ᄒᆞᆫ 一部靈丹이라

近日西友學會에셔 學報를 刊行한다 ᄒᆞ며 女子教育會에셔 女子教育指南이라ᄂᆞᆫ 雜志를 刊行ᄒᆯ 計劃으로 編輯中에 在ᄒᆞ다 하니 迅速刊行홈을 加額苦待하거니와

此等 書類의 面目이 月增日加ᄒᆞ야 全國人民의 智識을 開牖ᄒᆞ고 全國人民의 志氣를 鼓發ᄒᆞ기를 攢手顒祝하거니와 但有始鮮終ᄒᆞ거나 有華無實ᄒᆯ가 十分恐懼ᄒᆞ야 有志諸君을 更히 警告ᄒᆞ오니 有志諸君은 益益勉勵ᄒᆞ며 烝烝進就ᄒᆞ야 全國人民의 教育主義와 開進目的을 責任으로 擔荷ᄒᆞ기를 務望ᄒᆞ노라

130호 1906년 11월 29일 (목) 論說

賊警

近來全國地方에 伏[481]莽窃發과 剪逕匪流가 無日無之오 無處無之한다ᄂᆞᆫ 消息을 種種探知ᄒᆞ야 報道도 ᄒᆞ며 論述도 ᄒᆞ얏거니와

比近은 各處急警이 尤酷ᄒᆞ야 殺人放火와 奪金攫財의 一種徒流가 都城

479 본문 한자는 '稱(칭)' 자인데 부속국문은 '층' 자로 표기되었다.
480 본문 한자는 '稱(칭)' 자인데 부속국문은 '층' 자로 표기되었다.
481 본문 한자는 '伏(복)' 자인데 부속국문은 '북' 자로 표기되었다.

郊甸과 十三省郡邑村閭에 蜂屯蝗飛ᄒᆞ고 鷙張鳶取ᄒᆞ야 出沒無常ᄒᆞ고 散聚無定ᄒᆞ야 白晝黑夜에 猝入텁發ᄒᆞᄂᆞᆫ 惡況이 猛獸의 禍烈에 尤甚한지라

由是로 居者ᄂᆞᆫ 心魂이 不定ᄒᆞ고 行者ᄂᆞᆫ 肝膽이 已落ᄒᆞ야 何日何時에 靑天霹靂이 何處를 從ᄒᆞ야 頂門에 落下ᄒᆞᆯᄂᆞᆫ지 不知ᄒᆞ야 惴惴[482]慄慄ᄒᆞᆫ 狀況이 有ᄒᆞ니 如此한 大不幸의 厄[483]會가 豈有ᄒᆞᆯ이오

此等 竊發匪流로 言ᄒᆞᆯ지면 二種의 性質이 有ᄒᆞ니 地方官吏의 貪虐毒烈을 不堪ᄒᆞ야 化良爲莠[484]ᄒᆞᆫ 者이 有ᄒᆞ며 凶年荒歲에 飢寒을 不勝ᄒᆞ야 化良爲莠[485]ᄒᆞᆫ 者이 有ᄒᆞ니 此[486]ᄂᆞᆫ 情理로 推測ᄒᆞ면 容或包容할 者이 有ᄒᆞ되

今年에 至ᄒᆞ야ᄂᆞᆫ 地方官吏의 畏縮ᄒᆞᆷ이 貪饕剝割의 手段을 前日과 如히 使行키 不得ᄒᆞ니 毒烈을 不堪ᄒᆞᆯ 者ㅣ 無ᄒᆞ며 年事가 均登하야 百穀이 豐穰ᄒᆞᆷ이 前日과 如히 飢寒愁苦를 稍免ᄒᆞ얏기ᄂᆞᆫ 剽[487]奪急警이 比前尤酷ᄒᆞᆷ은 何[488]事인고 可히 了解키 不能ᄒᆞᆯ 一大怪事이 아닌가

其 掃除戢淸ᄒᆞᆷ 方法을 研究ᄒᆞᆯ진ᄃᆡ 亦是 二種의 性質이 有ᄒᆞ니 一은 地方官吏를 另擇ᄒᆞ야 惠[489]政을 大行케 ᄒᆞ며 警察行政을 擴張하야 戢勦를 大行케 할 事이어ᄂᆞᆯ

今에 전【銓】考法을 實施ᄒᆞ야 良吏를 擇送ᄒᆞ고 警察力을 增設ᄒᆞ야 法綱을 大張ᄒᆞ니 畢竟 掃除戢淸ᄒᆞᆯ 效果ᄂᆞᆫ 指日可待ᄒᆞ러니와

---

482 본문 한자는 '惴(췌)' 자인데 부속국문은 '천' 자로 표기되었다.
483 본문 한자는 '厄(액)' 자인데 부속국문은 '위' 자로 표기되었다.
484 본문 한자는 '莠(유)' 자인데 부속국문은 '수' 자로 표기되었다.
485 본문 한자는 '莠(유)' 자인데 부속국문은 '수' 자로 표기되었다.
486 본문 한자는 '此(차)' 자인데 부속국문은 '창' 자로 표기되었다.
487 본문 한자는 '剽(표)' 자인데 부속국문은 '포' 자로 표기되었다.
488 본문 한자는 '何(하)' 자인데 부속국문은 '후' 자로 표기되었다.
489 본문 한자는 '惠(혜)' 자인데 부속국문은 '해' 자로 표기되었다.

効果ᄂᆞᆫ 何日에 確有ᄒᆞᆯᄂᆞᆫ지 不知ᄒᆞ고 目下에 汲汲한 急況이 不絶ᄒᆞ기로 一論을 述ᄒᆞ야 當局者의게 警告ᄒᆞ노라

131호

1906년 11월 30일 (금) 論說

新制法律案 意見陳述

法部에셔 法律案件을 新起草ᄒᆞ야 各部와 各社會團體와 各法律專門學校에 一件式送交ᄒᆞ야 批評意見書를 陳述還付ᄒᆞ라 ᄒᆞᆷ은 本紙에 揭佈ᄒᆞ얏거니와

普成專門學校에셔 刑法討論會를 組織ᄒᆞ야 義務的으로 各其 意見을 陳述ᄒᆞ야 互相批評한다 ᄒᆞ고

養正義塾에셔도 各其 意見書를 陳述ᄒᆞᆫ다ᄂᆞᆫ 報道가 有ᄒᆞ니

我韓天地에 法律案의 各意見을 能히 請求함도 一大奇事이오 學校生徒의 法律을 能히 討論ᄒᆞᆫ다 ᄒᆞᆷ도 亦是 一大奇事이로다

試思하라 我韓五百年에 通用ᄒᆞ든 法律이 果然 何如ᄒᆞ뇨 所謂 大明律은 苛細繁劇한 一 法門이오 所謂 大典通編은 壓制酷烈ᄒᆞᆫ 一法門이라 ᄒᆞ되

勒制政治下에 人民을 誑惑케 ᄒᆞ야 法律書ᄅᆞᆯ 一套秘諱[490]참書와 如히 深藏하고 誅戮杖流의 刑法을 各其 時色 當局者의 意見으로 臨時制定ᄒᆞ야 一定ᄒᆞᆫ 律文이 無ᄒᆞᆷ으로

外樣으로ᄂᆞᆫ 舊日刑曹에 一個律官이라ᄂᆞᆫ 名[491]色을 置ᄒᆞ고 及其 律文을 照할 時에 刑曹判書도 勢道家의 分付ᄅᆞᆯ 奉承ᄒᆞ야 猶恐[492]不及ᄒᆞ거든 何

490 본문 한자는 '諱(휘)' 자인데 부속국문은 '위' 자로 표기되었다.
491 본문 한자는 '名(명)' 자인데 부속국문은 '각' 자로 표기되었다.

況一律官이 敢히 一寸律文을 照決홀 手段[493]이 有홀이오

然則 大明律이나 大典通編은 一套文具에 不過하며 所謂 法官과 律官은 一套人具에 不過ᄒᆞ고 但히 勢道家口舌上에 現行律이 懸한지라

所謂 更張以來 十餘年에 腐敗ᄒᆞᆫ 舊習을 仍用ᄒᆞ야 不應爲而爲之律과 如한 條이나 預用하고 森嚴ᄒᆞᆫ 三尺은 正確히 照用ᄒᆞᆫ다고 謂키 難하니 假令 新起草한 法律을 專門家 各意見을 交換ᄒᆞ야 厘正頒佈한다 ᄒᆞ야도 司法官의 枉法은 自在ᄒᆞ고 公信이 昭著키 不能할 境遇에ᄂᆞᆫ 萬劵의 法律案이 焉用이리오

此 法律은 法部이나 裁判所에ᄆᆞᆫ 存在홀 文房物品이 不是라 多[494]數刊行ᄒᆞ야 全國人民으로 自國法律을 人人習熟케 한 然後에 警省心도 發ᄒᆞ야 罪過에 犯치 ᄋᆞ니하얏고 司法官의 枉決홈로 甘受치 아니홀 지이리고 斷言ᄒᆞ노라

132호

1906년 12월 2일 (일) 論說

銓考弊風

政府에셔ᄂᆞᆫ 文官젼【銓】考를 實施ᄒᆞ고 內部에셔ᄂᆞᆫ 各種 地方官吏를 젼【銓】考ᄒᆞᆫ다ᄂᆞᆫ 說은 一時喧傳ᄒᆞᄂᆞᆫ 話柄이 되야 萬口에 膾炙홀 ᄲᅮᆫ 아니라 一種 政界에 靡然ᄒᆞᆫ 弊風을 煽起ᄒᆞ얏도다

文官젼【銓】考ᄂᆞᆫ 這間幾次이나 實施하얏ᄂᆞᆫ지 아직 聞知치 못ᄒᆞ얏것【거】

492 본문 한자는 '恐(공)' 자인데 부속국문은 '자' 자로 표기되었다.

493 본문 한자는 '段(단)' 자인데 부속국문은 '안' 자로 표기되었다.

494 본문 한자는 '多(다)' 자인데 부속국문은 '닥' 자로 표기되었다.

니와 內部젼【銓】考ᄂᆞᆫ 多數한 種類가 有하니

一曰 道叅書이오

二曰 府尹이오

三曰 府參書이오

四曰 郡守이오

五曰 道主事이오

六曰 府主事이오

七曰 郡主事이니

道叅書와 府尹과 府叅書와 郡守의 四種은 何等 資格으로 所謂 젼【銓】考席上에 姓名이 露出ᄒᆞᄂᆞ뇨 各部大臣의 薦望으로 履歷書만 考準ᄒᆞ야 敍任한다ᄂᆞᆫᄃᆡ

或說에 某氏ᄂᆞᆫ 某大臣의 食口라하며 某氏ᄂᆞᆫ 某處囑托으로 敍任하얏다ᄂᆞᆫ 說도 有하며 某氏ᄂᆞᆫ 賂金으로 젼【銓】考를 買하얏다ᄂᆞᆫ 風說도 盛行하고

道主事 府主事 郡主事 三種[495]은 何等資格으로 選取하ᄂᆞ뇨 觀察使와 府尹과 郡守가 二人式薦望ᄒᆞ야 敍任한다ᄂᆞᆫᄃᆡ

近日 各新聞界上에 藉藉ᄒᆞᄂᆞᆫ 者 某也ᄂᆞᆫ 鄕中士族이 아이니 某也ᄂᆞᆫ 逋吏이니 某也ᄂᆞᆫ 郡守의 冊房이니 某也ᄂᆞᆫ 京居人이니 行[496]賂者이니 奇奇怪怪한 呼訴도 有하고 査訓도 有하고 廣告도 有하야 質正키 極難한 狀況이 有하니

此로 有하야 觀ᄒᆞᆯ진ᄃᆡ 一言而蔽之ᄒᆞ고 젼【銓】考의 獘風이 一時 政界上에 秩序만 紊亂할 事態가 ᄋᆞ닌가

495 본문 한자는 '種(종)' 자인데 부속국문은 '중' 자로 표기되었다.
496 본문 한자는 '行(행)' 자인데 부속국문은 '향' 자로 표기되었다.

젼【銓】考 二字ᄅᆞᆯ 實施ᄒᆞᆯ 主義가 有ᄒᆞ면 府尹叅書郡守의 資格이 合當한 人員을 內部에 召集ᄒᆞ고 各種相當ᄒᆞᆫ 問題로 面試ᄒᆞ야 人格ᄒᆞᆫ 人氏로 叙任ᄒᆞᄂᆞᆫ 것이 젼【銓】考라 謂할 거이어ᄂᆞᆯ 大臣의 薦望으로 履歷書만 考準ᄒᆞᄂᆞᆫ 거이 젼【銓】考의 名은 有하되 젼【銓】考의 實은 無ᄒᆞᆫ깃고

道[497]府郡에 薦望ᄒᆞᆫ 主事材料ᄂᆞᆫ 無論 居住門地某人誰氏하고 其 材格믈 面試ᄒᆞ야 可用者ᄂᆞᆫ 用之ᄒᆞ고 不用者ᄂᆞᆫ 退斥ᄒᆞᆯ 거이 젼【銓】考이라 謂ᄒᆞᆯ 거이어ᄂᆞᆯ

薦報ᄒᆞᆫ 人氏 中에 奔競과 주【嗾】囑과 呼訴가 답【遝】至ᄒᆞᆷ은 何事인고 此亦 젼【銓】考의 名은 有ᄒᆞ되 젼【銓】考의 實은 無ᄒᆞᆷ이니

近日 時局에 何事ᄂᆞᆫ 公明正大ᄒᆞᆷ이오마ᄂᆞᆫ 有名無實이 此에 過함이 無ᄒᆞ야 一時 獘風을 煽起ᄒᆞᆷ과 如ᄒᆞ니 엇지 慨歎ᄒᆞᆯ 者이 아니다 謂ᄒᆞᆯ이오

133호 1906년 12월 4일 (화) 論說

世界一變

日露戰爭은 世界歷史의 一波濤를 作하얏다가 旋風이 一息ᄒᆞᆷ이 狂란이 平波에 歸하얏도다

然而彼戰敗國은 退守中에 磨勵氣象이 有하고 戰勝國은 戒懼主義로 猛進的 氣象이 有ᄒᆞ니 其 異日形便은 可히 豫測[498]치 못ᄒᆞ려니와 其 一例를 擧ᄒᆞᆯ진ᄃᆡ

彼[499]露國은 英國에 對ᄒᆞ야 地中海의 讐를 復지 못하얏스며 佛國은 普

497 본문 한자는 '道(도)' 자인데 부속국문은 '두' 자로 표기되었다.

498 본문 한자는 '測(측)' 자인데 부속국문은 '칙' 자로 표기되었다.

魯士의 耻를 雪치 못ᄒᆞ얏ᄉᆞ니 此ᄂᆞᆫ 互相進步를 因ᄒᆞᆫ 故로다

然則 國家 興敗ᄂᆞᆫ 目下治[500]否로 可見ᄒᆞᆯ지라

曩者에 清政改革의 報를 見ᄒᆞ니 其 實施와 文具의 如何한 結果ᄂᆞᆫ 不知ᄒᆞ거니와 大抵 表面的으로 吾人은 清國에 對ᄒᆞ야 慶賀치 아니 ᄒᆞᆷ이 不可ᄒᆞ도다

我國은 施政改善의 問題를 耳朶에日로 得聞하얏ᄉᆞᄂᆞ 其 實施結果ᄂᆞᆫ 또한 何樣에 歸ᄒᆞᆯ지 아즉 實報를 得치 못ᄒᆞᆷ으로 國人이 經을 延하고 望하며 吾人도 目을 식하고 待하나 寥寥無聞하니 何故오

彼日露ᄂᆞᆫ 開仗國이라 各히 巨額의 戰費와 多數의 生命을 捐ᄒᆞ얏ᄉᆞ나 日露ᄂᆞᆫ 依然ᄒᆞᆫ 日霰[501]일 ᄲᅮᆫ이 아니라 戰後擴張이 日露[502]ᄒᆞᄂᆞᆫ 功效를 見ᄒᆞᄂᆞᆫᄃᆡ 我國과 清國은 其 戰爭의 最關係되ᄂᆞᆫ 地位에 在하야 清國[503]은 利害가 相半ᄒᆞᆫ 事도 有ᄒᆞ나 獨我國은 彼開仗國보다 百十倍되ᄂᆞᆫ 無形上 損害ㄱ 有ᄒᆞ니 何를 謂ᄒᆞᆷ인고

曰 我國은 他日 人種的 悲觀[504]이 有ᄒᆞᆯ 줄로 豫料ᄒᆞ노니 其 理由ᄂᆞᆫ 吾人의 恒常囂囂ᄒᆞᆫ 바 優勝劣敗 一言에 止ᄒᆞᆯ지라

政治社[505]會ᄂᆞᆫ 腐敗한 惡臭가 觸鼻ᄒᆞ니 此ᄂᆞᆫ 置之勿論ᄒᆞ고

人民社會ᄂᆞᆫ 卑劣한 思想으로 前進의 氣象이 少無ᄒᆞ니 如此不變ᄒᆞ면 經濟界 知識界 競爭ᄒᆞᄂᆞᆫ 銳鋒下에 秋風에 霜葉갓치 落下ᄒᆞ리라ᄂᆞᆫ 龜筮갓

499 본문 한자는 '彼(피)' 자인데 부속국문은 '픠' 자로 표기되었다.
500 본문 한자는 '治(치)' 자인데 부속국문은 '활' 자로 표기되었다.
501 본문 한자는 '霰(산)' 자인데 부속국문은 '로' 자로 표기되었다.
502 본문 한자는 '露(로)' 자인데 부속국문은 '취' 자로 표기되었다.
503 부속국문이 '국' 자로 표기되어야 하나 '●'로 표기되었다.
504 부속국문이 '관' 자로 표기되어야 하나 '【 】'로 표기되었다.
505 본문 한자는 '社(사)' 자인데 부속국문은 '셔' 자로 표기되었다.

ᄒᆞᆫ 豫言者가 世界에 彌滿ᄒᆞ다 ᄒᆞ노라

134호

1906년 12월 5일 (수) 論說

移民問答

甲이 曰 近日 移民問題가 更起되야 經營中에 方在ᄒᆞ다 하니 若其 移民事業이 實施되는 日에는 我邦人民의 趨向이 將찻 엇더ᄒᆞᆯ고

乙이 曰 大陸 殖民會社의 人民移殖ᄒᆞ는 各種性質이 有ᄒᆞ며 各種 利益이 有ᄒᆞᆷ을 研究도 하얏것【거】니와

外國移民의 狀況을 照ᄒᆞ야 我國移民의 情形을 測[506]ᄒᆞᆯ진ᄃᆡ 中間에 彷佛ᄒᆞᆫ 氣味도 有함과 如ᄒᆞ나 異同되는 局勢도 不無ᄒᆞᆯ지니 長皇說去치 이니ᄒᆞ며 但히 現狀으로만 言ᄒᆞ건ᄃᆡ 布哇와 墨西哥의 移殖ᄒᆞᆫ 同胞의 景況이 有ᄒᆞᆷ을 枚擧키 難하도다

一曰 勞働力이니 我國에서 遊衣遊食도 ᄒᆞ고 無恒心 無恒産도 ᄒᆞ고 放縱 惰怠 淫逸 浮浪者들이 食力ᄒᆞ는 範圍 內에 入ᄒᆞ야 四肢를 勤勞ᄒᆞ고 百體을【를】 活動ᄒᆞ야 鶉形鵠色을 免ᄒᆞ는 天然幸福을 享有ᄒᆞᆷ이오

二[507]曰 團體心이니 我國에셔 十人十心이오 百人百心되든 人物이 万里海外에 出ᄒᆞ야 儀形面目과 言語行動이 一切[508]相愛한 同國同胞가 自然團結心을 打成하야 吉凶禍福을 彼我의分이 無ᄒᆞ야 金銀銅鉄의 物質로 一座佛을 鎔造ᄒᆞᆫ 狀態가 有ᄒᆞᆷ이오

---

506 본문 한자는 '測(측)' 자인데 부속국문은 '칙' 자로 표기되었다.

507 본문 한자는 '二(이)' 자인데 부속국문은 '삼' 자로 표기되었다.

508 본문 한자는 '切(절)' 자인데 부속국문은 '셰' 자로 표기되었다.

三曰 生活樂이니 我國에셔 壓制이니 剝割이니 犧牲으로 認定ᄒᆞ든 政府下에 千辛万苦를 不堪ᄒᆞ야 飢寒困窮이 死境에 陷落한 人民이 良好ᄒᆞᆫ 風土에 百穀은 登[509]豐[510]ᄒᆞ고 萬品이 饒足한 樂郊에 居ᄒᆞ야 男欣女悅ᄒᆞ야 子孫[511]을 敎育ᄒᆞ고 家庭이 團圝ᄒᆞ야 一點憂愁心이 頓絶한 地上神仙의 因[512]果[513]가 有[514]홈이오

四曰 愛國誠이니 我國에셔 教育이 無ᄒᆞ고 知識이 無ᄒᆞ야 政府를 嫉視ᄒᆞ고 自國을 怨謗ᄒᆞ든 人民이 異域殊方에 在ᄒᆞ야 生於長於ᄒᆞ든 父母國을 思念ᄒᆞ는 血性이 特特히 奮發ᄒᆞ야 愛國思想이 油然發生ᄒᆞ는 點이 有ᄒᆞ니

此로 由ᄒᆞ야 觀할진ᄃᆡ 移殖ᄒᆞᆫ 同胞의 幸福이 果然 何如ᄒᆞ뇨

吾人도 万般思想을 虛費ᄒᆞ얏거니와 政治난 漸漸腐敗ᄒᆞ고 國權은 漸漸削弱ᄒᆞ고 人生은 漸漸困瘁ᄒᆞ야 日甚一日한 悲觀的의 狀況이 有ᄒᆞ니 移民事業의 確成ᄒᆞ는 日에는 妻子를 提携ᄒᆞ고 殖民樂土로 向ᄒᆞ기를 一心計劃ᄒᆞ는 人民趨向이 豈無ᄒᆞ리오 (未完)

135호 1906년 12월 6일 (목) 論說

移民問答 (續)

甲이 曰 君이 其一을 知하고 其二는 知치 못ᄒᆞ도다 假使移殖ᄒᆞᆫ 同胞가

509 본문 한자는 '登(등)' 자인데 부속국문은 '풍' 자로 표기되었다.
510 본문 한자는 '豐(풍)' 자인데 부속국문은 '등' 자로 표기되었다.
511 본문 한자는 '孫(손)' 자인데 부속국문은 '순' 자로 표기되었다.
512 본문 한자는 '因(인)' 자인데 부속국문은 '션' 자로 표기되었다.
513 본문 한자는 '果(과)' 자인데 부속국문은 '인' 자로 표기되었다.
514 본문 한자는 '有(유)' 자인데 부속국문은 '과' 자로 표기되었다.

數萬里絶域에 羈旅孤踪으로 生前樂土에 栖息ᄒᆞᆫ다 할지라도 天然幸福이라 豈謂ᄒᆞ리오

勞働力으로 衣食의 憂患을 幸免ᄒᆞᆫ다 謂ᄒᆞ야도 自國에 無限ᄒᆞᆫ 膏沃田野를 棄斥ᄒᆞ고 他國荒地를 開척ᄒᆞ야 良田美宅을 成한다 할지라도 自國保護下의 殖民地도 아니오 自國版圖中에 付屬한 領土도 아니오 自國勢力範圍中에 在ᄒᆞᆫ 一部分도 아인 則 勞働의 効力은 一件雇傭에 不過ᄒᆞ야 一生을 他人手下에 奴隷와 如히 驅使ᄒᆞᆯ ᄯᆞ름이오

團結心으로 同胞ᄅᆞᆯ 相愛한다 謂ᄒᆞ야도 自國에 無限ᄒᆞᆫ 自由權利ᄅᆞᆯ 保有키 不能ᄒᆞ고 山川도 特異ᄒᆞ며 人[515]物도 絶殊ᄒᆞᆫ 熱帶區域에 孤危한 生命을 相保ᄒᆞ기 爲ᄒᆞ야 自然團結心을 不合自合ᄒᆞᆷ인 則 大海風浪에 一片孤舟ᄅᆞᆯ 同乘ᄒᆞᆷ과 如히 疑懼ᄒᆞᆯ ᄯᆞ름이오

生活樂으로 目前에 安過한다 謂하야도 自國에 無限한 善良因緣을 違反ᄒᆞ고 生於斯老於斯歌於斯哭於斯ᄒᆞ든 宗國을 一朝에 棄背ᄒᆞ야 春秋霜露에 父母祖先의 墳墓을【를】 不掃ᄒᆞ며 生存死亡에 親戚知舊의 賀吊ᄅᆞᆯ 不受ᄒᆞ고 凄凉한 感이 時時로 湧出ᄒᆞᄂᆞᆫ 悲觀念이 不無ᄒᆞ야 一掬熱淚가 胸당을 長沾ᄒᆞᆯ ᄯᆞ름이오

愛國誠으로 宗國을 慕仰한다 謂ᄒᆞ야도 自國에 無限重大關係ᄅᆞᆯ 斷絶ᄒᆞ고 南極絶域에 北斗를 孤依ᄒᆞ며 目下長安을 謳歌할지라도 畢竟 客地孤魂을 不免ᄒᆞᆯ 殘生이 靑春을 作伴ᄒᆞ야 故鄕에 好還ᄒᆞᆯ 前期가 黯然한 則 自國에 利益點은 一毫도 無ᄒᆞ고 美人을 天一方에 望ᄒᆞᆯ ᄯᆞ름이라

移殖同胞를 爲ᄒᆞ야 可히 吊ᄒᆞᆯ지언뎡 天然幸福이라고 可히 賀키 難ᄒᆞ

515 본문 한자는 '人(인)' 자인데 부속국문은 '이' 자로 표기되었다.

니 天涯地角에 高飛遠走홀 思想을 萌動키 愼勿ᄒᆞ라

今日 自國形勢를 試思ᄒᆞ라 自國에셔 勞働力으로 衣食을 準備ᄒᆞ며 自國에셔 團結心으로 同胞ᄅᆞᆯ 相愛ᄒᆞ며 自國에셔 生活樂으로 心志ᄅᆞᆯ 怡悅ᄒᆞ며 自國에셔 愛國誠으로 國家ᄅᆞᆯ 維持홀지어다

如此한 溫帶下風氣가 溫[516]和ᄒᆞ고 水土가 佳良ᄒᆞ고 田地가 廣衍ᄒᆞ고 物産이 豐裕ᄒᆞᆫ 父母國을 棄ᄒᆞ고 何處로 往ᄒᆞ리오 移殖코자 ᄒᆞᄂᆞᆫ 同胞ᄅᆞᆯ 爲ᄒᆞ야 手ᄅᆞᆯ 握ᄒᆞ고 挽執ᄒᆞ노라

乙이 唯唯러라

外史氏 評曰 聞甲論未了에 不覺往然泣下로다

136호 1906년 12월 7일 (금) 論說

時態

近日 政界上 時局에 變遷을 觀望ᄒᆞ고 機會를 探方ᄒᆞ야 各其 自家 身分上 營私ᄒᆞᄂᆞᆫ 心을 抱有ᄒᆞ고 一毫도 國家에 利益點이 無한 者ㅣ 百分子의 形態가 羅列ᄒᆞ야 可히 屈指키 不能홀지라

第一 外交事項은 一應着手키 不能ᄒᆞᄂᆞᆫ 天地에 陷落ᄒᆞ얏스니 實力을 涵養ᄒᆞ야 國權을 光復홀 思想은 無ᄒᆞ고 何等運動을 糾糾密密ᄒᆞᆫ다 稱[517]ᄒᆞ야 無用한 幼稚輩의 劣等知覺으로 每每國家事體를 反히 戕害ᄒᆞᄂᆞᆫ 事이 種種히 有ᄒᆞ고

第二 政府가 動搖된다ᄂᆞᆫ 風說을 鼓吹ᄒᆞ야 何等別般機關이 有한듯 同心

516 본문 한자는 '溫(온)' 자인데 부속국문은 '람' 자로 표기되었다.

517 본문 한자는 '稱(칭)' 자인데 부속국문은 '충' 자로 표기되었다.

者로 密議도 하며 何許別般才智가 有한듯 同德者로 運動도 ᄒᆞ야 一種 第二內閣을 組織ᄒᆞ되 自己黨派로 要色地占領을 經營ᄒᆞᄂᆞᆫ 者도 種種히 有ᄒᆞ고

第三 在日本 亡命者의 運動이라 稱[518]ᄒᆞ야 外面으로 熟[519]心ᄒᆞᄂᆞᆫ 狀態가 有ᄒᆞ니 不知케라 天地에 難容할 大逆不道라 唱導ᄒᆞ야 討逆이니 復仇이니 高談峻論ᄒᆞ든 口舌로 亡命者를 召還ᄒᆞᄂᆞᆫ 機關이 我手에 在ᄒᆞ다고 誇功ᄒᆞᄂᆞᆫ 德色이 有한 者ᄂᆞᆫ 何許變卦을【를】抱有한 小人膓肚인고 可發一笑ᄒᆞᆯ 鄙累ᄒᆞᆫ 事도 種種히 有ᄒᆞ고

第四 滿腹ᄒᆞᆫ 利慾經綸과 充腦ᄒᆞᆫ 腐敗思想으로도 面皮上에 政治革新도 着手ᄒᆞᄂᆞᆫ 체 淸廉剛直ᄒᆞᆫ 風氣도 奬勵ᄒᆞᄂᆞᆫ 체 光光滑滑的 手段으로 一世를 欺蔽하고 大局을 僨誤ᄒᆞᄂᆞᆫ 才分도 種種히 有ᄒᆞ고

第五 巨奸老猾의 大拳으로 全國을 亡滅ᄒᆞᄂᆞᆫ 境에 陷ᄒᆞ고 不奪不饜ᄒᆞᄂᆞᆫ 慾浪이 充滿치 못함을 憤恨히야 黨羽를 鷙[520]張ᄒᆞ고 門路를 旁鑿ᄒᆞᄂᆞᆫ 機關을 經管ᄒᆞᄂᆞᆫ 者도 種種히 有ᄒᆞ고

第六 次第히 大功偉績을 成ᄒᆞ고 一世界 光榮을 夸張ᄒᆞ고 歷史上 聲名을 遺芳키를 企圖ᄒᆞ야 濁世편편ᄒᆞᄂᆞᆫ 博望候도 種種히 有ᄒᆞ니

上項時局形態를 略擧ᄒᆞᆷ이 此에 至한지라 其他 百孔千瘡의 獘風을 煽動ᄒᆞᄂᆞᆫ 一流人物이야 一筆로 盡記하리오

時局에 頭腦되ᄂᆞᆫ 大官이 調和手術을 善用하야 時局形態를 醫治할 思想을 汲汲ᄒᆞᆯ 거이오 自家만 滋養劑를 服하지 말지어다

518 본문 한자는 '稱(칭)' 자인데 부속국문은 '충' 자로 표기되었다.
519 본문 한자는 '熟(숙)' 자인데 부속국문은 '열' 자로 표기되었다.
520 본문 한자는 '鷙(지)' 자인데 부속국문은 '치' 자로 표기되었다.

民情

民情이라 謂홈은 水와 同ᄒᆞ야 風이 動하면 浪이 起하고 風이 靜하면 浪이 息홈과 如ᄒᆞᄂᆞ니

現今時局은 風이 動하얏다 謂홀가 風이 靜하얏다 謂홀가

今年은 幸히 豊年의 慶이 有하야 腹을 飽하며 力을 叙하야 庚癸의 憂患을 免하얏스나

金融이 流通키 不能하야 郡邑場市에 錢政이 枯渴ᄒᆞ야 穀包를 買賣키 極難한 時代에 各郡의 今年度結稅를 稅務官吏의 下來ᄒᆞ기 前에 督刷하기를 着手하야 星火와 如히 急速하야 鞭扑이 狼藉ᄒᆞ다는 消息이 京都에 喧藉한 則 民情의 困難홈이 極度에 達홀 것이오

鎭衛隊와 警務分署가 民生을 保護홈에 竊發急警이 寢息하기를 跂待홀 거이어ᄂᆞᆯ 陸地에 火賊이 蝟集하고 海面에 水賊이 蜂起ᄒᆞ야 商旅가 斷絶ᄒᆞ고 閭里가 騷動ᄒᆞ야 一瞬間에 富者도 乞丐를 做하고 生者도 死亡을 罹히야 生命財産을 保有키 不能하니 民情의 困難홈이 極度에 達홀 거이오

觀察郡守ᄂᆞᆫ 地方行政을 操縱할 時에도 牛毛와 如ᄒᆞᆫ 苛政과 蚕[521]食과 如ᄒᆞᆫ 剝割의 毒烈을 不勝하얏거ᄂᆞᆯ 道叅書郡主事 其他 稅務官吏의 增額한 官員이 各其 惠政을 實施ᄒᆞ면 民生이 大幸福이어니와 若其 獘端이 層生疊出ᄒᆞ야 人民의 膏血을 唆[522]吸할지면 民情의 困難홈이 極度에 達홀 거이니

上項 三條中 二條ᄂᆞᆫ 現在에 困難이어니와 一條ᄂᆞᆫ 未來의 事狀인 則 預

521 본문 한자는 '蚕(전)' 자인데 부속국문은 '잠' 자로 표기되었다.
522 본문 한자는 '唆(사)' 자인데 부속국문은 '쥰' 자로 표기되었다.

先質言키ᄂᆞᆫ 難하나 民情의 恐懼ᄒᆞᆷ은 亦是 容或 無怪라

最中 今年 尤極 困難이 極度에 達한 民情은 忠淸南北道에 兵革과 水災와 飢饉의 災殃을 兼備ᄒᆞ야 流離彷徨ᄒᆞ야 道路에 號泣ᄒᆞᄂᆞᆫ 慘狀은 目不忍見이라 謂ᄒᆞᆯ지라

嗟我全國同胞의 情狀을 推測[523]ᄒᆞᆯ진ᄃᆡ 縱然 兵革과 水災와 飢饉이 忠淸南北道의 災殃은 不有하얏스나 憂患恐懼ᄒᆞᄂᆞᆫ 情狀은 擧皆忠淸南北道에 不遠ᄒᆞᆯ지라

或云世界列邦에 요役이 少ᄒᆞ고 賦稅가 少하야 安逸饒足ᄒᆞᆫ 人民은 大韓國民으로 第一指를 屈하깃다 ᄒᆞ니 此ᄂᆞᆫ 有智者의 言이 不是라 列强은 文明이 開유하고 法律이 公平하고 生活上 利益의 範圍가 宏大ᄒᆞᆷ으로 요役도 多ᄒᆞ미 賦稅도 多ᄒᆞ기니와 貪饕剝割ᄒᆞᄂᆞᆫ 勒制政治下에 在ᄒᆞ야 半生半死한 我韓人民을 安逸饒足하다 豈謂하리오

噫라 全國民情이 風動浪起한 狀態와 如ᄒᆞ야 極度에 達한 困難을 不免한 餘에 潰壅決堤할 大風浪이 有할가 戒懼警省ᄒᆞᆯ 바이니 當局者ᄂᆞᆫ 民情을 安堵ᄒᆞ야 風靜浪息키를 是懋是勗ᄒᆞᆯ지어다

138호 1906년 12월 9일 (일) 論說

自國精神

我國은何國인고大韓帝國이오我國人民은何國人民인고大韓帝國人民이라大韓帝國人民이大韓帝國에셔祖宗도大韓帝國人民이오父母도大韓

523 본문 한자는 '測(측)' 자인데 부속국문은 '칙' 자로 표기되었다.

帝國人民이오 自己도 大韓帝國人民인 則 大韓帝國을 自國이라 謂ᄒᆞᆷ이라

然則 自國이 興奮ᄒᆞ면 自己의 興奮ᄒᆞᆷ이오 自國이 衰弱ᄒᆞ면 自己의 衰弱ᄒᆞᆷ이오 自國의 名譽ᄂᆞᆫ 自己의 名譽오 自國의 羞耻ᄂᆞᆫ 自己의 羞耻라 할지니

但히 形式上으로ᄆᆞᆫ 如是ᄒᆞᆯ ᄲᅮᆫ 아니라 自國의 領土ᄂᆞᆫ 自己의 家屋과 墳墓와 田宅의 所有한 ᄇᆡ이오 自國의 物産은 自己의 衣服과 飮食과 日用의 所需ᄒᆞᆫ ᄇᆡ이오 自國의 人種은 自己의 宗族과 姻婭와 兄弟이니 生命財産의 利益과 幸福을 擔保ᄒᆞᆫ 一大範圍內이라

故로 存亡과 盛衰와 安危와 强弱의 大關係가 有ᄒᆞᆷ으로 自國을 愛ᄒᆞᄂᆞᆫ 精神이 團結한 則 其 國이 存하고 盛ᄒᆞ고 安ᄒᆞ고 强할 거이오

自國을 愛ᄒᆞᄂᆞᆫ 精神이 解散한 則 其 國이 亡ᄒᆞ고 衰ᄒᆞ고 危ᄒᆞ고 弱ᄒᆞᆯ 거이니 自國精神을 團結ᄒᆞᆷ이 可할가 解散ᄒᆞᆷ이 可ᄒᆞᆫ가

近日我韓風氣ᄂᆞᆫ 自國精神이 何件物인지 不知ᄒᆞ고 世界各國의 遊學이나 遊覽이나 公使及書記生等의 關係가 有한 者ᄂᆞᆫ 各其 外國의 知識과 事爲를 服從ᄒᆞ고 欽仰ᄒᆞ야 濶大ᄒᆞᆫ 眼目과 馳騖ᄒᆞᆫ 心情이 自國은 夢想外로 哂笑하ᄂᆞᆫ 弊害가 有ᄒᆞ고

且 一種 毛病이 另有ᄒᆞ니 各其 服從하ᄂᆞᆫ 外國을 影從ᄒᆞ야 現今 英國運動이니 美國運動이니 法國俄國運動 等 各種 運動ᄒᆞᄂᆞᆫ 腕力이 有ᄒᆞ다 稱[524]ᄒᆞ야 至尊을 欺惑도 하며 團體를 損傷도 ᄒᆞ야 畢竟 前塗影響이 何涯에 至ᄒᆞᆯᄂᆞᆫ지 不知ᄒᆞ니

果然 此 運動의 效力이 有ᄒᆞ야 國威國光을 恢復할지면 大慶幸이라 稱[525] ᄒᆞᆯ 거이로ᄃᆡ 運動의 效力은 一毫도 無ᄒᆞ고 反히 隣邦에 惡憾情을 惹起ᄒᆞ며

524 본문 한자는 '稱(칭)' 자인데 부속국문은 '층' 자로 표기되었다.

525 본문 한자는 '稱(칭)' 자인데 부속국문은 '층' 자로 표기되었다.

自國의 妨害點을 增加ᄒᆞᄂᆞᆫ 一流人士의 精神은 誤國精神이라 謂할지언정 愛國精神이라고ᄂᆞᆫ 稱[526]키 難ᄒᆞᆯ ᄲᅮᆫ 不是라

何由로 政治를 革新ᄒᆞ고 文化를 漸進하야 實力을 涵養ᄒᆞ고 國權을 光復할 自國精神을 團結ᄒᆞᆷ이오

時局에 運動力이 有ᄒᆞ다 自稱[527]ᄒᆞᄂᆞᆫ 者ᄂᆞᆫ 警省ᄒᆞ고 回悟ᄒᆞ야 大韓帝國人民으로 大韓帝國을 愛ᄒᆞᄂᆞᆫ 精神을 團結ᄒᆞᆯ지어다

139호 1906년 12월 11일 (화) 論說

沐浴

沐浴은 一身의 垢를【를】 洗滌ᄒᆞ야 精潔케 ᄒᆞᆷ이니 人이 此를 可히 廢치 못할 바이라

凡人이 寢寐間에 身體腠理로 汗을 噴出ᄒᆞ얏다가 其 汗汁[528]이 乾ᄒᆞ면 垢를 成ᄒᆞᄂᆞ니 一日를【을】 經ᄒᆞ면 少少의 垢가 生ᄒᆞ며 二日을 經ᄒᆞ면 垢上에 垢를 加ᄒᆞ며 一旬을 經ᄒᆞ면 垢와 汗이 腐敗ᄒᆞ야 虫이 化生ᄒᆞᄂᆞ니 其虫은 即 슬【蝨】이라 吁라 生存者身體上에 虫이 有ᄒᆞ면 搔癢은 姑舍ᄒᆞ고 其 汚穢를 엇지 可히 形言ᄒᆞ리오

今世界의 文明을 唱ᄒᆞᄂᆞᆫ 邦[529]國에ᄂᆞᆫ 반다시 淸潔로써 先問題를 ᄉᆞᆷᄂᆞᆫ 故로 人生生活上에 關한 何物을 勿論ᄒᆞ고 精潔로 主치 아니ᄒᆞᆷ이 無ᄒᆞᄂᆞ니 허

---

526 본문 한자는 '稱(칭)' 자인데 부속국문은 '충' 자로 표기되었다.
527 본문 한자는 '稱(칭)' 자인데 부속국문은 '충' 자로 표기되었다.
528 본문 한자는 '汁(즙)' 자인데 부속국문은 '집' 자로 표기되었다.
529 본문 한자는 '邦(방)' 자인데 부속국문은 '만' 자로 표기되었다.

물며 人의 一身上에 直接한 汙穢物을 엇지 恬然히 帶有ᄒᆞ리오 故로 生活的에 困難이 無한 者ᄂᆞᆫ 自家에 沐浴室을 必置ᄒᆞ며 此에 力不贍ᄒᆞᆫ 者ᄂᆞᆫ 些少의 金錢을 帶ᄒᆞ고 商賈的 沐浴湯屋으로 向ᄒᆞᄂᆞ니 此ᄂᆞᆫ 富貴貧賤을 無論ᄒᆞ고 其 肉體를 潔코ᄌᆞ ᄒᆞᆷ이 一也라

我國[530]에 沐浴이라 ᄒᆞᄂᆞᆫ 漢文字도 有ᄒᆞ며 沐浴이라 ᄒᆞᄂᆞᆫ 國語도 有ᄒᆞ니 必也沐浴ᄒᆞᄂᆞᆫ 傳來習慣이 有ᄒᆞᆷ이 可ᄒᆞ거날 奈何로 全國에 此 習이 無얏나냐

今我國에 居留ᄒᆞᄂᆞᆫ 外人이 處處에 浴[531]湯를【을】 設置ᄒᆞ얏스나 我韓衣服을 着ᄒᆞᆫ 者가 往ᄒᆞ면 其 入浴을 拒絶ᄒᆞ니 彼商賈的 湯屋主가 我韓人의 金錢을 辭却함이 아니라 始也에 我韓人이 外人湯屋에 往한 者ㅣ 過失이 有한 故[532]이니 其 故[533]ᄂᆞᆫ 何故오

彼外人의 入浴ᄒᆞᄂᆞᆫ 者ᄂᆞᆫ 體를 裸ᄒᆞ고 湯水函에 入할 際에 水桶으로 湯水을【를】 汲出ᄒᆞ야 汚穢處를 若干 先洗ᄒᆞ고 然後 入湯ᄒᆞ야 或 三五分 或 十餘分 間에 全身을 暖케 ᄒᆞ고 函外에 出ᄒᆞ야 垢를 洗滌ᄒᆞ니 其 函中에 湯은 如干 三二十人의 浴을 經ᄒᆞ야도 湯의 汚穢한 痕이 太甚치 아니ᄒᆞᄂᆞ 我韓人 中에 或 此 法을 不知ᄒᆞᄂᆞᆫ 者ㅣ 陳陳한 垢를 函中에셔 洗ᄒᆞ니 一人의 洗를 纔經ᄒᆞ면 湯水上에 其 垢가 浮凝ᄒᆞ야 恰似灰色의 絲를 一二分長短으로 絶斷ᄒᆞ야 湯水上에 加ᄒᆞᆷ과 彷彿ᄒᆞ니 衆多客이 此를 厭避ᄒᆞᆷ으로 湯主가 我韓人을 辭絶ᄒᆞᆫ다 ᄒᆞᆷ이 ᄯᅩ한 無恠ᄒᆞ도다

然而 數十萬 人口 居住ᄒᆞᄂᆞᆫ 國都에 我韓人의 沐浴湯이 僅히 二三處가

530 본문 한자는 '我國(아국)' 자인데 부속국문은 '아ᄂᆞᆯ국' 자로 표기되었다.
531 본문 한자는 '浴(욕)' 자인데 부속국문은 '목' 자로 표기되었다.
532 본문 한자는 '故(고)' 자인데 부속국문은 '교' 자로 표기되었다.
533 본문 한자는 '故(고)' 자인데 부속국문은 '교' 자로 표기되었다.

有ᄒᆞ니 其 所謂 獨湯이 精則精矣나 一人浴의 代金이 新貨十錢이라 其 價高所致로 上等社會의 若干人ᄲᅮᆫ이라 其 身體를 精潔케 ᄒᆞᄂᆞᆫ 者ㅣ 凡幾人고

彼價高ᄒᆞᆫ 獨湯도 不可無어니와 一湯에 衆人이 渾入ᄒᆞᄂᆞᆫ 價歇한 湯屋이 處處에 有ᄒᆞᆫ 後에 可히 衆人의 踏至가 有할지니 如此 則 幾個湯屋主ᄂᆞᆫ 營業的 利益을 立見할거시오 衆人은 沐浴ᄒᆞᄂᆞᆫ 習慣이 次第로 生ᄒᆞ리니 清潔이니 衛生이니 唱ᄒᆞᄂᆞᆫ 者ᄂᆞᆫ 人의 身體上에 垢匣을 先去ᄒᆞ고 슴囊을 次第로 換着ᄒᆞᆷ이 可한 쥴로 先唱할지어다

140호 1906년 12월 12일 (수) 論說

警告宮中府中

近日 政界上 風瀾이 何等大驚大怪ᄒᆞᆯ 事이 無ᄒᆞ나 宮中府中이 俱爲一體하야 和衷妥協ᄒᆞᄂᆞᆫ 氣味가 少ᄒᆞᆷ과 如ᄒᆞ니 此ᄂᆞᆫ 國家에 利益이라 幸福이라 稱[534]키 不能ᄒᆞᆫ 點이 不無ᄒᆞᆫ지라

目下[535] 宮中府中의 一般官場에 三種性質이 有ᄒᆞ니 一曰 老鍊이오 二曰 少年이오 三曰 觀望이니 此ᄂᆞᆫ 時勢의 變遷[536]ᄒᆞᆷ을 因ᄒᆞ야 自然成立한 局面上時態이라 吾儕가 縷縷陳述치 아니ᄒᆞ야도 一世公眼의 瞭然知得ᄒᆞᄂᆞᆫ 바어니와 愚見을 一述ᄒᆞ야 敢히 忠告ᄒᆞᄂᆞᆫ 衷曲을 鳴ᄒᆞ노니

現今 國勢의 岌업ᄒᆞᆷ이 果然 何如오 譬컨ᄃᆡ 大海風浪은 天地을 飜覆ᄒᆞᄂᆞᆫ 中間에 千孔万穴이 蜂窩와 如ᄒᆞᆫ 漏艙을 共乘ᄒᆞ고 死生存亡이 一瞬에

534 본문 한자는 '稱(칭)' 자인데 부속국문은 '층' 자로 표기되었다.
535 본문 한자는 '下(하)' 자인데 부속국문은 '장' 자로 표기되었다.
536 본문 한자는 '遷(천)' 자인데 부속국문은 '목' 자로 표기되었다.

出沒ᄒᆞᆷ과 如한則 舵을【를】回旋ᄒᆞ며 楫[537]을 整理ᄒᆞ며 帆을 高懸ᄒᆞᄂᆞᆫ 責任을 分擔ᄒᆞ야 萬口同聲과 萬腕同力으로 水路方向을 察ᄒᆞ야 暗礁을【를】避ᄒᆞ면 何幸히 風信을 順ᄒᆞ야 涯岸에 入泊ᄒᆞᆷ을 要ᄒᆞᆯ 時에 一線生門만 覔ᄒᆞᆷ을 滿船同濟者의 祝天祝地ᄒᆞᄂᆞᆫ 一心血[538]誠에 出ᄒᆞᆯ ᄯᆞᄅᆞᆷ이라

何暇에 同濟者의 平日恩怨을 論ᄒᆞ며 當場是非ᄅᆞᆯ 判ᄒᆞ야 風浪漏艙에 危急ᄒᆞᆷ을 不顧ᄒᆞ리오 此와 同一無二ᄒᆞᆫ 時局에 全國人民도 同濟者의 急ᄒᆞᆷ과 如ᄒᆞ거든 何況 宮中府中에 當局者이야 何暇에 恩怨是非ᄅᆞᆯ 互相說去ᄒᆞ리오

加之前後에 刀樹劒山이 森列ᄒᆞᆫ 此 天地에 一倍戒懼ᄒᆞ고 十分警省하야 自家精神만 淬勵ᄒᆞ고 自家責任ᄆᆞᆫ 整理ᄒᆞ야 漸漸前進ᄒᆞᆯ ᄯᆞᄅᆞᆷ이어ᄂᆞᆯ 榮職을 暗圖ᄒᆞ며 權勢ᄅᆞᆯ 私營ᄒᆞ야 白眼으로 相看ᄒᆞᆯ 憾情이 互起ᄒᆞ면 非但 國家事만 僨誤ᄒᆞ【ᄒᆞᆯ】ᄲᅮᆫ 不是라

各其 身家ᄅᆞᆯ 難保할 悲境에 陷落ᄒᆞᆯ 거이니

宮中府中이 俱爲一體된 諸公은 國家ᄂᆞᆫ 風浪漏창과 如ᄒᆞ고 自己ᄂᆞᆫ 同乘者와 如한 急急危危한 思想을 大奮發하야 同心공濟ᄒᆞ기ᄅᆞᆯ 勸告ᄒᆞ노라

141호

1906년 12월 13일 (목) 論說

人才需用

人民을 統治ᄒᆞ고 國家를 守成ᄒᆞ려면 ᄇᆞᆫ다시 政府가 有ᄒᆞᄂᆞ니 政府에 其 人이 不在ᄒᆞ면 其 政이 衰하며 其 政이 衰ᄒᆞ면 其 國이 亡ᄒᆞᄂᆞ니라

夫 人民으로 國을 ᄉᆞᆷ고 土地로 家를 ᄉᆞᆷ아셔 國家를 形成ᄒᆞᆷ이니 國家ᄂᆞᆫ

537 본문 한자는 '楫(즙)' 자인데 부속국문은 '집' 자로 표기되었다.

538 본문 한자는 '血(혈)' 자인데 부속국문은 '흔' 자로 표기되었다.

莫大한 物이오 國政은 莫重ᄒᆞᆫ 事이라 故로 萬機를 分하야 各히 其 職任이 有ᄒᆞ며 職責이 有하며 職權이 有ᄒᆞ니 其 任을 不勝ᄒᆞᄂᆞᆫ 者ᄂᆞᆫ 免ᄒᆞ며 其 責을 不擔ᄒᆞᄂᆞᆫ 者ᄂᆞᆫ 罪하며 其 權을 濫用ᄒᆞᄂᆞᆫ 者ᄂᆞᆫ 國家의 刑辟도 有ᄒᆞ거니와 國人이 人人得誅ᄒᆞᄂᆞᆫ 公憤이 有하나니라

然則 何如한 人이 政府官職에 在ᄒᆞ여야 國家가 治ᄒᆞᄂᆞᆫ고

曰 各히 其 才를 任ᄒᆞ고 繼ᄒᆞ야 其 臧否로써 賞罰이 適宜ᄒᆞᆯ ᄯᆞ름이라

假令 一屋을 建築ᄒᆞ려면 ᄇᆞᆫ다시 木工으로【木】을 治ᄒᆞ고 石工으로 石을 攻케 ᄒᆞ며 其他 諸般使役을 各히 其 才를 任치 아니ᄒᆞ면 其 屋을 不成ᄒᆞᄂᆞᆫ지라

彼區區一屋도 尙如此ᄒᆞ거든 허물며 一國 政府에 엇지 其 人을 擇지 아니ᄒᆞ며 其 才를 任치 아니ᄒᆞ리오

夫 國祿을 徒食ᄒᆞᄂᆞᆫ 者ㅣ 政府에 彌滿ᄒᆞ면 國家滅亡의 患이 立至홈은 尙矣라 勿論이오 今갓한 競爭世界에 如此ᄒᆞᆫ 國家가 有하면 반다시 其 國土人種을 滅亡ᄒᆞᆯ 禍胎을 包藏홈이 無疑하도다

無論何人ᄒᆞ고 有或自己의 生命을 奪ᄒᆞ던지 其 妻子를 殺害하ᄂᆞᆫ 者ㅣ 有ᄒᆞ면 仇讐로 相視치 아니ᄒᆞᆯ 者ㅣ 無ᄒᆞ니 苟或 人種的 大禍를 貽할 境遇에ᄂᆞᆫ 天이 佑ᄒᆞ며 神이 怒ᄒᆞ드ᄅᆡ도 與論의 下에 其 罪를 難환ᄒᆞᆯ지라 엇지 戒懼치 아니ᄒᆞ리오

我國이 由來五百年에 門閥家子弟로 政府에 登用홈으로 某子某孫이라 ᄒᆞ면 土木갓한 偶人이라도 政府官職은 自家物로 認作ᄒᆞ얏스니 其 魚頭鬼面의 輩를 個個히 指名치 아니ᄒᆞ나 國家 今日에 此境에 至홈이 皆此를 因홈이라

今에 弊政을 改善하고 萬機를 一新ᄒᆞ야 政府에셔 人才擇用으로 一大問題를 ᄉᆞᆷᄂᆞᆫ다 ᄒᆞᆷ으로 吾人은 目을 拭하고 待ᄒᆞ나 蚯蚓이 出할런지 龍이 出ᄒᆞᆯ런지 人民은 耳朶의 厚薄만 撫ᄒᆞ리로다

142호

1906년 12월 14일 (금) 論說

學務局長送迎

張世基 氏ᄂᆞᆫ 學務局長을 遞하니 敎育家ᄂᆞᆫ 痛齒를 拔ᄒᆞᆫ드시 喝采四起ᄒᆞ고 兪星濬 氏가 學務局長을 任ᄒᆞ니 學生社會ᄂᆞᆫ 吉事를 値한드시 拍手歡迎하더라

張 氏가 學務局長의 椅子에 踞한지 四載에 其 績用이 何如한고 吁라 績用을 未聞ᄒᆞᆯ ᄲᅮᆫ 아니라 敎育上 妨害가 不少하니 何를 謂ᄒᆞᆷ인고

夫 京鄕을 無論하고 敎育에 有志한 者ㅣ 贊成[539]員을 熱心糾合하고 補助金을 艱辛鳩聚ᄒᆞ야 學校를 設立코자 ᄒᆞ야 學部에 請願한 즉 學部에서ᄂᆞᆫ 何에 拘碍하야 如彼亡持ᄒᆞ넌지 幾個月를【을】度了하도록 認可를 延拖不下ᄒᆞ니 此ᄂᆞᆫ 敎育上에 無形[540]上 害가 極大ᄒᆞ도다

大抵 國民은 知識으로 基礎를 ᄉᆞᆷᄂᆞᆫ 者라 知識이 卑劣하면 競爭世界에 犧牲갓치 姑息苟活하ᄂᆞ니 故로 今世에ᄂᆞᆫ 國家의 第一重大하고 必要한 問題ᄂᆞᆫ 敎育에 無過ᄒᆞᆫ지라

然[541]則 學部大臣과 學務局長은 맛당히 國憂를 雙肩에 擔ᄒᆞ고 盡心盡力

539 본문 한자는 '成(성)' 자인데 부속국문은 '송' 자로 표기되었다.
540 본문 한자는 '形(형)' 자인데 부속국문은 '쳥' 자로 표기되었다.
541 본문 한자는 '然(연)' 자인데 부속국문은 '운' 자로 표기되었다.

ᄒᆞ야教育을實施ᄒᆞᆷ이 其職責이어ᄂᆞᆯ 奈何로國祿徒食한다ᄂᆞᆫ 誹謗을招ᄒᆞᄂᆞᆫ고

盖教育은財政이 先問題라 學部椅子에 비록 有志者만 在하더ᄅᆡ도 政府에셔 學務擴張할 區劃이 無ᄒᆞ면 學部에셔ᄂᆞᆫ 有志未遂ᄒᆞᄂᆞᆫ 事도 有ᄒᆞ니 大部分은學部를 謗하지 아니ᄒᆞ나 然이나 今學部에셔ᄂᆞᆫ 力所及處에도 泛然이 過ᄒᆞᆷ은 何也오

彼教育家와 學生社會ᄂᆞᆫ 國民의 熱血이 凝한 社會이오 國民의 精神이 聚合ᄒᆞᆫ 社會이라 慧眼도 此中에 在ᄒᆞ며 雄辯도 此中에 在하며 所謂 學識도 此中에 在ᄒᆞ니 苟或酒桶肉袋로 學部大廳重要椅子上에 坐케 ᄒᆞ면 彼學生갓한 惡口叢中에 許多한 攻擊은 可히 測[542]치 못ᄒᆞᆯ지라

然則 張 氏가 再昨日에 秘書丞으로 移仕ᄒᆞ얏스니 從此로 學生社會의 誚謗을 可免ᄒᆞᆯ지라 張 氏를 爲ᄒᆞ야 一賀를 致ᄒᆞ며 學生社會에 祝盃을 擧ᄒᆞ고 新任學務局長의 教育方針을 聽코자 ᄒᆞ노니 未知케라 新任局長의 績用은 何如ᄒᆞᆯᄂᆞᆫ지

143호 1906년 12월 15일 (토) 論說

疑山疑雲

大海東頭에點點이起한者ᄂᆞᆫ九疑山이오萬壑千峯에密密이起ᄒᆞᄂᆞᆫ者ᄂᆞᆫ 疑雲이라

彼黑洞洞ᄒᆞᆫ 空谷에 生風ᄒᆞ더니 疑雲一抹이 化得萬千佛像ᄒᆞ야 深鎖了

542 본문 한자는 '測(측)' 자인데 부속국문은 '칙' 자로 표기되었다.

西天西域國이로다

迷信ᄋᆞᆯ 未破ᄒᆞᆫ 者ᄂᆞᆫ 南無阿彌陀彿을 念ᄒᆞ며 一切衆生을 濟ᄒᆞ쇼셔 發願ᄒᆞ면셔 寂滅界에 佇立하야 空色天[543]을 瞻望ᄒᆞ도다

然而崔判官은 人生의 罪過를 探ᄒᆞ야 歷歷히 置簿하며 閻宮使ᄂᆞᆫ 人生의 命符를 持하고 家家에 候門하니 吁라 爲之奈何오

凡人類가 地球上에 生存하야 事業上에 活動ᄒᆞ다가 天賦의 命을 順ᄒᆞ야 北망山으로 逝ᄒᆞᆯ ᄲᅮᆫ이라 苟或料外의 福音[544]을 求코자 ᄒᆞ야 妄想을 起ᄒᆞ며 妄擧가 有ᄒᆞ면 非常의 禍變을 値ᄒᆞᄂᆞ니라

曩者에 露人이 東洋에 慾火가 大熾ᄒᆞ야 旅順을 奄有하고 滿州를 欲呑하다가 數十萬生靈을 極東에셔 損ᄒᆞ얏스니 抑亦 露人이 內國事情에 一二缺點이 有ᄒᆞᆷ을 不顧하고 强敵을 輕蔑한 自作얼이라 엇지 可히 환ᄒᆞ리오

彼露國은 地球上 大陸에 第一强大國이라 然而廟筭不勝ᄒᆞᆷ으로 如彼ᄒᆞᆫ 大挫ㄱ 有ᄒᆞ얏거던 허물며 藤薛[545]갓한 小國에셔 無筭而動ᄒᆞᄂᆞᆫ 者ㅣ 엇지 戒懼치 아니ᄒᆞ리오

近日에 米人이 排日ᄒᆞᆫ나ᄂᆞᆫ 外電이 頻繁ᄒᆞ며 後日에 日米戰爭이 將起ᄒᆞ리라 ᄒᆞᄂᆞᆫ 議論이 或有ᄒᆞᆷ으로 我國人은 各種思想을 惹起ᄒᆞᄂᆞᆫ 者ㅣ 許多ᄒᆞ니 其 種類ᄅᆞᆯ 分ᄒᆞ건ᄃᆡ 或我國이 尙可有爲한 時機ᄅᆞᆯ 値한다 ᄒᆞ야 彼日米[546]의 說로 奇貨可居라 認ᄒᆞ야 勞勞役役ᄒᆞᄂᆞᆫ 者도 不無ᄒᆞ며 或오 鬪에 鯨背가 坼ᄒᆞᆯ가 慮하야 疑懼를 懷ᄒᆞᄂᆞᆫ 者도 有ᄒᆞ며 或其 事實이 何如ᄒᆞᆷ

543 본문 한자는 '天(천)' 자인데 부속국문은 '산' 자로 표기되었다.
544 본문 한자는 '福音(복음)' 자인데 부속국문은 '뷰음' 자로 표기되었다.
545 본문 한자는 '藤薛(등설)' 자인데 부속국문은 '등벽' 자로 표기되었다.
546 본문 한자는 '米(미)' 자인데 부속국문은 '본' 자로 표기되었다.

을 不知ᄒᆞ야 所謂 政治家에 質問코자 ᄒᆞᄂᆞᆫ 者도 有한 今日이라 夫 戰爭은 利益을 計하야 始ᄒᆞᄂᆞᆫ지라 然則 彼日米ᄂᆞᆫ 萬一戰端을 起ᄒᆞ면 日米兩國에 害됨을 可히 測量치 못할지니 何를 論[547] 홈인고

若使米國으로 日과 戰端을 起하면 東洋商權에 無限한 害가 有ᄒᆞ며 且目下幾個年間은 日本의 銳氣를 莫適할지라 何利益을 取하야 戰端을 起ᄒᆞ리오

且日本은 米國의 財政을 莫當홀지니 비록 十年을 乘勝長驅하더ᄅᆡ도 其後 問題ᄂᆞᆫ 善後의 策이 無하리라 ᄒᆞ노니 米人도 慧眼이 有하며 日人도 또한 慧眼이 有ᄒᆞᆫ지라 蚌鷸【蚌鷸】의 轍를 不蹈할 줄은 天下ㅣ 可히 質言ᄒᆞ지라

且夫 戰爭은 一朝一夕에 突起ᄒᆞᄂᆞᆫ 거시 아니라 遠自數百年前과 近自數十年前으로 戰意를 包藏하앗다가 一朝에 機를 乘ᄒᆞ야 干戈를 動ᄒᆞᄂᆞ니 曩年 日清의 役은 幾百年前븟터 包藏한 戰端이오 日露의 事도 또한 百 年 前부터 包藏한 戰端이라 然而日米ᄀᆞ 目下에 砲烟이 起ᄒᆞ려니 期必ᄒᆞ고 妄想을 起ᄒᆞᄂᆞᆫ 者ᄂᆞᆫ 其 失敗를 立見ᄒᆞ리라 ᄒᆞ노라 (未完)

144호

1906년 12월 16일 (일) 論說

錢政

近日 市街閭巷에 錢政이 困難한 狀態가 有하니

昨年 財政整厘의 着手할 初頭에 經濟界 大恐慌이 起ᄒᆞ든 時代와ᄂᆞᆫ 稍異한 性質이 有ᄒᆞ나 白銅貨運命이 漸漸切迫ᄒᆞ야 影子가 消極的에 達ᄒᆞᆫ

547 본문 한자는 '論(논)' 자인데 부속국문은 '위' 자로 표기되었다.

지라

白銅貨濫行홀 時에 物價가 翔踊하야 米一升에 白銅貨十二枚에 至ᄒᆞ며 柴一駄에 白銅貨一百二十枚에 過ᄒᆞ고 其他 百物이 擧皆價値가 高騰ᄒᆞ야 人民의 生活이 塗炭에 陷하야 皆曰貨幣를 整厘ᄒᆞ여야 國計民生에 汲汲홈을 救濟ᄒᆞ깃다 稱[548]하더니

貨幣整厘 以來로 金融이 流通키 不能ᄒᆞ야 一般困難이 極度에 達ᄒᆞ얏다가 近來稍稍流通ᄒᆞᆫ 結果를 見ᄒᆞ얏스나

現今 補助貨ᄂᆞᆫ 白銅貨가 原額千分의 一에 不過홈과 如ᄒᆞ야 但히 紙貨로만 流通홈의 假令 十元이나 五元의 紙貨로 貧家生活를【을】 經營하ᄂᆞᆫ 者ㅣ 柴米酒茶를 貿易홈에 當ᄒᆞ야 每物에 相當ᄒᆞᆫ 價値를 計除ᄒᆞ고 餘額은 補助貨로 換入홀 際에 補助貨가 極貴하야 便宜를 與ᄒᆞ기 極難ᄒᆞ며 且 一元紙貨를 不得不錢錢히 分用홀 必要가 有홀 際에 兌換이 不便하야 一般困難에 至한 狀態가 有ᄒᆞ니 紙貨가 流通홈으로 大部分의 恐慌은 少하나 補助貨가 狹少홈으로 小分子의 困難을 致하야 嗷嗷한 民間情況이 遑汲홈을 不免ᄒᆞᄂᆞᆫ지라

度支部에 財政整厘의 效果ᄂᆞᆫ 次第히 善良홈을 待ᄒᆞ려니와 當今目下에 困難한 情況을 憂悶ᄒᆞ야 一言을 記述ᄒᆞ거니와

濫行ᄒᆞ든 白銅貨가 禁止되고 錢政이 翔貴할 境遇에ᄂᆞᆫ 物價이나 低落ᄒᆞ여야 人民의 困狀을 可셔할터인ᄃᆡ 物價ᄂᆞᆫ 比前少減ᄒᆞ얏스나 白米一升은 八枚에 至ᄒᆞ고 柴一駄에ᄂᆞᆫ 一百二十枚에 不落ᄒᆞ얏고 百物도 別樣減價가 無ᄒᆞ니 此ᄂᆞᆫ 如何한 原因인지 不知하깃도다

548 본문 한자는 '稱(칭)' 자인데 부속국문은 '층' 자로 표기되었다.

財政當局者ᄂᆞᆫ 民間의 困狀을 救濟홀 方針을 講究ᄒᆞ야 一身上血脉이 流通홈과 如히 錢政을 融通케 하기를 希望하노라

145호

1906년 12월 18일 (화) 論說

疑山疑雲 (續)

夫 國政은 一曰 內政에 在ᄒᆞᄂᆞ 然하ᄂᆞ 外交에 良策이 無하면 敗亡을 ᄯᅩ한 可히 立待홀지라

故로 其 關係 輕重을 計ᄒᆞ야 輔車의 形勢가 有홀 者ᄂᆞᆫ ᄇᆞ다시 同盟을 結ᄒᆞᄂᆞ니 彼同盟은 互相有益한 後에 成하ᄂᆞᆫ ᄇᆡ라

盖 我國의 位置를 觀홀지ᄃᆡ 西北으로 淸國과 界를 接ᄒᆞ고 南으로 日本과 一葦水를 隔ᄒᆞ고 且北으로 露의 浦塩斯德을 相望에 置ᄒᆞ얏ᄂᆞᆫᄃᆡ 然而 我의 國境은 極小하고 國政은 極衰ᄒᆞ고 國財ᄂᆞᆫ 至貧ᄒᆞ고 國民은 至愚ᄒᆞ니 今日의 國計ᄂᆞᆫ 內으로 國政을 自修[549]ᄒᆞ고 外으로 國際釁隙을 勿生홈에 在할 ᄲᅮᆫ이라

然則 我國과 關係가 最重 最大 最近 最畏한 者ㅣ 何國인고

彼英米德法은 我國과 關係가 稍遠ᄒᆞ고 彼日淸露 三國은 我國이 直接關係의 位置[550]에 在[551]ᄒᆞᆫ지라 故로 曩者 日淸戰端은 純然한 我國 關係로 起하얏스며 其 後 日露間에도 始也에 滿州問題로 戰意를 包藏ᄒᆞ얏다가 及其 開仗 時에ᄂᆞᆫ 我韓問題가 迫近홈으로 砲火가 急起ᄒᆞ얏스니 然則 日

549 본문 한자는 '修(수)' 자인데 부속국문은 '소' 자로 표기되었다.

550 본문 한자는 '置(치)' 자인데 부속국문은 '직' 자로 표기되었다.

551 본문 한자는 '在(재)' 자인데 부속국문은 '치' 자로 표기되었다.

淸日露의 役에 我國이 直接關係가 皆有한지라

吁라 日淸의 役에 日本이 我國에 獨立를 扶ᄒᆞ얏고 日露의 役에 日本이 我國으로 保護에 置ᄒᆞ얏ᄂᆞᆫᄃᆡ 其 形勢가 何如한고

夫 日本의 勢力이 我全國에 洪水갓치 汎濫하야 外交ᄂᆞᆫ 東京外務省[552] 措縱에 付하고 內政은 京城統監府勸告에 在ᄒᆞ고 其他 駐箚의 兵[553]力과 警察의 範圍와 居留民의 商權과 技術家의 事業 等 諸般勢力이 日로 猛進ᄒᆞ야 全國에 彌滿ᄒᆞᆫ지라

若夫 今日의 我國形勢로 非分의 心이 妄生하고 敎唆의 說를 甘聽하야 日本을 排斥하려ᄂᆞᆫ 運動이 有ᄒᆞᆫ 時에ᄂᆞᆫ 不測의 禍를 目下에 招ᄒᆞ리니 戒ᄒᆞ며 愼ᄒᆞᆯ지어다

夫 鼠ᄂᆞᆫ 虎豹[554]의 患를 慮하ᄂᆞᆫ 者 아니라 猫를 憚ᄒᆞᆷ은 其 關係가 固然矣니 試觀컨ᄃᆡ 今日國勢關係가 固安在哉아

吾人은 廣闊地에 立脚ᄒᆞ야 事實公正한 論을 發ᄒᆞ건ᄃᆡ 我國은 偏小ᄒᆞᆫ 國이오 日本도 ᄯᅩᄒᆞᆫ 一小島國이라 相合ᄒᆞ면 其 利가 互有ᄒᆞ고 相離하면 其 害가 不測이라 故로 脣齒의 勢가 有ᄒᆞ다 ᄒᆞᆷ이 此也라 今日의 勢ᄂᆞᆫ 맛당이 隣을 善ᄒᆞ고 內政을 自修ᄒᆞ야 百年을 積德ᄒᆞ면 世界에 雄飛하ᄂᆞᆫ 功을 可見ᄒᆞᆯ지니 方其 時也에 英雄이 一起ᄒᆞ면 有或 日淸을 朝케 하며 露을 窮逐하며 英米德法을 可히 撫ᄒᆞᆯ 機會가 有할지 不知ᄒᆞ리니 天下事ᄂᆞᆫ 積功에 在ᄒᆞ고 暫時間 運動에 不在하다 ᄒᆞ노라 (完)

552 본문 한자는 '省(성)' 자인데 부속국문은 '싱' 자로 표기되었다.
553 본문 한자는 '兵(병)' 자인데 부속국문은 '벽' 자로 표기되었다.
554 본문 한자는 '虎豹(호표)' 자인데 부속국문은 '효포' 자로 표기되었다.

渡瀨常吉

京城學堂 校長 渡瀨 氏는 八年星霜에 敎育을 竣功하고 故國歸裝을 束ᄒᆞ니 氏의게 敎育을 受ᄒᆞ던 幾百名 學生은 別淚를 灑하고 吾人도 또ᄒᆞᆫ 悵懷를 不禁하노라

曩年에 日本敎育家의 福澤兪吉 氏가 我國留學生에 對ᄒᆞ야 幾十名學業을 竣功케 ᄒᆞ던 大設力이 有ᄒᆞᆷ으로 我國學生社會는 氏를 知與不知間에 一切[555]로 其 恩을 同感ᄒᆞ얏더니 今에 渡瀨 氏는 其 功이 福澤 氏에 幾倍가 加함이 有ᄒᆞ다 ᄒᆞ노니 此는 彼我間功效部分을 定論ᄒᆞᆷ이라

夫 福澤 氏는 日本敎育家로 日本靑年社會를 進化하던 大方家이라 其 功이 政治改革家보다 一層有益하다는 日[556]本全國의 公論이 有ᄒᆞ나 此는 日本靑年社會에 有功를 稱[557]ᄒᆞᆷ이오 至於我國學生社會에 敎育上 熱心과 德義上 慈善을 論할진ᄃᆡ 渡瀨 氏에 過한 者ㅣ 無ᄒᆞ도다

初에 日人 小島 氏가 京城學堂을 設立ᄒᆞ야 三年間을 熱心敎育ᄒᆞ다가 財政의 困難을 因ᄒᆞ야 廢止ᄒᆞᆯ 境에 至ᄒᆞ얏더니 渡瀨 氏가 其 後를 繼ᄒᆞ야 校務를 擴張하고 誠心으로 學生을 開導하니 前後卒業生이 凡八十餘名이오 且其 學業은 終치 못ᄒᆞ고 但一二年間을 氏의게 受業ᄒᆞᆫ 者를 盡擧ᄒᆞᆯ진ᄃᆡ 屢百名이라

始也에 吾人은 京城學堂으로써 內地各處에 許多한 日語學校와 同等으로 認ᄒᆞ얏더니 近日에 京城學堂에셔 卒業한 學生의 程度를 聞ᄒᆞᆫ 즉 普通

555 본문 한자는 '切(절)' 자인데 부속국문은 '톄' 자로 표기되었다.
556 본문 한자는 '日(일)' 자인데 부속국문은 '중' 자로 표기되었다.
557 본문 한자는 '稱(칭)' 자인데 부속국문은 '층' 자로 표기되었다.

科에 有餘한 實力이 有ᄒᆞ니 吁라 吾儕ᄂᆞᆫ 海外螢窓에 十年을 勤苦하다가 歸ᄒᆞ야 京城學堂優等生의게 納頭[558]仰望할 處가 往往히 有하니 此ㅣ 誰의 功인고 曰 渡瀨 氏라

氏의게 教育을 受ᄒᆞ야 卒業ᄒᆞᆫ 者 八十餘名이 今에 各社會에 投足하야 相當한 職業으로 相當ᄒᆞᆫ 俸金을 得치 못한 者ㅣ 無하며 且其 學校에셔 一二年間 修業하다가 其 學業을 終치 못ᄒᆞᆫ 者도 ᄯᅩ한 職業에 就ᄒᆞ야 俸金을 得ᄒᆞᄂᆞᆫ 者ㅣ 多ᄒᆞ니 此 皆誰의 周旋인고 曰 渡瀨 氏라

氏ᄂᆞᆫ 耶蘇信者오 海外教育會員인ᄃᆡ 校務擴張은 會中의 事業이오 教務熱心은 氏의 事業이라

吾人은 氏를 敬仰ᄒᆞ야 南國의 便으로 氏의 事를 採探ᄒᆞᆫ 즉 氏ᄂᆞᆫ 極히 清貧한 者라 然而我國學生을 資力ᄒᆞᆫ 事가 甚多[559]ᄒᆞ니 氏가 아니면 엇지 此에 至ᄒᆞ리오

現今我國에 居留ᄒᆞᆫ 日本人中에 或無教育ᄒᆞᆫ 挾雜輩가 地方各處에 出沒하면셔 我國人에 對하야 不義의 事를 行ᄒᆞᄂᆞᆫ 者 甚多ᄒᆞ니 此를 由ᄒᆞ야 我國人이 日本人의게 惡憾情을 抱ᄒᆞᄂᆞᆫ 者ㅣ 滔滔皆是라 吁라 彼等은 個人交際에 惡憾을 釀ᄒᆞᆯ 뿐이 아니라 國民思想의 影響이 全혀 國際上에 及ᄒᆞ니 苟或日本【日本】警察力으로 彼無教育輩의 不法行爲를 痛禁하고 日本教育社會에셔 渡瀨 氏갓한 人物이 多數히 我國에 來ᄒᆞ얏스면 我國에 無形上利益이 無限할 뿐 아니라 ᄯᅩᄒᆞᆫ 國際上에도 無限ᄒᆞᆫ 利益이 無形上에 在ᄒᆞ리라 ᄒᆞ노라

558 본문 한자는 '頭(두)' 자인데 부속국문은 '수' 자로 표기되었다.
559 본문 한자는 '多(다)' 자인데 부속국문은 '타' 자로 표기되었다.

女子衣制改良議

女子教育會에셔 女子衣冠을 改良ᄒᆞ기로 議定ᄒᆞ고 議政府에 獻議書를 提呈한다ᄂᆞᆫ 說은 昨日本紙面에 揭載ᄒᆞ얏거니와

噫라 我韓四千年固陋ᄒᆞ고 幽閉하얏든 女子의 知識이 一朝에 發達ᄒᆞᆷ이 此에 至ᄒᆞᆯ 줄은 預料치 못ᄒᆞ얏노라

女子의 衣制가 不便ᄒᆞᆷ은 本報에 已論ᄒᆞ얏거니와 原來 我韓 女子의 衣制가 染色이 眼目을 怡悅케 ᄒᆞ고 模製가 身體에 適宜케 하야 使人觀之ᄒᆞ면 巧妙하고 佳麗타ᄂᆞᆫ ᄒᆞᆯ 거이니 女子의 嬌연한 心性에 最히 愛惜ᄒᆞ고 尊重할 만할 거이어ᄂᆞᆯ

紅綠黃紫의 染色을 厭惡ᄒᆞ야 靑黑ᄒᆞᆫ 色을 用ᄒᆞ가ᄒᆞ며 狹窄通開ᄒᆞᆫ 模製를 羞愧하야 深奧한 製을 從ᄒᆞ자 ᄒᆞ니 此ᄂᆞᆫ 女子中高明ᄒᆞᆫ 知覺에 流出ᄒᆞᆷ인가 時局上變遷ᄒᆞᆫ 風氣에 使然ᄒᆞᆷ인가

大抵 時局의 變遷ᄒᆞᄂᆞᆫ 風氣에 使然ᄒᆞᆷ이라 ᄒᆞᆯ지라도 女子의 知識이 淺陋ᄒᆞ야 風氣의 變遷ᄒᆞᆷ을 看透키 不能ᄒᆞ면 四千年習慣을 劈開ᄒᆞ고 文明에 趨向ᄒᆞᄂᆞᆫ 高等超越ᄒᆞᆫ 意見을 發ᄒᆞ야 第一 急先務로 衣冠制度를 改良ᄒᆞ자고 議定ᄒᆞ기를 豈能ᄒᆞ얏스리오

男子社會를 看ᄒᆞ야도 頑固腐敗ᄒᆞᆫ 舊習이 尙存ᄒᆞ야 剃髮ᄒᆞᄂᆞᆫ 一事를 大變怪로 知ᄒᆞᄂᆞᆫ 者ㅣ 百之九十이 過ᄒᆞ고 僅히 剃髮을 便宜로 知ᄒᆞᄂᆞᆫ 者도 有ᄒᆞ고 牽制强從ᄒᆞᆫ 者도 有ᄒᆞ되 笠子쓰고 宕巾쓰고 ᄒᆞᄂᆞᆫ 弊習을 膠守ᄒᆞ야 極히 便宜치못ᄒᆞ되 能히 一齊改良ᄒᆞ자ᄂᆞᆫ 者ㅣ 一人도 無ᄒᆞ건마ᄂᆞᆫ

唯 女子社會에셔 此 議를 勇行ᄒᆞ기로 半洋製로 改良ᄒᆞᆫ 衣冠을 着ᄒᆞᆫ 者

도 已有ᄒᆞ되 一齊히 改良ᄒᆞᄂᆞᆫ데 至ᄒᆞ야ᄂᆞᆫ 不得不 政府認許ᄅᆞᆯ 請願ᄒᆞᆫ다ᄒᆞ야 風俗改良ᄒᆞ기에 熱心ᄒᆞ니 其 高明ᄒᆞᆫ 知識이 男子社會에 超過ᄒᆞ지 아니ᄒᆞ리오 (未完)

148호

1906년 12월 21일 (금) 論說

女子衣制改良議 (續)

同會에서 獻議書를 政府에 提呈하면 政府에셔 何等發落이 有ᄒᆞᆯᄂᆞᆫ지 不知ᄒᆞ거니와 同獻議書의 意見이 全國女子의 衣冠制度를 一齊히 改良ᄒᆞ자고 請願ᄒᆞᆯᄂᆞᆫ지 同女子教育會에셔만 衣冠制度를 改良하자고 請願할ᄂᆞᆫ지

若其 女子教育會中에만 改良ᄒᆞᆯ지면 一部分의 新面目을 換出ᄒᆞᆷ이어니와 全國女子의 衣制를 改良할지면 風俗을 改良ᄒᆞᄂᆞᆫ 一大問題이라 雖然 全國女子의 衣制를 改良ᄒᆞᄂᆞᆫ 데ᄁᆞ지 不及ᄒᆞᆯ지라도 同會만 先倡ᄒᆞ야 風俗을 變革ᄒᆞ고 智識을 啓發하야 全國의 文明機關을 鼓吹하ᄂᆞᆫ 基礎이라

政府에셔도 同會만 女子衣制를 改良ᄒᆞ라고 認准ᄒᆞᆯᄂᆞᆫ지 全國의 女子衣制를 改良ᄒᆞ라고 認准할ᄂᆞᆫ지 女子衣制를 改良ᄒᆞᄂᆞᆫ 것이 不可ᄒᆞ다고 該獻議書를 退却ᄒᆞᆯᄂᆞᆫ지 政府意向은 姑히 不知ᄒᆞᄂᆞᆫ 비라

假令女子衣制ᄅᆞᆯ 改良ᄒᆞ라고 認准할지라도 女子의 所見이 各各不同ᄒᆞ야 頑固家女子ᄂᆞᆫ 一大變怪로 知ᄒᆞᆯ 거이오 又或改良ᄒᆞᆫ 衣制를 着ᄒᆞᆫ 女子를 見ᄒᆞᆯ지면 哂笑唾罵ᄒᆞ야 一種化外物로 指斥ᄒᆞᄂᆞᆫ 獘風도 不無ᄒᆞᆯ 거이오

全國女子ᄂᆞᆫ 姑舍하고 同會中에셔도 衣制改良키를 不肯ᄒᆞᄂᆞᆫ 女子가 有ᄒᆞ야 畢竟自退ᄒᆞᄂᆞᆫ 獘風도 有ᄒᆞᆯ 거이니 風俗改良이 엇지 一大難問題가

아니리오

又或 改良한다 ᄒᆞᆯ지라도 高等物質로 洋服을 制造ᄒᆞ야 附屬品ᄭᅡ지 價格을 算ᄒᆞ면 一女子의 所着이 三四百圜의 濫費ᄀᆞ 有ᄒᆞᆯ 거이니 此ᄂᆞᆫ 反히 家産을 蕩敗도 ᄒᆞ깃고 國力도 益益消耗할 一弊害되ᄂᆞᆫ 機關이니

深黑色의 綿絲織造物로 物質을 定ᄒᆞ야 認准ᄒᆞᄂᆞᆫ 것이 現今一部弊源을 防杜ᄒᆞᄂᆞᆫ 方策이오 工業이 漸漸啓發ᄒᆞ야 毛織絨織이 大發達ᄒᆞ야 自國의 産出ᄒᆞᄂᆞᆫ 物品이 成立ᄒᆞᆫ 然後에ᄂᆞᆫ 通用키 無碍ᄒᆞᆯ 거이니

政府當局者ᄂᆞᆫ 女子의 衣制改良을 認准ᄒᆞᆯ지면 物質을 指定ᄒᆞ야 認准ᄒᆞᄂᆞᆫ 것이 可ᄒᆞ다 하노라 (完)

149호 1906년 12월 22일 (토) 論說

競爭

天地의 大와 宇宙의 壽를 觀ᄒᆞ건ᄃᆡ 人間의 事ᄂᆞᆫ 復不足言이로다

俄然이 來ᄒᆞ야 홀忽히 去ᄒᆞᄂᆞᆫ 人生의 事爲ᄂᆞᆫ 利害場에 立脚ᄒᆞ야 競爭的에 趨向ᄒᆞᆯ ᄲᅮᆫ이 ᄋᆞ닌가

橫目 竪鼻 兩脚 雙手ᄂᆞᆫ 歷史上 人類 五千年에 差異가 毫無ᄒᆞ거날 猶且同族異族을 分ᄒᆞ야 競爭ᄒᆞᆷ이 진실로 愚를 不免ᄒᆞᆯ지라 況[560]乎同一한 宗族으로 國籍을 分ᄒᆞ야 競爭ᄒᆞ며 同籍의 民으로 黨派를 分하야 相爭者乎아

夫 人類社會上에 大方家哲學思想으로 觀ᄒᆞᆯ진ᄃᆡ 如此ᄒᆞᆫ 觀念이 有하려니와 人生肉體ᄂᆞᆫ 慾性으로 生活ᄒᆞᄂᆞᆫ 者라 是로 以하야 大小部分間에 競

---

560 본문 한자는 '況(황)' 자인데 부속국문은 '항' 자로 표기되었다.

爭은 不可無로다

干戈로 爭ᄒᆞ며 公法으로 爭ᄒᆞᄂᆞᆫ 者ᄂᆞᆫ 邦國의 爭이오 口舌로 爭ᄒᆞ며 腕力으로 爭ᄒᆞᄂᆞᆫ 者ᄂᆞᆫ 個人의 爭이라 個人이 合하면 黨派를 成ᄒᆞ고 黨派가 散ᄒᆞ면 다시 個人에 還하ᄂᆞ니라 由來我國에 幾個黨派가 有ᄒᆞ니 曰四色이오 曰班常이라 四色은 黨派의 競爭이 激烈하야 政權을 爭奪ᄒᆞ며 人命을 殺害ᄒᆞ야 等閑平地에 風波가 層生ᄒᆞ얏고 班常은 强弱이 懸殊ᄒᆞ야 兩班은 虎豹이 噬嚙[561]力이 有하고 常民은 犧牲에 自處ᄒᆞᄂᆞᆫ 習慣이 有ᄒᆞᆫ지라 亡國도 此를 由ᄒᆞ얏고 敗俗도 또한 此를 由ᄒᆞ얏스나 今日ᄭᆞ지 四色이니 班常이니 ᄒᆞᄂᆞᆫ 聲이 後庭花歌聲갓치 處處에 不絶ᄒᆞ도다

然이나 如彼한 聲은 氣息이 奄奄ᄒᆞᆫ 者의 絶命聲이오 永訣聲이라 足히 擧論ᄒᆞᆯ 것 업거니와 近日에 新鮮空氣를 吸ᄒᆞᆫ 人物들은 新團體를 組織ᄒᆞ야 公益上 競爭이 激烈ᄒᆞ니 靑年社會ᄂᆞᆫ 學業을 競爭ᄒᆞ고 老成人物은 敎育事務을 競爭ᄒᆞ고 其他 各 團體的 社會中에 各其 進化를 競爭하니 其功이 日進ᄒᆞᆷ을 可見ᄒᆞᆯ지라

當此時ᄒᆞ야 如此ᄒᆞᆫ 競爭에 趨向이 少無하야 桃源夢을 甘做ᄒᆞ고 葛天民에 自處ᄒᆞᄂᆞᆫ 黨派가 別有ᄒᆞ니 此ᄂᆞᆫ 頑固黨이라

彼頑固黨은迷信을未破ᄒᆞᆷ으로文明的 競爭에不向ᄒᆞ니後日 自己上 利害ᄂᆞᆫ 足히論ᄒᆞᆯ 것 업거니와國家 敗亡의 人物이오人種貽害的 人物이라然則進步的 人物은 彼頑固一派를 虎列刺, 染病갓치 迴避ᄒᆞᆷ이 可ᄒᆞ다 ᄒᆞ노라

561 본문 한자는 '嚙(교)' 자인데 부속국문은 '셜' 자로 표기되었다.

派兵不如善政

軍部에셔 鎭衛隊兵丁 一百名을 派送ᄒᆞ야 寧越 三陟 蔚珍 奉化 英陽 眞寶 各各地方에 匪徒을【를】掃蕩ᄒᆞ라 한다ᄂᆞᆫ 事實은 昨日本紙面에 揭布ᄒᆞ얏거니와

所謂 匪徒ᄂᆞᆫ 何如한 種落이뇨 近日 義兵黨이니 不安黨이니 活貧黨이니 白巾黨이니 多般名色이 틈【闖】發ᄒᆞ야 陰濕ᄒᆞᆫ 진氣中에 夏天[562]昆虫의 化出홈과 如ᄒᆞ니

蚊虻[563]의 吮血과 蜂채【蠆】의 셕毒과 蛇蝎[564]의 肆害와 如히 人命을 殺戮ᄒᆞ고 財産을 攘奪ᄒᆞ야 閭里에 橫行ᄒᆞ고 道路에 梗塞ᄒᆞᄂᆞᆫ 禍烈이 全國地方에 彌滿充인은 者다 良民된 者ㅣ 能히 安堵生活키 不能한지라

就中義兵黨이라 稱[565]ᄒᆞᄂᆞᆫ 者ᄂᆞᆫ 國家思想이라 妄稱[566]ᄒᆞ고 今春湖中에 羣起ᄒᆞ야 國家의 面目만 損傷ᄒᆞ고 一分効果ᄂᆞᆫ 無ᄒᆞ야 多數生命의 死亡이 生出하얏스니 有害無益홈은 全國의 了解한 바이언마ᄂᆞᆫ

近者 關東嶺南 等 大小太白山間에 何許乖流가 屯聚ᄒᆞ고 巢穴을 作ᄒᆞ고 自秋以來로 出沒無常타가 官兵을 反害ᄒᆞ고 居民을 大掠ᄒᆞ야 勢漸猖獗하다 ᄒᆞ니 此ᄂᆞᆫ 一種 不安黨의 竊發ᄒᆞᄂᆞᆫ 毒手에 不過ᄒᆞᆫ 者ㅣ라

軍部에셔 派兵掃蕩ᄒᆞᆫ다 홈이 形式上으로 執行ᄒᆞᄂᆞᆫ 政令이나 當場에ᄂᆞᆫ 官軍의 威勢ᄅᆞᆯ 畏刦ᄒᆞ야 逃遁無影ᄒᆞ야 暫時掃蕩ᄒᆞᆫ 貌樣이나 其 窩窟은 飛

562 본문 한자는 '天(천)' 자인데 부속국문은 '탄' 자로 표기되었다.
563 본문 한자는 '虻(맹)' 자인데 부속국문은 '망' 자로 표기되었다.
564 본문 한자는 '蝎(할)' 자인데 부속국문은 '갈' 자로 표기되었다.
565 본문 한자는 '稱(칭)' 자인데 부속국문은 '층' 자로 표기되었다.
566 본문 한자는 '稱(칭)' 자인데 부속국문은 '층' 자로 표기되었다.

蝗[567]과 如ᄒᆞ야 東閃西忽ᄒᆞᄂᆞᆫ 弊害가 不無ᄒᆞ니 此ᄂᆞᆫ 派兵力으로 掃蕩키 難할 者라

其 本을 治ᄒᆞ야 其 末을 救ᄒᆞᄂᆞᆫ 方策은 政治에 在ᄒᆞ니 第一郡守와 第二觀察使를 另擇ᄒᆞ야 各地方行政을 善良 結果가 有ᄒᆞ며 虎員渡河ᄒᆞ고 反風滅火ᄒᆞᄂᆞᆫ 効力을 一瞬間에 見ᄒᆞᆯ 거이어날

十名 或 二十名의 派兵이 但히 兵[568]餉만 冗費ᄒᆞ고 村閭만 騷擾ᄒᆞᆯ ᄲᅮᆫ이오 其 本을 治ᄒᆞᄂᆞᆫ 方策에 不在하다고 斷言ᄒᆞ노니 當局諸公은 再思之ᄒᆞᆯ지어다

151호

1906년 12월 25일 (화) 論說

中樞院

有名無實ᄒᆞᆫ 中樞院을 大改良하야 議長贊議를 新任ᄒᆞ고 奏任贊議十五員을 新差한다 ᄒᆞ니 中樞院官制를 實施ᄒᆞ랴하ᄂᆞᆫ 大政策인가

中樞院은 樞密重任이라 軍國大事를 出謀發慮ᄒᆞ며 人民獻議를 接受提呈ᄒᆞ야 上으로 皇室咨詢을 承答ᄒᆞ며 中으로 政府謨猷을【를】評議ᄒᆞ며 下으로 芻蕘公論을 采納ᄒᆞᄂᆞᆫ 重大責任이라

國初에 中樞府를 設施ᄒᆞ야 但히 領判知同僉의 樞啣으로 冗官虛職을 作하야 無用ᄒᆞᆫ 一部官廳으로 五百年을 待遇ᄒᆞ다가 更張 以後에 所謂議官이라ᄂᆞᆫ 稱[569]號로 一套輪回刼을 作하야 郡守遞任者內職遞改者의 遷度하ᄂᆞᆫ 要地를 作ᄒᆞ고

567 본문 한자는 '蝗(황)' 자인데 부속국문은 '왕' 자로 표기되었다.
568 본문 한자는 '兵(병)' 자인데 부속국문은 '붕' 자로 표기되었다.
569 본문 한자는 '稱(칭)' 자인데 부속국문은 '층' 자로 표기되었다.

其他 一次官報에 三十名或五十名式 今日叙任하야 明日依免도 ᄒᆞ고 朝天叙任ᄒᆞ야 夕天依免도하야 一日官報上에 兩次輪回ᄒᆞᄂᆞᆫ 無定額이 八九年間에 統計ᄒᆞ면 五百年來 官職人員의 數爻보다 差過하다 謂ᄒᆞᆯ지라 엇지 一種 乖常한 事이 아니라 謂하리오

議官의 弊害됨을 憂慮ᄒᆞ야 官制를 改定ᄒᆞ고 贊議를 勅[570]任으로 改定ᄒᆞ고 奏任議官은 廢止ᄒᆞ야 中樞院을 實施ᄒᆞᆫ다 稱[571]ᄒᆞ더니 官制改正의 如何한 善良効果를 加額苦待ᄒᆞ되 尙今寥寥無聞하야 一種神仙府와 如ᄒᆞᆫ지라

今回의 中樞院任員을 大改良ᄒᆞ야 政界上 熱心者와 社會上 有志者와 山林間 名譽者와 外國遊濫者의 出類拔萃[572]ᄒᆞᆫ 者로 一般組織하얏스니 參政大臣의 施조方針은 霖雨舟楫[573]을 施行한 ᄇᆡ이라 一般攢頌ᄒᆞᄂᆞᆫ 바이어니와 吾儕ᄂᆞᆫ 切恐컨ᄃᆡ 今回改良의 聲이 一世를 宏振ᄒᆞ나 改良이 効가 一朝에 寂寞ᄒᆞᆯ가 憂慮하노니 此ᄂᆞᆫ 自來로 中樞院의 有名無實을 一國의 所共知하ᄂᆞᆫ ᄇᆡ라

若其 奏任贊議도 前日議官과 如히 幾千幾萬의 輪啣을 作ᄒᆞ야 世界嘲笑를 招惹ᄒᆞ면 參政大臣의 事業도 虛地에 歸ᄒᆞᆯ 거이오 一國의 政令도 浮雲과 如ᄒᆞᆯ 거이니 엇지 預慮ᄒᆞᆯ ᄇᆡ이 아니리오

新任贊議諸氏ᄂᆞᆫ 精神을 淬[574]勵ᄒᆞ고 事爲를 猛進하야 前日議官의 名號를 勿佩ᄒᆞᆯ지어다

570 본문 한자는 '勅(칙)' 자인데 부속국문은 '측' 자로 표기되었다.
571 본문 한자는 '稱(칭)' 자인데 부속국문은 '층' 자로 표기되었다.
572 본문 한자는 '萃(췌)' 자인데 부속국문은 '최' 자로 표기되었다.
573 본문 한자는 '楫(즙)' 자인데 부속국문은 '집' 자로 표기되었다.
574 본문 한자는 '淬(쉬)' 자인데 부속국문은 '수' 자로 표기되었다.

匿名書事件

王事未고하고 東京에 滯留하던 特使 李址鎔 氏의게 無禮無理한 書函이 至하얏ᄂᆞᆫᄃᆡ 番地ᄂᆞᆫ 本[575]鄕區라 書하고 投書人 姓名은 無한지라 於是에 特使ㅣ 大怒하야 留學生監督 韓致愈 氏를 招讓曰 君이 監督의 位에 在하야 學生을 如何히 監督ᄒᆞ며 如何히 開發補導하얏건ᄃᆡ 學生中에 如此한 亂類가 有한고ᄒᆞ야날 韓 氏 惶恐ᄒᆞ야 曰 投書人을 當場에 搜索[576]키 難ᄒᆞ니 十日限定하고 誰某의 所爲인지 探探한다 ᄒᆞ고 一邊으로 日本外務省에 照回ᄒᆞ고 警察署에 其 偵探을 請求ᄒᆞ니 於是에 刑事巡査가 四散ᄒᆞ야 韓國一般學生을 窺覘中이라ᄂᆞᆫ 海外通信이 至ᄒᆞ얏도다

吁라 卑劣한 一學生의 無禮한 一行爲을【를】 因ᄒᆞ야 其 影響所及處이 許多ᄒᆞ도다

盖 李址鎔 氏ᄂᆞᆫ 皇上陛下의 命을 受한 外國特使이라 吾人이 特使를 尊敬함은 卽 皇命을 尊重ᄒᆞᄂᆞᆫ ᄇᆡ라 然則 特使를 凌辱ᄒᆞᆫ 投書者가 엇지 罪過가 無ᄒᆞ다 ᄒᆞ리오

夫 李址鎔 氏ᄂᆞᆫ 內部大臣也라 其 行政上 事爲를 觀ᄒᆞ건ᄃᆡ 治國의 良相이라고 質言은 못ᄒᆞᆯ지라 記者ᄂᆞᆫ 氏와 竹馬의 誼도 有ᄒᆞ고 四十年顔面도 厚하야 氏의게 一諂을 獻코자 ᄒᆞ나 如干面皮을【를】 持ᄒᆞ고ᄂᆞᆫ 搔癢症이 生ᄒᆞ야 大監이 行政上治臣이오ᄒᆞᄂᆞᆫ 言은 不出ᄒᆞᆯ지나 然ᄒᆞ나 責人有道ᄒᆞ니 不以其道면 責ᄒᆞᄂᆞᆫ 者가 도로혀 其[577] 過失을 不免ᄒᆞᄂᆞ니라

575 본문 한자는 '本(본)' 자인데 부속국문은 '번' 자로 표기되었다.
576 본문 한자는 '索(색)' 자인데 부속국문은 '탐' 자로 표기되었다.
577 본문 한자는 '其(기)' 자인데 부속국문은 '거' 자로 표기되었다.

夫 鄭重ᄒᆞᆫ 言과 當然ᄒᆞᆫ 責은 世人이 敬服ᄒᆞ며 卑劣ᄒᆞᆫ 說과 狂背한 辱은 匹夫按劍ᄒᆞᄂᆞ니 苟或內相을 對ᄒᆞ야 行政[578]上에 如何如何한 過失을 擧ᄒᆞ야面爭ᄒᆞᄂᆞᆫ 者ㅣ 有ᄒᆞ면內相도 自反ᄒᆞ며 吾人도 ᄯᅩ한 敬仰ᄒᆞᆯ거시오 或在野ᄒᆞᆫ 人이 其 地位에 不在ᄒᆞ야 面ᄒᆞ기ᄂᆞᆫ 不能ᄒᆞ고 但自己意見書를 上ᄒᆞ되 如何한 事爲가 國家에 盡瘁ᄒᆞᆷ이 아니라 ᄒᆞᄂᆞᆫ 句語가 事理分明ᄒᆞᆯ 지경이면 內相은 不服ᄒᆞᆯ지 自省ᄒᆞᆯ지 含怒ᄒᆞᆯ지 不知ᄒᆞ거니와 吾人은 稱[579]歎ᄒᆞᆯ지라

噫彼[580]匿名投書ᄂᆞᆫ 比컨ᄃᆡ 狗竇에서 掩身ᄒᆞ고 吠人ᄒᆞ는 劣等狗性과 如ᄒᆞ니 何를 謂ᄒᆞᆷ인고 彼狗가 一揮의 捧과 一打의 石을 畏ᄒᆞ야 敢[581]히 出門치 못ᄒᆞ고 은은히 吠ᄒᆞᆷ이라 其 卑劣을 可歎이온허물며 無禮의 辱說이 特使夫人의게ᄭᆞ지 及 하얏슨 즉 此ᄂᆞᆫ 無賴輩의 所爲라

如此한 一學生이 行爲를 由하야 一般學生 名譽上 羞恥를 貽하얏스니 學生監督은 맛당이 相當ᄒᆞᆫ 措處가 有ᄒᆞᆷ이 可ᄒᆞ다 ᄒᆞ노라

吁라 特使의 措處도 過失이 有하니 何謂也오 匿名의 辱은 自己一身上事로 歸하고 雍容措處의 方이 許多ᄒᆞ거날 外國에 留學ᄒᆞᄂᆞᆫ 六七百名書生全體의 名譽ᄂᆞᆫ 不顧ᄒᆞ고 外國警察이 大搜索[582]에 至케 ᄒᆞᆷ이 穩當ᄒᆞᆯ지 此ᄂᆞᆫ 吾人이 緘口ᄒᆞ거니와

氏가 韓致愈 氏를 責하야曰 君이 學生을 如何히 監督ᄒᆞ얏건ᄃᆡ 如此ᄒᆞᆫ 亂類가 有ᄒᆞᆫ고 ᄒᆞ얏다 ᄒᆞ니

吁라 韓 氏ᄂᆞᆫ 寬弘ᄒᆞᆫ 者이 아닌가 使吾當之러면 必曰 大監은 如何히

578 본문 한자는 '政(정)' 자인데 부속국문은 '재' 자로 표기되었다.
579 본문 한자는 '稱(칭)' 자인데 부속국문은 '층' 자로 표기되었다.
580 본문 한자는 '彼(피)' 자인데 부속국문은 '익' 자로 표기되었다.
581 본문 한자는 '敢(감)' 자인데 부속국문은 '검' 자로 표기되었다.
582 본문 한자는 '索(색)' 자인데 부속국문은 '석' 자로 표기되었다.

行政ᄒᆞ셧건ᄃᆡ 地方의 匪徒가 有ᄒᆞ얏쇼 ᄒᆞᄂᆞᆫ 一言에 止ᄒᆞᆫ 後에 行爲正當치 못한 學生을 調査ᄒᆞ야 退學케 ᄒᆞ고 內地로 逐送홈이 可ᄒᆞ며 匿名書의 罪案은 法律問題에 付홀 ᄯᆞ름이라 ᄒᆞ노라

153호

1906년 12월 27일 (목) 論說

侍從院

侍從院侍從은 何等官制이뇨 前日은 舊制兵曹參議의 職權이 有ᄒᆞ고 近日은 公事廳責任이 有ᄒᆞᆫ지라

侍從院官制設始 以來로 何等 人氏가 侍從의 椅子에 據ᄒᆞ얏나뇨 勢力을 初得한 者 術業에 有名한 者 宵[583]小로 發薦ᄒᆞᆫ 者가 龍門에 曝腮ᄒᆞᄂᆞᆫ 造化를 鼓動ᄒᆞᄂᆞᆫ 一流人士가 繼續ᄒᆞ야 十餘年間官案을 溯홀지면 形形色色의 人文이 恍惚영瓏ᄒᆞ고 杳冥荒唐한 一部列仙傳과 如한지라

是以로 名敎上 品行이 高尙ᄒᆞ든지 社會上 名譽가 膾炙ᄒᆞ든지 如是ᄒᆞᆫ 人氏ᄂᆞᆫ 足跡이 侍從院의 門얼을 躡ᄒᆞ기도 難ᄒᆞ기 不啻라 是職을 厭薄ᄒᆞ야 侍從의 名號를 持有하기를 大羞恥로 知ᄒᆞᆫ지라

何故이뇨 官報上에 生面目의 侍從을 新任하면 卜筮가 神通한가 觀相이 高明ᄒᆞᆫ가 ᄒᆞᄂᆞᆫ 童謠가 有한 緣故이라

宮禁을 肅淸한 以後에 侍從이 稍稍變易ᄒᆞ야 官職은 公事廳資格을 持有ᄒᆞ고 地閥은 奎章閣舊制을【를】仍用ᄒᆞ고 要路ᄂᆞᆫ 別入侍의 寵幸을 兼帶ᄒᆞ고 範圍ᄂᆞᆫ 鐵瓮城의 堅固홈을 模倣ᄒᆞ고 年紀ᄂᆞᆫ 紅紛榜의 光譽를 輝揚ᄒᆞ

583 본문 한자는 '宵(소)' 자인데 부속국문은 '셜' 자로 표기되었다.

니 此를 名할지면 宮內小學校라 稱[584]할가 近侍靑年會라 稱[585]할가

甘羅의 宰相事業과 陸遜의 軍國責任이 皆年少時代의 成立한 者인 則 年紀의 多少는 論할 것이 아니로되 名譽가 素著한가 學問이 透澈한가 知識이 高邁ᄒᆞᆫ가 經綸이 足히 國家를 維持ᄒᆞ며 才氣가 足히 時局을 匡救하며 忠言이 足히 君心을 格非ᄒᆞᆯ만ᄒᆞᆫ가 其才局과 智識은 平日에 何如한 人氏로 質言키 不能하깃스나 現今侍從의 一套圈子는 何等方針으로 打成ᄒᆞᆫ 者인지 ᄒᆞᆫ天動地ᄒᆞ는 聲燄이 翶翔ᄒᆞᆷ은 未可知ᄒᆞᆯ 事이로다 姑히 前途를 觀望ᄒᆞ기 爲ᄒᆞ야 閣筆하고 跂待하노라

154호

1906년 12월 28일 (금) 論說

經理院

經理院은 卽 ᄒᆞᆫ天動日하든 李容翊 氏의 主管ᄒᆞ든 內藏院이라

李容翊 氏의 主管할 時代에 利析秋毫ᄒᆞ든 桑弘半[586]의 手段을 使用ᄒᆞ야 一座寶庫를 成立ᄒᆞ얏스나 全國의 膏血을 剝割하야 怨聲이 漲天ᄒᆞ얏스니 此는 聚歛[587]之臣이 甚於盜臣이라는 古訓이 李容翊 氏에 準備ᄒᆞᆫ 格言이라

雖然이나 扃鐍이 完固ᄒᆞ야 皇室御用以外에 欠縮이나 無麵이나 一切逋帳이 有ᄒᆞ다 ᄒᆞᆷ은 未聞ᄒᆞ얏스니 莫重帑藏[588]을 司하는 者의 責任은 不失ᄒᆞ얏다 謂ᄒᆞᆯ지라

584 본문 한자는 '稱(칭)' 자인데 부속국문은 '층' 자로 표기되었다.
585 본문 한자는 '稱(칭)' 자인데 부속국문은 '층' 자로 표기되었다.
586 본문 한자는 '半(반)' 자인데 부속국문은 '양' 자로 표기되었다.
587 본문 한자는 '歛(감)' 자인데 부속국문은 '임' 자로 표기되었다.
588 본문 한자는 '藏(혈)' 자인데 부속국문은 '장' 자로 표기되었다.

議者ㅣ 或言ᄒᆞ되 扃ᄒᆞᆯ은 完固타 謂ᄒᆞᆯ지라도 簿記가 非常히 模糊ᄒᆞ야 一世人의 疑惑을 惹起하얏스니 其 後 繼續 主管ᄒᆞᆫ 者ㅣ 簿記를 整厘ᄒᆞ얏든지 整[589]厘키 不能ᄒᆞ얏든지 吾儕ᄂᆞᆫ 未詳ᄒᆞ거니와

金永진沈相薰 李根澤 諸氏가相繼主管ᄒᆞᆷ으로財政을何等手段으로經理ᄒᆞ얏ᄂᆞᆫ지 亦是 一世人의 疑惑을 惹起하야 藉藉한 公議가 流行하ᄂᆞᆫ지라

國庫以外에 帑藏을 儲蓄ᄒᆞᆷ도 今古歷史의 一例이오 東西洋諸邦의 一規이라 然이나 亦是 全國에 收入한 財額인 則 皇室御用도 節儉省冗ᄒᆞ심을 希[590]望ᄒᆞᄂᆞᆫ 바어든 何況主管ᄒᆞᄂᆞᆫ 者의 私營自肥ᄒᆞᆷ을 充하야 欠逋가 如山하ᄂᆞᆫ데 至ᄒᆞᆯ이오

欠逋有無의 的確ᄒᆞᆷ은 未知하거니와 簿記를 整厘키 未能ᄒᆞ며 財額을 調査키 未能[591]하면 欠逋의 有無를 昭晳키 不能ᄒᆞᆯ 거이니 如是하면 假令主管者의 欠逋가 實有ᄒᆞ야도 模糊한 事이오 欠逋가 實無하야도 亦是 模糊한 事이라

或說은 李容翊 氏 以來로 財政簿記를 一一詳知ᄒᆞᄂᆞᆫ 者ᄂᆞᆫ 劉臣赫 氏 一人이라 誰氏 某氏의 欠逋有無를 엇지 不知할이오 하니 何事로 簿記를 整厘ᄒᆞ고 財額을 實査치 아니ᄒᆞ야 一世人의 疑惑을 惹起ᄒᆞᆯ 뿐 不是라 甚至 度[592]支部에 移屬한다ᄂᆞᆫ 一論도 鼓動ᄒᆞᄂᆞᆫ데 至ᄒᆞ얏나뇨

目今 李恒儀 尹禧永 兩氏가 該院調査ᄒᆞ기로 繼續 疏請ᄒᆞ얏다 하니 批下以前이라 內容은 不知ᄒᆞ거니와 調査ᄂᆞᆫ 一次大擴張ᄒᆞ야 一世人의 公議

589 본문 한자는 '整(정)' 자인데 부속국문은 '뎨' 자로 표기되었다.
590 본문 한자는 '希(희)' 자인데 부속국문은 '히' 자로 표기되었다.
591 본문 한자는 '能(능)' 자인데 부속국문은 '상' 자로 표기되었다.
592 본문 한자는 '度(탁)' 자인데 부속국문은 '타' 자로 표기되었다.

를 剖決ᄒᆞᄂᆞᆫ 것이 可ᄒᆞ다 ᄒᆞ노라

155호 1906년 12월 29일 (토) 論說

奏本消息

今回郡守奏本이 兩次二十餘窠인ᄃᆡ 銓考가 嚴[593]明公正하야 政黨과 社會에 名譽가 夙著ᄒᆞᆫ 人材를 峻選ᄒᆞ야 地方을 安堵ᄒᆞ고 國家를 維持할 基礎를 此에 確立ᄒᆞ얏스니

此ᄂᆞᆫ 主務[594]部와 銓考委員諸氏의 用心用力ᄒᆞ야 十分周到ᄒᆞᆷ을 致謝도 ᄒᆞ며 攢祝도 ᄒᆞ거니와

又或世人의 疑端을 惹起ᄒᆞ야 巷論이 沸騰ᄒᆞᆷ을 暫聞ᄒᆞ니 吾儕ᄂᆞᆫ 諸公을 爲ᄒᆞ야 十分敬愛하고 十分欽仰ᄒᆞᄂᆞᆫ 地分에 嗟惜心이 不無ᄒᆞ야 世人의 疑端을 一解ᄒᆞ노니

定平郡守 景台協 氏ᄂᆞᆫ 平日名譽도 未聞ᄒᆞ고 事業도 未聞ᄒᆞ고 履歷도 未聞ᄒᆞ고 一個江湖上 富有家로믄 聞知ᄒᆞ얏더니 今日 銓考에 經過하얏스니 其 江隣貴族의 冷괄키 難ᄒᆞᆫ 特別事情이 有ᄒᆞ야 銓考를 經ᄒᆞ얏ᄂᆞᆫ가

淳昌郡守 李鐸應 氏ᄂᆞᆫ 忠淸北道 慰諭使로 功勞가 不無ᄒᆞᆫᄃᆡ 南道慰諭使ᄂᆞᆫ 地方局長을 陸任ᄒᆞ얏다고 同功異賞키 難ᄒᆞ야 同郡에 移任ᄒᆞ얏ᄂᆞᆫ가

善山郡守 洪鎭裕 氏ᄂᆞᆫ 時帶官이 有한則 銓考所에셔 議定만 ᄒᆞᆯ거인ᄃᆡ 圖章도 不捺ᄒᆞᆫ 履歷書가 現出ᄒᆞ얏다 ᄒᆞ니 同氏가 不呈ᄒᆞᆫ 履歷書가 何處에 出ᄒᆞ얏ᄂᆞᆫ가

593 본문 한자는 '嚴(엄)' 자인데 부속국문은 '임' 자로 표기되었다.
594 본문 한자는 '務(무)' 자인데 부속국문은 '셰' 자로 표기되었다.

洪州郡守 孫永吉 氏ᄂᆞᆫ 地方官이 不願인ᄃᆡ 郡守로 移拜ᄒᆞ얏스니 叅書官窠闕이 必要가 有하야 然ᄒᆞ얏ᄂᆞᆫ가

開城郡守 劉漢容 氏ᄂᆞᆫ 鴉烟印이 骨髓에 透ᄒᆞ야 萬事가 矇矓中인ᄃᆡ 松都人參을 服ᄒᆞ야 鴉片印을 消却ᄒᆞ라고 敍任하얏ᄂᆞᆫ가

此皆一世의 疑端을 惹起ᄒᆞ야 巷說이 沸騰ᄒᆞᆷ만 不啻라 銅臭가 觸鼻ᄒᆞ나니 金光이 眩眼ᄒᆞ나니 乖當한 時論이 流行ᄒᆞ니 此ᄂᆞᆫ 不令一流의 倡言이라 吾儕ᄂᆞᆫ 諸公을 爲ᄒᆞ야 嗟惜心이 豈無하리오

諸公은 逆耳之言을 一聽ᄒᆞ라 完全無缺ᄒᆞᆫ 白壁上에 一瑕一疵도 審愼ᄒᆞᆯ지어다

諸公諸公은 自巳[595]의 千金名譽를 不顧ᄒᆞ고 世人의 一時謗訕을 自招ᄒᆞᆷ은 何事이뇨 苦哉로다

156호

1907년 1월 1일 (화) 論說

精神擦

嗟我二千萬同胞ᄂᆞᆫ 精神을 擦이시오

今日부터 大韓光武 十一年 一月 一日이오 天時更新하얏스니 人事ᄂᆞᆫ 更新치 아니하깃소

新年에 慶幸되고 福祿되ᄂᆞᆫ 第一件事ᄂᆞᆫ 精神을 擦이ᄂᆞᆫᄃᆡ 잇소

我韓上下臣民이 精神을 朦농【朧】天地에 自然擦이지 못ᄒᆞ야 于今屢百年에 土木形骸와 紋繡[596]皮膜으로 傀儡人과 如히 尊大ᄒᆞ고 威嚴한

595 본문 한자는 '巳(사)' 자인데 부속국문은 'ᄌᆞ' 자로 표기되었다.

596 본문 한자는 '繡(수)' 자인데 부속국문은 '소' 자로 표기되었다.

貌樣이 有ᄒᆞ나 其 中 精神的은 昏昏墨墨괴괴罔罔하야 今일에 至하도록 夢囈中譫語中으로 經過하얏소

是以로 人民은 自由精神을 失ᄒᆞ고 國家ᄂᆞᆫ 獨立精神을 失ᄒᆞ야 萎靡하고 나弱ᄒᆞ고 因循하고 苟且ᄒᆞ야 隨風柳絮의 東졈西량하야 迷離不定ᄒᆞᆷ과 如ᄒᆞ지 아니하오

前日과 如히 鎖國主義로 閉門고枕할 時代라도 維支키 不能ᄒᆞᆷ은 明若觀火인ᄃᆡ 何況現今世界上에 生[597]存競爭ᄒᆞ고 馳騖駈逐하야 各其 自家精神的 一團으로 勇往前進ᄒᆞᄂᆞᆫ 時代를 當ᄒᆞ야 能히 國家를 維支하고 生命을 保護ᄒᆞᆫ다 하리오

何邦國을 莫論하고 實力養成도 精神的에 出함이오 文化漸進도 精神的에 出ᄒᆞᆷ이오 愛國主義도 精神的에 出ᄒᆞᆷ이요 富國强兵[598]도 精神的에 出ᄒᆞᆷ이오 國權尊崇도 精神的에 出ᄒᆞᆷ이니 精神을 可擦ᄒᆞ깃ᄂᆞᆫ가 精神을 不擦ᄒᆞ깃ᄂᆞᆫ가

國家의 興替安危와 人民의 榮瘁[599]享鈍이 精神이 在ᄒᆞ고 不在한데 存ᄒᆞ얏슨則 今日 元朝慶祝이 精神을 擦ᄒᆞ라 ᄒᆞᄂᆞᆫᄃᆡ 過ᄒᆞᆯ 者-豈有하깃쇼 嗟我大韓全國 二千萬 同胞兄弟ᄂᆞᆫ 昏衢에 日光을 見ᄒᆞ고 冷陸에 春風을 迎하야 光武 十一年一月一日부터 精神을 擦이면 莫大ᄒᆞᆫ 慶幸과 無窮ᄒᆞᆫ 福祿이 如川方至ᄒᆞᆯ 거이니 精神擦이라ᄂᆞᆫ 三字로 新年 第一篇大問題를 述ᄒᆞ오 嗟我二千萬同胞아

597 본문 한자는 '生(생)' 자인데 부속국문은 '징' 자로 표기되었다.
598 본문 한자는 '强兵(강병)' 자인데 부속국문은 '권촌' 자로 표기되었다.
599 본문 한자는 '瘁(췌)' 자인데 부속국문은 '졸' 자로 표기되었다.

地方局長

現任 內部 地方局長은 果然 何如 人氏이뇨

地方局長을 新任훈 以後에 社會上 全部分에셔 擧手相祝하되

第一 地方官吏任免에對하야一般私情으로更히關係홈이斷無훌 거이오

第二 同局長이此等 緊要官職에對하야干阿要求홈이必無훗얏슬것이오

第三은 無勢無閥ᄒᆞ고 至公至淸한 人物을 登庸홈의 對ᄒᆞ야 勢力家賄賂家에 希望이 更無훌 것이니

同地方局長의 公薦홈은 內部 當局者의 近年創有훈 善良行政이라 稱[600]頌하야 一世公論이 四處喧[601]藉ᄒᆞ니 未知케라 現任 內部 地方局長은 果然 何如훈 人氏이기로 物議가 如此ᄒᆞ뇨

現任地方局長은 不是別人이라 獨立協會時에 絶影島事件에 絶對的 反對로 主唱ᄒᆞ다가 畢竟 平理院에 被囚ᄒᆞ얏든 者이오

現任地方局長은不是別人이라中樞院議官在任時에 俄人의 捕鯨地租借事件에 自國土地를 不可以尺寸으로 與人이라고 絶對的 反對ᄒᆞ다가 免官을 當한 者이오

現任地方局長은不是別人이라 義兵 騷亂 後에 洪州郡守로 擇差ᄒᆞ야 竹杖芒鞋로 人民을 安堵ᄒᆞ고 水災 罹禍 後에 慰諭使로 擇差ᄒᆞ야 死亡流離에 陷한 人民을 盡力慰撫한 者인딕

俗所謂아레딕에 世居하야 家貧好讀書ᄒᆞ든 劉猛이라

其 材局과 品行으로 言훌지면 一地方局長이 只曰相當훈 責任이라고만

600 본문 한자는 '稱(칭)' 자인데 부속국문은 '충' 자로 표기되었다.
601 본문 한자는 '喧(훤)' 자인데 부속국문은 '흔' 자로 표기되었다.

歸할 人文이 아니어ᄂᆞᆯ 一地方局長이 匪分으로 知하ᄂᆞᆫ가 濫用으로 知하ᄂᆞᆫ가 果然 其 人을 不知ᄒᆞ야 何如한 人氏인가 疑問ᄒᆞᄂᆞᆫ가

假令 社會上 名譽ᄂᆞᆫ 有ᄒᆞ고 事業上 實行은 無ᄒᆞ리라고 詆毁할지라도 一世上 名譽素著한 人物인 則 先從隗始라ᄂᆞᆫ 古事도 對照ᄒᆞᆯ 것이오

假令 暗黑面挾[602]感ᄒᆞᆫ 事이 有ᄒᆞᆯ지라도 其 人을 責成ᄒᆞ야 前頭效果를 【기】跂待ᄒᆞᆯ 거이오 但히 國家名器로 私有物과 如히 一段公案을 自廢키 不可ᄒᆞᆫ지라 此에 對하야 一毫疑問이 豈有하리오

現任地方局長은 精神과 勇猛을 益益粹勵ᄒᆞ야 重大責任을 兩肩[603]에 擔[604]荷ᄒᆞ가ᄂᆞᆫ 吾儕의 勸言을 不俟ᄒᆞᆯ 것이로ᄃᆡ 時局의 謗訕에 不撓不撼ᄒᆞ기를 一言加餐ᄒᆞ노라

158호

1907년 1월 8일 (화) 論說

參政大臣

參政大臣은 現今 何如ᄒᆞᆫ 責任을 擔荷ᄒᆞ얏ᄂᆞᆫ뇨

議政府 議政大臣은 典禮의 責任에 不過하고 參政大臣이 政府首揆의 責任을 擔荷하얏ᄂᆞᆫ지라

上으로 萬機ᄅᆞᆯ 奏裁하야 皇上陛下의 聖聰을 輔導翼贊ᄒᆞᄂᆞᆫ 責任을 擔荷ᄒᆞ고

下으로 百官을 董率ᄒᆞ야 中央政府의 行政을 勵精圖治ᄒᆞᄂᆞᆫ 責任을 擔荷ᄒᆞ고

602 본문 한자는 '挾(협)' 자인데 부속국문은 '부' 자로 표기되었다.

603 본문 한자는 '肩(견)' 자인데 부속국문은 '담' 자로 표기되었다.

604 본문 한자는 '擔(담)' 자인데 부속국문은 '견' 자로 표기되었다.

全國二千萬人民을 安堵樂業케 하고 五百年社직을 泰山磐石과 如히 措置[605]하ᄂᆞᆫ 責[606]任을 擔荷ᄒᆞ얏ᄉᆞ니

參政大臣의 責任이 至重至大ᄒᆞᆷ은 全國 人民의 加額ᄒᆞᄂᆞᆫ 바이오 東洋一局의 注目ᄒᆞᄂᆞᆫ ᄇᆡ이라

然則 大韓全國의 安危存亡도 參政大臣의 責任이오 東洋一局의 平和安寧도 參政大臣의 責任이니 參政大臣의 責任이 至重至大치 아니ᄒᆞᆷ인가

現今時局이 何如ᄒᆞᆫ 時局인뇨 九重宮禁에ᄂᆞᆫ 宵小의 蹤跡이 群聚ᄒᆞ야 肅淸의 效果를 未見ᄒᆞ깃고 中央政府에ᄂᆞᆫ 派黨의 門戶를 分張ᄒᆞ야 協恭의 效果를 未見하깃고 全國人民은 虐吏와 匪盜의 剝割에 困苦하야 安戢의 效果ᄅᆞᆯ 未見한 時局인 則 可謂倒懸之急과 累卵之危가 呼吸에 切迫ᄒᆞᆫ 時局이어ᄂᆞᆯ

現今參政大臣이 儒雅한 品賦와 剛明한 志氣로 如此한 時局을 際遇ᄒᆞ야 綢[607]繆[608]經綸이 足히 朝廷을 振肅ᄒᆞ고 國家를 澄[609]淸ᄒᆞᆯ 責任을 兩肩上에 擔荷ᄒᆞ얏다 稱[610]頌ᄒᆞ깃ᄉᆞ되

竊恐前後를 顧瞻ᄒᆞ고 尺寸을 揣[611]量ᄒᆞ야 優柔不斷ᄒᆞ고 因循過去ᄒᆞᄂᆞᆫ 氣味가 顯然한 則 至重至大한 責任을 擔荷ᄒᆞ야 聖上의 虛心委畀ᄒᆞ시ᄂᆞᆫ 宸衷을 何以對越이며 朝著의 秉[612]公斥私할 綱紀ᄅᆞᆯ 何以扶立이며 全國의

605 본문 한자는 '置(치)' 자인데 부속국문은 '셔' 자로 표기되었다.
606 본문 한자는 '責(책)' 자인데 부속국문은 '직' 자로 표기되었다.
607 본문 한자는 '綢(주)' 자인데 부속국문은 '조' 자로 표기되었다.
608 본문 한자는 '繆(무)' 자인데 부속국문은 '요' 자로 표기되었다.
609 본문 한자는 '澄(징)' 자인데 부속국문은 '증' 자로 표기되었다.
610 본문 한자는 '稱(칭)' 자인데 부속국문은 '층' 자로 표기되었다.
611 본문 한자는 '揣(췌)' 자인데 부속국문은 '최' 자로 표기되었다.
612 본문 한자는 '秉(병)' 자인데 부속국문은 '봉' 자로 표기되었다.

活我蒼生ᄒᆞ라ᄂᆞᆫ 希望을 何以慰撫ᄒᆞ리오

天際에 蔽目[613]浮雲이 不散ᄒᆞ고 地上에 劒樹刀山이 羅列하얏슨 則 萬事의 進就홈이 極艱極險홈도 吾儕의 不知하ᄂᆞᆫ 바ᄂᆞᆫ 아니로ᄃᆡ

自古賢臣良弼의 扶危處難홈이 但히 一心公正에 在ᄒᆞ야 勇往直前할ᄯᅡ름이라 엇지 前後를 顧瞻ᄒᆞ며 尺寸을 揣[614]量하야 急急ᄒᆞᆫ 時機를 坐失ᄒᆞ리오

唯願重大責任을 擔荷ᄒᆞᆫ 參政大臣은 呼吸이 切迫한 時局을 推測ᄒᆞ야 一心勇斷하야 雷厲風飛ᄒᆞ야 千載難遇한 一片機會를 坐失키 愼勿홀지어다

國家의 安危存亡이 在此一擧인 則 參政大臣의 千古歷史에 書홀 功業과 罪案이 今日에 剖判ᄒᆞᄀᆞᆺ기로 拭[615]目而待ᄒᆞ노라

159호

1907년 1월 9일 (수) 論說

膽勇無一人

政黨社會이든지 教育社會이든지 進步社會이든지 商業社會이든지 農工社會이든지 勞動社會이든지 各般社會에 日進又進ᄒᆞᄂᆞᆫ 效果ᄂᆞᆫ 何等事에 在ᄒᆞᆫ뇨

國家的 思想에도 在ᄒᆞ고 文明的 主義에도 在하고 團體的 結合에도 在ᄒᆞ고 生活的에도 在ᄒᆞ고 事業的에도 在ᄒᆞ고 名譽的에도 在ᄒᆞ고 其他 各種 有形的 無形的의 熱心에도 在하니

此 諸般進就ᄒᆞᄂᆞᆫ 機關을 統而言之ᄒᆞ면 一部膽勇에 在ᄒᆞ다 謂홀지라 世

613 본문 한자는 '目(목)' 자인데 부속국문은 '일' 자로 표기되었다.
614 본문 한자는 '揣(췌)' 자인데 부속국문은 '최' 자로 표기되었다.
615 본문 한자는 '拭(식)' 자인데 부속국문은 '시' 자로 표기되었다.

界列邦의 各般社會上의 事業家進就ᄒᆞ든 人氏의 形跡ᄅᆞᆯ 推測할지면 腦氣筋이 堅固ᄒᆞ고 神經血이 活動ᄒᆞ야 臨事不疑ᄒᆞ고 有謀必斷ᄒᆞ야 大踏步前進ᄒᆞ야 十蹶十起하고 錙銖不退ᄒᆞᆷ은 一部 膽勇에 在한 結果이라

是以로 腐敗한 政治ᄅᆞᆯ 大革新ᄒᆞᆷ도 膽勇에 出ᄒᆞ고 野昧한 知識을 大開展ᄒᆞ기도 膽勇에 出하고 失墜[616]한 國權을 大恢復ᄒᆞ기도 膽勇에 出ᄒᆞ고 衰敗한 實力을 大發達ᄒᆞ기도 膽勇에 出ᄒᆞᆷ은 一部 東西洋古今歷史上에 班班可考ᄒᆞᆯ 者ㅣ라

奈之何我韓各般社會의 人物은 萬事ᄅᆞᆯ 因循ᄒᆞ야 黃金과 如ᄒᆞᆫ 時間을 消磨ᄒᆞᆯ ᄯᆞ름이오 駸駸苒苒히 時機를 易失ᄒᆞ야 手로 摩사ᄒᆞ고 足으로 躕躇ᄒᆞ고 心으로 遲疑하다가 畢竟 一事를 不成ᄒᆞ니

譬컨ᄃᆡ 一丈水에 溺ᄒᆞᆫ 者ㅣ 精神을 猛擦ᄒᆞ야 限死游泳하얏스면 暫時間水涯에 出泊ᄒᆞ기 十分容易ᄒᆞ거날 千回疑懼하고 萬回思量ᄒᆞ다가 汪汪한 春潮가 頭上에 千丈萬丈의 風濤ᄅᆞᆯ 成하얏슬지면 畢竟水中孤魂을 未免할지니 此ᄂᆞᆫ 膽勇이 無한 大驗이라

今日 各般社會上 情況이 此 一丈水에 陷溺ᄒᆞᆷ과 如印一板한 形勢이어날 精神을 猛擦ᄒᆞ야 限死游泳ᄒᆞᄂᆞᆫ 者ᄂᆞᆫ 一人도 不見ᄒᆞ깃스니 此ᄂᆞᆫ 時運所關인가화翁이 人物을 品賦할 時에 一部膽勇을 我韓國人의게ᄂᆞᆫ 寄附치 아니ᄒᆞᆷ인가 百爾思之하야도 了解키 不能ᄒᆞᆯ 一端疑山이 아인가 吾儕ᄂᆞᆫ 更히 研究ᄒᆞ야 一述ᄒᆞ깃노라

616 본문 한자는 '墜(추)' 자인데 부속국문은 '타' 자로 표기되었다.

效果可立見

噫라 腐敗한 習慣과 頑固ᄒᆞᆫ 思想을 猛然洗滌ᄒᆞ야 文明界에 日進ᄒᆞᆯ지면 何等善良한 效果가 立見ᄒᆞ깃ᄂᆞᆫ뇨

果若實心做去ᄒᆞ야 日新又新할지면 腐敗한 習慣은 疥瘡落가ᄒᆞ듯 ᄒᆞᆯ 것이오 頑固思想은 傷寒發汗하듯 하야 元氣를 蘇復ᄒᆞ고 精神을 收拾한 然後에 善良ᄒᆞᆫ 效果를 見立[617]할 거이니

其 效果라 謂함은 政治도 維新ᄒᆞᆯ 거이오 敎育도 大進할 거이오 財政도 富足ᄒᆞᆯ 거이오 技術도 發達할 거이오 軍力도 擴張ᄒᆞᆯ 거이니 此ᄂᆞᆫ 實力을 得ᄒᆞ얏다 謂ᄒᆞᆯ지라

實力을 得ᄒᆞᆯ시면 民權이 鞏固ᄒᆞ고 國權이 光耀하고 皇權이 尊嚴ᄒᆞ야 世界第一等邦國의 班綴에 叅加ᄒᆞ야 國威國光이 東西洋에 發揮할지니 此等 大愉快ᄒᆞᆷ이 更無할 거이오 千古歷史上에 太乙藜燈을 照한 石室形管으로 二十世紀 大韓光武 某年 維新政治라고 大書特書ᄒᆞᆯ 거이니 此等 大光輝가 豈有ᄒᆞᆯ이오마ᄂᆞᆫ 腐敗習慣과 頑固思想이 腦髓에 凝結ᄒᆞᆷ이 石鍾乳와 如히 完固ᄒᆞᆷ은 姑舍是ᄒᆞ고

責任을 妨碍ᄒᆞ며 利權을 爭占ᄒᆞ야 國家人民을 日로 촉喪하고 月로 戕賊하ᄂᆞᆫ 機關이 活動하야 濁水를 澄[618]淸코ᄌᆞ 호ᄃᆡ ᄉᆞ【渣】滓ᄂᆞᆫ 不除ᄒᆞᄂᆞᆫ 大弊害가 猶存ᄒᆞ니 此ᄂᆞᆫ 宵小輩의 拍手야【揶】揄ᄒᆞᄂᆞᆫ 惡魔戲가 不絶ᄒᆞᄂᆞᆫ 根因이라

一朝에 朝綱을 振肅ᄒᆞ고 國紀를 扶立하고 文運을 開進할지니 此를 敢

617 본문 한자는 '견입(見立)' 자인데 부속국문은 '입견' 자로 표기되었다.
618 본문 한자는 '澄(징)' 자인데 부속국문은 '증' 자로 표기되었다.

行할지면 鴉片烟印과 如한 舊染을 洗滌하여야 效果를 立見하깃기로 大聲疾呼하노라

161호

1907년 1월 11일 (금) 論說

養閨義塾開學狀況

養閨義塾은 靑年女子를 敎育ᄒᆞᄂᆞᆫ 私塾이라

我韓 四千年에 一種動物로만 認ᄒᆞ야 深戶에 幽囚ᄒᆞ고 衣食이나 責任ᄒᆞ야 敎育 二字ᄂᆞᆫ 截然嚴禁ᄒᆞ든 可憐可哀한 女子社會인ᄃᆡ

時局의 一變홈을 際遇ᄒᆞ야 何等識見과 何等思想에 流出ᄒᆞ얏든지 靑年女子를 敎育ᄒᆞ기 爲ᄒᆞ야 一塾을 私設ᄒᆞ고 名曰 養閨義塾이라 ᄒᆞᆫ지라

果然 一時 盛擧라 讚揚홀믄ᄒᆞ야 吾儕가 開塾式에 叅觀도 ᄒᆞ고 本紙上에 贊成도 屢屢ᄒᆞ얏거니와 維持費額을 儲蓄홈이 素無ᄒᆞ야 景況이 困難홈을 一般嗟嘆ᄒᆞᆫ ᄇᆞ이러니

多數婦人이 女了敎育의 目的으로 一種會를 創設ᄒᆞ야 女子敎育會라 名稱[619] ᄒᆞ고 或月捐金이든지 寄附金이ᄅᆞᆯ지 隨力釀收하야 同塾을 維持로 商確ᄒᆞ고 十餘個月을 經ᄒᆞ얏스키되 同會에셔도 餘力이 不贍ᄒᆞ얏든지 塾費를 補助키 不能ᄒᆞ야 畢竟 同塾을 停學한지 三四個月에 至한지라 有志二三婦人이 會中에 發論ᄒᆞ고 女子敎育의 目的을 達코져 홈이 會中에 反對가 起ᄒᆞ기로 二三婦人이 別般商議하고 同塾을 視察하야 該女學徒을 招集ᄒᆞ고 工夫程度를 試驗ᄒᆞᆫ 則 十一二歲된 女子出席이 四五十名인ᄃᆡ 讀書

619 본문 한자는 '稱(칭)' 자인데 부속국문은 '충' 자로 표기되었다.

와 算術과 習字가 皆是奇異흔지라

慨然發嘆ᄒᆞ고 開學費五十圜과 如干紙筆을 補助ᄒᆞ야 去臘[620]二十日에 開學ᄒᆞ얏ᄂᆞᆫᄃᆡ 現今出席이 益進ᄒᆞ야 一般盛況을 呈ᄒᆞᄂᆞᆫ지라

噫라 開學은 ᄒᆞ얏스니 繼續維持ᄒᆞᆯ 方針이 漠然ᄒᆞᆷᄋᆡ 每朔經費를 豫算ᄒᆞᆫ則 四十圜假量인ᄃᆡ 二十圜式은 學部에셔 補助ᄒᆞ고 不足額이 二十圜인ᄃᆡ 一年度總計가 二百四十圜은 二三婦人이 出力維持ᄒᆞ기로 議定ᄒᆞ얏다 ᄒᆞ니

二三婦人의 義發心이 足히 男子社會보다 卓越한 智見이 有ᄒᆞᆯ ᄲᅮᆫ 不是라 我韓女子社會에 文明種子를 興發케 ᄒᆞᆷ이니 吾儕ᄂᆞᆫ 讚頌不已ᄒᆞ거니와 男子도 此等 義發心을 發ᄒᆞ얏스면 同塾에 塾長塾監이 在ᄒᆞ야 停學ᄒᆞᆯ 境에 至ᄒᆞ얏스며 學徒의 父兄된 者와 一般政府大臣이 維持方針을 頓然不顧하야 二三婦人의 智見에 霄壤之判과 如ᄒᆞ니 鴻嘆이로다

162호 1907년 1월 12일 (토) 論說

政府責任

一政府上에 同寅協恭하고 和衷共濟하야 國家의 安危存亡을 憂慮ᄒᆞᆷ이 大臣의 責任이어ᄂᆞᆯ

如之何門戶를 各立ᄒᆞ고 旗幟를 各樹ᄒᆞ야 三分五裂의 黨派를 成ᄒᆞ야 勢權을 爭奪ᄒᆞ고 地位를 爭佔하야 倚角의 形勢와 對頭의 氣염으로 伸臂張拳키만 企圖ᄒᆞ야 歲月을 消磨할ᄯᆞ름이오

國家事ᄂᆞᆫ 度外에 棄擲ᄒᆞ야 興亡盛衰를 太虛浮雲과 如히 看過ᄒᆞ니 自己

620 본문 한자는 '臘(랍)' 자인데 부속국문은 '업' 자로 표기되었다.

의 一日榮耀ᄆᆞᆫ 희覬ᄒᆞ고 國家의 百年大計를 僨誤ᄒᆞ면 此ᄂᆞᆫ 大臣의 千古罪案이 아닌가

噫라 一世上公是公非로 論ᄒᆞᆯ지면 近年來汚濁ᄒᆞᆫ 政治上에 罪惡이 貫盈한 地方官吏를 除汰ᄒᆞ고 公正人物을 引用ᄒᆞᄂᆞᆫ 것이 果然 是ᄒᆞᆫ가 非ᄒᆞᆫ가

罪惡이 雖曰 貫盈이라도 自己食口이니 孰敢遷動고ᄒᆞ야 公正人物을 引用홈을 大反對ᄒᆞᄂᆞᆫ 것이 果然 是ᄒᆞᆫ가 非ᄒᆞᆫ가

一世上 公議가 無則 已也어니와 若有之라 ᄒᆞ면 誰가 是하며 誰가 非할고

若其 不公함이 公으로 歸ᄒᆞ고 不正홈이 正으로 歸ᄒᆞ얏스면 自己의 過失을 悔改ᄒᆞ고 他人의 善端을 感謝ᄒᆞ야 更히 責任을 公ᄒᆞ고 正ᄒᆞ도록 施措ᄒᆞᄂᆞᆫ 것이 當然底事어날

反히 嫌을 引ᄒᆞ며 怒을 發ᄒᆞ면 其 不公不正홈을 誰人이 肯服ᄒᆞ리오만ᄂᆞᆫ

此等 事端으로 倚角形勢ᄅᆞᆯ 作ᄒᆞ며 對頭氣談을 吐ᄒᆞ야 爭端을 惹起홈은 政府責任을 擔荷하야 國家大事를 做去코자 ᄒᆞᄂᆞᆫ 思想은 一毫도 無ᄒᆞ니 慨然이로다

一政府上에 百僚를 董率ᄒᆞᄂᆞᆫ 大臣도 有ᄒᆞ고 各其 責任을 分掌ᄒᆞᆫ 大臣도 有ᄒᆞ야 同心同德으로 萬事를 做去ᄒᆞ여야 責任政府라 謂ᄒᆞᆯ 거이오 若其 不同心不同德이면 政府을 組織ᄒᆞ여야 國家의 安危ᄅᆞᆯ 擔荷ᄒᆞᄂᆞᆫ 責任의 成蹟이 有ᄒᆞᆯ지라

況且昨日에 退閣한 者ㅣ 今日에 入閣키ᄅᆞᆯ 運動하면 此 朝綱을 動搖ᄒᆞ고 秩序ᄅᆞᆯ 紊亂홈이라 文明列邦에 此等 政府가 豈有ᄒᆞ리오

吾儕ᄂᆞᆫ 何厚何薄이 無ᄒᆞ고 但히 一世上公論을 藉ᄒᆞ야 一政府上에 同心同德으로 時艱을 共濟ᄒᆞ기ᄅᆞᆯ 瀝血勸告ᄒᆞ노라

宜一試之

人材登庸ᄒᆞᄂᆞᆫ 方法이 無他焉이라 當時에 求홈이오 異代에 借홈이 아닌 則 人材를 登庸홈이 何患이리오 我韓도 五百年十[621]氣를 培養ᄒᆞ든 文治邦國이라 天然ᄒᆞᆫ 氣質이 自古로 代出홈은 歷史上에 光輝를 垂한者도 有ᄒᆞ얏고

近世로 言ᄒᆞ야도 義理를 固守한 者 熱血이 輪균ᄒᆞᆫ 者 學問을 抱負한 者 時局을 洞達한 者가 豈無하리오마ᄂᆞᆫ 但 政治腐敗한 時代와 習俗頑固한 風氣에 自然禁錮홈과 如ᄒᆞ야 時機를 우衡하고 慷慨激烈의 嘆을 抱有ᄒᆞ야 純全ᄒᆞᆫ 一部不平社會를 成ᄒᆞᆫ지라

于是에 政界上에ᄂᆞᆫ 何如한 人物이 行政權柄을 執ᄒᆞ얏나뇨 阿謏[622]逢迎ᄒᆞᄂᆞᆫ 者의 脅見諂笑ᄒᆞᄂᆞᆫ 者와 欺蔽聰明하ᄂᆞᆫ 者와 苞[623]苴[624]賄賂하ᄂᆞᆫ 者와 貪饕亂法하ᄂᆞᆫ 者 等 其他 千態萬狀의 鬼[625]面魔脚이 一時에 湊集ᄒᆞ야 三十年間政治를 濁亂ᄒᆞ얏스니

所謂 慷慨有志ᄒᆞᆫ 者ㅣ 一毫一髮이나 呴噓ᄒᆞᄂᆞᆫ 風便을 遭逢홈은 姑舍ᄒᆞ고 外國에 逃遁도 ᄒᆞ고 絶域에 流竄도 ᄒᆞ고 犴[626]扉에 幽囚도 한萬死餘生이 時局의 一變홈을 値ᄒᆞ야 各般社會에 언언出頭ᄒᆞ야國家形勢를 顧盻[627]ᄒᆞ니

大局이 已定ᄒᆞ고 大勢가 已判ᄒᆞ얏ᄂᆞᆫ지라 然이나 不得不隨機應變ᄒᆞ고

621 본문 한자는 '十(십)' 자인데 부속국문은 'ᄉᆞ' 자로 표기되었다.
622 본문 한자는 '謏(소)' 자인데 부속국문은 '유' 자로 표기되었다.
623 본문 한자는 '苞(포)' 자인데 부속국문은 '표' 자로 표기되었다.
624 본문 한자는 '苴(저)' 자인데 부속국문은 '조' 자로 표기되었다.
625 본문 한자는 '鬼(귀)' 자인데 부속국문은 '괴' 자로 표기되었다.
626 본문 한자는 '犴(안)' 자인데 부속국문은 '간' 자로 표기되었다.
627 본문 한자는 '盻(혜)' 자인데 부속국문은 '연' 자로 표기되었다.

隨變善處ᄒᆞ야局과勢를順導ᄒᆞ야實力을自養ᄒᆞᄂᆞᆫ外에ᄂᆞᆫ無他道理ᄒᆞᆫ지라

然則[628]此時를 不失ᄒᆞ고 實力을 自養ᄒᆞᆯ 方針을 措置하기에 汲汲不暇ᄒᆞᆷ은 當局者의 精神에 在ᄒᆞ니

精神을 何處에 最先傾注ᄒᆞᆯ고 人材登庸ᄒᆞᆷ에 傾注ᄒᆞᆯ지라 人材을 登庸코자 할진ᄃᆡ 各般社會에 教育도 ᄒᆞ고 演說도 ᄒᆞ고 雇傭도 ᄒᆞᄂᆞᆫ 一流人士을 需用ᄒᆞᆯ ᄯᆞ름이니

或曰 此等 一流人士가 伊呂管葛의 才局이 人人皆有하냐고 質問하면 吾儕ᄂᆞᆫ 曰 然ᄒᆞ다 ᄒᆞᆯ 거이니

伊呂管葛을 別노 求할지이 不是라 近世政界上에 循私廢公ᄒᆞ고 忘國愛家ᄒᆞ든 一般人物의 黑洞洞心腸에 比하면 皆是伊呂管葛이라 稱[629]ᄒᆞ야도 不愧ᄒᆞᆯ지니

何以然也오하면 循公廢私ᄒᆞ고 愛國忘家의 八個字ᄂᆞᆫ 質言할지라

噫라 當局者ᄂᆞᆫ 一試用之ᄒᆞᄂᆞᆫ 것이 擔荷ᄒᆞᆫ 全國責望을 斷擔할 거이니 當局者ᄂᆞᆫ 深思之ᄒᆞᆯ지어다

164호 1907년 1월 15일 (화) 論說

推此一事而萬事茫然

地方局長은 內部大臣의 管轄下에 在ᄒᆞᆫ 一官職이니 叙任ᄒᆞ기도 內部大臣의 權限이오 解任ᄒᆞ기도 內部大臣의 權限이라 ᄒᆞ되

地方局長도 國家의 公公ᄒᆞᆫ 一名器이오 內部大臣의 自意로 呼來斥去ᄒᆞ

628 본문 한자는 '則(즉)' 자인데 부속국문은 '직' 자로 표기되었다.

629 본문 한자는 '稱(칭)' 자인데 부속국문은 '층' 자로 표기되었다.

ᄂᆞᆫ 私有物이 아니어ᄂᆞᆯ 今次新任 地方局長을 期於解任케 ᄒᆞᆷ은 何事이뇨

內部大臣은 地方局長을 何如한 人氏ᄅᆞᆯ 擇差ᄒᆞ야 內部行政의 一般便宜ᄒᆞ고 適合ᄒᆞᆷ을 任意로 使用코자 한 方針에 出ᄒᆞ야 新任 地方局長을 抵死爲限ᄒᆞ고 實心排擠ᄒᆞ야 天陛에 奏達ᄒᆞ되 地方局長을 不解ᄒᆞ면 內部大臣을 辭職ᄒᆞᆫ다 ᄒᆞ야 畢竟 解任케 ᄒᆞ얏스니

未知케라 劉猛 氏ᄂᆞᆫ 社會上輿望이 有ᄒᆞᆫ 人物이라 若其 地方局長의 椅子에 據ᄒᆞ면 內部 大臣의 平日行政權限에 防碍ᄒᆞᆷ이 有하야 賄賂苞苴도 防碍될거니오 食口引用에 防碍될거니오 因私廢公에 防碍될 거이니

內部大臣이 平日에 一毫公正ᄒᆞᆫ 意志를 抱하며 公正ᄒᆞᆫ 政權을 行ᄒᆞᆯ지면 劉猛과 如한 人物을 不用ᄒᆞ고 誰를 用하리오ᄆᆞᄂᆞᆫ 一世上 公眼所見과 公舌所論에 此 內部大臣이 劉猛 氏ᄂᆞᆯ 能이 任用ᄒᆞᆯ 智見이 有ᄒᆞᆷ은 曾是不意한 ᄇᆡ라 엇지 內部大臣과 如한 一流人物을 責備하리오만ᄂᆞᆫ

十年來內部大臣의 資格은 如此ᄒᆞᆫ 人物만 有ᄒᆞᆫ지 不知ᄒᆞ거니와 內部大臣은 能히 黜陟할 權限이 此 政府上에ᄂᆞᆫ 更無하야 天官大家宰의 責任을 墜[630] 地乃已ᄒᆞᆯ 거이니

噫라 國家事ᄂᆞᆫ 此 一事를 從하야 萬事를 推測[631]할지니 從此로 所謂公正ᄒᆞ다 有志ᄒᆞ다ᄒᆞᆫ 人物은 更히 此 世에ᄂᆞᆫ 不見用ᄒᆞ야 永遠坎가ᄒᆞᆷ이 個個히 劉猛 氏와 如ᄒᆞᆯ 거이니

劉猛 氏 及 一流人士를 吊[632]ᄒᆞᆯ 거이 아니라 內部大臣을 吊[633]ᄒᆞ깃고

630 본문 한자는 '墜(추)' 자인데 부속국문은 '타' 자로 표기되었다.
631 본문 한자는 '測(측)' 자인데 부속국문은 '칙' 자로 표기되었다.
632 본문 한자는 '吊(적)' 자인데 부속국문은 '조' 자로 표기되었다.
633 본문 한자는 '吊(적)' 자인데 부속국문은 '조' 자로 표기되었다.

內部大臣을 吊[634]할 거이 아니라 國事의 前途가 茫然無涯홈을 歔희ᄒᆞ노라

165호 1907년 1월 16일 (수) 論說

俱樂部

俱樂部라 名稱[635]하ᄂᆞᆫ 社會ᄂᆞᆫ 何等 社會이뇨

其 趣旨ᄂᆞᆫ 交際의 親密과 友誼의 敦睦도 叙하며 休息의 暇와 運動의 際에 追逐團圓ᄒᆞ야 采毬도 蹴ᄒᆞ며 玉突도 轉하고 新聞雜誌도 縱覽하며 花天月夕도 批評ᄒᆞ야 胸中에 炭素ᄅᆞᆯ 瀉ᄒᆞ고 淸新空氣ᄅᆞᆯ 吸코저 ᄒᆞᄂᆞᆫ 一部 游戲塲이라

是以로 其 名을 俱樂이라하니 其 心志도 俱樂ᄒᆞᆯ 目的을 包含함은 可知이니 東西文明列邦에 百種千種의 俱樂部를 列ᄒᆞ야 各般名稱[636]이 有ᄒᆞᆫ 社會이라

我韓도 大東俱樂部와 大韓俱樂部와 文官俱樂部의 名稱[637]이 有ᄒᆞ야 漸次成立되ᄂᆞᆫ 機微를 可見ᄒᆞᆺ스니 大東俱樂部ᄂᆞᆫ 日本書記官 萩原 氏의 發起한 者라 淸楚華麗한 屋子를 新建ᄒᆞ야 從近團會할 成蹟이 有ᄒᆞ다 ᄒᆞ고

大韓俱樂部ᄂᆞᆫ 外國留學生의 發起한 者라 雜誌도 發刊할 成蹟이 有ᄒᆞ다 ᄒᆞ고

文官俱樂部ᄂᆞᆫ 一部 政黨人士의 發起한 者라 位置ᄂᆞᆫ 前協律社로 定ᄒᆞ

634 본문 한자는 '吊(적)' 자인데 부속국문은 '조' 자로 표기되었다.
635 본문 한자는 '稱(칭)' 자인데 부속국문은 '충' 자로 표기되었다.
636 본문 한자는 '稱(칭)' 자인데 부속국문은 '충' 자로 표기되었다.
637 본문 한자는 '稱(칭)' 자인데 부속국문은 '충' 자로 표기되었다.

고 方今 組織하는 中이라 ᄒᆞ니

各般社會에셔 俱樂 二字의 名稱[638]을 從ᄒᆞ야 心志 俱樂ᄒᆞᆯ 思想이 存ᄒᆞ면 軍人俱樂部도 有ᄒᆞ깃고 學生俱樂部도 有ᄒᆞ깃고 商民구【俱】樂部도 有ᄒᆞ깃고 婦人구【俱】樂部도 有ᄒᆞᆯ 것이니 漸次 發達ᄒᆞᄂᆞᆫ 程度를 隨ᄒᆞ야 各般社會에 繼續 成立ᄒᆞᆷ을 推測[639]ᄒᆞᆯ 바어니와

獨樂樂과 與衆樂樂이 孰樂고ᄒᆞᆷ은 추人孟氏의 古訓이오 方知魚之樂其樂而 不知人之樂其樂이라 ᄒᆞᆷ은 漆園蒙叟의 達論이라

方今 時局의 溢目ᄒᆞᆫ 艱虞와 危急ᄒᆞᆫ 形勢가 可히 俱憂라 ᄒᆞᆯ지언졍 俱樂이라 稱[640]키 難ᄒᆞ거ᄂᆞᆯ 何等의 樂을 樂ᄒᆞ야 俱樂이라 稱[641]ᄒᆞ리오

各般社會에셔 開進ᄒᆞᄂᆞᆫ 程度를 捧[642]測[643]ᄒᆞ야 風俗을 改良ᄒᆞ든지 實力은 計劃ᄒᆞ든지 各其團體를 組織ᄒᆞᆫ 然後事인則 實業을 是楙ᄒᆞᆷ을 熱[644]望[645]ᄒᆞ노라

先天下之憂而憂ᄒᆞ고 後天下之樂而樂이라 한 格言을 敬珮ᄒᆞᆯ지어다

638 본문 한자는 '稱(칭)' 자인데 부속국문은 '층' 자로 표기되었다.
639 본문 한자는 '測(측)' 자인데 부속국문은 '칙' 자로 표기되었다.
640 본문 한자는 '稱(칭)' 자인데 부속국문은 '층' 자로 표기되었다.
641 본문 한자는 '稱(칭)' 자인데 부속국문은 '층' 자로 표기되었다.
642 본문 한자는 '捧(봉)' 자인데 부속국문은 '추' 자로 표기되었다.
643 본문 한자는 '測(측)' 자인데 부속국문은 '칙' 자로 표기되었다.
644 본문 한자는 '熱(열)' 자인데 부속국문은 '망' 자로 표기되었다.
645 본문 한자는 '望(망)' 자인데 부속국문은 '션' 자로 표기되었다.

在日本斷指留學生

在日本二十一名 學生의 決心斫指ᄒᆞ야 流血同誓[646]ᄒᆞᆷ은 我韓全國의 他日大光輝를 發揚홀 勃勃한 英氣를 可見할지라 此 學生을 對ᄒᆞ야 祝盃를 擧ᄒᆞ야 勇進不退ᄒᆞᄂᆞᆫ 堅志ᄅᆞᆯ 祝賀ᄒᆞ거니와

其 經費困難에因緣ᄒᆞ야非常ᄒᆞᆫ志氣를鼓發ᄒᆞᆷ은各 新聞界上에一般贊頌ᄒᆞᆫ 바이라 天下에 彛[647]性이 不泯한 者야 誰人이 贊頌치 아니ᄒᆞ리오마ᄂᆞᆫ

噫라 箇中에 逕庭한 議論이 不無ᄒᆞ니 每事의 端倪를 不悉하고 皂白을 不卞하야 但히 風聲鶴唳[648]에 靡然從之ᄒᆞᆷ은 社會上 一部 公論이라 稱[649]키 不堪ᄒᆞ니

其 事實顚末을 本紙에 略揭도 하얏거니와 天道敎學生과 一進會學生의 區域을 分ᄒᆞ야 孰是孰非를 決然剖判ᄒᆞᆫ 然後에야 留學費擔任의 責을 明白歸正홀 거이니

天道敎主 孫秉熙 氏가 日本遊覽[650]홀 時에 三十八人을 率去ᄒᆞ야 敎育ᄒᆞ다가 學費 甚艱ᄒᆞ기로 漸次 歸國ᄒᆞ고 至今 三人ᄲᅮᆫ 留學ᄒᆞᆷ이 此ᄂᆞᆫ 天道敎에셔 學費를 撥送ᄒᆞᄂᆞᆫ 學生이오 一進會長 李容九 氏가 學生 三十餘人을 同會 顧問 望月龍太郞 氏에게 囑托ᄒᆞ야 東京에 派送홀 時에 李 氏가 天道敎主에게 書托ᄒᆞ기를 此 學生을 官費生되기로 方今 周旋ᄒᆞᄂᆞᆫ 中인ᄃᆡ 二箇月ᄆᆞᆫ 食費를 擔當ᄒᆞ야 달나고 懇請ᄒᆞᆫ지라 天道敎主가 數月餉費를 擔

646 본문 한자는 '誓(서)' 자인데 부속국문은 '셜' 자로 표기되었다.
647 본문 한자는 '彛(이)' 자인데 부속국문은 '희' 자로 표기되었다.
648 본문 한자는 '唳(려)' 자인데 부속국문은 '루' 자로 표기되었다.
649 본문 한자는 '稱(칭)' 자인데 부속국문은 '층' 자로 표기되었다.
650 본문 한자는 '覽(람)' 자인데 부속국문은 '학' 자로 표기되었다.

當ᄒᆞ되 李容九 氏가 學費을 撥送치 아니 ᄒᆞᆷ이 五六箇月을 擔當ᄒᆞ다가 天道敎主가 歸國한 後에 李容九 氏가 其 學費를 吾必撥給이라 하얏스니 此ᄂᆞᆫ 李容九 氏가 派送한 學生이라

其 學生의派送한部分도不同ᄒᆞ고其 學費의撥送ᄒᆞᄂᆞᆫ經界도各殊ᄒᆞ거ᄂᆞᆯ

今皇城報의 公言公筆로ᄂᆞᆫ 端倪도 不悉ᄒᆞ고 皂白도 不卞하야但히 囫윤【囫圇】呑棗ᄒᆞᄂᆞᆫ 說로 稱[651]敎稱[652]會ᄒᆞ야 一網打盡ᄒᆞ니 此ᄂᆞᆫ 公言公筆의 剖[653]決明白ᄒᆞᄂᆞᆫ 一部公案으로 認準키 難하도다

甚至旣稱[654]敎主ᄒᆞ니 終不如十字架頭에 爲斯民而流血이연뎡 수【誰】同胞一指之血이라도 豈可由我而流之라 ᄒᆞ얏스니

博愛主義에 對ᄒᆞ야ᄂᆞᆫ 十字血도 可流ᄒᆞ얏고 一指血도 可惜ᄒᆞ려니와 至於此 學生斷指原因에 對ᄒᆞ야ᄂᆞᆫ 其 血이 由[655]我流之라ᄂᆞᆫ 責望은 天道敎主가 擔任키 萬萬不可하거날

是非의 剖決이 無ᄒᆞ고 渾沌說去ᄒᆞᆷ이 公言公筆이라 其 稱[656]ᄒᆞ리오

今若 慈善目的이든지 國民義務이든지 留學生의 學費困難이 極達ᄒᆞ야 斫指同盟의 擧에 至ᄒᆞ얏스니 一種義發心으로 捐助를 可施라 ᄒᆞ면 天道敎主도 勸言을 不待ᄒᆞ려니와 但其 原因의 非難를 勒歸ᄒᆞ야 一種駁論을 加ᄒᆞᆷ은 同情을 表하ᄂᆞᆫ 바도 不是오 但히 涇渭의 淸濁을 不分ᄒᆞᄂᆞᆫ 줄로 甚히 嗟惜하노라

651 본문 한자는 '稱(칭)' 자인데 부속국문은 '층' 자로 표기되었다.
652 본문 한자는 '稱(칭)' 자인데 부속국문은 '층' 자로 표기되었다.
653 본문 한자는 '剖(부)' 자인데 부속국문은 '비' 자로 표기되었다.
654 본문 한자는 '稱(칭)' 자인데 부속국문은 '층' 자로 표기되었다.
655 본문 한자는 '由(유)' 자인데 부속국문은 '인' 자로 표기되었다.
656 본문 한자는 '稱(칭)' 자인데 부속국문은 '층' 자로 표기되었다.

政界曲直

近日 政界上에 風雲이 一變ᄒᆞ야 公心人公眼人公舌人으로 時局을 一評할지면 誰가 曲ᄒᆞ며 誰가 直ᄒᆞᆫ 分別이 有할 거이니 曲直兩派를 卞論ᄒᆞᆯ진ᄃᆡ 婦人童穉輿儓下賤이라도 一言可判ᄒᆞᆯ지라

公正ᄒᆞᆫ 名譽가 有ᄒᆞᆫ 人物을 盡心登庸코저 ᄒᆞᄂᆞᆫ 一派가 有ᄒᆞ고

公正ᄒᆞᆫ 名譽가 有ᄒᆞᆫ 人物을 限死黜[657]斥코자 ᄒᆞᄂᆞᆫ 一派가 有ᄒᆞ니

一政府上에 此 兩派人이 政權을 秉ᄒᆞ야스니 其曲如弓ᄒᆞ고 其直如矢ᄒᆞ야 時艱을 共濟ᄒᆞᆯ 機關이 有할가 其曲如鈎ᄒᆞ고 其直如絲하야 政治를 協贊ᄒᆞᆯ 經綸이 成할가

伯爾思量ᄒᆞ야도 曲과 直이 互相和衷키ᄂᆞᆫ 物理學上에도 所無ᄒᆞᆫ 바이라 現時公論도 有ᄒᆞ고 他日史筆도 有ᄒᆞ려니와

當場形勢로 言ᄒᆞᆯ진ᄃᆡ 此時何時며 今日何日고 萬頃滄波에 颶[658]風은 驟起ᄒᆞ고 狂濤ᄂᆞᆫ 接天ᄒᆞᆫ데 滿載ᄒᆞᆫ 漏艙을 中流에 泛泛ᄒᆞ고 一刻이 危急ᄒᆞᆷ과 如ᄒᆞᆫ 此時局에

公正人物을 登庸ᄒᆞᄂᆞᆫ 叅政大臣이 曲ᄒᆞᆫ가 直ᄒᆞᆫ가 公正人物을 黜斥ᄒᆞᄂᆞᆫ 內部大臣이 曲ᄒᆞᆫ가 直한가

雖 如此히 黯昧ᄒᆞᆫ 時代와 腐敗한 政治이라도 誰曲誰直ᄒᆞᆫ 公論이 自在ᄒᆞᆯ 거이어날 此를 由ᄒᆞ야 內部協辦과 地方局長을 私嫌으로 除汰ᄒᆞ고 其後任도 私慾[659]으로 充塡코자 ᄒᆞ야 一時紛擾를 惹起ᄒᆞ니 一世上公論이

657 본문 한자는 '黜(출)' 자인데 부속국문은 '칠' 자로 표기되었다.
658 본문 한자는 '颶(구)' 자인데 부속국문은 '믜' 자로 표기되었다.
659 본문 한자는 '慾(욕)' 자인데 부속국문은 '육' 자로 표기되었다.

寥寥하고 公憤이 沈沈ᄒᆞᆷ을 見ᄒᆞ건ᄃᆡ 國家의 前途가 茫然無涯ᄒᆞᆷ을 慨嘆ᄒᆞᆯ지라

如此ᄒᆞᆫ 時局에 百揆를 董[660]率ᄒᆞ고 萬機를 翊贊ᄒᆞᄂᆞᆫ 政府主腦된 叅政大臣이 但히 公正人物을 登庸코자 하ᄂᆞᆫ 一片公心은 有하나 公正人物을 黜斥코자 ᄒᆞᄂᆞᆫ 者를 彈劾ᄒᆞᆯ 一毫剛力은 無ᄒᆞ니 叅政大臣을 向ᄒᆞ야 ᄯᅩᄒᆞᆫ 曲直을 不卞ᄒᆞ깃스니 一流政界上當局者ᄂᆞᆫ 公心人公眼人公舌人의 一評을 競懼ᄒᆞᆯ지어다

168호

1907년 1월 19일 (토) 論說

地方形便

現今地方形便이 何如ᄒᆞ뇨 曰 四方無一事라도ᄒᆞ고 曰萬民皆安堵라 ᄒᆞ야 全國이 太平한 氣像을 呈함과 如ᄒᆞ니 此 言이 實狀을 做ᄒᆞᆯ지면 何幸如之리오마ᄂᆞᆫ

日日로 飛傳ᄒᆞᄂᆞᆫ 所聞을 聞ᄒᆞᆫ 則 全國이 鼎沸ᄒᆞᄂᆞᆫ 狀態가 有ᄒᆞ야 岌岌業業ᄒᆞᆷ이 纍卵과 如ᄒᆞ고 例[661]懸과 如ᄒᆞᆷ이 切迫切迫ᄒᆞᆫ 者를 枚擧키 不堪하거니와 就中最騷擾되ᄂᆞᆫ 件을 略數ᄒᆞᆯ진ᄃᆡ

江原慶尙等地에 所謂 義兵黨이라ᄂᆞᆫ 一種匪類가 徒黨을 嘯聚ᄒᆞ야 閭里에 橫行ᄒᆞ고 官衙에 텀【侵】入ᄒᆞ야 凶器를 携帶ᄒᆞ야 人民을 驚動ᄒᆞ며 財穀을 掠奪ᄒᆞ니 大抵王化를 不服하ᄂᆞᆫ 者를 匪類라 稱[662]하나니 此等 匪類의

660 본문 한자는 '董(동)' 자인데 부속국문은 '통' 자로 표기되었다.
661 본문 한자는 '例(례)' 자인데 부속국문은 '도' 자로 표기되었다.
662 본문 한자는 '稱(칭)' 자인데 부속국문은 '층' 자로 표기되었다.

騷擾가 一也오

郊甸至近으로 各郡地方에 所謂火賊黨이 蜂起蝗集하야 財物掠奪과 家屋衝火의 禍害도 處處有之ᄒᆞ거니와 甚至人命을 殺戮ᄒᆞ고 婦女를 刼奸ᄒᆞ고 處女를 負去하ᄂᆞᆫ 一種怪變이 有하야 窮蔀人民이 安堵키 不能ᄒᆞ니 此等 火賊의 騷[663]擾가 二也오 沿海方面에 所謂海浪賊이 波濤에 出沒ᄒᆞ야 商人船舶을 攻掠도 ᄒᆞ고 海邊郡邑에 人戶을 蕩殘ᄒᆞ야 浮海逃去ᄒᆞᄂᆞᆫ 惡流가 猖獗ᄒᆞ니 此等 海賊의 騷[664]擾가 三也오

其他 地方官吏 聽訟不公과 貪虐餘烈도 有ᄒᆞ고 不令悖類의 憑公營私와 侵漁平民 等 種種毒燄이 四處彌滿한中富饒한良民을 義兵餘黨이라 쥬【嗾】囑ᄒᆞ야財產을 勒奪ᄒᆞᄂᆞᆫ 弊害가 居多ᄒᆞ니

全國十三道 地方所聞을 據한則 鼎沸ᄒᆞᆫ다ᄂᆞᆫ 說이 過言이 不是라 眞個慘酷ᄒᆞᆫ 情形을 可히 圖畵키 難ᄒᆞᆫ 者라 然則 警察官吏의 鎭壓ᄒᆞᄂᆞᆫ 責任도 何在이며 政府大官의 澄[665]清ᄒᆞᆯ 方策은 何在인뇨

但히 地方形便이 安堵無事라 ᄒᆞ야 等閒히 視ᄒᆞ며 尋常히 歸ᄒᆞ다기 燎原決堤ᄒᆞᄂᆞᆫ 大禍源을 釀出ᄒᆞᆯ지면 如何措處ᄒᆞᆯᄂᆞᆫ지

吾儕ᄂᆞᆫ 漆室의 이【貽】憂를 ▣ᄒᆞ야 屢屢疾呼ᄒᆞᄂᆞᆫ 바어니와 逆耳之言을 不聽ᄒᆞ면 悔之無及ᄒᆞᆷ을 預憂ᄒᆞ노라

663 본문 한자는 '騷(소)' 자인데 부속국문은 '슈' 자로 표기되었다.
664 본문 한자는 '騷(소)' 자인데 부속국문은 '슈' 자로 표기되었다.
665 본문 한자는 '澄(징)' 자인데 부속국문은 '증' 자로 표기되었다.

教育界

近日 政治界에 多事ᄒᆞ기로 教育界에 景況[666]의 何如홈을 論述키 不暇하얏거니와

十一年度歲初 開學ᄒᆞᆫ 以後에 教育方針은 何等 善良ᄒᆞᆫ 結果가 有ᄒᆞ얏스며 學問程度ᄂᆞᆫ 何等 進就한 成蹟[667]이 有ᄒᆞ얏ᄂᆞᆫ지 吾儕ᄂᆞᆫ 翹首而望ᄒᆞ며 拭目而待ᄒᆞᄂᆞᆫ 빅라

每日上午九点鍾量에 道上에 縱覽ᄒᆞ면 英氣勃勃한 青年冠童이 帕子에 教課書를 적ᄒᆞ야 腋下에 挾ᄒᆞ고 騰騰捷步로 各學校를 向ᄒᆞᄂᆞᆫ 狀況[668]을 見ᄒᆞ면 第二世國民될 우리 聰俊諸君의 精神的 教育이 日就月將ᄒᆞ야 道德品行과 學問才藝가 個個히 瑚璉되고 빈어되고 펀남의 美材야 麟鳳이 奇瑞되야 國家의 光輝를 大發展ᄒᆞ기를 攢祝ᄒᆞ거니와

學費五十萬圜[669]의 風聞은 有하되 今年學部預算에 學費增益하얏다ᄂᆞᆫ 實狀도 不見하깃고

學部官人이 中外學務를 視察한다ᄂᆞᆫ 風聞은 有ᄒᆞ되 何等 善良措處가 有ᄒᆞ다ᄂᆞᆫ 說은 未聞ᄒᆞ깃고

私立한 普通學校와 義塾과 學院이 日日增加ᄒᆞ야 新聞上廣告와 各趣旨書ᄂᆞᆫ 雪片과 如히 流行ᄒᆞ며 發起人은 雨筍과 如히 經營ᄒᆞᄂᆞᆫ 狀態가 有ᄒᆞ되 其 實地事業은 何等 程度에 達ᄒᆞ얏ᄂᆞᆫ지 不知ᄒᆞ깃스니

---

666 본문 한자는 '況(황)' 자인데 부속국문은 '항' 자로 표기되었다.
667 본문 한자는 '蹟(적)' 자인데 부속국문은 '취' 자로 표기되었다.
668 본문 한자는 '況(황)' 자인데 부속국문은 '항' 자로 표기되었다.
669 본문 한자는 '圜(환)' 자인데 부속국문은 '원' 자로 표기되었다.

此皆 有名無實ᄒᆞᆷ인지 有始無終ᄒᆞᆷ인지 有志未就ᄒᆞᆷ인지 中道而廢ᄒᆞᆷ인시 其 獘端은 何에 在ᄒᆞ뇨ᄒᆞ면 一言以蔽之ᄒᆞ고 經費不足ᄒᆞᆷ에 在ᄒᆞᆷ이라

學部에셔도 教育을 擴張ᄒᆞ나니 學費을 增加ᄒᆞ나니 虛張聲勢ᄲᅮᆫ이오 私立도 今日에 一校를 設ᄒᆞ나니 明日에 一塾을 開ᄒᆞ나니 虛張名目ᄲᅮᆫ이니 教育界를 對ᄒᆞ야 實地가 全無ᄒᆞᆷ을 慨嘆ᄒᆞ노라

170호 1907년 1월 22일 (화) 論說

警告叅政大臣

現今時局은 何如한 時局인고

五百年宗社의 安危存亡이 繫한 時局이오

二千萬生靈의 休戚禍福이 關한 時局이라

此 時局에 宗社의 危를 安케 ᄒᆞ고 亡을 存케 ᄒᆞᆯ 者ᄂᆞᆫ 何人이며

此 時局에 生靈의 戚을 休케 하고 禍를 福케 ᄒᆞᆯ 者ᄂᆞᆫ 何人인고

政府에 主腦된 叅政大臣 朴齊純 氏가 其 人이라 其 人의 責任이 果然 何如ᄒᆞ뇨

全國의 政治維新ᄒᆞᄂᆞᆫ 一大權柄을 執ᄒᆞ야 百官을 董率ᄒᆞ고 萬機를 翊贊ᄒᆞᄂᆞᆫ 地位를 據ᄒᆞ야 社稷을 匡扶ᄒᆞ고 生靈을 保完케 ᄒᆞᄂᆞᆫ 責任을 擔荷ᄒᆞ얏스니 其 擔荷ᄒᆞᆫ 責任이 旣重且大ᄒᆞ다고 本報에도 累累警告ᄒᆞ얏거니와

雖然 重大責任을 擔荷하얏슬지라도 機會를 不得ᄒᆞ면 公正ᄒᆞᆫ 一心이 有ᄒᆞ야도 手足을 活動키 不得ᄒᆞᆯ 거이로ᄃᆡ

今叅政大臣은 千載難遇ᄒᆞᆫ 機會을 得하얏스니 勇膽을 果斷ᄒᆞ야 雷厲風

飛ᄒᆞᄂᆞᆫ 敏活手段을 揮확할 精神的을 淬[670]勵키 不能ᄒᆞ면 千載難遇ᄒᆞᆯ 機會ᄅᆞᆯ 易失할지라

若其 因循姑息하야 機會ᄅᆞᆯ 一失ᄒᆞᆯ 境에 至ᄒᆞ면 前後左右에 劒樹刀山도 羅列ᄒᆞᆯ ᄲᅮᆫ 不是라 宗社生靈을 何涯에 寄泊ᄒᆞᆯ는지 不測[671]ᄒᆞᆫ 影[672]響이 立至ᄒᆞᆯ 거이니 엇지 瞿然치 아니ᄒᆞᆯ이오

叅政大臣은 逆耳之言을 試聽ᄒᆞ야 精神을 淬[673]勵ᄒᆞ야 雷厲風飛ᄒᆞᆫ 手段을 一揮ᄒᆞ야

時日을 消磨ᄒᆞ지 말고

事機를 猶豫ᄒᆞ지 말고

左右를 顧忌ᄒᆞ지 말고

一片公心으로만 萬事를 做去하야 此 機會의【를】履行ᄒᆞᆯ지어다

機會ᄂᆞᆫ 人事를 遲待치 아니ᄒᆞᄂᆞ니 人事ᄂᆞᆫ 機會를 勿失할지어다

宗社의 安危存亡과 生靈의 休戚禍福이 此 一機會에 在하니

叅政大臣은 警省할지어다 警省할지어다

171호 1907년 1월 23일 (수) 論說

大使歡迎

日本國 特派大使 田中光顯 氏ᄂᆞᆫ 卽 現任 日本國 宮內大臣이라

670 본문 한자는 '淬(쉬)' 자인데 부속국문은 '슈' 자로 표기되었다.
671 본문 한자는 '測(측)' 자인데 부속국문은 '칙' 자로 표기되었다.
672 본문 한자는 '影(영)' 자인데 부속국문은 '양' 자로 표기되었다.
673 본문 한자는 '淬(쉬)' 자인데 부속국문은 '슈' 자로 표기되었다.

天皇陛下씌오셔 氏를 命하오사 我皇太子殿下 嘉禮致賀ᄒᆞ기를 爲ᄒᆞ야 國書를 저有ᄒᆞ고 萬里海陸에 四牡旣同ᄒᆞ야 煌煌玉節로 再昨日京師에 到泊ᄒᆞᆯᄉᆡ 內外國文武紳士數千人이 雲[674]屯霧集ᄒᆞ야 停車場에 一般歡迎ᄒᆞᄂᆞᆫ 敬意를 表하고 其翌日 我

大皇帝陛下玉陛에 國書를 奉呈ᄒᆞᆷ이

陛下의 龍顏이 華麗ᄒᆞ샤

玉手로 親接ᄒᆞ시고

兩皇室敦睦ᄒᆞ오신 友誼를 感謝ᄒᆞ오시며 使節의 無恙ᄒᆞᆷ을 慰諭ᄒᆞ오시고 御前陪食의 禮式을 擧行하니

擧國臣民이 邦國大慶을 舞蹈歎抃도 ᄒᆞ며 兩國親交가 益益敦[675]密ᄒᆞᆷ을 攢祝不已하ᄂᆞᆫ지라

噫라我韓도萬乘帝國이오日本도萬乘帝國이라各其 數千年 歷史의光輝를垂한邦國으로東洋鼎足의勢를成하야位置ᄂᆞᆫ 一葦水를隔하고人物은同種이오 國俗은同文이오 形勢ᄂᆞᆫ 脣齒輔車이니 地位ᄂᆞᆫ 一毫不差한同等兄弟國이라

今日我韓의 大慶을 際ᄒᆞ야 特히 使命을 委送할 不啻라 玉帛衣裳과 冠蓋樽俎가 互相往來[676]ᄒᆞ야 兩邦의 友交를 益修ᄒᆞᆷ이리오 是日也에

萬戶千門에 太極旗와 日章旗를 交叉ᄒᆞ고 臣民이 相慶ᄒᆞ야 曰 我韓도 國權을 恢復ᄒᆞ야 同等國使節을 歡迎ᄒᆞᆷ이 我等의 實力을 自修ᄒᆞᆷ에 在ᄒᆞ다 하야 一般舞蹈하드라 ᄒᆞ니

674 본문 한자는 '雲(운)' 자인데 부속국문은 '육' 자로 표기되었다.
675 본문 한자는 '敦(돈)' 자인데 부속국문은 '둔' 자로 표기되었다.
676 본문 한자는 '來(래)' 자인데 부속국문은 '랑' 자로 표기되었다.

吾儕ᄂᆞᆫ 臣民의 相慶ᄒᆞᆷ은 大使歡迎ᄒᆞᆷ을 由ᄒᆞ고 大使歡迎은 大禮慶祝ᄒᆞᆷ을 由ᄒᆞ얏기로 特特히 一筆을 述ᄒᆞ야 臣民의 相慶ᄒᆞᆷ을 紀念ᄒᆞ노라

172호

1907년 1월 24일 (목) 論說

導迎和氣

現今 全地球上에 津津流行ᄒᆞᄂᆞᆫ 一團和氣가 世界의 範圍를 成ᄒᆞ며 造化의 形迹을 現ᄒᆞ난 者ㅣ 有ᄒᆞ니

萬國에 平和會가 有ᄒᆞ며

東洋에 和局이 旣成ᄒᆞ얏스며

新年에 和風이 春氣를 鼓動하니

天時人事의 和氣를 導迎ᄒᆞᆷ이 此 二十世紀時代에 瑞日祥雲을 繪畵ᄒᆞ야 有象[677]太平을 賁[678]飾하ᄂᆞᆫᄃᆡ 無過ᄒᆞᆯ지라

此 好時代를 際ᄒᆞ야 惟我

皇太子殿下寶齡三十四歲에

妃宮을 親還[679]ᄒᆞ샤 嘉禮를 順成ᄒᆞ오시니 內外臣民의 同情稱[680]慶ᄒᆞᆷ이 萬歲和氣를 導迎ᄒᆞᆷ을 由ᄒᆞ야

惟我二千萬同胞의 內無怨女하며 外無曠夫ᄒᆞ야 二南之化를 歌詠ᄒᆞᆷ이 一國和氣를 導迎ᄒᆞᆷ이라

677 본문 한자는 '象(상)' 자인데 부속국문은 '쇄' 자로 표기되었다.
678 본문 한자는 '賁(분)' 자인데 부속국문은 '비' 자로 표기되었다.
679 본문 한자는 '還(환)' 자인데 부속국문은 '영' 자로 표기되었다.
680 본문 한자는 '稱(칭)' 자인데 부속국문은 '층' 자로 표기되었다.

和者ᄂᆞᆫ 天地之氣也라 萬物을 化生ᄒᆞ며 萬事를 成立ᄒᆞᄂᆞᆫᄃᆡ 和氣가 主權者이 되ᄂᆞ니

禮樂의 成ᄒᆞᆷ을 中和라 ᄒᆞ고 戰爭의 息ᄒᆞᆷ을 媾和라 ᄒᆞ고 治化ᄀᆞ 萬邦에 洽ᄒᆞᆷ을 協和라 ᄒᆞ고 八音이 克諧ᄒᆞᆷ을 神人以和라 ᄒᆞ고 君臣의 際遇를 上[681]下和睦이라 ᄒᆞ니

邦國에 和氣를 導迎ᄒᆞ면 治化隆盛ᄒᆞ고 家室에 和氣를 導迎ᄒᆞ면 福慶咸臻ᄒᆞᆯ 거이니 一團和氣가 엇지 天地間主權者이 아니리오

就中百工이 相和라 ᄒᆞᆷ은 一廷臣隣의 和衷共濟ᄒᆞᆷ을 謂ᄒᆞᆷ이니 若其 臣隣이 不和ᄒᆞ야 黨派를 分張ᄒᆞ고 門戶를 峙立하면 國家의 和氣를 大愆ᄒᆞ야 不祥ᄒᆞᆫ 影響를【을】 致할지라

政府當局諸公도 天時人事의 和氣를 導迎ᄒᆞᄂᆞᆫ 好時代를 際ᄒᆞ야 感情을 融解ᄒᆞ고 志意를 妥協ᄒᆞ야 目下汲汲한 危局을 匡扶ᄒᆞ기를 同心合力ᄒᆞ야 水火救濟ᄒᆞᆷ과 如히 一團和氣로 做去ᄒᆞᆷ을 希望ᄒᆞ노니

諸公諸公은 太和元氣中에 聖德을 涵泳ᄒᆞ야 萬年大計를 鞏固할지니라

173호 1907년 1월 26일 (토) 論說

學徒慶祝盛況

再昨二十四日에 日吉辰良ᄒᆞ야

皇太子殿下 妃宮嘉禮의 順成ᄒᆞᆷ은 我國 皇上陛下의 聖衷이 嘉悅ᄒᆞ오신 바이며 全國臣民의 舞蹈歡忭ᄒᆞᄂᆞᆫ 바이오 友邦 皇室에셔 特使를 派遣ᄒᆞ야

681 본문 한자는 '上(상)' 자인데 부속국문은 '쐐' 자로 표기되었다.

賀意를 表ᄒᆞ오신 바이오 各國紳士의 賀班에 稱[682]慶ᄒᆞᆫ ᄇᆡ인ᄃᆡ

就中 各 學校 學生이 各[683]色校旗[684]를 擧ᄒᆞ고 或 帽子에 花枝를 揷ᄒᆞ며 或紅[685]燈을 提하고 學部門前에 파立整列ᄒᆞ얏다가 學部에셔 視學官으로 命令케 ᄒᆞ야 各 學校 學生을 次第로 行[686]列ᄒᆞ야 大漢門前지迎近[687]處所에 一字排立ᄒᆞ얏ᄂᆞᆫᄃᆡ

第一師範學校이오

第二普成中學校小學校인ᄃᆡ 學生이 共合七百餘名에 達하얏스며

第三官立各國語學校인ᄃᆡ 일【日】語學校學生이 四百餘名에 達ᄒᆞ얏스며

第四私立專門養正義塾이오

第五各官立普通[688]學校이오

第六各私立普通學校인ᄃᆡ 靑年學院과普明學校와光成商業學校生이最[689] 多數에 達하얏고

第七私立女學校養閨義塾인ᄃᆡ 女學生이 四十餘名에 達ᄒᆞ얏고

第八孤兒院인ᄃᆡ

大漢門前에 皇太子妃玉駕를 저迎하ᄂᆞᆫ 禮式를 畢ᄒᆞ고 卽時 學部門前에 慶축하ᄂᆞᆫ 盛況을 觀光ᄒᆞ니

第一皇室大慶의 無彊邦祿[690]을 攢賀ᄒᆞ며 第二ᄂᆞᆫ 第二世國民될 聰俊靑

682 본문 한자는 '稱(칭)' 자인데 부속국문은 '층' 자로 표기되었다.
683 본문 한자는 '各(각)' 자인데 부속국문은 '명' 자로 표기되었다.
684 본문 한자는 '旗(기)' 자인데 부속국문은 '기' 자로 표기되었다.
685 본문 한자는 '紅(홍)' 자인데 부속국문은 '힝' 자로 표기되었다.
686 본문 한자는 '行(행)' 자인데 부속국문은 '발' 자로 표기되었다.
687 본문 한자는 '近(근)' 자인데 부속국문은 '영' 자로 표기되었다.
688 본문 한자는 '通(통)' 자인데 부속국문은 '감' 자로 표기되었다.
689 본문 한자는 '最(최)' 자인데 부속국문은 '취' 자로 표기되었다.
690 본문 한자는 '祿(록)' 자인데 부속국문은 '력' 자로 표기되었다.

年의 勃勃흔 英氣와 特特흔 才氣와 潑潑흔 銳氣를 攢賀흐거니와 靑年諸君을 向흐야 更히 一句話를 贊成흐누니

此 英氣와才氣와銳氣로干雲蟠木도可成흐깃고躍爐精金도可成흐깃스되 一種學問과 事業에 元素되난 別般神聖흔 指針은 精神的 教育을 受흐야 腦氣筋을 貫徹흐며 神[691]經血을 運用흐야 一個個精神을 團合흐야 二千萬個의 一團大韓魂을 陶鎔한 然後에 可히 國威國光을 천【闡】揚흘 거이오 民權民利을 發展흘 거이니 此 重大責任은 靑年諸君의 兩肩上에 擔荷흔 빅라 靑年諸君이 엇지 可히 吾儕의 言을 辭讓흐리오

然則 靑年諸君은 精神的으로 益益進步[692]하며 烝烝造詣흐야 匡時需世흐는 良器를 作成흘지어다

梧桐鳳凰의 藹藹吉士가 第二世國民이 되야 將來邦家에 方興未艾之慶을 際흐야 修文太平의 世에 共히 文明의 福을 永享흐기를 深축【祝】흐노라

174호

1907년 1월 29일 (화) 論說

用法公正

李裕寅獄事에 對흐야 死刑에 處흐기로 宣告흠을 本紙에 已爲揭布하얏거니와

李裕寅은 果然 何如한 者이뇨 二十年來 有名흔 勢力家로 一世가 側[693]目흐든 者이라

691 본문 한자는 '神(신)' 자인데 부속국문은 '금' 자로 표기되었다.
692 본문 한자는 '步(보)' 자인데 부속국문은 '섭' 자로 표기되었다.
693 본문 한자는 '側(측)' 자인데 부속국문은 '칙' 자로 표기되었다.

左道를 稱[694]托ᄒᆞ고 捷逕을 攀緣ᄒᆞ야 權奸을 締結ᄒᆞ고 聰明을 欺蔽ᄒᆞ야 大官高爵을 匪分濫觴[695]ᄒᆞᆷ도 臣子分義에 所不敢爲ᄒᆞᆯ지라 一世人이 皆曰可殺이라ᄂᆞᆫ 公憤이 積鬱[696]ᄒᆞ얏거니와

今回逆獄을誣構ᄒᆞ야人衆을誤陷하고國家ᄅᆞᆯ擾亂코자ᄒᆞ든情跡이綻露하야平理院에셔一一自服함은司法에頒布ᄒᆞᆫ宣告書를見ᄒᆞ면獄事顚末을瞭然可知ᄒᆞᆯ지니李裕寅者의死刑에處ᄒᆞᆷ은三尺王章이不可容貸ᄒᆞᆯ者ㅣ라

近年來平漢兩裁의 枉法橫斷ᄒᆞ야 賄賂公行ᄒᆞ고 權勢影從ᄒᆞ든 司法官吏의 汚風이 一掃[697]ᄒᆞᆷ을 於此可見할 거이 一朝廷上에 ᄒᆞᆫ天動地ᄒᆞ든 勢力家를 能히 拷訊得情하야 死刑으로 處斷ᄒᆞ얏스니 錙[698]수不差ᄒᆞ고 毫厘不錯ᄒᆞᆫ 公正法律을 權衡과 如히 用한 司法官吏의 峻嚴剛直ᄒᆞᆫ 風稜을 數百年來이 創睹ᄒᆞ깃도다

風聞에 處刑奏本을 上奏ᄒᆞᆷ이 特放ᄒᆞ라신 勅令이 下ᄒᆞ오셧다 ᄒᆞ나 姑히 朝紙에 頒佈치 아니ᄒᆞᆷ이 的否ᄂᆞᆫ 未知ᄒᆞ나 果然 眞的ᄒᆞᆯ지라도

皇上陛下의 慈善ᄒᆞ오신 聖衷이

皇天好生之德을 仰體ᄒᆞ샤 罪人의 一縷을 特貸하시ᄂᆞᆫ 恩澤이 仁春雨露와 如ᄒᆞ샤 毒草惡木에도 敷及ᄒᆞ오신지라

特恩으로 放宥ᄒᆞ시ᄂᆞᆫ 典例가 萬國公法에도 旣有ᄒᆞ거니와

知臣은 莫如主라 ᄒᆞ니 皇上陛下의 聰明ᄒᆞ오신 宸鑑으로 一個李裕寅의 殺無赦ᄒᆞᆯ 罪案을 엇지 明燭치 아니하샤 特放ᄒᆞ시ᄂᆞᆫ 恩典을 遽降ᄒᆞ옵시

694 본문 한자는 '稱(칭)' 자인데 부속국문은 '층' 자로 표기되었다.
695 본문 한자는 '觴(상)' 자인데 부속국문은 '장' 자로 표기되었다.
696 본문 한자는 '鬱(울)' 자인데 부속국문은 '엄' 자로 표기되었다.
697 본문 한자는 '掃(소)' 자인데 부속국문은 '쇄' 자로 표기되었다.
698 본문 한자는 '錙(치)' 자인데 부속국문은 '츄' 자로 표기되었다.

리오마는 但히 好生之德이 與天同大하오심이라

然則 孚柗典者는 一縷生命의 再造大恩을 蒙ᄒᆞ야 陰崖之下에 喘息을 苟保할지라도 司法官吏의 至公至正ᄒᆞᆫ 國法으로 快斷ᄒᆞᆫ 公案이 自在ᄒᆞ니 縱然執行키 不得ᄒᆞ야도 執行홈과 少無差異ᄒᆞ니 堂堂井井ᄒᆞᆫ 國家法典은 天日이 森嚴ᄒᆞᆫ 光輝를 發揚ᄒᆞ얏도다

司法官吏가 旣爲處斷ᄒᆞᆫ 公案을 特放한 恩典이 遽降ᄒᆞᆯ지면 同官吏가 震懔惶蹙[699]ᄒᆞᆯ 情跡이 不無ᄒᆞᆯ 듯ᄒᆞ나 司法官吏도 皇上陛下의 國家法律을 命掌ᄒᆞ오신 責任이 有ᄒᆞᆫ則 其 責任을 盡瘁[700]홈도 皇上陛下를 對揚ᄒᆞ고 報答ᄒᆞᄂᆞᆫ 分義道理에 出홈이라

皇上陛下ᄭᅴ오셔도 嘉獎ᄒᆞ옵신 聖衷이 下垂ᄒᆞ오실지니 엇지 可히 震懔惶蹙[701]홈이 有하리오

司法官吏ᄂᆞᆫ 益益勵精ᄒᆞ야 用法公正ᄒᆞᆫ 責[702]任을 一倍兢懼ᄒᆞ야 皇上聖德을 對越하고 王府和균을 扶持ᄒᆞ야 維新政治의 一大基礎를 鞏固할지어다

175호 1907년 1월 30일 (수) 論說

穆德先生

萬國青年會同盟都揔辦穆德先生[703]이 本日我韓帝國京城에 到達한다 함은 本紙上에 揭佈하야 一般愛讀諸賢에게 通知ᄒᆞᆫ ᄇᆡ이어니와

699 본문 한자는 '蹙(축)' 자인데 부속국문은 '척' 자로 표기되었다.
700 본문 한자는 '瘁(췌)' 자인데 부속국문은 '쐐' 자로 표기되었다.
701 본문 한자는 '蹙(축)' 자인데 부속국문은 '척' 자로 표기되었다.
702 본문 한자는 '責(책)' 자인데 부속국문은 '찬' 자로 표기되었다.
703 본문 한자는 '生(생)' 자인데 부속국문은 '치' 자로 표기되었다.

先生은 美國人氏인ᄃᆡ

先[704]生[705]의 學識은 各種大學科를 研찬ᄒᆞ야 窮理格致의 學問을 通達치 아니ᄒᆞᆫ ᄇᆡ 無하고

先生의 容貌雄偉ᄒᆞ며 風采動人ᄒᆞ야 可히 全地球上에 慕[706]仰ᄒᆞᄂᆞᆫ 威儀를 持有ᄒᆞ얏고

先生의 雄辯은 黃河를 傾倒ᄒᆞ야 古今事理와 宇宙時勢를 一言剖決ᄒᆞᆷ이 敢히 疑難ᄒᆞᆯ 者ㅣ 無ᄒᆞ며

先生의 遊歷은 五大洲에 足跡이 不及ᄒᆞᆫ 處[707]이 無ᄒᆞ야 山川人物과 風土俗尚과 治亂得失과 利害形便을 瞭然히 雙瞳碧月에 羅列ᄒᆞ고 胸中의 風雲을 呑吐ᄒᆞ고

先生이 責任은 世界靑年이 培養을 擔荷ᄒᆞ야 浩然元氣가 天地에 充塞ᄒᆞ얏고

先生의 盛名은 東西兩球의 有志한 人士와 向學ᄒᆞᄂᆞᆫ 大小學校生徒가 一面의 歡迎을 得ᄒᆞᆷ으로 龍門에 登ᄒᆞᆷ과 如한 榮耀로 認定ᄒᆞ니

先生의 位地ᄂᆞᆫ 二十世紀內에 一大偉人이라 稱[708]ᄒᆞᆯ 人文이라 現今萬國靑年同盟會都摠辦의 椅子에 據ᄒᆞ얏스니

噫라 如斯한 一大偉人이 我韓帝國에 遊歷ᄒᆞ야 山川草木이 精采를 共被ᄒᆞ려니와 本月三十一日과 二月一日兩個日에 大演說會를 開ᄒᆞ야 一般國民의 智識을 開發ᄒᆞᆯ 大言論을 特放한다 ᄒᆞ니 我韓人士에 光榮이 此에 過

704 본문 한자는 '先(선)' 자인데 부속국문은 '싱' 자로 표기되었다.
705 본문 한자는 '生(생)' 자인데 부속국문은 '션' 자로 표기되었다.
706 본문 한자는 '慕(모)' 자인데 부속국문은 '무' 자로 표기되었다.
707 본문 한자는 '處(처)' 자인데 부속국문은 '셔' 자로 표기되었다.
708 본문 한자는 '稱(칭)' 자인데 부속국문은 '충' 자로 표기되었다.

ᄒᆞᆯ 者ㅣ 無ᄒᆞ도다

雖然이나 吾儕ᄂᆞᆫ 世界의 播傳ᄒᆞᄂᆞᆫ 傳說을 聞ᄒᆞ고 贊成ᄒᆞᄂᆞᆫ 一論을 述ᄒᆞ야 預告하거니와 其 風采를 接ᄒᆞ며 言論을 聽ᄒᆞ야 實地를 經ᄒᆞᆫ 後에 更[709]히 攢[710]頌하깃기로 姑[711]히 一[712]筆[713]을 留ᄒᆞ야 後日를 跂[714]待ᄒᆞ노라

176호 1907년 1월 31일 (목) 論說

餞送田中特使

日本 宮內大臣 子爵 田中光顯 氏가 特差使命을 啣ᄒᆞ고 玉節을 仗하야 萬里海陸에 旡[715]恙到達ᄒᆞᆷ은 一般上下臣民의 歡迎ᄒᆞᆫ 바이어니와

使事[716]를 旣竣ᄒᆞ고 本日 歸國ᄒᆞᄂᆞᆫ 途에 登ᄒᆞᆷ이 一般上下臣民의 惜別ᄒᆞᄂᆞᆫ 意를 表하야 停車場上에 怊悵ᄒᆞᄂᆞᆫ ᄇᆡ라

韓日兩邦이 位置ᄂᆞᆫ 一葦水를 隔ᄒᆞ야 人烟이 相望ᄒᆞ고 人文이 相接ᄒᆞ야 東洋一局에 唇[717]齒輔車의 勢를 相依하야 特別한 關係가 現存ᄒᆞ얏스니

兩邦友誼가 益益親密ᄒᆞ야 冠盖相望ᄒᆞ고 樽俎相屬하기로 博恭親王이 大使로 光降ᄒᆞ고 伊藤侯爵도 大使로 賁[718]臨ᄒᆞ야 皇室貴賓으로 優待ᄒᆞᄂᆞᆫ

709 본문 한자는 '更(갱)' 자인데 부속국문은 '찬' 자로 표기되었다.
710 본문 한자는 '攢(찬)' 자인데 부속국문은 '깅' 자로 표기되었다.
711 본문 한자는 '姑(고)' 자인데 부속국문은 '일' 자로 표기되었다.
712 본문 한자는 '一(일)' 자인데 부속국문은 '필' 자로 표기되었다.
713 본문 한자는 '筆(필)' 자인데 부속국문은 '뉴' 자로 표기되었다.
714 본문 한자는 '跂(기)' 자인데 부속국문은 '고' 자로 표기되었다.
715 본문 한자는 '旡(기)' 자인데 부속국문은 '무' 자로 표기되었다.
716 본문 한자는 '事(사)' 자인데 부속국문은 '영' 자로 표기되었다.
717 본문 한자는 '唇(진)' 자인데 부속국문은 '순' 자로 표기되었다.
718 본문 한자는 '賁(분)' 자인데 부속국문은 '비' 자로 표기되었다.

禮로 應接ᄒᆞᆷ이 上下臣民의 歡迎과 悵別ᄒᆞᄂᆞᆫ 同情을 表ᄒᆞ얏거니와

今回田中特使의 迎送ᄒᆞᄂᆞᆫ 禮ᄂᆞᆫ 特別逈[719]殊ᄒᆞᆫ 情誼ᄅᆞᆯ 包含ᄒᆞ얏스니 我
皇太子殿下嘉禮ᄂᆞᆫ 一國의 大慶이라 此를 陳賀ᄒᆞᄂᆞᆫ 特使이오

日本 皇帝陛下의 賀書를 져來ᄒᆞ야 我

皇上陛下씌 進呈ᄒᆞᆫ 特使이오

兩國交誼가 敦密ᄒᆞ야 世界列邦中特別한 情義를 表ᄒᆞ야 來到한 特使이라

此 特使行[720]駕에 對ᄒᆞ야 上下臣民의 特別ᄒᆞᆫ 歡迎心과 特別悵送心이 前日使价의 來往ᄒᆞᆷ에 一[721]倍光榮을 荷ᄒᆞ얏스니 엇지 殷勤한 情義을 表彰치 아니ᄒᆞ리오 是以로 我皇室에서도 特使를 派遣하야 日本 皇室에 答禮도 ᄒᆞ시려니와

田中特使이 旋旆ᄅᆞᆯ 悵望ᄒᆞ야 雪天氷地에 健全回國ᄒᆞᆷ을 祝하고

更히 一語를 贈呈ᄒᆞ노니 昔에 士會가 繞朝을 送別ᄒᆞᆯ시 一鞭을 相贈ᄒᆞ야 曰子無謂秦無人하라 ᄒᆞ얏스니 吾人도 繞朝의 一鞭을 贈呈ᄒᆞ야 惜別하ᄂᆞᆫ 敬意를 表ᄒᆞ고자 ᄒᆞ노라

177호 1907년 2월 1일 (금) 論說

警告各社會有志諸君

各 社會 有志 諸君 足下ᄂᆞᆫ 文明上進步코자 ᄒᆞᄂᆞᆫ 目的을 抱有ᄒᆞ야 熱血이 沸騰하ᄂᆞᆫ 一流人士ᄂᆞᆫ 諸般事業의 進就한 程度가 何等階級에 達ᄒᆞ얏ᄂᆞ뇨

719 본문 한자는 '逈(형)' 자인데 부속국문은 '향' 자로 표기되었다.
720 본문 한자는 '行(행)' 자인데 부속국문은 '항' 자로 표기되었다.
721 본문 한자는 '一(일)' 자인데 부속국문은 '알' 자로 표기되었다.

教育社會에 諸般學問上有志諸君은 羽毛가 漸長ᄒᆞ야 如鳥數飛ᄒᆞᄂᆞᆫ 步驟가 有ᄒᆞᆫ가 不有ᄒᆞᆫ가 精神을 注集ᄒᆞ야 如卉方旭ᄒᆞᆫ 氣味를 知ᄒᆞᄂᆞᆫ가 不知ᄒᆞᄂᆞᆫ가 吾儕의 希望이 極達홈으로 一月勉强이 一年功効가 有홈을 務望ᄒᆞ며

集合社會에 諸般團體上 有志諸君은 言權自由에 何等發展ᄒᆞᄂᆞᆫ 成[722]績[723]을 得하며 開進目的에 何等前進ᄒᆞᄂᆞᆫ 造詣을 得ᄒᆞ얏ᄂᆞ뇨 吾儕[724]의 希望이 極達홈으로 萬里前程을 一朝到達홈을 務望ᄒᆞ며

勞働社會에 各般實業上有志諸君은 農業과 林業과 鑛業과 漁業과 蚕[725]業과 人造業과 貿易業에 何等學問에 達ᄒᆞ며 何等技術에 至하며 何等利益에 居ᄒᆞ얏ᄂᆞ뇨 吾儕의 希望이 極達홈으로 十年實力[726]을 一年成立홈을 務望ᄒᆞ노니

吾儕의 諸君에 對한 慾望이 알【揠】苗助長홈과 如하나 我韓局勢를 顧眄ᄒᆞ라 汲汲한 狀況[727]이 矯足의 危急홈이 有ᄒᆞ니 一刻光陰이 千金과 如ᄒᆞ지 아니한ᄀᆞ

我韓風氣가 自來로 懦[728]弱ᄒᆞ고 柔연ᄒᆞ고 萎靡ᄒᆞ고 解散ᄒᆞᆫ 性質로 勇斷心이 絶無ᄒᆞ야 前進하ᄂᆞᆫ 氣癖이 有한 人氏를 不見ᄒᆞ얏스니 엇지 焦躁心이 發하지 아니ᄒᆞ리오

天歲ᄂᆞᆫ 如流ᄒᆞ야 人歲를 不待하기로 光武十一年을 迎ᄒᆞ야 一月이 荏苒已盡ᄒᆞ얏스니 學問事業을 兢兢前進ᄒᆞ야 天與한 職責을 自修ᄒᆞ시오

---

722 본문 한자는 '成(성)' 자인데 부속국문은 '젹' 자로 표기되었다.
723 본문 한자는 '績(적)' 자인데 부속국문은 '성' 자로 표기되었다.
724 본문 한자는 '儕(제)' 자인데 부속국문은 '지' 자로 표기되었다.
725 본문 한자는 '蚕(전)' 자인데 부속국문은 '잠' 자로 표기되었다.
726 본문 한자는 '力(력)' 자인데 부속국문은 '릐' 자로 표기되었다.
727 본문 한자는 '況(황)' 자인데 부속국문은 '력' 자로 표기되었다.
728 본문 한자는 '懦(나)' 자인데 부속국문은 '늬' 자로 표기되었다.

國이 劣等地位에 落ᄒᆞ고 民이 劣等人種에 陷ᄒᆞ야 世界에 唾罵를 不免ᄒᆞ니 此 責任은 各般社會諸君이 擔負ᄒᆞᆫ ᄇᆡ라 唾罵를 受ᄒᆞ기도 諸君이오 唾罵를 免ᄒᆞᆷ도 諸君이니 諸君의 思想은 何如하뇨

178호 1907년 2월 2일 (토) 論說

擇人未可信

自古及今에 擇用人材라ᄂᆞᆫ 說을 可히 解釋키 不得ᄒᆞᆯ깃도다

大凡人材라 ᄒᆞᆷ은 何如ᄒᆞᆫ 人物을 人材라 稱[729]ᄒᆞ나뇨

假令 人材라 稱[730]ᄒᆞᄂᆞᆫ 人物이 四目이나 雙鼻가 아닌則 表面으로 推測[731]ᄒᆞ기 難ᄒᆞ깃고

又或瑾瑜의 光彩를 懷握ᄒᆞ며 瑚璉의 寶質을 蘊抱ᄒᆞ얏슬지라도 中心을 相照ᄒᆞ기 難한지라

然則 人材를 擇用할 時에 薰유의香臭[732]와 如히 嗅ᄒᆞ기도 難하며 자荼의 甘[733]苦와 如히 嘗ᄒᆞ기도 亦難ᄒᆞᆫ 則 擇用이라ᄂᆞᆫ 說을 解釋키 不得ᄒᆞᆯ 者라 設使人材를 擇한다 ᄒᆞᆯ지라도 恐懼流言ᄒᆞ든 日에 負成王朝諸候ᄒᆞ야 八百年姬家基業을 鞏固케 ᄒᆞᆫ 周公을 誰人이 知得ᄒᆞ얏스며

謙[734]恭下士할 時에 王室을 簒逆ᄒᆞ야 四百年劉氏運祚를 傾覆케 ᄒᆞᆫ 王莽

729 본문 한자는 '稱(칭)' 자인데 부속국문은 '층' 자로 표기되었다.
730 본문 한자는 '稱(칭)' 자인데 부속국문은 '층' 자로 표기되었다.
731 본문 한자는 '測(측)' 자인데 부속국문은 '칙' 자로 표기되었다.
732 본문 한자는 '臭(취)' 자인데 부속국문은 '비' 자로 표기되었다.
733 본문 한자는 '甘(감)' 자인데 부속국문은 '검' 자로 표기되었다.
734 본문 한자는 '謙(겸)' 자인데 부속국문은 '혐' 자로 표기되었다.

을 誰人이 知得ᄒᆞ얏스며

其他 君子小人과 忠臣亂賊이 千古歷史에 昭然載在ᄒᆞᆫ 者ㅣ 皆是當日에 俊傑豪邁한 人材로 見稱[735]ᄒᆞ얏슨則 末梢의 臧否淑慝를 豈知ᄒᆞ리오 人材擇用이라ᄂᆞᆫ 一說은 吾儕ᄂᆞᆫ 不信ᄒᆞᄂᆞᆫ 비오 但히 何等人物이든지 學問이나 有ᄒᆞ거든 收用ᄒᆞ야 法律範圍內에만 拘束ᄒᆞ면 跋扈ᄒᆞᄂᆞᆫ 魚와泛[736]駕ᄒᆞᄂᆞᆫ 馬가 無할 거이오

但히 其 功効의 遲速과 手段의 敏鈍홈은 各其 器局을 隨ᄒᆞ야 現出홈도 法律主裁下에 賞罰로 糾戢ᄒᆞ면 責[737]任을 充分做去할지라

是以로 吾儕ᄂᆞᆫ 近日 政府上 人材擇用ᄒᆞᆫ다ᄂᆞᆫ 說을 絶對的 反對하고 但히 法律을 嚴峻히 實行ᄒᆞ야 錙[738]수不差ᄒᆞ고 毫厘[739]不錯케 ᄒᆞ야 一國人民을 範土型金[740]과 如히 陶鎔ᄒᆞ면 人材ᄂᆞᆫ 其 中에 作成홀지라

法律이 不立ᄒᆞ고 何等人材를 另求ᄒᆞᆫ다 峻選ᄒᆞᆫ다 稱[741]ᄒᆞᄂᆞ뇨 其 確實ᄒᆞᆫ 證據를 說明할진ᄃᆡ

支那古代에 皐陶가 士師를 作홈이 四罪咸服ᄒᆞ야 滿廷臣隣이 股肱良哉라 稱[742]ᄒᆞ얏고 商鞅이 新法을 峻用홈의 全國에 棄材가 無ᄒᆞ얏다 ᄒᆞ고 歐亞歷史를 觀홀진ᄃᆡ 俾思麥이 法律을 嚴明ᄒᆞ야 八千萬口善良ᄒᆞᆫ 人材를 養成ᄒᆞ얏스며 日本이 憲法을 改正한 後 明治四十年 政治에 人材가 輩出ᄒᆞ

735 본문 한자는 '稱(칭)' 자인데 부속국문은 '충' 자로 표기되었다.
736 본문 한자는 '泛(범)' 자인데 부속국문은 '봉' 자로 표기되었다.
737 본문 한자는 '責(책)' 자인데 부속국문은 '척' 자로 표기되었다.
738 본문 한자는 '錙(치)' 자인데 부속국문은 '츄' 자로 표기되었다.
739 본문 한자는 '厘(리)' 자인데 부속국문은 '비' 자로 표기되었다.
740 본문 한자는 '金(금)' 자인데 부속국문은 '전' 자로 표기되었다.
741 본문 한자는 '稱(칭)' 자인데 부속국문은 '충' 자로 표기되었다.
742 본문 한자는 '稱(칭)' 자인데 부속국문은 '충' 자로 표기되었다.

얏스니

此를 由하야 觀ᄒᆞᆯ진ᄃᆡ 法律이 邦國을 鞏固ᄒᆞ는 器具ᄲᅮᆫ 不是라 人材[743]를 作[744]成ᄒᆞ는 一大機關이라 ᄒᆞ노라

179호

1907년 2월 3일 (일) 論說

內部協辦

內部協辦의 椅子가 空虛한지 二個月에 漢城府尹 朴義秉 氏가 新任ᄒᆞ얏다 ᄒᆞ니

政府上明達ᄒᆞᆫ 藻鑑으로 當世人物을 峻選ᄒᆞ기 爲ᄒᆞ야 內部協辦의 椅子를 久曠ᄒᆞᆷ은 一世人이 注目한 바인ᄃᆡ 同氏로 特薦ᄒᆞ얏스며

時局上岌業ᄒᆞᆫ 形勢로 當世俊才를 另擇ᄒᆞ기 爲ᄒᆞ야 內部協辦椅子을 久曠ᄒᆞᆷ을 一世人의 加額ᄒᆞᆫ바인ᄃᆡ 同氏로 特任ᄒᆞ얏스니

內部協辦은 天官亞相이오 地方要任이라 椅子를 久曠ᄒᆞᆫ지 二個月에 同氏로 塡充ᄒᆞ얏스니 內部에 得其人ᄒᆞᆷ을 大祝賀도 ᄒᆞ거니와

崔錫敏 氏의才局이狹小ᄒᆞ다 ᄒᆞ야同任을遞改ᄒᆞ고趙民熙 氏가內協移任ᄒᆞ얏다는電報를承接ᄒᆞ고星夜上京ᄒᆞ야二十餘日을逡巡ᄒᆞᆷ이責任을不堪ᄒᆞ깃다 ᄒᆞ야本職으로還送ᄒᆞ고擇之又擇ᄒᆞ고精益求精ᄒᆞ다가同氏로塡充ᄒᆞ얏스니

同氏의 才局이 如何ᄒᆞᆷ과 學問이 如何함과 名譽가 如何함과 品行이 如何함은吾儕만不知ᄒᆞᆯ ᄲᅮᆫ 아니라全社[745]會[746]上의 不知ᄒᆞ는 바이오但히漢城

743 본문 한자는 '材(재)' 자인데 부속국문은 '직' 자로 표기되었다.

744 본문 한자는 '作(작)' 자인데 부속국문은 '재' 자로 표기되었다.

府尹 朴義秉 氏로믄 認ᄒᆞ얏더니 日昨에 同任을 特叙ᄒᆞ얏스니 可히 其 人인 ᄌᆞᆯ을 覺得ᄒᆞ깃스니 政府諸公의 明達ᄒᆞᆫ 藻鑑을 祝賀ᄒᆞᄂᆞᆫ 바이오

其 人으로 是任을 擔荷케 ᄒᆞ면 天官大冢宰를 贊佐ᄒᆞ야 地方을 調制하고 人民을 安堵케 ᄒᆞᆯ ᄌᆞᆯ을 不言可知이니 時局의 岌業ᄒᆞᆫ 形便을 可히 維持ᄒᆞ야 磐泰의 安全ᄒᆞᆷ을 祝賀ᄒᆞᄂᆞᆫ 바이라

內部大臣의 用人公正ᄒᆞᆷ은 一世人의 已知ᄒᆞᆫ ᄇᆡ어니와 叅政大臣의 用人ᄒᆞ난 手段도 內部大臣의 公正ᄒᆞᆷ을 不讓ᄒᆞᆯ 줄로 恍然瞭然ᄒᆞ깃스니 叅政大臣을 祝賀하노라

180호

1907년 2월 5일 (화) 論說

養正義塾

養正義塾에셔 每日曜日에 學生諸君이 討論會ᄅᆞᆯ 設ᄒᆞ야 再昨日第八回討論會ᄅᆞᆯ 開ᄒᆞ고 聽賓을 延請ᄒᆞ야 多數名士가 會集하얏ᄂᆞᆫᄃᆡ 本記者도 末席에 叅列ᄒᆞ야 光榮을 不勝ᄒᆞᄂᆞᆫ 바라

當日問題ᄂᆞᆫ 富國之策이工勝於農이라可便正演議ᄂᆞᆫ 高翊相 金景濟 兩氏오 否便正演議ᄂᆞᆫ 金烱均 金應說 兩氏오 續論은 文基鼎 洪達厚 金癸根 尹宇[747] 根[748] 崔[749] 원植 金浩秉 六員인ᄃᆡ 辨論이 明快ᄒᆞ고 氣運[750]이 活潑ᄒᆞ야

745 본문 한자는 '社(사)' 자인데 부속국문은 '회' 자로 표기되었다.
746 본문 한자는 '會(회)' 자인데 부속국문은 'ᄉᆞ' 자로 표기되었다.
747 본문 한자는 '宇(우)' 자인데 부속국문은 '최' 자로 표기되었다.
748 본문 한자는 '根(근)' 자인데 부속국문은 '우' 자로 표기되었다.
749 본문 한자는 '崔(최)' 자인데 부속국문은 '식' 자로 표기되었다.
750 본문 한자는 '運(운)' 자인데 부속국문은 '적' 자로 표기되었다.

其 學問程度를 揣[751]料하깃고 其他 學員諸氏가 拍手喝采ᄒᆞᄂᆞᆫᄃᆡ 擧皆容貌端正하고 氣質聰俊ᄒᆞ야 可히 前塗大進의 步驟를 期望홀 勃勃한 英氣를 見홀지라

于是에 傍聽ᄒᆞᄂᆞᆫ 名士諸氏도 其 造詣를 贊成하기 爲ᄒᆞ야 劉元杓[752] 金祥演 洪肯燮 三氏가 次第演說ᄒᆞ야 討論를 批評도 ᄒᆞ고 學問을 勸勉도 ᄒᆞ야 愉快ᄒᆞᆫ 盛況을 呈ᄒᆞᄂᆞᆫ지라

本記者가 各般學校를 多數觀光하얏스되 同塾의 實況을 果然創睹한 비라 欽服ᄒᆞ고 歡喜ᄒᆞ야 其 由來를 略說하야 十分贊成ᄒᆞᄂᆞᆫ 同情을 表ᄒᆞ노니

是塾은 光武九年三月에 私立ᄒᆞ얏ᄂᆞᆫᄃᆡ 位置ᄂᆞᆫ 西署義盈庫洞이오 出席學員은 三年級이 四十餘名이오 學科ᄂᆞᆫ 法律이오 資格은 專門大學校이라

塾長 嚴柱益 塾監 安鍾元 贊務 韓晩容 金[753]孝益 韓錫振 劉在ᄒᆞ 諸氏가 盡心盡力ᄒᆞ야 每月三百餘元 經費를 塾長이 擔負홈과 如하야 非常ᄒᆞᆫ 困難을 經ᄒᆞ야 辛勤維持ᄒᆞᄂᆞᆫᄃᆡ

日本에 留學ᄒᆞ야 政治法律經濟各科의 卒業ᄒᆞ고 歸國ᄒᆞᆫ 金祥演 石鎭衡 張도 劉文煥 兪承兼 五氏를 延聘ᄒᆞ야 熱心敎授홈으로 敎育成績이 此에 達한지라

本記者ᄂᆞᆫ 養正義塾靑年學生諸君의게 一言을 擧似하노니

敎育을 受ᄒᆞᄂᆞᆫ 性質이 一顆璞玉을 治홈과 同一ᄒᆞ니 店主의 貲力과 玉工의 手術이 多大한 功力을 費盡ᄒᆞ야 良好[754]ᄒᆞᆫ 結果를 期待ᄒᆞᄂᆞᆫ 者라

751 본문 한자는 '揣(췌)' 자인데 부속국문은 '천' 자로 표기되었다.
752 본문 한자는 '杓(표)' 자인데 부속국문은 '포' 자로 표기되었다.
753 본문 한자는 '金(김)' 자인데 부속국문은 '지' 자로 표기되었다.
754 본문 한자는 '好(호)' 자인데 부속국문은 '후' 자로 표기되었다.

然이나 璞玉의 體質이 椎鑿으로 琢ᄒᆞᆷ과 沙石으로 磨ᄒᆞᄂᆞᆫ 諸般辛苦를 堪耐ᄒᆞ여야 畢竟 溫潤ᄒᆞᆫ 性을 保存ᄒᆞ며 璀璨ᄒᆞᆫ 光을 發揚ᄒᆞ야 一種珍寶物을 成ᄒᆞ나니

及其功用處ᄂᆞᆫ 黍[755]稷粢盛의 瑚璉도 作ᄒᆞᆯ 거이오 大放厥聲ᄒᆞᄂᆞᆫ 玉珮도 作ᄒᆞᆯ 것이오 天地禮幣로 用ᄒᆞᆯ 珪璋도 作할 거이니 此皆諸君의 成就ᄒᆞᆯ 前塗이라 此로 諸君을 祝賀ᄒᆞ거니와

一刻이라도 放心ᄒᆞ야 琢之磨之ᄒᆞᄂᆞᆫ 辛苦를 堪耐키 不能ᄒᆞ면 非石非玉의 一塊璞에 不過ᄒᆞᆯ지니 此로 諸君을 警省하노니

此一言이 養正義塾學生[756]諸君의개 擧似ᄒᆞᆷ을 推ᄒᆞ야 全國靑年諸君의게 普及ᄒᆞᆷ을 希望ᄒᆞ노라

181호 1907년 2월 6일 (수) 論說

姑息病

政府上 行政事態를 觀ᄒᆞᆫ 즉 擧皆膏肓에 入ᄒᆞᆫ 痼疾이 有ᄒᆞ니 其 病名은 姑息病이라

其 病에 症勢가 何如ᄒᆞᆫ고 腦筋이 細弱ᄒᆞ야 思想이 遠大키 不能ᄒᆞ며 血管이 枯焦ᄒᆞ야 活動力이 絶少하며 神經이 虛耗ᄒᆞ야 知慮가 不及ᄒᆞ며 膽汁[757]이 涸[758]渴ᄒᆞ야 勇敢心이 全無ᄒᆞ니

755 본문 한자는 '黍(서)' 자인데 부속국문은 '화' 자로 표기되었다.
756 본문 한자는 '生(생)' 자인데 부속국문은 '원' 자로 표기되었다.
757 본문 한자는 '汁(즙)' 자인데 부속국문은 '집' 자로 표기되었다.
758 본문 한자는 '涸(학)' 자인데 부속국문은 '고' 자로 표기되었다.

大事를 臨ᄒᆞ면 猶豫不決ᄒᆞ고 謀爲가 有하면 因循做去ᄒᆞ야 苶然ᄒᆞᆫ 元氣가 一步ᄅᆞᆯ 奮進키 厭하며 索[759]然한 心志가 一指ᄅᆞᆯ 揮[760]動[761]키 惜ᄒᆞ야 今日에 可行ᄒᆞᆯ 事[762]ᄅᆞᆯ 不行ᄒᆞ고 明日[763]에 可斷ᄒᆞᆯ 謀를 不斷ᄒᆞ야 一時라도 苟且히 偸安ᄒᆞᆷ을 曰 姑息病이라 診斷할지라

此 症이 懶怠ᄒᆞᆷ도 如하고 柔란ᄒᆞᆷ도 如ᄒᆞ야 及其 結果ᄂᆞᆫ 萬事不成하고 百謀不遂ᄒᆞᄂᆞᆫ 要素[764]ᄅᆞᆯ 包含ᄒᆞ야 愉[765]快ᄒᆞᆫ 日月과 活潑ᄒᆞᆫ 世界에 人生의 完全無缺한 樂을 頓[766]忘ᄒᆞᄂᆞᆫ 惡症이라

譬컨ᄃᆡ 鴉片烟을 吸ᄒᆞᄂᆞᆫ 者ㅣ 精神이 昏沉ᄒᆞ고 百病이 俱發ᄒᆞ면 汲汲히 烟을 吸ᄒᆞ야 暫時求急ᄒᆞᆷ을 得ᄒᆞ나니 其 求急ᄒᆞᄂᆞᆫ 時間이 姑息ᄒᆞᄂᆞᆫ 時間과 符節을 合ᄒᆞᆷ과 如ᄒᆞᆫ지라

政府會議에 何等 重大事件을 提議ᄒᆞ얏다가 未決ᄒᆞ고 留案ᄒᆞᆷ도 姑息病이오

法官[767]이 訴訟을 審理ᄒᆞ다가 多月未決ᄒᆞᆷ도 姑息病이오 各官衙에 相當한 文牒去來에 幾日式留滯ᄒᆞᆷ도 姑息病이어니와

就中 政治ᄅᆞᆯ 改善ᄒᆞᄂᆞᆫ 大事[768]業이야 商量ᄒᆞ고 研究하ᄂᆞᆫ 思想이 豈無ᄒᆞ리오마ᄂᆞᆫ 此와 違反하야 斷行[769]ᄒᆞᆯ 膽[770]勇[771]이 消[772]沮ᄒᆞ고 前進ᄒᆞᆯ 足跡이

759 본문 한자는 '索(색)' 자인데 부속국문은 '석' 자로 표기되었다.
760 본문 한자는 '揮(휘)' 자인데 부속국문은 '훈' 자로 표기되었다.
761 본문 한자는 '動(동)' 자인데 부속국문은 '뎡' 자로 표기되었다.
762 부속국문이 '사' 자로 표기되어야 하나 '○'로 표기되었다.
763 부속국문이 '일' 자로 표기되어야 하나 '○'로 표기되었다.
764 본문 한자는 '素(소)' 자인데 부속국문은 '서' 자로 표기되었다.
765 본문 한자는 '愉(유)' 자인데 부속국문은 '루' 자로 표기되었다.
766 본문 한자는 '頓(돈)' 자인데 부속국문은 '둔' 자로 표기되었다.
767 부속국문이 '관' 자로 표기되어야 하나 '●'로 표기되었다.
768 부속국문이 '사' 자로 표기되어야 하나 '●'로 표기되었다.
769 본문 한자는 '行(행)' 자인데 부속국문은 '향' 자로 표기되었다.
770 본문 한자는 '膽(담)' 자인데 부속국문은 '용' 자로 표기되었다.
771 본문 한자는 '勇(용)' 자인데 부속국문은 '담' 자로 표기되었다.

縮退ᄒᆞ야 此日[773]彼日[774]ᄒᆞ고 此月彼月ᄒᆞ야 貧乏者의 貸金償還를 暫時緩延ᄒᆞᄂᆞᆫ 窮計와 如ᄒᆞᆷ이 此ᄂᆞᆫ 沈痼連綿ᄒᆞ야 難治症에 到한 姑息病이라

是病이 表面으로 觀ᄒᆞ면 時急危症은 아니로ᄃᆡ 其害及處ᄂᆞᆫ 虎烈剌이나 膓窒扶斯의 毒烈보담 尤酷ᄒᆞᆫ지라

政府諸[775]公은 汲汲히 是病 醫治ᄒᆞᆯ지어다 是病을 醫治할지어다

182호

1907년 2월 7일 (목)

논설 실리지 않음

183호

1907년 2월 8일 (금) 論說

秘密運動說

近日에 秘密運動이니 秘密運動이니 ᄒᆞᄂᆞᆫ 運動이 甚麼運動인지 不知ᄒᆞᄂᆞᆫ 運動이 大熾ᄒᆞ야 人人이 附耳ᄒᆞ고 處處에 合口한다ᄂᆞᆫ 傳說이 有ᄒᆞ니

此說이 騷說인지 風說인지 道聽塗說인지 不知ᄒᆞ되 閭巷間에 流行[776]ᄒᆞᄂᆞᆫ 一說이라 吾儕ᄂᆞᆫ 此等 無根之說을 不信ᄒᆞ기로 所聞은 已久ᄒᆞ되 口로 言ᄒᆞ며 筆로 記ᄒᆞ기를 厭惡ᄒᆞ야 一種狂說로 歸ᄒᆞ거니와

此說이 非但 閭巷間에 流行[777]ᄒᆞᄂᆞᆫ 一說이라 政界上에도 流行[778]한다 ᄒᆞ

772 본문 한자는 '消(소)' 자인데 부속국문은 '셔' 자로 표기되었다.
773 부속국문이 '일' 자로 표기되어야 하나 '●'로 표기되었다.
774 본문 한자는 '日(일)' 자인데 부속국문은 '월' 자로 표기되었다.
775 본문 한자는 '諸(제)' 자인데 부속국문은 '체' 자로 표기되었다.
776 본문 한자는 '行(행)' 자인데 부속국문은 '향' 자로 표기되었다.

니 何人의 脣舌에 做出[779]ᄒᆞ며 何等 事件에 關係ᄒᆞᆷ인지 不分明 不正確ᄒᆞᆫ 說이엇마ᄂᆞᆫ

或은 第三國運動이니 或은 亡命客運動이니 或은 政府打破의 運動이니 稱[780]ᄒᆞᆫ다ᄂᆞᆫᄃᆡ 黨派도 分合함과 如하고 根抵도 明滅ᄒᆞᆷ과 如ᄒᆞ야 十分人心을 眩惑ᄒᆞᆷ이 四處에 九疑山을 羅列ᄒᆞᆯ지라

雖然 無根之說이라 하야도 市虎의 信과 投杼의 惑ᄒᆞᆷ이 不無한 則 影響所及에 前途關係가 一毫라도 利益은 絶無ᄒᆞᆯ 거이오 十分이나 毒害ᄂᆞᆫ 必有ᄒᆞᆯ지라

宮中에ᄂᆞᆫ 宵小가 群聚ᄒᆞ야 榮寵을 釣取ᄒᆞᆯ 奸計로 此等說을 做出ᄒᆞᄂᆞᆫ지

政界에ᄂᆞᆫ 朋黨이 分張ᄒᆞ야 仇敵을 疾視ᄒᆞᄂᆞᆫ 競爭으로 此等說을 惹起하ᄂᆞᆫ지

閭巷에ᄂᆞᆫ 人心이 未定ᄒᆞ야 秩序ᄅᆞᆯ 紊亂코자 ᄒᆞᄂᆞᆫ 惡習으로 此等說을 造作ᄒᆞᄂᆞᆫ지

此等說을 何處에 萌起ᄒᆞ며 誰人이 煽惑ᄒᆞᄂᆞᆫ지 不知ᄒᆞ되 萬若事實과 如ᄒᆞᆷ이 斷無하고 風說ᄆᆞᆫ 流行[781]ᄒᆞᆫ다 ᄒᆞᆯ지라도 國家人民의 幸[782]福이라고 稱[783]키ᄂᆞᆫ 萬萬不可ᄒᆞ거날

就中第三國運動이라ᄂᆞᆫ 說은 時勢ᄅᆞᆯ 不識ᄒᆞᄂᆞᆫ 野昧糊塗者의 一世ᄅᆞᆯ 광惑ᄒᆞ야 國家人民을 動搖코자 ᄒᆞᄂᆞᆫ 鬼[784]恠[785]輩의 야揄ᄒᆞᆷ과 如ᄒᆞᆫ 影響이 有

777 본문 한자는 '行(행)' 자인데 부속국문은 '항' 자로 표기되었다.
778 본문 한자는 '行(행)' 자인데 부속국문은 '향' 자로 표기되었다.
779 본문 한자는 '出(출)' 자인데 부속국문은 '거' 자로 표기되었다.
780 본문 한자는 '稱(칭)' 자인데 부속국문은 '층' 자로 표기되었다.
781 본문 한자는 '行(행)' 자인데 부속국문은 '향' 자로 표기되었다.
782 본문 한자는 '幸(행)' 자인데 부속국문은 '향' 자로 표기되었다.
783 본문 한자는 '稱(칭)' 자인데 부속국문은 '층' 자로 표기되었다.

할진ᄃᆡ 此ᄂᆞᆫ 禍胎를 醞[786]釀ᄒᆞᆷ이라 엇지 慨然치 아니ᄒᆞ리오

宮禁은 肅清ᄒᆞ고 政界ᄂᆞᆫ 和衷ᄒᆞ고 人心은 整頓[787]하야 自國을 保全ᄒᆞᆯ 精神的을 吸收ᄒᆞ야 此等 風說을 掃除ᄒᆞ고 實力을 養成하야 國家의 威權을 恢復ᄒᆞ고 人民의 慶福을 挽回ᄒᆞ기로 合心團體ᄒᆞ야 安危存亡의 時局을 救濟ᄒᆞᆯ지어다

吾儕ᄂᆞᆫ 熱血을 瀝하야 此等說을 澄[788]清코자 ᄒᆞ노라

184호 1907년 2월 9일 (토) 論說

恩沛浩渥(一萬圜下賜)

在日本二十一名 留學生 斷指事件은 本紙에 揭載ᄒᆞ야 讚揚ᄒᆞᆫ 바어니와 海外殊域에 留學ᄒᆞᄂᆞᆫ 學生이 祖國을 遠離ᄒᆞ고 學業에 立志ᄒᆞ야 雪窓螢[789]火에 千辛萬苦ᄒᆞ다가 學費가 乏絶ᄒᆞ야 非常困難을 經ᄒᆞ되 退步心이 絶無ᄒᆞ고 血性을 奮發ᄒᆞ야 學問을 成就ᄒᆞ기로 斫指同盟한 慘狀을 九天창합에 登徹되야

皇上陛下ᄭᅴ오셔 仁覆憫下ᄒᆞ오신 如天聖德으로 階[790]前萬里을 照臨ᄒᆞ사 同學生의 血性을 嘉尙ᄒᆞᆸ시고 慘狀을 哀矜ᄒᆞ사

鳳尾丹詔을 煥發하심의 慈仁惻달ᄒᆞ오신 宸[791]衷이 滿幅淋漓ᄒᆞᆸ시고

---

784 본문 한자는 '鬼(귀)' 자인데 부속국문은 '괴' 자로 표기되었다.
785 본문 한자는 '恠(괴)' 자인데 부속국문은 '경' 자로 표기되었다.
786 본문 한자는 '醞(온)' 자인데 부속국문은 '연' 자로 표기되었다.
787 본문 한자는 '頓(돈)' 자인데 부속국문은 '둔' 자로 표기되었다.
788 본문 한자는 '澄(징)' 자인데 부속국문은 '증' 자로 표기되었다.
789 본문 한자는 '螢(형)' 자인데 부속국문은 '영' 자로 표기되었다.
790 본문 한자는 '階(계)' 자인데 부속국문은 '히' 자로 표기되었다.

內帑金一萬圜을 下賜ᄒᆞ오사 學費를 補助ᄒᆞ오시니 仁天恩ᄑᆡᄀᆞ 廣大浩渥ᄒᆞ신지라

吾儕도 此詔를 伏讀ᄒᆞ고 雙淚交迸ᄒᆞ야 聖德을 仰頌ᄒᆞ거든 何況二十一名留學生의 惶感ᄒᆞ고 光榮ᄒᆞᆷ이 果然何如ᄒᆞᆯ고

官費生私費生을 無論ᄒᆞ고 皆

陛下의 赤子이라 己飢와 如ᄒᆞ며 己傷과 若하오신 一視惠恩이 彼此의 別이 無ᄒᆞᄋᆞᆸ시고 撫慰勸勉ᄒᆞ사 良材의 養成을 期望ᄒᆞ오시니 非止二十一名이라 海外一般留學生과 全國青年學生이 一時에 恩ᄑᆡ을 共霑ᄒᆞᆷ과 同一ᄒᆞᆫ지라

皇上陛下의 作人之化ᄀᆞ 春風生輝ᄒᆞᆷ과 如ᄒᆞ오신지라 斷指學生은 曠前絶後ᄒᆞᆫ 血性ᄋᆞᆫ 鼓出하고 稀古罕今ᄒᆞᆫ 恩渥[792]을 蒙沾ᄒᆞ야 世界의 嘖嘖稱[793]賞ᄒᆞᄂᆞᆫ 感을 起ᄒᆞ얏스니

德義를 佩服ᄒᆞ고 學問을 增進ᄒᆞ야 大厦棟량【梁】과 巨川舟楫의 良材를 個個作成하야 他日國家의 大用을 應ᄒᆞ야 需時匡世ᄒᆞᄂᆞᆫ 大功偉勳을 成立ᄒᆞ야 皇上聖德을 報答ᄒᆞ기를 擧手攢祝ᄒᆞ노라

185호 1907년 2월 10일 (일) 論說

舊曆迎歲

光武十一年 二月 十二日은 卽 舊曆 丙午 十二月 晦日이오 其翌日은 卽

791 본문 한자는 '宸(신)' 자인데 부속국문은 '진' 자로 표기되었다.
792 본문 한자는 '渥(악)' 자인데 부속국문은 '옥' 자로 표기되었다.
793 본문 한자는 '稱(칭)' 자인데 부속국문은 '충' 자로 표기되었다.

丁未元朝이라 舊曆은 時行[794]ᄒᆞᄂᆞᆫ 明時曆이니 雖曰 舊曆이나 卽 我 皇上陛下改元光武以前五百年曆日이오 現今 一大統正삭이라 其 所重이 如此ᄒᆞ고 且 國家의 習[795]慣[796]이 永遠遵用ᄒᆞ든 曆日을 欽奉ᄒᆞ야 皇室典禮에도 舊曆을 用ᄒᆞ며 人民俗尚에도 舊曆을 用ᄒᆞ며 節候도 舊曆을 用ᄒᆞ며 農事도 舊曆을 用ᄒᆞ며 祭祠生辰도 舊曆을 用ᄒᆞ니 此ᄂᆞᆫ 猝然不改ᄒᆞᆯ 一事이라

是以로 學部觀象所에셔 明時曆을 刊布ᄒᆞᆷ의 人民이 此를 遵用ᄒᆞᄂᆞᆫ 故로 陽曆日字ᄂᆞᆫ 模糊ᄒᆞ야 或葉曆이 有ᄒᆞ다 ᄒᆞ야도 甚히 稀貴ᄒᆞᆷ으로 日曜를 曰 空日이라 ᄒᆞ야 知者ᄂᆞᆫ 知하되 不知者ㅣ 衆多ᄒᆞᆫ지라

國俗이 如此ᄒᆞᆷ으로 舊[797]曆[798]으로 敬授人時ᄒᆞᆷ의 人民이 崇信ᄒᆞᄂᆞᆫ지라 近年에 陽曆新歲를 迎ᄒᆞ되 尋常看過ᄒᆞ고

陰曆過歲에 至ᄒᆞ야ᄂᆞᆫ 全國人民이 債[799]簿를 淸帳ᄒᆞ며 新鮮衣服을 制作ᄒᆞ야 鄰里長老의 禮拜ᄒᆞ며 飮食을 設備ᄒᆞ야 祖先에 祭祀ᄒᆞ고 賓客을 饗[800]應ᄒᆞ야 送舊迎新ᄒᆞᄂᆞᆫ 一[801]大名節로 慶福을 互[802]相祝賀ᄒᆞᄂᆞᆫ지라

噫라 天歲忽忽ᄒᆞ야 丙午除夕이 數夜를 隔ᄒᆞ얏스니 舊[803]曆送迎하ᄂᆞᆫ 民俗을 一述ᄒᆞ얏거니와 吾儕도 一齒를 空添[804]ᄒᆞᆷ이 悠然ᄒᆞᆫ 百感[805]이 叢

794 본문 한자는 '行(행)' 자인데 부속국문은 '향' 자로 표기되었다.
795 부속국문이 '습' 자로 표기되어야 하나 '●'로 표기되었다.
796 본문 한자는 '慣(관)' 자인데 부속국문은 '습' 자로 표기되었다.
797 부속국문이 '구' 자로 표기되어야 하나 '○'로 표기되었다.
798 본문 한자는 '曆(력)' 자인데 부속국문은 '록' 자로 표기되었다.
799 본문 한자는 '債(채)' 자인데 부속국문은 '처' 자로 표기되었다.
800 본문 한자는 '饗(향)' 자인데 부속국문은 '양' 자로 표기되었다.
801 부속국문이 '일' 자로 표기되어야 하나 '○'로 표기되었다.
802 본문 한자는 '互(호)' 자인데 부속국문은 '후' 자로 표기되었다.
803 부속국문이 '구' 자로 표기되어야 하나 '○'로 표기되었다.
804 본문 한자는 '添(첨)' 자인데 부속국문은 '목' 자로 표기되었다.

集ᄒᆞᄂᆞᆫ지라

新年祝賀ᄂᆞᆫ 陽曆歲首에 已備ᄒᆞ얏스니 但히 椒花春栢葉香을 深酌ᄒᆞ야 三百六旬只今夜億千萬事又明朝之句ᄅᆞᆯ 吟ᄒᆞ야 萬事俱[806]新ᄒᆞᆷ을 祝ᄒᆞ고 吾儕도 舊俗을 一[807]時 改革키 難ᄒᆞ야 數三日[808] 休暇ᄒᆞ깃기로 舊曆迎歲라 一述ᄒᆞ야 一年再迎歲ᄒᆞᆷ을 論ᄒᆞ며 兼ᄒᆞ야 愛君希道泰憂國願年豊의 桃符春祝을 揭하노라

186호 1907년 2월 17일 (일) 論說

木根의 炭

木根을 採하야 炭을 煮ᄒᆞᄂᆞᆫ 者ᄂᆞᆫ 行[809]政上에 마당이 禁制措束ᄒᆞᄂᆞᆫ 方針이 無ᄒᆞ면 不可ᄒᆞ다 ᄒᆞ노라

斧斤을 以時入山林이면 材木을 不可勝用이라 ᄒᆞ니 此ᄂᆞᆫ 經濟學上 萬歲不易之典이라 然而我國의 無恒産無恒心ᄒᆞᆫ 人民들이 幾十年來로 森林을 斫伐ᄒᆞ야 三千里山脈이 兀[810]然而出ᄒᆞ얏스니 假使 今日로 始ᄒᆞ야 孜孜히 森林을 植ᄒᆞ야도 三十年이나 過ᄒᆞᆫ 然後라야 鬱密한 功効를 可見ᄒᆞᆯ지라 今에 森林을 種植한다ᄂᆞᆫ 說은 寥寥無聞하고 山谷間에 木根를 採出ᄒᆞ야 炭을 製造하니 此ᄂᆞᆫ 土皮을 剝ᄒᆞᄂᆞᆫ 者이라

805 본문 한자는 '感(감)' 자인데 부속국문은 '셰' 자로 표기되었다.
806 부속국문이 '구' 자로 표기되어야 하나 '●'로 표기되었다.
807 부속국문이 '일' 자로 표기되어야 하나 '●'로 표기되었다.
808 부속국문이 '일' 자로 표기되어야 하나 '△'로 표기되었다.
809 본문 한자는 '行(행)' 자인데 부속국문은 '향' 자로 표기되었다.
810 본문 한자는 '兀(올)' 자인데 부속국문은 '염' 자로 표기되었다.

夫 炭은 橡檀의 木을 多用하고 或松炭 及 雜炭을 渾用ᄒᆞ나 第一橡과 檀[811]의 品質이 最[812]美ᄒᆞᆫ지라

且 炭은 連抱의 木을 用홈이 아니오 一握數握의 木을 用홈이니 如或 鬱密ᄒᆞᆫ 雜木中에 適宜케 伐ᄒᆞ고 其[813] 根도 若干 採出홈은 可ᄒᆞ나 今也에 京城에셔 放賣ᄒᆞᄂᆞᆫ 木根의 炭은 鬱密ᄒᆞᆫ 木根을 採出ᄒᆞᆯ ᄲᅮᆫ이 아니라 山谷 沙汰處에 土皮를 剝ᄒᆞᄂᆞᆫ 事實를 本社에셔 探訪ᄒᆞᆫ 事도 有ᄒᆞ니 若此不已 하면 童濯의 山이 尤極[814]童濯할지라

夫 經濟[815]ᄂᆞᆫ 個人經濟와 國家經濟가 相反ᄒᆞᆫ 處가 多ᄒᆞ니 彼木根으로 炭을 製[816]賣ᄒᆞᄂᆞᆫ 炭商은 個人經濟의 利益이 有ᄒᆞ나 國家經濟에ᄂᆞᆫ 永遠한 害가 無窮ᄒᆞᆯ지라

然則 其[817] 救弊方이 何에 在ᄒᆞᆫ고 曰 法律로써 制限ᄒᆞᆯ 方針이 有二ᄒᆞ니 一則 政府에셔 地方官의게 訓令ᄒᆞ야 木根 採出ᄒᆞᄂᆞᆫ 者를 禁[818]制케 홈이오 二則 警務廳에셔 各 城門으로 入ᄒᆞᄂᆞᆫ 炭商을 調査하야 萬一木根의 炭이 有ᄒᆞᆯ진ᄃᆡ 罰금이라 命名ᄒᆞ던지 稅금이라 命名ᄒᆞ던지 根炭一負에 對ᄒᆞ야 新[819]貨 五十錢 以上을 警務廳에 納케 ᄒᆞ면 彼根炭 一負을【를】賣ᄒᆞ야 假令 一圜을 得ᄒᆞ더ᄅᆡ도 利益은 姑舍ᄒᆞ고 若干 損害가 有ᄒᆞ리니 木根을 採ᄒᆞ야 炭을 製ᄒᆞᄂᆞᆫ 者ㅣ 豈有ᄒᆞ리오

811 본문 한자는 '檀(단)' 자인데 부속국문은 '둔' 자로 표기되었다.
812 본문 한자는 '最(최)' 자인데 부속국문은 '취' 자로 표기되었다.
813 본문 한자는 '其(기)' 자인데 부속국문은 '가' 자로 표기되었다.
814 본문 한자는 '極(극)' 자인데 부속국문은 '국' 자로 표기되었다.
815 본문 한자는 '濟(제)' 자인데 부속국문은 '쳬' 자로 표기되었다.
816 본문 한자는 '製(제)' 자인데 부속국문은 '채' 자로 표기되었다.
817 본문 한자는 '其(기)' 자인데 부속국문은 '가' 자로 표기되었다.
818 본문 한자는 '禁(금)' 자인데 부속국문은 '궁' 자로 표기되었다.
819 본문 한자는 '新(신)' 자인데 부속국문은 '산' 자로 표기되었다.

盖此等事ᄂᆞᆫ 行[820]政官이 尋常히 看過ᄒᆞᄂᆞᆫ 者ㅣ 滔滔皆是라 然則 此論이 ᄯᅩᄒᆞᆫ 無用의 談에 歸치 아니할가 是憂ᄒᆞ야 一說로 更加ᄒᆞ노라

187호

1907년 2월 19일 (화) 論說

法律之明在於用法之官

我國의 法律이 不明하다 稱ᄒᆞ야 世界列邦에 一大評判을 惹起ᄒᆞᆷ은 一段原因이 另有한지라

五百年流來ᄒᆞᆫ 法律도 大明律이니 大典通編이니 大典會通이니 ᄒᆞᄂᆞᆫ 法律이 自在하건마ᄂᆞᆫ 法官의 不能自斷하ᄂᆞᆫ 弊害도 因緣[821]ᄒᆞ고 權門勢家의 任意操縱ᄒᆞᄂᆞᆫ 弊害도 因緣[822]하고 賄賂公行ᄒᆞ야 循私枉斷ᄒᆞᄂᆞᆫ 弊害도 因緣[823]ᄒᆞ야 百孔千瘡의 不公正ᄒᆞᆫ 法律이 皆是法官의 何如한 手法에 流出ᄒᆞᆷ은 不必長皇이어니와

現今政治를 維新[824]ᄒᆞ나니 事業을 進步ᄒᆞ나니 稱ᄒᆞᄂᆞᆫ 時代에 法律이 或公正ᄒᆞᆫ 斷案도 一二存焉ᄒᆞᆷ은 見ᄒᆞᆫ 則 此是法官 誰氏 某氏의 決案ᄒᆞᆫ 바라 稱ᄒᆞ야 梢梢히 法律이 公明ᄒᆞᄂᆞᆫᄃᆡ 進ᄒᆞᆷ을 期望ᄒᆞ얏더니

近日 平理院 檢[825]事 李儁 氏가 法部刑事局長 金洛憲 氏를 被告로 法部에 請願ᄒᆞᆫ 全文을 各新聞界上에 宛然히 明月과 如히 掲載ᄒᆞ얏고 全部社

820 본문 한자는 '行(행)' 자인데 부속국문은 '향' 자로 표기되었다.
821 본문 한자는 '緣(록)' 자인데 부속국문은 '년' 자로 표기되었다.
822 본문 한자는 '緣(록)' 자인데 부속국문은 '년' 자로 표기되었다.
823 본문 한자는 '緣(록)' 자인데 부속국문은 '년' 자로 표기되었다.
824 본문 한자는 '新(신)' 자인데 부속국문은 '산' 자로 표기되었다.
825 본문 한자는 '檢(검)' 자인데 부속국문은 '금' 자로 표기되었다.

會上에 轟然히 春雷와 如히 拍手喝采ᄒᆞᄂᆞᆫ 바이라

夫 法律이라 홈은 權衡과 如ᄒᆞ야 至公至平한 形式인ᄃᆡ 權衡을 用ᄒᆞᄂᆞᆫ 者ㅣ 輕을 重케 ᄒᆞ거나 重을 輕케 ᄒᆞ야 一時手法을 濫弄ᄒᆞ야 天下公眼을 欺[826]蔽홈은 當場에 全國人心을 激[827]仰ᄒᆞ야 末路에 國家禍害을 惹起ᄒᆞᄂᆞᆫ 一套[828]亂政이라 엇지 尋常ᄒᆞᆫ 一事로 歸홈이오

況 今 邦록旡[829]彊ᄒᆞ야 罕有한 大慶典을 經홈으로

皇上陛下의 好生之德이 與天同大ᄒᆞ사 浩渥ᄒᆞ오신 恩沛가 犴[830]扉生命에 覃[831]及ᄒᆞ오시니 天地神明의 眷佑照臨ᄒᆞ시ᄂᆞᆫ ᄇᆡ라

此時ᄅᆞᆯ 當ᄒᆞ야 用法官吏가 敢히 一毫厘一추슈의 私曲을 濫弄하야 上으로 皇上鴻恩을 違反ᄒᆞ고 下으로 當赦罪囚의 徹天寃心을 惹出ᄒᆞ얏스니 此ᄂᆞᆫ 全國國家人民의 幸福을 維持ᄒᆞᄂᆞᆫ 公明法律을 此一個法官의 手中에 壞敗亡滅홈이라 엇지 我韓에 一大慨然ᄒᆞᆯ 事件이 아니리오

188호

1907년 2월 20일 (수) 論說

獵官者

朝日이 初出ᄒᆞ야 蒼蒼漾漾이어던 頭面을 澡ᄒᆞ고 慌忙히 出ᄒᆞ니 其 所向處ᄂᆞᆫ 非園洞이면 乃花開洞也라

---

826 본문 한자는 '欺(기)' 자인데 부속국문은 '가' 자로 표기되었다.
827 본문 한자는 '激(격)' 자인데 부속국문은 '곡' 자로 표기되었다.
828 본문 한자는 '套(투)' 자인데 부속국문은 '추' 자로 표기되었다.
829 본문 한자는 '旡(기)' 자인데 부속국문은 '무' 자로 표기되었다.
830 본문 한자는 '犴(안)' 자인데 부속국문은 '한' 자로 표기되었다.
831 본문 한자는 '覃(담)' 자인데 부속국문은 '단' 자로 표기되었다.

總是宦路에 熱腸者로다

彼蠅갓치 營ᄒᆞ고 狗갓치 苟ᄒᆞᄂᆞᆫ 諸般醜[832]態ᄂᆞᆫ 各報의 筆이 恒[833]常唾罵하ᄂᆞᆫ ᄇᆡ라 今에 架疊ᄒᆞᆯ 必要ᄀᆞ 無ᄒᆞ거니와 政權을 執ᄒᆞᆫ 大臣은 此輩을 擯斥지 아니ᄒᆞ면 不可ᄒᆞ도다

吾聞天下萬國의行政權을執ᄒᆞᆫ者ᄂᆞᆫ事務가極煩ᄒᆞ야無事히面會를要求ᄒᆞᄂᆞᆫ 者를 一一히 接見ᄒᆞᆯ 餘暇ᄀᆞ 無ᄒᆞ다 ᄒᆞ니 今에 各大臣家에 肩을 相磨ᄒᆞ고 入見ᄒᆞᄂᆞᆫ 者ㅣ 抑亦軍國事務에 關ᄒᆞᆫ 事로 如彼하 往見ᄒᆞᄂᆞᆫ지 不知ᄒᆞ거니와 苟或一人이라도 自己一身上 私情에 關ᄒᆞᆫ 事로 往見ᄒᆞᆯ진ᄃᆡ 其 責이 所求者의게 在ᄒᆞᆷ이 아니라 大臣이 其 過失를【을】全擔ᄒᆞᆷ이 可ᄒᆞ도다

今也에 大臣을 往見ᄒᆞᄂᆞᆫ 者ㅣ 或 宗戚을 叙ᄒᆞ며 或 世誼를 述ᄒᆞ며 或을 分으說[834]ᄒᆞ며 其他 履歷과 寃屈의 諸般惡症[835]을 說明ᄒᆞᄂᆞᆫ 中에 尤極腰折ᄒᆞᆯ 奇談이 有ᄒᆞ니 曰[836] 죽을 지경이 【교】交시다 區處하나 ᄒᆞ야 쥬시오 ᄒᆞᄂᆞᆫ 如此 奇奇恠恠의 輩가 每日每夜에 大臣寢房에 踏至ᄒᆞᆷ은 此 世界에ᄂᆞᆫ 我國ᄲᅮᆫ이라

其曰 宗[837]戚이니 世誼니 交分이니 하ᄂᆞᆫ 거슨 皆私情에 係[838]ᄒᆞᆫ ᄇᆡ라 無論擯斥할 거시오 其曰 履歷이니 寃屈이니ᄒᆞᄂᆞᆫ 者에 對ᄒᆞ야 可히 質問處이 有ᄒᆞ니 不知케라 彼ᄀᆞ 何에 履歷이 有ᄒᆞ며 何에 寃屈이 有한고 此非貪官汚吏의 履歷과 宅待令久勤의 寃屈歟아

832 본문 한자는 '醜(추)' 자인데 부속국문은 '괴' 자로 표기되었다.
833 본문 한자는 '恒(항)' 자인데 부속국문은 '황' 자로 표기되었다.
834 본문 한자는 '說(설)' 자인데 부속국문은 '종' 자로 표기되었다.
835 본문 한자는 '症(증)' 자인데 부속국문은 '정' 자로 표기되었다.
836 본문 한자는 '曰(왈)' 자인데 부속국문은 '월' 자로 표기되었다.
837 본문 한자는 '宗(종)' 자인데 부속국문은 '즁' 자로 표기되었다.
838 본문 한자는 '係(계)' 자인데 부속국문은 '보' 자로 표기되었다.

吁라 此輩의 誤國이 久矣니 大臣은 此를 不知ᄒᆞ고 擯斥지 아니ᄒᆞᄂᆞᆫ가 夫 學問家ᄂᆞᆫ 乃今日政事家의 候補者오 亦靑年後進의 敎育을 任[839]ᄒᆞᆫ 者라 苟或 學問이 無ᄒᆞᆫ 者로 敎育을 任ᄒᆞ면 役[840]가 ᄇᆞᆫ다시 鼻를 掩ᄒᆞ고 走ᄒᆞ려니와 他官職을 任ᄒᆞ면 臂을 揚ᄒᆞ고 進ᄒᆞᆷ은 何也오 彼無學問者가 敎師의 任을 被ᄒᆞ야 諸學徒을 敎ᄒᆞᆯ 學力이 無하면 當場에 衆多學徒의 面을 對치 못할 廉恥도 有ᄒᆞ려니와 其 任을 保有치 못할 豫見도 有ᄒᆞᆷ이어날 何獨他官職은 其 任을 不勝ᄒᆞᆷ에 對ᄒᆞ야 輿論이 囂囂하야도 頑厚ᄒᆞᆫ 面皮로 人民을 强制ᄒᆞ되 政府에셔 一一彈覈[841]이 無한고

竊願當局大臣은 目下獵官者를 爲先擯斥ᄒᆞ고 內外職間에 其 任을 不勝ᄒᆞᄂᆞᆫ 者를 次第로 除汰ᄒᆞ고 才能를 擇用ᄒᆞᆷ이 目下急務라 ᄒᆞ노니 所謂 才能은 脅[842]肩諂[843]笑의 才能이 아니라 其 學力의 能을 謂ᄒᆞᆷ이니 夫如是 則 國家에 幸福이오 國民의 幸福이오 當局大臣의 幸福도 ᄯᅩᄒᆞᆫ 此에 莫過ᄒᆞ다 ᄒᆞ노라

189호 1907년 2월 22일 (금) 論說

日退一步

各 新聞 雜志 社會이든지 各 言權이 有ᄒᆞᆫ 社會이든지 各 敎育社會이든지 言必稱 進步進步라 ᄒᆞᄂᆞᆫ 峻論은 春雷와 如ᄒᆞ야 政黨社會와 民族社會

839 본문 한자는 '任(임)' 자인데 부속국문은 '왕' 자로 표기되었다.
840 본문 한자는 '役(역)' 자인데 부속국문은 '피' 자로 표기되었다.
841 본문 한자는 '覈(핵)' 자인데 부속국문은 '획' 자로 표기되었다.
842 본문 한자는 '脅(협)' 자인데 부속국문은 '역' 자로 표기되었다.
843 본문 한자는 '諂(도)' 자인데 부속국문은 '함' 자로 표기되었다.

의 耳孔을 警省ᄒᆞ야 文明階級에 日進一步키를 熱望ᄒᆞᄂᆞᆫ ᄇᆡ라

日進一步키를 熱望홈은 何等 思想에 出홈이뇨 脣焦舌枯의 勞을 頓忘ᄒᆞ며 腦竭血涸의 誠을 盡瘁ᄒᆞ야 政黨社會와 民族社會를 警省홈은 自家의 肥己私營을 力求홈이 不是라

國家人民의 公益되ᄂᆞᆫ 一大幸福을 發展코자 ᄒᆞᄂᆞᆫ 思想에 出홈이니

此等 思想을 國家思想이라 謂홈이라 此等 思想이 存ᄒᆞᆫ 人氏ᄂᆞᆫ 果 何等 人氏이며 此等 思想이 亡ᄒᆞᆫ 人氏ᄂᆞᆫ 果 何等 人氏인고

噫라 我國 現今 形勢를 試看ᄒᆞ라 虎噬狼耽의 競爭時代를 當ᄒᆞ야 腐敗衰劣ᄒᆞ고 暗昧萎靡ᄒᆞᆫ 結果로 危急存亡의 境에 陷ᄒᆞᆫ 此形勢를 誰人이 不知홀이오 是以로 國家思想이 存ᄒᆞᆫ 人氏가 日進一步키를 熱望하야 勞心焦思ᄒᆞᄂᆞᆫ 바이어날

近日 政黨社會에ᄂᆞᆫ 所謂 法律이 去益紊亂ᄒᆞ야 循私廢公ᄒᆞᄂᆞᆫ 一大問題가 起하야 國中에 物議가 藉藉ᄒᆞ고 公憤이 勃勃ᄒᆞᆫ 一公案을 成ᄒᆞ얏스니 此是 日退一步ᄒᆞᄂᆞᆫ 缺點이오 民族社會에도 凡百實業이 不興ᄒᆞ고 各種學問이 不進ᄒᆞ야 警吏ᄀᆞ 嚴禁ᄒᆞᄂᆞᆫ 所謂 便戰을 玩賞하기 爲ᄒᆞ야 人山人海를 成ᄒᆞ고 市街에 羣集ᄒᆞᆫ 兒童은 紙鳶을 放ᄒᆞ며 擊錢을 戲ᄒᆞ고 各般治游人은 花套를 大設ᄒᆞ야 巨金이 往來ᄒᆞ니 此ᄂᆞᆫ 實業을 注意키 不肯ᄒᆞ야 安逸放縱ᄒᆞᆫ 惡習慣에 流出홈이니 此亦 日退一步ᄒᆞᄂᆞᆫ 缺點이라

各種 社會의 日進一步ᄒᆞᄂᆞᆫ 成績은 一指를 可屈키 不堪하고 日退一步ᄒᆞᄂᆞᆫ 結果ᄂᆞᆫ 萬目의 共睹를 可證ᄒᆞ깃스니

此時를 當ᄒᆞ야 所謂 國家思想이 有ᄒᆞᆫ 者의 希歔長嘆이 果然 何如홀이오마ᄂᆞᆫ

國家思想이 有한 有志人士ᄂᆞᆫ 日退一步홈을 慨歎ᄒᆞ야 心志를 墮落的에

置ᄒᆞ기 不可ᄒᆞ고 日進一步ᄒᆞᆯ 思想를 益益淬勵ᄒᆞ야 勤勉ᄒᆞ고 警省ᄒᆞ기를 至死不已ᄒᆞᆷ으로 天職을 固守ᄒᆞᆷ을 懋望ᄒᆞ노라

190호 1907년 2월 23일 (토) 論說

郡守奔競

郡守窠[844]闕이 四十窠[845]假量이 되야 奏本[846]이 在邇ᄒᆞ기로 郡守ᄅᆞᆯ 占得코자 ᄒᆞᄂᆞᆫ 者ㅣ 如雲如月ᄒᆞ야 近日 內部에 履歷書ᄅᆞᆯ 提呈ᄒᆞᆫ 者ㅣ 二千一百餘名에 達ᄒᆞ얏다 ᄒᆞ니

其 提呈한 履歷書ᄅᆞᆯ 吾儕ᄂᆞᆫ 一一히 檢查키 不能ᄒᆞ얏거니와 其 槪略을 傳聞ᄒᆞᆫ 則 擧皆牧民之責을 擔任하야 地方行政에 可堪한 人材인 줄은 不知ᄒᆞ거니와 其 資格은 果然 何如ᄒᆞᆫ 人氏인고

各部 奏任官은 郡守ᄅᆞᆯ 不願ᄒᆞᆫ다ᄂᆞᆫᄃᆡ 局長 叅書官 後任을 緊窠[847]로 換用할 必要ᄀᆞ 有하야 數三窠[848]ᄅᆞᆯ 外任으로 出送ᄒᆞᆫ다ᄂᆞᆫ 說도 有하고

各部 判任官은 擧皆 熱望中이라ᄂᆞᆫᄃᆡ 滿十年積仕久勤者로 十餘人을 敍任ᄒᆞᆫ다ᄂᆞᆫ 說도 有ᄒᆞ고

其他 閒官散秩 正三品 以下 六品 以上 南北村曾經守令과 各大臣門下單食口와 宰相公卿의 姻婭族戚과 寢房門外에 待候ᄒᆞ야 氣體何如합시오 ᄒᆞᄂᆞᆫ 行世軍과 言論文章도 誇張ᄒᆞ고 經綸事業도 包含한 체 ᄒᆞᄂᆞᆫ 運動者

844 본문 한자는 '窠(소)' 자인데 부속국문은 '과' 자로 표기되었다.
845 본문 한자는 '窠(소)' 자인데 부속국문은 '과' 자로 표기되었다.
846 본문 한자는 '本(본)' 자인데 부속국문은 '빈' 자로 표기되었다.
847 본문 한자는 '窠(소)' 자인데 부속국문은 '과' 자로 표기되었다.
848 본문 한자는 '窠(소)' 자인데 부속국문은 '과' 자로 표기되었다.

一種 可笑한 前日雜術者 前日貪贓者 前日懲[849]判者 等 奇形怪物이 自稱 改過自新타고도 ᄒᆞ며 開明發展도 한 체 ᄒᆞ야 社會上 名譽人氏의 伍班에 叅列ᄒᆞ얏노라 ᄒᆞᄂᆞᆫ 者

一種 可憎[850]한 金氣ㄱ 眩目하고 銅臭가 觸비ᄒᆞ야 銀行小切要도 往來ᄒᆞ고 於音도 往來ᄒᆞ야 秘密히 拍賣旗下에 列立ᄒᆞᄂᆞᆫ 者 等이 二千一百餘名에 達ᄒᆞᆫ지라

假令 四[851]十窠[852]를 二千一百名에 擇出한다 할진ᄃᆡ 每 五十餘人中에 一員를 擇出ᄒᆞᆯ 거이니 銓考所에셔 所謂 公明正大ᄂᆞᆫ 閣置勿說ᄒᆞ고 敏活手法으로도 無可奈何니 銓考ᄂᆞᆫ 自然 虛影만 弄ᄒᆞ려니와

內部主務長官의 奏本을 奉呈ᄒᆞ야 誰氏 某氏를 吾儕가 私自考閱ᄒᆞ여야 可히 其 手段을 歷歷論評ᄒᆞᆯ지니

噫라 此番 郡守奏本이나 彼番 郡守奏本이나 每每 注目ᄒᆞ야도 確然不拔할 內部大臣의 賢明公正한 性質은 天荒地老ᄒᆞ야도 必不變易ᄒᆞᆯ지니 此亦 國家의 幸運인가 人[853]民[854]의 幸運[855]인가

然則 四十人의 人材選出은 擇之又擇하고 精益求精ᄒᆞ야 二千一百人中에도 最上等으로 叙任할거시니 是를 感愴一嘆ᄒᆞ노라

849 본문 한자는 '懲(징)' 자인데 부속국문은 '증' 자로 표기되었다.
850 본문 한자는 '憎(증)' 자인데 부속국문은 '칭' 자로 표기되었다.
851 본문 한자는 '四(사)' 자인데 부속국문은 '왈' 자로 표기되었다.
852 본문 한자는 '窠(소)' 자인데 부속국문은 '과' 자로 표기되었다.
853 본문 한자는 '人(인)' 자인데 부속국문은 '언' 자로 표기되었다.
854 본문 한자는 '民(민)' 자인데 부속국문은 '문' 자로 표기되었다.
855 본문 한자는 '運(운)' 자인데 부속국문은 '복' 자로 표기되었다.

191호

1907년 2월 24일 (토) 論說

吸烟毒

鴉片烟을 吸ᄒᆞ는 者를 國法에 禁[856]律이 有ᄒᆞᆫ지 不有ᄒᆞᆫ지 不知ᄒᆞ깃도다 吸烟者ᄅᆞᆯ 禁[857]ᄒᆞ는 法律이 確有ᄒᆞᆯ지면 吸烟者ᄀᆞ 日益滋蔓[858]ᄒᆞ는 弊가 不有ᄒᆞᆯ 거이오 吸烟者를 禁[859]ᄒᆞ는 法律이 不有ᄒᆞ면 吸烟者를 或捕縛 或拘囚 或懲[860]役ᄒᆞ는 事는 何事인고 百般硏究ᄒᆞ야도 不能了解ᄒᆞᆯ 事態이 아닌가

吸烟者 實數를 一一히 調查키를 不能ᄒᆞ나 鴉片烟이 海關免稅物은 아닌 즉則 一年 輸入額이 九年度에는 七萬人의 所吸原料에 不過ᄒᆞ더니 十年度에는 九萬五千人의 所吸原料에 達ᄒᆞᆫ 額數ᄅᆞᆯ 推[861]知할지라

若此不已ᄒᆞ면 十一年度에 十五萬人에 達할 거이오 十二年度에는 二十萬人에 達ᄒᆞᆯ 거이니 無過十年에 國中半數人口는 擧皆 吸烟者의 名符에 登하야 淸國人種과 如合符節ᄒᆞᆯ지라

大抵鴉片烟의 毒이 果然何如ᄒᆞᆷ은 本紙에도 屢屢記述ᄒᆞ얏거니와

淸國이 道光年間으로 始ᄒᆞ야 英商의 鴉烟을 兩廣 等地에 運輸ᄒᆞ야 八九十年間에 內地各省에 蔓延ᄒᆞ야 每年發售가 數千萬箱에 過ᄒᆞᆷ의 四億萬人種의 十之八九는 吸ᄒᆞ야 毒害所及이 財産을 消耗ᄒᆞ며 生命을 戕賊ᄒᆞ야 滔[862]天洪水의 禍烈을 熾動ᄒᆞ야 人種이 亡滅할 境遇에 達ᄒᆞ얏스니 此는 萬目所視오 萬口所罵ᄒᆞ는 바이라

---

856 본문 한자는 '禁(금)' 자인데 부속국문은 '검' 자로 표기되었다.
857 본문 한자는 '禁(금)' 자인데 부속국문은 '검' 자로 표기되었다.
858 본문 한자는 '蔓(만)' 자인데 부속국문은 '민' 자로 표기되었다.
859 본문 한자는 '禁(금)' 자인데 부속국문은 '검' 자로 표기되었다.
860 본문 한자는 '懲(징)' 자인데 부속국문은 '충' 자로 표기되었다.
861 본문 한자는 '推(추)' 자인데 부속국문은 '취' 자로 표기되었다.
862 본문 한자는 '滔(도)' 자인데 부속국문은 '토' 자로 표기되었다.

韓淸[863]이 接壤하야 風氣ᄀᆞ 相通ᄒᆞᆷ으로 全淸禍烈이 我韓에 浸入ᄒᆞ야 漸漸春潮와 如히 日漲하야 煙館開設이 處處狼藉ᄒᆞ야 愚昧者流의 偏嗜酷好ᄒᆞᆷ이 一部 黑死病의 漸染ᄒᆞᆷ과 如하야 近十萬人口에 達ᄒᆞ얏스니 將來 禍烈이 何涯에 至ᄒᆞᆯᄂᆞᆫ지 難測[864]하건마ᄂᆞᆫ

政府이든지 警察이든지 重稅를 設ᄒᆞ야 防杜하고 嚴法을 申ᄒᆞ야 禁[865]戢ᄒᆞᄂᆞᆫ 令甲이 下ᄒᆞᆷ은 未聞ᄒᆞ얏고

或捕縛拘囚ᄒᆞᆫ다ᄂᆞᆫ 一事도 富貴[866]人이나 勢力者이나 冶[867]遊女을 着手키 不能ᄒᆞ고 乞丐와 如한 人民은 凌迫ᄒᆞ야 甚至[868]懲[869]役에 處ᄒᆞ기에 至하니 國法이 吸烟者를 禁[870]ᄒᆞᄂᆞᆫ지 不禁[871]ᄒᆞᄂᆞᆫ지 不知[872]ᄒᆞ깃스니 可哀ᄒᆞ도다

吸烟者를 不禁[873]하ᄂᆞᆫ 警察官吏ᄂᆞᆫ 責備키 不堪ᄒᆞ거니와 財産을 消耗[874]ᄒᆞ고 生命은 戕賊ᄒᆞᄂᆞᆫ 慘禍에 陷ᄒᆞᆫ 十萬吸烟者를 對ᄒᆞ야 弔[875]詞를 呈ᄒᆞᄂᆞ라

863 본문 한자는 '淸(청)' 자인데 부속국문은 '쟨' 자로 표기되었다.
864 본문 한자는 '測(측)' 자인데 부속국문은 '칙' 자로 표기되었다.
865 본문 한자는 '禁(금)' 자인데 부속국문은 '검' 자로 표기되었다.
866 본문 한자는 '貴(귀)' 자인데 부속국문은 '공' 자로 표기되었다.
867 본문 한자는 '冶(야)' 자인데 부속국문은 '치' 자로 표기되었다.
868 본문 한자는 '至(지)' 자인데 부속국문은 '자' 자로 표기되었다.
869 본문 한자는 '懲(징)' 자인데 부속국문은 '충' 자로 표기되었다.
870 본문 한자는 '禁(금)' 자인데 부속국문은 '검' 자로 표기되었다.
871 본문 한자는 '禁(금)' 자인데 부속국문은 '검' 자로 표기되었다.
872 본문 한자는 '知(지)' 자인데 부속국문은 '자' 자로 표기되었다.
873 본문 한자는 '禁(금)' 자인데 부속국문은 '검' 자로 표기되었다.
874 본문 한자는 '耗(모)' 자인데 부속국문은 '무' 자로 표기되었다.
875 본문 한자는 '弔(적)' 자인데 부속국문은 '죠' 자로 표기되었다.

192호 1907년 2월 26일 (화) 論說

聯合演說會

昨日 下午 一時에 聯合演說會를 國民演說臺에 開ᄒᆞ고 各社會辯士를 持[876]選ᄒᆞ야 各問題로 演說ᄒᆞ얏ᄂᆞᆫᄃᆡ 人山人海를 成ᄒᆞ야 拍手喝采ᄒᆞᆯ 쑨 不啻라 一般人民의 智識를 開發하고 血性을 鼓動ᄒᆞᄂᆞᆫ 一大演場이라 同演說會問題ᄂᆞᆫ 各新聞界에도 已揭ᄒᆞᆫ 바이오 同演說은 演場에셔 已聞ᄒᆞᆫ 바이어니와 同問題ᄂᆞᆫ 法律이 不明ᄒᆞᆷ으로 司法官人이 國家法律을 不公不正不光不明ᄒᆞᆫ 弊害가 全國人民을 勒制ᄒᆞ며 全國利權을 削弱ᄒᆞᆷ에 至ᄒᆞ얏고

全國人民도 國家法律을 昏[877]昏[878]墨墨暗[879]暗昧昧ᄒᆞᆫ 弊害가 司法官人의 抑壓勒制ᄅᆞᆯ 當ᄒᆞ야 財產을 剝割하며 生命을 戕[880]賊하ᄂᆞᆫ 慘禍에 陷ᄒᆞ야 犧牲의 責을 任ᄒᆞ며 溝壑의 危에 罹ᄒᆞ야 畢竟 國家ᄂᆞᆫ 國威國光을 失ᄒᆞ고 人民은 他家奴隷[881]ᄅᆞᆯ 作ᄒᆞ야 劣等國人種을 不免ᄒᆞ얏스니 將來人種滅[882]絶의 禍機ᄂᆞᆫ 明若觀火한지라

其 原因됨을 言ᄒᆞᆯ진ᄃᆡ 司法官吏의 國法을 濫弄ᄒᆞᆷ이 要素되야 此境에 至ᄒᆞ얏스니 明證確據ᄀᆞ 近日 刑事局長 김【金】洛憲 者의 不法行爲에 萬目所睹오 萬手所指ᄒᆞᆫ 바라

國家의 罕有大慶을 典遭過ᄒᆞ야

皇上陛下의 如天洪恩으로 罪囚ᄅᆞᆯ 特放하옵시ᄂᆞᆫ 大赦典에 自意로 濫弄

876 본문 한자는 '持(지)' 자인데 부속국문은 '특' 자로 표기되었다.
877 본문 한자는 '昏(혼)' 자인데 부속국문은 '현' 자로 표기되었다.
878 본문 한자는 '昏(혼)' 자인데 부속국문은 '현' 자로 표기되었다.
879 본문 한자는 '暗(암)' 자인데 부속국문은 '임' 자로 표기되었다.
880 본문 한자는 '戕(장)' 자인데 부속국문은 '쳔' 자로 표기되었다.
881 본문 한자는 '隷(례)' 자인데 부속국문은 '려' 자로 표기되었다.
882 본문 한자는 '滅(멸)' 자인데 부속국문은 '물' 자로 표기되었다.

ᄒᆞ야 或赦 或不赦ᄒᆞᄂᆞᆫ 邪手毒腸으로 光明[883]ᄒᆞ오신 天目을 欺蔽ᄒᆞ고 陽春의 德澤을 防遏ᄒᆞ야 非但十餘[884]人未[885]蒙放한 罪囚의 抱冤含痛ᄒᆞᆯ ᄲᅮᆫ 不是라 全國和氣을 減傷ᄒᆞ는ᄃᆡ 至ᄒᆞ얏스니

平理院檢事 李儁 氏의 一片公心의 激仰한 바로 法部에 請願한 一大美擧에 至한지라 然則 司法官吏ᄀᆞ 互相知罪ᄒᆞ고 錯[886]誤한 公案을 改正하며 光明ᄒᆞᆫ 公心을 感服하는 것이 亦是一大美擧이어ᄂᆞᆯ

司法官吏ᄂᆞᆫ 此를 不爲ᄒᆞ고 一偏成黨하야 照邪鏡의 眼과 斬私劒의 手를 持有ᄒᆞᆫ 李儁 氏를 衆力排擠ᄒᆞ야 反히 小疵들 擧하야 笞罰에 處한다ᄂᆞᆫ 公判을 擬議ᄒᆞ니

由是로 國家法律이 掃地無餘ᄒᆞᆯ지라 是를 痛ᄒᆞ고 是를 惜ᄒᆞ야 國民演說臺上의 激烈ᄒᆞ고 悲憤[887]ᄒᆞ고 慷慨ᄒᆞᆫ 聲이 發한 ᄇᆡ이라 吾儕ᄂᆞᆫ 此를 一述ᄒᆞ야 聯合演說會를 大贊成하고 司法官吏의 如何ᄒᆞᆫ 行動을 注目ᄒᆞ야 次號에 評判ᄒᆞ기로 姑俟ᄒᆞ노라

193호 1907년 2월 27일 (수) 論說

廣州敎育實況

本記者ᄀᆞ 新年春首에 斧堂에 省掃ᄒᆞ기 爲ᄒᆞ야 廣州 各 面에 旅行하다가 畿甸一境에 創有한 文明空氣를 呼吸ᄒᆞᆫ ᄃᆞᆺᄒᆞ야 如月雙瞳의 照來한 六

883 부속국문이 '명' 자로 표기되어야 하나 '○'로 표기되었다.
884 본문 한자는 '餘(여)' 자인데 부속국문은 '미' 자로 표기되었다.
885 본문 한자는 '未(미)' 자인데 부속국문은 '여' 자로 표기되었다.
886 본문 한자는 '錯(착)' 자인데 부속국문은 '차' 자로 표기되었다.
887 본문 한자는 '憤(분)' 자인데 부속국문은 '감' 자로 표기되었다.

個學校의 實況을 歷歷臚[888]述키 不堪ᄒᆞ도다

一日[889]光興學校이니 位置ᄒᆞᆫ 廣州郡 內 前營庫에 設ᄒᆞ얏ᄂᆞᆫᄃᆡ 出席學員이 九十名이오 日人教師를 延聘하야 日語科까지 教習ᄒᆞ고

二日光明學校이니位置ᄂᆞᆫ 古邑鄕校 內에設ᄒᆞ야東西齋에教場과寄寄[890]舍를 排置ᄒᆞ고 出席學員이 八十餘名에 達ᄒᆞ얏고

三日光進學校이니 位置ᄂᆞᆫ 慶安面에 在ᄒᆞᆫᄃᆡ 出席學員이 六十名이오

四日漢山學校이니 位置ᄂᆞᆫ 胎封村[891]에 設ᄒᆞ얏ᄂᆞᆫᄃᆡ 校舍三十餘間을 新建築ᄒᆞ고 出席學員이 八十餘名에 達ᄒᆞ얏고

五日光成學校이니 位置ᄂᆞᆫ 松坡에 設ᄒᆞ얏ᄂᆞᆫᄃᆡ 校舍를 新築ᄒᆞ고 出席學員이 一百名이오

六日水西學校이니 位置ᄂᆞᆫ 宮村[892]에 設ᄒᆞ얏ᄂᆞᆫᄃᆡ 出席學員이 九十名에 達ᄒᆞᆫ지라

右六座學校에 五個所ᄂᆞᆫ 私立이오 水西ᄂᆞᆫ 公立으로 創立ᄒᆞᆷ인ᄃᆡ 其 教育程度ᄂᆞᆫ 倉卒間에 測度ᄒᆞᆯ ᄇᆡ 아니로ᄃᆡ 教科의 勤勉ᄒᆞᆷ이 可히 勉強ᄒᆞᄂᆞᆫ 階級을 認定ᄒᆞᄀᆡᆺᄂᆞᆫ지라

覽畢에 一嘆을 發ᄒᆞ야 贊成ᄒᆞ고 其 永久維持ᄒᆞᆯ 方針을 探問한 則 縱然多數ᄒᆞᆫ 基本金을 積立ᄒᆞᆷ은 現無ᄒᆞ나 我郡城主의 勞[893]心[894]焦思ᄒᆞᄂᆞᆫ 血誠으로 僅僅維持方策을 鳩合ᄒᆞ며 愚昧人民을 家喩戶祝ᄒᆞ야 義務를 咸服ᄒᆞ

888 본문 한자는 '臚(려)' 자인데 부속국문은 '노' 자로 표기되었다.
889 본문 한자는 '曰(왈)' 자인데 부속국문은 '월' 자로 표기되었다.
890 본문 한자는 '寄(기)' 자인데 부속국문은 '숙' 자로 표기되었다.
891 본문 한자는 '村(촌)' 자인데 부속국문은 '말' 자로 표기되었다.
892 본문 한자는 '村(촌)' 자인데 부속국문은 '말' 자로 표기되었다.
893 본문 한자는 '勞(노)' 자인데 부속국문은 '뇌' 자로 표기되었다.
894 본문 한자는 '心(심)' 자인데 부속국문은 '삼' 자로 표기되었다.

는ᄃᆡ 至ᄒᆞ얏다 하니

此ᄂᆞᆫ 本記者의 目擊耳聞ᄒᆞᆯ ᄲᅮᆫ不是라 學部視學官 魚용善 氏의 巡覽한 바오 學務局長 兪星濬 氏의 視察ᄒᆞᆫ ᄇᆡ이라 故로 其 實況을 贊成ᄒᆞ고 本郡守의 熱血을 讚頌ᄒᆞ노니 其 郡守ᄂᆞᆫ 誰也오 正三品 吳泰泳이라더라

194호 1907년 2월 28일 (목) 論說

國債償還 義金募集

國債ᄂᆞᆫ 正當한 必要가 有ᄒᆞ야 借貸應用ᄒᆞᆫ 者인則 國家에 利益되고 人民에 利益된ᄂᆞᆫ 點이 有ᄒᆞᆷ을 今日에 張皇키 不可ᄒᆞ거니와

本額金應用에 對ᄒᆞ야 進步上 必要에 關係가 有ᄒᆞ다 ᄒᆞ야도 消耗的에 歸ᄒᆞ얏고 殖利的이 無한 則 他日 償渡ᄒᆞᆯ 期望이 杳然ᄒᆞᆯ지라 國庫가 ■竭ᄒᆞ야 借貸한 政府에셔 何時에 金額을 融通ᄒᆞ야 一時淸帳ᄒᆞᆯ 道가 有ᄒᆞ리오

然則 國債ᄂᆞᆫ 何時던지 國民의 擔責이라 實力養成[895]ᄒᆞ기를 待ᄒᆞ야 償還ᄒᆞ야도 國民의 擔責이오 稅額을 增[896]加ᄒᆞ아 償還ᄒᆞ야도 國民의 擔責이오 義金을 갹出ᄒᆞ야 直[897]接 償還ᄒᆞ야도 國民의 擔責이니

我韓人口가 二千萬이라 擧稱한 則 本國債[898]額 一千三百萬圜에 對ᄒᆞ야 每人에 分排ᄒᆞᆫ 則 六十五錢式이라 然이나 我韓國民의 知識이 此에 及하야 國債報償ᄒᆞ기를 憂慮할 程度에 進ᄒᆞ얏슬넌지 不解ᄒᆞ야 但히 政府에셔

895 본문 한자는 '成(성)' 자인데 부속국문은 '신' 자로 표기되었다.
896 본문 한자는 '增(증)' 자인데 부속국문은 '징' 자로 표기되었다.
897 본문 한자는 '直(직)' 자인데 부속국문은 '즉' 자로 표기되었다.
898 본문 한자는 '債(채)' 자인데 부속국문은 '차' 자로 표기되었다.

國債를 增[899]加치나 아니ᄒᆞ기를 深祝ᄒᆞ얏더니

大邱 徐相敦 氏 等 有志紳士가 國債償還ᄒᆞᆯ 意見을 發起ᄒᆞ야 三個月間 烟草吸ᄒᆞ기를 斷絶ᄒᆞ고 代金六十錢式을 醵收ᄒᆞ야 該額을 償還ᄒᆞ기에 萬分之一을 出力ᄒᆞ깃다고 聲明ᄒᆞ기로 國中人民의 愛國誠을 鼓發ᄒᆞᄂᆞᆫᄃᆡ 至ᄒᆞ야 一時響應하ᄂᆞᆫ 樂意을 標彰하ᄂᆞᆫ지라

於是에 京師에셔 帝國新聞社長 李鍾一 氏가 同情으로 發起ᄒᆞ야 義金을 募集ᄒᆞᄂᆞᆫ 中이오

劉文相 等 諸氏가 國債償還期成會를 普成舘內에 發起ᄒᆞ얏고

池基榮 等 諸氏가關西一道人士를發起ᄒᆞ야國債償還西道義[900]成會를創起ᄒᆞ얏고

開城人士도 方今 擬議中이라ᄂᆞᆫᄃᆡ 假令十三道에셔 百萬圜式만 分擔ᄒᆞ면 一千三百萬의 原額에 達ᄒᆞ기 容易ᄒᆞᆯ지라 國民의 義務에 服從ᄒᆞᄂᆞᆫ 知識이 此에 達ᄒᆞᆷ은 果然 曾是不意한 ᄇᆡ라

大抵始終을 貫하야 此 目的에 達ᄒᆞᄂᆞᆫ 日에ᄂᆞᆫ 吾儕의 讚頌ᄒᆞᆯ ᄲᅮᆫ 不是라 世界의 讚頌이 騰騰할 거이니 姑히 前塗步武를 觀測ᄒᆞ야 國家人民의 大幸福되ᄂᆞᆫ 基礎를 待하노라

195호

1907년 3월 1일 (금) 論說

輿論可畏

刑事局長 金洛憲者의 國法을 輕蔑ᄒᆞ야 自意操縱ᄒᆞᆫ 事에 對ᄒᆞ야 檢事

899 본문 한자는 '增(증)' 자인데 부속국문은 '징' 자로 표기되었다.

900 본문 한자는 '義(의)' 자인데 부속국문은 '긔' 자로 표기되었다.

李儁 氏의 請願ᄒᆞᆫ 事件으로 三昨日 平理院에셔 公開裁判을 設ᄒᆞᆷ은 本紙上에 揭載ᄒᆞᆯ ᄲᅮᆫ 不是라 各 新聞界와 各般社會에셔 喧傳沸騰ᄒᆞᄂᆞᆫ 一大問題ᄅᆞᆯ 成한지라

當日裁判이 未決됨으로 昨日公開ᄅᆞᆯ 再設한다ᄂᆞᆫᄃᆡ 其 決案된 與否ᄂᆞᆫ 此草ᄅᆞᆯ 起하기 前에 姑未聞知하얏거니와

大抵 今回 裁判決梢一欵에 國家人民의 興亡의 點을 瞭然可判할지라 何以然也오 法部平理院一般官人은 互相符同ᄒᆞ야 今番 李儁 氏ᄅᆞᆯ 抑[901]壓勒制로 公判ᄒᆞ기ᄅᆞᆯ 同心合力하야 一便成黨ᄒᆞ얏ᄉᆞ니

若其 法部 平理院 官人의 抑壓勒制ᄒᆞᄂᆞᆫ 惡習慣으로 李儁 氏의 控訴ᄅᆞᆯ 無理하다고 排擠ᄒᆞ야 處罰宣告ᄒᆞᆯ 境에 至하면 國家人民은 危亡ᄒᆞᄂᆞᆫ 境에 陷ᄒᆞᄂᆞᆫ 日이라

我韓全國의 國威國光이 墮地ᄒᆞ고 人權人利가 掃地되야 世界劣等國으로 指斥ᄒᆞᄂᆞᆫ 原因은 何에 由ᄒᆞ얏나뇨 ᄒᆞ면 法律이 不公正ᄒᆞᆫ 要素에 出ᄒᆞ얏다고 云ᄒᆞᆯ지라

如此한 悲境에 顚倒ᄒᆞᆫ 今日에도 司法官吏의 改良進步되ᄂᆞᆫ 點은 一毫도 不見ᄒᆞ깃고 反히 國法을 違背[902]ᄒᆞ고 皇恩을 沮遏ᄒᆞ야 一國人民의 不平ᄒᆞᆫ 輿論을 惹起함에 至ᄒᆞ니

可畏非民가 하ᄂᆞᆫ 古訓도 有ᄒᆞ고 非天可畏라 維民可畏라 ᄒᆞᄂᆞᆫ 格言도 有ᄒᆞ니 今日 輿論이 沸騰ᄒᆞᆷ도 亦是 朦朧ᄒᆞᆫ 春夢中에 居ᄒᆞᆫ 人民의 知識이 漸次發達ᄒᆞᆫ 境遇에 至ᄒᆞ야 國法이 消亡ᄒᆞᆷ을 大恐慌하야 全國이 嗷嗷ᄒᆞᆷ에 至ᄒᆞ얏거ᄂᆞᆯ

---

901 본문 한자는 '抑(억)' 자인데 부속국문은 '약' 자로 표기되었다.
902 본문 한자는 '背(배)' 자인데 부속국문은 '픽' 자로 표기되었다.

噫彼司法官人은 抑何心腸으로 期於히 國法을 無視코자 ᄒᆞ야 公開裁判이 歸決되기 前에 檢事 鄭錫圭ᄀᆞ 李儁 氏의 宣告ᄅᆞᆯ 頒佈코자 ᄒᆞ얏다ᄂᆞᆫ 風聞도 有ᄒᆞ니 此亦壓抑[903]勒制의 習慣에 出홈이라

不在多言[904]ᄒᆞ고 繼續公開에 如何히 歸決되ᄂᆞᆫ지 不知ᄒᆞ거니와 可畏ᄒᆞᆫ 者ᄂᆞᆫ 輿論이니 司法官吏ᄂᆞᆫ 一齊退去ᄒᆞᄂᆞᆫ 것이 廉防이 不壞하깃고 公正한 司法官吏가 新任ᄒᆞ야 此 裁判을 公決ᄒᆞᄂᆞᆫ 것이 輿情을 可安홀 거이니 然後에야 國家人民의 危亡ᄒᆞᄂᆞᆫ 點을 可히 挽回홀지로다

196호　　1907년 3월 2일 (토) 論說

老人學校

近日 一種 特色의 學校ᄅᆞᆯ 設立ᄒᆞᆫ다ᄂᆞᆫᄃᆡ 青年學校도 아니오 婦人學校도 아니오 三千丈白髮이 蕭蕭星星ᄒᆞᆫ 老人學校이라

同學校의 設立ᄒᆞ기ᄅᆞᆯ 發起ᄒᆞᆫ 人氏ᄂᆞᆫ 誰也오 徐相鶴 氏오 同學校의 位置ᄂᆞᆫ 何處이뇨 北署紫霞洞이오 同學校 名稱은 何也오 大東學校인ᄃᆡ 其 教育코자 ᄒᆞᄂᆞᆫ 募集學徒 五十歲 以上된 老人만 就學케 한 目的이라 其 老人을 教育ᄒᆞᄂᆞᆫ 目的을 推[905]測컨ᄃᆡ 現今 青年社會에 學問을 修成ᄒᆞᆫ 子弟들도 其 父兄의 蔑學無識홈을 不服ᄒᆞᄂᆞᆫ 弊風도 或 有ᄒᆞ거든 而況 半百老人의 蠢蠢蚩蚩홈이 世上에 一種 活個的 棄物로 歸홈이리오 故로 此를 愛惜ᄒᆞ야 特히 學業을 進就케 홈이오

903 본문 한자는 '抑(억)' 자인데 부속국문은 '약' 자로 표기되었다.
904 본문 한자는 '言(언)' 자인데 부속국문은 '억' 자로 표기되었다.
905 본문 한자는 '推(추)' 자인데 부속국문은 '취' 자로 표기되었다.

其 教育을 受코자 ᄒᆞ야 應募老人의 實況을 觀念ᄒᆞ건ᄃᆡ 朝聞道夕死라ᄂᆞᆫ 聖訓이 昭在ᄒᆞᆫ 則 現用新學問을 肄習ᄒᆞ야 將來 前塗의 用與不用은 姑舍ᄒᆞ고 目前의 野昧ᄐᆞ ᄒᆞᄂᆞᆫ 嘲笑ᄅᆞᆯ 免ᄒᆞ고 胸中의 茅塞[906]한 知識을 開ᄒᆞᆯ 地頭에 一到ᄒᆞ면 死而無悔ᄐᆞ ᄒᆞ야 學業을 新修ᄒᆞᆷ도 容或無怪이라 此에 對ᄒᆞ야 世上 物議ᄅᆞᆯ 得聞ᄒᆞᆫ 則 或曰 此 老人이 向學ᄒᆞᄂᆞᆫ 主義ᄂᆞᆫ 政界上 野心에 出ᄒᆞᆫ 老慾이라 頑固ᄒᆞ고 懶散ᄒᆞ야 新學問에 從事ᄒᆞᄂᆞᆫ 青年子弟들을 譏笑唾罵ᄒᆞ든 生員님들이 伊來官職[907]이 卒業人을 用ᄒᆞᆫ다ᄂᆞᆫ 說을 聞ᄒᆞ고 野心을 忽發ᄒᆞ야 強顔登學할 情態이니 此等人物을 不贊成ᄒᆞ깃다 ᄒᆞ거ᄂᆞᆯ

或이 解曰 不然ᄒᆞ다 雖然頑固ᄒᆞ고 懶散ᄒᆞ든 人物이라도 自暴自棄하든 惡習慣을 一朝 改革ᄒᆞ야 學校生徒의 資格으로 出席ᄒᆞᄂᆞᆫ 것도 一奇事이오

年齡이 斑白에 至한 者ᄂᆞᆫ 每曰 吾輩ᄂᆞᆫ 棄物이라 工夫하면 何處에 用할고 ᄒᆞᄂᆞᆫ 例奪[908]語ᄅᆞᆯ 一滌ᄒᆞ고 漆板下에 各般 課程을 勉強하ᄂᆞᆫ 것도 一奇事이오

聰明은 青年과 不如ᄒᆞ나 已往 舊學問이 或有하든지 忍耐[909]力이 有ᄒᆞ든지 記憶力이 有ᄒᆞ든지 學問上 進就의 鋒鋭ᄂᆞᆫ 無ᄒᆞ다 ᄒᆞ야도 解釋蘊奧ᄒᆞᄂᆞᆫ 知覺은 青年工夫에 比ᄒᆞ면 事半功倍의 點이 有할 것이니 吾儕ᄂᆞᆫ 此 老人學校ᄅᆞᆯ 大贊成ᄒᆞ깃노라 ᄒᆞ야ᄂᆞᆯ

本記者ㅣ 聞之ᄒᆞ고 其 意을【를】採述ᄒᆞ야 大東學校의 設立ᄒᆞᆷ을 祝賀ᄒᆞ고 勇往前邁ᄒᆞ야 需時 匡時의 老成人典型되기ᄅᆞᆯ 深望ᄒᆞ노라

906 본문 한자는 '塞(색)' 자인데 부속국문은 '석' 자로 표기되었다.
907 본문 한자는 '職(직)' 자인데 부속국문은 '즉' 자로 표기되었다.
908 본문 한자는 '奪(탈)' 자인데 부속국문은 '투' 자로 표기되었다.
909 본문 한자는 '耐(내)' 자인데 부속국문은 '나' 자로 표기되었다.

197호

1907년 3월 3일 (일) 論說

辨解朝鮮新報 排日思想說

仁川朝鮮新報 二千四百八十二號에 國債報償期成會라 題ᄒᆞᆫ 言論란內에 韓國一部에 有志한 金成喜, 劉文相, 李弼相, 金[910]柱炯, 吳萬善, 崔丙玉等 十餘名이 發起ᄒᆞ야 今回國債[911]報償期成會를 設立ᄒᆞ고 趣旨書及規則을 發布하야 其 募集을 開始ᄒᆞ니 其 言은 雖善ᄒᆞ나 其 中心은 頗히 忌ᄒᆞᄂᆞᆫ ᄇᆡ이 有ᄒᆞ니 所謂 排日思想이 卽是라 하얏ᄉᆞ니 此ᄂᆞᆫ 朝션【鮮】報 記者의 誤解ᄒᆞᆷ과 如ᄒᆞᆷ을 遺憾ᄒᆞ야 此에 辨解ᄒᆞ노라

噫라 我韓政府의 維新制度에 着手ᄒᆞᆷ이 國庫窘乏ᄒᆞ야 百度辛艱ᄒᆞᆷ을 際ᄒᆞ야 韓日兩邦의 交誼親密한 大關係가 有ᄒᆞᆷ으로 財政을 整理ᄒᆞ며 學費를 增加ᄒᆞ고 其他 諸般必要에 對ᄒᆞ야 巨額의 債金을 貸與ᄒᆞᆷ은 日本財政이 贍足ᄒᆞᆫ 餘力에 出ᄒᆞᆷ이 아니라 我韓의 改善ᄒᆞᄂᆞᆫ 方針을 斡旋하기 爲ᄒᆞ야 我國基礎를 鞏固ᄒᆞ며 兩邦唇[912]齒를 保存코ᄌᆞ ᄒᆞᄂᆞᆫ 永遠大計에 根因ᄒᆞᆷ이니

實로 日本의 國債[913]貸與한 一欵이 充分感謝ᄒᆞ고 攢頌ᄒᆞᄂᆞᆫ 바이라

然이나 公債[914]이든지 私債[915]이든지 貸與ᄒᆞᄂᆞᆫ 結果ᄂᆞᆫ 貸金者의 利益됨을 爲ᄒᆞᆷ이오 報償ᄒᆞᄂᆞᆫ 結果ᄂᆞᆫ 債權者의 利益됨이 有ᄒᆞᆷ이니 貸與와 報償의 間에 俱是和好하고 善良ᄒᆞᆫ 結果에 出ᄒᆞᆷ이라

此 國債報償一欵에 對하야 國民의 義金募集ᄒᆞᄂᆞᆫ 一事ᄂᆞᆫ 自國을 愛ᄒᆞᄂᆞᆫ

910 본문 한자는 '金(김)' 자인데 부속국문은 '二' 자로 표기되었다.
911 본문 한자는 '債(채)' 자인데 부속국문은 '처' 자로 표기되었다.
912 본문 한자는 '唇(진)' 자인데 부속국문은 '순' 자로 표기되었다.
913 본문 한자는 '債(채)' 자인데 부속국문은 '처' 자로 표기되었다.
914 본문 한자는 '債(채)' 자인데 부속국문은 '처' 자로 표기되었다.
915 본문 한자는 '債(채)' 자인데 부속국문은 '처' 자로 표기되었다.

誠心에 出홈으로 觀念홀 거이오 決코 排日思想에 出홈은 不是라 ᄒᆞ노니 其理由를 說明홀진ᄃᆡ

今日 天下大勢로 論홀진ᄃᆡ 日本과 我韓의 形勢ㄱ 果然 何如ᄒᆞ뇨 此ᄂᆞᆫ 贅[916]言홀 것이 無ᄒᆞ거니와 所謂 排日이라ᄂᆞᆫ 二字ᄂᆞᆫ 百般研究ᄒᆞ야도 未解홀 話[917]柄이라 ᄒᆞ노니

假令 陸軍과 海軍을 大擴張ᄒᆞ며 砲臺와 戰艦을 大準備ᄒᆞ고 七八年戰費 二三十億金額을 大募集ᄒᆞ야 我韓이 日本보다 優勝치ᄂᆞᆫ 못ᄒᆞ야도 兩勢가 相敵[918]홀 만ᄒᆞᆫ 能力[919]이 有ᄒᆞᆫ 地頭에야 可히 排日思想이라 起홀지라

如今 一千幾百萬圜의 債帳은 微[920]細ᄒᆞᆫ 一分子이라 貸與와 報償間에 兩國間和好이오 一毫도 憾情이 無홈은 更言키 不堪하거니하

我韓人民의 此에 對ᄒᆞ야 各其 意見을 發起하야 斷烟募集이니 甚至婦人童[921]稚의 十錢二十錢을 醵出ᄒᆞᄂᆞᆫ 것이 但히 人民의 思想이 稍稍發達ᄒᆞᄂᆞᆫ 點이 有홈만 奇異ᄒᆞ고 驚嘆홀 事이라 千萬夢想外에 排日思想에 出ᄒᆞ다 ᄒᆞᄂᆞᆫ 一言은 萬萬不可하다고 斷言ᄒᆞ노니

大抵 我韓國民의 發達ᄒᆞᄂᆞᆫ 點이 有홈은 蔽一言ᄒᆞ고 日本에 利益이라 謂할가 妨害이라 謂홀가 我韓國民의 闇昧홈은 日本에셔 大憂慮[922]ᄒᆞᄂᆞᆫ 바인즉 今日發達ᄒᆞᄂᆞᆫ 萌[923]芽를 日本에셔 大贊成홀 바이라

916 본문 한자는 '贅(췌)' 자인데 부속국문은 '쇠' 자로 표기되었다.
917 본문 한자는 '話(화)' 자인데 부속국문은 '황' 자로 표기되었다.
918 본문 한자는 '敵(적)' 자인데 부속국문은 '역' 자로 표기되었다.
919 본문 한자는 '力(력)' 자인데 부속국문은 '연' 자로 표기되었다.
920 본문 한자는 '微(미)' 자인데 부속국문은 '밀' 자로 표기되었다.
921 본문 한자는 '童(동)' 자인데 부속국문은 '몽' 자로 표기되었다.
922 본문 한자는 '慮(려)' 자인데 부속국문은 '렴' 자로 표기되었다.
923 본문 한자는 '萌(맹)' 자인데 부속국문은 '북' 자로 표기되었다.

然則 朝鮮報 記者의 一時口滑에 出홈이오 此를 深奧히 研究ᄒᆞᆫ 言論은 不是라고 思惟ᄒᆞ노라

198호 1907년 3월 5일 (화) 論說

殖産獎勵會 種苗定價

殖産獎勵會에셔 刊行ᄒᆞᆫ 種苗定價表을【를】觀ᄒᆞ건ᄃᆡ 同會의 殖産을 獎勵홈도 贊成ᄒᆞᄂᆞᆫ ᄇᆡ어니와 種[924]苗의 發行홈이 其 獎勵ᄒᆞᄂᆞᆫ 實地을 可히 推[925]測홀 바이로다

如何로 其 獎勵의 實地를 推[926]測ᄒᆞᆫ다 ᄒᆞᄂᆞ뇨 我韓의 農學과 林學의 實地가 未發達홈으로 諸般田園의 殖産이 未發達홈은 世人의 知了ᄒᆞᄂᆞᆫ ᄇᆡ이어니와

世人의 殖産興業은 商業이나 工作이나 農事의 絶對的 大事業을 獎勵ᄒᆞ기에만 人民의 利益을 增[927]進ᄒᆞ고 國家에 富源을 擴張ᄒᆞᄂᆞᆫ 쥴로만 料度ᄒᆞ나 絶大ᄒᆞᆫ 事業은 資金이 不足홈으로 能히 經起키 不能ᄒᆞ고 樹木花果의 種藝ᄒᆞᄂᆞᆫ 利源을 初不着手코자 홀 ᄲᅮᆫ 不是라

我韓이 原來 本土所産의 樹木花果ᄀᆞ 利益이 不贍ᄒᆞ기로 殖産에 着手ᄒᆞᄂᆞᆫ 者ㅣ 少ᄒᆞ야 但貧窶[928]한 野民의 微細한 生涯로만 歸홀 ᄯᆞ름이니 此ᄂᆞᆫ 殖産의 要素를 失홈이라

924 본문 한자는 '種(종)' 자인데 부속국문은 '중' 자로 표기되었다.
925 본문 한자는 '推(추)' 자인데 부속국문은 '취' 자로 표기되었다.
926 본문 한자는 '推(추)' 자인데 부속국문은 '취' 자로 표기되었다.
927 본문 한자는 '增(증)' 자인데 부속국문은 '징' 자로 표기되었다.
928 본문 한자는 '窶(구)' 자인데 부속국문은 '두' 자로 표기되었다.

今同會의 種苗發賣ᄒᆞᄂᆞᆫ 各種 名目을 觀ᄒᆞᆫ 則 擧皆 新奇ᄒᆞᆫ 樹木花果의 種苗이오 種苗 各種의 代金이 甚不[929]翔高ᄒᆞ니 可히 殖産者의 一部分 利益을 助ᄒᆞᆯ지라

方今 春氣漸暢ᄒᆞ야 百果草木의 甲坼ᄒᆞᄂᆞᆫ 時代ᄅᆞᆯ 當ᄒᆞ얏스니 其 種苗ᄅᆞᆯ 輸入ᄒᆞ야 片田寸土이라도 鱗鱗種藝ᄒᆞ야 其 各種 新奇한 種類를 賞玩도 ᄒᆞ깃고 今年의 其 種子를 收取ᄒᆞ야 明年에 種藝ᄅᆞᆯ 擴張하야 殖産의 利源을 年年增[930]加ᄒᆞᆷ이 一般 進步上 關係이라

五畝[931]之宅에 樹之以桑[932]이라ᄂᆞᆫ 一句語가 王政을 行ᄒᆞᄂᆞᆫ 首先이오 十年之計ᄂᆞᆫ 莫如種樹라 ᄒᆞᄂᆞᆫ 一句語가 民産을 富ᄒᆞᄂᆞᆫ 經濟이니 此를 觀ᄒᆞ야도 可히 殖産奬勵會의 趣旨을 可히 贊成ᄒᆞᆯ지라

此 種苗이 實地ᄅᆞᆯ 一試ᄒᆞ야 其 利源되ᄂᆞᆫ 事業으로 生覺ᄒᆞ면 末路効果ᄂᆞᆫ 農學林學의 大發達할 基本을 得ᄒᆞᆯ 거이니 一般人民은 讀[933]書ᄒᆞᄂᆞᆫ 暇와 農作ᄒᆞᄂᆞᆫ 餘에 此 種苗ᄅᆞᆯ 試種ᄒᆞ야 殖産奬勵의 本旨를 深荷ᄒᆞᆯ지어다

199호

1907년 3월 6일 (수) 論說

改嫁法

千古歷史ᄅᆞᆯ 溯考컨ᄃᆡ 夫死不嫁ᄒᆞ고 誓守貞節ᄒᆞᆫ 烈女가 幾個人이 有ᄒᆞ얏든지 姓名이 湮沒ᄒᆞᆫ 者도 固有ᄒᆞ려니와 特히 著名ᄒᆞ야 光輝를 竹帛에

929 본문 한자는 '不(불)' 자인데 부속국문은 '일' 자로 표기되었다.
930 본문 한자는 '增(증)' 자인데 부속국문은 '징' 자로 표기되었다.
931 본문 한자는 '畝(무)' 자인데 부속국문은 '묘' 자로 표기되었다.
932 본문 한자는 '桑(상)' 자인데 부속국문은 '엽' 자로 표기되었다.
933 본문 한자는 '讀(독)' 자인데 부속국문은 '목' 자로 표기되었다.

垂[934]한 者는 歷歷可數ᄒᆞᆯ지라

自古及今에其烈女의芳名을特著ᄒᆞᆫ者는天彝를保全ᄒᆞ고人綱을固守ᄒᆞ야斷手割[935]鼻의慘酷과自裁下從의壯烈ᄒᆞᆷ이人人皆有키極難ᄒᆞ야天性이流出ᄒᆞ야 誓守貞節ᄒᆞ야 至死不改ᄒᆞᆷ도 亦是人道上에 所不忍ᄒᆞᆯ 事이어날

我韓五百年來에 夫死不嫁ᄒᆞᆷ은 婦人社會의 一種風俗을 成ᄒᆞ야 假令 青年의 孀居ᄒᆞ야 平生을 空[936]閨에 虛老ᄒᆞ야도 敢히 改嫁ᄒᆞᆯ 思想을 不出ᄒᆞ니 此는 個個히 貞節를 誓守코져ᄒᆞ는 天性에 流出키 不能ᄒᆞᆷ이라

國初時代에 黃방村과 姜雲松이 改嫁子孫을 勿許淸宦ᄒᆞ자는 議를 提出함으로 一般 婦人이 夫死不改嫁ᄒᆞ는 國俗을 便成ᄒᆞ야 子孫의 淸宦을 企望ᄒᆞ기로 强制的 守節ᄒᆞ는 烈女ㄱ 門門戶戶에 有ᄒᆞ야 暗淚長嘆의 哀怨으로 一生을 消磨ᄒᆞ니 此等 烈女는 天性에 流出ᄒᆞᆷ이 不是오 表面的으로 貞節를 做去ᄒᆞᆷ이니 眞個人道上所不忍ᄒᆞᆫ 事이 아니리오

是以로 國家에 和氣가 損傷ᄒᆞ고 人種이 減縮ᄒᆞ는 一大關係를 成ᄒᆞ얏스니 此는 民族社會의 汲汲히 改良할 風俗이라

假令 婦人이 家夫가 不幸而死ᄒᆞ야도 可依ᄒᆞᆯ 子息이 有ᄒᆞ야 改嫁ᄒᆞᆯ 必要가 無ᄒᆞ면 改嫁키를 强迫ᄒᆞᆷ도 不可ᄒᆞ고

假令 婦人이 青年에 早寡ᄒᆞ야도 天性에 流出ᄒᆞᆫ 貞節을 固守ᄒᆞ야 誓死不改코자 ᄒᆞ면 改嫁키를 强迫ᄒᆞᆷ도 不可ᄒᆞ고

但히 寡婦가 改嫁ᄒᆞ야도 其 子息의 前塗에 障碍되는 影[937]響이 無ᄒᆞ며

934 본문 한자는 '垂(수)' 자인데 부속국문은 '주' 자로 표기되었다.
935 본문 한자는 '割(할)' 자인데 부속국문은 '활' 자로 표기되었다.
936 본문 한자는 '空(공)' 자인데 부속국문은 '궁' 자로 표기되었다.
937 본문 한자는 '影(영)' 자인데 부속국문은 '형' 자로 표기되었다.

其 門戶에 穢亂되ᄂᆞᆫ 議論이 無케 ᄒᆞ면 自然 風俗이 改良되야 空閨에 怨女가 無有할지라

政府에셔 寡居婦人改嫁ᄒᆞ라 認許ᄒᆞᄂᆞᆫ 令甲을 不發ᄒᆞ고 改嫁子孫을 勿碍任宦이라ᄂᆞᆫ 條例만 法律上에 公佈ᄒᆞ야스면 便是 改嫁法을 認許홈이라

然則 國家에 和氣를 鼓動ᄒᆞᆯ 거이오 人種이 繁衍ᄒᆞᆯ 거이니 엇지 風俗改良의 一大善良結果가 아니라 謂ᄒᆞ리오

頑固家에셔ᄂᆞᆫ 此論을 聞ᄒᆞ면 名敎을 紊亂한다고도 ᄒᆞ깃고 人道를 汚穢ᄒᆞᆫ다고도 ᄒᆞᆯ 거이로ᄃᆡ 吾儕의 思[938]想에ᄂᆞᆫ 改嫁法을 施行한 然後에야 名敎를 彰ᄒᆞ며 人道를 完[939]케 ᄒᆞ리라고 思惟하노라

200호

1907년 3월 7일 (목) 論說

不敎子弟 父兄之責

個人의 學問이 無ᄒᆞ면 人類의 野昧를 不免ᄒᆞ야 牛襟馬裾에 比ᄒᆞᆫ 古語ᄀᆞ 有ᄒᆞ고 擧國의 學問이 無ᄒᆞ면 國氣의 衰劣를 不免ᄒᆞ야 蠻族요種에 比한 時論이 有ᄒᆞ니 國과 民의 學問이 無홈이 可히 羞恥ᄒᆞ지 아니ᄒᆞ리오

但히 羞恥할 ᄉᆞᆫ 不是라 人類ᄀᆞ 野昧ᄒᆞ고 國氣가 衰劣한 境遇에 至ᄒᆞ면 前途結果ᄂᆞᆫ 取亂侮亡兼弱[940]攻昧의 禍를 受ᄒᆞ야 國土ᄂᆞᆫ 邱墟되고 人種은 犧牲되ᄂᆞᆫ 明証[941]온 古今一轍이라 現今我韓이 競爭時代를 際[942]ᄒᆞ야 個人

938 본문 한자는 '思(사)' 자인데 부속국문은 '의' 자로 표기되었다.
939 본문 한자는 '完(완)' 자인데 부속국문은 '연' 자로 표기되었다.
940 본문 한자는 '弱(약)' 자인데 부속국문은 '쵸' 자로 표기되었다.
941 본문 한자는 '証(증)' 자인데 부속국문은 '정' 자로 표기되었다.
942 본문 한자는 '際(제)' 자인데 부속국문은 '졈' 자로 표기되었다.

의 學問이 有한가 全國의 學問이 有한가 個人이나 全國이 學問이 無홈으로 人은 劣等人되고 國은 劣等國된 根因이라 노노히 說去치 아니ᄒᆞ야도 知者ᄂᆞᆫ 知了할 바이라

學問은 敎育 아니면 生而知之ᄒᆞᆫ 者이 無ᄒᆞ【ᄒᆞᆯ】 거이니 全國內 所謂 敎育이라 홈이 幾個官公立學校가 有ᄒᆞ고 有志人士의 熱心에 出ᄒᆞ야 私立學校가 數百處를 設立ᄒᆞ얏스나 學校의 數ᄂᆞᆫ 夥多ᄒᆞ고 學員의 數ᄂᆞᆫ 零星홈이 名存實無ᄒᆞᆫ 關係가 不無ᄒᆞ니 其 學員 出席이 零星홈은 何故이뇨 其 責이 子弟를 不敎ᄒᆞᄂᆞᆫ 父兄에 在ᄒᆞᆫ지라

假令 附近學校一座漆板下에 五百名이나 一千名을 可히 敎授ᄒᆞᆯ 거이니 엇지 學校의 多數치아니홈을 嘆할이오

京城五署內로 觀ᄒᆞ야도 市街上에 彌滿ᄒᆞᆫ 兒童이 年自十七八以下로 八九歲에 至ᄒᆞᆫ 面目이 丰秀ᄒᆞ고 體肢完全ᄒᆞᆫ 者가 成群作黨ᄒᆞ야 無用ᄒᆞᆫ 遊戲로 日月을 虛送ᄒᆞᄂᆞᆫ 狀況[943]을 一口難說이라

紙鳶을 放할 時에 十百成羣ᄒᆞ야 半天를 翹望ᄒᆞ다가 日月을 虛送도 ᄒᆞ고

擊錢을 賭할 時에 方陣을 作成ᄒᆞ야 日月을 虛送도 하고

便戰을 成할 時에 人山人히【海】을【를】 成하야 日月을 虛送ᄒᆞ고

玉突을 觀ᄒᆞᆯ 時에 一字羅立ᄒᆞ야 爛柯를 不知ᄒᆞ고 日月을 虛送도 ᄒᆞ고

其他 亂雜悖浪ᄒᆞᆫ 狀態가 口에ᄂᆞᆫ 辱說이나 悖談을 發ᄒᆞ고 紙卷烟이나 吸ᄒᆞ고 曲踊三百距踊三百ᄒᆞᄂᆞᆫ 狂疾이 有홈과 如ᄒᆞ니

此輩ᄂᆞᆫ 吾儕 一人의 目中에만 嫉視ᄒᆞᆫ 바이 아니라 大抵 此等 青年兒童의 本性과 本質이 엇지 此等 亂雜悖浪ᄒᆞᆫ 人種으로 生出ᄒᆞ야 如此ᄒᆞᆫ 狂態를

943 본문 한자는 '况(황)' 자인데 부속국문은 '항' 자로 표기되었다.

做去ᄒᆞ리오

此ᄂᆞᆫ 父兄의 教育을 不施ᄒᆞᆫ 責이라 (未完)

201호

1907년 3월 8일 (금) 論說

不教子弟 父兄之責 續

人의 父兄이 됨은 父兄之責이 有ᄒᆞ나니 子弟를 産出ᄒᆞ야 言語를 纔[944]通하ᄆᆡ 家庭教育을 施하고 年歲稍長하ᄆᆡ 學校教育을 勸ᄒᆞ야 人道上[945]德[946]義와 學問과 才藝를 通達ᄒᆞ야 凡百事業과 諸般運用에 無碍케 홈이 但히 子弟의 俊秀聰明홈이 아니라 其 父兄의 用心用力에 在홈이연마ᄂᆞᆫ 我國風氣ᄂᆞᆫ 近世 以來도 教育의 方이 無ᄒᆞ야 父兄이 子弟를 教育ᄒᆞᄂᆞᆫ 者ㅣ 但히 科擧業을 勸勉ᄒᆞᆯ ᄯᆞ람이로ᄃᆡ 公[947]卿[948]士大夫家에ᄂᆞᆫ 讀書學藝홈은 一大羞耻로 知ᄒᆞ야 及其 科目試取時에ᄂᆞᆫ 鄕[949]谷에 居ᄒᆞ야 科業을 修得한 士子를 臨時雇用ᄒᆞᆯ ᄯᆞ람이오

其他 商業家ᄂᆞᆫ 九九이나 習ᄒᆞ고 致簿ㄱ 略解ᄒᆞᆯ ᄯᆞ람이오 所爲 行世家子弟ᄂᆞᆫ 短札片이나 習ᄒᆞ고 風月句나 作ᄒᆞ면 平生[950]에 能事畢矣라 ᄒᆞ야 全國國俗을 狃成ᄒᆞ얏스니 腐敗無用ᄒᆞᆫ 文字를 稍解ᄒᆞᄂᆞᆫ 者ㅣ 統計全國에 百分之一이 不滿ᄒᆞ니

---

944 본문 한자는 '纔(재)' 자인데 부속국문은 '잔' 자로 표기되었다.
945 본문 한자는 '上(상)' 자인데 부속국문은 '뎐' 자로 표기되었다.
946 본문 한자는 '德(덕)' 자인데 부속국문은 '승' 자로 표기되었다.
947 본문 한자는 '公(공)' 자인데 부속국문은 '경' 자로 표기되었다.
948 본문 한자는 '卿(경)' 자인데 부속국문은 '공' 자로 표기되었다.
949 본문 한자는 '鄕(향)' 자인데 부속국문은 '형' 자로 표기되었다.
950 본문 한자는 '生(생)' 자인데 부속국문은 '성' 자로 표기되었다.

是以로 父兄은 子弟ᄅᆞᆯ 教育ᄒᆞᆯ 習慣이 無有ᄒᆞ고 子弟ᄂᆞᆫ 父兄의 勸勉ᄒᆞᄂᆞᆫ 訓戒를 不受ᄒᆞ야 騃騃然幾百年을 經過ᄒᆞ니 雖曰 文治之國이라 ᄒᆞ야도 其實은 貿貿無識한 全部分을 不免ᄒᆞᆫ지라

如此한 惡習으로 個人은 擧皆牛襟[951]馬裾임으로 全國이 蠻族요種에 近似ᄒᆞ야 世界애 劣等人種과 劣等邦國으로 認定ᄒᆞᆫ 바라 엇지 憤嘆慨惋[952]치 아니ᄒᆞᆯ이오

現今時代에도 如干學校ㄱ 有ᄒᆞ야 形式上 教育이라 稱名ᄒᆞᆷ이 有ᄒᆞ나 但히 幾個有志人士의 熱心에 出ᄒᆞᆷ이오 全國人民의 教育에 普及ᄒᆞᆯ 方針이 絶無ᄒᆞᆷ으로 政府ᄂᆞᆫ 强迫的 教育을 不施ᄒᆞ고 人民은 義務的 教育을 不知ᄒᆞ야 此輩 靑年兒童의 虛度日月ᄒᆞᄂᆞᆫ 獘害에 至ᄒᆞ니

雖然 强迫教育을 不施ᄒᆞ고 義務教育을 不知하ᄂᆞᆫ 原因에 出ᄒᆞᆷ이라 ᄒᆞ야도 其 父兄된 者의 心上에 子弟教育을 慾望이야 豈無ᄒᆞᆯ이오마ᄂᆞᆫ

父兄된 者의 子弟ᄅᆞᆯ 教育ᄒᆞᆯ 慾望도 掃地無如ᄒᆞ야 此輩 靑年兒童ᄅᆞᆯ 虛度日月케 ᄒᆞ니 此ᄂᆞᆫ 無他라 其 父兄된 者의 知覺이 闇昧不明한 理由에 出ᄒᆞᆷ이라

其 知覺이 闇昧不明ᄒᆞᆫ 父兄된 者ᄅᆞᆯ 一篇論文으로 家喩戶祝ᄒᆞ야 一朝一夕에 開牖[953]ᄒᆞ고 悔悟ᄒᆞ야 其 子弟ᄅᆞᆯ 教育ᄒᆞᆯ 思想이 湧出ᄒᆞᆯ이오마ᄂᆞᆫ 虛度日月ᄒᆞᄂᆞᆫ 靑年兒童을 觀念ᄒᆞᆷ의 奇花美木의 種苗와 如ᄒᆞ되 人功의 栽培가 無ᄒᆞ야 畢竟 져散櫟朽에 不過ᄒᆞᆯ지니 엇지 父兄된 者의 盲괴患[954]昧ᄒᆞᆫ

951 본문 한자는 '襟(금)' 자인데 부속국문은 '검' 자로 표기되었다.
952 본문 한자는 '惋(완)' 자인데 부속국문은 '원' 자로 표기되었다.
953 본문 한자는 '牖(유)' 자인데 부속국문은 '용' 자로 표기되었다.
954 본문 한자는 '患(환)' 자인데 부속국문은 '우' 자로 표기되었다.

惡習을 一嘆ᄒᆞ지 아니리오 甚者ᄂᆞᆫ 子弟를 學校에 보ᄂᆡ면 ᄉᆞ름 바린다ᄂᆞᆫ 俗語도 有ᄒᆞ고 尤甚者ᄂᆞᆫ 兩班의 子息을 夷狄의 文字를 從學ᄒᆞ게 ᄒᆞ리오 ᄒᆞ고 絶甚者ᄂᆞᆫ 子息을 차마 天主學과 如ᄒᆞᆫ 新學問을 受學ᄒᆞ게 ᄒᆞ리오 ᄒᆞ니 此ᄂᆞᆫ 所謂 上等士族家의 話柄이라 如此者流ᄂᆞᆫ 不足責이어니와 其他 懶散한 舊習으로 子弟를 不敎ᄒᆞᆷ은 一曰 父兄之責이오 二曰 父兄之責이라 ᄒᆞ노라

202호 1907년 3월 9일 (토) 論說

軍人社會宜鑑

蜜啞子 劉元杓 氏가 일【日】本乃木大將傳을 述ᄒᆞ고 詩로 繼ᄒᆞ야 其 義氣와 戰略을 欽仰ᄒᆞᆫ 本旨가 軍人社會의 鑑戒될 만하기로 其 全文을 揭ᄒᆞ노니

將軍이 出師于遼東者ㅣ 兩載에 冬不設爐ᄒᆞ고 夏不設帳ᄒᆞ고 食不兼味ᄒᆞ고 寢不重席ᄒᆞ야 飢飽勞逸을 必與士卒로 一同者ᄂᆞᆫ 是爲將者之當然例事也라 往古支那之良將에 范蠡之投豆와 吳起之吮疽와 田單之操畚과 張巡之殺妾이 亦此有之ᄒᆞ니 將軍之所爲를 不必特稱이로ᄃᆡ 至於二百高地之占取와 鉄條網之截掇之戰ᄒᆞ야는 其所危險劇烈이 可謂曠古稀今之戰也라 鄧征西之陰平裹身之役과 韓擒虎之漢水放舟之擧가 雖曰 有死之心而無生之意ᄒᆞ야 有厥非常之擧나 然이나 以其敵勢言之면 成都之備禦와 漢中之瓦解가 彼旅順守將누데세루之雄猛酷烈로 不可與同일語而 比之者ㅣ 明也오 及其旅順陷落之일에 該城守將이 勢窮力竭ᄒᆞ야 不得已 納城出降ᄒᆞᆯᄉᆡ 對將軍曰 我曾前之役에 殺害將軍之二子則 今일 將軍이 能有容宥而無憾乎아 將軍이 笑曰 將軍之殺我二子者ᄂᆞᆫ 將軍이 爲自國事而殺敵者也오 我

二子之死於將軍者ᄂᆞᆫ 我子自爲自國事而死於死者則 各自爲其自國事而盡其道者也ㅣ니 有何讐寃於此開哉이 ᄒᆞ고 握手相敬ᄒᆞ야 歡若平生ᄒᆞ며 出給護兵而送之하얏스니 其뇌落慷慨하고 純公無私ᄒᆞᆫ 志槩가 可爲卓冠千古ᄒᆞ야 足爲師範于天下後世之爲將者也ㅣ라 然則勿論東西ᄒᆞ고 今일 爲將者ㅣ孰不敬仰而興感哉아 余亦軍人也라 殊不勝仰慕不己나 然이나 邦殊而路遠하야 趂不能瞻儀容ᄒᆞ고 只自詩而咏之ᄒᆞ고 傳而記之ᄒᆞᆷ이라 其 詩 曰 將軍三父子承命出西征可憐旋凱일隻身入東京이라 ᄒᆞ얏더라

外史 氏 評 曰 此 일篇을 觀ᄒᆞ건ᄃᆡ 足히 將鑑이 될 만ᄒᆞ기로 軍人社會宜鑑이라 題ᄒᆞ얏스며 兼ᄒᆞ야 蜜啞子의 苦衷을 此에 鑑할지로다

203호 1907년 3월 10일 (일) 論說

仁港大火災

近年來 桑港 大遭難과 如ᄒᆞᆫ 大災害가 無ᄒᆞᆷ은 世界의 共吊ᄒᆞᄂᆞᆫ 慘狀을 呈ᄒᆞ얏더니

近日 仁川港 大火災의 急報ᄂᆞᆫ 當日聞知ᄒᆞ야 本紙에 揭載ᄒᆞ얏거니와 本社員이 同港火災後慘況을 目擊ᄒᆞ고 來言ᄒᆞᆷ을 據ᄒᆞ건ᄃᆡ 亦是 大遭難 大災害라 稱ᄒᆞᆯ깃기로 一言을 述ᄒᆞ노니

大抵 火災라 ᄒᆞᆷ은 不虞之變이라 其 變을 預料하고 除防키ᄂᆞᆫ 難ᄒᆞ다 謂ᄒᆞᆯ지라도 苟或細心키 不能ᄒᆞ야 不幸ᄒᆞᆫ 原因을 起ᄒᆞᆯ 境遇에ᄂᆞᆫ 小部分의 燒燼되야 卽是 撲滅ᄒᆞᆷ도 遭難이라 謂ᄒᆞ고 災害라 謂ᄒᆞᆯ깃거ᄂᆞᆯ

韓日清 三國 人戶가 並四百五十戶의 延燒됨은 可謂 無前 大火災이라 其 人民의 舍屋을 灰刧에 烏有하고 栖遑失所ᄒᆞ야 男婦童稚의 風餐露宿ᄒᆞ며

悲啼哀號ᄒᆞᄂᆞᆫ 慘狀도 目下에 大慘劇하거니와

財産의 多少ᄂᆞᆫ 無論ᄒᆞ고 一時 燒蕩中에 遺失됨은 生命의 大關係ᄒᆞᆷ이라 假令貲本이 足贍ᄒᆞᆫ 者도 大不幸이라 謂ᄒᆞᆯ지거든 何況一坐屋과 小部營業으로 艱辛計活ᄒᆞ든 人民이리오

然則衣食住의 生活이 一齊歸虛ᄒᆞ얏슨則 前途生死의 命脉이 此에 斷絶ᄒᆞ얏다고도 謂ᄒᆞᆯ지니 엇지 可衿可憫치 아니할이오

火災保險會社의 幇助도 有ᄒᆞᆫ 者ㅣ 幾個人이며 家屋營業을 己有本貲로 重興할 者 一幾個人이 有ᄒᆞᆯᄂᆞᆫ지 不知ᄒᆞ거니와

貧窶艱窘ᄒᆞ야 重興ᄒᆞᆯ 能力이 絶無ᄒᆞᆫ 者ᄂᆞᆫ 不得不 慈善家의 大捐助하ᄂᆞᆫ 義發心을 依賴ᄒᆞᆯ ᄯᆞ름이라 慈善家의 義發心이 起ᄒᆞᆷ을 漸次觀念ᄒᆞ야 大贊成도 ᄒᆞᆯ여니와 爲先 遭難者ᄅᆞᆯ 對ᄒᆞ야 慰恤ᄒᆞᄂᆞᆫ 一言을 贈呈ᄒᆞ노라

204호 1907년 3월 12일 (화) 論說

戶數減縮

漢城 內 家屋의 調査한 實數ᄀᆞ 四萬餘 戶 假量인ᄃᆡ 年年減縮을 見ᄒᆞ고 增加ᄒᆞᆷ을 不見ᄒᆞᆯ지스니 此ᄂᆞᆫ 推測키 難ᄒᆞ도다

近年來 新作新路 修築時에 戶數의 減縮ᄒᆞᆷ이 多大ᄒᆞ고

西大門 南大門 兩驛 停車場에 戶數減縮함이 多大ᄒᆞ고

泥峴 附近 壯, 會, 鑄, 筆 等 洞里에 戶數減縮ᄒᆞᆷ이 多大ᄒᆞ고

近日 南大門 附近에 新作路ᄅᆞᆯ 設할 計劃으로 戶數의 減縮ᄒᆞᆷ이 亦 多大ᄒᆞ다ᄂᆞᆫ 風說이 有하고

間或 火燼餘에 重建키ᄅᆞᆯ 未遑한 戶數가 種種히 有ᄒᆞ고

又或 典質ᄒᆞᆫ 家屋을 過限後 空虛ᄒᆞᆫ 戶數가 不小ᄒᆞ니

此等 減縮ᄒᆞᆫ 戶數가 五分之一 假量을 過ᄒᆞ되 城內居住ᄒᆞᄂᆞᆫ 人口의 減縮홈은 未聞ᄒᆞ얏고

反히 各地方 富饒家에셔 火賊을 畏劫ᄒᆞ야 京城에 移住ᄒᆞᆫ 戶口가 亦多ᄒᆞ니 此로 推測ᄒᆞᆯ진ᄃᆡ 可히 料量키 難ᄒᆞ도다

近年에 家屋을 新建ᄒᆞᆫ 者도 亦多ᄒᆞ다 ᄒᆞ야도 減縮한 戶數에ᄂᆞᆫ 太半이나 不及ᄒᆞ깃스니 城內人口의 增衍홈과 戶數의 減縮홈을 比ᄒᆞ면 家屋代금【金】이 翔高ᄒᆞᆯ 거이로ᄃᆡ 近年 家舍價가 低落홈은 亦何等 理由이뇨

此ᄂᆞᆫ 無他라 人民의 産業이 凋殘ᄒᆞ고 財源이 衰退ᄒᆞᄂᆞᆫ 影響이 漸漸極達홈으로 挾戶寓居에 辛艱ᄒᆞᆫ 狀態를 呈홈에 出홈이라

噫라 國家의 興旺하ᄂᆞᆫ 點은 人口가 增衍ᄒᆞ고 家屋이 稠密하고 市井이 繁昌ᄒᆞ야 産業과 財源이 일일【日日】增進ᄒᆞ거ᄂᆞᆯ 戶敎【數】의 減縮홈이 엇지 國家의 興旺ᄒᆞᄂᆞᆫ 點이라 謂하리오

現存家屋도 表面은 人口가 充滿홈과 如ᄒᆞ야도 家契가 質屋에 在홈이 假量 百戶에 八九十戶가 된다 ᄒᆞ니 此로 推測ᄒᆞ야도 産業이 凋殘ᄒᆞ고 財源이 衰退ᄒᆞ야 生命을 難保ᄒᆞᆯ 境에 陷홈은 瞭然可知할지니 엇지 一大關係가 아니리오 (未完)

205호 1907년 3월 13일 (수) 論說

戶數減縮 (續)

或曰 漢城府에셔 京城 內 戶數의 調査홈을 觀ᄒᆞᆫ 則 合計 四萬六千三百七十四戶인ᄃᆡ 年前 調査數 四萬三千二百三十五戶에 對照ᄒᆞ면 三千二百

三十九戶가 增加하얏거날 戶數의 減縮이라홈이 何言이뇨

此는 其一을 知ᄒ고 其二는 不知ᄒ도다 城內城外에 假令 數百坪百坪五六十坪되는 大家屋의 毁撤變革ᄒᆫ 者는 不計其數이오 其他 二三坪五六坪等 新建屋子가 幾倍를 增加ᄒ얏스나 其實은 減縮ᄒᆫ 眞相이 有ᄒᆫ지라

但히 如斗如磬ᄒᆫ 新建屋子는 比前增加홈이 人口는 安接ᄒ야 土居穴處의 困境은 免ᄒ얏다 云할지라도 其 生活上 艱窘홈과 產業上 貧乏홈이 果然 何如ᄒᆯ고

城郭市街의 要害地에 新作路도 通豁ᄒ고 外國人의 占據홈도 了然ᄒᆫ則 其 減縮한 形址는 不言可想이오 四山下荒涼蕭瑟한 處에 新建屋子가 幾倍增加할지라도 其 減縮한 情은 不見是圖ᄒᆯ지라

世界 列邦에 三四五階 屋子를 建築ᄒ야 閭閻市街가 稠密繁華홈을 見ᄒ라 其 中에 生活ᄒ는 者의 產業이 興昌ᄒ야 可히 國家의 盛況을 占ᄒᆯ 거이니 我國京城內의 大屋은 日減ᄒ고 小屋은 日增ᄒ야 其 生活產業이 一般 死場에 陷홈과 엇지 同日에 語ᄒᆯ이오

此는 無他라 一般 人民이 心志懶怠ᄒ고 肢體 解弛ᄒ야 殖產興業에 獎勵ᄒᆯ 期望은 杳然ᄒ고 貧困 艱苦에 墮落ᄒ야 家屋이나 典執ᄒ야 目前 苟活之計를 作ᄒ다가 家屋 見奪ᄒ고 三四坪 新茅를 鳥栖외【와】如히 搆造ᄒ야 俯伏 食息홈에 不過ᄒᆫ 則 國家的 衰退ᄒ는 點이 此에 不在하다 豈謂ᄒ리오

無則戶數가 年年增加ᄒ야도 國家人民의 實相은 年年減縮홈을 不免ᄒᆯ지니 엇지 慨然치 ᄋ니한가

一般人民은 志氣를 振作하고 精神을 淬勵하야 殖產興業에 從事ᄒ야 競爭時代에 期於히 財源을 增進ᄒ야 家屋을 大建築ᄒ고 生活을 大奮興ᄒ

야 國家의 前進홈을 期圖ᄒ라 戶數減縮홈을 慨歎홈이 其 實人心의 衰退홈을 慨歎홈이니 今年 調査ᄒᆫ 戶數가 二千餘戶 增加홈으로 幸福이라 謂키 不可ᄒ도다 (完)

206호 1907년 3월 14일 (목) 論說

快絶壯絶哉兩氏

(李載琳 李承駿)

斷烟同盟ᄒᄂᆫ 事案은 近日 一大問題ᄅᆯ 成ᄒ야 一世ᄀ ᄒᆫ【掀】動ᄒᄂᆫ ᄇ인ᄃᆡ

國債一款의 報償은 終局됨을 預料키 難ᄒ다 ᄒ야도 國民의 義心이 萌動홈은 四千年初有盛擧오 東西兩球에 創睹ᄒᆫ 美事라 ᄒ야 一世人의 賞嘆ᄒᄂᆫ 바이라

京城과 各地方에 一般人民의 募集금【金】額의 多少를 各 新聞社 廣告係에 日日記載ᄒᄂᆫ 바를 據ᄒᆫ 즉 二十錢 三十錢 六十錢 或 一圓 二圓에 至홈의 爭先勇投ᄒᄂᆫ 狀況을 見ᄒᆫ 則 此ᄂᆫ 天機自動홈이오 曾是不意ᄒᆫ 者라

再昨 海州通信을 據ᄒᆫ 則 海州府 進士 鄭秀元 氏가 國債報償금【金】을 募集ᄒ기로 發起ᄒ고 府內大小民人을 校宮으로 會同ᄒ야 國民된 義務ᄅᆯ 說明홈의 老幼男婦가 一時感發ᄒ야 義금【金】을 爭出ᄒᄂᆫᄃᆡ

前承旨 李載琳 氏ᄂᆫ 新貨二萬圜 前主事 李承駿 氏ᄂᆫ 新貨一萬圜을 捐出ᄒ얏다 ᄒ기로 昨日本紙上에 大書特書하야 志氣ᄅᆯ 攢頌ᄒ얏거니와

兩氏ᄂᆫ 家産이 特特히 富裕ᄒ야 京城 某某大官家와 侔擬者이 아니오 但히 家産이 出捐금【金】額의 一倍되ᄂᆫ 資本인ᄃᆡ 當日會席에셔 兩氏 說明

홈을 傳聞ᄒᆞ건ᄃᆡ

其 說에 日本人의 家產이 時價로 新貨 四萬圜 價値됨은 一府의 共知ᄒᆞᄂᆞᆫ 바라 此ᄅᆞᆯ 奇貨로 知하야 子孫計ᄅᆞᆯ 成ᄒᆞᆫ다 ᄒᆞᆯ지라도 邦國이 完全ᄒᆞ여야 人民이 安奠ᄒᆞᆯ 거이니 我의 家產에 切半을 捐ᄒᆞ야 邦國을 補助ᄒᆞ고 切半을 由ᄒᆞ야 子孫을 保全케 ᄒᆞ노라

此言을 聞ᄒᆞ건ᄃᆡ 其 人을 見홈과 如ᄒᆞ야 十分起敬함을 不覺ᄒᆞ고 感涕汪왕【汪】ᄒᆞ야 雙袖가 龍鍾하도다

我韓 京鄕間 大官人富家翁을 歷歷히 屈指ᄒᆞᆯ 者ㅣ 千人以上은 過ᄒᆞᄂᆞᆫ지라 此快絶壯絶한 兩氏의 義心과 如ᄒᆞᆯ지면 一千三百萬圜은 不過一日內에 滿數ᄒᆞᆯ 거이어ᄂᆞᆯ 守錢奴의 吝嗇心이 充腦ᄒᆞ야 婦幼童稚의 十錢 二十錢을 捐出홈을 壁上觀楚ᄒᆞ듯하야 一層特別ᄒᆞᆫ 盛擧ᄅᆞᆯ 不見ᄒᆞ얏더니

此 兩氏ᄂᆞᆫ 鄕谷에 居ᄒᆞᄂᆞᆫ 士大夫로 僅守規模ᄒᆞᄂᆞᆫ 家產을 半捐ᄒᆞ되 少無難色ᄒᆞ니 此ᄂᆞᆫ 全國富裕家의 精神을 喚起홈이라 엇지 快絶壯絶치 아니ᄒᆞ리오 但十錢 二十錢 出義ᄒᆞᄂᆞᆫ 一般人民이 或 此等 巨欵의 出捐홈을 見하고 羞愧退縮ᄒᆞᄂᆞᆫ 心情이 萌起ᄒᆞᆯ듯ᄒᆞ되 此ᄂᆞᆫ 不然한 理由가 有ᄒᆞ니 富와 貧의 形勢가 懸殊ᄒᆞᆫ則 貧人의 十錢 二十錢이 富人의 萬圜 二萬圜보담 數額은 甚鮮ᄒᆞ나 義心은 相同ᄒᆞ니 易地則皆然ᄒᆞᆯ지라 羞愧退縮ᄒᆞᄂᆞᆫ 心情을 萌起홈이 豈可할이오

全國內大官人과 富家翁도 應當特然한 高見이 有ᄒᆞᆯ 거이니 下回을 第待ᄒᆞ야 此 兩氏와 如히 世界聳動ᄒᆞᄂᆞᆫ 名譽와 義擧를 標明ᄒᆞ야 攅手頌祝ᄒᆞ기로 期待ᄒᆞ노라

內協奔競

內部協辦 崔錫敏 氏의 無故淘汰한 後에 其 後 任椅子에 朴義秉 氏의 暫時輪回홈은 正任으로 待遇ᄒᆞ기 不可ᄒᆞᆫ 則 尙今空虛ᄒᆞᆫ지라

此 任이 雖曰 天官亞相이오 家宰副位라 ᄒᆞᆯ지라도 一個內相을 補佐ᄒᆞᄂᆞᆫ 閒職이오 主務正任이라 稱키 不可ᄒᆞᆫ 則 公正한 名譽와 端雅ᄒᆞᆫ 資格으로 一個人을 擇薦ᄒᆞ야 其 任을 塡充홈이 何等至重且大한 難關이 有ᄒᆞ야 尙今空虛ᄒᆞ얏ᄂᆞᆫ뇨

其 空虛홈을 見ᄒᆞ고 慾浪이 滔天ᄒᆞ고 業火ᄀᆞ 如山ᄒᆞᆫ 奔競者가 多數ᄒᆞᆫᄃᆡ 各 新聞界 上에 喧傳ᄒᆞᄂᆞᆫ 人氏가 可自以爲得大將이라ᄂᆞᆫ 古語와 如ᄒᆞᆫ 者ᄅᆞᆯ 枚列ᄒᆞ나니

前地方局長으로 郡守ᄅᆞᆯ 拍賣ᄒᆞ든 好手段이오 現今 光州 觀察使로 三千斤綿子와 三千兩葉戔을 務安郡守의게 討索ᄒᆞ든 大名譽가 有ᄒᆞᆫ 沈相翊 氏가 第一指를 屈ᄒᆞ고

現任 慶南觀察使로 內部協辦 新任하얏ᄃᆞᄂᆞᆫ 電話를 接하고 望望上京하얏다ᄀᆞ 悠然空還ᄒᆞᆫ 趙民熙 氏가 第二指를 屈ᄒᆞ고

四五年 此 椅子에 據ᄒᆞ얏다가 何等 關係로 解任ᄒᆞᆫ 李봉來 氏ᄀᆞ 第三指를 屈ᄒᆞ고

現任 法部協辦 李源競 氏가 第四指를 屈ᄒᆞ고

現任 議政府叅贊 韓昌洙 氏가 第五指를 屈ᄒᆞ고

其他 金각鉉 張世基 閔衡植 諸氏의 餘光을 馳逐ᄒᆞ야 참涎을 空垂하ᄂᆞᆫ 者流를 指不勝屈이라 ᄒᆞ니 近日 傳說을 一一히 確信키 難ᄒᆞ거니와

此等 諸氏의 慾望은 官塲奔競이 鴉烟印과 如히 腦髓筋骨에 充滿ᄒᆞᆫ 人

氏이라 一箇箇磨拳擦掌홈이 容或無怪어니와

此 任을 奏薦ᄒᆞᄂᆞᆫ 責任을 執한 者ᄂᆞᆫ 何等 思想으로 雖氏 某氏이든지 其椅子에 塡充치 아니ᄒᆞ고 一座戱臺를 設하야 奔競하ᄂᆞᆫ 演劇을 一奇玩으로 認做ᄒᆞ야 長距離時間을 消却ᄒᆞ나뇨

更思之ᄒᆞ니 此ᄂᆞᆫ 各其 食口로 塡充코자 ᄒᆞᄂᆞᆫ 私情에 關係홈인가 各時勢를 挽引코자 ᄒᆞᄂᆞᆫ 局面에 關係홈인가 公正ᄒᆞᆫ 人物이 絶乏홈에 關係홈인가

內部協辦 一椅子가 何等 重大ᄒᆞᆫ 關係가 有ᄒᆞ기로 經年閱月ᄒᆞ아 尙今空虛ᄒᆞ얏ᄂᆞ뇨

然則內部協辦 圖得者의 奔競이 아니라 內部協辦 薦引者의 奔競이라고 斷言ᄒᆞ노라

208호 1907년 3월 16일 (토) 論說

善民始可知

我韓同胞人民을 各演壇上에 開口則曰 野昧라 ᄒᆞ고 各新聞上에 操筆則曰 愚痴라 하고 各列邦人이 嘲笑之唾罵之曰 劣等的 種族이라 ᄒᆞ야 人類로 不齒홈은 何事인지 不知ᄒᆞ깃도다

近年에 我同胞의 心志所發홈을 觀念ᄒᆞ건ᄃᆡ 一種 善民인 줄을 始可知라 하노니

各 地方에 學校ᄅᆞᆯ 私立ᄒᆞ야 聰俊子弟ᄅᆞᆯ 敎育作成할 方針으로 熱心하ᄂᆞᆫ 一流人士도 善民이라 稱치 아니치 못ᄒᆞ깃고

今番 李儁 氏 事件에 法律이 不明홈을 慨歎ᄒᆞ야 聯合演說과 法案硏究에 一齊同情을 表하ᄂᆞᆫ 一流人士도 善民이라 稱치 아니치 못ᄒᆞ깃고

斷烟同盟의 特特ᄒᆞᆫ 異擧ᄅᆞᆯ 一切感發ᄒᆞ야 婦人童稚ᄶᅡ지 一種 愛國誠을 標準ᄒᆞᆷ이 善民이라 稱치 아니치 못ᄒᆞ깃스니

此 同胞의 天彝之性이 前日에 泯滅하얏다가 今日에 萌動ᄒᆞᆷ이 아니라 五百年抑壓勒制의 政治下에 腦髓가 腐敗ᄒᆞ고 精神이 沮表ᄒᆞ야 一種 啞聾殘疾의 部落을 便成ᄒᆞ얏든 此 同胞들이오

挽近勒制ᄒᆞᄂᆞᆫ 酷烈이 尤甚ᄒᆞ야 犧牲으로 認ᄒᆞ고 溝壑에 轉케 ᄒᆞᄂᆞᆫ 惡政府下에셔 十生九死ᄒᆞ고 千幸萬苦ᄒᆞ야 水火塗炭中에셔 旻天不吊ᄅᆞᆯ 嘆息하든 此 同胞들이오

祖宗餘澤에 化育ᄒᆞ고 皇上仁德에 沐浴ᄒᆞ야 倫綱道德을 基本ᄒᆞ든 此 同胞들이라

如此ᄒᆞᆫ 同胞ᄅᆞᆯ 指斥ᄒᆞ야 野昧ᄒᆞ다 愚痴하다 劣等的 種族이라 稱ᄒᆞᆷ이 萬萬不可한 輕薄口舌이로다 今日 我同胞의 發達ᄒᆞ고 趨向ᄒᆞᄂᆞᆫ 實相을 推測ᄒᆞ라

此 同胞ᄀᆞ 文明치 아니ᄒᆞᆫᄀᆞ 勇邁치ᄋᆞ니ᄒᆞᆯ가 優等的 種族이라 稱치 아니ᄒᆞᆯ가 今日에 行一事ᄒᆞ고 明日에 行一步ᄒᆞ야 二千萬兄弟가 一心되고 一體되야 一種思想으로만 前進不退ᄒᆞ면

孟賁烏獲의 勇으로도 奪치 못할 거시오 蘇秦張儀의 辯으로도 說치 못ᄒᆞᆯ 거시오 天地鬼神의 造化로도 能히 猜疑치 못ᄒᆞᆯ ᄇᆡ이라

嗟我同胞의 一種思想이 日益開進ᄒᆞ야 萬里程度에 提携前往ᄒᆞᆯ 幾微을 確見ᄒᆞ얏기로 我同胞가 善民資品을 持有ᄒᆞᆷ을 始可知라 ᄒᆞ얏노라 (未完)

善民始可知

或이 難之曰 我韓人民을 善民이라 稱홈은 愚意에 不服ᄒᆞᄂᆞᆫ 問題이라 何等 原因으로 善民이라 稱할고 埃及安南의 人種보담도 劣等種族에 居홀지니 其 理由ᄅᆞᆯ 說明ᄒᆞ깃노라 大凡二千萬數의 過不及은 不知하거니와 盖人民의 心上에 國家이 何件物인지 不知ᄒᆞᄂᆞᆫ 者ㅣ 百分의 九十七八은 되ᄂᆞᆫ지라

一曰 兩班氏族이니 父祖의 世業을 夸張ᄒᆞ야 八世譜ᄅᆞᆯ 藉托ᄒᆞ고 四色黨을 依賴ᄒᆞ야 口頭에ᄂᆞᆫ 時事ᄅᆞᆯ 活嘆ᄒᆞ고 腹腸에ᄂᆞᆫ 驕倣ᄅᆞᆯ 蓄滿ᄒᆞ야 一部民族을 犧牲으로 充慾기 不得홈을 憤恨ᄒᆞᄂᆞᆫ 心術을 包有ᄒᆞ얏스니 此ᄅᆞᆯ 善民이라 謂할가

二曰 富家氏族이니 巨額의 資本을 蓄積ᄒᆞ고 貪多務得ᄒᆞ야 殘虐兼幷ᄒᆞᄂᆞᆫ 手段을 使用ᄒᆞ야 國家의 興亡은 不顧ᄒᆞ고 自己의 利益만 攫取ᄒᆞᄆᆡ 一毛ᄅᆞᆯ 拔ᄒᆞ야 天下을 利한다 ᄒᆞ야도 誓死不爲홀 心術을 包有ᄒᆞ얏스니 此ᄅᆞᆯ 善民이라 謂할가

三曰 頑固氏族이니 世界形便도 全昧ᄒᆞ며 天下大勢도 不知ᄒᆞ고 但히 腐敗ᄒᆞᆫ 漢文이나 記誦ᄒᆞ야 支那歷史이나 과張홀 ᄲᅮᆫ이오 新學問은 邪學이라 하고 剃髮은 蠻俗이라 ᄒᆞ야 白眼으로 外人ᄅᆞᆯ ᄋᆡᄌᆞ하고 爛舌로 時機를 挽回ᄒᆞᆫ다 ᄒᆞ야 靑年子弟의 前進勇氣를 沮害하ᄂᆞᆫ 心術을 包有ᄒᆞ야스니 此를 善民이라 謂홀가

四曰 失業氏族이니 平生에 遊衣遊食하야 父兄族親이ᄂᆞ 依賴ᄒᆞᄂᆞᆫ 懶怠性質이 腦門에 充塞ᄒᆞ야 四肢百體를 活動홀 勇氣ᄂᆞᆫ 無ᄒᆞ고 浮浪ᄒᆞᆫ 酒色賭技 等事를 沈感ᄒᆞ며 無根ᄒᆞᆫ 騷訛吊詭 等說을 주張ᄒᆞ야 國家人民間에

一種蠹毒되ᄂᆞᆫ 心術을 包有하얏스니 此를 善民이라 謂ᄒᆞᆯ가 五曰 活動氏族이니 政界上運動이 有한 듯도 ᄒᆞ며 學問上熱心도 有ᄒᆞᆫ듯 外國人도 交遊ᄒᆞ며 社會上出入ᄒᆞᆫ다 ᄒᆞ고 口舌에ᄂᆞᆫ 國家思想이 有ᄒᆞ고 事爲에ᄂᆞᆫ 肥巳私營을 圖ᄒᆞ며 名譽事業에 矯是ᄒᆞᄂᆞᆫ듯ᄒᆞ되 官場野心이 滿腹ᄒᆞ야 眩荒難測ᄒᆞᆫ 心術을 包有ᄒᆞ얏스니 此ᄅᆞᆯ 善民이라 謂ᄒᆞᆯᄀᆞ

吾人의 眼目에ᄂᆞᆫ 擧皆惡民이라 謂ᄒᆞᆯ지언뎡 善民이라고 謂키ᄂᆞᆫ 難ᄒᆞ거ᄂᆞᆯ 善民始可知라ᄂᆞᆫ 問題로 一贊ᄒᆞ얏스니 是以로 愚意ᄂᆞᆫ 不服이라 ᄒᆞᆷ이 至公無私ᄒᆞᆫ 一言을 標彰ᄒᆞ얏노라 ᄒᆞ야날

本記者ㅣ 解之曰吾儕意想도 君言과 符合ᄒᆞᆫ 지 有年이러니 哲學的 思想으로 此 同胞夭然的 性質의 一脈萌動ᄒᆞᄂᆞᆫ 影響을 硏究ᄒᆞᄂᆞᆫ 結果를 從하야 一種善民인 줄을 確實了解ᄒᆞ깃스니 善民始可知라ᄂᆞᆫ 始字ᄅᆞᆯ 見ᄒᆞᆯ지면 前疑를 解釋ᄒᆞᆷ이 瞭然치 아니ᄒᆞᆫ가

從今以後로ᄂᆞᆫ 我韓同胞ᄂᆞᆫ 一種善民으로 標彰ᄒᆞ기를 贊成ᄒᆞ노라

210호 1907년 3월 19일 (화) 論說

國民精神

東洋을 翻覆ᄒᆞ던 日露砲聲의 結果ᄂᆞᆫ 我國民의 精神을 喚發하얏도다 我國民이 五百年 來로 桃源의 迷夢을 未破하고 國家의 安危ᄅᆞᆯ 不知ᄒᆞ던니 數年來로 民心이 警醒ᄒᆞ야 國家의 纍卵을 絶叫ᄒᆞ니 於是乎 頑固老成도 新學問 反對說이 漸息ᄒᆞ고 愚婦愚氓도 國債報償應募心이 熱中ᄒᆞ야 左手에 敎育贊成金을 持ᄒᆞ고 右手로 國債報償金을 出ᄒᆞ니 此ᄅᆞᆯ 從ᄒᆞ야 國家의 興運을 可히 目을 拭ᄒᆞ고 待ᄒᆞ리로다

夫 金城鐵壁은 可히 打破ᄒᆞ려니와 國民精神은 可히 奪치 못할지니 如此한 精神이 一生ᄒᆞ면 其 進步의 速力은 可히 比ᄒᆞᆯ 處가 無ᄒᆞ니 其 一例를 擧하건ᄃᆡ 隣邦日本에 前鑑이 昭昭하도다

彼 日本은 維新이 不過 四十年에 世界無比ᄒᆞᆫ 國威를 振하야 兵을 一擧함ᄋᆡ 淸人이 驕傲의 態을 變ᄒᆞ야 恐縮ᄒᆞᆫ 氣를 抱ᄒᆞ고 兵을 再擧ᄒᆞᆷᄋᆡ 露人이 侵略의 心을 變ᄒᆞ야 退守의 策을 成ᄒᆞ얏스니 抑亦何故오

彼露國과 淸國은 金力과 兵力이 日本보다 優勝ᄒᆞᆷ이 倍ᄉᆞ로 論ᄒᆞᆯ ᄲᅮᆫ이 아니어ᄂᆞᆯ 日本이 如彼한 乘勝長驅을 得ᄒᆞᆷ은 何也오 曰 國民精神이 彼露淸보다 優勝ᄒᆞᆫ 處이 有ᄒᆞᆷ이라

然則 國家의 基礎ᄂᆞᆫ 國民精神에 專在ᄒᆞ니 此 基礎가 一立ᄒᆞ면 其 進步의 效力을 唾手可期할지라 知識도 此를 從ᄒᆞ야 生ᄒᆞ며 財力도 此를 從ᄒᆞ야 得하며 政治 法律도 此를 從ᄒᆞ야 改正될 거시니 如此則 外國의 勢力은 自然 反動力을 因ᄒᆞ야 退ᄒᆞᆯ지라 方其時也에 國家의 萬歲 唱ᄒᆞ고 國民이 幸福을 安享ᄒᆞ리니 此ᄂᆞᆫ 天이 與ᄒᆞᆫ 幸福이 아니라 卽 國民이 索還ᄒᆞᆫ 幸福이니 此 心이 一生ᄒᆞ고 此 聲이 一起ᄒᆞᆷᄋᆡ 無男無女無長無少히 冷淚를 拭ᄒᆞ고 熱血이 沸ᄒᆞ야 曰 我國이라 ᄒᆞᄂᆞᆫ 其 精神이 何를 因하야 生ᄒᆞ얏ᄂᆞᆫ요 曰 其 原因은 吾人이 아즉 沈默을 守ᄒᆞ노라

211호 1907년 3월 20일 (수) 論說

逐斥名譽人

中央政府에 主務大臣된 者의 第一 急先務ᄂᆞᆫ 何에 在ᄒᆞ뇨

部內僚屬을 公正ᄒᆞ고 剛明ᄒᆞᆫ 名譽가 有ᄒᆞᆫ 人物로 擇選ᄒᆞ야 協辦과 局

長叅書와 主事書記에 至ᄒᆞ야도 各其 責任을 任하야 行政上 善良한 効果ᄅᆞᆯ 期待ᄒᆞᆯ지어ᄂᆞᆯ

現政府 主務大臣은 部下에 名譽가 有한 人物은 極力排擠ᄒᆞ야 抵死逐斥ᄒᆞᆷ은 其 理由를 不知ᄒᆞ깃도다

內部에셔ᄂᆞᆫ 協辦 崔錫敏 氏를 逐斥ᄒᆞ얏ᄂᆞᆫᄃᆡ 同氏ᄂᆞᆫ 廉公한 名譽가 素著ᄒᆞᆫ 人氏오

且地方局長 劉猛 氏를 逐斥ᄒᆞ얏ᄂᆞᆫᄃᆡ 同氏ᄂᆞᆫ 剛毅ᄒᆞᆫ 名譽가 素著ᄒᆞᆫ 人氏오

法部에셔ᄂᆞᆫ 協辦 李源兢 氏를 逐出ᄒᆞ얏ᄂᆞᆫᄃᆡ 同氏ᄂᆞᆫ 沈深ᄒᆞ다ᄂᆞᆫ 名譽가 素著한 人氏오

學部에셔ᄂᆞᆫ 學務局長 兪星濬 氏를 逐斥할 計劃이라ᄂᆞᆫᄃᆡ 同氏ᄂᆞᆫ 綜明ᄒᆞᆫ 名譽가 素著한 人氏오

平理院에셔ᄂᆞᆫ 檢事 李儁 氏를 逐斥하얏ᄂᆞᆫᄃᆡ 同氏ᄂᆞᆫ 亢直한 名譽가 素著한 人氏이라

由此觀之컨ᄃᆡ 諸氏의 言行事爲에 可히 登庸ᄒᆞᆯ 者를 逐斥ᄒᆞ기로만 張目注心ᄒᆞᆫ 則 其 後任을 充補ᄒᆞᆯ 人物은 不言可知이라 主務大臣의 意見이 果然 何等 高明에 出ᄒᆞ야 此等 行動을 敢行ᄒᆞ나뇨

國事ㅣ 岌業ᄒᆞ고 民生遑急ᄒᆞᆫ 此時代에 名譽 素著한 一個人을 果是難得之物이어날 幸而得之하야 部窠에 充補하얏슨則 同寅協恭ᄒᆞ고 和衷妥宜ᄒᆞ야 時艱을 共濟ᄒᆞᆷ이 國家에 多幸ᄒᆞᆷ이오 主務大臣의 多幸ᄒᆞᆷ이어ᄂᆞᆯ

一時輿論도 不顧하고 公體도 不拘ᄒᆞ고 無故除汰도 ᄒᆞ며 吹毛覔疵도ᄒᆞ야 極力排擠하야 抵死逐斥ᄒᆞᆷ으로 第一 急先務를 做하니 百般研究ᄒᆞ야도 何等 理由를 了解키 不能ᄒᆞ깃도다

或이 曰 了解키 不能홀 理由가 無ᄒᆞ니 主務大臣의 心腹되고 瓜牙되ᄂᆞ 人幕之實을 代充ᄒᆞ야 自己와 萬般私營을 任意로 하고 助桀爲虐하ᄂᆞ 計策을 收用코자 하ᄂᆞ 方針에 不出홈이라 何等 了解키 不能ᄒᆞᆫ 事이 有홀이오

吾人이 聽罷에 信疑가 不無ᄒᆞ기로 姑히 一述ᄒᆞ야 後任者 充補홈을 見ᄒᆞ고 更히 破感ᄒᆞ깃노라

212호

1907년 3월 21일 (목) 論說

共躋仁壽之域

惟我全國二千萬同胞兄弟ㄱ

大皇帝陛下 仁德이 如天병몽ᄒᆞ오신 下에 化育生息ᄒᆞ야 三千里金湯과 五百年實록【錄】을 共守ᄒᆞ야 一部當當帝國의 太平之樂을 享有하ᄂᆞ 빅라 世界萬邦의 山海梯航과 筐篚玉帛이 和好ᄅᆞᆯ 盟約ᄒᆞ고 文明을 交換일식 我 二千萬 同胞의 知識이 漸開ᄒᆞ고 步武ㄱ 益進ᄒᆞ야 日新又日新ᄒᆞᄂᆞ 境域에 就ᄒᆞ니 此ᄂᆞ 我韓의 一大幸福되ᄂᆞ 基礎이라

普通學校와 中學校와 專門學校와 語學校ᄅᆞᆯ 官立도 ᄒᆞ고 私立도 ᄒᆞ야 青年子弟의 學問이 日進홈을 期待ᄒᆞ깃고

各 新聞界와 各種 雜志 月報와 各社會 演說討論이 人民의 知識을 開牖ᄒᆞ야 文化ㄱ 日進홈을 期待하깃고 各銀行과 商業會議所와 手形組合과 倉庫共同會社ᄅᆞᆯ 創立ᄒᆞ야 金融이 流通ᄒᆞ야 富源이 日進홈을 期待ᄒᆞ깃고

鑛山을 開採ᄒᆞ며 荒地ᄅᆞᆯ 墾闢ᄒᆞ고 工業을 傳習ᄒᆞ며 鉄道ᄅᆞᆯ 敷設ᄒᆞ고 森林을 培養ᄒᆞᄂᆞ 諸般事業이 增加ᄒᆞ야 利益이 日進홈을 期待하깃고 女子敎育會와 婦人學院과 養閨義塾과 明新女學校와 尙洞蓮洞兩女學校의 婦

人學問이 發達ᄒᆞ야 文運이 日進홈을 期待하깃고

無父無母ᄒᆞ고 無家無依ᄒᆞᆫ 靑年孤兒ᄅᆞᆯ 收養ᄒᆞ아 衣食을 供養ᄒᆞ고 敎育을 辛勤ᄒᆞᄂᆞᆫ 孤兒院을 私立ᄒᆞ야 國中에 和氣ᄅᆞᆯ 日進홈을 期待ᄒᆞ깃고

一般人民의 愛國誠이 活動ᄒᆞ야 國債報償의 義捐金을 爭先勇出하야 男子ᄂᆞᆫ 斷烟ᄒᆞ고 婦人은 減餐ᄒᆞ야 國民의 義務가 日進홈을 期待ᄒᆞ깃고

道路家屋의 淸潔을 實施하며 市制章程을 議論ᄒᆞ며 自治消防團을 發起하야 生命財産을 保護ᄒᆞᄂᆞᆫ 制度가 日進홈을 期待ᄒᆞ깃고

赤十字社의 慈善目的과 衛生院과 濟衆院의 施療方法이 確實ᄒᆞ야 疾病夭札을 救濟ᄒᆞ야 國民健康이 日進홈을 期待하깃고

實業이 增進ᄒᆞ고 實力이 完全ᄒᆞ야 海陸軍을 漸次擴張ᄒᆞ고 自强方이 振發ᄒᆞ야 世界上富强이 日進홈을 期待ᄒᆞ깃고

國威國光을 恢復ᄒᆞ고 民權民利ᄅᆞᆯ 挽回ᄒᆞ야 獨立帝國의 威嚴이 一等國伍班에 日進홈을 期待ᄒᆞ깃스니 此ᄂᆞᆫ 唯我 全國 二千萬 同胞 兄弟의 兩肩에 荷擔한 天職이라 政府大臣의 臧否淑慝과 政治行令의 善惡得失을 何必擧論ᄒᆞ리오

今日은 皇太子陛下ᄭᅴ 祝壽ᄒᆞᄂᆞᆫ 慶節이라 二千萬同胞가 文明之福을 共享ᄒᆞ야 仁壽之域에 共躋하기ᄅᆞᆯ 祝ᄒᆞ오니 二千萬同胞兄弟ᄂᆞᆫ 愛國心이 日進ᄒᆞ기만 萬望ᄒᆞ노라

213호 1907년 3월 23일 (토) 論說

政界形容果何如

自去年 九月 以後로 政界의 狀況을 論홀진ᄃᆡ 形容을 描出키 難ᄒᆞᆫ 一境

을 過ᄒᆞ얏스니

國事가 如此히 岌業ᄒᆞ야 累卵之危가 有ᄒᆞ되 眉上에 愁色을 攢ᄒᆞ고 心上에 算劃을 存ᄒᆞ야 一事이라도 就緒홈을 見ᄒᆞ얏ᄂᆞᆫ가

民生이 如此히 困悴ᄒᆞ야 倒懸之急이 有ᄒᆞ되 一政의 善良홈을 施ᄒᆞ얏ᄂᆞᆫ〻 一令의 正當홈을 行ᄒᆞ얏ᄂᆞᆫ가 但히 地位ᄅᆞᆯ 保存코자 ᄒᆞ며 榮利ᄅᆞᆯ 圖得ᄒᆞ랴고만 射工含沙의 毒心을 包含ᄒᆞ고 蒼蠅集극의 譖言이 罔極ᄒᆞ야 互相撲滅코자 하ᄂᆞᆫ 形容을 描出키 難ᄒᆞ얏고

二協辦 一局長 一院卿의 地位ᄅᆞᆯ 相圖ᄒᆞ야 雌黃이 層激ᄒᆞ고 堅白이 異同ᄒᆞ야 甚至劒水刀山의 影響이 往來ᄒᆞᄂᆞᆫ 形容을 描出키 難ᄒᆞ얏고

何等 秘密運動을 謀劃ᄒᆞᆫ다ᄂᆞᆫ 一流가 一時彌滿ᄒᆞ야 朋比가 糾合ᄒᆞ고 黨派가 分張하야 隱微中擧措〻 乖當ᄒᆞ다ᄂᆞᆫ 形容을 描出키 難하얏고 平理院 一法案이 違反홈ᄋᆡ 天下公論이 沸騰ᄒᆞ되 抑壓勒制로 一檢事ᄅᆞᆯ 陷落ᄒᆞ고 意氣得得ᄒᆞᆫ 形容을 描出키 難ᄒᆞ얏스니

此等 行爲가 國事ᄅᆞᆯ 爲홈인가 民生을 爲홈인가 百爾思之ᄒᆞ야도 肥巳營私에 不過ᄒᆞᆫ 一大濁亂이라 謂ᄒᆞᆯ지연뎡 主務當局者의의 當然ᄒᆞᆫ 行動이라고ᄂᆞᆫ 謂키 不堪ᄒᆞᆯ깃도다

近日伊藤統監이 回國ᄒᆞᆫ지 半年頃에 還任ᄒᆞ얏슴ᄋᆡ 各其 斂袵整襟ᄒᆞ고 降氣屛息ᄒᆞ야 安穩靜肅ᄒᆞ고 公正耿介한 態度을 粧撰ᄒᆞ야 顔面을 露呈ᄒᆞᆯ 거이니 果然描出키 難ᄒᆞᆫ 形容이 何如ᄒᆞᆯ고 此等 形容은 丹靑으로 莫狀이라 數日間에 憂貌寥寥ᄒᆞᆯᄂᆞᆫ지 喜色揚揚할ᄂᆞᆫ지 其 形容을 將見이면 可知ᄒᆞ려니와 此等 人物을 擧論ᄒᆞᆯ 地境이면 吾人이 忸怩顔厚ᄒᆞᆫ 自愧心이 出ᄒᆞ야 擲筆而起ᄒᆞ야 一太息을 發ᄒᆞ노라

214호 1907년 3월 24일 (일) 論說

帽子改良

我韓一般人民의 頭上에 所着ᄒᆞᄂᆞᆫ 笠子의 獘害를 一言難盡ᄒᆞᆯ지라

上等社會의 所着ᄒᆞᄂᆞᆫ 登紗笠, 猪毛笠, 陰陽笠은 價格이 太高ᄒᆞ고 其餘 普通所着ᄒᆞᄂᆞᆫ 諸般笠子ᄂᆞᆫ 物質이 甚不堅固하야 一次觸傷ᄒᆞ면 粉碎無餘ᄒᆞᆷᄋᆡ 改繕의 工費ㄱ 亦是翔高ᄒᆞᆫ 則 經濟上妨害가 一身裝束中에 第一夥多ᄒᆞ다 稱할 物品이라 且開明上에 進步ᄒᆞᄂᆞᆫ 人士와 軍警社會에 平服으로 行ᄒᆞᆯ 時에 不得不 風俗을 從ᄒᆞ야 宕巾을 着ᄒᆞ고 笠子를 戴ᄒᆞᆫ 則 重重層層히 頭上에 加ᄒᆞᆷ은 世界에 絶無ᄒᆞᆫ 一套舊習에 不過ᄒᆞᆫ지라

是以로 本報紙上에 冠과 衣와 屨의 改良ᄒᆞᆯ 意見을 一陳ᄒᆞ얏거니와 單히 帽子의 獘害를 更述ᄒᆞ노니

帽子(보시)를 戴ᄒᆞᄂᆞᆫ 것이 舊習을 脫去ᄒᆞ고 風俗을 改良ᄒᆞ고 經濟에 省減ᄒᆞᄂᆞᆫ 一種進步ᄒᆞᄂᆞᆫ 必要라고 斷言ᄒᆞ노라 ᄒᆞ얏더니

或이 此 言을 評判ᄒᆞ야 曰 帽子를 戴하ᄂᆞᆫ 것이 必要한 議論이로ᄃᆡ 一部分社會에 創起ᄒᆞᆫ 制度인 則 世上物議가 橫出ᄒᆞ야 一齊不從할 念慮가 有ᄒᆞ깃다 ᄒᆞ야날

其 言을 解釋ᄒᆞ야 曰 不然ᄒᆞ다 模製가 各殊ᄒᆞ면 渾同ᄒᆞᆯ 거이 無ᄒᆞ깃다 ᄒᆞᄂᆞᆫ 一論도 甚히 狹窄ᄒᆞᆫ 志見으로 歸ᄒᆞ노니 但히 便易ᄒᆞᆫ 方法을 取ᄒᆞ야 普通改良케 ᄒᆞ면 何等 橫出ᄒᆞᆯ 物議가 有ᄒᆞᆯ이오

或이 且曰 笠子工匠이 全國內에 幾万名의 生活에 關係가 有하거ᄂᆞᆯ 一時廢止ᄒᆞ고 輸入品을 取用ᄒᆞ면 大部分의 經濟上妨害를 不思ᄒᆞᄂᆞᆫ가 ᄒᆞ야ᄂᆞᆯ

其 言을 解釋ᄒᆞ야 曰帽子制造法을 傳習ᄒᆞ야 笠子工匠으로 其 業에 從事케 ᄒᆞ고 物質도 土産을 取用케 ᄒᆞ면 何等 經濟上妨害ㄱ 有ᄒᆞᆯ이오

近日普成專門學校에셔 一般學生이 方形制度의 帽子를 一齊히 戴ᄒᆞ야 新生面을 換出ᄒᆞ얏고

養正義塾에셔 帽子形式을 圖畵ᄒᆞ야 學生이 自備ᄒᆞᆯ 計劃으로 姑히 未遂ᄒᆞ얏더니 塾長 嚴柱益 氏가 一層義心을 大發ᄒᆞ야 多數金額을 費ᄒᆞ야 一同學員의 帽子를 新制造ᄒᆞ기로 自擔ᄒᆞ얏다 ᄒᆞ니

此 帽子一欵의 改良實施ᄒᆞᄂᆞᆫ 步武가 漸進ᄒᆞᄂᆞᆫ지라 一般人民도 此 機會를 當ᄒᆞ야 帽子를 改良ᄒᆞᄂᆞᆫ 것이 一大文運을 進ᄒᆞᄂᆞᆫ 機關이라 하노라

215호 1907년 3월 26일 (화) 論說

消防器宜設

大凡人民의 居生ᄒᆞᄂᆞᆫ 部分에 災害되ᄂᆞᆫ 不意之變이 不一ᄒᆞ니 暴風 大雨 洪水 海嘯 地震 火山 失火 等인ᄃᆡ 此ᄂᆞᆫ 世界列邦에 共히 憂患ᄒᆞᄂᆞᆫ 빅라

此中에 失火一欵은 人의 疎虞ᄒᆞᆷ을 因ᄒᆞ야 起ᄒᆞᆷ이오 人의 預防ᄒᆞᆷ을 爲ᄒᆞ야 滅ᄒᆞᄂᆞᆫ 者인則 人工의 不虞之備를 設ᄒᆞ야 常時戒心ᄒᆞᆷ이 可ᄒᆞᆫ지라

是以로 各邦에 火災保險會社를 設ᄒᆞ며 火災消防團을 置하야 十字路口에 隱溝를 鑿ᄒᆞ야 江水를 儲存ᄒᆞ며 引水器械를 備ᄒᆞ고 滅火手를 組織하야 何日何時이든지 某地某家이든지 意外急警이 有ᄒᆞ면 一時救濟ᄒᆞᆷ이 生命財産을 保護ᄒᆞᄂᆞᆫ 一大規模이라

我國은 家屋制度가 土石으로 外面을 周遮ᄒᆞ고 各其 墻垣部分을 設置ᄒᆞ야 隣里가 櫛比하야도 聯絡한 關係가 少異ᄒᆞᆷ으로 火災가 罕有ᄒᆞᆷ의 此를 由ᄒᆞ야 消防預備에 用心用力ᄒᆞᆷ이 無ᄒᆞᆫ지라

然이나 人民居生의 常時戒心ᄒᆞᆯ 者ᄂᆞᆫ 火災의 酷烈ᄒᆞᆷ에 過ᄒᆞᆯ 者ㅣ 無하

거늘 此에 不虞를 備홈이 少ᄒᆞ야 不幸히 遭難홀 時ᄂᆞᆫ 酷烈을 不免홈은 滅火器械가 無ᄒᆞᆫ 所以然이 아닌가 月前에 鄭인永 朴東奎 氏 等이 自治消防團을 設置ᄒᆞ기로 發起ᄒᆞ야 趣旨書를 本社에 送投ᄒᆞ얏기로 本紙에 揭載ᄒᆞ야 贊成ᄒᆞ얏거니와

此를 設備홈은 生命財産을 保護하ᄂᆞᆫ 一部分事業이라 ᄒᆞ노니

向日 洞口內 典當局失火時에 不幸ᄒᆞᆫ 慘狀을 目擊한 則 火烈風猛한 中에 徒手空拳으로 撲滅홀 思想이 不出ᄒᆞ야 但히 不忍見홀 際에 日人居留地消防夫가 來到하고 淸國 領事舗【館】內 引水器를 携至ᄒᆞ야 共히 盡力救火ᄒᆞ야 一時 撲滅하얏스니 時間의 差遲됨을 因ᄒᆞ야 完全救出키ᄂᆞᆫ 不得ᄒᆞ야스나 隣家에 延及ᄒᆞᄂᆞᆫ 禍烈을 阻障ᄒᆞᆫ지라

此로 觀홀진ᄃᆡ 消防器械의 功效가 著大홈도 可見하깃고 消防夫의 盡力홈도 可謝ᄒᆞ깃스되

但히 帝國都성에 一座引水器를 不備ᄒᆞ야 隣邦力救홈을 坐待홈이 可歎홀바이라 然則今日消防團을 設備하자ᄂᆞᆫ 議論이 急時之務라 謂홀지라

然이나 政府에셔 贊助도 有할여이와 人民의 自治規模를 不用ᄒᆞ면 可히 成立키 難홀지라 其 發起홈에 如何ᄒᆞᆫ 措劃은 未聞ᄒᆞ얏스나 其 範圍에 對ᄒᆞ야 同情을 表ᄒᆞ야 一述ᄒᆞ노라

216호 1907년 3월 27일 (수) 論說

農人告春

一年之計ᄂᆞᆫ 在於春이라 ᄒᆞ니 春分이 已過하고 日氣漸和ᄒᆞ야 農人이 告余以春及ᄒᆞ니 方有事于西疇라 ᄒᆞᄂᆞᆫ 古語를 今日에 觀念하니 一年農事를

始作홀 時代ㄱ 아닌가

三之日于耜오 四之日擧趾라 ᄒᆞ니 農家에 耒耜를 準備ᄒᆞ야 百穀을 時播홈이 쏘ᄒᆞᆫ 春에 在ᄒᆞ얏스며 자基不如待時라 ᄒᆞ니 農器를 準備ᄒᆞ야도 時를 待홈이 쏘ᄒᆞᆫ 春에 在홈이라 若其 春天農候를 一失ᄒᆞ면 秋에 收穫홈이 必無홈은 自然ᄒᆞᆫ 形勢인 故로 農人이 春及을 告홈이라

噫라 人의 一生을 一年에 比ᄒᆞ면 靑年時代가 四時에 春과 如홈이라 故로 學問의 勸勉홈을 靑年時代에 篤實辛勤케 홈이니 春而不耕이면 秋이【而】無收오 少而不學이면 老而無用이라ᄂᆞᆫ 古訓이 亦是懇切한 格言이라

近日 老人들이 會集ᄒᆞ야 學會을 組織한다 學校를 設立ᄒᆞᆫ다 홈도 朝聞道夕死可矣라ᄂᆞᆫ 思想을 持有홈이라 吾儕도 不贊成ᄒᆞᄂᆞᆫ 것은 아니로ᄃᆡ 窃히 硏究ᄒᆞ건ᄃᆡ 春에 不耕ᄒᆞ고 秋에 有實홈을 望홈과 如ᄒᆞ니 可히 浩歎할 者라

老人이 學會와 學院를 經營ᄒᆞᄂᆞᆫ 것이 經費만 巨額을 消耗한다 謂ᄒᆞ노니 其 理由을 說明ᄒᆞ건ᄃᆡ 聰明이 已滅ᄒᆞᆫ 衰境에 何等 將就의 望이 有ᄒᆞ며 腦髓에 己着ᄒᆞᆫ 舊習으로 何等 前進의 路에 登ᄒᆞ리오 然則 學會이니 學院이니 ᄒᆞᄂᆞᆫ 것이 前塗効果가 有홈을 質言키 不可한則 但히 經費의 巨欵만 消耗ᄒᆞᆫ다 홀지라도 可치 아니타 謂치 못홀지라

吾儕思想에ᄂᆞᆫ 南北村에 發起하ᄂᆞᆫ 某學會 某學院의 創立ᄒᆞᄂᆞᆫ 經費와 維持홀 方策을 何等 範圍內에 計劃홈인지 其 巨額의 經費로 靑年學會와 靑年學院을 設立ᄒᆞ야 聰明俊秀한 靑年弟子ᄅᆞᆯ 敎育ᄒᆞᄂᆞᆫ 義務로 盡心盡力ᄒᆞ야 其 材ᄅᆞᆯ 篤成ᄒᆞ얏스면 一年의 春에 耕種 ᄂᆞᆫ 効果ᄅᆞᆯ 望ᄒᆞ야 秋에 大有快活홈을 待홀지라

某學會 某學說의 老人學業을 補修ᄒᆞ기로 晩學ᄒᆞᄂᆞᆫ 一般人士의게 農人

告余以春及이라는 一語를 贈呈ᄒᆞ노니 靑年子弟의게 讓與할지어다 靑年子弟의게 讓與ᄒᆞᆯ지어다

217호 1907년 3월 28일 (목) 論說

北間島

北間島 人民代表者가 內部에 呼訴한 事件에 對와【하】야 內部顧問室에셔 該代表者로 問答ᄒᆞᆫ 全文을 本紙에 揭佈ᄒᆞ얏스니 此 一通을 觀ᄒᆞ면 可知ᄒᆞᆯ려니와

北間島 地形은 本是 我韓領地로 版圖에 入한 證據ᄀᆞ 分明히 在ᄒᆞ니 烏蘇里 附近에 朝鮮界라 特書ᄒᆞᆫ 一片石이 何時代에 竪立ᄒᆞᆷ인지ᄂᆞᆫ 不知ᄒᆞ되 年前北間島 管理 李範允 氏의 調査한 報告書에도 載在ᄒᆞᆯ ᄲᅮᆫ 不是라 北地遊覽人의 日記에도 有ᄒᆞ고 羅麗古史에도 本國山川界限이 北至黑龍江이라 ᄒᆞ얏스니 我韓版圖內 土地ᄂᆞᆫ 無他可疑어날

淸使穆克登의 白頭山 烏岬剌定界 一事가 甚히 模糊ᄒᆞ야 千里 地方을 一片 曠土에 歸ᄒᆞ얏스니 可히 浩歎을 發ᄒᆞᆯ 事이나 此 事를 硏究ᄒᆞᆯ진ᄃᆡ 穆克登의 定界할 時에도 時勢를 因ᄒᆞ야 白頭山에 界限을 標定ᄒᆞ얏스니

白頭山定界 新碑를 竪立ᄒᆞᆫ 以外와 烏蘇里朝鮮界 舊碑가 遺存ᄒᆞᆫ 以內에 地廣이 約千里라 此 地를 淸人도 不居ᄒᆞ고 朝鮮人도 不居ᄒᆞ기로 約條를 定하고 三百餘年 人烟이 曠漠ᄒᆞ야 互相關涉지 아니ᄒᆞᆫ 一事를 見ᄒᆞ얏도다 朝鮮內地ᄂᆞᆫ 分明한지라 若其 淸國 幅員에 屬ᄒᆞᆫ 土地와 如ᄒᆞ면 淸廷에셔 空開土地로 一任ᄒᆞᆯ 理由가 豈有할이오

近 二三十年 間에 淸人도 潛入居生ᄒᆞ고 我民도 國禁을 冒犯ᄒᆞ고 豆滿

江 上流를 黑夜 暗涉ᄒᆞ야 幾千戶가 流入하야 近年에ᄂᆞᆫ 男婦相携ᄒᆞ고 隣邑과 如히 移住ᄒᆞ야 幾萬戶에 達ᄒᆞ얏스니 此一片間島를 淸國과 交涉ᄒᆞ야 本國版圖에 歸屬홈도 可ᄒᆞ거니와

此案이 事甚張大ᄒᆞ다 할지라도 天然의 殖民地를 作成ᄒᆞ얏슨則 我國 官吏를 派送ᄒᆞ야 我民을 管理ᄒᆞᄂᆞᆫ 것이 治民制度에 萬萬 當然ᄒᆞᆫ 事이어ᄂᆞᆯ

年前에 派送ᄒᆞᆫ 李範允 氏ᄂᆞᆫ 召還ᄒᆞ얏ᄂᆞᆫ지 影響을 不知하깃고 但히 淸國官吏의 虐待下에 我民의 生命을 犧牲으로 歸케 ᄒᆞ고 我民의 財産을 螂뎌로 甘케 ᄒᆞ야 冷然不顧ᄒᆞ기로 該島人民이 裏足跋涉ᄒᆞ야 帝國 京師에 達하야 地方을 管轄ᄒᆞᄂᆞᆫ 內部大臣에게 呼訴ᄒᆞ니 其 人民의 向國主義도 嘉尙ᄒᆞ고 受虐情況도 可哀ᄒᆞᆫ지라

甚至其言에 保我生民ᄒᆞ고 免彼虐制케 ᄒᆞ면 所入官廳經費ᄂᆞᆫ 島民이 辦納이라도 庶可樂從이라ᄂᆞᆫ 一言을 推測ᄒᆞ야도 其 人民의 哀情을 可察ᄒᆞᆯ지라

內部에셔 一官吏ᄅᆞᆯ 擇差ᄒᆞ야 其 人民을 管理케 홈이 何等 張大ᄒᆞᆫ 關係가 有ᄒᆞ기로 內部 所答이 猝難擧議라 ᄒᆞ얏스니 可發一歎하깃기로 一言을 姑述ᄒᆞ노라

218호 1907년 3월 29일 (금)

논설 실리지 않음

219호 1907년 3월 30일 (토) 論說

文明漸進

國家의 文明發達홈은 社會의 漸進홈에 在ᄒᆞ다 ᄒᆞ노니

凡百事業을 進就ᄒᆞᄂᆞᆫ 狀況은 一人의 智와 一人의 力으로 能히 獨進키ᄂᆞᆫ 難ᄒᆞ거니와 衆人의 智와 衆人의 力을 組合ᄒᆞ면 能히 目的을 達ᄒᆞᆯ지라

一絲가 能히 大鼎을 擧ᄒᆞ기 不能ᄒᆞ되 萬條ᄅᆞᆯ 合ᄒᆞ면 能히 擧ᄒᆞ며 一箭이 巨廈ᄅᆞᆯ 支ᄒᆞ기 不能ᄒᆞ되 萬枝ᄅᆞᆯ 束ᄒᆞ면 能히 支ᄒᆞ나니 衆智衆力을 合ᄒᆞ야 事業을 成就ᄒᆞᄂᆞᆫ 効果가 此와 同ᄒᆞᆫ지라

近日我國民族의 智識이 漸次開進ᄒᆞᄂᆞᆫ 現狀이 有ᄒᆞ야 各般社會ᄅᆞᆯ 組織홈이 雨中竹筍과 如ᄒᆞ니 其 名目을 畧擧ᄒᆞ건ᄃᆡ

自强會 一進會 國民教育會 東亞開進教育會 萬國基督靑年會 ▣法會 西友學會 漢北學會 同志親睦會 法案硏究會 普仁學會 大東學會 天道教會 天主教會 基督教會 淨土教會 佛宗會 神籬教會 眞理教會 神宮敬奉會 婦人學會 女子教育會 國債報償會(各種) 養正義塾討論會 普專親睦會 實業硏究會 殖産獎勵會 商業會議所 手形組合 農工銀行 漢城銀行 天一銀行 韓一銀行 合名彰信會社 湖南鐵道會社 東洋用達會社 紳商會社 少年韓半島社 夜雷雜志社 朝陽雜志社 大東俱樂部 官人俱樂部 等인ᄃᆡ 就中宗教社會도 有ᄒᆞ고 教育社會도 有ᄒᆞ고 實業社會도 有ᄒᆞ고 政黨社會도 有ᄒᆞ고 討論社會도 有ᄒᆞ야 各部分趣旨와 目的은 差異홈이 有ᄒᆞ나 事業上 關係ᄂᆞᆫ 一轍에 同歸홈이라

光武 八年度 以後로 民族의 知識이 漸開ᄒᆞ야 年內에 九年十年에 各般社會가 漸進홈이 此에 至ᄒᆞ얏스니 輿情이 贊成ᄒᆞᄂᆞᆫ 者도 有ᄒᆞ고 物議가 沸騰ᄒᆞᄂᆞᆫ 者도 有ᄒᆞ되 蔽一言ᄒᆞ고 文明發達의 程度ᄅᆞᆯ 可히 推測ᄒᆞᆯ지라

民族의 智識이 大開ᄒᆞ면 國家에 幸福이 大進ᄒᆞᄂᆞ니 已爲成立者ᄂᆞᆫ 永遠維持ᄒᆞ고 方纔經營者ᄂᆞᆫ 循序擴張ᄒᆞ야 有始有終ᄒᆞ기로 各般社會에 祝望ᄒᆞ노라

220호 1907년 3월 31일 (일) 論說

地力【方】局長

經年久曠ᄒᆞ얏든 內部 地方局長 位地ᄅᆞᆯ 前局長 玄은 氏로 叙任ᄒᆞ얏다ᄒᆞ니

地方局長은 全國 十三道 三百四十五郡을 管轄ᄒᆞᄂᆞᆫ 樞要責任이라

若其 某氏 某氏와 如한 貪官汚吏가 其 椅子를 據ᄒᆞ야 郡守의 叙任과 遷轉에 苞苴暗至ᄒᆞ고 賄賂公行ᄒᆞ야 國民을 剝割ᄒᆞᄂᆞᆫ 虐郡守을 弋取ᄒᆞᄂᆞᆫ 一淵藪와 如ᄒᆞᆯ지면 全國十三道 三百四十五郡 人民의 生命財産에 關係가 重大ᄒᆞᆫ 責任으로 毒烈을 全國에 流케 ᄒᆞᄂᆞᆫ 責任을 成ᄒᆞᆯ지라

近來公廉ᄒᆞ고 剛毅ᄒᆞ고 社會上 名譽가 有ᄒᆞᆫ 劉猛 氏가 此 責任을 帶ᄒᆞ야 坐席이 未煖에 沙汰ᄒᆞᆷ을 當ᄒᆞ얏스니

一世上公論이 沸騰ᄒᆞ고 物議가 喧藉ᄒᆞ야 內部大臣이 如此ᄒᆞᆫ 人物을 逐斥ᄒᆞ니 國家前途도 可知ᄒᆞ깃고 國民餘望도 更無라 ᄒᆞ야 悒悒怏怏한 氣色과 노노咻咻한 聲口를 可히 除防키 不能ᄒᆞ깃더니

日昨朝紙에 玄은 氏로 地方局長을 叙任ᄒᆞᆷ을 見ᄒᆞ고 吾儕ᄂᆞᆫ 始而驚ᄒᆞ고 中而喜ᄒᆞ고 終而疑ᄒᆞ야 歡迎ᄒᆞᄂᆞᆫ 一語ᄅᆞᆯ 述ᄒᆞ노니

劉猛 氏와 如한 地方局長을 削除ᄒᆞ고 其 後任을 空曠ᄒᆞᆷ이 野心으로 希望ᄒᆞᄂᆞᆫ 者ㅣ 非一非再어날 玄은 氏로 特別叙任ᄒᆞᆷ은 可驚할 事이오

一社會上에 公正俊秀ᄒᆞᆫ 名譽을 擔負한 人氏로 陞薦ᄒᆞ야 全國 地方人民을 愛護ᄒᆞᄂᆞᆫ 責任을 盡悴케 ᄒᆞᆷ이 可喜ᄒᆞᆯ 事이오

一時名譽ᄅᆞᆯ 釣取코자 ᄒᆞ야 此等 好人物로 塡任ᄒᆞ야스나 劉猛 氏와 如히 不久逐斥ᄒᆞᆯᄂᆞᆫ지도 不知ᄒᆞᄀᆻ스니 可疑ᄒᆞᆯ 事이라

此 三事ᄂᆞᆫ 吾儕의 衷曲을 暴盡ᄒᆞ얏거니와 但히 內部大臣을 向ᄒᆞ야 攢賀ᄒᆞ며 更히 全國 十三道 三百四十五郡 地方人民을 向ᄒᆞ야 攢賀ᄒᆞ기 爲ᄒᆞ야 地方局長 歡迎辭라 名ᄒᆞ노라

221호 1907년 4월 2일 (화) 論說

視察日本

政府에셔 官人 十六員을 派送ᄒᆞ야 日本 各 官廳에 制度ᄅᆞᆯ 視察케 한다 ᄒᆞ기로 視察員의 氏名을 本紙에 已布ᄒᆞ얏거니와

再昨日 政府에 會同ᄒᆞ야 旅費ᄅᆞᆯ 分頒ᄒᆞ고 四月三日에 辭陛ᄒᆞ고 四日에 登塗ᄒᆞᆫ다 ᄒᆞ니

東京櫻花天地에 兼ᄒᆞ야 博覽會을 開催ᄒᆞᄂᆞᆫ 時代ᄅᆞᆯ 當ᄒᆞ야스니 快心消暢도 ᄒᆞᄀᆻ고 極目壯觀도 ᄒᆞᄀᆻ스니 十六視察員을 爲ᄒᆞ야 可히 攢賀ᄒᆞᆯ 만ᄒᆞ거니와

十六視察을 派送ᄒᆞᆷ은 但히 同員으로 快心消暢ᄒᆞ고 極目壯觀만ᄒᆞ라고 國金을 消耗ᄒᆞᄂᆞᆫ 主義가 아닌 則 同員의 今回東行ᄒᆞᆷ은 其 目的이 果然何에 在ᄒᆞ뇨

明治維新以來로 各官廳制度가 大小巨細의 綜明周悉ᄒᆞᆷ이 間髮不容ᄒᆞ며 盛水不漏ᄒᆞᆫ 規模處置가 粲然極備ᄒᆞ야 東西洋의 一部新進國으로 光譽

가 播彰ᄒᆞ기로 世界의 喝采를 受ᄒᆞᄂᆞᆫ 一座日本國이라

我韓은 是邦과 唇【脣】齒輔車의 勢를 成ᄒᆞ야 關係頗重ᄒᆞᆷ으로 維新規模를 學步同進코ᄌᆞ ᄒᆞᄂᆞᆫ 時代를 値ᄒᆞᆫ지라

是以로 政府에셔 第三回視察을 派送ᄒᆞᆷ에 出ᄒᆞ얏스니 視察諸氏ᄂᆞᆫ 自國의 岌業ᄒᆞᆫ 形勢을 十分憂慮ᄒᆞ고 隣邦의 文明ᄒᆞᆫ 制宜를 十分周到ᄒᆞ야 眼目所覩記와 心志所開發로 歷歷群悉ᄒᆞ야 歸國ᄒᆞᄂᆞᆫ 日에 十分大効果가 有ᄒᆞ기로 十分大注意ᄒᆞᆯ지어다

九十日에 縱然注意ᄒᆞᆫ다 ᄒᆞ야도 四十年日新又新ᄒᆞᆫ 規模程度를 短距離時間에 엇지 一一群悉ᄒᆞ야 十分効果를 得ᄒᆞ기를 期必ᄒᆞᆯ리오만ᄂᆞᆫ 萬目이 영【玲】瓏ᄒᆞ고 千手가 拮据ᄒᆞᄂᆞᆫ 極熱極忙極詳極密ᄒᆞᆫ 一部大都會라도 一個人의 用心不用心ᄒᆞᄂᆞᆫᄃᆡ 在ᄒᆞ니 宮內省이든지 警察이든지 陸軍省이든지 各其 責任을 隨ᄒᆞ야 用心이 辛勤勞瘁ᄒᆞᄂᆞᆫᄃᆡ 至ᄒᆞ면 自然効果가 影響中에 生ᄒᆞᆯ 거이오

若「厚祿古套」나 입고 「埃及卷烟」이나 물고 春風花柳와 江山樓臺에 驕逸放縱ᄒᆞ든 氣習으로 幸히 國庫金旅費나 消融ᄒᆞ고 視察事務ᄂᆞᆫ 一毫도 不用心ᄒᆞᆯ지면 九十日은 姑舍ᄒᆞ고 九千日을 消磨ᄒᆞᆯ지라도 一分効果ᄂᆞᆫ 不見ᄒᆞᆯ 거이니

用心不用心 五字로 十六視察의개【게】忠告ᄒᆞᄂᆞᆫ 一言를 擧似ᄒᆞ며 兼ᄒᆞ야 海陸萬里에 無恙往還ᄒᆞᆷ을 祝ᄒᆞ노라

博士試取

成均博士의 試取事件에 對ᄒᆞ야 客年本紙上에 一場痛論ᄒᆞᆫ 바이 有ᄒᆞ얏더니

今回에 博士의 名稱ᄒᆞᄂᆞᆫ 品職을 又爲試取ᄒᆞ기로 再昨日學部에셔 開場ᄒᆞ얏ᄂᆞᆫᄃᆡ 應試ᄒᆞᄂᆞᆫ 人士가 四百餘名에 達ᄒᆞ얏고 當場光景이 奔競太甚ᄒᆞ기로 何樣風波가 生ᄒᆞᆯ가 念慮ᄒᆞ야 巡檢과 兵丁憲兵을 多數把守ᄒᆞ얏드라 ᄒᆞ니

大抵 博士試取라 ᄒᆞᄂᆞᆫ 一事ᄂᆞᆫ 百爾思量ᄒᆞ야도 何等 人材와 何等 學問을 試取ᄒᆞᆷ인지 不知ᄒᆞ깃도다

現今 新進時代를 當ᄒᆞ야 一種舊習이라도 改革ᄒᆞ기로 注意ᄒᆞᆯ지면 此等 虛文浮華를 崇尙ᄒᆞ야 無實ᄒᆞᆫ 浪名을 取ᄒᆞᆷ이오

大學校도 無ᄒᆞ고 專門學校도 無ᄒᆞ되 但히 博士의 高名이 一世에 浮動ᄒᆞ면 世界의 一笑柄을 取ᄒᆞᆷ이라 엇지 慨然ᄒᆞᆯ 事이 아니리오

假令漢文이나 經學을 尊重ᄒᆞ야 其 才術을 試取ᄒᆞᆯ지면 諸般學校에 漢文課를 置ᄒᆞ얏스니 奚獨漢文一科만 專攻ᄒᆞᆷ은 何事이며

假令 人物이나 地閥로 試取ᄒᆞᆯ지면 成均館學課中에 新學科를 兼設ᄒᆞ야 時宜에 適合ᄒᆞᆫ 人材를 養成ᄒᆞᆷ이 可ᄒᆞ거날 奚獨舊學問으로 試取ᄒᆞ야 無用棄物을 作成ᄒᆞᆷ은 何事이뇨 頑固ᄒᆞ고 腐敗ᄒᆞᆫ 習慣으로 舊日科擧試取ᄒᆞᆷ과 如히 奔競도 太甚ᄒᆞᆯ 샏 不啻라 四色으로 分排ᄒᆞᄂᆞ니 先正子孫인니 大官親戚인니 奇奇怪恠ᄒᆞᆫ 風聞이 狼藉ᄒᆞ니 此等 博士ᄂᆞᆫ 年年試取ᄒᆞ야 何等 必要ᄒᆞᆫ 關係가 有ᄒᆞᆷ을 爲ᄒᆞᆷ인고

學部에셔도 新學問을 勸課ᄒᆞᄂᆞᆫ 時代에 大學校ᄅᆞᆯ 設ᄒᆞ야 眞相이 有ᄒᆞᆫ 博士ᄅᆞᆯ 試取ᄒᆞ든지 浪名博士ᄅᆞᆯ 廢止ᄒᆞ든지 兩端에 其一을 執ᄒᆞ야 世界

에 嘲笑를 免ᄒᆞ고 國家에 實地를 進ᄒᆞ야 學部의 責任을 完全케 훌지어다

223호 1907년 4월 4일 (목) 論說

瀛【汽】車博覽會 (仁川朝鮮新報社)

仁川 朝鮮新報社 主幹 萩谷籌天 氏가 汽車博覽會를 開催ᄒᆞ고 優待券을 本記者의게 寄送ᄒᆞ얏기로 再昨日南大門驛에 前往ᄒᆞ야 眞相을 觀光ᄒᆞ니 果然一大壯觀이라 稱훌지로다

瀛【汽】車 三座에 外面은 各會同ᄒᆞᆫ 商店名號을 標揭ᄒᆞ고 裡面에ᄂᆞᆫ 各種商店의 硝子窓을 設ᄒᆞ야 萬種物品을 陳列ᄒᆞ고 위이屈曲히 通行케 ᄒᆞ야 賞客이 縱目觀覽키도 極히 便宜ᄒᆞ고 店主의 迎候靜肅홈이 極히 適當ᄒᆞ야 繁昌ᄒᆞᆫ 一大市街의 盛況을 呈홈과 如ᄒᆞ고

各店主가 其 從事ᄒᆞᄂᆞᆫ 商業廣告를 印出ᄒᆞ야 賞客의게 寄附ᄒᆞ고 且或物品을 購買홈이 極히 低廉ᄒᆞᆫ 價額으로 放賣ᄒᆞ야 其 商業의 興旺ᄒᆞ고 商品의 斬新홈을 夸張ᄒᆞ며 甚至 葉書와 菓子 等物에도 瀛【汽】車博覽會 紀念으로 刻字ᄒᆞ얏고

餘興은 軍樂을 奏ᄒᆞ며 留聲器를 試ᄒᆞ며 花火를 揚ᄒᆞ야 一般遊興을 助케 ᄒᆞ고

西洋料理店에 優待券을 携帶한 賓客은 麥酒菓子와 珍貴ᄒᆞᆫ 料理로 開催ᄒᆞᄂᆞᆫᄃᆡ 會場과 料理店에 各國旗章을 懸ᄒᆞ며 萬點球星을 列ᄒᆞ고 日韓國旗를 交叉ᄒᆞ야 極히 繁華홈이 一部文明光輝을 放ᄒᆞ더라

就中本國孤兒院에서 商品도 陳列ᄒᆞ고 慈善凾도 揭ᄒᆞ야 多數學徒가 一紅旗를 各持ᄒᆞ고 會場에 羅立ᄒᆞ얏ᄂᆞᆫᄃᆡ 其 狀況이 極히 開進ᄒᆞᄂᆞᆫᄃᆡ 注意

홈이라

此 博覽會가 韓國鉄道全線을 巡回ᄒᆞ야 開城 平壤 義州 大邱 東萊 等地로 開催ᄒᆞᆫ다ᄂᆞᆫᄃᆡ 其 目的은 略聞ᄒᆞᆫ 則 仁川大火災救恤ᄒᆞᆯ 意로 慈善心을 發ᄒᆞ야 設行ᄒᆞᆷ인ᄃᆡ 其 經費도 巨大ᄒᆞ깃고 其 目的도 良好ᄒᆞ고 我韓人眼目을 開發케 ᄒᆞᄂᆞᆫ 結果가 多大ᄒᆞ기로 同情을 表ᄒᆞ야 撰頌ᄒᆞᄂᆞᆫ 意를 一述ᄒᆞ거니와

此를 一覽ᄒᆞ고 東京博覽會를 想像ᄒᆞᆯ지면 果然如何ᄒᆞᆫ 盛況을 呈할고 噫라 我國人民도 何時에 商品이 興旺ᄒᆞ야 博物會을 設ᄒᆞ고 文明氣像을 特放ᄒᆞᆯᄂᆞᆫ지 精神를 淬勵ᄒᆞ야 日日進步ᄒᆞ기를 熱望ᄒᆞ노라

224호 1907년 4월 5일 (금) 論說

大火災 (度支測量課)

再昨下午六時에 度支部內에서 失火ᄒᆞ야 測量課全部를 燒失ᄒᆞ얏다 ᄒᆞ니 其 失火根因과 救火結果ᄂᆞᆫ 本紙에 詳載ᄒᆞ얏거니와

度支部內 測量課ᄂᆞᆫ 已往量地衙門인ᄃᆡ 昨年에 測量課라 改稱ᄒᆞ야 測量技手百餘人울【을】養成ᄒᆞ야 方今測量中에 在ᄒᆞ고

全國土地의 測量文籍이 同部分內에 堆積ᄒᆞᆫ지라 不幸히 大火災를 當ᄒᆞ야 同文簿를 幸히 救出ᄒᆞ얏ᄂᆞᆫ지 不知ᄒᆞ거니와 若其 全部를 燒失ᄒᆞ얏슬지면 如此ᄒᆞᆫ 重大關係가 絶無ᄒᆞ깃스니

大抵失火ᄒᆞᆫ 根因은 何方에서 起ᄒᆞ얏ᄂᆞᆫ지 不虞之變에 出ᄒᆞᆷ이라 春日이 旱乾ᄒᆞ고 春風이 猛烈ᄒᆞᆫ 天氣를 際ᄒᆞ야 火勢가 猖獗ᄒᆞᆷᄋᆡ 人山人海를 成ᄒᆞ야도 但히 驚慌嗟嘆ᄒᆞᆯ ᄲᅮᆫ이오 徒手空拳으로 猛風烈火를 鎭壓ᄒᆞᆯ 方策

이 無흔지라

此 大驚慌을 當ᄒᆞ야 汲水軍이 奔走四至ᄒᆞ야도 一桶水을 散潑ᄒᆞ면 虐燄이 尤盛ᄒᆞ야 勢無奈何ᄒᆞ니 消防器機의 引水力과 噴水力이 아니면 能히 抵當치 못ᄒᆯ지라

日本人 居留地 內 消防夫가 引水器四座ᄅᆞᆯ 携至ᄒᆞ고 淸領舘에셔 水龍車을 携至ᄒᆞ야 一時齊力ᄒᆞ야 如山火燄을 瞬息間鎭壓ᄒᆞ얏스니 引水器의 功效ᄂᆞᆫ 不可無不可無ᄒᆯ 者로 認定ᄒᆞ깃도다

然則 我韓 京城은 帝國都會이라 消防團을 曾히 施設키 不能ᄒᆷ이 一大慨然ᄒᆯ 事이라 此ᄂᆞᆫ 特別問題이라 姑히 閣置ᄒᆞ거니와

國家에 種種 此等 災變이 有ᄒᆞ야 巨欵財額을 消耗ᄒᆯ 不啻라 全國土地文簿ᄅᆞᆯ 更히 整厘ᄒᆯ 境遇에 至ᄒᆞ면 巨欵財額을 消耗ᄒᆯ 거이니 國家財政을 爲ᄒᆞ야 大慨嘆ᄒᆷ을 不勝ᄒᆞ깃스니

政府이든지 人民이든지 別般方針을 講究ᄒᆞ야 火災消防ᄒᆯ 一策을 신【迅】速決定ᄒᆞ야 些少財政을 吝惜지 말고 巨大財産을 保護ᄒᆞ기로 大注意ᄒᆯ지어다

225호 1907년 4월 6일 (토)

논설 실리지 않음

226호 1907년 4월 9일 (화) 論說

騷訛不可信

近日 京城 內 塗聽道說이 朋興ᄒᆞ야 一套騷訛를 釀成홈과 如ᄒᆞ니 此等風聞은 不可聽信홀 事이라

軍相道難事에 獄情이 蔓延ᄒᆞ다 ᄒᆞ야 一套騷訛를 成홈은 何事이며

合邦說이 何處로 從來ᄒᆞ얏스며 何人이 做出ᄒᆞ얏ᄂᆞᆫ지 一套騷訛를 成홈은 何事이며

度支部에 監查長과 監查役이 己定되야 度支財政을 引繼ᄒᆞᆫ다고 一套騷訛를 成홈은 何事이며

其他 千狀萬態의 流行ᄒᆞᄂᆞᆫ 風說이 奇奇怪怪ᄒᆞᆫ 騷訛를 各其 所見ᄃᆡ로 信口而發ᄒᆞ야 人心을 動搖홈과 如ᄒᆞ니 實로 國家人民의 幸福이 아니라 謂홀지니 一嘆을 可發ᄒᆞᆯ깃도다 此等說이 各種 新聞上에 已爲揭佈ᄒᆞ야 天下耳目에 廣泒ᄒᆞ얏고 本紙의 倡導ᄒᆞᆫ 바이 아닌 즉 眞說인지 假說인지도 吾儕ᄂᆞᆫ 不知ᄒᆞ거니와

此等說이 一種事實과 如홀지라도 騷訛가 朋興홈이 不可ᄒᆞ고 一種 無根之說이라도 騷訛ㄱ 朋興홈이 不可ᄒᆞ다고 夸言ᄒᆞ노니

何以然也오ᄒᆞ면 若其 事實이라도 政府에 頒佈홀 令甲이 無ᄒᆞᆫ 則 未發之前에 騷訛를 起홈은 法律上에 自在ᄒᆞᆫ 條律이 有홀 거이어든

况且無根之說과 如ᄒᆞ면 空然憤惋함도 愛國心이 아니오 空然驚慌홈도 忍耐力이 아닌 則 騷訛를 朋興홈이 一時妨害를 生出홀ᄯᅡ름이니 不可聽信홀 者라

如此ᄒᆞᆫ 岌業時代를 當ᄒᆞ야 民心이 安頓ᄒᆞ고 民志가 開發ᄒᆞ야 靑年子弟의 敎育이나 法意하고 農商工業이나 實施ᄒᆞ야 自强力을 得ᄒᆞᄂᆞᆫ 것이 第

一方針이라 謂ᄒᆞ노니

一般國民은 塗聽道說을 準信ᄒᆞ야 一時 騷訛을 做出ᄒᆞᆷ이 國計民生에 利益되지아니ᄒᆞᄂᆞᆫ 事態이니 設或 朋興ᄒᆞᆯ지라도 一切聽信치 勿ᄒᆞ고 但히 自家精神만 各其 收拾ᄒᆞᆯ지어다

227호 1907년 4월 10일 (수) 論說

書籍舘計劃

在日本 二十一學生의 經費困難ᄒᆞᆷ을 因ᄒᆞ야 斷指同盟ᄒᆞᆫ 事狀이 九重에 上徹되야

皇上陛下宸聰이 深感ᄒᆞ사 萬里海外에 遊學ᄒᆞᄂᆞᆫ 赤子를 矜憐ᄒᆞ사 學問을 進就케 ᄒᆞ며 材器를 成立케 ᄒᆞ오실 如天 聖恩으로 龍師ᄅᆞᆯ 特命ᄒᆞ사 一萬圓의 金兩ᄅᆞᆯ 降케 ᄒᆞ시니 浩渥廣大ᄒᆞᆫ 恩沛가 曠前空後ᄒᆞ오신지라

學部大臣이 命을 承ᄒᆞ고 用費의 必要ᄒᆞᆷ을 酌量排給ᄒᆞ기로 計劃ᄒᆞᆫ다 ᄒᆞᆷ은 頃日 本紙에 已佈ᄒᆞ얏더니 近日 其 計劃을 更聞ᄒᆞ니 該一萬圓을 需用方針이 如何ᄒᆞᆫ고 하니 日本前我國公使舘附近에 一座書籍舘을 建築ᄒᆞᆫ다 ᄂᆞᆫᄃᆡ 六千圓으로 同舘二階屋五十坪을 建築ᄒᆞᆯ 經費이오 四千圓으로 書籍을 準備ᄒᆞ야 遊學生의 便宜考覽키ᄅᆞᆯ 與ᄒᆞᆫ다 ᄒᆞ니 何等 計劃에 出ᄒᆞᆷ이뇨

二十一學生의 經費ㄱ 百般困難ᄒᆞ야 風餐露宿의 千萬辛苦을 備嘗ᄒᆞᄂᆞᆫ 中인ᄃᆡ 幾年留學ᄒᆞᄂᆞᆫ 距離에 食費와 衣資로 輸送ᄒᆞ야 工夫를 玉成케 ᄒᆞᆷ이 上으로 皇恩을 報答ᄒᆞ고 下으로 人材ᄅᆞᆯ 養成ᄒᆞᄂᆞᆫ 當然底道理어ᄂᆞᆯ

書籍舘을 建設ᄒᆞᆫ다 ᄒᆞᆷ은 千萬料外에 出ᄒᆞᄂᆞᆫ 缺點이라 日本學校에 各種教課書도 自在ᄒᆞᆯ 거이오 書籍舖에 各般考覽ᄒᆞᆯ 書籍이 俱存ᄒᆞ얏스니 學生

의 手中에 經費金額만 有ᄒᆞ면 何等 書籍을 購覽키 不能ᄒᆞᆯ이오 若二十一學生이 經費는 每朔二十圓式 輸送ᄒᆞᆫ다 ᄒᆞᆷ은 已聞ᄒᆞ얏서니와 此 事件노 學部 預算金 中으로 支出ᄒᆞᆫ다 함은 未聞ᄒᆞ얏는ᄃᆡ 旣往 債帳도 四千圓에 達ᄒᆞ얏다 ᄒᆞ고 前途費用도 繼續需給키 不能ᄒᆞ면 當場困難을 救濟키 杳然無望이거ᄂᆞᆯ

書籍館 建築이른 一說은 百爾思之ᄒᆞ야도 不可推測ᄒᆞᆯ 事이니 吾儕는 絶對的으로 不贊成ᄒᆞ노니

且若 書籍舘을 設備ᄒᆞᆯ지면 內地에 建築ᄒᆞ야 一般同胞의 敎課이든지 縱覽이든지 便宜를 與ᄒᆞᆷ이 可ᄒᆞᆯ지라 日本에 建築ᄒᆞᆫ다 ᄒᆞᆷ은 何等 意思인뇨 留學生들도 一時遊學을 卒ᄒᆞ고 歸國ᄒᆞ는 日에 國中書籍을 永遠縱覽케 ᄒᆞᆷ이 果然 何如ᄒᆞᆯ고

然則 在 日本 遊學生의게 一次 質問ᄒᆞ야 書籍舘을 內地에 設置ᄒᆞᆷ이 可ᄒᆞᆯ가 日本에 設置ᄒᆞᆷ이 可할가 其 志願을 聽從ᄒᆞᆷ이 可ᄒᆞᆯ깃고 輕先히 書籍舘을 日本에 設置ᄒᆞ는 計劃은 不可ᄒᆞ다고 斷言ᄒᆞ노라

228호 1907년 4월 11일 (목) 論說

國債報償義捐一評

全國人民이 國債을 報償ᄒᆞ기로 一種 血誠을 沸騰ᄒᆞ야 義捐金額을 勇先爭赴ᄒᆞᆷ은 吾儕의 累累賞讚ᄒᆞᆫ 바이라

大抵 外債額 一千三百萬圓으로 論ᄒᆞᆯ지라도 我國人口을 二千萬假量으로 算計ᄒᆞ고 每口六十五錢式을 捐出ᄒᆞ면 一千三百萬圓의 數가 充滿ᄒᆞᆯ 거인ᄃᆡ

近日 多數 發起ᄒᆞᆫ 義捐額을 推觀ᄒᆞ건ᄃᆡ 每日 千名 假量式므 平均日入으로 算計ᄒᆞᆯ지면 二萬日이라야 二千萬 口의 數가 充滿ᄒᆞᆯ 거이니 二萬日을 算計ᄒᆞ면 六十年이라

如此ᄒᆞᆫ 長距離歲月間에 擔責ᄒᆞᆫ 政府에셔 國債를 報償키 不能ᄒᆞ면 國力의 不振ᄒᆞᆷ을 可히 推測ᄒᆞᆯ 거이니 現今 目見으로ᄂᆞᆫ 政府에셔ᄂᆞᆫ 年年히 外債을 增加ᄒᆞᆯ지언정 報償ᄒᆞᆯ 期望은 杳然ᄒᆞ깃기로 一般國民의 知識이 十分開發되야 國債라ᄂᆞᆫ 名義도 不解ᄒᆞ든 婦人童稚ᄭᅡ지 義心을 鼓動ᄒᆞ야 一時에 勇進ᄒᆞᆷ은 誠是前所未有ᄒᆞ든 愛國誠에 出ᄒᆞᆷ이라

然이ᄂᆞ 婦人과 童稚와 勞働者와 如ᄒᆞᆫ 民族이 愛國誠을 鼓發ᄒᆞᆷ을 見ᄒᆞ깃고 官人이라든지 資本家이라든지 自稱 上等社會라 ᄒᆞᄂᆞᆫ 人物은 愛國誠이 無ᄒᆞᆷ과 如ᄒᆞ니 此何等怪事인고

現狀이 如此ᄒᆞᆫ 則 長距離 歲月을 消費ᄒᆞ야도 國債의 數額이 充滿ᄒᆞ깃다 謂치 못ᄒᆞ깃스니 愛國誠心을 一齊鼓發ᄒᆞ얏스면 三個月間에도 可히 完全히 淸帳할 거시로ᄃᆡ 不用力者의 力이 用力者의 力에 優ᄒᆞ며 不用心者의 心이 用心者의 心에 劣ᄒᆞᆷ을 較計ᄒᆞᆯ지면 愛國誠이 孰多ᄒᆞ다 謂ᄒᆞ리오

噫라 吾儕ᄂᆞᆫ 自初로 國債報償의 完全ᄒᆞᆫ 效果ᄂᆞᆫ 姑未可知라고 評論ᄒᆞᆫ바어니와

民族社會의 愛國心이 發生ᄒᆞᆫ 一脉이 可히 國家 運祚을 挽回ᄒᆞᆯ 基礎이라 엇지 一千三百萬圜의 限ᄒᆞᆯ ᄲᅮᄅᆞᆷ이리오

一千三百萬圜의 多額과 六十年의 距離ᄅᆞᆯ 休論ᄒᆞ고 人民의 愛國心이 發生ᄒᆞᆷ을 我國幸福이라고 一評ᄒᆞ노니 是心을 推ᄒᆞ면 國債도 報償ᄒᆞᆯ 거이오 國威國光도 保全ᄒᆞᆯ 거이니 錢額 多寡ᄂᆞᆫ 勿論ᄒᆞ고 是心이 日日 發生ᄒᆞᆷ을 是祝ᄒᆞ노라

229호 1907년 4월 12일 (금) 論說

警告政府諸公

政府大官이 客年 十月 以來로 一般 沈黙ᄒᆞ야 進步方針에 着手홈이 無ᄒᆞ고 但히 何等 意見으로 各其 牢執ᄒᆞ야 和衷共濟ᄒᆞᄂᆞᆫ 端倪을 見치 못ᄒᆞ얏ᄂᆞᆫ지라

日日所事ᄂᆞᆫ 何에 在ᄒᆞ뇨 部下僚屬을 更迭ᄒᆞ거로 作爲大事ᄒᆞ야 權利도 相圖홈과 如ᄒᆞ고 地位도 相爭홈과 如ᄒᆞ야 側目相視ᄒᆞᄂᆞᆫ 點이 有ᄒᆞ더니

內部ᄂᆞᆫ 曠位를 僅近塡充ᄒᆞ얏고 法部ᄂᆞᆫ 尙且其 副任의 椅子가 空虛ᄒᆞ얏스나 此亦 何等 意想에 出홈인지 不知ᄒᆞ깃도다

此等 不相和協ᄒᆞᆫ 影響은 摸捉ᄒᆞ기 不能ᄒᆞᆯ 事端인 즉 可히 如何ᄒᆞᆫ 點에 基因홈이라고ᄂᆞᆫ 難言ᄒᆞ깃스나 大抵國計에 關係홈도 아니오 民生에 關係홈도 아닌 則 進步方針에 防碍되ᄂᆞᆫ 點이라고 指稱할 만ᄒᆞᆫ지라

大抵政界上에 一政의 行함과 一事의 決함이 殆近二百日間의 有ᄒᆞ다고 質言키 不能ᄒᆞᆫ 則 現今岌業ᄒᆞᆫ 時機가 一時라도 可히 遲緩치 못ᄒᆞᆯ 時代에 二百日間 光陰을 空然消磨ᄒᆞ야 隱然히 一戰場과 如히 決局이 無홈은 亦 何等 廟算인고

近日은 憾情을 融解하고 和氣을 保存ᄒᆞ야 前日戰局을 終了홈과 如히 顔色에 不敢露出ᄒᆞᆯ 時代를 當ᄒᆞ얏스니 進步方針에 辛勤着手ᄒᆞ야 日新又新ᄒᆞᆫ 政令을 行ᄒᆞᆯᄂᆞᆫ지 全國人民이 加額而待ᄒᆞ고 注目而視ᄒᆞ되 如何ᄒᆞᆫ 政令이 中央政府에셔 遂行ᄒᆞᆫ다ᄂᆞᆫ 說은 未聞ᄒᆞ깃스니 抑或憾情이 互相未解ᄒᆞ야 然ᄒᆞᆫ가 抑或事勢가 尙今未就ᄒᆞ야 然ᄒᆞᆫ가

政府大官은 現今 國計民生이 俱爲岌業홈을 十分顧慮ᄒᆞ야 一時라도 可히 遲緩치 勿ᄒᆞ고 精神을 淬勵할지어다

此等說은 老生常談으로 歸ᄒᆞ깃기로 把筆ᄒᆞᆯ 者도 亦是 小無稗益ᄒᆞᆯ 쥴로 不知ᄒᆞᄂᆞᆫ 것은 不是로ᄃᆡ 孟春木鐸으로 巡于道路ᄒᆞᄂᆞᆫ 遒人責任은 有ᄒᆞᆫ 故로 自己의 責任을 不失ᄒᆞ기 爲ᄒᆞ야 此等警省ᄒᆞᄂᆞᆫ 論壇에 赤幟를 樹ᄒᆞ노니 聽與不聽은 政府大官諸公의 取捨에 在ᄒᆞᆯ지로다

230호 1907년 4월 13일 (토) 論說

國債報償聯合近況

一般國民의 愛國誠으로 義務에 服從ᄒᆞᆷ은 天機自動ᄒᆞᆷ이오 心靈自發ᄒᆞᆷ이라 誰가 强勉ᄒᆞᆷ을 不待ᄒᆞ고 各自의 力量ᄃᆡ로 輻輳竝進ᄒᆞᄂᆞᆫ 一時風潮를 成ᄒᆞ얏스니 金額을 接受ᄒᆞᄂᆞᆫ 一欵은 各新聞社도 有ᄒᆞ고 實業店도 有ᄒᆞ고 當座處ᄂᆞᆫ 各種銀行이 有ᄒᆞ니 接受處理에 關係ᄒᆞᆯ 必要가 有ᄒᆞ야 聯合會議ᄒᆞᆯ 目的이 別般另有ᄒᆞ다 稱ᄒᆞᆷ이 適當ᄒᆞ다고 質言키 難ᄒᆞᆫ지라

雖然이나 各處 發起所가 京鄕에 多數ᄒᆞ고 義金 出捐人이 式日답至ᄒᆞᆫ즉 各新聞界에셔도 接受方法과 廣告 等節이 甚히 奔忙ᄒᆞ야 日不暇給ᄒᆞᆯ 事態가 有ᄒᆞᆫ 則 聯合會議ᄒᆞᆯ 一個處所를 定ᄒᆞ고 名譽公正ᄒᆞᆫ 人員이 義務로 從事ᄒᆞ야 諸般方針을 處理ᄒᆞᆷ이 未爲不可ᄒᆞᆫ지라 是以로 有志諸君子가 是議를 發起ᄒᆞᆷ을 吾儕도 贊成ᄒᆞᄂᆞᆫ 바인ᄃᆡ

普成舘內에 「國債報償聯合會議所」를 發起ᄒᆞ얏다 ᄒᆞ며

大韓每日申報社內에 「國債報償志願金総合所」를 發起ᄒᆞ얏다 ᄒᆞ며

自强會舘을 臨時借得ᄒᆞ야 「國債報償聯合會議所」를 發起ᄒᆞ얏다가 趣旨를 撤消ᄒᆞ얏다 ᄒᆞ며

紙廛都家에 中央義務社를 發起ᄒᆞ얏다 ᄒᆞ며

普成舘期成會에셔 各發起所를 聯合홈【홀】計劃이 有ᄒᆞ다 ᄒᆞ니

有志諸君의 愛國義務로 各自努力ᄒᆞᆫ은 十分感謝홀 事이라 何人이 不贊成ᄒᆞ리오마는

聯合 二字는 京鄕各處에 發起人員과 義金額數를 統合處理홀 方法으로 特別會議ᄒᆞᄂᆞᆫ 處所인 則 一個處所가 足矣라

若其 聯合所를 多數設立ᄒᆞ면 京鄕에 發起所와 恰似ᄒᆞ야 統合處理홀 方法이 各其 門戶를 峙ᄒᆞᆫᄃᆡ로 意見도 不一ᄒᆞ고 事態도 多端ᄒᆞ야 畢竟端緖가 未成就홀 關係가 有홀가 念慮ᄒᆞᄂᆞᆫ 物議가 藉藉ᄒᆞᆫ지라

聯合을 發起ᄒᆞᄂᆞᆫ 諸君도 擧皆有志者이오 目的과 義務가 惟一不二ᄒᆞᆫ 則 何必門戶를 各峙ᄒᆞᆫ 然後에 効果를 得ᄒᆞᆫ다 謂ᄒᆞ리오

一個所의 位置를 定ᄒᆞ고 有志諸君이 一同合席ᄒᆞ야 意見도 交換ᄒᆞ고 義論도 和衷ᄒᆞ야 一般國民의 義心을 奬勵ᄒᆞᄂᆞᆫ 것이 今日愛國主義에 基因ᄒᆞᆫ 一大方針이라

無數ᄒᆞᆫ 聯合名義를 據ᄒᆞ야 意見도 不相合ᄒᆞ고 議論도 不相同ᄒᆞ야 何等弊害를 喚起할 境遇에ᄂᆞᆫ 義心을 奮發ᄒᆞᄂᆞᆫ 人民을 沮障키도 容易ᄒᆞ며 義金收合ᄒᆞᄂᆞᆫ 目的도 到達키 不能홀지면 有志諸君의 世界 嘲笑를 取홈이 果然 何如ᄒᆞᆫ 影響이 有ᄒᆞ리오 再思可矣어다 凡百君子아

231호 1907년 4월 14일 (일) 論說

怪書荒妄

近日 某新聞에 揭載홈도 得見ᄒᆞ고 路上人의 傳說도 得聞ᄒᆞᆫ 則 一種 怪書六字를 城門 近處에 揭付ᄒᆞ얏드라 ᄒᆞ야 人人이 各自謄書ᄒᆞ야 天下에 初見

ᄒᆞᄂᆞᆫ 何等 別種 神異 文字와 如히 一般 騷訛를 鼓吹ᄒᆞᄂᆞᆫ 狀態가 有ᄒᆞ니

自古로 符룩이니 참緯이니 ᄒᆞᄂᆞᆫ 吊詭誕妄ᄒᆞ며 虛荒孟浪ᄒᆞᆫ 文字가 惑世誣民ᄒᆞᄂᆞᆫ 獘風을 煽動ᄒᆞ야 大則國家를 搖亂케 ᄒᆞ고 小則 人民을 騷動케 ᄒᆞᄂᆞᆫ 旁門左道의 一流怪說에 基因ᄒᆞᆷ이라

而況此 六字怪書ᄂᆞᆫ 符록도 아니오 참緯도 아니오 字典에 原有ᄒᆞᆫ 正字도 有ᄒᆞ고 集合ᄒᆞᆫ 假字도 有ᄒᆞ야 何許怪妄悖戾者流이니 思亂樂禍者徒가 人心을 誑惑ᄒᆞ기 爲ᄒᆞ야 闇黑面에 揭付ᄒᆞ얏스니 掛書律에 犯法ᄒᆞᆫ 者이오 病風人의 使狂ᄒᆞᄂᆞᆫ 者의 一種怪事이니 置之勿問이 可也어ᄂᆞᆯ

此를 由ᄒᆞ야 驚慌ᄒᆞᄂᆞᆫ 人도 有ᄒᆞ고 그 强解하ᄂᆞᆫ 人도 有ᄒᆞ야 萬疊疑雲이 眉上에 層層ᄒᆞᆫ 狀態가 有ᄒᆞ다 ᄒᆞ니 此ᄂᆞᆫ 人民의 知見이 暗昧ᄒᆞᆫ 所致라 假令 此 六字를 强解ᄒᆞ야 文意을 明白히 曉得ᄒᆞᆫ다 ᄒᆞᆯ지라도 何等 効果가 無ᄒᆞ거든 何況驚慌하고 疑惑ᄒᆞ야 家家戶戶에 一奇事로 看做ᄒᆞᆷ이리오

本社에셔ᄂᆞᆫ 此等 報道를 接受ᄒᆞ얏스나 一種 荒妄에 歸ᄒᆞ야 本紙에 揭載도 아니ᄒᆞ얏거니와 此를 强解도 ᄒᆞ고 驚慌도 하ᄂᆞᆫ 人民은 事業에 勤勞치 아니ᄒᆞ고 生活에 辛苦치 아니ᄒᆞᄂᆞᆫ 無聊無賴ᄒᆞᆫ 者의 本色이라 엇지 可히 責備ᄒᆞ리오마ᄂᆞᆫ

自然以訛傳訛ᄒᆞ야 人心을 騷動ᄒᆞᄂᆞᆫ 風說은 六字怪書를 掛ᄒᆞᆫ 者 以外에 一時風潮를 成ᄒᆞᆷ과 如ᄒᆞ니 慨然할 바이 아닌가

232호 1907년 4월 16일 (화) 論說

旅團編制

近日 軍部에서 旅團을 編制ᄒᆞᆫ다ᄂᆞᆫ 報道를 接受ᄒᆞ야 本紙에도 屢次 揭

載ᄒᆞ얏거니와

我韓이 國富兵强ᄒᆞᆫ 實力을 得ᄒᆞ야 陸軍의 大擴張ᄒᆞᄂᆞᆫ 盛擧ᄅᆞᆯ 見ᄒᆞᆷ에 至ᄒᆞ얏스니 從此로 防秋ᄒᆞᄂᆞᆫ 內衛ᄅᆞᆯ 固ᄒᆞ며 猾夏ᄒᆞᄂᆞᆫ 外侮ᄅᆞᆯ 禦ᄒᆞ깃스니 可히 國家人民을 爲ᄒᆞ야 攢賀ᄒᆞᆯ 만ᄒᆞᆫ 一大進步어니와

更聞ᄒᆞᆫ則 軍額 一千四百名을緊縮ᄒᆞ야六百名은北靑鎭衛隊ᄅᆞᆯ 設ᄒᆞ고 八百名을 除汰ᄒᆞ얏다 ᄒᆞ니 兵額의 減數ᄒᆞᆷ은 軍費ᄅᆞᆯ 難繼ᄒᆞ야 不得已에 出ᄒᆞᆷ인지 時機에 適合ᄒᆞ야 不得不緊縮ᄒᆞᆯ 必要가 有ᄒᆞᆫ지 不知ᄒᆞ되

軍額을 緊縮ᄒᆞᆯ 境遇이면 領尉校의 士官도 緊縮ᄒᆞ얏슬 거이니 此ᄂᆞᆫ 國防이 漸空ᄒᆞᄂᆞᆫ 時代이라 然則 一大隊의 額數도 不足의 嘆이 有ᄒᆞᆯ지니 聯隊라 稱ᄒᆞᆷ도 有名無實에 不過ᄒᆞ거ᄂᆞᆯ

軍額은 緊縮ᄒᆞ고 軍制ᄂᆞᆫ 漸進ᄒᆞ야 旅團의 編制라 名稱ᄒᆞᆷ은 果然 夢想外에 出ᄒᆞᆷ이라 兵策에 云兵不厭詐라 ᄒᆞ얏스니 此ᄂᆞᆫ 詐를 從ᄒᆞ야 軍聲을 助長코자 ᄒᆞᆷ인가 昔人이 臨兵增竈도 ᄒᆞ얏고 多設疑營도 ᄒᆞ얏스니 虛名을 借ᄒᆞ야 軍威ᄅᆞᆯ 振肅케 ᄒᆞᆯ 計劃에 出ᄒᆞᆷ인가

百爾思之ᄒᆞ야도 旅團編制라 ᄒᆞᆷ은 吾儕의 惑이 滋甚ᄒᆞᆯ ᄲᅮᆫ 不是라 世界의 笑柄을 資코자 ᄒᆞᆷ이니 엇지 一大慨然ᄒᆞᆯ 事이 아니리오

副將이니 叅將이니 無數虛啣을 借帶ᄒᆞ야 一世華職으로 耀揚하ᄂᆞᆫ 風潮가 盛行ᄒᆞᄂᆞᆫ 時代에 旅團長의 一套華啣을 何等干城之將으로 充補ᄒᆞ야 一世光榮을 夸張ᄒᆞᆯᄂᆞᆫ지 旅團長選充ᄒᆞᆯ 人氏ᄅᆞᆯ 向ᄒᆞ야 更히 攢賀ᄒᆞ거니와

我韓國計ᄂᆞᆫ 百事가 如是ᄒᆞ고 萬事가 如是ᄒᆞ야 有名無實함을 咄咄書空ᄒᆞ노라

勒制削髮

近日 各學校와 各社會에서 削髮키 不肯ᄒᆞᄂᆞᆫ 學生과 會員을 勒制로 削髮ᄒᆞ얏다ᄂᆞᆫ 說을 種種히 接聞ᄒᆞ깃도다

一般 守舊 習慣을 愛好ᄒᆞ야 頑固心이 腦根에 凝結ᄒᆞᆫ 者들이 每言 曰 文明漸進의 態度가 人民의 有髮無髮에 關係될 者이 豈有ᄒᆞ리오 但히 愛國誠心과 進步事業이 奚但削髮者의게만 許與ᄒᆞ고 有髮者의게ᄂᆞᆫ 不與ᄒᆞᄂᆞᆫ 限이 有ᄒᆞ다ᄂᆞᆫ 言은 未聞ᄒᆞ얏스니 吾儕ᄂᆞᆫ 期於히 頭髮을 保存ᄒᆞ야 事業을 進就ᄒᆞ깃노라 ᄒᆞ니

此等 說話로 守舊習慣을 助長ᄒᆞᄂᆞᆫ 獘風이 靡然ᄒᆞ야 北村 古代 政府 宰相과 友臺父老와 市井閭里의 老人과 如ᄒᆞᆫ 一流人士ᄂᆞᆫ 削髮은 姑舍ᄒᆞ고 削髮ᄒᆞᆫ 人으로 對面接語키를 厭惡ᄒᆞᄂᆞᆫ 狀態도 有ᄒᆞ고 其 子第의 削髮ᄒᆞᆯ가 畏刼ᄒᆞ야 學校에 出席키를 禁止ᄒᆞᄂᆞᆫ 病風도 有ᄒᆞ니 此ᄂᆞᆫ 不必加論이어니와

流行 病風이 新進 青年 腦髓에 深入成祟ᄒᆞᆫ 者ㅣ 往往히 有ᄒᆞ야 登校學習ᄒᆞᄂᆞᆫ 學員中에 誓死不削ᄒᆞᄂᆞᆫ 者도 有ᄒᆞ고 因此退學ᄒᆞᄂᆞᆫ 者도 有ᄒᆞ니 口舌로 新學問을 肄習ᄒᆞ야도 心志로ᄂᆞᆫ 舊習慣을 凝結ᄒᆞᆫ 痼疾이 有ᄒᆞ니

民族社會의 自治團體를 組合키 難ᄒᆞ며 文明風潮의 自由步武를 前進키 不能ᄒᆞᆯ 것이니 此等 風俗은 一齊改良키를 不留晷刻ᄒᆞᆯ 者라

某某學校의 學徒를 勒制로 削髮ᄒᆞᆷ이 其 家人父兄들은 自由를 强迫ᄒᆞᆷ이라 謂ᄒᆞ나 吾儕ᄂᆞᆫ 大贊成ᄒᆞᄂᆞᆫ 바이어니와

學校生徒들은 自然 文明 風氣를 日漬月染ᄒᆞ야 縱然勒制로 使用치 아니ᄒᆞ야도 究竟은 一致ᄒᆞᆫ 新空氣를 吸取ᄒᆞᆯ 것이어니와

勒制削髮을 利用할 必要가 有홀진디 近日에 新組織흔 普學院, 大韓▣學▣, 大東學會, 大東義務會贊育硏法所, 法學講習所 等 諸處에 金圈子 玉圈子가 휘황 燦爛흔 一代名流의게 勒制削髮을 利用홈이 第一必要흔 義務로 認定흐노니

金圈玉圈을 懸흔 人士가 若其 勒制削髮홈을 反對홀 境遇에는 其 勒制削髮의 必要方法을 不得不用이라는 問題로 一場演說을 吾人이 擔保흐깃노라

234호 1907년 4월 18일 (목)

논설 실리지 않음

235호 1907년 4월 19일 (금) 論說

不得不硏究

我韓國計를 思唯할진디 前途影響이 黯然無望흐니 何如흔 方法을 利用하여야 國家를 維持흐고 人民을 保存홀는지 今日 時機와 今日 形便의 措置計劃을 不得不 硏究할 者ㅣ라

宇內大勢가 一定흐야 東洋平和를 保全홀 樞機를 已成흐얏스니 此는 一日二日에 變改키 不能흔 形勢인 則 唇【脣】齒輔車와 如흔 邦國이 互相間信義만 固守흐고 但히 自國實力을 能養흐는 精神的 以外에 長筭이 更無흐니 自國實力을 何等 方針을 用흐야 能養흔다 謂홀고

政府를 大改革흐고 制度를 大擴張흐여야 實力을 能養홀가

立憲政法을 建議하야 進步되는 程度를 隨ᄒᆞ야 實施ᄒᆞ여야 實力을 能養ᄒᆞᆯ가

聯邦條例를 証約ᄒᆞ야 政治를 統一ᄒᆞ여야 實力을 能養ᄒᆞᆯ가

此 三件은 重大問題이라 可히 思議키 難ᄒᆞᆫ 則 何等 方針으로 實力을 能養ᄒᆞᆯᄂᆞᆫ지 更히 研究ᄒᆞᆷ을 要ᄒᆞ건ᄃᆡ

青年聰俊을 教育ᄒᆞ고

工商農業을 擴張ᄒᆞ고

金融流通을 整理ᄒᆞ고

自治制度을【를】施行ᄒᆞ고

法律案件을 申明ᄒᆞ고

公正人物을 登庸ᄒᆞ고

地方制度를 改革ᄒᆞ고

土地賦稅를 益損ᄒᆞ고

此 八條ᄂᆞᆫ 必要問題이라 何月何時에 重言複言ᄒᆞ고 橫說竪說치 아니ᄒᆞ얏스리오 但히 能言鸚鵡와 如히 唇舌間에 浮冶言論으로만 做去ᄒᆞ면 八九分實地를 踏ᄒᆞᆯ 理由가 或有할가

政府當局者도 或 此를 研究ᄒᆞ얏ᄂᆞᆫ지 不知ᄒᆞ되 現行政治를 見ᄒᆞᆯ지면 一事도 實行ᄒᆞᆷ을 不見ᄒᆞ고 但히 權利競爭地位苟且八字定評以外에ᄂᆞᆫ 研究ᄒᆞᆫ 思想이 無ᄒᆞᆷ과 如ᄒᆞ니 全國人民이 何物을 依恃ᄒᆞ고 此天地에 生命財産의 保全ᄒᆞᆯ 方法을 得ᄒᆞ리오

全國人은 求死不贍이라 何暇에 遠大ᄒᆞᆫ 思想이 有ᄒᆞ야 研究ᄒᆞᆷ을 得ᄒᆞ얏스리오 然則 前途影響이 黯然無望ᄒᆞ다 謂ᄒᆞᆷ이 良以此也니

政府의 信用은 如彼ᄒᆞ고 人民의 切迫은 如此ᄒᆞ니 吾儕의 時局에 對ᄒᆞ

야 研究力이 有흔들 亦將何用이리오마는 不得不 研究흐고 研究흐야 最優等되는 方法을 生覺흐야 國家人民을 爲흐야 利用흐기를 自勉두흐고 一世도 警省흐노라

236호 1907년 4월 20일 (토) 論說

民族性質

勒制흐고 束縛흐는 政治範圍에 一時一吸을 擅自키 不敢흐든 民族情況을 思量흐면 我國民族의 性質을 淳박【朴】하다 謂홀가 愚昧흐다 謂할가 四千年 鎖國主義를 膠守하는 時代에 政權範圍를 跋扈키 不能흐고 但히 政治의 善惡을 隨흐야 人民의 禍福을 做홀 뿐름이오 生命財産은 政治範圍內에 委托흔 一物로 認흐야 勢力下에 犧牲과 如히 無罪就死흐야도 分內事로만 甘受흐야 雌伏馴致홈을 見홀진딕 性質이 淳방흐다고도 謂흐깃고

二十世紀의 競爭時代를 當흐야도 習慣을 因循흐고 頑固를 未破흐야 知識經濟의 活動하는 精神이 질【窒】塞흐고 生存殖産의 自由흐는 權利를 全失흐야 前途滅絶홀 影響이 反照되는 時機를 不識홈을 見할진딕 性質이 愚昧흐다고도 謂흐깃스니

統而言之면 愚昧홈도 一種淳방에 流出흔 性質이라 然則 我國民族의 性質이 開發誘掖흐는 善良政治로 導率흐얏스면 一朝一夕에 全國이 心悅誠服홀 良知良能이 完全無缺홈은 智者를 不待흐고도 可卞홀지어날

此를 善良政治로 導率홈은 不見흐고 但히 人種이 劣等이니 性質이 野蠻이니 絶對的 評判흐야 天然一棄物로 歸흐고 奴隷로 虐待흐며 魚肉으로 踐踏흐는 舊代 壓制政治로 一向使用흐니

當局者의 主見이 果然 何等 高明에 出ᄒᆞ야 民族의 劣等性質을 看破ᄒᆞ고 仇敵으로 嫉視홈과 如ᄒᆞᆫ 一般當局者들도 從天降이나 從地出ᄒᆞᆫ 人種이 아니오 歐羅巴이나 阿米利加에 出ᄒᆞᆫ 人種도 아닌 則 本土에 產出ᄒᆞᆫ 民族에 不過ᄒᆞ건만은 自國同胞를 嫉視ᄒᆞ고 虐待홈이 若此히 甚홈은 何事인고

與嫉視者와 與虐待者의 智識과 學問을 受嫉視者와 受虐待者의게 權衡으로 稱量홀지라도 一分加減이 無ᄒᆞ깃고 但히 衣馬僕從과 宮室珍寶의 優等만 懸殊ᄒᆞ거날 凌虐心을 加ᄒᆞ야 滅絕홀 影響을 自招ᄒᆞ면 與嫉視 與虐待者ᄂᆞᆫ 滅絕ᄒᆞᄂᆞᆫ 羈絆을 能脫홀가

何等 嫉視ᄒᆞ고 虐待ᄒᆞᄂᆞᆫ 事이 有ᄒᆞ냐고 當局者가 一問홀지면 對述키를 不辭ᄒᆞ노니 (未完)

237호 1907년 4월 21일 (일) 論說

民族性質 (續)

一政府上 當局諸公은 刷新時代ᄅᆞᆯ 當하야 善良政治를 實施키ᄂᆞᆫ 姑舍是ᄒᆞ고 間或 注意ᄒᆞᄂᆞᆫ 萌念이 一日一至만할지라도 民生의 困苦切迫홈이 今日과 如ᄒᆞ기ᄂᆞᆫ 期心치 못ᄒᆞ깃고 國家의 危急決裂홈이 此 地境에 陷ᄒᆞ기ᄂᆞᆫ 計料치 아니홀 거이어날 高大軒敞ᄒᆞᆫ 神仙樓閣에 四肢를 安逸ᄒᆞ고 窮蔀慘況은 一毫도 不念ᄒᆞ며

綺환金玉의 富貴文章에 萬想이 驕傲ᄒᆞ야 鶉依慘況은 一毫도 不念ᄒᆞ며

山供海錯의 食前方丈에 八珍이 厭飫ᄒᆞ야 菜色慘況은 一毫도 不念ᄒᆞ야

貪虐郡守ᄅᆞᆯ 全國에 排置ᄒᆞ야 民怨이 徹天ᄒᆞ되 循良을 登庸홈을 不見

ᄒᆞ깃고

暴惡警吏를 全國에 排置ᄒᆞ야 民冤이 載路ᄒᆞ되 懲治令甲을 不見ᄒᆞ깃고

枉法官吏가 王章을 低昂하야 輿情이 沸騰ᄒᆞ되 法律을 公平ᄒᆞᆷ을 不見ᄒᆞ깃고

徵稅官吏가 正供을 濫弄ᄒᆞ야 民擾를 惹起ᄒᆞ되 嚴正懲罰ᄒᆞᆷ을 不見ᄒᆞ깃고

教育事務가 內容이 模糊ᄒᆞ야 影響을 不知ᄒᆞ되 奬勵 維持ᄒᆞᆷ을 不見ᄒᆞ깃스니

由此로 全國 民族의 生存殖産을 保全키 不能ᄒᆞ고 智識經濟를 競爭키 不能ᄒᆞ야 天高地厚에 跼脊한 悲觀念에 墮落ᄒᆞᆯ 섄이니 此는 略略說去ᄒᆞᆷ이라 牛毛蠶絲와 如ᄒᆞᆫ 千瘡百疵을【를】 擧論키 不暇ᄒᆞ니

此는 當局者의 全國 人民을 嫉視ᄒᆞ고 虐待ᄒᆞᄂᆞᆫ 神經血線에 淪沒ᄒᆞᆷ이 아닌가 由是로 全國人民이 求死不贍ᄒᆞ야 前進步捷을 顧念키 不暇ᄒᆞᄂᆞᆫ 狀態가 有ᄒᆞᆷ도 亦是 當局者의 不能 導率ᄒᆞᆫ 責任에 在ᄒᆞ건마는 開口則曰 劣等人種이니 野蠻性質이니 指斥ᄒᆞᆯ ᄯᆞ름이니 此는 嫉視ᄒᆞ고 虐待ᄒᆞᄂᆞᆫ 指南午針이 아닌가

全國 民族의 性質이 縱然愚昧ᄒᆞ다 ᄒᆞᆯ지라도 一種 天與ᄒᆞ신 性分은 固有한 者라 時局聞見도 染漬ᄒᆞ고 列邦風氣도 煦濡ᄒᆞ야 自强力이 生할 섄不是라 困苦切迫ᄒᆞᆫ 原素가 何에 流出ᄒᆞᆷ을 覺得ᄒᆞ야 前途影響이 何涯에 沈淪할 思想이 一發ᄒᆞ면 一大最可畏가 아닌가 可愛非民이며 可畏非民가 ᄒᆞᄂᆞᆫ 古訓을 不念ᄒᆞᄂᆞᆫ가 吾儕ᄂᆞᆫ 猥越ᄒᆞᆫ 一種思想이 起ᄒᆞᆷ을 不覺ᄒᆞ야 掩置키도 亦難ᄒᆞ기로 尾附ᄒᆞ거니와 當局者의 一般 性質이 最劣等人種으로 思唯ᄒᆞ노니 諸公은 此 一言을 包容ᄒᆞ야 苦口之藥으로 知ᄒᆞᆯᄂᆞᆫ지 過耳之風으로 歸ᄒᆞᆯᄂᆞᆫ지 (完)

238호

1907년 4월 23일 (화) 論說

姦人作惡

昨年 三月에 軍部大臣 李根澤 氏의 遭難ᄒᆞᆫ 怪變이 有ᄒᆞ야 氏가 千辛萬苦ᄒᆞ야 良醫의 效果를 得ᄒᆞ야 幸히 快痊ᄒᆞ얏스나 第一次 姦人作惡의 凶謀에 發홈이오

本年 二月에 叅政大臣 朴齊純 氏 私邸에 何等 殊常ᄒᆞᆫ 箱子 一件을 何人이 入送ᄒᆞ얏다ᄂᆞᆫ 說이 有ᄒᆞ야 裏面에 何等 凶物을 貯藏홈은 不知ᄒᆞ나 亦一怪變으로 推測할 것이니 第二次 姦人作惡의 凶謀에 發홈이오

本年 三月에 軍部大臣 權重顯 氏의 遭難ᄒᆞᆫ 怪變은 幸히 毒手를 免ᄒᆞ얏스나 第三次 姦人作惡의 凶謀에 發홈이오

本月 二十一日 下午 十時에 帝室會計審查局長 朴용和 氏의 私邸에 何等 兩個凶漢이 旹【闖】入ᄒᆞ야 毒手를 逞施ᄒᆞᆫ 怪變이 有ᄒᆞ야 不幸히 氏의 遇害함에 遽至ᄒᆞ얏스니 第四次 姦人作惡의 凶謀에 發홈이라

近日 姦人作惡이 何其多也오 國勢ᄂᆞᆫ 岌嶪ᄒᆞ고 人心은 板蕩ᄒᆞᆫ 根因에 出홈이라고 泛稱ᄒᆞᄂᆞᆫ 議論이 有ᄒᆞ되 吾儕ᄂᆞᆫ 此等 怪變이 尋常泛稱ᄒᆯ 事이 不是라 國家를 益益切迫케 ᄒᆞ고 人民을 漸漸亂動케 하ᄂᆞᆫ 一燒點이라고 慨嘆不已ᄒᆞ거니와

且或 勢力競爭家와 不平落望者의 激烈ᄒᆞᆫ 暴擧에 出홈이라 謂ᄒᆞ되 此論도 亦是 不着落ᄒᆞᆫ 唇舌이라 其 何如ᄒᆞᆫ 原因은 勿論ᄒᆞ고 白晝黑夜에 肆凶逞毒者의 暴行情跡은 森嚴ᄒᆞᆫ 王法도 自在하고 孔昭ᄒᆞᆫ 神罰도 應有ᄒᆯ 것이니 吾儕의 筆誅를 不待ᄒᆞ고 極之無赦ᄒᆞ려니와

此等 姦人의 作惡凶謀를 惹起ᄒᆞᄂᆞᆫ 原素를 推究ᄒᆯ지면 由來濁亂ᄒᆞ고 淆雜한 餘烈에 人心이 未定ᄒᆞ야 思亂樂禍ᄒᆞᄂᆞᆫ 徒流가 朋興ᄒᆞᆫ 所以然이라

此等 原素를 淸淨홀 方針은 政治를 善良케 ᄒᆞᄂᆞᆫ 一機關에 在홈이라고 質言ᄒᆞ노니 當局諸公은 十分注意ᄒᆞ야 此等 暴擧를 防杜홀 方針을 豫想할지어다

239호 1907년 4월 24일 (수) 論說

吊京城日報停止

京城日報ᄂᆞᆫ 東洋平和를 維持ᄒᆞ고 兩邦和好를 敦密코자 ᄒᆞᄂᆞᆫ 性質를【을】具ᄒᆞ야 昨年 七八月間에 我韓京城에셔 刊行ᄒᆞ든 一部新聞紙라

此 新聞紙ᄂᆞᆫ 日本人 伊東佑侃 氏의 刊行ᄒᆞᆫ 者인ᄃᆡ 氏의 學問名譽로 志氣를 奮發ᄒᆞ야 文明開導ᄒᆞᄂᆞᆫ 機關를【을】特設홈으로 日文韓文兩部를 刊行ᄒᆞ야 新聞界上에 特特ᄒᆞᆫ 異彩를 妨ᄒᆞ기로 購覽人士의 一齊歡迎을 不辭ᄒᆞᆫ바이오 新聞界 同業者의 一般歡迎을 不辭ᄒᆞᆫ ᄇᆡ라

是以로 此 日報의 永遠壽考홈을 祈祝ᄒᆞ야 蒙昧ᄒᆞᆫ 風氣를 開發ᄒᆞ고 幼穉ᄒᆞᆫ 智見을 導迪ᄒᆞ야 唇齒輔車의 形勢를 泰山磐石과 如히 保存ᄒᆞ기를 希望ᄒᆞ든 京城日報인ᄃᆡ

不意一百八十五號에 至ᄒᆞ야 韓文刊行을 中止한 報道를 接聞ᄒᆞ니 購覽人士의 一齊嗟愕ᄒᆞᆫ 바이오 新聞界 同業者의 一般嗟愕홀 ᄲᅮᆫ 不是라 海外名士의 公正一筆로 新空氣를 吐出홈을 不見ᄒᆞ깃스니 一般世道를 爲ᄒᆞ야 特別히 嗟愕ᄒᆞᆫ 바이로다 日本人 刊行ᄒᆞᆫ 新聞界上에 中央新報가 昨年 四月間에 中止되고 漢城新報, 大東新報, 大韓日報가 鱗次 中止되고 京城日報가 一週年이 不滿ᄒᆞ야 又此 中止ᄒᆞ니 此ᄂᆞᆫ 文明風潮의 前進ᄒᆞᄂᆞᆫ 點이 질塞ᄒᆞ야 新聞紙葉이 日落又落ᄒᆞᄂᆞᆫ 衰況을 呈ᄒᆞ니 我韓人士의 啓發ᄒᆞᄂᆞᆫ

幸福이 滅縮홈이 아닌가

吾儕도 新聞界 同業者流라 松茂栢悅ᄒᆞ고 兎死狐悲ᄒᆞᄂᆞᆫ 同聲同氣를 求應ᄒᆞ든 義務로 此 日報의 中止홈에 對ᄒᆞ야 一種惷悵ᄒᆞᆫ 意想을 感ᄒᆞ며 且 經濟困難과 購覽稀少의 前塗影響을 推究컨ᄃᆡ 吾人의 事業도 如何ᄒᆞᆫ 境에 歇泊홀ᄂᆞᆫ지 杳然ᄒᆞᆫ 感想이 出ᄒᆞᄂᆞᆫ ᄇᆡ라

然則新聞界가 日益興旺홈은 國民知覺이 日益興旺ᄒᆞᄂᆞᆫ 程度를 推測홀지오 新聞界가 日益衰退홈은 國民知覺이 日益衰退ᄒᆞᄂᆞᆫ 幾微를 明瞭홀지니

國民知覺이 衰退홈을 由ᄒᆞ야 購覽人士가 零星홈이오 購覽人士의 零星홈을 由ᄒᆞ야 新聞界가 衰退홈이니 京報日報의 中止홈을 吊홈할 ᄲᅮᆫ 不是라 同業者의 自吊홈이오 同業者의 自吊홀 ᄲᅮᆫ 不是라 國民知覺이 衰退ᄒᆞ야 購覽人士가 零星한 一大缺點을 吊ᄒᆞ노라

240호 1907년 4월 25일 (목) 論說

婦人社會

我韓 婦人社會가 四千年 頑固習慣을 闢開ᄒᆞ고 集會自由ᄒᆞᄂᆞᆫ 權利를 得ᄒᆞ야 文明風潮를 日進ᄒᆞᄂᆞᆫ 佳良ᄒᆞᆫ 點을 見ᄒᆞ깃도다

進明婦人會를 創立ᄒᆞ야 再昨日 第一回 摠會를 開ᄒᆞ고 任員을 組織ᄒᆞ얏다ᄂᆞᆫ 報道ᄂᆞᆫ 雜報란 內에 揭載ᄒᆞ얏거니와

同會目的은 一般 婦人이 集會ᄒᆞ야 知識을 交換ᄒᆞ고 教育을 贊成ᄒᆞ기로 主義ᄒᆞ야 有志ᄒᆞᆫ 四五婦人이 發起ᄒᆞ야 趣旨書를 發佈ᄒᆞ고 同志婦人을 組合ᄒᆞᆫ ᄇᆡ라

我國婦人의 宗教家와 學問家와 集會家의 名目을 概言홀진ᄃᆡ

梨花學堂에서 多數婦人이 學問을 成就ᄒᆞ얏고

婦人貞吉堂이 女學校ᄅᆞᆯ 設立ᄒᆞ야 女學徒ᄅᆞᆯ 熱心教育ᄒᆞ다가 同氏가 不幸化去ᄒᆞᆫ 後에 同校ㄱ 繼續지 못ᄒᆞ얏스나 成就ᄒᆞᆫ 學徒가 有ᄒᆞ고

蓮洞教育堂內에 二百餘名의 婦人學徒ㄱ 有ᄒᆞ야 學問을 進就ᄒᆞᄂᆞᆫ 盛況이 有ᄒᆞ고

尙洞女學校가 有ᄒᆞ야 女學徒가 多數ᄒᆞ고

明進女學校ᄅᆞᆯ 設ᄒᆞ고 其 內에 婦人會 一部分이 有ᄒᆞ고

養閨義塾을 新門外에 設ᄒᆞ야 出席女學徒의 將就가 有ᄒᆞ고

女子教育會ᄅᆞᆯ 設한지 週年에 大興旺ᄒᆞ야 新學院을 設ᄒᆞ고 各種新事業을 擴張ᄒᆞᄂᆞᆫ 盛況이 有ᄒᆞ고

漢陽女學院을 校洞에 設ᄒᆞ야 女學徒의 造詣가 大進ᄒᆞᆫ다 ᄒᆞ고

婦人學會ᄅᆞᆯ 前醫學校內에서 每日曜日에 一回式學問을 研究ᄒᆞ고

女子學校ᄅᆞᆯ 長興庫內에 設立ᄒᆞ야 教育을 勤勉ᄒᆞ고

今에 進明婦人會ᄅᆞᆯ 設立ᄒᆞ얏다 ᄒᆞ니 一般婦人社會의 發達ᄒᆞᆷ이 此에 至ᄒᆞ기ᄅᆞᆯ 豈意ᄒᆞ얏슬이오

歐美各國과 日本에 婦人社會의 開進發達ᄒᆞᆷ이 愛國으로 目的ᄒᆞᆫ 社會도 有ᄒᆞ고 慈善으로 目的ᄒᆞᆫ 社會도 有하고 教育으로 目的ᄒᆞᆫ 社會도 有ᄒᆞ니 各種婦人社會의 增進ᄒᆞᆷ이 文明風氣의 增進ᄒᆞᄂᆞᆫ 原素이라

我韓도 婦人社會의 增進ᄒᆞᆷ이 一種文明을 增進ᄒᆞᄂᆞᆫ 現相을 見ᄒᆞ니 婦人社會ᄅᆞᆯ 爲ᄒᆞ야 祝賀ᄒᆞᆯ 事이오 全國文化를 爲ᄒᆞ야 祝賀ᄒᆞᆯ 事이라

婦人社會ᄂᆞᆫ 有初鮮終의 古訓을 警省ᄒᆞ고 一般勤勉ᄒᆞ고 一般贊成ᄒᆞᄂᆞᆫ 和意로 互相保護ᄒᆞ야 文明의 福을 共受ᄒᆞᆷ을 祝ᄒᆞ노라

進步事業

城堞을 毁破ᄒᆞ고 軌道를 開築ᄒᆞ야 交通을 便利케 홈이 一大 進步上 事業이오

水道를 敷設ᄒᆞ고 飮料를 引導ᄒᆞ야 日用을 適宜케 홈이 一大 進步上 事業이오

濬川을 開始하고 溝渠를 疏鑿ᄒᆞ야 법【氾】濫을 防備홈이 一大 進步上 事業이라

此等 工役中에 一般人民의 思想은 前日所未見ᄒᆞ든 事件이 有ᄒᆞ기로 疑點도 有ᄒᆞ고 獘端도 起할 쥴로 驚怪ᄒᆞᄂᆞᆫ 者ㅣ 多ᄒᆞ다ᄂᆞᆫ 巷議가 紛紛ᄒᆞ니 此ᄂᆞᆫ 文明邦國의 諸般設備를 不見ᄒᆞᆫ 所以然이라

吾儕의 愚見에ᄂᆞᆫ 城堞을 施設ᄒᆞᆫ 必要가 少無ᄒᆞᆯ 者ㅣ라 築斯城鑿斯池ᄒᆞ야 與民共守라 ᄒᆞᄂᆞᆫ 時代ᄂᆞᆫ 太古鴻濛이라 所謂城堞이 百치千치ᄂᆞᆫ 姑舍ᄒᆞ고 萬里長城을 設하얏다 ᄒᆞᆯ지라도 現今時代에ᄂᆞᆫ 國防이라고ᄂᆞᆫ 稱키 難ᄒᆞ거날

何必交通에 妨害ᄒᆞ고 居生에 阻障되야 城內城外를 界分ᄒᆞᄂᆞᆫ 獘端이 存케 ᄒᆞ리오 左右幾何間式通開ᄒᆞᄂᆞᆫ 것이 不便宜ᄒᆞᆫ 바이니 全部를 毁撤ᄒᆞ야 石材의 適用ᄒᆞᆯ 必要에 需用ᄒᆞᄂᆞᆫ 것이 進步事業의 利益을 得ᄒᆞᆯ 거이오

水道敷設은 工役을 開始ᄒᆞ야 中道에 已至ᄒᆞ얏스니 姑且勿論하고 電燈을 家家에 敷設ᄒᆞ야 狹斜間路와 窮蔀殘屋에도 一體光明케 ᄒᆞ야 通明ᄒᆞᆫ 氣像을 現出할 만한 中에 費用도 多大치 아니ᄒᆞ고 盜賊도 隱避키 不能할지니 進步事業에 利益을 得ᄒᆞᆯ 것이오

濬川工役의 巨欵費用을 消耗ᄒᆞᆯ지라도 潦雨를 一經ᄒᆞ면 沙土가 堆積ᄒᆞᆯ

지니 城堞을 毁破훈 石材로 松橋以上水源匯合處에 始ᄒᆞ야 且間水 以外ᄭᆞ지 敷設ᄒᆞ고 石築上掩覆ᄒᆞᄂᆞᆫ 沙土ᄂᆞᆫ 間年濬開ᄒᆞ면 범【氾】濫의 害가 乃去홀지니 進步事業에 利益을 得홀 者라

且水道ᄀᆞ 敷設되깃슨則 不幸히 火災가 有할 時ᄂᆞᆫ 此 水道의 引水ᄅᆞᆯ 約束ᄒᆞ고 消防引水器械ᄅᆞᆯ 準備ᄒᆞ얏다가 意外不虞之禍ᄅᆞᆯ 除防ᄒᆞᄂᆞᆫ 것이 亦是 進步事業에 利益을 得홀 者라

此 五者ᄂᆞᆫ 政府에셔 計劃ᄒᆞᄂᆞᆫ 中에 人民의 自治團體로 設行홀 事業도 亦有훈 則 官民間互相妥議하야 此 事業을 大進ᄒᆞ면 國家의 文明이오 人民의 幸福이라 謂홀지로다

242호 1907년 4월 27일 (토) 論說

窮極則通

或이 問曰 現今天下紛紛ᄒᆞ야 寧日恒少ᄒᆞ니 國家文明이 何時進乎며 民人智識이 何時開乎며 秩序安寧이 何時致乎리오 此吾所以深憂也라 ᄒᆞ야ᄂᆞᆯ

答曰 目下紛紛훈 狀態ᄀᆞ 森然溢目ᄒᆞ야 寧日이 恒少홈이 不識者의 深憂ᄒᆞᄂᆞᆫ 바이로ᄃᆡ 此 時代ᄂᆞᆫ 何時代라 謂홀지면 國家文明이 漸進ᄒᆞᄂᆞᆫ 時代오 人民智識이 漸開ᄒᆞᄂᆞᆫ 時代오 秩序安寧이 漸致ᄒᆞᄂᆞᆫ 時代이라 謂홀지니라

又問曰 先生의 言을 未達홀 者이 有ᄒᆞ니 願컨ᄃᆡ 其 所以然을 指敎홈을 望ᄒᆞ노라

曰物極則變ᄒᆞ고 變極則通이라홈은 理의 常이라 假令天時로 言하야도 大冬嚴寒과 凌風虐雪에 天地閉塞ᄒᆞ고 萬物萎落ᄒᆞᄂᆞᆫ 時代ᄅᆞᆯ 從ᄒᆞ야 草木이 根을 晦ᄒᆞ며 昆虫이 息을 養ᄒᆞ야 陽春和氣가 發生홈을 見홀지니

陽春和氣가 特別히 一朝一夕에 殊鄕絶域으로 從來홈이 不是라 大冬嚴寒의 凌風虐雪中으로 從來ᄒᆞᆫ 理由ᄅᆞᆯ 透想할지면 可히 推測홀지라

世界列邦의 人種을 競爭ᄒᆞ며 智識을 競爭ᄒᆞ며 勢力을 競爭ᄒᆞ며 利益를【을】 競爭ᄒᆞᄂᆞᆫ 範圍內에 衰劣ᄒᆞ고 愚昧ᄒᆞ고 貧弱한 國家도 非常히 精神을 淬勵ᄒᆞ면 文明에 漸進ᄒᆞᄂᆞᆫ 機會ᄅᆞᆯ 可得홀지오

政治가 濁亂ᄒᆞ고 官吏가 貪虐ᄒᆞ든 百年來餘烈에 困悴ᄒᆞ고 羸瘠ᄒᆞ야 求死不贍한 愚昧民生도 非常히 精神을 淬勵ᄒᆞ면 知識이 漸開하ᄂᆞᆫ 機會를 可得할지오

不平失望ᄒᆞ고 思亂樂禍ᄒᆞᄂᆞᆫ 黨流가 鴟張하야 國家人民의 禍害됨을 不願ᄒᆞ고 殺氣를 惹ᄒᆞ며 毒謀를 逞ᄒᆞ야 一時人心을 洶湧케 ᄒᆞᄂᆞᆫ 時에도 非常히 精神을 淬勵ᄒᆞ면 秩序가 安寧ᄒᆞᄂᆞᆫ 機會를 可得홀지니

此ᄂᆞᆫ 凌風虐雪을 從ᄒᆞ야 陽春和氣를 復ᄒᆞᄂᆞᆫ 原理와 同一ᄒᆞᆫ 時代이라 國家文明도 此를 從ᄒᆞ야 進홀 것이오 人民知識도 此를 從ᄒᆞ야 開홀 것이오 秩序安寧도 此를 從ᄒᆞ야 致홀 거이니 此 時代를 엇지 足히 深憂ᄒᆞ리오 但히 精神만 淬勵홀진저

243호 1907년 4월 28일 (일) 論說

人心을 可安靖

近日 何等 凶謀者의 暴擧가 種種發生홈으로 被縛ᄒᆞᄂᆞᆫ 者도 多ᄒᆞ고 拘囚한 者도 多ᄒᆞ고 死刑에 處한다ᄂᆞᆫ 者도 多ᄒᆞ고 方今 譏형中에 在ᄒᆞᆫ 者도 多ᄒᆞ다 ᄒᆞ야 一時 警察官吏의 紛忙을 惹起ᄒᆞᆫ 狀態에 至하얏ᄂᆞᆫᄃᆡ

由是로 都下와 各地方의 人心이 洶洶ᄒᆞ야 安魂定魄키 不能홈과 如ᄒᆞ

니 此ᄂᆞᆫ 人民이 愚昧하야 一種疑懼心을 惹出홈이라

閭巷間風說이 耳朶邊에 過하ᄂᆞᆫ 者를 一一히 采聽키도 不暇ᄒᆞ거니와 何等 獄事가 大起홈을 疑懼ᄒᆞ야 以訛傳訛ᄒᆞ야 附耳密語者도 有ᄒᆞ고 接口發嘆者도 有ᄒᆞ고 瞠目驚惶者도 有ᄒᆞ야 何等 大變怪가 朝夕에 生出홀쥴로 自料ᄒᆞ고 芒刺在背ᄒᆞ고 針氈如坐하야 人人이 不自安한 狀態가 有ᄒᆞ니 此ᄂᆞᆫ 一般人民의 誤解한바이라

一種 凶謀者 暴擧者의 黨羽가 自在ᄒᆞ고 根脚이 昭然홈이 天網이 恢恢ᄒᆞ되 疎而不漏라 ᄒᆞ얏스니 法律은 犯之者의게 當用ᄒᆞᄂᆞᆫ 바이라 一般 疑懼心을 惹起홈도 愚昧한 思想에 出홈이오 一般騷訛說을 做出홈도 愚昧ᄒᆞᆫ 思想에 發홈이라

現今警察方法이 十分注意ᄒᆞ기로 玉石의 區別이 有ᄒᆞ야 譏형偵探이 鬼神도 莫測한 則 一般無辜人民의게야 秋毫라도 엇지 鴻罹之害를 加홀이오

然則 疑懼心을 出ᄒᆞ며 騷訛說을 發홈이 雖然愚昧思想에 流出ᄒᆞ야 不自安ᄒᆞᆫ 狀態를 做ᄒᆞ나 此亦 一種 罪過를 自做홈과 如ᄒᆞ니 一般人民의 洶洶ᄒᆞᆫ 心志를 一齊安靖할지어다 今日이 何日인고 國家ᄂᆞᆫ 岌業ᄒᆞ고 人民은 困悴ᄒᆞᆫ 時代이라 一時라도 實業을 進就ᄒᆞ고 一日이라도 實力을 修養ᄒᆞᄂᆞᆫᄃᆡ 着心ᄒᆞ야 耳竅에 雷霆之聲을 勿聞ᄒᆞ며 眼孔에 泰山之影을 勿視ᄒᆞ야 但히 精神一團을 自擦ᄒᆞ고 自家幸福을 做去홀지이다

244호 1907년 4월 30일 (화) 論說

三觀察三十郡守

近日來 三觀察 三十郡守를 叙任ᄒᆞ얏다ᄂᆞᆫ 報道ᄂᆞᆫ 本紙에 揭載ᄒᆞ얏거니와

三觀察은 方面의 責任을 初手로 試ᄒᆞᄂᆞᆫ 人氏이오 三十郡守ᄂᆞᆫ 轉任한 窠도 有ᄒᆞ고 初手로 任ᄒᆞᆫ 窠도 有ᄒᆞ니 其 人材의 優劣과 聲譽의 輕重은 一世人의 知了ᄒᆞᄂᆞᆫ 바이라 吾儕가 熟可孰不可를 批評치 아니ᄒᆞ거니와

新任 三觀察은 擧皆 名譽紳士로 歷史도 有있ᄒᆞ고 事爲도 有ᄒᆞᆫ 人氏라 觀風察俗ᄒᆞᄂᆞᆫ 重任을 綽綽히 承當ᄒᆞᆯ깃슨 즉 近世 郡守의 貪虐을 助ᄒᆞ며 郡守의 利益을 分ᄒᆞ며 郡守의 褒貶을 操縱ᄒᆞᄂᆞᆫ 觀察과ᄂᆞᆫ 不同ᄒᆞᆯ지라 此ᄂᆞᆫ 自己의 名譽을【를】愛惜ᄒᆞ야도 應當 公廉剛直ᄒᆞᆫ 政治를 注意ᄒᆞ려니와

三十郡守에 至ᄒᆞ야ᄂᆞᆫ 確實히 斷言키 難ᄒᆞᆫ 者ㅣ 有ᄒᆞᆫ지라 自來 名譽가 素著하고 行爲를 可稱ᄒᆞᆯ 人氏도 五馬를 乘ᄒᆞ고 朱墨을 揮ᄒᆞ야 梅軒琴堂에 坐ᄒᆞᄂᆞᆫ 日에ᄂᆞᆫ 窮蔀殘民을 犧牲으로 知ᄒᆞ며 仇敵으로 待ᄒᆞᄂᆞᆫ 性質이 一變ᄒᆞᆷ은 硏究不得ᄒᆞᆯ 事이라 是以로 銓部에셔 叙任할 時에 何嘗貪汚者暴虐者 闇昧者 昏濁者ᄅᆞᆯ 擇ᄒᆞ야 叙任ᄒᆞ얏스리오마ᄂᆞᆫ 及其到任行政ᄒᆞᆷ에 至ᄒᆞ야ᄂᆞᆫ 三百四十餘郡에 公淸ᄒᆞ고 廉潔ᄒᆞ고 剛明ᄒᆞ고 溫和ᄒᆞᆫ 者가 幾人이나 有ᄒᆞᆯᄂᆞᆫ지

秋冬 等 殿最ᄂᆞᆫ 信用이 無ᄒᆞᆫ 者라 十分 信賴키 難ᄒᆞ거니와 各地方 人民의 呼冤이 踏至ᄒᆞ야 新聞上揭佈ᄒᆞᆷ과 平理院 拘囚ᄒᆞᆷ을 見ᄒᆞ야도 地方官吏의 職責을 自守ᄒᆞᄂᆞᆫ 者ㅣ 幾希ᄒᆞᆫ지라

然則三十郡守에도 性質이 如何히 變易할ᄂᆞᆫ지도 不知ᄒᆞ깃고 名譽ᄅᆞᆯ 如何히 保守ᄒᆞᆯᄂᆞᆫ지도 不知하깃스니 名譽 歷史ᄀᆞ 有ᄒᆞᆫ 人氏도 十分信賴키 難ᄒᆞᆫ 바이라

雖然이나 三十郡守中 某某人氏ᄂᆞᆫ 特別ᄒᆞᆫ 名譽가 有ᄒᆞᆫ 則 性質이 變易ᄒᆞᆯ 理가 無ᄒᆞᆫ 則 同地方人民의 幸福與否에 在ᄒᆞᆷ이라

每回郡守ᄅᆞᆯ 新叙ᄒᆞᆯ 時에 吾儕의 勸告와 警省의 論述이 熱血을 沸騰ᄒᆞ

얏스되 特別히 注意홈을 不見ᄒᆞ얏기로 閣筆코자 ᄒᆞ다가 更히 一言으로 贈呈ᄒᆞ노니 公을 秉ᄒᆞ고 民을 愛홀지어다

245호

전체 지면 누락

246호 1907년 5월 2일 (목) 論說

好雨知時節

此時 何時오 百穀을 播種ᄒᆞᄂᆞᆫ 時節이오 大麥이 發秀ᄒᆞᄂᆞᆫ 時節이라

此 時節을 迨ᄒᆞ야 田疇ㄱ 枯乾ᄒᆞ고 源泉이 渴涸ᄒᆞ야 田家의 望望홈이 一雨의 時若홈에 在홈이라 是以로 五日不雨則 無禾ᄒᆞ고 十日不雨則 無麥이라 ᄒᆞ얏쓰니 好雨의 急홈이 時刻에 在ᄒᆞᆫ 此 時節이라

皇天이 斯民을 眷顧ᄒᆞ야 믹목히 灑ᄒᆞ며 滂트히 洽한 一犁時雨을 降ᄒᆞ시니 枯乾한 田疇가 潤澤ᄒᆞ며 渴涸ᄒᆞᆫ 源泉이 活潑ᄒᆞ야 萬品이 昭蘇ᄒᆞᆫ 神功이 須臾에 在ᄒᆞᆫ지라

于時에 百穀을 播種ᄒᆞ며 大麥이 發秀ᄒᆞᄂᆞᆫ 豐年氣像을 可占ᄒᆞᆯ깃고 望望ᄒᆞ든 田家의 愁眉를 可展ᄒᆞᆯ깃쓰니 四野에 歌謠를 發ᄒᆞ야 喜雨詩를 和答하ᄂᆞᆫ지라

噫라 天時ᄂᆞᆫ 如彼ᄒᆞᆫ딕 人事의 如此홈은 何事인뇨 若歲大旱이어든 用汝作霖雨라 ᄒᆞ얏스니 何等 人物을 指述함인뇨

方今人事도 文明에 前進ᄒᆞ며 事業에 方就홈이 百穀을 播種하며 大麥

이 發秀ᄒᆞᄂᆞᆫ 時節과 如ᄒᆞ건마ᄂᆞᆫ 心志의 障碍홈과 事爲의 窒塞홈이 枯乾ᄒᆞᆫ 田疇와 如ᄒᆞ고 渴涸한 源泉과 如홈이 此 時의 急함에 無過ᄒᆞᆫ지라

此 時節을 當하야 用汝作霖雨라 ᄒᆞᄂᆞᆫ 人이 一犁好雨를 降홈을 惜ᄒᆞ야 全國人民의 望望ᄒᆞᄂᆞᆫ 輿情이 田家의 望望홈과 同一ᄒᆞ건마ᄂᆞᆫ 今日에도 杲杲ᄒᆞ고 明日에도 杲杲ᄒᆞ야 其雨其雨ᄒᆞᄂᆞᆫ 衆望을 拒絶홈과 如홈은 何事인뇨

用汝作霖雨라 ᄒᆞᄂᆞᆫ 人이 何人인지 其人이 不是인가 天時ᄂᆞᆫ 知時好雨를 降ᄒᆞᄂᆞᆫ 雨師를 信用ᄒᆞ심이어ᄂᆞᆯ 人事ᄂᆞᆫ 知時好雨를 不降ᄒᆞᄂᆞᆫ 雨師를 仰望홈은 何事인고

好雨知時홈을 悠然興感ᄒᆞ야 天時人事의 不同홈을 一嘆ᄒᆞ노라

247호 1907년 5월 3일 (금) 論說

青年子弟의 擔負

吾儕ᄂᆞᆫ 老且病矣라 形容이 枯槁ᄒᆞ고 鬚염【髥】이 蒼浪ᄒᆞ고 筋骨이 萎靡ᄒᆞ고 腦髓ㅣ 空虛ᄒᆞ야 熱血이 日減ᄒᆞ고 元氣ㅣ 日敗하니 縱有憂國之性과 愛國之忱이나 空如恤緯之漆이ᄒᆞ며 憂天之杞叟而已라 亦復何哉리오마ᄂᆞᆫ

嗟我青年子弟ᄂᆞᆫ 少且壯矣라 心志ㅣ 銳邁ᄒᆞ고 見聞이 聰明ᄒᆞ고 精神이 穎悟ᄒᆞ고 骨格이 健全ᄒᆞ야 腔血이 日騰ᄒᆞ고 英氣ㅣ 日挺ᄒᆞ니 其 鋒이 如沽勇之壯士ᄒᆞ며 其 進이 若敵愾之猛將이라 萬里扶搖ᄂᆞᆫ 非止圖南之鵬程이오 八尺權奇ᄂᆞᆫ 不啻代北之鵬步니 前途之將進은 果非吾儕의 所可測也라

然則青年子弟之擔負가 誠重且大矣라 社會之文明을 可擔負矣오 國家之光輝ᄅᆞᆯ 可擔負矣오 學問之淵情을 可擔負矣오 事業之宏大를 可擔負矣

오 人種之保全을 可擔負矣니 靑年子弟之擔負가 其不重且大歟아

環顧宇內之大勢컨딕 我韓之危如累卵과 急如樞指가 果何如哉아 固當齊聲呼叩ᄒᆞ며 同力병당ᄒᆞ야 若救水火之不暇어든 何時靑年子弟之擔負而坐銷歲月이리오ᄆᆞᆫ

顧眄全國之同胞컨딕 年紀之過剛壯者ᄂᆞᆫ 孰不如吾儕之老且病矣리오 有眼而矇矇然ᄒᆞ며 有耳而궤궤然ᄒᆞ며 有口而吶吶然ᄒᆞ며 有心性而昏昏墨墨然ᄒᆞ며 有血氣而凜凜쳘쳘然ᄒᆞ야 坐若泥塑而不能遷ᄒᆞ며 立若芻靈而不能動ᄒᆞ야 坐致全局之狼貝而不能覺언ᄒᆞ니 此則 雖終其餘生而必不堪醫其痼疾언이라

是以로 付托其擔負之重於靑年子弟者ᄂᆞᆫ 出於不得已也라 然이나 爲其父兄者ㅣ 自顧身分이면 豈不顔厚而忸怩哉리오

嗟我靑年子弟ᄂᆞᆫ 擔負之重大를 勢不能謝而讓矣라 固當自警而自省ᄒᆞ며 自勉而自修ᄒᆞ야 將爲第二世國民을 愼莫若爾父爾兄之老且病者ᄒᆞ고 擔負於兩肩上호딕 若九鼎大呂之重이어다 若泰山磐石之重이어다 勉哉어다 勗哉어다 愼旃哉어다

248호 1907년 5월 4일 (토) 論說

聯合會大運動

再昨日 官私立 各 學校 聯合 大運動會를 訓鍊院鍊武場에 設ᄒᆞ고 生徒三千三百三十六名(叅觀學徒不入此數)을 會集ᄒᆞᆫ 班次와 順序와 優等施賞의 節次ᄂᆞᆫ 昨今 本紙에 揭揚ᄒᆞ얏거니와

細草平沙의 鍊武一場이 圓滿ᄒᆞᆫ 明月과 如ᄒᆞ며 廣濶한 地球와 如ᄒᆞᆫ딕 靑

年學徒의 一世界를 開ᄒᆞ얏도다 春風은 晴和ᄒᆞᆫ 天氣를 吹噓ᄒᆞ며 麗日은 升平ᄒᆞᆫ 時代에 舒長한ᄃᆡ 千萬士女의 觀光者가 人山人海를 成한 中心點에 三千三百三十六名의 競走ᄒᆞᄂᆞᆫ 技藝를 拍手喝采ᄒᆞ야 歎聲如雷한지라

觀光者ᄂᆞᆫ 但히 日前에 愉快ᄒᆞᆫ 狀況과 活潑한 氣像을 愛悅ᄒᆞ야 大贊成함과 如ᄒᆞ나 吾儕ᄂᆞᆫ 無限한 感이 起ᄒᆞ야 喟然이 一嘆을 發ᄒᆞ얏노라

我國家前途ᄂᆞᆫ 青年子弟兩肩上에 擔負ᄒᆞᆷ이라고 縷縷히 陳述하야 青年子弟의 心志를 警省ᄒᆞ얏거니와 今日 大運動場에 其 勃勃ᄒᆞᆫ 英氣와 特特ᄒᆞᆫ 銳鋒을 觀ᄒᆞᆯ진ᄃᆡ 萬歲帝國의 獨立光輝를 挽回할 者ᄂᆞᆫ 此 青年學徒의게 在한지라

然이나 但히 一時游戲間의 英氣鋒銳를 許與ᄒᆞᆷ으로 青年子弟의 一身上擔負가 此에 過ᄒᆞᆷ이 綽綽이라 自負ᄒᆞ면 此ᄂᆞᆫ 青年子弟의 誤解ᄒᆞᆷ이라 此ᄂᆞᆫ 一年一度에 血氣를 活動코자 하ᄂᆞᆫ 一盛會에 不過ᄒᆞᆷ인즉 此로 엇지 學問上實地라 謂ᄒᆞ리오

青年子弟ᄂᆞᆫ 學問實地上 競爭心이 運動場 競爭心과 同一케 ᄒᆞ야 人一能之이든 己十之ᄒᆞ고 人十能之어든 己百之ᄒᆞᆯ 競爭心이 有ᄒᆞ야 學問實地를 大踏步前進ᄒᆞᆯ지어다

青年子弟들은 一句語를 采聽ᄒᆞ라 世界를 環顧ᄒᆞ건ᄃᆡ 先進列邦은 一等賞旗를 取ᄒᆞᆫ 捷步學徒와 如ᄒᆞ고 我韓程度ᄂᆞᆫ 最後不及하ᄂᆞᆫ 鈍步幼稚와 如ᄒᆞ니 엇지 奮發感慨치 아니ᄒᆞ리오

青年學生은 分陰을 是競ᄒᆞ야 實地에 驟進ᄒᆞᆯ지어다 我韓程度도 一等賞旗를 取ᄒᆞᆷ과 如ᄒᆞᆫ 先進列邦으로 竝駕馳驚ᄒᆞᆯ 他日權能은 青年學生의 精神에 在하다 하노라

249호 1907년 5월 5일 (일) 論說

德川公爵의 高義

日本으로 渡來ᄒᆞᆫ 德川公爵侯爵 一行의 位地崇高ᄒᆞᆷ과 名譽赫彰ᄒᆞᆷ은 飽聞已久ᄒᆞᆫ 바이어니와

我韓에 在ᄒᆞᆫ 婦人蠶業會와 進明女學校와 養閨義塾과 孤兒院에 各 三百圜式 寄附ᄒᆞ얏다 ᄒᆞ니 其 厚意을【를】嗚謝함이 可히 形言키 難한 빅라

公爵이 渡韓ᄒᆞᆫ지 幾日을 不過ᄒᆞ야 國中에 存在ᄒᆞᆫ 四個所의 寄附에 合當ᄒᆞᆫ 義心을 發ᄒᆞᆷ이 其 聰明과 其 德惠의 兼備ᄒᆞᆫ 高風을 欽仰ᄒᆞᆯ지라 何以然也오

婦人蠶業會ᄂᆞᆫ 龍山에 在ᄒᆞᆫ 蠶業會인ᄃᆡ 我韓婦人이 工役을 親執ᄒᆞ야 人工蠶業을 發達ᄒᆞᄂᆞᆫ 部分이니 我韓婦人의 事業을 漸進ᄒᆞᄂᆞᆫ 基礎ᄅᆞᆯ 奬勵ᄒᆞᆷ이오

進明女學校ᄂᆞᆫ 礡洞에 在ᄒᆞ고 養閨義塾은 新門外에 在한 女子學校인ᄃᆡ 我韓靑年女子의 敎育을 發達ᄒᆞᄂᆞᆫ 部分이니 我韓女子의 學問이 漸進ᄒᆞᄂᆞᆫ 基礎ᄅᆞᆯ 奬勵ᄒᆞᆷ이오

孤兒院은 鍾路에 在ᄒᆞᆫᄃᆡ 京鄕의 無父無母ᄒᆞ고 無依無托ᄒᆞᆫ 幼稚同胞ᄅᆞᆯ 聚集ᄒᆞ야 衣食으로 溫飽케 ᄒᆞ고 醫藥으로 施療ᄒᆞ고 學問으로 敎授ᄒᆞᄂᆞᆫ 部分이니 我韓의 慈善事業을 漸進ᄒᆞᄂᆞᆫ 基礎ᄅᆞᆯ 奬勵ᄒᆞᆷ이니

此 四個所의 婦人工業과 婦人敎育과 孤兒院收養이 我韓 四千年 創有한 大事業이라 同公爵이 此ᄅᆞᆯ 奬勵ᄒᆞ야 巨額의 金融을 捐助ᄒᆞ야 實地贊成ᄒᆞᄂᆞᆫ 義發心을 創見ᄒᆞ깃스니 同公爵을 向ᄒᆞ야 吾儕가 嗚謝不已ᄒᆞᄂᆞᆫ 一般感義心이 另有ᄒᆞᆫ지라

我國에도 高等大官家도 有ᄒᆞ며 優等資本家도 有ᄒᆞ야 黃金埒을 高築ᄒᆞ

고 白銀窟을 深鑿ᄒᆞ야 官爵運動에 巨額도 消費ᄒᆞ고 宮室車馬에 巨額도 消費ᄒᆞ고 姬妾絲管에 巨額도 消費ᄒᆞ고 梟盧六白에 巨額도 消費ᄒᆞ고 遊戲宴會에 巨額도 消費ᄒᆞ야 日殖萬金ᄒᆞᄂᆞᆫ 權利도 有ᄒᆞ고 日用萬金ᄒᆞᄂᆞᆫ 活手도 有ᄒᆞᆫ것마ᄂᆞᆫ 右四個所의 一文을 捐助ᄒᆞ야 我韓에 創有한 盛擧를 贊成ᄒᆞ얏다ᄂᆞᆫ 一句語을 夢中에도 不聞ᄒᆞ얏더니 今回同公爵의 義捐홈을 見ᄒᆞ니 特別히 感義心이 發ᄒᆞ야 公爵을 向ᄒᆞ야 鳴謝不已ᄒᆞ노라

250호 1907년 5월 7일 (화) 論說

戶籍紙

近日 漢城府에셔 戶籍紙를 各 統首로 各戶에 頒給ᄒᆞᄂᆞᆫᄃᆡ 其 紙本制度를 觀ᄒᆞ건ᄃᆡ 慨然홈을 不勝ᄒᆞ도다 第一 紙質이 潔白ᄒᆞ여야 字畫이 分明ᄒᆞ고 堅固ᄒᆞ여야 歲月을 耐久ᄒᆞᆯ 거이어날 此ᄂᆞᆫ 紙品이 十分 薄劣ᄒᆞ야 數次 授受ᄒᆞᄂᆞᆫ 手를 經ᄒᆞ면 紙魂만 餘ᄒᆞᆯ 것이니 一慨然이오

第二 印刷ㄱ 分明ᄒᆞ여야 各部分의 界劃을 昭詳이 列書ᄒᆞᆯ 거이어날 此ᄂᆞᆫ 頑劣ᄒᆞᆫ 本板에 雕刻의 原本도 模糊ᄒᆞ고 濃墨을 塗抹하야 印出이 渾合ᄒᆞ얏스니 一慨然이오

第三 契, 洞, 統, 戶, 父, 祖, 曾, 外 等 各般 名目의 字樣이 分明하여야 區別이 昭詳ᄒᆞᆯ 거이어날 此ᄂᆞᆫ 薄紙劣墨이 霧中看花홈과 如히 字劃이 重疊ᄒᆞ고 朦농ᄒᆞ야 部分이 未詳ᄒᆞ니 一慨然이오

第四 証明이란 部分이 數三十字를 書ᄒᆞᆯ만ᄒᆞ여야 塡書昭詳ᄒᆞᆯ 거이어날 此ᄂᆞᆫ 二三字쓰기도 甚히 狹窄ᄒᆞ야 蠅頭細楷로도 書키 不能ᄒᆞ깃스니 一慨然이라

大抵 文明國에는 現用書類가 此等 頑劣ᄒᆞᆫ 制度가 絶無ᄒᆞ야 暫時 通情ᄒᆞᄂᆞᆫ 書函도 華麗히 印刷한 用箋을 通用ᄒᆞ거든 何況 重大ᄒᆞᆫ 戶籍과 如ᄒᆞᆫ 原紙와 印刷ᄅᆞᆯ 何等 精華美麗히 繕出ᄒᆞ리오

然則 漢城府 官吏ᄂᆞᆫ 思想이 無ᄒᆞᆫ가 進步時代ᄅᆞᆯ 當ᄒᆞ야 此 紙本制度ᄅᆞᆯ 改良치 아니ᄒᆞᆷ은 何事인뇨 十年 前에도 此 紙本이오 十年以來 今日에도 此 紙本인則 後 十年에도 此 紙本을 仍用ᄒᆞᆯ 거이니 何時代에나 進步ᄒᆞᆯ 思想이 有ᄒᆞᆯ가 十分 慨然ᄒᆞᆫ 事이로다

漢城府ᄂᆞᆫ 帝國中央에 在ᄒᆞᆫ 地方首府로도 其 行用戶籍紙가 若此ᄒᆞ거든 各 地方이야 何暇에 言及ᄒᆞᆯ이오 益益慨然ᄒᆞ도다

今年에ᄂᆞᆫ 已往 頒行ᄒᆞ얏스니 倉卒에 改良키 難ᄒᆞ다 ᄒᆞ나 明年度 豫筭에ᄂᆞᆫ 戶籍紙改良費 幾千元을 編入ᄒᆞ야 汲汲改良ᄒᆞ기ᄅᆞᆯ 注意ᄒᆞ야 每張에 新貨五錢을 收入ᄒᆞᆯ지라도 紙本이 精美ᄒᆞ게만 改良ᄒᆞᆯ지어다

戶籍이라 ᄒᆞᆷ은 一國에 戶口 總 數인 則 此에 過ᄒᆞᆫ 重大書類ᄀᆞ 更無ᄒᆞᆯ 거이니 漢城府 大小 官吏ᄂᆞᆫ 精神을 擦ᄒᆞ야 此等 戶籍紙로 五署內家家戶戶의 慨歎ᄒᆞᆷ을 思量도ᄒᆞ고 地方戶籍의 不精美함도 警責ᄒᆞ야 文明階級에 一步라도 進ᄒᆞᆯ 思想을 大注意ᄒᆞᆯ지어다 精神을 좀 擦여

251호 1907년 5월 8일 (수) 論說

國民自活力

民의 力은 卽 國의 力이라 國이 力을 得코자 ᄒᆞᆯ진ᄃᆡ 民의 力을 先得ᄒᆞᆷ에 在ᄒᆞ니 是로 以하야 民이 實力을 有ᄒᆞ면 自然히 國의 實力을 成ᄒᆞᆷ이라 故로 民이 貧困하며 賴怠ᄒᆞ며 愚昧ᄒᆞ면 其 國이 衰弱ᄒᆞ고 民이 富裕ᄒᆞ며

活動ᄒᆞ며 開明ᄒᆞ면 其 國이 旺盛ᄒᆞ나니 現今 世界萬國의 狀況을 觀ᄒᆞ건ᄃᆡ 瞭然히 推測ᄒᆞᆯ 者라

我韓 國民의 現狀이 貧困ᄒᆞᆫ가 富裕ᄒᆞᆫ가 貧困이라 謂ᄒᆞᆯ지언뎡 富裕라 謂ᄒᆞ기ᄂᆞᆫ 難ᄒᆞ고 懶怠ᄒᆞᆫ가 活動ᄒᆞᆫᄀᆞ 懶怠라 謂ᄒᆞᆯ지언뎡 活動이라 謂ᄒᆞ기ᄂᆞᆫ 難ᄒᆞ고

愚昧ᄒᆞᆫ가 開明ᄒᆞᆫ가 愚昧라 謂ᄒᆞᆯ지연뎡 開明이라 謂ᄒᆞ기ᄂᆞᆫ 難ᄒᆞ니

貧困ᄒᆞ면 其 財力이 無함이오 懶怠ᄒᆞ면 其 心力이 無함이오 愚昧하면 其 智力이 無ᄒᆞᆷ이니 此 三般力이 無ᄒᆞ면 民의 實力이 豈有ᄒᆞᆯ이오

然則國의 實力을 不得ᄒᆞᆷ은 智者ᄅᆞᆯ 不待ᄒᆞ고 可卞ᄒᆞᆯ지니 今日이라도 國의 實力을 得코ᄌᆞᄒᆞᆯ진ᄃᆡ 民의 實力을 致ᄒᆞᆯ지니 民의 實力을 致ᄒᆞᆯ 方法은 何에 在ᄒᆞ뇨

民이 各其 自家의 生産利益을 競爭ᄒᆞ야 甲的ᄂᆞᆫ 甲的의 利益을 自保ᄒᆞ며 乙的ᄂᆞᆫ 乙的의 利益을 自保ᄒᆞ야 二千萬人이 各其 自活思想(각기 저 살 ᄉᆡᆼ각)믈 含有ᄒᆞ야 精神을 猛擦ᄒᆞ면 其 効果ᄂᆞᆫ 何如ᄒᆞᆯ고

其 財力은 富裕ᄒᆞᆯ 거이오 其 智力은 開明ᄒᆞᆯ 거이니 此와 如ᄒᆞ면 實力을 得ᄒᆞ얏다 謂ᄒᆞᆯ 거이오 全國人民이 擧皆如此ᄒᆞ면 國의 實力을 得하얏다 謂ᄒᆞᆯ지니

是故로 實力을 得코저ᄒᆞᄂᆞᆫ 國은 其 民의 實力을 先得ᄒᆞ기로 誘導ᄒᆞ고 教育ᄒᆞ고 開發ᄒᆞ고 奮進케 함이 此로 由ᄒᆞᆷ이라 我韓도 國의 實力을 得ᄒᆞ기로 注意ᄒᆞᆯ진ᄃᆡ 民의 實力을 先得ᄒᆞᆷ을 注意ᄒᆞᆯ 거이어날

我政府ᄂᆞᆫ 政府의 實力도 失ᄒᆞ야 挽回키 難한 時에 何暇에 國力을 計劃ᄒᆞ야 民力을 希望ᄒᆞᆯ이오

國民의 自由ᄃᆡ로 自活力을 得하ᄂᆞᆫ 것이 第一國家ᄅᆞᆯ 維持ᄒᆞᄂᆞᆫ 大計이

오 人種을 生存ᄒᆞᄂᆞᆫ 大計이오 疆土를 保全하는 大計이니 國民들은 自覺自修ᄒᆞ야 自活力을 备得ᄒᆞ기로 大注意ᄒᆞᆯ지어다

252호 1907년 5월 9일 (목) 論說

下進而上退

我國現狀을 觀測ᄒᆞ건ᄃᆡ 下步ᄂᆞᆫ 漸進ᄒᆞ고 上步ᄂᆞᆫ 漸退ᄒᆞᄂᆞᆫ 點이 有ᄒᆞ도다

下步漸進은 何를 謂홈이뇨 國內人民의 步驟를 普通으로 謂홈이라 京城과 地方에 私立學校의 熱心教育하는 程度가 今年이 昨年에 勝하고 昨年이 再昨年에 勝ᄒᆞᆫ 狀況이 有ᄒᆞ니 此ᄂᆞᆫ 下步의 漸進함이오

學校聯合大運動에 千古我韓의 刱見한 女學徒가 四五百名에 達ᄒᆞ야 學問을 進就ᄒᆞᄂᆞᆫ 狀況이 有하니 此ᄂᆞᆫ 下步의 漸進홈이오

婦人社會가 四千年風氣를 劈破ᄒᆞ고 幽囚ᄒᆞ얏든 閨門을 出ᄒᆞ야 會集도하고 討論도ᄒᆞ고 教育도 贊成ᄒᆞ고 工業도 開始ᄒᆞᄂᆞᆫ 狀況이 有ᄒᆞ니 此ᄂᆞᆫ 下步의 漸進홈이오

外債報償의 義心을 奮發ᄒᆞ야 斷烟同盟會를 各地方에 同聲相應ᄒᆞ고 婦人이 減餐會를 設ᄒᆞ며 汲水會를 設ᄒᆞ며 佩物를【을】禁ᄒᆞ기로 相約도 ᄒᆞ고 童稚도 義心을 發ᄒᆞ며 甚至屠丁과 盜漢과 懲丁과 乞人 等이 擧皆義捐金을 爭投ᄒᆞ야 國家思想이 激切ᄒᆞᆫ 狀況이 有ᄒᆞ니 此ᄂᆞᆫ 下步漸進홈이오

商品陳列所을【를】擴張ᄒᆞ야 婦人ᄭᆞ지 事務를 執ᄒᆞ고 玩客을 廣請ᄒᆞ야 貿易上發達하ᄂᆞᆫ 狀況이 有하니 此ᄂᆞᆫ 下步漸進홈이오

各社會組織ᄒᆞ야 門戶를 對峙ᄒᆞ고 旗幟를 樹立ᄒᆞ야 或 政黨 或 學問 或

研究 或 議論의 派流ㄱ 雄辯을 横竪ᄒᆞ며 名譽를 沽衒ᄒᆞ야 文運發達의 狀況이 有ᄒᆞ니 此는 下步漸進홈이오

月報, 雜志, 會報, 小說, 等 開進書籍을 刊行ᄒᆞ야 一般社會의 學問을 誘導ᄒᆞ고 智識을 稗益케 ᄒᆞ는 狀況이 有하니 此는 下步漸進홈이오

各學校의【一】齊히 剃髮홈과 高等學徒는 方形帽子를 着ᄒᆞ고 其他 圓形帽子도 金線과 李花 等으로 各其 標志ᄒᆞ야 濟濟ᄒᆞᆫ 儀形이 勃勃ᄒᆞᆫ 英氣를 贊助하는 狀況이 有ᄒᆞ니 此는 下步漸進홈니오

其他 日異而時不同ᄒᆞᆫ 變化氣質과 改易風俗이 非一非再홈을 一筆로 采述키 不暇ᄒᆞᆫ지라

政府以下에 在ᄒᆞᆫ 人民의 步驟를 下步라 謂ᄒᆞ야 其 漸進홈을 贊頌ᄒᆞ고 獎勵ᄒᆞ거니와

上步漸退라 홈은 何를 謂홈인뇨 政府以上에 在ᄒᆞᆫ 諸公의 步驟를 謂홈이니 其 漸退ᄒᆞ는 狀態를 瞭然히 指掌홈과 如할 者라 (未完)

253호 1907년 5월 10일 (금) 論說

下進而上退 (續)

中央政府上에 主務大臣의 廟謨가 何等 長筭이 有ᄒᆞᆫ지 一政一令의 施行홈을 不見ᄒᆞ깃스며 一事一業의 成就홈을 不聞ᄒᆞ깃고 但히 權利日失ᄒᆞ며 地位日危ᄒᆞᆫ 狀態만 有ᄒᆞ니 此는 上步漸退홈이오

各部次官의 倚子는 但히 功名位置를 成ᄒᆞ야 大臣의 勢力을 依恃ᄒᆞ고 世祿의 閥閱을 蹈藉ᄒᆞ야 一時光耀를 相爭ᄒᆞ니 尸位素餐의 唾罵를 不免ᄒᆞ고 且或長官을 媚阿ᄒᆞ야 自己權勢를 助長도 ᄒᆞ며 或 大臣 壓迫ᄒᆞ야 全

部權利를 濫弄도 ᄒᆞ야 惟利是事ᄒᆞ고 惟私是從ᄒᆞᄂᆞᆫ 狀態만 有ᄒᆞ니 此ᄂᆞᆫ 上步漸退홈이오

局長叅書課長 等의 行身處事ᄂᆞᆫ 長官의 意向이나 承順ᄒᆞ며 自己의 利益이나 圖謀ᄒᆞ야 國計民事ᄂᆞᆫ 付之先天ᄒᆞ고 言必稱 此 時代에 何事를 可做홀이오 ᄒᆞ야 仕進時間이나 虛費ᄒᆞ며 國庫月銀이나 消耗ᄒᆞ야 氷氷過去ᄒᆞᄂᆞᆫ 狀態만 有ᄒᆞ니 此 上步漸退홈이오

地方官吏의 行政으로 言홀진ᄃᆡ 觀察使와 郡守名色이 自由威權은 一毫도 絶無ᄒᆞ고 貪汚暴虐은 狼藉히 使用키 不敢ᄒᆞ나 或 義兵餘黨의 財産도 討索ᄒᆞ고 或 礦山私掘의 利益도 吸取ᄒᆞ며 或 薄况을 厭薄ᄒᆞ야 樂地을【를】要求ᄒᆞᄂᆞᆫ 各般觀察도 有ᄒᆞ며 其他 郡守ᄂᆞᆫ 秋餘空田에 拾穗ᄒᆞᄂᆞᆫ 寡婦도 如ᄒᆞ며 飯後寒鍾에 乞食ᄒᆞᄂᆞᆫ 貧僧과 如ᄒᆞ야 盡日開堂에 午唾나 矇롱【朧】ᄒᆞᆫ 狀態만 有ᄒᆞ니 此ᄂᆞᆫ 上步漸退홈이오

地方警察官吏ᄂᆞᆫ 平民이나 侵虐ᄒᆞ야 私利를 自營ᄒᆞ고 閭里에 橫行ᄒᆞ야 法綱을 勒施홈으로 民訴가 踏至ᄒᆞ야 怨聲이 藉藉ᄒᆞ니 此ᄂᆞᆫ 上步漸退홈이오

稅務官吏ᄂᆞᆫ 獵官本金을 充免ᄒᆞ기 爲ᄒᆞ야 稅納公貨를 囊中私財와 如히 巨額의 逋欠을 犯ᄒᆞ고 逃走上京ᄒᆞ야 民鬧를 惹起ᄒᆞᆫ 傳聞이 狼藉ᄒᆞᆫ 則 此等 蠻行이 非一非再ᄒᆞᆫ지라 郡守의 收納ᄒᆞ든 時代보담 十倍狼貝홀 念慮가 不無ᄒᆞᆫ 狀態만 有ᄒᆞ니 此ᄂᆞᆫ 上步漸退홈이오

司法官吏의 國法을 濫弄홈이 比前尤甚ᄒᆞ야 全國是非를 不顧ᄒᆞ고 輿情을 違背ᄒᆞ야 法律이 去益不明ᄒᆞᆫ 狀態만 有ᄒᆞ니 此ᄂᆞᆫ 上步漸退홈이니

政府上步驟漸退홈은 吾儕一二人의 私言이 不啻라 卽 全國二千萬同胞의 聲明ᄒᆞᄂᆞᆫ 公論이니 國事의 日非홈은 推此可知홀지라

設使政府下에 在ᄒᆞᆫ 人民의 步驟가 漸退ᄒᆞᆯ지라도 政府上에서 開導引進케 ᄒᆞᆯ 方針을 利用ᄒᆞᆯ 거이어ᄂᆞᆯ 何況全國人民은 漸進ᄒᆞ되 政府官吏ᄂᆞᆫ 漸退ᄒᆞᄂᆞᆫ 一大活劇이 我韓天地以外에 副本이나 豈有ᄒᆞᆯ이오

是以로 漸進ᄒᆞᄂᆞᆫ 者ᄅᆞᆯ 賀ᄒᆞ며 漸退ᄒᆞᄂᆞᆫ 者ᄅᆞᆯ 吊ᄒᆞᄂᆞᆫ 意旨로 一述ᄒᆞ노라(完)

254호 1907년 5월 11일 (토) 論說

奏本公正說

日昨 內部大臣 李址鎔 氏가 部僚를 對ᄒᆞ야 聲言ᄒᆞ되 已往奏本은 不公不正ᄒᆞᆫ 欠點이 有ᄒᆞ다고 物論이 藉藉ᄒᆞ다 ᄒᆞ나 今番 奏本이나 期於히 公正케 ᄒᆞ기로 决心ᄒᆞ얏노라 ᄒᆞᄂᆞᆫᄃᆡ

同協辦 沈相翊 氏가 奏本의 公正ᄒᆞ기를 極口反對ᄒᆞ야 尙今相待中이라ᄂᆞᆫ 報道도 接受ᄒᆞ얏고 各 新聞에도 狼藉히 發佈ᄒᆞᆫ ᄇᆡ니 其 話柄의 的否ᄂᆞᆫ 未知하거니와 若事實과 如ᄒᆞ면 慨然ᄒᆞᆫ 內部大臣이오 痛然한 內部協辦이로다

內部大臣이 地方官吏叙任奏本의 權柄을 掌握ᄒᆞ야 維公維正ᄒᆞᆯ 思想이 有ᄒᆞ면 此 番奏本彼番奏本을 勿論ᄒᆞ고 一心公正이 叙任ᄒᆞᄂᆞᆫ 것이 自己責任上 擔負ᄒᆞᆷ이어ᄂᆞᆯ 其 言 曰 既往은 公正치 못ᄒᆞ얏슬지라도 今番에나 公正ᄒᆞᆯ깃노라 聲言ᄒᆞ니 吾儕의 疑惑이 不無ᄒᆞ도다

內部大臣이 前日 過失을 永洗ᄒᆞ고 懺悔心을 發ᄒᆞ야 天堂福音을 待코자 함인가

內部大臣이 月攘一鷄ᄒᆞᄂᆞᆫ 方法을 用ᄒᆞ다가 來年에ᄂᆞᆫ 改過遷善ᄒᆞ기로

決心홈인가

內部大臣의 前日 公正키 不能이 今日 公正키를 自己도 高遠難行홀 事이오 一般 輿論도 十分 信用키 難훈 感이라

然이나 五十에 知四十八年之非라 홈은 幡然改過ᄒᆞᄂᆞᆫ 勇膽에 發ᄒᆞ야 公正훈 一位新內部大臣을 作成ᄒᆞ얏ᄂᆞᆫ지도 不知홀 事이어니와

噫라 內部協辦 沈相翊 氏ᄂᆞᆫ 一平生에 公正 二字를 不知ᄒᆞ든 人氏로 腦髓에 貫徹훈 私慾이 鴉片烟印과 如히 堅固難拔한 者라

同大臣의 公正二字說은 平生所不聞ᄒᆞ든 說로 確實認定ᄒᆞ야 挾囊에 包有훈 於音片을 區處홀 方法과 切緊單食口區處홀 方法이 心目에 森羅ᄒᆞ고 肺肝에 銘鏤한 內部協辦이 絶對的 反對를 唱道치 아니할 理由가 絶無홈은 吾儕의 私言이 不是라 一世上公議에 出홈이라

然則 內部大臣은 一時欺世ᄒᆞᄂᆞᆫ 話柄이오 內部協辦은 直行不偏ᄒᆞᄂᆞᆫ 事態인지 吾儕의 疑感도 有ᄒᆞ고

內部大臣은 知過必改ᄒᆞᄂᆞᆫ 善行에 出함이오 內部協辦은 下愚不移의 蠻行에 出홈인지 吾儕의 疑感이 不無하니

一言而蔽之ᄒᆞ고 今番 奏本을 見ᄒᆞ면 內部大臣과 協辦의 用心如何홈을 見ᄒᆞ야 吾儕의 疑感을 快破ᄒᆞ깃노라

255호 1907년 5월 12일 (일) 論說

資本家

全國人民의 漸次 進步ᄒᆞᄂᆞᆫ 狀況은 前紙에 一述ᄒᆞ야 贊揚한 바이어니와 其 中의 進步思想이 無한 者ᄂᆞᆫ 一種 資本家이라고 駁論을 進呈ᄒᆞ노니 試

聽할지어다

現今 經濟競爭하는 時代에 各種利益을 吸收ᄒᆞ야 殖産生業에 富裕活潑홈이 國家에 基本을 成홈이오 世界에 名譽를 取홈이라 公然히 駁論을 惹起ᄒᆞ야 富裕家를 一毫라도 侮慢홀 理由가 豈有홀이오마는

當初에 殖産生業을 經營할 時에 仕宦家의 侵虐홈과 土豪家의 武斷홈도 長皇提起할 거이 無ᄒᆞ거이와 旣히 巨額의 財産을 蓄有ᄒᆞ얏쓰면 資本家의 當然底事가 有홀지라

近來資本家의 行世가 何如ᄒᆞᆫ뇨 地方窃發이 大熾홈으로 京師에 率眷移居도 ᄒᆞ고 新産을 排布도 ᄒᆞ야 錦衣玉食으로 無事無慮히 好歲月을 消遣法으로 過去ᄒᆞᄂᆞᆫ듸

各大臣家에 上等狎客으로 每日 往來ᄒᆞ야 官方消息이나 探知ᄒᆞᄂᆞᆫ 것이 一消遣法이오

觀察이나 郡守이나 秘書丞이나 一窠을 圖得ᄒᆞ기로 暗墨面結托이 有하야 每日官報나 買覽ᄒᆞ고 奏本이나 企待ᄒᆞᄂᆞᆫ 것이 一消遣法이오

典當局이나 設ᄒᆞ야 每兩頭四五分利殖ᄒᆞ기로 非常한 利益窟로 認定ᄒᆞ야 埋頭沒身ᄒᆞ고 秋毫을 分析ᄒᆞᄂᆞᆫ 것이 一消遣法이오

高臺廣室에 愛姬나 擁抱ᄒᆞ고 黃金如水ᄒᆞ야 花朝月夕에 富貴神仙의 佳境으로 做去하ᄂᆞᆫ 것이 一消遣法이라

天下에 至重至大ᄒᆞᆫ 黃金을 蓄積ᄒᆞ야 一消遣法에 消耗ᄒᆞᄂᆞᆫ 것이 엇지 可惜可恨치 아니홀이오

無限ᄒᆞᆫ 事業을 可做홀 者ㅣ 有ᄒᆞ건마는 智識이 暗昧ᄒᆞ야 前途를 觀念ᄒᆞᄂᆞᆫ 慧竇가 不開ᄒᆞ야 然홈인지 事業에 注意키 不肯홈은 抑亦何心인뇨

學校를 設立ᄒᆞ야 靑年을 敎育ᄒᆞᄂᆞᆫ 事業을 注意ᄒᆞ든지

外國에 各種器械를 購入ᄒᆞ야 利國便民ᄒᆞᆯ 事業을 注意ᄒᆞ든지

印刷所을【를】擴張ᄒᆞ야 新書籍을 開刊ᄒᆞ거나 新聞을 刊行ᄒᆞ거나 人民智識을 開▣케 ᄒᆞᄂᆞᆫ 事業을 注意ᄒᆞ든지

會社를 組織ᄒᆞ고 商業를【을】發達ᄒᆞ야 公益上 事業을 注意ᄒᆞ든지

此等 事業을 着手ᄒᆞᆯ지면 其 利益과 其 名譽ᄂᆞᆫ 果然 何如ᄒᆞᆯ고 一觀察郡守이나 一典當局에 比較ᄒᆞᆯ 利益만 取ᄒᆞᆯ가

智見이 窄窄ᄒᆞ야 優等地進步ᄒᆞᆯ 思想은 腦子衷에 流出키 不能ᄒᆞ니 奈何오 資本家의 野昧ᄒᆞᆷ을 對ᄒᆞ야 無盡한 說話가 有ᄒᆞ나 逆耳之言을 厭聽하깃기로 此에 止ᄒᆞ노라

256호 1907년 5월 14일 (화) 論說

春夢政府

環球 東西에 社會를 組織ᄒᆞ야 國家를 形成한 部分에 政府ㄱ 皆有ᄒᆞ되 善政府도 有ᄒᆞ고 惡政府도 有하견마ᄂᆞᆫ 惟獨 我韓政府ᄂᆞᆫ 善政府도 아니오 惡政府도 아니니 何等 嘉號를 肇錫ᄒᆞᆯᄂᆞᆫ지 百爾思之ᄒᆞ야도 春夢政府라 指目ᄒᆞᆷ이 可ᄒᆞᆯ가

春夢은 吉夢도 아니오 惡夢도 아니오 飄揚ᄒᆞᄂᆞᆫ 柳絮와 如한 一亂夢이어ᄂᆞᆯ 我國政府를 春夢에 比ᄒᆞᆷ은 何義이뇨

政府政令은 有名無實도 ᄒᆞ고 有始無終도 ᄒᆞ야 人民의 信仰心이 絶無ᄒᆞ야 搖搖無端한 春夢과 如ᄒᆞ고

政府權利ᄂᆞᆫ 自由를 全失ᄒᆞ고 一呼一吸과 一消一息을 他에 依고ᄒᆞ야 悠悠無定한 春夢과 如ᄒᆞ고

政府 氣息은 若存若無ᄒᆞ야 中酒泥醉홈도 恰似ᄒᆞ고 吸烟熏悶홈도 同一ᄒᆞ야 昏昏不省ᄒᆞᆫ 春夢과 如ᄒᆞ고 政府精神은 홀往홀來ᄒᆞ야 所事ᄂᆞᆫ 健忘症도 有ᄒᆞᆫ듯 所語ᄂᆞᆫ 譫語症이 有한듯 心不自定ᄒᆞ고 意不自安ᄒᆞ야 잠잠無脉ᄒᆞᆫ 春夢과 如ᄒᆞ니

此를 春夢政府라 謂홈이라 撩亂ᄒᆞᆫ 春夢中에 在ᄒᆞᆫ 人事가 엇지 春夢이 撩亂ᄒᆞᆫ쥴을 知ᄒᆞ리오마ᄂᆞᆫ 無夢惺惺한 人이 其 狀態를 傍觀홀지면 可히 泄泄沓沓ᄒᆞ다 謂홀지로다

噫라 其 眞相을 見홀진ᄃᆡ 國事日非홈을 目擊ᄒᆞ고도 半點憂虞ᄒᆞᄂᆞᆫ 態度가 無ᄒᆞ니 此ᄂᆞᆫ 春夢中에 在홈이오

全國人心이 不附홈을 目擊ᄒᆞ고도 但히 地位崇高홈을 依恃홀 ᄯᆞ롬이니 此ᄂᆞᆫ 春夢中에 在함이오

當局한 同列에도 團軆를 未成ᄒᆞ고 磨牙切齒ᄒᆞ야 權利를 相爭ᄒᆞ니 此ᄂᆞᆫ 春夢中에 在홈이니

一國에 善政府가 되야 致君澤民을 不能홀지면 寧히 惡政府가 되야 威暴遍國에 人皆股栗케 홀 것이어ᄂᆞᆯ 此ᄂᆞᆫ 후후如雷한 鼾鼻聲으로 春夢方酣ᄒᆞᆫ 一政府를 形成ᄒᆞ얏스니 慨然ᄒᆞ도다 慨然ᄒᆞ도다

257호 1907년 5월 15일 (수) 論說

得人者昌失人者亡

千古人物에 一等英雄이 何人인고 ᄒᆞ면 秦始皇이라 ᄒᆞ깃스되 人心을 失ᄒᆞᆫ 故로 亡ᄒᆞ고

千古覇業에 一等盟主가 何人인고 ᄒᆞ면 秦始皇이라 ᄒᆞ깃스되 人心을 失

ᄒᆞᆫ 故로 亡ᄒᆞ고

千古强國에 一等威武가 何人인고 ᄒᆞ면 秦始皇이라 ᄒᆞᆺ깃스되 人心을 失ᄒᆞᆫ 故로 亡ᄒᆞ고

千古政治에 一等革新이 何人인고 ᄒᆞ면 秦始皇이라 ᄒᆞᆺ깃스되 人心을 失ᄒᆞᆫ 故로 亡ᄒᆞ고

千古統一에 一等合併이 何人인고 ᄒᆞ면 秦始皇이라 ᄒᆞᆺ깃스되 人心을 失ᄒᆞᆫ 故로 亡ᄒᆞ얏스니

秦始皇은 曠前絶後ᄒᆞᆫ 一人이로ᄃᆡ 其 國을 保全키 不能ᄒᆞ고 二世에 滅亡ᄒᆞᆷ은 人心을 失ᄒᆞᆫ 一機關에 出ᄒᆞ얏스니 人心을 失ᄒᆞ야 亡ᄒᆞᆷ을 推測ᄒᆞ면 人心을 得한 者ㅣ 昌ᄒᆞᆷ은 不言可知ᄒᆞᆯ지라

然則人民을 統治ᄒᆞ든지 隣國을 交際ᄒᆞ든지 軍旅ᄅᆞᆯ 出發ᄒᆞ든지 商權을 交通ᄒᆞ든지 人心을 得ᄒᆞᆫ 然後에 可히 永遠한 福利ᄅᆞᆯ 得ᄒᆞᆯ지라

大抵人心은 天心이라 天視自我民視며 天聽이 自我民聽이라 ᄒᆞ니 人民이 雖然蠢蠢ᄒᆞᆯ지라도 其 心은 明明한 皇天이 授與ᄒᆞ심이라 仁心을 信仰ᄒᆞ든지 義理에 服從ᄒᆞ든지 響應影附ᄒᆞᄂᆞᆫ 衆口가 和同ᄒᆞ며 輿情이 愛慕ᄒᆞᄂᆞᆫ 心을 得ᄒᆞᆷ과

若其 厭惡心이 生ᄒᆞ든지 憤恨心이 起ᄒᆞ든지 疑懼心을 惹ᄒᆞ든지 猜忌心을 招ᄒᆞ든지 怨怏心을 抱ᄒᆞ든지 一人二人의 心을 不得ᄒᆞᆯ지라도 可畏라 ᄒᆞ거든 百千萬人의 心을 不得ᄒᆞᆷ과 兩者ᄅᆞᆯ 比較ᄒᆞ면 孰多孰少ᄒᆞ뇨

自古로 威武ᄅᆞᆯ 仗ᄒᆞ야 可히 天下ᄅᆞᆯ 强制ᄒᆞᆯ만ᄒᆞ며 權勢ᄅᆞᆯ 仗ᄒᆞ야 可히 天下ᄅᆞᆯ 鎭壓ᄒᆞᆯ만ᄒᆞ드라도 人心을 得ᄒᆞᄂᆞᆫ 것이 一大得筭이라 若其 人心을 一失ᄒᆞᆯ 地境이면 威武로도 能히 强制키 難ᄒᆞ며 權勢로도 能히 鎭壓키 難ᄒᆞᆯ 거이니 人發殺氣ᄒᆞ면 天地飜覆이라ᄂᆞᆫ 古訓이 有한지라

噫라 此ᄂᆞᆫ 本國人이든지 隣國人이든지 世界人이든지 一個人이든지 千萬人이든지 同一히 銘佩ᄒᆞᆯ 寶箴이라 故로 此 問題에 對ᄒᆞ야 一演하ᄂᆞᆫ 篇首에 秦始皇을 標準ᄒᆞ야 失人者의 一証據ᄅᆞᆯ 認定ᄒᆞ노라

258호 1907년 5월 16일 (목) 論說

下賜留學生金論一萬圜再

皇上陛下ᄭᅴ오셔 階前萬里의 聖聰이 海外에 遠暨ᄒᆞ샤 在日本留學生의 學資金이 困難ᄒᆞ야 千辛困萬苦를 經ᄒᆞ다가 甚之二十一人斷指同盟ᄒᆞᆫ 苦況慘狀을 洞燭하ᄋᆸ시고 宸襟에 感激ᄒᆞ샤 仁覆憫下의 恩澤을 降ᄒᆞ샤 一萬圜을 內帑으로 下賜ᄒᆞᄋᆸ시고 其 困難한 留學費를 補助ᄒᆞ라 ᄒᆞ압신지라

一般 留學生만 聖恩을 感泣ᄒᆞᆯ ᄲᅮᆫ 아니라 全國人民이 聖恩을 感泣ᄒᆞᄂᆞᆫ 바이오 列邦人이 擧皆 聖恩을 攢頌ᄒᆞᄂᆞᆫ 바이어ᄂᆞᆯ

學部에셔ᄂᆞᆫ 此를 祗受ᄒᆞ야 繼續方針으로 留學生의 困苦狀況을 善良히 排給ᄒᆞ야 聖恩을 普及케ᄒᆞᆷ이 當然的 應行道理어ᄂᆞᆯ 一種乖議를 發ᄒᆞᆫ 者ㅣ 何人인지ᄂᆞᆫ 不知ᄒᆞ되 日本에 圖書館을 排布ᄒᆞᆫ다ᄂᆞᆫ 說이 有ᄒᆞ기로 本社에셔 不然ᄒᆞᆫ 理由를 說明ᄒᆞ야 一場確論을 向日本紙에 揭佈ᄒᆞ얏더니

近頃에 下賜實金이 學部로 到達ᄒᆞ얏다ᄂᆞᆫ 報道도 有ᄒᆞ고 且東京留學生들이 一致ᄒᆞᆫ 同意로 學部에 請願ᄒᆞ야 該 恩賜金으로 時急困難을 舒ᄒᆞ기로 苦懇ᄒᆞ얏다ᄂᆞᆫ 報道도 有ᄒᆞ니

學部에셔ᄂᆞᆫ 近日意向을 何如措處ᄒᆞᆯ지ᄂᆞᆫ 不知ᄒᆞ거니와 圖書館排布ᄒᆞ자ᄂᆞᆫ 議論이 尙今不寢ᄒᆞ얏ᄂᆞᆫ지 亦未可知이니 其 措處ᄒᆞᄂᆞᆫ 結果를 出未ᄒᆞ기 以前에 一論을 更提하노니

此 金은 皇上陛下씌옵셔 留學生經費困難홈을 特念ᄒᆞ오샤 下賜하신 金額이오 圖書館排布ᄒᆞ라신 金額은 아닌 즉 學部에셔ᄂᆞᆫ 皇命을 奉行홀 ᄯᆞ름이오

此 金은 留學生의 情願도 經費困難이 時急홈을 苦懇ᄒᆞᄂᆞᆫ 金額이오 圖書館排布ᄒᆞ기를 志願ᄒᆞᄂᆞᆫ 金額은 아닌 則 學部에서ᄂᆞᆫ 留學生의 情願을 施行홀 ᄯᆞ름이라

如此ᄒᆞᆫ 措處홈의 結果가 有홀지면 當然的 應行道理어니와 萬一 圖書館排布ᄒᆞᆫ다ᄂᆞᆫ 一種乖議를 主張홀지면 此ᄂᆞᆫ 上으로 皇命을 違反ᄒᆞ고 下으로 留學生의 情願을 背斥함이니 엇지 當然的 應行道理라 稱ᄒᆞ리오

最初下賜金을 對ᄒᆞ야 萬般時急한 留學生의 飢寒殊死ᄒᆞᆫ 生命을 救濟홀 思想을 沮障ᄒᆞ고 千不當萬不近ᄒᆞᆫ 圖書館排布라 하ᄂᆞᆫ 一種乖議를 惹起한 理由ᄂᆞᆫ 非常ᄒᆞᆫ 硏究力으로도 覺得키 不能ᄒᆞ깃도다

學部一般官人은 吾儕의 一論을 深思ᄒᆞ야 當然的 應行道理를 行홀지어다 姑히 筆을 停ᄒᆞ야 後日結果를 待ᄒᆞ노라

259호 1907년 5월 18일 (토) 論說

全國同胞警省勉勵

全國同胞아 警省홀지어다

全國同胞아 勉勵할지어다

警省이라홈은 何를 謂홈이뇨

全國同胞ᄂᆞᆫ 政府를 怨望ᄒᆞᄂᆞᆫ 이 有한가

政府가 비록 政治의 善良ᄒᆞᆫ 結果가 無ᄒᆞ야 人民의 安堵홈을 不得홀지

라도 怨望心을 勿起ᄒᆞ고 其 自己精神만 警省ᄒᆞᆯ지어다

勉勵이라ᄒᆞᆷ은 何를 謂ᄒᆞᆷ이뇨

全國同胞가 時機를 疑惑ᄒᆞᄂᆞᆫ 心이 有ᄒᆞᆫ가

時機가 비록 岌業ᄒᆞ야 人民의 生活에 障碍ᄒᆞᆷ이 有ᄒᆞᆯ지라도 疑惑心을 勿起ᄒᆞ고 各其 自己事爲만 勉勵ᄒᆞᆯ지어다

現今陰謀者의 暴行이 種種히 起ᄒᆞᆷ에 對ᄒᆞ야 獄事가 繁衍ᄒᆞ고 人心이 危懼한 時代를 當ᄒᆞ야 其 事態를 觀測할지면 智識이 暗昧ᄒᆞᆫ 原因에 流出ᄒᆞᆷ이라 空然히 時局을 一次騷動ᄒᆞ면 非常ᄒᆞᆫ 憾情만 惹起ᄒᆞᆯ ᄯᆞ름이오 國民間에 別般効果ᄂᆞᆫ 絶無ᄒᆞᆷ을 不解ᄒᆞ고 禍胎를 釀出ᄒᆞᆷ은 何事인지 此를 警省ᄒᆞᆯ 바이오

又或義兵이라 自稱ᄒᆞ야 凶器를 携帶하고 閭里에 橫行ᄒᆞ야 民生을 動擾ᄒᆞᆷ이 處處에 無數하다 ᄒᆞ니 實로 愛國思想이 有ᄒᆞᆫ 者의 擧措ᄂᆞᆫ 絶對的 違反ᄒᆞᆷ으로 思想하노니

設使愛國心으로 起한다 ᄒᆞᆯ지라도 自力을 不度ᄒᆞ고 機穽에 自陷ᄒᆞᆷ이 愚昧한 所見에 出ᄒᆞᆷ이어든 何況窃發에 不遠한 蠻行을 做ᄒᆞ야 義旅라 冒稱ᄒᆞᆷ은 何事인지 此를 警省ᄒᆞᆯ 바이오

且時局이 去益擴張ᄒᆞᆷ으로 愚昧ᄒᆞᆫ 所見에 此ᄂᆞᆫ 外國人手中에 管轄한 바이라고 互相疑忌ᄒᆞᄂᆞᆫ 事態가 有하나 此ᄂᆞᆫ 大勢已定이라 但히 實力을 自修ᄒᆞᆯ 思想만 各其 勉勵ᄒᆞᆯ 바이오

十年이든지 二十年이든지 實力을 養ᄒᆞ야 國權도 回復ᄒᆞ고 人權도 回復ᄒᆞᆯ 基礎를 定ᄒᆞᆯ 計劃으로 靑年을 敎育ᄒᆞ고 農商工業을 發達ᄒᆞ야 殖産生業만 各其 勉勵ᄒᆞᆯ 바이니

全國同胞ᄂᆞᆫ 警省ᄒᆞᆯ지어다

全國同胞는 勉勵홀지어다

260호 1907년 5월 19일 (일) 論說

政府失策

現今 政府 當局者의 政策을 觀測하건ᄃᆡ 得策이라 謂홀가 失策이라 謂홀가

百方硏究ᄒᆞ야도 失策이라 謂홀지언뎡 得策이라 謂키 不可하도다

失策이라 謂ᄒᆞᄂᆞᆫ 理由을【를】說明홀진ᄃᆡ

岌業ᄒᆞᆫ 時局과 艱虞ᄒᆞᆫ 國勢를 際ᄒᆞ야 大臣의 擔負한 責任이 三千里疆土을【를】維持ᄒᆞ고 五百年宗社를 保全ᄒᆞ고 二千萬生靈을 奠安케 홀 責任이니 其 責任이 重大치 아니한가

如此ᄒᆞᆫ 重大責任을 擔負ᄒᆞ야 一片公心으로 竭力殫誠ᄒᆞ야 鞠躬盡瘁ᄒᆞᄂᆞᆫ 것이 當局諸公의 天職이어ᄂᆞᆯ 國計民生ᄒᆞᆫ 芭籬에 置홈과 如ᄒᆞ고 公議輿論은 弁髦로 歸홈과 如ᄒᆞ야 但히 自家地位만 保存ᄒᆞ기로 百方勞瘁ᄒᆞ니 國家不存이면 地位何保리오 此ᄂᆞᆫ 政府諸公의 失策이오

公正廉明ᄒᆞ고 學問名譽의 人士를 調用ᄒᆞ얏스면 國民의 一大幸福이오 政府에 一大利益이어ᄂᆞᆯ 一官一爵이라도 至私無公홀 ᄯᆞᄅᆞᆷ이니 此ᄂᆞᆫ 政府諸公의 失策이오

國家에 獻身主義로 犧牲되기를 認定하야 奮不顧身ᄒᆞ고 勇往直前홀지면 誰人이 敢히 侮홀이오마ᄂᆞᆫ 內에 衆心이 未服ᄒᆞ고 外에 仇敵이 森羅ᄒᆞ야 劍水刀山에 足跡이 危懼홀 ᄯᆞᄅᆞᆷ이니 此ᄂᆞᆫ 政府諸公의 失策이오

國家에 偉功이 無ᄒᆞ고 人民에 信用이 失ᄒᆞ야 去益올올홀지면 賢者能者

의게 地位를 讓ᄒᆞ야 時艱을 匡濟ᄒᆞᆯ 것이어ᄂᆞᆯ 蹲地鳳과 如ᄒᆞ며 曳尾龜와 如하야 尸素의 身分으로 富貴의 策福만 强求ᄒᆞ니 此ᄂᆞᆫ 政府諸公의 失策이라

其他 失策을 指不勝屈ᄒᆞᆯ지니 此ᄂᆞᆫ 吾儕의 私言이 不是오 全國輿論이 沸騰ᄒᆞᆫ 바이라

諸公은 自思ᄒᆞ라 諸公의 政策이 得策인지 失策인지 他言을 不待ᄒᆞ고 諸公心內에 忖度이 有ᄒᆞᆯ지로다

吾儕ᄂᆞᆫ 政府諸公을 愛惜ᄒᆞ야 一言을 呈ᄒᆞᆷ이니 時局反對的 言論으로 思量키ᄂᆞᆫ 愼勿ᄒᆞ고 此 論을 降氣深亮ᄒᆞ야 幡然勇斷ᄒᆞᆯ지어다

261호 1907년 5월 21일 (화) 論說

人種善良

東洋 黃色種族 二十一國中에 我韓人種의 性質이 果然何如ᄒᆞᆫ고

世界論評이 不一ᄒᆞᆷ이 有ᄒᆞ니 喀爾甫의 談話에 朝鮮人種이 純全不雜ᄒᆞ야 開明區域에 易進ᄒᆞ리라 ᄒᆞ얏고

德國 哲學博士 愛毛陶來 氏의 話談에 黃色種族中에 朝鮮이 優等人種이라 ᄒᆞ얏고

明將 李如松 氏의 言論에 朝鮮人은 剛而好文ᄒᆞ고 勇而好禮라 ᄒᆞ얏고 日本僧玄蘇 氏의 筆記에 曰 朝鮮은 産多人傑이라 ᄒᆞ얏스니

此로 推觀ᄒᆞᆯ진ᄃᆡ 朝鮮人種이 最劣ᄒᆞᆫ 人種안님은 外國人의 定評도 有ᄒᆞ거니와 吾儕의 思想으로도 優等이라 謂ᄒᆞᆯ지연뎡 劣等이라고ᄂᆞᆫ 謂키 不可ᄒᆞ거ᄂᆞᆯ

政府諸公의 言論에는 我國人種이 最劣等이라 開口輒稱ᄒᆞ고 外國에 留學한 人士도 言必稱我國은 劣等人種이라 ᄒᆞ니

此 論은 自其唾面ᄒᆞ고 自批其頰ᄒᆞᄂᆞᆫ 脣舌이라 엇지 劣等人種이라 稱ᄒᆞᆯ 이오

吾儕ᄂᆞᆫ 我國人種이 優等人種이라 稱ᄒᆞᄂᆞ니 其 理由를 言ᄒᆞᆯ진ᄃᆡ 四千年 歷史를 保有ᄒᆞᆫ 上等社會ᄂᆞᆫ 尙矣勿論ᄒᆞ고 下賤人物로만 言ᄒᆞᆯ진ᄃᆡ 奴隸와 屠丁等이라도 父母의 三年喪에 衰麻를 不去ᄒᆞᆯ 쥴로 知ᄒᆞ고

鄕曲婦女이라도 夫死不嫁ᄒᆞᆯ 죨【줄】로 知ᄒᆞ고

無知童稚로도 父兄을 敬愛ᄒᆞ【ᄒᆞᆯ】 쥴【줄】로 知ᄒᆞ니

此等 禮俗으로 見ᄒᆞᆯ지라도 性質이 善良홈을 推測할지라 如此 善良ᄒᆞᆫ 性質로 何等 學問을 敎育ᄒᆞ야 不成ᄒᆞᆯ 거이며 何等 才藝를 敎育ᄒᆞ야 不成ᄒᆞᆯ 것이며 何等 忠義勇剛을 敎育ᄒᆞ야 不成ᄒᆞᆯ이오

但히 文化衰弱ᄒᆞ고 政治 腐敗ᄒᆞ야 一國人民을 犧牲으로 壓迫的 虐待만 施ᄒᆞ야 劣等人種을 人工으로 造成홈이니 今日 國氣ㄱ 萎靡不振홈은 人種이 劣等된 根因에 出홈이라고 歸罪키 不可한지라

今日이라도 敎育을 擴張ᄒᆞ야 善良ᄒᆞᆫ 性質을 開導誘掖ᄒᆞ야 材器를 養成ᄒᆞ얏스면 國權恢復홈을 何憂ᄒᆞ며 人權恢復홈을 何患ᄒᆞ리오 我韓人種은 善良ᄒᆞᆫ 人種이라고 斷言ᄒᆞ노라

262호 1907년 5월 22일 (수) 論說

無恥

環球世界에 新聞紙의 警告함과 駁論홈을 公眼이 慧照ᄒᆞ고 輿論이 沸騰

한 바인 즉 此 警告와 駁論을 遭ᄒᆞᄂᆞᆫ 者ㅣ 耻ᄒᆞ깃ᄂᆞᆫ가 耻ᄒᆞ지 아니ᄒᆞ깃ᄂᆞᆫ가

人道上 本心이 有한 者ᄂᆞᆫ 顔厚忸怩ᄒᆞ야 赧然羞愧ᄒᆞᆯ 것이오 德義上 勇氣가 存ᄒᆞᆫ 者ᄂᆞᆫ 開過必改ᄒᆞ야 幡然悔悟할 거이어ᄂᆞᆯ

警告가 慨切ᄒᆞ되 視若不見ᄒᆞ고 駁論이 激烈ᄒᆞ되 聽如不聞ᄒᆞ야 或 對人言 曰 某新聞에 我를 警告ᄒᆞ얏다 ᄒᆞ니 所謂 記者ᄂᆞᆫ 何等 知識이 有ᄒᆞ야 箴戒를 垂하ᄂᆞᆫ가 誠可笑者라 ᄒᆞ고 又或 對人言 曰 某新聞에 我를 駁論ᄒᆞ얏다 ᄒᆞ니 所謂 記者ᄂᆞᆫ 皆是狂言囈語로 成習ᄒᆞᆫ 人物이니 誠可憐者라 ᄒᆞ야

面皮上에 一毫羞愧色이 無ᄒᆞ거든 何況知過必改ᄒᆞᆯ 理由가 有ᄒᆞ리오 其中에 心腹人을 派送ᄒᆞ야 正誤ᄒᆞ기를 懇乞ᄒᆞᄂᆞᆫ 者ㅣ 有ᄒᆞ니 此ᄂᆞᆫ 羞愧心이 有ᄒᆞᆫ 者流로 認定ᄒᆞ거니와 甚者ᄂᆞᆫ 間接으로 裁判을 請ᄒᆞ야 厭然히 其過를 掩코자 ᄒᆞᄂᆞ 十目所視와 十手所指에에 其 肺肝이 盡露無餘ᄒᆞ되 羞愧心은 半點도 無ᄒᆞ고 怏怏ᄒᆞᆫ 氣色을 蘊抱ᄒᆞᄂᆞᆫ 者 有ᄒᆞ고

又甚者ᄂᆞᆫ 勃勃然怒氣를 發ᄒᆞ야 咬牙切齒ᄒᆞᄂᆞᆫ 仇視心을 包有하고 暗地加害ᄒᆞᆯ 思想이 起ᄒᆞᆫ 者도 有ᄒᆞ고 又甚者ᄂᆞᆫ 當初에 新聞을 不覽ᄒᆞᄂᆞᆫ 것이 上策이라 ᄒᆞ야 眼孔에 不相接하기로 注意ᄒᆞᄂᆞᆫ 者도 有ᄒᆞ니

此ᄂᆞᆫ 皆是無耻ᄒᆞᆫ 一流이라고 斷言하거니와 此等 無耻者流ᄂᆞᆫ 果然 何如ᄒᆞᆫ 人氏이뇨

目昧一丁한 下賤社會도 아니오 木石同居ᄒᆞᄂᆞᆫ 野昧人物도 아니오 槐垣棘扉와 棠軒梅閣에 上等人文으로 一世策華을 享有ᄒᆞᄂᆞᆫ 者에 普通比例이니 此를 對하야 慨然ᄒᆞᆷ을 不勝ᄒᆞ야 無耻論一篇으로 擧似ᄒᆞ로니

新聞上 警告와 駁論을 金石寶箴으로 座右銘을 作ᄒᆞ야 無耻之耻를 喚起ᄒᆞᆯ지어다

263호 1907년 5월 23일 (목) 論說

政府와人民

客이 問ᄒᆞ야 曰 政府 當局者의 失政ᄒᆞᆷ을 人民이 駁論ᄒᆞᆷ이 歇泊處가 無ᄒᆞ니 愚見에 甚히 適當치 아니ᄒᆞᆫ 쥴로 思量ᄒᆞ노라

主人이 答曰 何謂也오

客이 曰 政府를 駁論ᄒᆞᆷ이 今年에ᄂᆞᆫ 現政府를 失政ᄒᆞᆫ다고 駁論ᄒᆞ고 三年前을 推觀ᄒᆞ야도 其 時現政府의 失政ᄒᆞᆷ을 駁論하얏고 五年前을 推想ᄒᆞ야도 其 時現政府의 失政ᄒᆞᆷ을 駁論ᄒᆞ얏고 十年前 二十年前을 推想ᄒᆞᆯ지라도 其 時現政府의 失政ᄒᆞᆷ을 駁論ᄒᆞ얏스니 政府ᄂᆞᆫ 失政ᄒᆞᄂᆞᆫ 大臣만 當局ᄒᆞ얏ᄂᆞᆫ가

此를 推하야 未來政府의 政治를 思量ᄒᆞᆯ진ᄃᆡ 來年政府도 失政ᄒᆞᆫ다고 駁論ᄒᆞᆯ 것이오 三年後政府도 失政ᄒᆞᆫ다고 駁論ᄒᆞᆯ 것이오 五年十年百年ᄭᆞ지라도 但히 失政ᄒᆞᆫ다고만 駁論ᄒᆞᆯ 것이니

然則 政府에ᄂᆞᆫ 失政ᄒᆞᄂᆞᆫ 大臣만 有하야 然ᄒᆞᆫ가 縱然得政이 有ᄒᆞ야도 駁論하ᄂᆞᆫ 比例가 有ᄒᆞ야 然ᄒᆞᆫ가

政府에 駁論을 甘受ᄒᆞᆯ 失政만 有ᄒᆞ면 政府의 政治라 稱키 不可ᄒᆞ고 人民이 駁論을 好做ᄒᆞᄂᆞᆫ 習慣만 有ᄒᆞ면 人民의 公論이라 稱키 不可ᄒᆞ거ᄂᆞᆯ 但히 駁論만 無盡ᄒᆞᆷ은 何事이뇨 答曰 是何言也오 人民의 輿論은 天人頭腦에 貫徹ᄒᆞᆫ 公言이라 此로 推觀하면 今年에도 駁論할만ᄒᆞᆫ 失政이 有ᄒᆞ고 三年 五年 十年 二十年前에도 駁論ᄒᆞᆯ 만ᄒᆞᆫ 失政이 有ᄒᆞᆷ을 可知ᄒᆞᆯ지라

皐夔稷契이 執政ᄒᆞᆯ 時에 駁論이 豈有ᄒᆞ며 周召管葛이 執政ᄒᆞᆯ 時에 駁論이 豈有ᄒᆞ얏스리오 君도 耳目이 有ᄒᆞ면 政治의 得失을 分析ᄒᆞᆯ 것이오 心智가 有ᄒᆞ면 政治의 得失을 斟酌ᄒᆞᆯ 것이니 現行政治를 見ᄒᆞ면 駁論이

有ᄒᆞ깃ᄂᆞᆫ가 不有ᄒᆞ깃ᄂᆞᆫ가

居是邦ᄒᆞ야 不非其大夫라ᄂᆞᆫ 說과 在下者有口無言이라ᄂᆞᆫ 說이 壓制 政治下에 法律과 如히 痼習을 成ᄒᆞ야 人民을 犧牲과 如ᄒᆞ며 仇讐와 如히 虐待ᄒᆞᄂᆞᆫ 惡政이 有ᄒᆞ야도 敢히 一說을 開口치 못ᄒᆞ고 志士의 慨歎과 隱民의 幽悃이 積鬱難伸한 悲況만 有ᄒᆞ더니

近年 以來로 輿論도 起ᄒᆞ고 新聞도 興ᄒᆞᆷ으로 駁論이 漸漸口外로 出ᄒᆞ며 筆端으로 成ᄒᆞ야 政治得失을 批評ᄒᆞ니 此ᄂᆞᆫ 人民 程度가 漸次 開發ᄒᆞᄂᆞᆫ 狀況이 有한지라

雖然이나 勒制政治의 舊習慣이 猶存ᄒᆞ기로 駁論을 不顧ᄒᆞᄂᆞᆫ 秕政이 有ᄒᆞ거니와 人民 智識이 益益 發達ᄒᆞ야 政府權限과 人民自由가 互相對等ᄒᆞ면 政府도 惡政을 敢行키 不能ᄒᆞᆯ 것이오 人民도 박【駁】論을 濫發키 不能ᄒᆞᆯ지니 現政府를 對ᄒᆞ야 人民의 박【駁】論이 起ᄒᆞᆷ을 엇지 不適當ᄒᆞ다 稱ᄒᆞ리오 君은 且休矣어다

客이 唯唯而退러라

264호 1907년 5월 24일 (금) 論說

人民의 生活 程度

現今 人民의 生活 程度가 漸漸 高等으로 前進하ᄂᆞᆫ가 益益 劣等으로 低落ᄒᆞᄂᆞᆫ가 吾儕의 淺見으로ᄂᆞᆫ 分析키 不能ᄒᆞ깃도다

燦燦ᄒᆞᆫ 衣服이 極度에 達ᄒᆞ야 外國 織造의 價格이 翔高ᄒᆞᆫ 者로만 全身을 裝飾ᄒᆞ고 其 中 婦人服은 尤極侈風이 盛行ᄒᆞ야 純全寶石으로 차環 等 佩物을 盛飾지 아니ᄒᆞ면 世上에 出入키를 羞愧하ᄂᆞᆫ지라 此ᄂᆞᆫ 生活程度

가 高等으로 前進ᄒᆞᄂᆞᆫ 狀況과 如ᄒᆞ고

價格이 百餘元에 達ᄒᆞᄂᆞᆫ 自轉車를 乘ᄒᆞ거나 人力車를 乘ᄒᆞ거나 不得已 經濟의 必要가 有한 者ㅣ 電車를 乘ᄒᆞ니 生活程度가 高等에 前進ᄒᆞᄂᆞᆫ 狀況과 如ᄒᆞ고

各種 料理家에 三三五五히 淸韻高致로 日費數十圓ᄒᆞ기를 不惜ᄒᆞ며 夕陽天에 杏花村을 向하야 酩酊大醉ᄒᆞ고 紅顔散步ᄒᆞ야 每日 酒費가 五六圓에 達ᄒᆞ얏다고 夸張ᄒᆞ니 生活 程度가 高等에 前進ᄒᆞᄂᆞᆫ 狀況과 如ᄒᆞ고

高樓名亭에 妓樂을 大張ᄒᆞ야 花柳春天에 迭蕩ᄒᆞᆫ 盛宴을 無日不開ᄒᆞ고 無處不張ᄒᆞ고 無人不遊ᄒᆞ니 生活 程度가 高等에 前進ᄒᆞᄂᆞᆫ 狀況과 如ᄒᆞ고

其他 花套費가 數千圓이니 花債費가 數百圓이니 用錢如水ᄒᆞ야 豪宕氣習이 騰騰ᄒᆞ니 生活 程度가 高等에 前進ᄒᆞᄂᆞᆫ 狀況과 如ᄒᆞ니

此等 程度ᄂᆞᆫ 高等에 前進이라 稱ᄒᆞ기도 不可ᄒᆞ되 其 浪用濫費ᄒᆞᄂᆞᆫ 狀況이 經濟上困難은 絶無ᄒᆞᆷ과 如ᄒᆞ니 生活 程度가 前進ᄒᆞ얏다 稱ᄒᆞᆷ이나

其 家舍文劵은 泥峴 等地에 任置ᄒᆞ고 每個月利金을 見督ᄒᆞ거나 貰屋이나 月稅家에 生活ᄒᆞᄂᆞᆫ 者ㅣ 十分에 八九 假量은 된다 ᄒᆞ니 生活 程度가 下等에 低落ᄒᆞᄂᆞᆫ 狀況과 如ᄒᆞ고 何人家를 勿論ᄒᆞ고 衣服汁物 等 典當標紙가 堆積ᄒᆞ야 甚之典當標紙가 無ᄒᆞᆫ 家屋은 凶家이라ᄂᆞᆫ 俚諺이 有ᄒᆞ니 生活 程度ㄱ 下等에 低落ᄒᆞᄂᆞᆫ 狀況과 如ᄒᆞ고

米直은 漸騰ᄒᆞ고 柴價ᄂᆞᆫ 漸高ᄒᆞᆷ의 營業이 零星도 ᄒᆞ고 生計가 全空ᄒᆞ야 然ᄒᆞᆫ지 桂玉이 至艱ᄒᆞ기로 怨嗟의 聲이 人人皆有ᄒᆞ고 家家皆有ᄒᆞ다 ᄒᆞ니 生活 程度가 下等에 低落ᄒᆞᆷ과 如ᄒᆞ고

金融의 流通 이 前日과 大異ᄒᆞ야 典當 以外에ᄂᆞᆫ 私相借貸도 杜絶ᄒᆞ고 至情之間에 互相贈與도 梗塞ᄒᆞ야 經濟의 恐慌이 日甚ᄒᆞ니 生活 程度가

下等으로 低落ᄒᆞᄂᆞᆫ 狀況과 如ᄒᆞᆫ지라

然則 人民의 生活上 程度를 可히 推測키 難ᄒᆞ도다 吾儕의 思想에ᄂᆞᆫ 高等으로 前進ᄒᆞᄂᆞᆫ 狀況이 經濟上 困難을 招ᄒᆞᄂᆞᆫ 點이오 下等으로 低落ᄒᆞᄂᆞᆫ 狀況은 經濟上 利益을 取ᄒᆞᄂᆞᆫ 點이라 ᄒᆞ노니

生活上 殖産的이 不進ᄒᆞ고 程度만 前進ᄒᆞᄂᆞᆫ 者ᄂᆞᆫ 自己ᄆᆞᆫ 困難ᄒᆞᆯ ᄲᅮᆫ 아니라 全國을 衰退케 ᄒᆞᄂᆞᆫ 點이오 低落ᄒᆞᄂᆞᆫ 狀況이 極達ᄒᆞᄂᆞᆫ 者ᄂᆞᆫ 勞働力이 生ᄒᆞ야 殖産營業에 實心爭赴ᄒᆞᆯ지니 自己만 利益ᄒᆞᆯ ᄲᅮᆫ 아니라 全國을 興旺케 ᄒᆞᆯ 點이 有ᄒᆞ니 生活 程度가 益益 低落함이 全國에 幸福되ᄂᆞᆫ 基本이라 ᄒᆞ노라

265호 1907년 5월 25일 (토) 論說

民志漸發

我韓人民은 五百年 鎖國時代에 世界風潮를 全昧ᄒᆞ고 但히 壓制政治下에 筋骨을 活動키 不能ᄒᆞ며 精神을 摩擦키 不能하야 冥頑無知ᄒᆞᆫ 一動物로 自處ᄒᆞ든 人民이라

此 人民은 國에 慶이 有ᄒᆞ야도 敢히 喜ᄒᆞ지 못하고 國에 憂가 有ᄒᆞ야도 敢히 慮ᄒᆞ지 못ᄒᆞ거든 何況國家에 何等 關係가 有ᄒᆞᆷ을 對ᄒᆞ야 雖然口舌이 有ᄒᆞ면 能히 言ᄒᆞ며 智見이 有ᄒᆞ면 能히 筭ᄒᆞᄂᆞᆫ 權利가 有ᄒᆞ얏스리오

是以로 世界上에 最劣等人種으로 指斥ᄒᆞ든 人民이라 人權을 失ᄒᆞ야도 不知ᄒᆞ고 國權을 失ᄒᆞ야도 不知ᄒᆞ든 此 人民이 何等 愛國誠이 一朝一夕에 發ᄒᆞ얏든지 國債報償에 義捐金을 捐出ᄒᆞᆷ은 誠是我韓에 一大刱有한 奇事이라

然흠으로 國民의 志氣가 一時에 奮發ᄒᆞ야 童稚婦人과 甚至僧尼孤寡라도 殘錢零金을 出捐흠이 人의 後에 居흠을 耻ᄒᆞ며 懲丁坦漢과 罪囚 火賊等이 國家를 爲ᄒᆞ야 多少를 不計ᄒᆞ고 義心을 奮發흠은 千古에 稀罕한 바이오 東西兩球에 未曾有ᄒᆞᆫ 盛擧이라

噫라 吾儕도 國債報償 一欵에 此를 依恃ᄒᆞ야 國債를 勘簿한다흠은 質言키 不能ᄒᆞ깃기로 六十年에야 一千三百萬元을 湊集ᄒᆞ깃다ᄂᆞᆫ 說을 唱導ᄒᆞ얏스나

某社會에셔 政府上書中 第五條提論ᄒᆞᆫ 바를 據ᄒᆞ건ᄃᆡ 亦是 六十年 距離를 非難ᄒᆞ얏스니 此ᄂᆞᆫ 吾儕의 所論ᄒᆞᆫ 主旨와ᄂᆞᆫ 大相不同한지라

六十年은 姑舍ᄒᆞ고 將六百年을 延長ᄒᆞ며 一千三百萬元은 姑舍하고 單一萬三千元을 湊集한다ᄒᆞᆯ지라도 民志가 開發ᄒᆞᆫ 一事만 國家에 大幸福이라 엇지 國債의 淸帳與否야 노노히 暇論ᄒᆞ리오

故로 一個人이 二十錢을 出ᄒᆞ야도 國債를 報償흠이오 十錢을 出ᄒᆞ야도 國債를 報償흠이니 錢額의 多少도 勿論ᄒᆞ고 但히 義金을 出捐ᄒᆞᄂᆞᆫ 人氏ᄂᆞᆫ 愛國心이 特有한 志士로 認定ᄒᆞ노니

此를 或 排日思想에 出흠이라 ᄒᆞᄂᆞᆫ 一論은 可謂土蠻의 臆說이라 愛國思想이 有한 文明國民이야 此等 理外 說話을【를】脣舌에 發ᄒᆞ리오

我國民志가 漸發ᄒᆞᄂᆞᆫ 萌芽이라고 贊成ᄒᆞ노니 此 萌芽를 善良히 助長ᄒᆞ면 花가 開ᄒᆞ고 實이 結ᄒᆞ며 幹이 固하고 根이 深ᄒᆞᆯ 前塗期望이 長遠ᄒᆞᆯ지니 民志漸發함에 對ᄒᆞ야 有始無終ᄒᆞᆯ가 憂慮ᄒᆞ며 有進無退흠을 祈祝ᄒᆞ노니 唯我二千萬衆의 漸發ᄒᆞᄂᆞᆫ 民志여

266호　　1907년 5월 26일 (일) 論說

運動

近日에 運動이라ᄂᆞᆫ 黨流가 何其 多也이며 運動이라ᄂᆞᆫ 事爲가 何其 多也이며 運動이라ᄂᆞᆫ 說話ㄱ 何其 多也인고

敎育上運動과 衛生上運動 以外에ᄂᆞᆫ 其他 諸般 運動이라 稱ᄒᆞᆷ이 千派萬岐의 各種이 有하니

皇室要路를 攀援ᄒᆞ야 勢利寵權을 要求하ᄂᆞᆫ 者

政府要路를 攀援ᄒᆞ야 一資半級을 要求ᄒᆞᄂᆞᆫ 者

外國要路를 攀援ᄒᆞ야 阿附依賴를 要求ᄒᆞᄂᆞᆫ 者

勢家要路를 攀援ᄒᆞ야 賂賄를 用ᄒᆞᄂᆞᆫ 獵官者

當局者의 門戶를 望ᄒᆞ고 日夜로 脅見諂笑ᄒᆞᄂᆞᆫ 者

有權力大臣家에 秘密探報로 心腹을 相通ᄒᆞᄂᆞᆫ 者

以上 各種은 政治運動이라 稱ᄒᆞ고 歐米列邦의 言語를 能通하든지 曾往結交와 遊覽의 履歷이 有한 者

自國의 不平黨流로 外國에 羈留ᄒᆞᄂᆞᆫ 者

宗敎家이나 學問家이나 世界上名譽를 取ᄒᆞᄂᆞᆫ 者

慷慨思想을 抱하고 天下大勢를 審察하ᄂᆞᆫ 者

航海出沒ᄒᆞ야 踪跡이 閃忽한 者

巨欵金額을 弋取ᄒᆞ야 外國에 往來ᄒᆞᄂᆞᆫ 者

以上各種은 外國運動이라 稱ᄒᆞ고 銀行을 設立ᄒᆞᄂᆞᆫ 者

組合을 設立ᄒᆞᄂᆞᆫ 者

各種會社를 設立ᄒᆞᄂᆞᆫ 者

各洋行을 締結하ᄂᆞᆫ 者

外國大資本家를 聯絡ᄒᆞᄂᆞᆫ 者

內地物品을 貿易하ᄂᆞᆫ 者

以上各種은 財政運動이라 稱ᄒᆞ고 賣官鬻爵을 紹介하ᄂᆞᆫ 者

欺人騙財를 注意하ᄂᆞᆫ 者

外國人을 符同ᄒᆞ야 內地人民을 侵漁하ᄂᆞᆫ 者

他人子弟를 誘引ᄒᆞ야 財産을 謀取ᄒᆞᄂᆞᆫ 者

良民을 주囑ᄒᆞ야 義兵餘流라 稱ᄒᆞ고 財産奪取하ᄂᆞᆫ 者

地方官吏의 暗金을 受ᄒᆞ고 願留를 請ᄒᆞ며 新聞에 褒楊ᄒᆞᄂᆞᆫ 者

以上各種은 挾雜運動이라 稱ᄒᆞ고 其他 運動諸般은 指不勝屈ᄒᆯ지라 此等 運動力이 人民의 活潑ᄒᆞᆫ 狀況인가 國家의 進就ᄒᆞᄂᆞᆫ 基本인가

各種運動者의게 一語를 擧似ᄒᆞ노니 各其 惡習慣을 消滌ᄒᆞ고 新精神을 摩擦ᄒᆞ야 大進步하기를 希望ᄒᆞ노라

267호 1907년 5월 28일 (화) 論說

婚喪祭禮議改良

李膺직 氏의 婚喪祭禮 改良 案件으로 中樞院에 獻議全文은 本紙에 揭載ᄒᆞ얏거니와 且其 旨意ᄅᆞᆯ 研究ᄒᆞᆫ 則 風俗의 痼疾되고 習慣의 浮華한 一種 社會上 新改良ᄒᆞ기로 主意ᄒᆞᆫ 宏論을 提出ᄒᆞ얏스니 吾儕도 同情을 表ᄒᆞ야 大贊成ᄒᆞᄂᆞᆫ 바이라

世上에 迂論ᄅᆞᆯ【을】膠守ᄒᆞᄂᆞᆫ 者ᄂᆞᆫ 必曰 聖人의 制禮하심이오 先輩의 修正ᄒᆷ이오 祖宗朝五百年 遵行ᄒᆞ든 禮節인ᄃᆡ 一朝에 删正ᄒᆞ자ᄂᆞᆫ 議論을 發ᄒᆷ은 師門에 一罪案이라고 駁論하ᄂᆞᆫ 者이 有ᄒᆞ다ᄂᆞᆫ 說이 浪藉한지라

吾儕의 思想으로는 李 氏의 議案이 繁文濫式을 刪去ᄒᆞ자ᄒᆞᆷ이오 先聖所制ᄒᆞ신 冠婚喪祭 等 禮節ᄅᆞᆯ【을】 준改ᄒᆞᆷ이 아닌 則 師門罪案이라고 豈稱ᄒᆞ리오

繁文濫式은 我韓 五百年 痼疾을 成ᄒᆞᆫ 習慣이라 此에 拘束ᄒᆞ야 祥期가 已盡토록 營葬키 不能한 者ㅣ 多ᄒᆞ며 年齡이 已壯하도록 過婚키 不能ᄒᆞᆫ 者ㅣ 有ᄒᆞ며 家貧不祭ᄒᆞᄂᆞᆫ 弊端과 早孤未冠ᄒᆞᄂᆞᆫ 習慣이 皆是形式上 禮節ᄅᆞᆯ【을】 拘碍ᄒᆞ야 世人眼目에 不滿ᄒᆞᆯ지면 名敎上 得罪ᄒᆞᆷ과 如히 羞愧ᄒᆞᄂᆞᆫ 風俗이 漸染ᄒᆞ야 繁文濫式을 滋長ᄒᆞᆷ이라

政治ᄅᆞᆯ 改革ᄒᆞ고 文化ᄅᆞᆯ 維新이 ᄒᆞᆯ 時代에 李 氏의 改良議案이 可謂 應時而出ᄒᆞᆷ이라 稱道ᄒᆞᆯ ᄆᆞᆫᄒᆞ고 攢揚ᄒᆞᆯ 만ᄒᆞ거니와

吾儕의 一種 愚見으로 揣摩ᄒᆞ건ᄃᆡ 此等 改革維新의 時代ᄅᆞᆯ 際ᄒᆞ야 禮式의 一範圍ᄅᆞᆯ【를】 改良ᄒᆞ여야 泥古ᄒᆞᆫ 風俗을 可히 一變할지니 冠禮ᄂᆞᆫ 剃髮로 代ᄒᆞ고

婚禮ᄂᆞᆫ 執手禮ᄅᆞᆯ 行ᄒᆞ고

喪禮ᄂᆞᆫ 火葬을 行ᄒᆞ고

三年喪은 短縮하고

祭禮ᄂᆞᆫ 廢止ᄒᆞ기로 一種 民法을 頒布ᄒᆞ야 國民風俗을 嚴正히 改良ᄒᆞ자 ᄒᆞ야도 未爲不可어ᄂᆞᆯ 其 議案所陳이 皆是隔靴파痒ᄒᆞᄂᆞᆫ 細說瑣談에 不過ᄒᆞᆫ지라

喪禮條에 采緞은 土産에 染色ᄒᆞ자 ᄒᆞ얏스니 此ᄂᆞᆫ 風俗改良도 아니오 經濟改良도 아니니 假令 此法을 施行ᄒᆞᆯ지면 家家의 婚具ᄅᆞᆯ 檢査ᄒᆞ야 禁止하ᄂᆞᆫ 法律案件을 改定ᄒᆞᆯᄂᆞᆫ지 未可知ᄒᆞ깃고

祭禮條에 果ᄂᆞᆫ 三品이오 高不過五寸이라 ᄒᆞ얏스니 貧家祭禮에ᄂᆞᆫ 果一

品도 準備키 難ᄒᆞ거든 三品과 加之五寸을 何以準備리오 但히 富裕家로 論ᄒᆞᆨ지면 假令 果六品至於三品과 長一尺至於五寸에 相距幾何오 可謂 五十步로 笑百步니 此ᄂᆞᆫ 風俗改良도 아니오 經濟改良도 아니니 假令 此法을 施行ᄒᆞᆯ지면 家家祭日에 果品을 檢查ᄒᆞ야 禁止ᄒᆞᄂᆞᆫ 法律案件을 改定ᄒᆞᆯᄂᆞᆫ지 未可知ᄒᆞ깃스니

此 議案은 細碎節目을 摩사ᄒᆞᆯ ᄲᅮᆫ이라 엇지 風俗改良이라 稱할이오(未完)

268호 1907년 5월 29일 (수) 論說

新內閣

太陽의 七色이 我國政府에 光線을 射ᄒᆞ야 大臣七人이 面目을 換ᄒᆞ니 曰 叅政, 內相, 度相, 軍相, 法相, 學相, 農相이라

全國人民의 目이 瞠然하야 或 疑懼ᄒᆞ며 或 加額ᄒᆞ며 或 裡許를 知코자 ᄒᆞ야 奔走不暇ᄒᆞᄂᆞᆫ 者ㅣ 其 數를 不知ᄒᆞᆯ지라

吾人은 疑懼도 無하며 加額도 無ᄒᆞ며 其 裡許를 知코자 함도 無ᄒᆞ고 但 新內閣에 對ᄒᆞ야 希望ᄒᆞᄂᆞᆫ 血誠이 有ᄒᆞᆯ ᄲᅮᆫ이라

夫 新內閣은 今日當局以前에 恒常갈오ᄃᆡ 使我當之ᄒᆞ면 此境은 아니 되리라 ᄒᆞ던 有志도 有ᄒᆞ고 不平黨도 有ᄒᆞ고 前內閣에 叅席ᄒᆞ야 有志未遂ᄒᆞ던 銳氣者도 有ᄒᆞ얏스니 此後에ᄂᆞᆫ 必也猛進的 事業이 無ᄒᆞᆯ 理가 無ᄒᆞ거니와 萬一前日睡夢에 在ᄒᆞ던 前內閣갓치 歲月만 因循ᄒᆞ고 俸金만 徒食ᄒᆞᆯ진ᄃᆡ 吾人은 비록 政策範圍內에 蟄伏ᄒᆞᆫ 人民이나 斧鉞을 願忌치 아니ᄒᆞ고 一場唾罵를 加ᄒᆞᆯ 决心이 有ᄒᆞ니 新內閣은 吾人의게 對ᄒᆞᄂᆞᆫ 方針을 豫定ᄒᆞ라고 聲言ᄒᆞ노라

夫 頑固는 開口則 曰 國家는 開化黨이 亡케 하얏다 하며 開化黨은 熱血을 沸ᄒᆞ야 曰 國家는 頑固가 亡케 ᄒᆞ얏다 ᄒᆞ니 吾人은 何說를【을】從홈이 可할고

一思하고 再思ᄒᆞ고 三思ᄒᆞ고 千思 萬思ᄒᆞ고 思之又思ᄒᆞ야도 拍手喝采홀 處는 開化黨이오 搖頭掩鼻홀 處는 頑固黨이라

今新內閣의 施政改善의 方針은 不知ᄒᆞ거니와 開化黨의 强梗手段이 無ᄒᆞ고 歲月을 因循ᄒᆞ면 人民은 得斧失斧의 一般을 歎홀 ᄲᅮᆫ이라

吁라 我國의 目下問題는 人種救濟가 第一必要이라 試思어다 今日갓치 百年만 因循할 지경이면 如此ᄒᆞᆫ 經濟的 競爭世界에 劣敗치 안일 者ㅣ 幾人인고

大抵國家의 存立은 人種을 保存ᄒᆞᆫ 以後事이오 人民知識을 發達한 以後事이오 其次는 民業國財軍務에 在홈이라 數件이 次第로 發達한 以後에 國家의 富强을 自期ᄒᆞ며 宇內에 雄峙도 可望홀지라 故로 政策은 今日 事明日事가 各殊ᄒᆞᆫ지라

今日 新內閣은 次第로 功蹟를【을】奏케 홈이 可ᄒᆞ니 吾人은 目을 拭ᄒᆞ고 來頭를 觀코자 ᄒᆞ노라

269호 1907년 5월 30일 (목) 論說

婚喪祭禮 改良議 (續)

噫라 今日 形勢로 論홀진ᄃᆡ 民族社會의 風俗改良이 非但 婚喪祭禮에 止홀지라

雖然이나 民族風俗의 最先 改良홀 者는 婚喪祭禮인 즉 不得不 婚喪祭

禮를 先論홀 거이오 婚喪祭禮의 最先 改良할 者는 繁文濫式인 즉 不得不 繁文濫式을 先論홀지니 婚喪祭禮의 腐敗호 古俗을 改良홀진디

吾儕의 汎論에 冠禮는 剃髮로 代호고 喪禮는 火葬으로 用호자는 等 議가 適合홈과 如호나 五百年 古俗을 一朝에 改홀지면 世上에 異議를 煽動호고 非難을 惹起호야 民心이 大不服호는 境遇에 至홀 거이니 此는 吾儕도 改良의 必要로 提論홈이 不是어니와

萬事를 做去호는 地頭에 中道를 用호니만 貴홈이 無한 則 古代遺俗의 繁文濫式도 不適當호다 謂호깃고 今日 習慣에 猝然 變革홈도 不適當호다 謂호깃슨則 何等 裁制한 新面目을 用홀고

然則 中樞院 副贊議 李膺직 氏의 獻議한 一案이 其 中道를 得호얏다 謂할지나 中樞院에 獻議案이 邱山과 如홀지라도 政府에 轉牒호기 極難호며 且或政府에 轉牒한 者ㅣ 有할지라도 實施키 亦難한 則 獻議案이 雖然 進步上 必要호 點이 有호야도 一文具에 不過호니 可歎홀 者라

近日 新政府를 組織호고 百度를 改革하기로 注意할지면 此 李 氏의 獻議案도 時局進步와 風俗改革에 必要호 點이라 稱호깃슨則 實施홀 期望도 有호깃고

非但 李 氏의 獻議案이라 邱山과 如호 前日 獻議案도 實施홀 거이 有호려니와 前日 獻議案이 비록 邱山과 如홀지라도 李 氏의 現行風俗의 改良急務에 過홀 者ㅣ 無호도다

一言而蔽之호고 李 氏의 獻議를 政府에셔 實施호는 것만 吾儕는 贊成호야 張皇論述홈이 不是라 此一件에 對호야 改革호는 實施를 見호면 其他 億千萬事의 可히 改良홀 者를 次第 實施호깃기로 反覆說去호야 此獻議의 實施與否를 觀望호노라 (完)

270호 1907년 5월 31일 (금) 論說

大注目

政界之腐敗日甚이 莫有甚於近日 故로 全國之厭苦思想이 亦日甚一日ᄒᆞ야 疾首蹙알 者ㅣ 達於二千萬人이라

其 政治之腐敗日甚云者ᄂᆞᆫ 果何指也오 政界全局이 擧失其精神ᄒᆞ야 更不能두수ᄒᆞ고 至於國計民生은 漫不知何事ᄒᆞ고 唯生命을 何以保全고ᄒᆞ며 唯祿位를 何以維持오ᄒᆞ야 千方百計로 窮思深慮者ㅣ 無過於此而已니 所謂 政治ᄂᆞᆫ 歸諸等閒一邊이라 由是國家人民之危急存亡이 凜若一髮ᄒᆞ니 二千萬人之疾首蹙알이 安得不然이리오

際玆政府之改革하야 換出新生面ᄒᆞ니 姑未見一政一令之行이로ᄃᆡ 至於疾首蹙알之二千萬人ᄒᆞ야ᄂᆞᆫ 莫不瞠然大注目이라

迨此時也ᄒᆞ야 一若革祛其腐敗之習慣ᄒᆞ고 大擧其改良之主義ᄒᆞ야 革一弊而進一步ᄒᆞ고 革二弊而進二步ᄒᆞ야 至於革得千弊萬弊而進得千步萬步면 二千萬人之瞠然大注目者ㅣ 莫不以手加額하고 互相賀喜曰 此ᄂᆞᆫ 我新政府事業也라 ᄒᆞ야 而今而後에ᄂᆞᆫ 國家ㅣ 存矣오 生靈이 全矣라 大是國民之幸福이라 하려니와

若其名이 新組織이오 其 責이 新政府오 其 人이 新面目이로ᄃᆡ 狃泥舊習ᄒᆞ며 蹈襲舊慣ᄒᆞ야 唯以榮爵으로 光動一世而漠然無改絃易轍之思想ᄒᆞ고 苟苟於大臣之位ᄒᆞ며 營營於政府之上이면 二千萬人之瞠然大注目者ㅣ 莫不愕然相吊曰 此ᄂᆞᆫ 新政府ㅣ 反不如舊政府라 ᄒᆞ야 而今而後에ᄂᆞᆫ 國家ㅣ 亡矣오 人民이 死矣라 大是國民之不幸이라 ᄒᆯ 거이니

此之謂大注目也라 吾儕ㅣ 亦在於二千萬人中ᄒᆞ야 大注四千萬個中一雙目ᄒᆞ노니 新政府之事業이 將出於國民之幸福歟아 將出於國民之不幸歟아

吾儕는 以謂國民이 有幸福則 新政府ㅣ 必做新進事業이오 國民이 有不幸則 新政府ㅣ 反不若舊政府矣리니 吾儕는 不注目於政府ᄒᆞ고 唯注目於二千萬人之有幸福與不幸福ᄒᆞ노라

271호 1907년 6월 1일 (토) 論說

希望

天下事ㅣ 莫不有希望者하니 希望者는 人之所至願也라

如今人之所至願者는 果何也오 在政府當局者之善政治也로다

我韓政府當局者之僨誤國事ᄒᆞ며 塗炭民生이 厥由久矣라 何獨於今政府에 希望其善政也오

人之所希望者는 不獨於今政府之善政也라 每政府之新任也에 希望其善政이라가 及其政治腐敗면 便失其所希望ᄒᆞ고 更思新政府者ㅣ 何止於千百回也리오

然則今政府之新組織也에 亦不得不希望其善政이니 今政府政治之善與不善은 在於新任當局者之責任이오 不在於全國民之所至願也로ᄃᆡ

今日之希望이 特殊於前日之希望者ㅣ 有三焉하니

現政府之組織이 特殊於前日之組織ᄒᆞ야 非前日腐敗之人物也오 非前日腐敗之資格也라 唯其人材而登用ᄒᆞ야 汲汲於政治之改良ᄒᆞ니 此所以特殊於前日之希望者ㅣ 一也오

現今民生이 困悴方甚ᄒᆞ야 擧陷於水火之中而莫之救ᄒᆞ니 唯其生命財産而保全之일가ᄒᆞ야 汲汲於政治之改良하니 此所以特殊於前日之希望者ㅣ 二也오

現今國勢ㅣ 果何如哉오 全局缺烈하고 萬事旁午ᄒᆞ야 其亡其亡이 繫于苞桑이라 唯其時機而奠安之일가ᄒᆞ야 汲汲於政治之改良ᄒᆞ니 此其特殊於前日之希望者ㅣ 三也라

迨此時也ᄒᆞ야 人之希望於新任政府者ㅣ 果何如也오 人之希望이 特殊於前日則政府之責任이 不亦特殊於前日乎아

是以로 希望者ᄂᆞᆫ 政府也오 希望者ᄂᆞᆫ 大臣也오 希望者ᄂᆞᆫ 政治也니 政府當局者ᄂᆞᆫ 其 思想이 必亦特殊於前日이오 其 政令이 亦必特殊於前日이오 其 責任이 亦必特殊於前日矣리니

人之所希望이 必將大副於今日이라 今若一失其希望이면 大非國家人民之幸福也니

吾儕ᄂᆞᆫ 以謂人之希望이 非關重於今日이라 政府大臣之責任이 關重於今日也라 ᄒᆞ노라

272호 1907년 6월 2일 (일) 論說

法律界 希望

吾人이 國家法律을 賴ᄒᆞ야 生命과 財產保全을 得ᄒᆞᄂᆞᆫ 者ㅣ니 一擧足도 法律範圍內이오 一開口도 法律範圍內이라

苟或國家法律이 苛酷ᄒᆞ던지 紊亂ᄒᆞ던지 腐敗ᄒᆞ던지 諸般不公正홈이 有ᄒᆞ면 其下에셔 活動ᄒᆞᄂᆞᆫ 人民은 虎烈刺갓ᄒᆞᆫ 傳染病이 全國에 彌滿ᄒᆞ야 死亡이 相續홈보다 其 禍胎가 尤甚한지라

然而數十年來로 我政府에셔 賣官賣爵ᄒᆞᄂᆞᆫ 國賊이 有ᄒᆞ야도 法律上에 論罪가 無ᄒᆞ고 殘虐生靈ᄒᆞᄂᆞᆫ 人民의 仇敵이 有ᄒᆞ야도 法律上에 論罪가

無하고 但히 勢力有無로 官職去就만 有흘 쁜이라

故로 國民의 怨聲이 冲天ᄒᆞ고 熱血이 鼎沸ᄒᆞ야 政府ᄂᆞᆫ 仇讐로 視하고 法律은 陷井갓지 認ᄒᆞ던 今日이라 於是에 法律界에 惡魔가 退ᄒᆞ고 國民의 福運이 回ᄒᆞ더니 文明法律로 國民의 安寧를【을】擔任코자 ᄒᆞ던 趙重應 氏가 法部大臣에 任하얏스니 國民은 맛당히 目을 拭ᄒᆞ고 下回를 待흘지어다

吁라 前日法官은 自協辦局長以下로 皆弄法ᄒᆞ던 習慣이 腦髓에 沈痼흘 쁜이 아니라 國民이 仇視ᄒᆞ던 官員이니 大臣의 初政이 맛당히 文明新知識이 有흔 者로 一部의 官員을 組織할 쥴로 國民의 預言ᄒᆞᄂᆞᆫ 者ㅣ 滔滔皆是라

吾人은 法律로써 養育ᄒᆞᄂᆞᆫ 父母갓치 認ᄒᆞ며 飮啖ᄒᆞᄂᆞᆫ 食料品갓치 認ᄒᆞ며 通行ᄒᆞᄂᆞᆫ 道路갓치 認하며 居處ᄒᆞᄂᆞᆫ 家屋갓치 認ᄒᆞ나니 如此한 法律權를【을】司한 者ᄂᆞᆫ 國民이 其 人의 資格을 不知흠이 不可흔지라 從今以後로 大臣以下協辦局長이라도 公正흔 官員이 新任되ᄂᆞᆫ딕로 其 資格을 揭布ᄒᆞ야 國人이 共知케 ᄒᆞ려니와 今에 爲先司法大臣의 資格을 玆에 揭布ᄒᆞ노라

新任法相 趙重應 氏ᄂᆞᆫ 去乙未年에 刑事局長에 在흘 時에 李範晉 氏의게 見惡ᄒᆞ야 南海로 避身ᄒᆞ얏고

日本東京에 在흘 時에 外國語學校에셔 韓語敎師로 在ᄒᆞ얏고

農科大學校校外生으로 農學을 硏究ᄒᆞ얏고

東京政治學校校外生으로 政治學科를 硏究하얏고

昨年에 歸國ᄒᆞ야 統監府農商工部囑托員으로 在ᄒᆞ얏다가 日前에 法部大臣에 任한지라 (未完)

法律界 希望 (續)

其 履歷의 大綱은 如此ᄒᆞ며 氏의 氣像은 吾人이 深究키 難ᄒᆞ나 氏의 知舊間諸人의 傳說을 據하건ᄃᆡ 氏가 平日에 同志를 對ᄒᆞ야 談話가 國事에 及ᄒᆞ면 熱血이 上沖ᄒᆞ야 或失性者갓치 絶叫ᄒᆞ며 或 喪氣者갓치 飮泣하야 政治의 腐敗와 法律의 紊亂을 痛歎ᄒᆞ던 人氏이라

近日에 氏가 對人說話ᄒᆞᆷ을 漏聞한則 曰 吾ᄂᆞᆫ 法律에 對하야 公平을 主ᄒᆞ려니와 爲先滯訟ᄒᆞ던 弊脉을 除한다 ᄒᆞ얏다 ᄒᆞ니 氏의 如此ᄒᆞᆫ 持心은 國民의 幸福이라

吁라 自數十年來로 我國法律이 公平치 못ᄒᆞᆷ으로 夜雨牢獄에 忠義의 寃鬼가 種種悲呼하며 落日長沙에 國士의 痛哭이 隱隱如聞ᄒᆞ니 寃鬼도 開化黨이오 痛哭者도 開化黨이라

夫 世界 各國의 開進은 皆開化黨의 効力이어ᄂᆞᆯ 我國에ᄂᆞᆫ 開化黨을 仇視ᄒᆞ야 背後에 別巡檢이 常隨ᄒᆞ고 監獄署에 捕縛者가 相續ᄒᆞ더니 自日露戰爭以後로 此 習이 頓息이나 然이나 司法官은 改悟를 不知ᄒᆞ고 少少ᄒᆞᆫ 弄法은 依舊히 不變이라 然而往事를 엇지 一一히 深究ᄒᆞ리오 今에 新任司法大臣은 前人의 轍을 蹈치 말고 맛당이 獄中의 罪囚와 遠惡地流配者의 寃否를 察ᄒᆞ야 天陛에 上奏ᄒᆞ야 可辟者를 辟ᄒᆞ며 可赦者를 赦하야 國人의 怨聲이 無케 ᄒᆞᆷ을 國人이 希望ᄒᆞᄂᆞᆫ ᄇᆡ라

苟或不然ᄒᆞ야 前瞻後顧ᄒᆞ며 猶豫未決ᄒᆞ야 國祿을 徒食ᄒᆞ고 歲月을 因循ᄒᆞ면 國人의 希望이 頓絶함은 尙矣라 無論이오 國人의 怨聲이 前日弄法ᄒᆞ던 司法官의게 보다 培甚ᄒᆞᆯ지라 氏가 如此ᄒᆞᆫ 國民의 物情을 엇지 不知ᄒᆞ리오

吾人은 文檀에 公筆를【을】執흔 者라 由來로 我國法律上弊脉을 畧擧흐야 氏의게 警告코자 흐나 氏는 輿論을 不待흐고 必也其弊脉을 次第로 改흘쥴로 妄度흐는 故로 來頭事爲을【를】待흐고 아즉 停筆하노라 (完)

274호 1907년 6월 5일 (수) 論說

民業界 希望

三千里 江山이 蕭條의 影을 帶흐고 二千萬國民은 饑饉의 色이 有흐니 四時北망에 餓鬼ㄱ 啾啾라 痛哭一奠흐고 其 故를 問한 즉 曰 國民이 産業을 失흐야 生活의 道가 無흐다 흐니 吁라 我政府여 吁라

此 時를 當흐야 宋秉畯 氏가 農相에 任흐니 從此로 民業이 開發흐야 人民이 生活의 道를 得흘쥴로 吾人은 豫言흐노라

氏의 學識有無는 吾人이 不知흐거니와 氣像은 一代豪傑이라 質言할 만흔지라 政治의 腐敗를 論駁흐고 國民의 輿論을 唱導흐니 拍手響應흔 者ㅣ 四十餘萬人이라 于是에 氏를 反對흐는 者도 幾千百人이오 疾惡흐는 者도 幾千百人이오 一號令에 水火를 不避흐고 服從흘 者도 또흔 幾千百人이라 深林에 虎갓치 伏흐얏다가 高風에 鷹갓치 飛揚흐니 翺翔의 聲은 九霄에 干흐는듸 動靜의 態를 萬民이 注目흐는지라

蔽一言흐고 國家를 亡흐던지 興흐던지 氏갓흔 腕力으로 早早着手흐야 左右間結末이 無하면 不可흔 此 時代이라

夫 文明은 距里가 遙遠흐니 必也全速力의 進步가 無흐면 其 目的地에 到達키 不能할 샌 아니라 蹇蹇前進흐는 中途에셔 劣敗를 不免흘 理由는 普通人의 皆知흐는 빅니 況乎政治家며 而況乎一代豪傑로 指目흐던 宋秉

畯 氏가 엇지 濟民의 策이 無ᄒᆞ리오

農商工部ᄂᆞᆫ 各般民業機關을 營轄ᄒᆞᄂᆞᆫ 一部이라 氏가 農相에 在ᄒᆞ야 民業을 發達케 함은 已無可論이어니와 氏갓ᄒᆞᆫ 氣像으로 閣臣에 在ᄒᆞ야 無聲無臭히 國祿을 徒食ᄒᆞᆯ 理가 萬無ᄒᆞ리니 何로써 此ᄅᆞᆯ 謂ᄒᆞᆷ인고 氏가 一進會 地方總長으로 在할 時에 政府에 見惡ᄒᆞ야 艱難을 屢經호ᄃᆡ 氏가 萬死ᄅᆞᆯ 不避ᄒᆞ고 政府大官의게 不平의 氣ᄅᆞᆯ 吐ᄒᆞ니 此ᄅᆞᆯ 因ᄒᆞ야 地方의 官吏가 貪虐의 毒手ᄅᆞᆯ 拱한 者ㅣ 不知其數라 氏가 匹夫로 如彼한 能力이 有ᄒᆞ얏스니 民業發達만 氏의게 希望ᄒᆞᆷ이 아니라 文明開進을 氏의게 希望ᄒᆞ노라

若夫 吾人의 希望이 誤錯ᄒᆞ고 氏의 反對聲과 疾惡談이 中ᄒᆞᆯ 지경이면 氏ᄂᆞᆫ 足히 惜ᄒᆞᆯ 것 업거니와 抑亦國民의 不幸이라 하노라

275호

전체 지면 누락

276호

1907년 6월 7일 (금) 論說

訴訟 實地 練習

曩者에 法官養成所에셔 訴訟實地ᄅᆞᆯ 練習ᄒᆞ얏ᄂᆞᆫᄃᆡ 其 後에 普成專門學校에셔도 此 練習을 行ᄒᆞ얏스니 猗歟盛矣로다

由來我國에 所謂法律은 文具ᄅᆞᆯ 作ᄒᆞ야 法律이 何樣物인지 不知ᄒᆞᄂᆞᆫ 酒桶肉袋魚頭鬼面의 輩가 法官의 位에 在ᄒᆞ야 裁判節次도 不知ᄒᆞ고 法律影

響도 不知ᄒᆞ고 但鹿皮에 日 字를 寫ᄒᆞᆫ드시 自意로 法律을 措縱ᄒᆞ며 人民을 强制ᄒᆞ야 職權을 濫用ᄒᆞ더니 今也不然ᄒᆞ야 法官을 養成ᄒᆞ야 諸般研究ᄀᆞ 有ᄒᆞ니 吾人은 장차 文明ᄒᆞᆫ 法律範圍內에셔 活動할 쥴로 自期ᄒᆞ노라

吁라 國家ᄂᆞᆫ 法律旨意를 戴ᄒᆞ고 人民生活의 發達ᄒᆞᆯ 目的ᄒᆞᄂᆞᆫ 비이라 苟或法律이 不明하야 勢力有無와 顔面厚薄으로 請囑의 輕重을 計ᄒᆞ야 民刑事問에 裁判宗旨로 認ᄒᆞᄂᆞᆫ 弊習을 不去ᄒᆞ면 國民前途의 悲觀은 可히 勝言치 못할지라

然則國家에 正當ᄒᆞᆫ 法官이 公平ᄒᆞᆫ 法律을 用ᄒᆞᆫ 後에 國家를 保全ᄒᆞ며 國民의 生命을 保全할지라

故로 今日 最先務가 法律改定이오 法官擇任이라

今에 訴訟實地練習은 青年社會法學生의 研究的만 될 거시 아니라 國家의 吉運이라 賀言ᄒᆞ며 國民의 福音이라 豫言ᄒᆞ노니 何를 謂ᄒᆞᆷ인고 吾人은 不幸히 暗黑時代에 生長ᄒᆞ야 國家法律은 法官된 者 個人의 權利와 思想에 任ᄒᆞ고 法官의 虐待를 順受ᄒᆞ얏더니 今日青年社會ᄂᆞᆫ 幸이 文明時代를 値ᄒᆞ야 法官도 法律를 知하며 人民도 法律을 知하야 國家ᄂᆞᆫ 法律로 人民을 保護ᄒᆞ며 人民도 法律範圍內에셔 活動할 來頭樂世界을【를】見ᄒᆞᆯ지니 曩所調欽羡者 ㅣ 此也며 慶賀者亦此也라

我國에 許多ᄒᆞᆫ 會가 有ᄒᆞ야 各히 國家의 進步를 計ᄒᆞ나 就中 第一 有力有效ᄒᆞᆫ 會ᄂᆞᆫ 訴訟實地練習會이라 吾人은 拍手喝采ᄒᆞ고 是會를 贊成ᄒᆞ노라

277호 1907년 6월 8일 (토) 論說

競爭의 聲

市街熱鬧ᄂᆞᆫ 商業競爭이오

政界紛紜ᄂᆞᆫ【은】勢力競爭이오

訴訟裁判은 個人競爭이오

砲臺軍艦은 國際競爭이라

夫 爭이 大한 즉 公에 近ᄒᆞ고 爭이 少ᄒᆞ면 私에 近ᄒᆞ니 故로 小小ᄒᆞᆫ 私益을 爭ᄒᆞᄂᆞᆫ 者ᄂᆞᆫ 小人이오 堂堂한 公益을 爭ᄒᆞᄂᆞᆫ 者ᄂᆞᆫ 志士이라 稱ᄒᆞᄂᆞᆫ지라

今夫 世界競爭이 範圍가 極大ᄒᆞ야 邦國으로 爭ᄒᆞ며 宗族으로 爭ᄒᆞ니 所謂白禍이니 黃禍이니 云ᄒᆞᄂᆞᆫ 바 皆此를 謂홈이라

吾人은 競爭中에셔 生活ᄒᆞᄂᆞᆫ 者라 競爭의 知識이 小ᄒᆞ면 不可ᄒᆞ며 競爭의 能力이 無ᄒᆞ면 不可ᄒᆞ며 競爭의 大小公私部分을 不辨ᄒᆞ면 또한 不可ᄒᆞ도다

曩年日露戰爭時에 記者가 其 實地를 觀ᄒᆞ얏ᄂᆞᆫᄃᆡ 始也에 九連城激戰을 觀ᄒᆞ니 人類의 競爭이 於斯에 大矣라 地球를 破碎ᄒᆞᄂᆞᆫ 듯ᄒᆞᆫ 砲響은 남【南】北軍의 生命을 掃除ᄒᆞᄂᆞᆫ 競爭聲이라 一砲에 一人이 致命ᄒᆞ며 萬千砲에 萬千人이 致命ᄒᆞᄂᆞ니 此의 砲聲은 卽彼의 生命을 殞ᄒᆞᄂᆞᆫ 競爭聲이라

然而我國人種生命에 大關한 競爭聲이 有ᄒᆞ니 其 聲이 雍容ᄒᆞ며 淸雅ᄒᆞ며 柔和ᄒᆞ며 繁華ᄒᆞ야 無形上으로 勢力을 占領ᄒᆞ며 永遠的으로 劣敗者를 破滅ᄒᆞᄂᆞ 人이 尋常히 視聽하ᄂᆞᆫ 거슨 蒸氣의 聲이라

滊車도 蒸氣聲이오

滊船도 蒸氣聲이오

物品制造所에도 蒸氣聲이라 全國에 此 聲이 彌滿한 以後에 國民生活競爭力이 有ᄒᆞᄂᆞ니라

夫 兵力競爭의 劣敗者ᄂᆞᆫ 一時의 灾厄에 歸ᄒᆞ거니와 經濟競爭의 劣敗者ᄂᆞᆫ 永世無餘地한 禍胎ㄱ 有ᄒᆞ니 同胞ᄂᆞᆫ 맛당이 競爭을 畏치 말고 經濟競爭에 第一注意ᄒᆞᆯ지여다

278호 1907년 6월 9일 (일) 論說

最先希望

政界가 一變ᄒᆞ고 萬機가 刷新ᄒᆞᄂᆞᆫ 今日를【을】當ᄒᆞ야 吾人은 希望이 許多ᄒᆞ도다

行政整理와 財政整理와 法律改定이 總是急務오 其他 教育民業 等事도 亦是次第急務라 今日新政府의 眼鼻莫開處이로다

然而吾人은 第一急急ᄒᆞᆫ 希望이 有ᄒᆞ니 曰 斷髮令이라

頑固子ㅣ 此 說을 反對하야 曰 文明進步가 國民의 斷髮與否에 在ᄒᆞᆷ이 아니어를 何必乃已오ᄒᆞ니 此亦 其 頭髮을 重愛하ᄂᆞᆫ 談에 不過ᄒᆞᆫ지라 彼가 엇지 文明이 何物인지 知ᄒᆞ고 言ᄒᆞᆷ이리오

夫 頑固ᄂᆞᆫ 頑冥不悟ᄒᆞ고 固執不通한 野蠻을 指ᄒᆞᆷ이라 故로 未開明ᄒᆞᆫ 國家政治ᄂᆞᆫ 國民의 衆論을 不顧ᄒᆞ고 强拍權으로 文明의 政令을 發ᄒᆞᄂᆞ니 曩者乙未斷髮令이 是也오

大抵斷髮黑衣ᄂᆞᆫ 衛生上經濟上에 莫大ᄒᆞᆫ 利益이 有하ᄂᆞ니 朝에 發令ᄒᆞ고 夕에 實行ᄒᆞᆷ이 可ᄒᆞ니 此亦 刷新政略의 一件事이라 奈何로 此 令이 不發ᄒᆞ고 寥寥無聞인고

萬一 國民의게 新精神을 與치 아니하면 諸般新政을 行키 難ᄒᆞ니 故로 衣服變制와 斷髮令이 必要하다 ᄒᆞ노니 何를 謂홈인고 耳後에 金玉圈子를 着ᄒᆞ고 驕昻의 色과 自負의 態가 有ᄒᆞ면 貴人輩ᄂᆞᆫ 其 髮을 剃ᄒᆞ고 金玉을 去ᄒᆞ면 頑迷한 思想이 當場에 變幻홀 거시오 蓬頭亂髮에 陳陳ᄒᆞᆫ 塵垢을【를】戴ᄒᆞ고 渾濁의 氣와 汚穢의 狀이 有하던 勞働者ᄂᆞᆫ 其 髮을 剃하고 塵垢을【를】除去ᄒᆞ면 淸新ᄒᆞᆫ 思想이 또ᄒᆞᆫ 可히 立至ᄒᆞ리니 平等博愛不羈獨立의 精神이 皆此를 從ᄒᆞ야 生ᄒᆞ리라 質言ᄒᆞ노라

曩年에 柳麟錫 等이 政府의 斷髮令을 頑拒ᄒᆞ야 匪徒을【를】煽動ᄒᆞ야 官吏를 殺害하고 民財를 掠奪ᄒᆞ다가 京軍의 討滅ᄒᆞᆫ 바이 되얏ᄂᆞᆫ지라 今에 政府에서 或 如彼ᄒᆞᆫ 亂民의 頑拒ᄅᆞᆯ 顧忌ᄒᆞ야 此等의 令을 發치 못ᄒᆞᆯ진ᄃᆡ 其 軟弱을 可知라

然則 今日 行政改善에 當ᄒᆞ야 必也斷髮令이 有ᄒᆞᆯ 쥴로 希望ᄒᆞ노라

279호 1907년 6월 11일 (화) 論說

朴泳孝 氏 歸國

氏의 歸國ᄒᆞᆫ다ᄂᆞᆫ 說과 歸國ᄒᆞ얏다ᄂᆞᆫ 說은 近日 各新聞上에 浪藉ᄒᆞ얏스나 本社에셔ᄂᆞᆫ 確報를 未得홈으로 揭載치 아니하얏더니 去八日(土曜)에 부【釜】山에 到着ᄒᆞ얏다ᄂᆞᆫ 確報를 得한 故로 玆에 一述ᄒᆞ노라

氏ᄂᆞᆫ 我韓 改革黨 創始者이라 國憂를 雙肩에 擔ᄒᆞ고 萬死를 不避ᄒᆞ고 國事를 改革ᄒᆞ다가 事敗ᄒᆞ야 南海에 逃ᄒᆞ얏고

其 後 十年에 日淸砲聲이 我國政府와 國民의 迷夢을 打破홈을 因ᄒᆞ야 氏가 歸國ᄒᆞ야 政界上에 暫時着手ᄒᆞ다가 强梗ᄒᆞᆫ 手段이 時에 不合홈으

로 남【南】海로 再渡ᄒᆞ야 橫厄을 逃避ᄒᆞ얏스니 氏ᄂᆞᆫ 身命을 爲ᄒᆞᆷ이 아니라 他日에 國事有爲의 時가 有ᄒᆞᆯ가 希望이 有한줄로 吾人은 推測中이라

世上事ᄂᆞᆫ 不如意者十尙八九라 否塞ᄒᆞᆫ 國運이 今日現狀을 當ᄒᆞ야 氏가 如何ᄒᆞᆫ 意를 決ᄒᆞ얏던지 許多障碍을【를】不顧ᄒᆞ고 猝然歸國ᄒᆞ니 氏의 利害得失은 有志者에 任ᄒᆞ고 是非曲直은 國民知識上에 任ᄒᆞ노니 記者의 一筆로 斷言할바ᄂᆞᆫ 아니라

然하나 吾人은 一言으로 斷ᄒᆞ야 曰 文明的으로 國事를 改革ᄒᆞᄂᆞᆫ 志士ᄂᆞᆫ 成事敗事를 論ᄒᆞᆯ빅아니라 其 槪意를 硏究ᄒᆞᆯ ᄯᆞᄅᆞᆷ이니 吾人은 朴泳孝氏가 其 素志를 遂ᄒᆞ야 國家進步의 萬分一를【을】就ᄒᆞ던지 不能ᄒᆞ던지 不關ᄒᆞ고 但히 氏의 志氣를 贊成ᄒᆞᆯ ᄲᅮᆫ이라

吁라 國事ᄂᆞᆫ 張荒說話을【를】不費ᄒᆞ고 志士의 痛哭處ᄂᆞᆫ 文明的 改革家가 家族의 慘禍를 當ᄒᆞ면셔 國民의 幸福前途를 希望ᄒᆞ야 鞠躬盡瘁의 誠으로 死而後已의 心이 有ᄒᆞᆫ 者ᄂᆞᆫ 所謂 國事犯이라 我國國事犯이 氏의 踪을 接ᄒᆞ야 起한 者 許多하나 然ᄒᆞ나 氏ᄂᆞᆫ 改革家始祖이라 國民이 氏의게 希望이 不少ᄒᆞ도다

氏가 斧鉞을 不避ᄒᆞ고 國事를 擔任하면 國民이 前途幸福을 希望ᄒᆞ려니와 萬一 氏가 自己一身上 利害를 計ᄒᆞ야 目前의 利益과 來頭의 禍福을 計하야 南海로 更到ᄒᆞᆷ이 有ᄒᆞ면 國民의 希望이 頓絶ᄒᆞ며 志士의 唾罵가 四起ᄒᆞ리니 氏ᄂᆞᆫ 死生禍福間에 國民를【을】濟ᄒᆞᆯ 計를 定할지어다

漢文硏究會

漢文巨擘 呂圭亨 氏가 漢文硏究會를 設始ᄒᆞ고 一代紳士를 請邀ᄒᆞ야 漢文發達의 方針을 硏究ᄒᆞᆫ다 하얏스니 從此로 韓國文運이 大開ᄒᆞ리로다

夫 呂 氏갓한 文章이 國中에 彌滿ᄒᆞ고 漢文硏究會가 全國에 發達ᄒᆞ면 三面海峽에 外國兵艦이 入ᄒᆞ더ᄅᆡ도 氏의 文波가 其 兵艦을 足히 沈沒ᄒᆞᆯ 거시오 一國境內에 列國聯合隊가 來ᄒᆞ더ᄅᆡ도 氏의 詞鋒이 其 聯合隊를 可히 殲滅ᄒᆞ리니 國家에 如此ᄒᆞᆫ 漢文文章이 有ᄒᆞ니 何憂가 更有ᄒᆞ리오

彼歐米各國은 漢文이 全無ᄒᆞ건마ᄂᆞᆫ 國家를 能히 成立ᄒᆞ얏스며 人民을 能히 發達ᄒᆞ야 燦燦ᄒᆞᆫ 文運이 日月과 幷明ᄒᆞ니 抑亦何故인고

吁라 今日 世界文運進步의 速力을 競爭코ᄌᆞ ᄒᆞᆯ진ᄃᆡ 我同胞의 敎育과 習慣을 更張지 아니하면 吾人이 犧牲을 不免ᄒᆞᆯ지라 吾人은 漢文學者의 總攻擊을 不避하고 一論을 加ᄒᆞ노라

我國敎育上에 漢文을 全廢ᄒᆞ고 諸般 敎課書을【를】國文으로 編成ᄒᆞ야 國民을 敎ᄒᆞ면 學業成就의 速力이 今日보다 逈殊ᄒᆞᆯ 것이니 夫如是則下等人民社會에 普通知識이 有ᄒᆞᆫ 者ㅣ 多ᄒᆞᆯ지라

或曰我國에 現用文字가 漢文이니 漢文을 不知ᄒᆞ면 面墻ᄒᆞᆷ과 如ᄒᆞ다 ᄒᆞ니 言則是也라 然ᄒᆞᄂᆞ 今日부터 國人이 一切로 國文만 用ᄒᆞ며 敎育上에도 國文만 敎ᄒᆞ고 淸國과 交涉하ᄂᆞᆫ 文字와 日本과 交涉ᄒᆞᄂᆞᆫ 文字ᄂᆞᆫ 歐米各國交涉ᄒᆞ듯 幾個人繙譯을 使用ᄒᆞᆷ이 可하니 夫如是히 三五十年을 過ᄒᆞ면 漢文學校ᄂᆞᆫ 英語學校와 一切로 稀少ᄒᆞᆷ이 無妨ᄒᆞ니 全國이 漢文을 不用ᄒᆞ면 漢文이ᄂᆞ 羅馬字이ᄂᆞ 其輕重이 一般이라

然則漢文硏究이던지 英文硏究이던지 繙譯에 止ᄒᆞᆯ싸름이니 何必苦窮

讀書五十年에 漢文에만 終事ᄒᆞ다가 如何ᄒᆞᆫ 深旨奧意을【를】更히 研究코ᄌᆞᄒᆞ야 如此ᄒᆞᆫ 紛忙世界에 有志紳士를 江南風月閑多年에 驅入ᄒᆞᄂᆞᆫ고

281호

전체 지면 누락

282호 1907년 6월 14일 (금) 論說

田家

于時ᄂᆞᆫ 打麥의 節이오 移秧의 期라 眼鼻를 莫開ᄒᆞ며 手脚이 慌忙ᄒᆞᆫ 것은 方今農家이로다

人口의 生活은 薄薄ᄒᆞᆫ 泥에 付ᄒᆞ고 一天의 思怨은 零零ᄒᆞᆫ 雨에 在ᄒᆞ니 其 欲望이 盖如是ᄒᆞᆯ 섄이라 耕鑿의 樂이 帝力을 不知ᄒᆞ도다

一升의 麥飯을 頓喫ᄒᆞ며 大碗의 濁酒를 牛飮ᄒᆞ고 漠漠水田에 纖纖ᄒᆞᆫ 秧을 種ᄒᆞᄂᆞᆫᄃᆡ 擊壤歌의 興이 高하니 堯之日月이오 舜之乾坤이로다 由來 我國은 農業國이라 國人의 生命이 全혀 農業에 在ᄒᆞ니 農業은 我國의 最重要한 事業이오 農民은 我國의 最重大ᄒᆞᆫ 人民이라 語에 曰 農者ᄂᆞᆫ 天下之大本이라 ᄒᆞ니 我國에 切當ᄒᆞ도다

然則政府ᄂᆞᆫ 맛당이 農業을 奬勵하며 農民을 保護ᄒᆞ야 國家의 根本을 鞏固케 ᄒᆞᆷ이 可ᄒᆞ거날 自數十年來로 若是ᄒᆞᆫ 施政이 無ᄒᆞ고 反히 殘虐의 手段을 施ᄒᆞ야 人民이 塗炭의 悲況을 免치 못ᄒᆞ니 抑亦何故인고

夫 人民의 直接關係ᄂᆞᆫ 地方官吏에 在ᄒᆞᆫ지라 官吏가 職權을 濫用ᄒᆞ야

土皮를 剝ᄒᆞ며 人皮를 割ᄒᆞ야 自己家族이 膏粱에 生活ᄒᆞ며 或 其官職圖得時所納錢을 補充키 爲ᄒᆞ야 貪暴을 加ᄒᆞ니 於是乎人民生命은 奄奄殆盡ᄒᆞ고 國家運命은 沈沈日衰ᄒᆞ니 然則彼貪官은 國民의 讐오 國家의 賊이라 政府가 其 措處方이 無ᄒᆞ면 不可ᄒᆞ도다

曩日 遞內閣에셔ᄂᆞᆫ 國民의 生命財產保護ᄒᆞᆯ 心이 無ᄒᆞ얏던지 貪虐ᄒᆞᄂᆞᆫ 地方官과 如何한 關係가 有ᄒᆞ던지 置之不問ᄒᆞ얏거니와 今에 政治改善ᄒᆞᄂᆞᆫ 新內閣은 必也目下에 別問題가 有ᄒᆞ리라 ᄒᆞ야 人民이 目을 拭ᄒᆞ고 待ᄒᆞᄂᆞᆫ지라

三百四十餘州官吏의 治蹟을 精細히 調査하면 善治의 官吏도 許多ᄒᆞ려니와 或 貪虐의 官吏가 不無ᄒᆞ리니 如彼ᄒᆞᆫ 者ᄂᆞᆫ 非但罷免에 止ᄒᆞᆯ ᄲᅮᆫ 아니라 맛당이 罪의 輕重을 論하야 國家의 正當ᄒᆞᆫ 律을 施ᄒᆞᆷ이 可하니 此ᄂᆞᆫ 人民이 最先希望ᄒᆞᄂᆞᆫ 바다

其次希望은 杜召갓ᄒᆞᆫ 官吏가 來ᄒᆞ야 自己生命財產保護를 得ᄒᆞ면 今年갓치 雨順風調한 農形에 泰平歌를 唱ᄒᆞ고 國家萬歲를 呼ᄒᆞ리니 此 聲니 非特農民에 口에만 出ᄒᆞᆯ ᄲᅮᆫ 아니라 抑亦全國生靈의 口에 喧藉ᄒᆞ리니 吾人도 拍手同唱을 期ᄒᆞ노라

283호 1907년 6월 15일 (토) 論說

國債報償

國債一千三百萬圜을 報償코ᄌᆞ하야 國民이 義金을 各出ᄒᆞ니 少者ᄂᆞᆫ 一二十錢이오 大者ᄂᆞᆫ 幾百元이라 一波가 纔動ᄒᆞᆷ이 萬波가 隨ᄒᆞ야 全國이 響應ᄒᆞ니 半年間에 義金收合이 總十餘萬圜云爾라

若夫 有始有終ᄒᆞ야 既往半年間갓치 義金을 出ᄒᆞᄂᆞᆫ 者ㅣ 有ᄒᆞ야 未來半年이 既往半年에 不減ᄒᆞᆯ진ᄃᆡ 一年內에 可至二十萬圜이라

來年後年도 今年과 如ᄒᆞ며 十年二十年도 今年과 如ᄒᆞ면 每年二十萬圜收合에 豫筭을 可知라

然則六十五年間에 一千三百萬圜을 可合이ᄂᆞ 然ᄒᆞᄂᆞ 債金은 利息이 有하니 但히 本錢으로 償還키 不能홈은 三尺童子도 可知ᄒᆞᆯ ᄇᆡ라 엇지 六十五年間에 畢債을【를】可望ᄒᆞ리오 且夫 來頭半年이 既往 半年보다 出金者가 少ᄒᆞ며 來年이 今年보다 稀少ᄒᆞᆯ 지경이면 此 金으로 國債報償키ᄂᆞᆫ 不知何歲月이로다

吾人은 以爲如此한 義捐金額으로 國債을【를】了勘ᄒᆞ리라 謂치ᄂᆞᆫ 못ᄒᆞᄂᆞ 其 出金하ᄂᆞᆫ 人民의 思想인 즉 可謂熱心이라 呼庚의 歎이 有ᄒᆞᆫ 者도 國債報償金을 出ᄒᆞ니 此 問題가 足히 國民의 國家思想을 鼓動ᄒᆞᆯ만한지라 故로 國債報償金結局은 何如間에 其 思想을 極히 贊成ᄒᆞ노라

盖國債報償金은 國民의 熱血이 凝集ᄒᆞᆫ 金額이라 其 金額多少ᄂᆞᆫ 不計ᄒᆞ고 同胞中有志諸氏가 必也 其 金額을 精查하야 國債의 萬分之一이라도 報償ᄒᆞ던지 否則國民銀行을 設始하야 六十五年假定ᄒᆞᆫ 歲月을 待ᄒᆞ던지 不然則是로써 國債報償할 만ᄒᆞᆫ 人才를 養成ᄒᆞ던지 國民의게 大有益ᄒᆞᆫ 實業을 經營ᄒᆞ던지 於左於右에 有志諸氏의 好措處를 待ᄒᆞ노라

284호 1907년 6월 19일 (수) 論說

維新

我韓은 開國 五百十六年에 維新한 帝國이라

皇上陛下게읍셔 政府은【는】內閣으로 改稱ᄒᆞ시고 萬機를 革新ᄒᆞ시니 總히 外國文明制度를 効則ᄒᆞ심이라 從此로 國民은 幸福을 增進ᄒᆞ리로다

曩者 甲午에 國家維新의 吉運이 有ᄒᆞ야 新門外에 迎恩門을 打破ᄒᆞ고 獨立舘을 建ᄒᆞ며 內閣을 組織ᄒᆞ야 萬機를 改革하니 於是乎國家目的이 稍稍發達ᄒᆞ야 一年間에 功效가 不少러니 吁라 風雨一變ᄒᆞ야 甲午更張이 南柯에 一夢갓치 虛地에 歸한지라 此를 因하야 奸細輩가

聖上의 聰明을 壅蔽ᄒᆞ고 國權을 籠絡ᄒᆞ야 國家興亡은 不願ᄒᆞ고 肥己의 策에 精神이 골突ᄒᆞ더니 風雲이 捲地ᄒᆞ야 政治改革問題가 復起하니 於是에 奸細輩가 殺風景을 當ᄒᆞ고 開化黨이 政治機關에 活動力이 有ᄒᆞ니 今日은卽 改革實施日이

不遠間에 績用을 見ᄒᆞ리로다

夫 行政, 法律, 財政, 軍務, 敎育, 民業 等 諸般事務에 對ᄒᆞ야 可히 整理할 것과 可히 改良ᄒᆞᆯ 것과 可히 擴張할 것과 可히 發達進步ᄒᆞᆯ 方針은 內閣에셔 內定한 良策이 有ᄒᆞ리니 吾人은 아즉 守默ᄒᆞ고 視ᄒᆞᆯ 싸람이나 然이나 吾人의 第一希望은 閣신이 總히 機敏ᄒᆞᆫ 手段으로 萬事ᄅᆞᆯ 迅速히 行ᄒᆞ야 幾亡의 國家ᄅᆞᆯ 救ᄒᆞ며 塗炭의 人民을 救ᄒᆞᆷ에 在ᄒᆞ니 勉哉어다

吾人은 新聞記者이다 假令 新聞의 記事로써 一說을 比喩ᄒᆞᆯ진ᄃᆡ 一行의 記事로써 一日을 終ᄒᆞ도록 未畢ᄒᆞᆯ진ᄃᆡ 其 文法은 비록 司馬遷ᄅᆞᆯ【을】壓頭ᄒᆞᆯ지라도 新聞編輯時間이 已過ᄒᆞ야 其 記事ᄂᆞᆫ 所用이 無할 ᄲᅮᆫ 아니라 新聞全體가 狼貝ᄅᆞᆯ 不免할지니 故로 新聞記者ᄂᆞᆫ 第一敏速ᄒᆞᆷ을 爲主라 一抄의 鍾에 百神이 俱應ᄒᆞ나니 彼少少ᄒᆞᆫ 新聞이 猶然커던 况一國政治乎아 今에 內閣大신이 行政上에 機敏ᄒᆞᆫ 手段이 無ᄒᆞ고 一時ᄅᆞᆯ 虛費ᄒᆞ면 엇지 今世界와 競爭을 可望ᄒᆞ리오 然則維新事業은 機敏으로 第一條問題ᄅᆞᆯ

삼음이 可라 ᄒᆞ노라

285호 1907년 6월 20일 (목) 論說

京城飮料水

人口 調雜ᄒᆞᆫ 京城內 飮料水ᄂᆞᆫ 何如한 性質部分이 有한고

吾人은 分析法에 全昧ᄒᆞᆫ 者라 京城 食水의 如何ᄒᆞᆷ을 質言치 못ᄒᆞ나 然ᄒᆞᄂᆞ 三尺童子라도 可知할 理由가 有ᄒᆞ니 曰 尿屎水이라

此 論은 各紙上에 種種히 有ᄒᆞ며 記者도 屢屢히 說한 바이ᄂᆞ 焦唇獘舌이 終乃無效에 歸ᄒᆞᆷ으로 玆에 一歎을 更加ᄒᆞ노라

夫 飮料ᄂᆞᆫ 生命의 乳道와 如ᄒᆞᆫ지라 假令 產母가 惡疾에 罹ᄒᆞ면 其 乳汁이 必惡ᄒᆞ리니 此 乳ᄅᆞᆯ 飮ᄒᆞᄂᆞᆫ 幼兒가 或 致死ᄒᆞ거ᄂᆞ 或 抱病ᄒᆞ거ᄂᆞ 或 滿足ᄒᆞᆫ 發育을 不得ᄒᆞ거ᄂᆞ 如此ᄒᆞᆫ 諸般惡病이 有ᄒᆞᆷ은 當然ᄒᆞᆫ 理라 然則 吾人의 飮料水ᄂᆞᆫ 幼兒의 飮乳ᄒᆞᆷ과 同ᄒᆞᆫ지라 清潔ᄒᆞᆫ 甘泉을 飮ᄒᆞ면 衛生上에 滿足ᄒᆞᆫ 調養을 可得할거시오 汚穢ᄒᆞᆫ 炭質이 有ᄒᆞᆫ 水을【를】 飮ᄒᆞ면 或 夭促 或 抱病 或 健康을 不得ᄒᆞ리니 故로 京城內에셔 第一注意處ᄂᆞᆫ 飮料水이라

京城地質은 沙礫이 多ᄒᆞ니 故로 水氣ᄅᆞᆯ 吸受키 易ᄒᆞᆫ지라 然而人家의 作厠은 便桶을 埋치 아니ᄒᆞ고 沙土上에 放尿放屎하니 其 尿屎의 汁이 地中에 入ᄒᆞᆷ은 不言可知라

然則 其 惡汁의 聚ᄒᆞᆯ 處ᄂᆞᆫ 卽 井中이라 此 水ᄅᆞᆯ 飮하고 生活하ᄂᆞᆫ 京城人은 間接의 糞虫이라

吁라 萬事가 皆進化ᄒᆞ얏더ᄅᆡ도 京城人의 飮料水을 思ᄒᆞ면 一言蔽曰 骨

野蠻이라 홈도 可홀지라

今에 京城에 水道를 敷設ᄒᆞ야 地中鐵鑵이 蛛絲갓치 縱橫ᄒᆞ니 從今三年後에는 城中人이 淸潔ᄒᆞᆫ 長流水을 可飮홀지라 美味는 且置ᄒᆞ고 衆多人口의 衛生을 可得ᄒᆞ리로다

然이나 水道의 水를 京城人이 人人皆飮키 難홈이 有ᄒᆞ니

一例를 擧ᄒᆞ건ᄃᆡ 日本 東京에 敷設ᄒᆞᆫ 水道는 其 宏壯홈이 我京城水道에 比홀 ᄇᆡ 아니며 且敷設홈이 數十年에 過하얏스나 至今토록 東京인【人】이 井水를 飮하는 者尙多ᄒᆞᆫ지라 此로써 觀홀진ᄃᆡ 我京城에 水道가 旣成한 後이라도 水의 其 未及處는 依舊히 井水를 飮ᄒᆞ리니 水道의 成不成을 不計ᄒᆞ고 井水의 淸潔홀 道를 硏究치 아니하면 不可ᄒᆞ니 井水改良은 爲先家家便所를 改良홈에 在하도다

且水道의 水는 極暑中에 長距里鐵鑵中으로 위이ᄒᆞ야 冷氣가 減少홈으로 生新한 魚物을 洗ᄒᆞ면 半日의 護全이 難한 故로 魚物을 洗홈은 至冷ᄒᆞᆫ 井水가 爲美라 故로 水道가 有ᄒᆞ더라도 井水를 改良홈이 可ᄒᆞ다 ᄒᆞ노라

286호 1907년 6월 21일 (금) 論說

朴泳孝 氏 入京

氏가 再昨日에 부【釜】山發 車를 乘ᄒᆞ고 卽日 午後 九時에 南門外 停車場에 到着하니 其 時에 氏를 迎接ᄒᆞ는 者ㅣ 踏至ᄒᆞ야 人山人海를 成ᄒᆞ얏더라

輝煌ᄒᆞᆫ 火城은 歡迎者의 提燈이오 熱鬧ᄒᆞᆫ 人聲은 觀光者가 國家萬歲를 齊唱이라 于是에 氏가 帽子를 脫ᄒᆞ고 歡迎者의게 一揖ᄒᆞ니 觀者가 感

淚를 不禁ᄒᆞ더라

吁라 甲申以後에 我國人이 氏를 去姓ᄒᆞ야 曰 泳孝泳孝라 ᄒᆞ며 曰 逆賊逆賊이라 ᄒᆞ던 人物들이 今日에 至ᄒᆞ야 氏를 國士로 知홈은 何也오 曰 昔에 楚가 亡한 後에 楚人이 屈原의 忠을 知홈과 如ᄒᆞᆫ지라

然則 曩者에 氏를 去姓呼名ᄒᆞ던 人物이 赧然ᄒᆞᆫ 顔으로 凄然히 淚을 下ᄒᆞ고 氏를 歡迎ᄒᆞ니 若夫 甲申十月에 被害ᄒᆞᆫ 所謂六忠신【臣】의 靈魂이 有知ᄒᆞ면 氏를 見ᄒᆞ고 亦必赧然ᄒᆞ야 不識時務ᄒᆞ던 公罪를 謝ᄒᆞ리로다 己矣己矣어다 今日이어 嗚乎晩矣라 今日이어 國士ᄂᆞᆫ 焉用이며 英雄은 焉用인고 今日之勢ᄂᆞᆫ 金玉均 氏가 復生ᄒᆞ고 朴泳孝 氏가 當路ᄒᆞ더ᄅᆡ도 可望의 道가 無ᄒᆞ도다

然이나 自今으로 國民이 個個히 金玉均 氏와 朴泳孝 氏의 志氣를 效ᄒᆞ야 國家를 扶ᄒᆞ면 我國에 自强力이 生ᄒᆞ고 外勢ᄂᆞᆫ 反動力으로 退却ᄒᆞ리니 今日의 策은 此에 過함이 無ᄒᆞᆫ지라

朴泳孝 氏ᄂᆞᆫ 此 時를 當ᄒᆞ야 如何ᄒᆞᆫ 思想이 有ᄒᆞᆫ지 不知ᄒᆞ거니와 吾人은 妄想으로 推測ᄒᆞ건ᄃᆡ 氏ᄂᆞᆫ 南山碧峰을 對ᄒᆞ야 冷淚를 滴ᄒᆞ리로다 其冷淚ᄂᆞᆫ 如何ᄒᆞᆫ 冷淚인고 始也에 熱血이 沸ᄒᆞ고 其 次에 熱血이 凝ᄒᆞ야 歲久年深한 海外風霜에 一氷갓치 冷ᄒᆞ얏다가 今日에 南山을 對看하ᄂᆞᆫ 其兩眼을 從出ᄒᆞᄂᆞᆫ 淚이라 氏ᄂᆞᆫ 於家於國에 此 冷淚를 不禁ᄒᆞ리니 吁라

287호 1907년 6월 22일 (토) 論說

通譯

通譯은 國際의 機關이라 人格이 正當ᄒᆞ고 學問이 俱備한 後에 外國語

을【를】研究한 者가 아니면 通譯의 資格이 無한지라

曩日에 法部大臣 趙重應 民【氏】가 日本 東京 外國語學校 韓語科 出身 諸氏의 同窓懇親會招待에 出席ᄒᆞᆫ 事ᄂᆞᆫ 二三處 日文新聞上에 載ᄒᆞ얏거니와 法相이 通譯에 關한 問題로 左와 如ᄒᆞᆫ 演說이 有하니 其 說에 曰 夫 通譯은 至難ᄒᆞᆫ 事이라 法律學을 不知ᄒᆞᄂᆞᆫ 者ᄂᆞᆫ 法律界語를 不解ᄒᆞ며 經濟學을 不知하ᄂᆞᆫ 者ᄂᆞᆫ 經濟界語을【를】不解ᄒᆞ며 其他 各 學問的 言語에 對ᄒᆞ야 皆然ᄒᆞ니 故로 學問이 俱備ᄒᆞᆫ 者ㅣ 아니면 上等社會言語를 未解處가 許多ᄒᆞ리니 況重大ᄒᆞᆫ 國際上 談辦乎아

昔에 通譯을 賤執事로 認定ᄒᆞ얏더니 今에 世界大開ᄒᆞ야 外交頻煩ᄒᆞ니 此時를 當하야 外國語學이 甚이 必要하며 外國語學生은 諸般學問을 兼修치 아니ᄒᆞ면 不可ᄒᆞ니라

夫 國際上 難問題에 對하야 或 二寸의 舌이 百萬의 兵力보다 優勝ᄒᆞᆫ 功効가 有ᄒᆞ니 故로 外交가 國家의 重大한 責任을 擔負ᄒᆞ얏고 通譯은 其 機關을 掌ᄒᆞ者라 云云ᄒᆞ얏스니

法相의 滔滔ᄒᆞᆫ 辨說를【을】逐條揭載치 못ᄒᆞ거니와 其 時出席員古谷秘書官同校出身者國分秘書官, 川上, 鹽川兩通譯官諸氏中에 ᄯᅩᄒᆞᆫ 此 問題로 演說이 有ᄒᆞ얏다ᄂᆞᆫᄃᆡ 記者ᄂᆞᆫ 此 問題에 對ᄒᆞ야 一論을 更加ᄒᆞ노라

我國이 外國과 通商三十年에 發達ᄒᆞᆫ 事가 毫無ᄒᆞ고 但語學은 可謂極發達이라 謂홈도 可ᄒᆞ나 然ᄒᆞ나 其中에 普通學問이 有ᄒᆞᆫ 者ㅣ 凡幾人인고 然則 夫 外語를 通ᄒᆞᄂᆞᆫ 者ㅣ 喋喋利口로 外人의 語音을 畵出ᄒᆞᆫ 듯ᄒᆞᄂᆞ 學問이 無ᄒᆞ면 言語未解處가 許多홀지라

假令 通鑑一二卷을 纔讀ᄒᆞᆫ 出身의게 詩書易文句을【를】說ᄒᆞ면 茫然不知홀지니 此와 如히 普通學問도 無ᄒᆞᆫ 者의게 經濟法律上談話가 엇지 其

腦髓에 入ᄒᆞ리오 然則 通譯의 資格은 學問有餘ᄒᆞᆫ 者로 擇ᄒᆞᆷ이 可ᄒᆞ니 否則國際上에 遺憾이 不少ᄒᆞ리라 ᄒᆞ노라

288호 1907년 6월 23일 (일) 論說

風水

風水ᄂᆞᆫ 何物을 指ᄒᆞᆷ인고 曰 我國人 所謂 地官이 是也라

諺에 曰 天地開闢時에 全世界에 風이 千石이 有ᄒᆞ니 九百九十石은 風水가 占領ᄒᆞ얏고 九石은 婚姻居媒者가 占領ᄒᆞ고 今世界現存ᄒᆞᆫ 風은 一石ᄲᅮᆫ이라 萬一 風水와 媒者의 占領이 無ᄒᆞ고 千石風이 世界에 存ᄒᆞ얏더면 此 世界ᄂᆞᆫ 風世界라 人類가 安全ᄒᆞᆫ 生活을 不得ᄒᆞ얏스리라하ᄂᆞᆫ 格言이 有ᄒᆞᆫ지라

然則 風水의 風은 加論ᄒᆞᆯ ᄇᆡ 업거니와 此 輩의 謊誕ᄒᆞᆫ 風說에 隸屈ᄒᆞ며 服從ᄒᆞ야 迷信을 不反ᄒᆞᄂᆞᆫ 者ᄂᆞᆫ 我韓人ᄲᅮᆫ이라

夫 風水를 信賴ᄒᆞᆷ은 支那人의 習慣이 我國에 流入ᄒᆞᆫ 바이나 我國人은 支那人보다 迷信이 尤甚ᄒᆞ니 所謂 靑出於藍而靑於藍者ㅣ 此也라

盖人이 十四元素로 賦成ᄒᆞ얏다가 死則 其 元素가 空氣中으로 復歸ᄒᆞᆯ ᄯᆞ람이라 塚中枯骨이 子孫禍福에 何關이완ᄃᆡ 曰 福地이니 曰 禍敗地이니 ᄒᆞᄂᆞᆫ 諸般妖說을 吹聽하ᄂᆞᆫ고

我國民의 知識程度를 觀ᄒᆞ건ᄃᆡ 風水의게 蠱惑ᄒᆞ던 愚想이 何時代에 破ᄒᆞᆯ지 不知ᄒᆞᆯ지라 此에 對ᄒᆞ야 別方針이 無ᄒᆞ면 不可ᄒᆞ니 其 方針은 何에 在ᄒᆞᆫ고

彼風水ᄂᆞᆫ 詐欺取財者라 法律上으로 風水를 拘束ᄒᆞᆷ이 可ᄒᆞᆫ가 曰 否라

風水ᄂᆞᆫ 習慣傳來物이라 罪가 風水에 在치 아니ᄒᆞ고 過가 信賴者에 在ᄒᆞᆫ지라 엇지 空然히 風水를 咎ᄒᆞ리오

然則 社會上에셔 노노히 其 迷信의 不可ᄒᆞᆷ을 說明하야 一切로 風水信賴ᄒᆞ던 惡習을 改ᄒᆞᆷ이 可ᄒᆞᆫ가 曰 否라 此ᄂᆞᆫ 社會進步 後 問題라 無用의 談에 歸ᄒᆞᆯ ᄲᅮᆫ이로다

吾人은 此에 對ᄒᆞ야 一想이 有ᄒᆞ니 曰 人民이 共同墓地를 用케 ᄒᆞ며 山高處에 入葬者를 禁ᄒᆞ면 風水信賴ᄒᆞ던 癡想은 自然히 無ᄒᆞᆯ 거시니 夫如是則 所謂 山訟은 必也使無訟에 至ᄒᆞ리니 此 問題가 비록 時急지ᄂᆞᆫ 아니ᄒᆞ나 然ᄒᆞ나 中樞院의 有志諸氏ᄂᆞᆫ 冠婚喪祭에 關ᄒᆞᆫ 問題提出中에 此 一節을 入ᄒᆞᆷ을 希望ᄒᆞ노라

289호

1907년 6월 25일 (화)

논설 실리지 않음

290호

1907년 6월 26일 (수) 論說

歡迎

本月 三十日에 京城 有志諸氏가 日前에 歸國ᄒᆞᆫ 朴泳孝 氏를 歡迎한다ᄂᆞᆫ 廣告가 各報上에 一齊히 揭載ᄒᆞ얏ᄂᆞᆫᄃᆡ 讀者ᄂᆞᆫ 氏에 對ᄒᆞ야 各히 思想이 有ᄒᆞ리로다

今에 突然歸國ᄒᆞᆷ은 別裡許가 有ᄒᆞᆫ가

政海ᄂᆞᆫ 波瀾이 頻起ᄒᆞ니 氏가 俄然히 政界에 翱翔ᄒᆞᆯ가

各社會 有志諸人이 氏를 歡迎ᄒᆞ니 國人이 氏의게 響應ᄒᆞ야 別運動이 有ᄒᆞᆫ가

氏가 國人을 糾合ᄒᆞ야 國權恢復ᄒᆞᆯ 胚胎가 有한가

如彼한 忖度이 有ᄒᆞᆯ 者ㅣ 不無ᄒᆞ려니와 蔽一言ᄒᆞ고 皆不識時勢ᄒᆞᄂᆞᆫ 愚想에 不過ᄒᆞ도다

然則 國民社會上 有志諸人이 氏를 歡迎ᄒᆞᄂᆞᆫ 意ᄂᆞ 何에 在ᄒᆞᆫ고 曰 氏가 曾往에 改革黨先進者오 今日에 國民不平黨領袖者라 吾人은 斧鉞을 不避ᄒᆞ고 敢言ᄒᆞ건ᄃᆡ 今日我國形便은 改革黨도 無用에 歸ᄒᆞ고 不平黨은 尤極無用物이라 英雄이 用武의 地가 無ᄒᆞ니 朴泳孝 氏ᄂᆞᆫ 무엇이랴 亡ᄒᆞᆯ 亡字 죽을 死字ᄒᆞ나ᄲᅮᆫ이라 若夫 吾人이 決死의 心이 有ᄒᆞᆯ진ᄃᆡ 三尺의 劒으로 自刎ᄒᆞ던지 一發의 爆發로 自擊ᄒᆞ던지 兩者間에 在ᄒᆞᆯ ᄯᆞᄅᆞᆷ이라 엇지 不識時務ᄒᆞ고 螳斧를 擧ᄒᆞ야 傾車의 轍을 拒ᄒᆞᆯ 妄想으로 無辜ᄒᆞᆫ 人民의게 毒害를 貽ᄒᆞ고 自巳【己】ᄭᆞ지 捕虜되야 絞刑宣告에 處ᄒᆞᆫ다ᄂᆞᆫ 閔宗植 氏갓ᄒᆞᆫ 愚想에 出ᄒᆞᆯ 者ㅣ 豈有하리오

然則 吾人은 氏의 歡迎會에 對ᄒᆞ야 何想이 有한고 曰 如何ᄒᆞᆫ 思想이 都無ᄒᆞ고 氏의 昔日精神的을 歡迎ᄒᆞ야 風淸日朗ᄒᆞᆫ 時에 運不幸ᄒᆞ고 命道長ᄒᆞᆫ 氏가 生還故國한 거슬 歡迎ᄒᆞ야 嘉木茂林下에셔 一盃茶를 飮하고 博覽ᄒᆞᆫ 氏의게 世界各國文明元素나 顧問ᄒᆞᆯ ᄯᆞᄅᆞᆷ이라 吁다

291호 1907년 6월 27일 (목)

논설 실리지 않음

292호

1907년 6월 28일 (금) 論說

道路의聲

近日에 巷說이 囂囂紛紛ᄒᆞ야 三時報筆下에 雪片갓치 飛來ᄒᆞᄂᆞᆫ 所聞이라

新內閣은 前政府와 何如한고

行政을 整理한다지

官制를 變ᄒᆞ얏다지

人才를 收用ᄒᆞᆫ다지

削髮令이 下ᄒᆞᆫ다지

城堞을 毁撤ᄒᆞᆫ다지

錦陵尉ᄂᆞᆫ 歸國ᄒᆞ얏다지

雲陽은 解拜되얏다지

內閣大臣中에 勢力은 誰가 第一이며

人氣ᄂᆞᆫ 誰가 優ᄒᆞ며

學問은 誰가 有ᄒᆞ며

心地ᄂᆞᆫ 誰가 公正ᄒᆞ며

國家精神은 誰가 全一ᄒᆞ며

社會上 物望은 誰가 最勝ᄒᆞᆫ고

如此한 聲이 蛙部갓치 喧藉하ᄂᆞᆫᄃᆡ 記者ᄂᆞᆫ 悠然히 南山을 見ᄒᆞ고 喟然히 一歎을 發ᄒᆞ도다

悲夫라 彼囂囂紛紛ᄒᆞᆫ 國民의 聲이 皆 自己幸福을 希望ᄒᆞᄂᆞᆫ 中에셔 發ᄒᆞᆷ이라 假令 燈火가 將滅ᄒᆞᆯ ᄯᅢ에 벌불이 光芒을 射ᄒᆞ다가 後力이 更無ᄒᆞ면 未久에 燈消ᄒᆞ야 暗黑天地를 當ᄒᆞ리니 엇지 一時의 光明을 喜타ᄒᆞ리오

然則 如何라야 可ᄒᆞᆫ뇨 曰 彼殘燈은 一邊으로 心을 排하고 一邊으로 油

를 加ᄒᆞ야 長久의 明을 得치 아니ᄒᆞ면 不可ᄒᆞ니 今에 我國形便이 是也라

夫 行政은 法律旨意에 從ᄒᆞ야 國家目的를【을】 發達ᄒᆞᆷ에 在ᄒᆞ니 所謂 國家目的은 卽 人民生活發達이 是也라 然則 今日 行政은 表面的 事爲에 盲從으로 能事를 삼지말고 實理的 國益線에 立脚ᄒᆞ야 孜孜汲汲ᄒᆞᆯ지어다

或曰 前政府ᄂᆞᆫ 頑固의 政府오 現內閣은 開化의 人物이라 稱ᄒᆞ니 此 論이 僥幸을 希望ᄒᆞᄂᆞᆫ 聲인지 果如是ᄒᆞᆯ 쥴로 期必ᄒᆞᄂᆞᆫ 聲인지 錯認ᄒᆞ고 妄發의 談인지 不知ᄒᆞ거니와 大抵 現內閣의 腕力과 能力과 事爲上 速力이 無ᄒᆞ면 또ᄒᆞᆫ 國祿徒食ᄒᆞᄂᆞᆫ 駁論이 四起ᄒᆞ며 失斧得斧의 歎聲이 不絶ᄒᆞ리니 不知케라 此 道路의 聲이 內閣大臣의 耳에 入ᄒᆞᄂᆞᆫ지 玆에 一論을 述ᄒᆞ노라

293호 1907년 6월 29일 (토) 論說

活動寫眞

新門 外에 新奇ᄒᆞᆫ 活動寫眞이 有ᄒᆞᆫ 高評을 聞ᄒᆞ고 本社員 數人이 遊興을 乘ᄒᆞ야 昨夜 一觀을 始得ᄒᆞ고 西人의 神出鬼沒ᄒᆞᆫ 技術上 發明을 鴻歎ᄒᆞ노라

盖動物의 活動ᄒᆞᄂᆞᆫ 眞狀이 一毫도 差錯이 無ᄒᆞᆫ 寫眞이라 前人이 今復來ᄒᆞ며 往事를 今復見하니 吾人의 奇觀이 此에 極ᄒᆞ도다

然則吾人이 今日 活動ᄒᆞᄂᆞᆫ 眞狀은 何人이 寫ᄒᆞ얏스며 또한 何處에셔 衆人奇觀을 供ᄒᆞᄂᆞᆫ고 吾人도 行動을 戒愼ᄒᆞ려니와 중【重】大ᄒᆞᆫ 國家責任을 擔負ᄒᆞᆫ 行政上 當局者의게 忠告를 加ᄒᆞ노라

夫 行政上에 活動ᄒᆞᄂᆞᆫ 者ᄂᆞᆫ 世界上에셔 撮影ᄒᆞᄂᆞᆫ 者 甚多ᄒᆞ며 天下後

世에 觀光ᄒᆞᄂᆞᆫ 者도 ᄯᅩᄒᆞᆫ 不知其數라 其 戒愼홈이 尋常ᄒᆞᆫ 野人의게 比ᄒᆞᆯ 者 아니로다

然而近來 國務大신【臣】의 活動을 觀ᄒᆞ건ᄃᆡ 文明的 活動은 少無ᄒᆞ고 但 習慣的 活動이 有ᄒᆞ니 撮影者ᄂᆞᆫ 尤極奇妙라 稱ᄒᆞ고 觀光者ᄂᆞᆫ 尤極奇觀이라 絶규【叫】ᄒᆞ도다

今에 新內閣은 맛당이 此를 戒懼ᄒᆞ야 前政府의 無能을 効치 ᄆᆞᆯ고 世界 文明國當局者의 事爲를 効則ᄒᆞᆯ지이다

若夫 口是心非ᄒᆞ고 外公內私ᄒᆞ야 自己의 行動을 他人이 不見不知ᄒᆞᄂᆞᆫ 쥴로 認하고 活動할진ᄃᆡ 今日 寫眞手ᄂᆞᆫ 曩日 寫眞手보다 十倍 精細機敏ᄒᆞᆫ 者라 神奇ᄒᆞᆫ 眞影을 寫得ᄒᆞᆯ지니 戒之어다

夫 暗黑ᄒᆞᆫ 夜에ᄂᆞᆫ 泰山의 大를 見기 難ᄒᆞᄂᆞ 雪月이 雙明한 夜에ᄂᆞᆫ 鬼神도 藏跡키 難한지라 然則 前日 政府ᄂᆞᆫ 暗黑時代로 假定ᄒᆞ얏고 現今 內閣은 文明制度를 希望ᄒᆞᄂᆞᆫ 바라 活動寫眞撮影者가 前後左右에 羅列ᄒᆞ얏도다

吁라 長歲月을 活動ᄒᆞ던지 短月日을 活動ᄒᆞ던지 活動過去後에 追思ᄒᆞᆫ 즉 俱是一夢이라 一夢間活動으로 萬歲에 遺傳ᄒᆞᄂᆞ니 善활【活】動을 計ᄒᆞᆯ지어다

간행사_연세근대한국학 HK+ 학술총서를 내면서

우리 연구소는 '근대 한국학의 지적 기반 성찰과 21세기 한국학의 전망'이라는 아젠다로 HK+ 사업을 수행하고 있습니다. '한국학이 무엇인가' 하는 점은 물론 관점에 따라 달라질 수 있을 것입니다. 하지만 개항과 외세의 유입, 그리고 식민지 강점과 해방, 분단과 전쟁이라는 정치사회적 격변을 겪어 온 우리가 스스로를 어떤 존재로 규정해 왔는가의 문제, 즉 '자기 인식'을 둘러싼 지식의 네트워크와 계보를 정리하는 일은 반드시 필요한 작업이라고 생각합니다. '자기 인식'에 대한 탐구가 그동안 없었던 것은 아니지만, 현재 제도화되어 있는 개별 분과학문들의 관심사나 몇몇 지식인들을 대상으로 한 제한적인 논의였음을 부인하기는 어려울 것 같습니다. 이러한 현실에서 '한국학'이라고 불리는 인식 체계에 접속된 다양한 주체와 지식의 흐름, 사상적 자원들을 전면적으로 복원하고자 하는 것이 바로 저희 사업단의 목표입니다.

'한국학'이라는 담론/제도는 출발부터 시대・사회적 영향을 강하게 받아왔습니다. '한국학'이라는 술어가 우리의 입에 오르내리기 시작한 것도 해외에서 진행되던 지역학으로서의 '한국학'이 반향을 불러일으키면서부터였습니다. 그러나 '한국학'이란 것이 과연 하나의 학문으로서 성립할 수 있느냐 하는 질문에 답을 얻기도 전에 '한국학'은 관주도의 '육성' 대상이 되었습니다. 이에 대응하여 실천적이고 주체적인 민족의식을 강조하는 '한국학'은 1930년대의 '조선학'을 호출하였으며 실학과의 관련성과 동아시아적 지평을 강조하기도 하였습니다. 그 가운데 근대화, 혹은 근대성은 서로 다른 맥락에서 '한국학'을 검증하였고, 이른바 '탈근대'의 논의는 의심 없이 받아들여지던 핵심 개념이나 방법론에 문제를 제기하기도 하였습니다.

'한국학'이 이와 같이 다양한 맥락에서 논의되어 온 것은 그것이 우리의 '자기인식', 즉 정체성 문제와 관련되어 있기 때문일 것입니다. 대한제국기의 신구학 논쟁이나 국수보존론, 그리고 식민지 시기의 '조선학 운동'은 물론이고 해방 이후의 '국학'이나 '한국학' 논의 역시 '자기인식'에 대한 시대적 요구에 응답하려는 노력이었을 것입니다. 우리가 '한국학'의 지적 계보를 정리하는 것에 만족하지 않고 21세기의 전망을 제시하고자 하는 이유도, '한국학'이 단순히 학문적 대상에 대한 기술이나 분석에 그치지 않고 우리의 현재를 성찰하며 더 나아가 미래를 구상하고 전망하려는 노력에 직간접적으로 연결된다고 보기 때문입니다. 주지하듯 근대가 이룬 성취 이면에는 깊고 어두운 부면이 있습니다. 그리고 이 명과 암은 어느 것 하나만 따로 떼어서 취할 수 없는 한 덩어리일 가능성이 있습니다. 21세기 한국학은 근대에 대한 성찰을 통해 이 질곡을 해결해야 하는 시대적 요구에 응답해야만 하는 과제를 안고 있습니다.

연세근대한국학 HK+ 학술총서는 이러한 과제를 수행하는 과정에서 나오는 성과물을 학계와 소통하기 위한 시도입니다. 학술총서는 연구총서와, 번역총서, 자료총서로 구성됩니다. 연구총서를 통해 우리 사업단의 학술적인 연구 성과를 학계의 여러 연구자들에게 소개하고 함께 논의를 진정시키고자 합니다. 번역총서는 주로 외국인들에 의해 이루어진 조선/한국 연구를 국내에 소개하려는 목적에서 기획되었습니다. 특히 동아시아적 학술장에서 '조선학/한국학'이 어떻게 구성되고 작동하여 왔는지를 살펴보려고 합니다. 또한 자료총서를 통해서는 그동안 소개되지 않았거나 불완전하게 알려진 자료들을 발굴하여 학계에 제공하려고 합니다. 새롭게 시작된 연세근대한국학 HK+ 학술총서가 소기의 목적을 달성할 수 있도록 여러 연구자들의 관심과 격려를 부탁드립니다.

2019년 10월

연세대 근대한국학연구소 인문한국플러스(HK+) 사업단